UTB 2218

W0055822

Eine Arbeitsgemeinschaft der Verlage

Beltz Verlag Weinheim · Basel
Böhlau Verlag Köln · Weimar · Wien
Wilhelm Fink Verlag München
A. Francke Verlag Tübingen und Basel
Haupt Verlag Bern · Stuttgart · Wien
Lucius & Lucius Verlagsgesellschaft Stuttgart
Mohr Siebeck Tübingen
C. F. Müller Verlag Heidelberg
Ernst Reinhardt Verlag München und Basel
Ferdinand Schöningh Verlag Paderborn · München · Wien · Zürich
Eugen Ulmer Verlag Stuttgart
UVK Verlagsgesellschaft Konstanz
Vandenhoeck & Ruprecht Göttingen
vdf Hochschulverlag AG an der ETH Zürich
Verlag Barbara Budrich Opladen · Farmington Hills
Verlag Recht und Wirtschaft Frankfurt am Main
WUV Facultas Wien

André Brodocz
Gary S. Schaal (Hrsg.)

Politische Theorien der Gegenwart I
Eine Einführung

2., erweiterte und aktualisierte Auflage

Verlag Barbara Budrich
Opladen & Farmington Hills 2006

Gedruckt auf säurefreiem und alterungsbeständigem Papier.

Die Deutsche Nationalbibliothek – CIP-Einheitsaufnahme
Ein Titeldatensatz für die Publikation ist bei Der Deutschen Nationalbibliothek
erhältlich.

© 2006 Verlag Barbara Budrich, Opladen & Farmington Hills
Verlags-ISBN 3-86649-984-1
www.budrich-verlag.de

UTB-ISBN 10 3-8252-2218-7
UTB-ISBN 13 978-3-8252-2218-5

Satz: Beate Glaubitz Redaktion und Satz, Leverkusen
Umschlaggestaltung: Atelier Reichert, Stuttgart
Druck: Ebner & Spiegel GmbH, Ulm
Printed in Germany

Inhalt Band I

Inhalt Band II

Vorwort zur zweiten UTB-Auflage

Vier Jahre nach Erscheinen der ersten UTB-Auflage der „Politischen Theorien der Gegenwart, I" sind wir in der angenehmen Lage, der rasanten Entwicklung innerhalb der Politischen Theorie mit einer aktualisierten und erweiterten zweiten Auflage Rechnung zu tragen.

Wir sind sehr glücklich darüber, dass die beiden Bände zu den Politischen Theorien der Gegenwart so positiv aufgenommen wurden. Mit der Aktualisierung verbinden wir die Hoffnung, dass sie auch weiterhin für den einen umfassende Einführung und den anderen eine schnell zugängliche Referenz auf dem Stand der Forschung sein mögen.

Nicht nur die zeitgenössische politische Theorie ist unübersichtlich, sondern auch die deutsche Rechtschreibung. Wir haben es daher unseren AutorInnen freigestellt, ob sie gemäß den alten oder den neuen Regeln schreiben wollen.

Unser aufrichtiger Dank gilt allen Autorinnen und Autoren, die sich wieder einmal der Mühe unterzogen haben, zu Ihren Texten zurückzukehren und sie auf den aktuellen Stand der Forschung zu bringen.

Dank auch an Barbara Budrich, die uns für diese beiden Bände eine neue Verlagsheimat geschenkt hat.

Dresden, im August 2006
André Brodocz & Gary S. Schaal

Einleitung

André Brodocz & Gary S. Schaal

1. Politische Theorie zwischen normativer Begründbarkeit und empirischer Verfasstheit

Die zeitgenössische politische Theorie ist unübersichtlich. Ein Blick in die Literatur offenbart eine Vielzahl verschiedener Theorieangebote, die sich in rasanter Geschwindigkeit auseinander bewegen. Die beiden Bände *Politische Theorien der Gegenwart I und II* wollen diese Unübersichtlichkeit innerhalb der Theorieentwicklung reduzieren und einen Überblick über die politischen Theorien der Gegenwart liefern. Hierzu muss am Anfang eine Antwort auf eine scheinbar triviale Frage gefunden werden: Was ist *politische* Theorie? Existieren angesichts der Pluralität politischer Theorien plausible Auswahlkriterien, um die relevanten Theorieangebote identifizieren zu können? Worin besteht – trotz der internen Divergenzen und Pluralisierungstendenzen – das Konstituierende für das Label *politisch*?

Orientiert man sich zunächst an der Titulierung, dann lassen sich darunter jene Ansätze verstehen, die eine Theorie zum Gegenstandsbereich ‚Politik' formulieren. Dies ist jedoch so allgemein, um nicht zu sagen tautologisch, gefasst, dass es kaum mehr als einen – sicherlich konsensuellen – *Ausgangspunkt* bezeichnet. Welchen Gegenstand der Begriff ‚Politik' überhaupt zu fassen beansprucht, was Politik von anderen sozialen Gegenständen wie z.B. Wirtschaft, Wissenschaft oder Religion unterscheidet, ist bereits höchst umstritten (vgl. Lutz 1992: 17ff.). Kann Politik überhaupt als solch ein eigenständiger Gegenstand verstanden werden, oder ist Politik (bzw. das Politische) nicht vielmehr eine bestimmte Eigenschaft, Qualität oder spezifische Verbindung der genannten sozialen Gegenstände (Heller 1991)? Das Gemeinsame *politischer*

Theorien könnte aber auch in der *Methodik* zu finden sein, die die ‚Politik' erschließt, selbst wenn deren genaues Verständnis umstritten ist. Doch auch hier lässt sich kein expliziter Konsens finden (vgl. Held 1991a: 13; Hartmann 1997: 30). Das Gemeinsame aller Ansätze, die gegenwärtig als politische Theorien firmieren, ist demnach weder ein identisch anzugebender Gegenstand noch eine identische Methode. Lässt sich angesichts dieses eher resignativ stimmenden Überblicks das Gemeinsame in der zeitgenössischen politische Theorie noch formulieren? Oder ist es mittlerweile, wie Jürgen Hartmann (1997: 237) zu bedenken gibt, nicht sinnvoller, wenn man nicht mehr von politischer Theorie, sondern nur noch von „politikwissenschaftlichen Theorien" spricht? Zu notieren ist zunächst, dass ein substantieller oder methodisch-prozeduraler Konsens nur mit Mühe festgestellt werden kann. Da aus der Perspektive des Theoretikers und seiner Rezipienten jedoch offensichtlich eine Vielzahl von Motivationen existieren, die eine Theorie als „politische" zu charakterisieren, besteht eine Auflösung des Dilemmas darin, aus der Beobachterperspektive jene Theorien als „politische" zu verstehen, die als solche bezeichnet und diskutiert werden. Eine solche Konstruktion enthebt den Beobachter der Notwendigkeit, intersubjektiv geteilte Kriterien hinsichtlich des Gegenstandsbereiches oder der Methode politischer Theorien spezifizieren zu müssen. Anhand einer Inhaltsanalyse deutschsprachiger Fachzeitschriften zeigen Jürgen W. Falter und Gerhard Göhler (1986; vgl. daran anschließend auch Steiert 1994), dass die politische Theorie in drei Bereiche differenziert wird: Metatheorien, systematische bzw. eher empirische Theorien sowie die stärker normative Akzente setzende politische Philosophie und Ideengeschichte. Sieht man von der rein selbstreflexiven Kategorie der Metatheorie ab (siehe hierzu Noetzel/Brodocz 1996), wird an Falters und Göhlers Dreiteilung deutlich, dass sich die politischen Theorien der Gegenwart durch eine *empirische* und eine *normative* Dimension auszeichnen lassen: Die zeitgenössischen politischen Theorien werden darum auch oft primär nach normativen und empirischen Theorien kategorisiert (vgl. z.B. Müller 1994; Lutz 1992: 143ff.).

Dabei gelten die normativen Theorien als diejenigen, die Antworten auf *die Frage nach der Begründbarkeit von Politik* geben. Von empirischen Theorien ist demgegenüber die Rede, wenn *die Frage nach der empirischen Verfasstheit von Politik* beantwortet werden soll. Diese Kategorisierung ist allerdings nicht unproblematisch, legt sie doch den Eindruck nahe, dass normative politische Theorien nicht empirisch und empirische politische Theorien nicht normativ sind. Dabei drängt sich schon an der Unterscheidung von normativ und empirisch die Frage auf, ob diese selbst eine empirische Unterscheidung oder eine normative Unterscheidung ist. Zwischen der Frage nach der Begründbarkeit und der Frage nach der empirischen Verfasstheit von Politik sehen wir dagegen eine *konstitutive Spannung*, die zunächst zugunsten der einen oder der anderen Seite aufgelöst werden muss – ansonsten kommt eine politische Theorie nicht auf den Weg, sie verharrt in der Unentschiedenheit. Die politischen Theorien der Gegenwart sehen wir darum vor allem dadurch ausgezeichnet, dass sie die Spannung zwischen der Begründbarkeit und der empirischen Verfasstheit von Politik theorieintern reflexiv werden lassen, nachdem sie sich auf eine Perspektive als *Ausgangspunkt* festgelegt haben.[1] Das heißt: *Politische Theorien, die mit der Frage nach der Begründbarkeit beginnen*, wenden sich anschließend der Spannung zwischen den Möglichkeiten dieser Begründung und der empirischen Verfasstheit von Politik zu. Bestehende politische Institutionen, Ordnungen oder Prozeduren werden hier entweder vor dem Hintergrund theoretisch explizierter Standards evaluiert oder auf Basis dieser Standards neu entworfen (institutional design). *Politische Theorien, die mit der Frage nach der empirischen Verfasstheit von Politik beginnen,* nehmen sich dementsprechend im Anschluss daran der Spannung zwischen dieser Verfasstheit und der Möglichkeit ihrer Begründung an: Die Art und Weise, wie Politik begründet wird und werden kann, ist in dieser Herangehensweise immer nur ein Ausdruck der Möglichkeiten, die das konkrete empirische Institutionengefüge und die Gesellschaftsstruktur zulassen. Die Angemessenheit dieser Begründungen muss empirische Problemlagen der Politik, sozio-moralische Dispositionen der Bürger u.ä. berücksichtigen.

---

1   In eine ähnliche Richtung geht Andrew Vincents (1997a: 5, Hervorhebung im Original) Unterscheidung von „*inclusive* and *exclusive* readings of the theory-practice link. The latter brings pristine theory *to* politics, the former finds or retrieves theory *from* political practice."

2.   Der Aufbau des Bandes

Der Gegenwart, auf die diese be den Bände zur politischen Theorie
Bezug nehmen, kommt eine doppelte Bedeutung zu. Zum einen
dient sie als eine quantitative Kategorie der Chronologie, mit der
der Zeithorizont abgesteckt wird, über den hier informiert werden
soll. In diesem Sinn behandelt der zweite Band die Gegenwart als
Chiffre für den Zeitraum der letzten 30 Jahre. Er stellt darum jene
politische Theorien vor, die die heutigen Diskussionen maßgeblich
bestimmen.[2] Der Gegenwart kommt jedoch zum anderen immer
auch eine qualitative Bedeutung zu, insofern sie sich von der Vergangenheit abhebt. Um diesen Aspekt der Gegenwärtigkeit nicht
aus dem Blick zu verlieren, um also die *Gegenwärtigkeit* der politischen Theorien der Gegenwart verstehen zu können, müssen
schließlich auch jene politische Theorien einbezogen werden, an
die die heutigen Theorien unmittelbar anschließen. Sie sind Gegenstand des vorliegenden, ersten Bandes von „Politische Theorien
der Gegenwart".

Diese politischen Theorien aus der unmittelbaren Vergangenheit dessen, was als gegenwärtig gilt, wirken jedoch nicht determi-
nierend. Vielmehr funktionieren sie eher als *Weichensteller*, indem
sie etwa bestimmte Probleme auf das Abstellgleis stellen – sei es,
dass sie sie lösen oder aber als unbedeutend ignorieren. Weichenstellend sind sie nicht zuletzt aber auch dann, wenn sie Fragen
aufwerfen, ohne bereits eine befriedigende Antwort vorlegen zu
können. Die Gegenwärtigkeit einer politischen Theorie zeigt sich
heute darum immer erst vor diesen Horizont der unmittelbaren
Vergangenheit. Nur so wird deutlich, ob eine politische Theorie
bereits vorhandene Theorien argumentativ stärkt und für die Gegenwart anschlussfähig macht oder ob diese Theorien von ihr argumentativ verworfen und für die Gegenwart als überholt bei Seite
geschoben werden. Carl Schmitts Dezisionismus bietet ein Beispiel
dafür, gegen welche Antworten nahezu die gesamte politische
Theorie der Gegenwart anschreibt, während genau umgekehrt Elemente aus Max Webers politiktheoretischen Überlegungen auf
ganz unterschiedliche Art und Weise immer wieder neu variiert
werden. Ebenso wird vor dem Horizont der Vergangenheit erst

---

2   Siehe hierzu auch die Einleitung zu *Politische Theorien der Gegenwart II.*

deutlich, ob eine politische Theorie nicht sogar gänzlich jenen Bahnen bricht, die die Vergangenheit ihr bieten, wenn sie gerade nicht bloß die vorhandenen Antworten bestätigt oder verwirft, sondern sogar die Fragen selbst durch neue Fragen in Frage stellt. John Rawls' Relevanz für die politische Theorie der Gegenwart etwa kann nur als ein solcher neuer Akzent nachvollzogen werden. Nicht zuletzt deshalb bildet seine politische Theorie des politischen Liberalismus auch den Auftakt zum zweiten Band und dient uns als zeitlicher Index für die Gegenwart.

Der erste Band versammelt aber nicht nur politische Theorien, gegen die angegangen oder mit denen gegangen wird. Die Geschichte der politischen Theorie zeigt zudem, dass gerade die politischen Theorien, die in ihrer Gegenwart kaum beachtet und infolgedessen schon vergessen schien, dann relevant werden, wenn ihre Gegenwart zu einer Vergangenheit geworden ist, die es nun zu überwinden gilt. Hannah Arendts politische Theorie ist vielleicht das gegenwärtig beste Beispiel für solche aufgeschobenen, aber nicht aufgehobenen Rezeptionen. Während zu Arendts Zeiten ihre politische Theorie des freiheitlichen Republikanismus fast nur auf taube Ohren gestoßen ist, so ist sie in den letzten zehn Jahren zu einer der am lebendigsten diskutierten Theorien geworden. Um auch solche, scheinbar gegenwärtig (noch) brach liegende Anschlüsse nicht zu vernachlässigen, präsentieren wir in diesem Band auch politische Theorien wie jene von Michael Oakeshott, um die es einerseits ,verdächtig' ruhig geblieben ist, da sie in ihrer Zeit offensichtlich zu sperrig für eine breite Rezeption gewesen sind; die aber andererseits gegenwärtig erste neue Aufmerksamkeit erfahren, gerade weil sie jenseits der bisher gegangenen Wege entlang führen.

Dass die Gegenwart als zeitlicher Index und als Abgrenzungsmarkierung von vergangenen Wegen nicht immer zusammenfallen müssen, dokumentieren vor allem zwei andere Theoretiker. Obwohl etwa Anthony Downs' Grundlegung der Rational Choice Theorie bereits in den 50er Jahren erschienen ist und damit eigentlich hinter unseren Zeithorizont von Gegenwart zurückfällt, so bilden seine Annahmen doch auch heute immer noch den Kern dieser Form von politischer Theorie (darum ist Downs' Theorie auch in Band II zu finden). Michel Foucaults Schriften aus den 70er Jahren fallen dagegen zwar qua Datum unter das, was wir als den Zeitraum der Gegenwart behandeln, allerdings sind sie bereits heute durch ganz unterschiedliche Rezeptionen von verschiedenen aktuellen politischen Theorien – wie zum Beispiel jenen von Ernesto Laclau und Chantal Mouffe oder Judith Butler – zu jener weichenstellenden Vergangenheit geworden, die in diesem Band vorgestellt werden soll.

Das vorliegende Buch versteht sich als *Lehrtext* für Studierende und als Überblicksband für Kolleginnen und Kollegen im Bereich der politischen Theorie. Damit er als Lehrtext fungieren kann, existieren zwei Strukturierungsprinzipien: Einerseits folgen die einzelnen Beiträge – mit kleinen Abweichungen – einem identischen Strukturprinzip, das direkt im Anschluss dargestellt wird. Andererseits ist die Abfolge der Beiträge durch eine These, die abschließend präsentiert werden soll, motiviert. Eine angemessene Darstellung der einzelnen Theorien muss dabei immer zwei Aufgaben bewältigen: Zum einen muss sie größere Theoriestränge bündeln, zum anderen muss sie aber trotzdem hinreichend sensibel mit den theorieinternen Unterschieden umgehen. Nicht in Frage kommt deshalb eine Darstellung, die sich *ausschließlich* einzelnen Autoren widmet, da sie zu schnell den intellektuellen Kontext eines Autors – der häufig ein Verstehen einer Theorie erleichtert, wenn nicht erst ermöglicht – aus den Augen verliert. Gleichfalls problematisch erscheint aber auch das Formulieren von *Modellen* – wie es prominent *David Held* in „Models of Democracy" (Held 1987) durchgeführt hat –, da so zu unsensibel mit internen Theorieentwicklungen umgegangen würde. Wir haben uns deshalb für eine Synthese entschieden. Sie besteht in einer spezifischen Präsentation der Theoriestränge, die einzelne Autoren in ihren intellektuellen Kontext einbettet.

Die Elitentheorie umfasst beispielsweise eine Reihe von Autoren – Pareto, Mosca, Schumpeter u.a. –, die von der Jahrhundertwende bis in die 40er Jahre eine Skepsis hinsichtlich der Demokratiefähigkeit der Bürger zu einem theoretischen Paradigma machten. Als bedeutendster Theoretiker der Elitentheorie gilt zweifellos Joseph Schumpeter, weshalb er pars pro toto als sogenannter *Referenztheoretiker* für die Elitentheorie vorgestellt wird. Im Anschluss an die Darstellung des *Referenztheoretikers* und der gegen ihn vorgebrachten Kritik erfolgt zudem noch eine Skizze alternativer Autoren aus demselben theoretischen Paradigma. Damit nehmen die Theorievarianten – im gewählten Beispiel also Pareto und Mosca – einen zwar geringeren, jedoch nicht vernachlässigten Platz in der Präsentation ein. Notwendig für diesen Aufbau ist deshalb die Identifizierung von theoretischen Paradigmen und Referenztheoretikern. Dies ist zwar nicht immer so einfach wie im Beispiel der Elitentheorie, doch kann für alle vorgesehenen Theoriestränge dieses Verfahren sinnvoll durchgeführt werden.

Um die Vergleichbarkeit der einzelnen Theorien trotz ihrer inhaltlichen Unterschiedlichkeit zu ermöglichen, wird jede Theorie zwar in einem eigenen, jedoch immer strukturidentischen Kapitel dargestellt. Die gemeinsame Struktur aller Kapitel sieht fünf Abschnitte vor. Der erste Abschnitt dient als Einleitung in die paradigmatische Theorie und ihren Referenztheoretiker. In wenigen Zeilen werden hier die biographischen Notizen zum Referenztheoretiker sowie sein historisch-politischer Kontext skizziert. Darüber hinaus gibt es erste Hinweise auf die theoretische Herkunft der Referenzautors und auf seine Standardwerke. Der zweite Abschnitt übernimmt die Rekonstruktion der Theorie anhand des Referenztheoretikers. Um die Konsistenz der Beiträge über die Referenzautoren zu wahren, werden – unabhängig von den sonstigen theoretischen Spezifika – eine Reihe von Fragen abgearbeitet, die unseres Erachtens aus einer politiktheoretischen Perspektive von besonderer Bedeutung sind. Diese Fragen lassen sich in drei Gruppen zusammenfassen. Zunächst gilt es, die elementaren Konzepte des Ansatzes zu klären: Welches sind die theoretischen Grundbegriffe? Auf welche zentrale Frage reagiert der Ansatz? Zum Beispiel: Welcher Begriff des Politischen liegt vor? Welche Form politischer Macht wird vorgeschlagen? Gibt es eine spezifische Vorstellung von Gerechtigkeit? Eine zweite Gruppe von Fragen wendet sich an die empirische Verfasstheit der Politik, die der referierte Ansatz diagnostiziert: In welcher Verfassung sieht der Referenztheoretiker seinen Gegenstand? Zum Beispiel: Wird die Politik durch die ökonomischen oder andere soziale Verhältnisse determiniert? Bringt die moderne Gesellschaft einen ausreichenden Wertekonsens hervor? Ist die Demokratie den gesellschaftlichen Herausforderungen der Zeit gewachsen? Die dritte Gruppe von Fragen kreist um normative Leistungskriterien: Wie wird Politik im Allgemeinen und Demokratie im besonderen definiert und begründet? Zum Beispiel: Welches sind ihre normativen Bewertungsstandards: Gerechtigkeit, Stabilität oder anderes? Welche institutionellen Arrangements sind vorgesehen, diese Standards zu unterstützen? Oder handelt es dabei um Fragen der Rationalität und Tugend seitens der Bürger? Der dritte Abschnitt dient der Kritik an dem jeweiligen Referenzautor, wobei zwei unterschiedlichen Formen der Kritik unterschieden werden. Um auch hier das intellektuelle Umfeld des Referenztheoretikers zu erschließen, findet einerseits die Kritik seiner *Zeitgenossen* Berücksichtigung. Weil sich im Zuge ihrer Rezeptionsgeschichte zentrale Kritikpunkte jedoch häufig verändern oder zumindest in ihrer internen Gewichtung verschieben, wird andererseits noch die heute diskutierte, also die *gegenwärtige* Kritik angesprochen. Der vierte Abschnitt präsentiert schließlich das Tableau für alternative Theorieentwicklungen *innerhalb* des Paradigmas. Auch hier ist wieder eine Differenzierung in zeitgenössische, das intellektuelle Umfeld des Referenztheoretikers ausmachende und gegenwärtige Theoriealternativen vorgesehen. Jedes Kapitel schließt mit einer kommentierten Literaturliste, die weniger den Anspruch der Vollständigkeit, als vielmehr jenen der informierten Anleitung für intensiveres Nachlesen erhebt.

Die Anordnung der einzelnen Beiträge in diesem Band bedient sich der eingangs vorgeführten Spannung zwischen der Frage nach der empirischen Verfasstheit und der Frage nach der Begründbarkeit von Politik. Im ersten Teil werden zunächst jene Theorien vorgestellt, an deren Beginn die Frage nach der Begründbarkeit von Politik steht. In diesem Sinne analysiert die *politische Theorie der Frankfurter Schule von Franz Neumann* (Kapitel I, verfasst von Bernd Ladwig) – auf Basis des von Max Horkheimer Ende der 30er Jahre entworfenen Programms des interdisziplinären Materialismus – Funktion, Stellung und normative Begründung des Rechts. Diese Studien sind doppelt fundiert: Einerseits sind sie begründungslogisch normativer Natur, andererseits übernimmt Neumann von der kritischen Theorie die Rückbindung der normativen Ansprüche an historische Realanalysen. Anders als bei orthodoxen Marxisten steht für Neumann – vor allem in seinem Spätwerk – die Freiheit als Bedingung für Emanzipation und als Voraussetzung für die vollständige Entfaltung aller menschlichen Möglichkeiten im Mittelpunkt. Die Freiheit steht wiederum in einem engen internen Verhältnis zum Recht, da die Rationalität des Rechts ein Mindestmaß an Freiheit und Gleichheit garantiert. Neumann hat aber nicht nur, wie viele ältere und neuere Liberale, den Rationalitätsaspekt im Recht betont. Er hat zugleich auf die *Grenzen* dieses Gesichtspunktes hingewiesen. Immer wieder betont Neumann, dass die völlige Auflösung von Politik in Recht ein falscher Traum ist; immer wieder weist er darauf hin, dass Ermessen und Entscheidung konstitutive Merkmale jeder, auch der vernünftigsten Politik sind. Wegweisend ist die politische Theorie der Frankfurter Schule in etlichen Hinsichten. So ebnete sie mit ihrer Betonung der Rechtsförmigkeit von Demokratie den Weg für rechtstheoretische und -soziologische Studien der Demokratie (zu denken ist hier u.a. an Faktizität und Geltung von Jürgen Habermas). Darüber hinaus sind dort die – wenn auch noch rudimentären – Anlagen einer Kritischen Theorie der Institutionen zu finden, die später im deutschen Sprachraum von Claus Offe und Rainer Schmalz-Bruns detaillierter ausgeführt worden sind.

Für die *politische Theorie des Libertarianismus von Robert Nozick und Friedrich Hayek* (Kapitel II, verfasst von Peter Niesen) steht die Frage im Zentrum, wie Staatlichkeit – noch zumal in der nachhaltig intervenierenden Form der sozialstaatlichen Demokratie – *überhaupt* begründet werden kann, wenn davon ausgegangen wird, dass jede Person ein ursprüngliches Recht auf Eigentum an der eigenen Person und daraus resultierend an den Früchten der eigenen Arbeit besitzt. Nozick argumentiert, dass nur jener Staat gerecht ist, der spezifischen Anforderungen gerecht wird: Er garantiert die persönlichen Freiheiten (insbesondere den Schutz des Eigentums), er verteidigt den Marktwettbewerb und schränkt seine politische Autonomie auf spezifische Bereiche und Tätigkeiten ein, so dass die Freiheit der Marktwirtschaft nicht behindert wird. Die Pointe des Ansatzes von Nozick besteht darin, dass eine gerechte Eigentumsverteilung auf historisch erworbene Anrechte (entitlements) und nicht auf abstrakte normative Ideale von Gerechtigkeit zurückzuführen ist. Daraus folgt, dass ein Zustand krasser Ungleichverteilung von Eigentum zu einem gegebenen Zeitpunkt dann nicht ungerecht ist, wenn er Resultat fairer Transaktionen auf Basis von erworbenen Anrechten ist. Ähnlich argumentiert Hayek, dass das Konzept der (sozialen) Gerechtigkeit bereits auf der semantischen Ebene viel zu diffus ist, als dass es als normative Fundierung spezifischer Politiken dienen könnte. Aufgrund des inhärent interventionistischen Moments von Demokratien, d.h. den Einschränkungen der privaten Autonomie, die aus der Ausweitung der öffentlichen Autonomie resultieren, sind Libertarianisten keine glühenden Ver-

fechter der Demokratie. Nozick plädiert daher auch für eine Demoktesis, d.h. für einen Volksbesitz an den *Rechten* aller, während
Hayek für ein Zwei-Kammern-System plädiert, dessen eine Kam-
mer sich am Volkswillen und die andere sich an der Volksmeinung
orientieren soll. Die theoretische Relevanz dieses Ansatzes besteht
darin, dass er den hegemonialen Liberalismus gleichsam von der
liberalen Seite her normativ herausfordert. Die praktische Relevanz
des Libertarianismus besteht in seinem intellektuellen Einfluss auf
die Regierungsprogramme von M. Thatcher und R. Reagan Ende der
70er bis Ende der 80er Jahre.

Innerhalb der *politischen Theorie der Politökonomie von James
Buchanan* (Kapitel III, verfasst von Joachim Behnke) kann eine
politische Ordnung kontraktualistisch begründet werden. Anders
als Kontraktualisten wie z.B. Robert Nozick, ergibt sich der Vertrag für Buchanan jedoch nicht aus naturrechtlichen Überlegungen,
sondern resultiert – vermittelt über einige Zwischenschritte – aus
der theoretisch überaus sparsamen Ausgangsbasis des methodologischen Individualismus. Das vertragstheoretische Argument erbringt bei Buchanan die Leistung, Evaluationsmaßstäbe für die Legitimität politischer Regeln und Prozesse – nicht aber: politischer
Zustände oder Ergebnisse von politischen Prozessen – zu entwik-
keln. Aus dieser Überlegung folgt direkt, dass der Staat nicht die
Aufgabe hat, spezifische Zustände zu erreichen oder Verteilungen
zu optimieren, sondern nur für eine reibungslose Koordination der
Handlungen der Bürger zu sorgen hat. Innerhalb der Spieltheorie
ist bekannt, dass öffentliche Güter von zweckrationalen Akteuren
suboptimal hergestellt werden. Daher besitzt der Staat bei Buchanan als Leistungsstaat darüber hinaus die Aufgabe, kollektive Güter zu produzieren, wenn die Bürger dies freiwillig und einstimmig
befürworten. Da in real existierenden Demokratien in der Regel
das Mehrheitsprinzip gilt, konfligiert die Entscheidungsregel mit
basalen vertragstheoretischen Argumenten. Besondere Aufmerksamkeit schenkt die politische Theorie der Politökonomie daher
der potentiellen Ausbeutung einer Minderheit durch die demokratische Mehrheit. Dies zu verhindern führt Buchanan das „gererality-
principle" ein, welches gewährleisten soll, dass die positiven Effekte einstimmiger Entscheidungen sich auch in mehrheitsdemo-
kratisch gefassten wieder finden lassen. Weichenstellend ist die
politische Theorie der Politökonomie einerseits durch ihren Ver-

such, vertragstheoretische Überlegungen nicht naturrechtlich zu begründen und andererseits durch die Vorstellung einer kontraktualistischen Dynamik, die sich nicht in einem einmaligen Vertragsschluss erschöpft, sondern den Vertrag immer wieder neu aushandelt.

Aufgrund der als unmöglich angenommenen Korrespondenz von Wissen und Welt verneint *John Deweys politische Theorie des Pragmatismus* (Kapitel IV, verfasst von Thomas Noetzel) die Frage nach der prinzipiellen Begründbarkeit von Politik. Wissen speist sich statt dessen aus Erfahrung. Erfahrungen werden ihrerseits dadurch generiert, dass Erwartungen durch Handeln immer wieder neu überprüft und im Enttäuschungsfall revidiert werden. Sozial und politisch ist dieser Wissensbegriff insofern relevant, als mit ihm das Entstehen von Öffentlichkeit als ein Erfahrungsaustausch erklärt werden kann, der notwendig wird, wenn die unmittelbar Betroffenen allein nicht mehr problemlösungsfähig sind. Staat, Demokratie, Politik sind danach nichts anderes als historische Ergebnisse solcher Öffentlichkeiten. Aufgrund ihrer Offenheit für einen breiten Austausch von unterschiedlichen Erfahrungen erhält die deliberative Demokratie in Deweys politischer Theorie einen herausgehobenen Stellenwert. Ihre eigene politische Relevanz sieht diese Theorie schließlich nicht nur in der wissenschaftlichen Systematisierung von Erfahrungen, sondern schon in ihrem eigenen Beitrag zur Konstitution des öffentlichen Erfahrungsaustausch. Den gegenwärtigen politischen Theorien beweist Deweys Pragmatismus, dass die Unbegründbarkeit von Politik nicht auf antidemokratische Pfade führen muss, sondern sogar den Weg zu einer radikaldemokratischen, Öffentlichkeit und Deliberation stark machenden politischen Theorie weisen kann.

Für die *politische Theorie des freiheitlichen Republikanismus von Hannah Arendt* (Kapitel V, verfasst von Thorsten Bonacker) gründet sich die Autonomie des Politischen darauf, dass das Politische auf keinen Grund zurückzuführen ist. Was wir wollen, hängt danach weder von unserer Natur noch von einer historische Gesetzmäßigkeit ab. Das, was wir wollen, können wir jedoch nur gemeinsam erreichen, so dass öffentliche Räume zur gemeinsamen Beratung schließlich institutionalisiert werden. Normativ auszeichenbar werden dann jene politische Ordnungen, die eine breite Teilhabe an diesen Beratungen gewährleisten. Ihre Unbegründbarkeit macht Politik danach nicht nur erst möglich, sondern auch nötig. Die empirische Verfasstheit von Politik ist somit nicht von ihrer Begründung zu trennen. Hieraus folgt dann auch die politische Relevanz dieser Theorie, wenn sie vor vermeintlich letzten Begründungen als Wegbereiter des Totalitarismus warnt. Den politischen Theorien der Gegenwart bereitet dieser freiheitliche Republikanismus deshalb einen Weg, wie eine spezifisch politische Autonomie gerade aus dem Verlust letzter Gründe gewonnen werden kann.

Aufgrund der Bedingtheit menschlichen Handelns sieht *Michael Oakeshotts politische Theorie des Konservatismus* (Kapitel VI, verfasst von Michael Becker) keine Möglichkeiten für eine unbedingte Begründung von Politik. Entscheidend für eine politische Ordnung sind vielmehr immer die historisch gewachsenen rechtlichen Regeln, welche in Rechtsprechung und Gesetzgebung zu bewahren sind. Allerdings kommt diesen Regeln ihre herausgehobene Stellung nicht deshalb zu, weil sie für die unterschiedlichen Handlungen der einzelnen Bürger koordinierend wirken, sondern weil es die Rechte sind, die die Bürger als ihre Rechte, als die Rechte ihrer bürgerlichen Vereinigung anerkannt haben. Am Verhältnis der Bürger zu ihrem Recht gibt danach die empirische Verfasstheit von Politik immer auch schon Auskunft über ihre so immer schon nur bedingte Begründbarkeit. Nicht zuletzt gewinnt diese politische Theorie darum auch ihre politische Relevanz aus der Kritik an jenen politischen Ansprüchen und Forderungen, die für sich Unbedingtheit proklamieren. Gegenwärtigen politischen Theorien liefert Oakeshotts Konservatismus vor allem Anknüpfungspunkte dafür, dass das Recht nicht bloß koordinierende, sondern auch integrative Funktionen übernimmt, weshalb der prinzipiellen Positivität des Rechts immer auch seine historische Bedingtheit gegenübersteht.

Die *politische Theorie der liberal-prozeduralistischen Demokratietheorie von Robert A. Dahl* (Kapitel VII, verfasst von Gary S. Schaal) kritisiert an der zeitgenössischen Demokratietheorie, dass sie zu häufig normative Ideale von Demokratie mit ihren empirischen Erscheinungsformen konfundiert. Daher unternimmt sie den Versuch, eine Theorie des demokratischen Prozesses zu entwerfen, die sowohl den normativen Gehalten von Demokratie als auch ihrer empirischen Praxis gerecht wird. Dies gelingt ihr, da sie eine strikte kategoriale Trennung zwischen *Demokratie*, mit der ausschließlich die normativen Dimension angesprochen wird, und *Polyarchie,* die die im Vergleich zu den normativen Idealen immer defizitären realen Manifestierungen der Idee von Demokratie beschreibt, vornimmt. Dabei geht sie davon aus, dass Demokratie sowohl normativ als auch empirisch begründbar ist. Empirisch, da Polyarchien sich als das – grosso modo – beste politische System herausgestellt haben. Normativ kann Demokratie mit der Idee intrinsischer Gleichheit begründet werden. Auf ihrer Grundlage spezifiziert Dahl fünf Kriterien des demokratischen Prozesses. Je stärker der demokratische Gehalt dieser fünf Kriterien real ausgeschöpft wird, desto demokratischer ist die entsprechende Polyarchie. Die Kriterien fungieren also als Evaluationskriterien für die Demokratiehaftigkeit und zur Einordnung realer Polyarchien in ein Raster von vier polyarchischen Entwicklungsstufen. Die politische Theorie der liberal-prozeduralistischen Demokratietheorie ist aus zumindest drei Gründen weichenstellend für die zeitgenössische politische Theorie. Erstens verdeutlicht sie forschungskonzeptionell, wie eine sinnvolle Verbindung von normativer und empirisch-analytischer Theorie aussehen kann. Zweitens liefert sie noch heute den weithin geteilten Minimalkonsens liberaler Demokratietheorie. Schließlich strukturiert sie die empirische Demokratieforschung, da sie dieser „handhabbare" demokratische Evaluationskriterien zur Verfügung stellt.

Dahls politische Theorie markiert quasi die Schnittstelle zwischen den beiden Teilen dieses Bands, wenn sie die Spannung zwischen der Frage nach der empirischen Verfasstheit und der Frage nach der Begründbarkeit von Politik einmal von der einen Seite und das andere mal von der anderen Seiten aufzulösen versucht. Demgegenüber steht bei jenen Theorien, die im zweiten Teil vorgestellt werden, allein die Frage nach der empirischen Verfasstheit von Politik am Anfang der Theoriebildung. In *Carl Schmitts politische Theorie des Dezisionismus* (Kapitel VIII, verfasst von André Brodocz) steht die Frage nach der empirischen Verfasstheit von Politik vor der Frage nach ihrer Begründbarkeit, weil das Politische dank seiner spezifischen Unterscheidung von Freund und Feind als eine selbständige Art zu denken und zu handeln in modernen Gesellschaften immer schon unabhängig von außerpolitischen Maßstäben wie Recht oder Moral ist. Folglich verweist die Frage nach der Begründbarkeit unter diesen Bedingungen das Politische allein auf sich selbst. So erscheinen dann auch nur jene Formen von Politik begründbar, die in ihren Entscheidungen den politischen Willen der jeweils betroffenen Einheit – und nicht etwa die Summe aller betroffenen individuellen Willen – zu repräsentieren vermögen, für die sie entscheiden. Trotz der Selbständigkeit des Politischen verlieren politische Theorien – so auch die des Dezisionismus – allein deshalb nicht an Bedeutung, da sich alle unpolitischen Gegensätze auch zu politischen steigern können. Auch wenn Schmitts Dezisionismus zweifellos weit hinter die demokratischen Standards zurückfällt, die in den Debatten innerhalb der gegenwärtigen politischen Theorie inzwischen erreicht worden sind, so ist sie doch immer noch insofern von zentraler Bedeutung, als sie die Herstellung politischer Einheit bzw. kollektiver Identität als konstitutives Element des Politischen hervorhebt.

Rudolfs Smends politische Theorie der Integration (Kapitel IX, verfasst von Marcus Llanque) sieht in der empirischen Verfasstheit von Politik ihren notwendigen Ausgangspunkt. Denn ihr zufolge ist die Integration der Bürger zu einer gesellschaftlichen Einheit die wesentliche Funktion des Politischen. So bleibt auch ein Verfassungsrecht immer abhängig von dem politisch-kulturellen Kontext, der das jeweilige Verfassungsverständnis bestimmt. Die normative Auszeichnung einer Verfassung und der durch sie institutionalisierten politischen Institutionen hängt darum von ihrer integrativen Wirkung ab. Integrationspotentiale und -defizite offen zu legen, macht schließlich auch die politische Relevanz dieser politischen Theorie aus. Für die politischen Theorien der Gegenwart ist sie insofern von Bedeutung, als sie die Einheitsstiftung als ein politisches Problem entfaltet und somit auf die enge Verzahnung von Kultur und Politik hinweist.

Die *politische Theorie der Systemanalyse von David Easton* (Kapitel X, verfasst von Dieter Fuchs) ist eine der bedeutendsten nicht-normativen allgemeinen Theorien der Politik in und für die Moderne. Ihr Ziel ist es, eine Rahmentheorie der Analyse des politischen Lebens mit großer Reichweite zu entwickeln, in die sich Theorien mittlerer und kurzer Reichweite gleichsam einpassen können. Ausgangspunkt dieser Theorie ist die *empirische* Frage, wie ein politisches System unter Wahrung seiner grundlegenden Strukturmerkmale persistent bleiben und seine systemischen Funktionen erfüllen kann, obwohl die Grenze zwischen dem politischen System und seiner Umwelt aufgrund von systemexternen Anforderungen und daraus (im schlechtesten Fall) resultierenden „Streß" verloren zu gehen droht. Für die Persistenz eines politischen Systems sind zwei Variablen auf seiner Inputseite von zentraler Bedeutung: Demands und Support. Beide stehen in einem engen Verhältnis, das sich daraus ergibt, dass die Aufgabe jedes politischen Systems die Herstellung und Durchsetzung kollektiv bindender Entscheidungen in die Gesellschaft ist. Diese Entscheidungen sind jedoch nicht unabhängig von den Bürgern, vielmehr reagiert das politische System in den ihm gesetzten Grenzen responsiv auf die Wünsche (*Demands*) der Bürger. Damit die Demands in kollektiv bindende Entscheidungen umgesetzt werden können, benötigt das politische System die Unterstützung der Bürger (*Support*), die drei unterschiedlichen politischen Objekten gelten kann: der politischen Gemeinschaft, dem Regime und den Entscheidungsträgern. Ihnen können zwei unterschiedliche Arten von Unterstützung zuteil werden: diffuse und spezifische Unterstützung. Nur wenn ein politisches System hinreichend Unterstützung seitens seiner Bürger erhält, kann es persistent bleiben. Die politische Theorie der Systemanalyse versteht sich als eine explizit nicht-normative. Die Logik der Analyse folgt vielmehr funktionalen Systemeigenlogiken, daher prämiert Easton auch kein politisches System normativ (denkbar wäre z.B. unter den Bedingungen der Moderne hier die Demokratie). Die weichenstellende Funktion von Easton – und zugleich seine praktische Relevanz – besteht in der funktionalen Bestimmung des Politischen einerseits und der analytischen Differenzierung unterschiedlicher Unterstützungsformen und – objekten andererseits.

Aus der Perspektive der *politischen Theorie der Rationalisierung von Max Weber* (Kapitel XI, verfasst von Rainer Schmidt) geht die Frage der empirischen Verfasstheit von Politik der Frage ihrer Begründbarkeit voran. Dabei ist die empirische Verfasstheit von Politik ganz wesentlich von den subjektiven Sinnzuschreibungen der einzelnen Individuen und nicht etwa von einer allgemeinen individuumsunabhängigen Gesetzmäßigkeit geprägt. Die damit verbundene notwendige kulturelle Einbettung von Politik lässt es darum auch nicht zu, dass von der empirischen Verfasstheit eines politischen Seins auf ein begründbares normatives Sollen geschlossen werden kann: Sein und Sollen fallen auseinander. Darum folgt etwa aus den durch die Rationalisierung gekennzeichneten Gesellschaften der Moderne nicht zwangsläufig die Auszeichenbarkeit einer entsprechend rationalen

Politik. Die Frage nach der Begründbarkeit von Politik verliert allerdings dadurch nicht an Brisanz. Vielmehr wird sie in die Frage verwandelt, was als rechtfertigender Grund unterstellt wird. Eine so attestierte Unbegründbarkeit von Politik ist für die politische Praxis selbst insofern relevant, als sie für die Rechtfertigung politischen Handelns allein das Handeln und seine Folgen selbst zulässt. Von den politischen Theorien der Gegenwart aus betrachtet, erscheint diese Theorie damit in zweierlei Hinsicht weichenstellend: Zum einen verweist sie auf das konstitutive Moment, das der kulturellen Einbettung von Politik zukommt; zum anderen liefert sie Hinweise darauf, dass Begründungen unter Bedingungen der Unbegründbarkeit nicht an politischer Wirksamkeit verlieren.

Die *politische Theorie konkurrierender Eliten Joseph Schumpeters* (Kapitel XII, verfasst von William E. Scheuerman), versucht eine realistische und deskriptive Theorie der Demokratie mit dem analytisch-konzeptionellen Instrumentarium der Wirtschaftswissenschaften zu entwickeln, die Vorreiter für eine Reihe von eher elitistisch geprägten „realistischen" Demokratietheorien werden sollte. Empirischer Ausgangspunkt der Theorie konkurrierender Eliten ist die Beobachtung, daß die liberale Demokratie – um funktionieren zu können – historisch auf Voraussetzungen aufbaut, die durch gesellschaftliche Prozesse der Rationalisierung unterminiert werden. Da das gesellschaftliche „Substrat" von Demokratie in den westlichen Demokratien in den ersten Jahrzehnten des 20. Jahrhunderts fehlte, kann die empirische liberale Demokratie nichts anderes sein als ein fader Abgesang auf die hochfliegenden demokratischen Ideale der partizipativen Demokratietheorie. Schumpeter identifiziert bereits in diesem Ideal unrealistische Konstruktionsfehler, da die den Bürgern unterstellte Rationalität – die für die Realisierung des demokratischen Ideals notwendig ist – empirisch nicht vorfindbar ist. Daher gefährdet diese Form von Demokratie sich selbst. Deshalb plädiert die Theorie konkurrierender Eliten dafür, vom politisch apathischen Bürger vorausgehend, eine realistische Demokratietheorie zu formulieren, deren Kern darin besteht, sie nur noch als eine Methode zu verstehen, fähige politische Führer aus einem relativ kleinen Kreis konkurrierender politischer Eliten zu wählen – und gegebenenfalls abwählen zu können. Dieser Ansatz nimmt seinen Ausgangspunkt zwar in der empirischen Diagnose mangelnder Rationalität, wechselt jedoch dann den theoretischen Modus und formuliert eine normative Demokratietheorie, die sich selbst jedoch ent-ideologisiert wahrnimmt. Weichenstellend für die zeitgenössische politische Theorie ist der Ansatz von Schumpeter insofern, als dass er der empirisch inspirierten Demokratietheorie entscheidende Impulse gegeben hat und mit der Inkorporation wirtschaftswissenschaftlicher Methodik Wegbereiter von Rational-Choice Ansätzen in der Demokratietheorie war.

Weil Erkenntnis immer in einen sozialen, kulturellen und historischen Kontext eingebunden ist, setzt *Antonio Gramscis politische Theorie des Neo-Marxismus* (Kapitel XIII, verfasst von Hans-Jürgen Bieling) an der empirischen Verfasstheit von Politik an. Diese wird bestimmt von dem Verhältnis der von den Produktivkräften geprägten Sozialstruktur zu den von ihr ermöglichten, nicht jedoch determinierten kulturellen Deutungskämpfen in der Zivilgesellschaft. Die Frage nach der Begründbarkeit von Politik ist danach bloß Teil dieser Kämpfe um kulturelle Hegemonie. Nur wenn dabei eine zur herrschenden Sozialstruktur passende kulturelle Deutung auch eine hegemoniale Stellung in der Zivilgesellschaft gewinnt, wird schließlich die empirische Verfasstheit der Politik zu einem stabilen ‚geschichtlichen Block'. Da eine solche hegemoniale Deutung sich immer wieder neu gegen konkurrierende Deutungen durchsetzen muss, entfalten politische Theorien als hegemoniale oder – wie im Fall des Neo-Marxismus – als gegen-hegemoniale Deutungen ihre politische Relevanz. Für die politischen Theorien der Gegenwart ist dieser Neo-Marxismus von Bedeutung, indem er die politische Kraft von kulturellen Deutungskämpfen aufzeigt und in der Zivilgesellschaft sozial verortet.

Michel Foucaults politische Theorie der Gouvernementalität (Kapitel XIV, verfasst von Thomas Lemke) nimmt insofern ihren Ausgangspunkt an der empirischen Verfasstheit von Politik, als diese an der Objektivierung des Menschen zum ‚Subjekt' teilnimmt. In diesem Sinne gehört etwa die liberale Begründung von Politik als eine spezifische Mentalität des Regierens faktisch zu einer Politik, die die individuelle Freiheit des Subjekts durch die kollektive Sicherheit des Staates zwar herstellt, aber auch zugleich begrenzt. Macht ist deshalb nicht an sich schlecht, allerdings ist sie insofern gefährlich, als sie in dauerhaften Herrschaftsbeziehungen fixiert werden kann. Ihre politische Relevanz sieht Foucaults Theorie darum im Aufzeigen solch gefährlicher Fixierungen von Macht als

Herrschaft und zwar ohne dass dafür Macht an sich in Frage gestellt werden muss. Diese für die Konstitution des modernen ‚Subjekts' schöpferische Kraft der Macht macht dann auch die besondere Bedeutung dieser politischen Theorie für die gegenwärtigen politischen Theorien aus. Denn sie weist darauf hin, dass ‚das freie Individuum', ‚das Subjekt' nicht Voraussetzung, sondern Ergebnis von Politik ist.

In der Zwischenbetrachtung (verfasst von Gary S. Schaal) wird schließlich versucht, die Entwicklung der Politischen Theorie nach 1945 zu skizzieren. Dieses Kapitel synthetisiert die Einzeldarstellungen der beiden Bände, um so größere Linien in der Entwicklung der Theoriestränge, aber auch der Disziplin selber, zu verdeutlichen. Die Lektüre kann dabei helfen, ein Orientierungsraster zu entwickeln, das die intellektuelle Verortung der einzelnen Theorien erleichtert.

Literatur

Falter, Jürgen W./Göhler Gerhard (1986): Politische Theorie. Entwicklung und gegenwärtiges Erscheinungsbild. S. 118-141 in: Klaus von Beyme (Hrsg.): Politikwissenschaft in der Bundesrepublik Deutschland. Politische Vierteljahresschrift Sonderheft 17. Opladen.

Hartmann, Jürgen (1997): Wozu politische Theorie? Opladen.

Held, David (1987): Models of Democracy. Oxford.

– (Ed.) (1991): Political theory today. Cambridge.

– (1991a): Editor's introduction. S. 1-21 in: ders. (Ed.), Political theory today. Cambridge.

Heller, Agnes (1991): The concept of the political revisited. S. 330-343 in: David Held (Ed.): Political theory today. Cambridge.

Hindess, Barry (1997): The object of political theory. S. 254-271 in: Andrew Vincent (Ed.), Political theory: tradition and diversity. Cambridge.

Lutz, Donald S. (1992): A preface to American political theory. Kansas.

Müller, Wolfgang C. (1994): Politische Theorie und Ideengeschichte: Wozu? Österreichische Zeitschrift für Politikwissenschaft 23, 213-228.

Noetzel, Thomas/Brodocz, André (1996): Konstruktivistische Epistemologie und politische Steuerung. Zeitschrift für Politik 43, 49-66.

Steiert, Rudolf (1994): Politische Theorie: Ein Überblick. Sozialwissenschaftliche Informationen 23 (1), 5-8.

Vincent Andrew (Hrsg.) (1997): Political theory: tradition and diversity. Cambridge.

– (1997a): Introduction. S. 1-27 in: ders. (Ed.): Political theory: tradition and diversity. Cambridge.

Kapitel I
Die politische Theorie der Frankfurter Schule: Franz L. Neumann

Bernd Ladwig

Inhalt

1.   Kritische und politische Theorie

Von „Frankfurter Schule" ist oft gleichbedeutend mit „Kritischer
Theorie" die Rede. Historisch ist das nicht ganz korrekt: Eine
Frankfurter Schule im engeren Sinne ging erst aus der Lehrtätigkeit
der vormaligen Emigranten Max Horkheimer und Theodor W.
Adorno an der Frankfurter Universität der Nachkriegszeit hervor
(Wellmer 1993). Im weiteren Sinne allerdings beginnt ihre Geschichte in den dreißiger Jahren: Nachdem Horkheimer die Leitung
des Frankfurter Instituts für Sozialforschung übernommen hatte,
entfaltete sich dort eine eigenständige Spielart des „westlichen
Marxismus" (Perry Anderson): Die ‚Kritische Theorie' antwortete
auf das Ausbleiben der sozialistischen Revolutionen in den entwikkelten Gesellschaften des Westens und auf die zweifache Katastro-
phe von Faschismus und Stalinismus mit einer philosophisch begründeten und empirisch informierten Selbstkritik des historischen
Materialismus.

Das von Horkheimer zu Beginn der dreißiger Jahre entworfene
Programm eines interdisziplinären Materialismus versammelte unterschiedliche Fachperspektiven unter dem Dach einer geschichtsphilosophisch reflektierten Gesellschaftstheorie. Vor allem die
Einbeziehung von Psychoanalyse und Kulturtheorie gilt gemeinhin
als Verdienst der Frankfurter Schule; bedeutete sie doch einen
Bruch mit dem ökonomischen Reduktionismus der Zweiten (sozialdemokratischen) Internationale. Für Politikwissenschaft war hingegen ein ähnlich prominenter Platz im Forschungsprogramm nicht
vorgesehen. Weiterhin dominierte in ihm das orthodox-marxisti-
sche Bild von Politik als Funktion der Produktionsverhältnisse.

Daran sollte auch die Erweiterung des Institutsprogramms im
amerikanischen Exil nichts ändern. Zwar untersuchten die Instituts-
mitglieder Otto Kirchheimer und Franz Neumann den Wandel rechtlicher und politischer Institutionen im Übergang zum organisierten
Kapitalismus und zu faschistischen Herrschaftsformen. Diese Wissenschaftler standen aber, anders als Horkheimer, Adorno, Friedrich
Pollock und Leo Löwenthal, eher am Rande des Institutsgeschehens.
Ihre Arbeiten blieben daher ohne nachhaltigen Einfluß auf den
Denkweg der Hauptvertreter Kritischer Theorie (vgl. Jay 1976).

Dieses Desinteresse wird heute von einigen Historikern der
Frankfurter Schule als Fehler angesehen (z.B. Söllner 1982; Wig-

gershaus 1988; Honneth 1990). Die Gruppe um Horkheimer hat sich damit machtanalytisch wie normativ um mögliche Einsichten gebracht. Machtanalytisch öffneten Kirchheimers und Neumanns Arbeiten den Blick für genuin politische Hindernisse, die einer gleichberechtigten Einbeziehung freier Bürger in die Regelung ihrer gemeinsamen Belange entgegenstanden. Normativ erschlossen sie wichtige Ansatzpunkte für eine immanente Kritik der Verhältnisse.

Neumann und Kirchheimer erkannten mögliche Instanzen des Einspruchs gegen Autoritarismus, bürokratische Herrschaft und monopolistische Wirtschaftsmacht auch im liberalen Denken und in den politischen Errungenschaften des revolutionären Bürgertums. Sie sahen im demokratischen Rechtsstaat, in politischer Repräsentation und Rule of Law Momente einer wirklich gewordenen Vernunft, die eine sozialistische Bewegung zu bewahren hätte.

Nicht zufällig waren es daher Kirchheimer und Neumann, die nach dem Zweiten Weltkrieg mit besonderer Aufmerksamkeit den zaghaften und gefährdeten Versuch eines demokratischen Neuanfangs auf westdeutschem Boden begleiteten. Dabei fand zumindest Neumann immer häufiger zu Positionen, die eher liberal als marxistisch anmuten. Dieser Eindruck ist nicht völlig falsch. Jedoch könnte er von wichtigen Aspekten des Hintergrundverständnisses ablenken, das Neumanns Denken von einem geschichts- und gesellschaftstheoretisch anspruchslosen Normativismus trennte und bis zuletzt mit der Tradition Kritischer Theorie verband.

Ein wesentliches Merkmal dieser Tradition ist die Rückbindung normativer Ansprüche an historische Realanalysen. Ausdrücklich oder unausdrücklich orientieren sich alle Vertreter einer Kritischen Theorie an einem anspruchsvollen Verständnis von Freiheit oder Emanzipation. Die genauen Gehalte der grundlegenden Norm müssen allerdings von einer historisch-soziologischen Analyse erschlossen werden, die zwischen der Entfaltung von Ideen und der Entwicklung sozialer Strukturen einen systematischen Zusammenhang herstellt (Marcuse 1956: 6).

Das damit angedeutete Theorieverständnis ist nicht kontemplativ, sondern praxisbezogen: Eine Theorie der Gesellschaft sollte sich als Teil der Prozesse und Gegebenheiten verstehen, die sie untersucht, und sie sollte ihr geschichtliches Verständnis vom Gegenstand

auf ihre eigenen Kategorien übertragen. Idealtypisch gilt ihr der poli-
tisch-soziale Kampf als Bildungsprozeß und damit zugleich als Instanz der fortschreitenden Selbstaufklärung der Theorie.

Kein anderer Mitarbeiter des Instituts für Sozialforschung ent-
sprach diesem Verständnis von einer ‚Theorie im Handgemenge'
so sehr wie Neumann, den sein Freund Herbert Marcuse (1956: 5)
mit den Worten würdigte: „Neumann war in einem seltenen Sinne
ein politischer Gelehrter. Von Anbeginn war sein theoretisches
Werk beseelt von einem politischen Interesse; Politik war ihm ein
Lebenselement, und folglich versuchte er, seine akademische Arbeit mit praktischer Tätigkeit zu verbinden."

Franz Leopold Neumann wurde im Jahr 1900 als Kind deutsch-
jüdischer Eltern in Kattowitz geboren. Sein politisches Engagement begann auf den Barrikaden: Nach Ende des Ersten Weltkrieges nahm er an der rätedemokratischen Bewegung teil. Dennoch
war sein politisches Handeln in der Weimarer Republik, anders als
das seines späteren Weggefährten Otto Kirchheimer, reformisti-
scher und sogar legalistischer Natur.

Von 1923 bis 1927 arbeitete der Jurist Neumann als persönlicher Assistent Hugo Sinzheimers, des geistigen Vaters des Weimarer Arbeitsrechts. Wie dieser, so setzte auch Neumann zunächst
alle Hoffnungen in eine rechtliche Regelung der Klassenbeziehungen. In der Weimarer Verfassung sah Neumann eine geeignete
Grundlage für den allmählichen Übergang von der rechtlichen zur
materialen Gleichheit und von der bürgerlichen zur sozialen Demokratie (Offe 2002). Ab 1928 unterhielt Neumann zusammen mit
dem späteren Politikwisssenschaftler Ernst Fraenkel ein Anwalts-
büro in Berlin, wo er als Syndikus der Baugewerkschaft, seit 1932
auch des Vorstandes der SPD wirkte. Daneben lehrte er Arbeitsrecht an der Deutschen Hochschule für Politik.

Bereits im Frühjar 1933 verließ der jüdische Sozialdemokrat
Neumann das nationalsozialistische Deutschland; er gehörte zu den
ersten Deutschen, die von den neuen Machthabern ausgebürgert
wurden. Im englischen Exil verfaßte er 1936 eine (zweite) Dok-
torarbeit bei Harold Laski, einem Theoretiker der Labour Party. In
dieser Arbeit mit dem Titel *The Governance of the Rule of Law*
erwies er sich bereits als marxistisch geschulter Rechtssoziologe.
Eine vergleichende Untersuchung der deutschen, englischen und
französischen Rechtsgeschichte sollte die These stützen, daß das

zunächst formal-rationale Recht in der monopolistischen Phase des Kapitalismus rematerialisiert werde.

Wichtige Einsichten aus dieser Arbeit sind wenig später auch in dem bedeutenden Aufsatz *Der Funktionswandel des Gesetzes im Recht der bürgerlichen Gesellschaft* und im *Behemoth,* der großen Studie über die Struktur des nationalsozialistischen Deutschland, zur Geltung gelangt. Diese beiden Arbeiten bilden die wissenschaftlichen Höhepunkte der Tätigkeit Neumanns am Institut für Sozialforschung, das nach der Emigration Horkheimers und seiner Mitarbeiter in New York eine vorläufige Bleibe gefunden hatte. Neumann gehörte dem Institut von 1936 bis 1942 an. Danach arbeitete er wie auch Herbert Marcuse und Otto Kirchheimer für das Office of Strategic Services, den amerikanischen Geheimdienst. Diese Entscheidung war nicht allein von Geldsorgen bestimmt, sondern ebenso von der Einschätzung, daß sich der Nationalsozialismus nur von außen, im Bündnis mit der stärksten Macht der westlichen Welt, bezwingen lassen dürfte.

Als Berater des amerikanischen Außenministeriums und als Professor an der New Yorker Columbia University (seit 1948) befaßte sich Neumann eingehend mit einer möglichen Neuordnung der deutschen Verhältnisse. Seine Theorie der nationalsozialistischen Machteliten aus dem *Behemoth* schlug sich in der Anlage der Nürnberger Prozesse nieder, an deren inhaltlicher Vorbereitung er wahrscheinlich beteiligt war (so Perels 2002). Nicht weniger wichtig als die konsequente Bestrafung der Verbrecher erschien Neumann die schonungslose Aufklärung des Versagens im eigenen Lager: Bis zuletzt ließ er sich von der selbstkritischen Überzeugung leiten, daß der legalistische Kurs der reformistischen Arbeiterbewegung in der Weimarer Republik zum Sieg des Nationalsozialismus beigetragen habe. Nicht die Bestimmungen der Verfassung, sondern die politischen Machtverhältnisse entscheiden demnach in letzter Instanz über das Schicksal eines Gemeinwesens.

Wissenschaftspolitisch trat Neumann folglich für eine von der staatsrechtlichen Tradition hinreichend unabhängige Politikwissenschaft in Deutschland ein. Die machtanalytische Orientierung sollte allerdings stets auf die normative Frage nach den Aussichten der Freiheit in einer von Monopolen und Bürokratien geprägten komplexen Industriegesellschaft bezogen bleiben. – 1954 kam Franz Neumann bei einem Autounfall in der Schweiz ums Leben (Söllner 1982; Erd 1985; Buchstein 1992; Intelmann 1996).

2. Recht und Macht

2.1. Der Niedergang des Rechts im monopolistischen Kapitalismus

Gegenstand des wegweisenden Aufsatzes *Der Funktionswandel des Gesetzes im Recht der bürgerlichen Gesellschaft* (Neumann 1937) ist die Entwicklung des bürgerlichen Rechts im Übergang vom Konkurrenz- zum Monopolkapitalismus. An diesem Artikel treten sowohl die orthodoxen als auch die unorthodoxen Züge des von Neumann zu jener Zeit vertretenen Marxismus exemplarisch zutage. Sie bündeln sich zum Programm einer nichtreduktionistischen Gesellschaftstheorie des Rechts. Neumann räumt der Rechtssoziologie einen gewissen Vorrang ein (Söllner 1982), ohne jedoch rechtsdogmatische und rechtsphilosophische Fragen zu übergehen. Vielmehr läßt er sie in einem materialistischen Bezugsrahmen eigenlogisch zur Geltung kommen.

Für Neumann steht außer Frage, daß das Recht vor allem die Basisinstitution der bürgerlichen Gesellschaft, das Privateigentum an Produktionsmitteln, zu sichern hat. Dieser funktionalen Bestimmung untersteht der bürgerliche Staat im Ganzen. Neumann schließt daraus, daß der Staat selbst in seinen liberalsten Phasen niemals nur „schwach" gewesen ist: Stets ist zum Moment der rationalen Selbstbegrenzung im Interesse der bürgerlichen Gesellschaft das des Zwanges hinzugetreten, wenn innere oder äußere Gefährdungen der sozialen Ordnung dies verlangten. Die Spannung von Freiheit und Zwang durchzieht Politik und Recht in allen Phasen bürgerlicher Herrschaft, weil die kapitalistische Produktionsweise der äußeren Gewalt grundsätzlich nicht entraten kann.

Den Zwangsaspekt der Ordnung interpretiert Neumann nun im Lichte der von Carl Schmitt vertretenen Theorie der Souveränität: Herrschaft ist demnach nicht allein *ratio*, sondern immer auch *voluntas*: Sie äußert sich in Prärogativen und anderen Maßnahmen, die die rationale Allgemeinheit des Rechts begrenzen. Das rationale und das voluntative, das berechenbare und das unberechenbare Moment der Macht wirken in jedem Stadium bürgerlicher Herrschaft zusammen, wenn auch die relativen Gewichte sich verschieben. Diese Unterscheidung bildet den Leitfaden, an dem Neumann die Entwicklung des Rechts im Übergang vom Konkurrenz- zum Monopolkapitalismus nachvollzieht. Mit diesem Übergang soll das rationale Element im Recht nach und nach zurücktreten, bis schließlich nur mehr die juristische Verkleidung willkürlicher Herrschaft übrig bleibt.

Der monopolistische Kapitalismus benötigt allenfalls noch eine Fassade von Rationalität, da die herrschenden Gruppen stark genug sind, auch ohne den Umweg über allgemeine Regeln ihre Vorteile zu sichern. Zugleich entzieht er der Allgemeinheit des Rechts ihre Grundlagen: Wenn nicht mehr eine Vielzahl annähernd gleich starker Konkurrenten, sondern nur mehr einige wenige Machtgruppen um knappe Güter wetteifern, so wird der Sonderfall zur Regel und die auf je Einzelnes bezogene Entscheidung zum allgemeinen Erfordernis der Herrschaftssicherung.

Die normative Folie, auf der diese Verfallsgeschichte entfaltet wird, bildet die Idee des *allgemeinen Gesetzes*. Das allgemeine Gesetz ist die Form, die das Recht in der liberalen Phase des Kapitalismus angenommen hat. Dieser Form entnimmt Neumann die Bestimmungen, die er seiner Kritik der nachliberalen Rechtsentwicklung zugrunde legt. Ihre wichtigsten Merkmale sind der generelle Charakter rechtlicher Satzbildungen und die Eindeutigkeit der Normen. Als drittes Wesensmerkmal hebt Neumann das Rückwirkungsverbot hervor, das sich als logische Konsequenz aus dem Element der Allgemeinheit ergeben soll.

Eine Rechtsnorm ist ein „hypothetisches Urteil des Staates über künftiges Verhalten der Untertanen" (Neumann 1937: 37). Sie abstrahiert daher, wie bereits Rousseau (1762) hervorgehoben hat, von besonderen Personen wie von besonderen Situationen. Neumann ist nun mit Rousseau der Ansicht, daß eine rückwirkende Anwendung rechtlicher Bestimmungen unweigerlich gegen dieses Gebot verstoßen würde: Sie bestünde in der nachträglichen Anpassung einer Norm an einen besonderen Fall.

Bezieht man diesen Idealtypus auf die *ökonomische Funktion* der Sicherung des Privateigentums an Produktionsmitteln, dann scheint das rationale Recht ganz an eine besondere Phase der kapitalistischen Entwicklung gebunden zu sein. Das allgemeine Gesetz verbürgt ein Mindestmaß an Berechenbarkeit unter Bedingungen freier Konkurrenz. Es ist die unentbehrliche Grundlage der Vertrags- und der Gewerbefreiheit, die das kapitalistische „Hauptinstitut" des Privateigentums in dieser Phase einrahmen und konkretisieren.

Und wie der Vertrag die ökonomische Herrschaft über Menschen verschleiert, so verschleiert die liberale Fiktion der Souveränität des Rechts, daß politische Herrschaft von Menschen, nicht von Gesetzen als solchen ausgeht. Diese *politische Funktion* erfüllt das allgemeine Gesetz vor allem in Ländern mit parlamentarischer Herrschaft. Die Rechtsfigur der Souveränität des Parlaments verdeckt den Umstand, daß das Bürgertum seine legislative Rolle dazu nutzt, seine Privilegien zu sichern.

Der Idealtypus einer Verknüpfung von Rule of Law und parlamentarischer Gesetzgebung, den Neumann vor allem dem englischen Beispiel abgewinnt, ist demnach ambivalent. Das wird deutlich, wenn man ihn mit dem deutschen ‚Rechtsstaat' vergleicht, in dem die parlamentarische Genese der Gesetze keine wesentliche Rolle spielt. Politisch war das deutsche Verständnis von Gesetzesherrschaft reaktionär. Und doch kam dort die Rationalität des Rechts, vermittelt über soziale Reformen, den Armen und Arbeitern in höherem Maße zugute als im parlamentarisch regierten England.

Die hier getroffene Unterscheidung zwischen rationaler Form und sozialem Gehalt der rechtlich geregelten Herrschaft bewegt sich in den vertrauten Bahnen eines marxistischen Funktionalismus. Interessant ist aber, daß Neumann neben der ökonomischen und der politischen auch eine *ethische Funktion* des allgemeinen Gesetzes identifiziert: Die Rationalität des Rechts verbürgt ein Mindestmaß an Freiheit und Gleichheit. Neumann sieht folglich einen internen Zusammenhang zwischen der Allgemeinheit des Gesetzes und der persönlichen Gleichheit. Daher glaubt er behaupten zu dürfen, daß die ethische Funktion des Rechts die Bedürfnisse der freien Konkurrenz transzendiert.

Für sich genommen ist dieser Schritt von der Allgemeinheit zur Gleichheit nicht überzeugend. Die bloße Form der Regel, ihr genereller Charakter, sagt noch nichts über ihren möglichen egalitären Inhalt. Auch eine Ordnung rechtlich verbürgter Privilegien müßte die Form der Allgemeinheit nicht verletzen. Eben dies aber scheint Neumann zu meinen: Nur wo material gleiche Parteien aufeinander treffen, kann demnach die Regelung ihres Verkehrs eine wahrhaft allgemeine Form annehmen, während materiale Ungleichheiten schon als solche nach individuellen Maßnahmen verlangen. Es ist dieser von Rousseau übernommene Gedanke, den Neumann gegen die Herrschaft der Monopole wendet: „In einem System, das monopolistisch organisiert ist, kann das generelle Gesetz nicht herrschen. Ist der Staat jeweils nur mit einem Monopol konfrontiert, so ist es sinnlos, dieses eine Monopol durch ein generelles Gesetz zu normieren. Die individuelle Maßnahme ist dann die allein sachgerechte Äußerung des Souveräns" (Neumann 1937: 60).

Neumann übersieht allerdings, daß ein „hypothetisches Urteil über künftiges Verhalten" (ebd.: 37) sehr wohl mit Regeln für besondere soziale Positionen einhergehen kann. Was wäre widersprüchlich an einer Regelung, die etwa besagte, daß der Inhaber des Zinnmonopols – wer immer es sei! – über allgemeine Möglichkeiten der Preisregulierung verfügt? Erst aus der *zusätzlichen* Voraussetzung einer Gleichheit der Rechtsadressaten ließe sich jener normative Überschuß herleiten, den Neumann bereits in der Form der Allgemeinheit als solcher angelegt glaubt.

Auch muß ein Bedarf an individuellen Regelungen mit der Existenz von Monopolen nichts zu tun haben. Es könnte einfach dem Umstand geschuldet sein, „daß das staatliche Recht sich immer weniger darauf beschränken kann, eine *vorgefundene* gesellschaftliche Rationalität zu *verwalten*, vielmehr immer stärker in die Rolle ihres *Organisators* hineingedrängt wird" (Hase/Ruete 1984: 161; kursiv im Original). Auch und gerade die Bekämpfung sozialer Ungleichheiten durch einen interventionistischen Staat, der sich mit der bloßen Beschirmung einer bürgerlichen Gesellschaft nicht begnügt, dürfte allein schon aufgrund der Komplexität und Variabilität der Materien fallbezogene Regelungen in großer Zahl erfordern.

Neumann räumt selbst ein, daß die Rematerialisierung des Rechts, die im Nationalsozialismus eine totalitäre Befehlsstruktur legitimierte, eine durchaus auch fortschrittliche Vorgeschichte hatte. Das Weimarer System der „kollektiven Demokratie" beruhte auf der Überzeugung, daß das Privateigentum an Produktionsmitteln nicht lediglich ein individuelles Recht, sondern zugleich eine gesellschaftliche Institution darstelle und folglich der Einbindung in ein Geflecht autonomer Organisationen unter maßgeblicher Beteiligung der Gewerkschaften bedürfe.

Dieser Versuch einer Zähmung des Gegensatzes von Arbeit und Kapital führte auf dem Gebiet des Rechts zu einer Aufwertung der *Generalklauseln*, die auch von gewerkschaftsnahen Juristen zunächst begrüßt wurde. Aber eben diese Generalklauseln schlugen Breschen ins Gefüge des rationalen Rechts und schadeten dadurch der Sache der Sozialreform mehr, als sie ihr nutzten. Neumann spricht von „Funktionswandlungen" (ebd.: 64) der Generalklauseln, die er auf die veränderten Kräfteverhältnisse in der Endphase der Weimarer Republik zurückführt.

Seit 1931 schwand der Einfluß von Arbeiterparteien und Gewerkschaften; die Monopolisierung der Wirtschaft nahm dramatisch zu und das Parlament verlor zugunsten der Exekutive und einer rechtsschöpferisch wirkenden reaktionären Justiz an Bedeutung. Aus Sicht der ökonomisch Mächtigen machten die massendemokratischen Tendenzen eine Transformation und schließlich eine förmliche Beseitigung des Parlamentarismus erforderlich (vgl. Neumann 1934). Zugleich mußte die Vertragsfreiheit kastriert werden, die bislang den ökonomischen Außenseitern die Umgehung der Kartelle und den Arbeitnehmern die Koalitionsbildung ermöglicht hatte.

In der Konsequenz schlägt der Weimarer Institutionalismus um in ein System absoluter Herrschaft, in dem das rationale Recht durch den Führerbefehl als alleinige Rechtsquelle ersetzt wird. Ein solches Recht ist nur mehr technisches Mittel der Herrschaftssicherung. Es hat alle transzendierenden Gehalte eingebüßt, die in der formalen Rationalität des allgemeinen Gesetzes noch angelegt waren. An die Stelle einer rationalen Rechtstheorie tritt ein Dezisionismus, der allerdings von der volksgemeinschaftlichen Ideologie eines rechten Institutionalismus verhüllt wird.

Neumann erblickt darin die ironische Pointe einer Entwicklung, die in der Weimarer Zeit unter maßgeblicher Beteiligung der linken Arbeitsrechtler, nicht zuletzt seines Lehrers und Freundes Hugo Sinzheimer, vorangetrieben worden war: der Abwertung der Rechtsperson zugunsten der Institution. Der Institutionalismus des Naziregimes bringt negatorisch die freiheitssichernde Funktion ans Licht, die der ‚positivistischen' Ideologie des Vertragsdenkens und der Betonung subjektiver Rechte *auch* eignet.

Neumann ist allerdings nicht der Ansicht, daß die Kritik der linken Institutionalisten an der individualistischen Ideologie falsch gewesen sei; er sieht den entscheidenden Fehler in der Vernachlässigung der Kräfteverhältnisse. Der Legalismus von Links hat nicht so sehr die Kritik am Liberalismus überzogen, er hat die Bedeutung der gesellschaftlichen Macht unterschätzt. Diese Unterscheidung verweist auf einen Grundzug der Kritischen Theorie Neumanns, der in der gedrängten Form seiner Texte allerdings nirgendwo klar hervortritt und darum eigens expliziert werden soll.

2.2. Zum Verhältnis von funktionaler und normativer Argumentation

Die ‚Wahrheit' einer Lehre hängt im marxistischen Verständnis stets ab von ihrer Funktionalität in einer besonderen Situation. Unter ‚Funktionalität' versteht Neumann zweierlei: die Rolle, die eine Lehre im Kontext der jeweiligen Kräfteverhältnisse für die Sache der fortschrittlichsten Gruppe zu spielen vermag, und ihren möglichen Beitrag zum historisch-konkreten Verständnis des allgemeinen Interesses, dem die progressive Partei dient.

Eine Theorie kann sich als kontraproduktiv erweisen, wenn sie die Akteure in einer geschichtlichen Situation von ihren eigentlichen Aufgaben ablenkt. Ein für Neumann naheliegendes Beispiel bildet eine legalistische Lehre, die einer terroristischen Bewegung die Überwältigung ihrer machtblinden Feinde erleichtert. Eine Theorie ist aber inadäquat auch dann, wenn sie der historisch richtigen Sache keinen gewinnenden Ausdruck zu geben vermag, und dies unabhängig davon, ob sie in all ihren Zügen schlecht begründet ist.

Falsch sind demnach Doktrinen, die eine den wahren Interessen der fortschrittlichen Kräfte widersprechende Deutung der Machtverhältnisse nahe legen. Falsch sind überdies Doktrinen, die der Erkenntnis des allgemeinen Interesses in einer bestimmten Epoche entgegenstehen. Der Übersichtlichkeit halber können wir die erste Bedeutung *sozialfunktionale Falschheit*, die zweite *begründungsfunktionale Falschheit* nennen.

Davon kann nun drittens der gewöhnliche Sinn der Rede von einer ‚falschen Theorie' unterschieden werden: Eine Lehre ist falsch, wenn sie nicht den Tatsachen entspricht oder wenn sie eine ungültige Begründung für Normen gibt. Neumann sah im *Naturrecht* ein Beispiel für eine in diesem letzten Sinne falsche Theorie. Ihre unterschiedliche Spielarten beruhen allesamt auf der unhaltbaren Voraussetzung einer vorgesellschaftlichen Natur des Menschen,

und insofern werden sie zu Recht von geschichtsbewußten Autoren
wie David Hume, Hegel oder Marx verworfen (Neumann 1940).

Damit ist aber über die mögliche sozialfunktionale oder begründungsfunktionale Richtigkeit naturrechtlicher Ideen noch nichts
gesagt. In der ersten Hinsicht könnten naturrechtliche Überzeugungen den progressiven Parteien zu einem angemessenen Situations-
verständnis verhelfen, in der zweiten Hinsicht könnten sie zu einem
angemessenen Verständnis des letztendlichen Zieles der Geschichte beitragen.

Über dieses Telos läßt Neumann schon in seiner marxistischen
Phase am Institut für Sozialforschung keinen Zweifel, und er wird es
auch in seinen späteren Schriften als selbstevident ansehen: „Die
Wahrheit einer Lehre gründet in ihrer Kraft, konkrete Freiheit und
menschliche Würde zu verkörpern, in ihrer Fähigkeit, die vollständige Entfaltung aller menschlichen Möglichkeiten zu artikulieren"
(ebd.: 227). Diesem perfektionistischen Verständnis von Freiheit ist
selbst das allgemeine Gesetz untergeordnet: Auch seine Bestimmungen sind gültig nur insoweit, wie sie der Sache der Freiheit dienen.
Diese Bedingung ist allerdings unter modernen Vorzeichen, solange
staatliche Herrschaft nicht überflüssig geworden ist, erfüllt.

Auf dieser Grundlage hält Neumann zumindest den demokratischen und liberalen Lesarten des neuzeitlichen Naturrechts eine
gewisse begründungsfunktionale Richtigkeit zugute: Sie bilden eine Quelle der Idee einer rationalen Gesetzesherrschaft und stehen
somit „in vollständigem Widerspruch zur autoritären Theorie und
Praxis" (ebd.: 249). Das allgemeine Gesetz, so schreibt Neumann in
einer späteren Arbeit, ist „säkularisiertes Naturrecht" (Neumann
1954: 104). Wir können daher sagen, daß Neumann vom Naturrecht
die mythische Hülle abstreift und zum rationalen Kern der Rechtfertigung des allgemeinen Gesetzes vordringt, das die Grundnorm unver-
kürzter Freiheit für die bürgerliche Epoche, und über sie hinaus-
weisend, durch vernünftige Formgebung konkretisiert.

2.3. Der Nicht-Staat des Nationalsozialismus

Von einer solchen Rationalität war im nationalsozialistischen Staat
allerdings nichts mehr übrig geblieben. Die materiale Rationalität
der Sozialreformen war ebenso beseitigt worden wie die formale

Rationalität des allgemeinen Gesetzes. Aus diesem Grund spricht Neumann in seiner Schrift *Behemoth* (1942), der großen Studie über die politische, ökonomische und soziale Struktur der national-sozialistischen Herrschaft, dem Apparat der neuen Machthaber den staatlichen Charakter rundheraus ab. Er wendet sich damit gegen Ernst Fraenkels Theorie vom „Doppelstaat" (1941).

Fraenkel ist der Ansicht, daß das nationalsozialistische Regime in einen terroristischen „Maßnahmestaat" und einen „Normenstaat" zerfällt. Während der Maßnahmestaat die Unberechenbarkeit zum System erhebt, bewahrt der Normenstaat zumindest für den Kernbereich kapitalistischer Wirtschaftstätigkeit ein Mindestmaß an formaler Rationalität (vgl. auch Bast 1999: 280). Im Unterschied dazu sieht Neumann, der hier mit Otto Kirchheimer (1941) übereinstimmt, auch und gerade in den sozialökonomisch zentralen Bereichen das Recht auf die Erfüllung technischer Funktionen reduziert. Ein solches Regelwerk aber, das einem ethischen Minimum nicht mehr genügt, verdient nicht länger die Bezeichnung ‚Recht'.

Das hat auch eine staatstheoretische Konsequenz: Ohne ein Mindestmaß an vernünftiger Allgemeinheit ist Staat im eigentlichen Sinne der neuzeitlichen Souveränitätsvorstellung nicht denkbar. Selbst der Hobbes'sche *Leviathan* bleibt zumindest über begründungslogische Stränge an die Idee rationaler Herrschaft gebunden. Im Unterschied dazu verkörpert der „Behemoth" bei Hobbes den völligen Verlust an Recht und Ordnung. Folglich ist es diese Bezeichnung, die Neumann für das nationalsozialistische Regime reserviert. Der Nationalsozialismus ist ein Nicht-Staat (dazu Hilberg 2002).

Das Dritte Reich bestand aus einer Abfolge von ad hoc-Arrangements der mächtigsten Gruppen, die jeweils in autoritären Körperschaften organisiert waren. Da die Organisationen der Arbeiterbewegung zerschlagen und die Kirchen an den Rand der Bedeutungslosigkeit gedrängt waren, konnten die Wehrmacht, die Großindustrie, die Staatsbürokratie und die Partei die Macht unter sich aufteilen. Diese vier Gruppen entfalteten eine chaotische Elitenherrschaft, die alle Fesseln des allgemeinen Gesetzes und der materialen Vernünftigkeit abgestreift hatte.

Neumann nimmt allerdings an, daß die Ausübung der Herrschaft auch und gerade in ihrer Regellosigkeit den funktionalen Erfordernissen des monopolistischen Kapitalismus entspricht. Wie schon im Aufsatz über den *Funktionswandel des Gesetzes* sieht er im Niedergang der liberalen Welt und der Aufrichtung totaler Herrschaft eine gewisse Zwangsläufigkeit am Werk: Der Nationalsozialismus konnte das System von Weimar beerben, weil dieses an den inneren Widersprüchen einer teils noch liberalen, teils schon planmäßigen Ordnung zugrunde gehen mußte und die Arbeiterbewegung außerstande war, die innersystemische Spannung im progressiven Sinne aufzulösen.

Weil aber die sozialistische Umwälzung unterblieb, *mußten* die im Monopolkapitalismus angelegten faschistischen Tendenzen zum Zuge kommen (vgl. Intelmann 1996: 221). Mit dieser finalistischen Interpretation übernimmt Neumann im Wesentlichen die Sichtweise, die Otto Kirchheimer (1930) einige Jahre zuvor in dem Aufsatz *Weimar – und was dann?* vorgetragen hatte – damals noch zum Mißvergnügen des Reformisten Neumann, der sich in seinem Glauben an die schrittweise Verwirklichung der Gleichheit von Kirchheimers links-schmittianischer Kritik an der „Verfassung ohne Entscheidung" zunächst nicht beirren ließ.

Der faschistische Staat verwirklicht eine kohärentere Form des Kapitalismus, als die Ordnung von Weimar es vermochte. Zugleich treibt er aber die in der Produktionsweise angelegten Widersprüche durch politische Vermittlung auf die Spitze. Der in sich stimmige Monopolkapitalismus ist zugleich ein von Grund auf widersprüchliches System: Diese orthodoxe Überzeugung leitet die materialreichen Studien über die nationalsozialistische Wirtschaftsordnung im *Behemoth,* die unter maßgeblichem Einfluß Arkadij Gurlands entstanden sind (Dubiel/Söllner 1981).

Neumann legt großen Wert auf die Kontinuität, die bei allen normativ erheblichen Unterschieden zwischen dem Kollektivismus von Weimar und dem nationalsozialistischen Regime besteht. Er sieht den Nationalsozialismus nicht als grundlegend neue Ordnung an, sondern betont ihren kapitalistischen Charakter. Obwohl Planung und staatlicher Eingriff in der nationalsozialistischen Wirtschaftspolitik eine große Rolle spielen, bleiben das Privateigentum an Produktionsmitteln und mit ihm zentrale Mechanismen einer marktregulierten Profitwirtschaft erhalten: „Die Wirtschaft des nationalsozialistischen Deutschland hat zwei umfassende und hervorstechende Kennzeichen. Sie ist eine Monopolwirtschaft – *und* eine

Befehlswirtschaft. Sie ist eine privatkapitalistische Ökonomie, die durch einen totalitären Staat reglementiert wird. Als den besten Namen, sie zu beschreiben, schlagen wir ‚totalitärer Monopolkapitalismus' vor" (Neumann 1942a: 142).

Neumann wendet sich damit gegen Friedrich Pollocks Theorie des „Staatskapitalismus". Anders als Neumann sieht Pollock (1941; 1941a) mit dem Nationalsozialismus eine neue Ordnung zumindest heranreifen. Ihr wesentliche Merkmal ist der Primat der Politik: Dieser gelingt es, die Wirtschaft einer rationalen Planung im Dienste des großen Kapitals zu unterwerfen. Profite werden politisch garantiert, doch der Preismechanismus und die Orientierung am Tauschwert entfallen, und an die Stelle freier Unternehmer treten Manager. In dieser Ordnung ist die Wirtschaft, wie auch die Sozialisten es wollten, zur Verwaltungstechnik geworden, ohne daß jedoch die Ausbeutung verschwunden wäre.

Dieser Verabschiedung ökonomischer Kategorien begegnet Neumann mit dem methodischen Bekenntnis zu einer wirtschaftstheoretisch fundierten empirischen Forschung. Dabei geht es ihm nicht um die Wirtschaft als besonderen funktionalen Bereich, sondern um den gesamtgesellschaftlichen Erklärungsanspruch einer Kritik der politischen Ökonomie (Dubiel/Söllner 1981: 17). Auch will er die These vom Primat der Politik nicht pauschal zurückweisen, sondern differenzierter belegen und überzeugender deuten, als Pollock dies auf der Grundlage seines Idealtypus vermag. Neumann geht davon aus, daß der Befehl und der Verwaltungsakt den Vertrag und die Gewerbefreiheit als wichtigste „Hilfsgarantien" des Privateigentums ersetzt haben. Die Verfügung über den Staatsapparat ist daher heute „der Angelpunkt, um den sich alles dreht" (Neumann 1942a: 141f.). Dieser Befund soll jedoch nicht gegen, sondern für einen *methodologischen* Primat der ökonomischen Kategorien sprechen.

Neumanns umfangreiche Studien über die ökonomischen Machtgruppen und die Selbstverwaltung der Wirtschaft führen zu dem Ergebnis, daß die wahren Herren der nationalsozialistischen Wirtschaftsorganisationen die Kartelle sind, welche die ‚öffentlichen' Organe dazu benutzen, sich unliebsamer Konkurrenten zu entledigen. Die Eigendynamik des monopolistischen Kapitalismus bleibt somit in befehlswirtschaftlich vermittelter Form erhalten. Zudem unterliegen die planwirtschaftlichen Elemente des Nationalsozialismus der wachsenden Kontrolle durch private Akteure, unter denen sich neben Managern auch große Kapitalisten finden.

Ein zentraler Vorwurf Neumanns an Pollock lautet, daß dieser den Staatskapitalismus, folglich auch das nationalsozialistische System, als ultrastabile Form vor. Herrschaft gezeichnet habe. Der ausgiebige Gebrauch, den Neumann im *Behemoth* von ökonomischen Kategorien macht, soll nicht zuletzt diesen Eindruck innerer Unverwundbarkeit entkräften: Neumann legt großen Wert auf den Nachweis, daß der Nationalsozialismus, weil er den Kapitalismus inkorporieren muß, an inneren Widersprüchen krankt und folglich nicht das ‚Tausendjährige Reich' sein kann, als das die neuen Herren ihn ausgeben.

Praktische Konsequenzen allerdings vermag auch Neumann aus dieser Überzeugung nicht zu ziehen. Nicht innerer Widerspruch, sondern äußerer Widerstand sollte das Schicksal des Regimes besiegeln. Neumann selbst hat dies geahnt und als Mitarbeiter des amerikanischen Geheimdienstes auf die militärische Bekämpfung des Systems gesetzt. An die deutsche Arbeiterklasse als entscheidenden Akteur konnte er aus guten Gründen nicht mehr glauben. Er wird diesen Glauben auch nach dem Krieg nicht wieder gewinnen (vgl. Erd 1985).

2.4. Politische und soziale Macht

Ein Marxismus ohne historisches Subjekt ist eine Kuriosität – niemand sieht das klarer als der praktisch veranlagte Franz Neumann: „Wer die wissenschaftliche Methode des Marxismus von der Praxis isoliert und die politische Praxis ausstößt, mag ein guter Wissenschaftler sein, ist aber nicht mehr Marxist" (Neumann 1950a: 509). Aber auch die lediglich innerwissenschaftliche Bedeutung marxistischer Kategorien erfährt in Neumanns Nachkriegsschriften eine deutliche Abwertung. Weder am Totalitätsanspruch der Gesellschaftstheorie noch am methodologischen Vorrang der politischen Ökonomie hält er länger fest. In seinen letzten Lebensjahren ist Neumann ein soziologisch orientierter Politikwissenschaftler.

Die Entscheidung für die Politikwissenschaft verrät nicht zuletzt eine veränderte Einschätzung der Rolle politischer Macht.

Weiterhin ist Neumann davon überzeugt, daß der entscheidende Fehler der Arbeiterbewegung in der Endphase der Weimarer Republik die Verwechslung von Recht mit Macht gewesen ist: Nach wie vor nimmt er an, daß die Macht und nicht das Recht in letzter Instanz über das Schicksal einer Gesellschaft entscheidet. Er bestreitet allerdings, daß politische Macht in jedem Fall eine Funktion der Produktionsverhältnisse sein muß.

Mehr und mehr neigt der späte Neumann zu der Ansicht, daß die Politik ein hohes Maß an Autonomie besitzt und zumindest in den entwickelten Ländern im Begriff ist, die Ökonomie unter ihre Kontrolle zu bringen. Was die Einschätzung des Nationalsozialismus betrifft, so bringt ihn das in eine nachträgliche Nähe zu Pollock: Wie dieser, erkennt rückblickend auch Neumann im untergegangenen Dritten Reich den Keim einer neuen Ordnung. Er vermutet sogar, daß das „sowjetische Muster" sich in Deutschland durchgesetzt hätte, wären die Nationalsozialisten siegreich geblieben (Neumann 1950b: 94).

Allerdings muß die politische Macht nicht zwangsläufig fatale Formen annehmen. Weil er den ökonomischen Imperativen nicht länger eine determinierende Kraft zuschreibt, kann Neumann auch die These eines notwendigen Entsprechungsverhältnisses von nachliberalem Kapitalismus und totalitärer Herrschaft preisgeben. Der organisierte Kapitalismus kann, muß aber nicht in absolute Machtausübung münden. Politische Macht kann schon deshalb nicht nur negativ sein, weil sie erforderlich ist, um sozialer Macht entgegenzuwirken und ein ungefähres Gleichgewicht der gesellschaftlichen Kräfte zu wahren (Neumann 1949). Wer Eingriffe der Verwaltung pauschal als Beschränkung der Freiheit verurteilt, zeigt sich blind für die freiheitsgefährdenden Auswirkungen sozialer Ungleichheiten.

Weder ein rein negatives Verhältnis zur politischen Macht noch ihre Verherrlichung, weder einen radikalen Liberalismus noch eine Verklärung des Obrigkeitsstaates hält Neumann für vernünftig. Wird im ersten Fall zwischen dem Einzelnen und der Macht ein Verhältnis der Fremdheit behauptet, so im zweiten Fall eines der Verschlingung. Wünschenswert wäre es hingegen, wenn dem einzelnen die Macht bis zu einem gewissen Grad fremd bleiben und er sie dennoch *auch* als seine Macht begreifen könnte. Das aber setzt eine verantwortliche Ausübung und rationale Einhegung staatlicher

Gewalt voraus (Neumann 1950b). Diese Leitidee möchte Neumann
für die Demokratie in komplexen Industriegesellschaften konkretisieren, um ein historisch angemessenes Bild von den Möglichkeiten menschlicher Freiheit zu gewinnen.

Unter ‚Verantwortlichkeit' politischer Macht versteht Neumann
im Wesentlichen ein repräsentatives System. Er wendet sich gegen
Rousseaus Idee einer Identität von Herrschern und Beherrschten und
setzt ihr die bescheidenere Norm einer Wählbarkeit von Repräsentanten entgegen, die aus eigenem Recht, aber im Interesse der gesamten Wählerschaft handeln (Neumann 1954: 132f.). Einer massenhaf-
ten Beteiligung an der politischen Entscheidungsfindung steht Neumann skeptisch gegenüber. „Sponane Reaktionen" der Wähler auf
einmal getroffene Entscheidungen müssen allerdings möglich bleiben
und vor allem durch politische Bildung auch gefördert werden.

Für die Einhegung der Macht ist zunächst das rationale Recht
zuständig. Seine Aufgabe ist primär negativ bestimmt: Das Recht
soll der Gefahr einer Tyrannei der Mehrheit wehren und zugleich
dem einzelnen ermöglichen, in einer gewissen Distanz zum politischen System den eigenen Vorstellungen vom Guten nachzugehen.
Auf diese Weise wird die relative Legitimität politischer Entfremdung institutionell anerkannt. Die Form dieser Anerkennung bildet
eine generalisierte „Vermutung für die Freiheit": Nicht die Ab-
wehr, sondern die Anwendung staatlichen Zwanges bedarf grundsätzlich der Rechtfertigung. Neumann läßt indes keinen Zweifel
daran, daß das Recht nicht *von außen* die politische Macht begrenzt, sondern eine Form ihrer *Selbstbegrenzung* darstellt (Neumann 1955: 259). Zudem hält er die Möglichkeiten des Rechts,
verantwortliches Handeln von Verwaltungen zu garantieren, für
eingeschränkt, und das aus zwei Gründen.

Der *erste* Grund liegt in der Wandelbarkeit der sozialen Welt,
mit der die staatlichen Instanzen zu Rande kommen müssen: Die
statischen Regeln des Rechts lassen sie dabei oft im Stich, so daß
sie sich bei vielen Entscheidungen nicht auf kodifizierte Bestimmungen stützen können. Anders als die Einhaltung expliziter Regeln
kann das *Ermessen* des Gesetzgebers und des Beamten gerichtlich
nicht überprüft werden, „aber gerade im Ermessen liegt die ganze
Problematik der Politik beschlossen" (Neumann 1950: 380).

Neumann kommt hier auf seine frühere, von Carl Schmitt beeinflußte Diskussion des voluntativen Moments der Macht zurück.

Nach wie vor betont er diesen Willensaspekt und damit die Grenzen einer rechtlichen Regelbarkeit politischen Handelns. Nicht zuletzt aus diesem Grund wird er in seiner Theorie der politischen Freiheit (Neumann 1954) auf das sogenannte „Willenselement" großen Wert legen und die spontanen Reaktionen gebildeter Bürger für ebenso wichtig erachten wie die Bereitschaft verantwortlicher Eliten zur Selbstbindung an die Form des Rechts und den rationalen Willen ihrer Wähler.

Eine *zweite* Grenze findet das Recht in den sozialstrukturellen Bedingungen der Demokratie. Die Rückkehr zu einem Kapitalismus der freien Konkurrenz hält Neumann für faktisch unmöglich und normativ nicht wünschenswert. Auch glaubt er nicht länger, daß der organisierte Kapitalismus per se die politische Freiheit zerstören muß. Als entscheidend gilt ihm jetzt ein ungefähres Gleichgewicht der gesellschaftlichen Kräfte. Dessen Sicherung ist die eigentliche Funktion sozialer Rechte und die eigentliche Legitimation für staatliche Eingriffe ins wirtschaftliche Geschehen. Diese Überzeugung bringt Neumann in eine große äußerliche Nähe zur Theorie des Neopluralismus seines Freundes Ernst Fraenkel (vgl. Buchstein 1992: 230ff.).

Neumann vertritt eine soziologische Theorie der Gewaltenteilung, die er von einer juristischen Theorie vernünftiger Verfassungsbestimmungen scharf absetzt. Bereits die Montesquieu'sche Lehre der Gewaltenteilung sollte nicht in erster Linie auf die konstitutionelle Form, sondern auf den sozialen Unterbau einer Gesellschaft bezogen werden. Ihre zeitgemäße Erfüllung findet sie dann nicht in einer Trennung von legislativer und ausführender Gewalt, sondern in einer souveränen Instanz, die von einer unabhängigen Justiz überwacht und von unabhängigen gesellschaftlichen Organisationen, den Parteien und Verbänden, umgeben wird (Neumann 1949: 185f.). Neumann wünscht sich ein hohes Maß an Konzentration der staatlichen Kräfte *und zugleich* maximale Autonomie auf Seiten der organisierten sozialen Akteure.

Die Bündelung der Handlungsfähigkeit des Staates an einem ‚Punkt' der Souveränität scheint ihm erforderlich, um der sozialen Macht möglichst effektiv entgegentreten zu können. Für die Forderung nach Unabhängigkeit der gesellschaftlichen Organisationen, die in schroffem Gegensatz zum gewerkschaftlichen Verlangen nach organisierter Mitbestimmung steht, nennt er mehrere Gründe, ohne sie allerdings in eine klare Ordnung zu bringen. Sein prinzipieller Einwand lautet, daß korporative Arrangements den allgemeinen Willen zersetzen: Gewerkschaften und andere Verbände vertreten besondere Interessen, der Staat hat für das Gemeinwohl zu sorgen (Neumann 1954: 132).

Neumann wäre aber nicht der politische Soziologe, der er ist, würde er nicht auch eine funktionale und auf die geschichtliche Situation bezogene Begründung geben. Ihr Kern ist die Behauptung, daß parastaatliche Organisationen oligarchische Züge annehmen müssen und daher die Verselbständigung von Eliten und zugleich die politische Entfremdung der Mitglieder fördern. Auf diese Weise wird die Fähigkeit der genuin gesellschaftlichen Akteure, staatliche Macht zu begrenzen, doppelt gefährdet: durch fehlende Unabhängigkeit der Führung und durch politische Apathie der Gefolgschaft. Hinter dieser Überzeugung steht, wie unschwer erkennbar, die Kritik des vormaligen Legalisten an der Strategie der reformistischen Arbeiterorganisationen in der Endphase der Weimarer Republik (Buchstein 1992: 239).

Neumann unterscheidet zwei Manifestationen moderner Macht und bringt sie zugleich in einer kausalen Zusammenhang: die Verstaatlichung *von* Organisationen und die Entfremdung *in* Organisationen. Das ist gewiß überzeugend, aber doch nur die halbe Wahrheit. Auch unabhängig von ihrem möglichen parastaatlichen Charakter erschweren schon die Größe und die bürokratische Struktur moderner Organisationen ein selbstverantwortliches und kompetentes Handeln der Mitglieder. Neumann (1950: 378) selbst bezeichnet „Bürokratisierung" und „Komplizierung" als Grundprobleme der Demokratie in industriellen Gesellschaften. Er zieht daraus aber nicht den Schluß, nach einer konsequenten, wenn auch für besondere Zwecke und Funktionen sensiblen Demokratisierung aller öffentlich relevanten Handlungsbereiche zu verlangen.

Wer dies fordert, übersieht Neumann zufolge, „daß die Theorie der Demokratie nur für den Staat und seine territorialen Untergliederungen gilt, niemals hingegen für eine spezifische Funktion. Es gibt nur eine Demokratie, die politische Demokratie, hier allein können die Grundsätze der Gleichheit wirksam werden" (Neumann 1954: 131). Diese apodiktische Behauptung nimmt die Fundamentalkritik vorweg, die Wilhelm Hennis (1973) seit dem Ende der sechziger Jahre an Idee und Begriff der ‚Demokratisierung' üben sollte. Sie bedeutet die denkbar größte Entfernung Neumanns von den Motiven linker Politikwissenschaftler, die die Intentionen Kritischer Theorie in ihrem Fach zur Geltung bringen wollen. Was aber liegt ihr zugrunde?

Entscheidend ist wohl, daß sich Neumann vorbehaltlos mit der Bürokratietheorie Max Webers identifiziert. Folglich nimmt er an, daß die unterschiedslose Anwendung demokratischer Methoden die formale Rationalität von Organisationen, die auf die Erfüllung besonderer Funktionen zugeschnitten sind, untergraben würde. Die erste Tugend der Demokratie ist die Gleichheit, die erste Tugend von Wirtschaft und Verwaltung ist die Effizienz. Ein hohes Maß an interner Hierarchie ist folglich der Preis für ein allgemein vorteilhaftes Niveau der Wohlfahrt und der Sicherheit.

2.5. Politische Freiheit

Was immer von dieser empirischen Behauptung zu halten ist, sie steht in einer deutlichen Spannung zu dem perfektionistischen Verständnis von Freiheit, an dem Franz Neumann bis zuletzt festgehalten hat. Wohlfahrt und Sicherheit sind gewiß zentrale Mittel, die Verwirklichung aller menschlichen Möglichkeiten aber ist der oberste Zweck politischen Denkens und Handelns. Diese Freiheit hat eine juristische, eine kognitive und eine volitive Bedeutung (Neumann 1954).

Das *juristische* Element liegt in der negativen Freiheit vom Staat, die Neumann unter der Bedingung moderner Machtkonzentration für unverzichtbar hält und deren enge Grenzen wir bereits kennengelernt haben. Ihr stellt Neumann ein *kognitives* Element an die Seite. Mit diesem Element kommt ein zentraler Aspekt des modernen Autonomiegedankens ins Spiel, der über den rechtlichen Schutz der Willkürfreiheit hinausgeht: Freiheit ist nicht allein Abwesenheit von Zwang, sie ist zugleich Einsicht in die Notwendigkeit. Diese von Spinoza über Hegel bis Marx wiederholte Formel spezifiziert Neumann für die Bereiche der naturwissenschaftlichen, der psychologischen und der historischen Erkenntnis.

An der Erkenntnis der Natur interessiert ihn nicht allein die Ermöglichung technischer Eingriffe, sondern zugleich die Vertreibung von Furcht und Aberglauben. Eine unheilvolle Dialektik der

Aufklärung kann Neumann darin nicht erkennen. Anders als Horkheimer und Adorno vermutet er keinen internen Zusammenhang
zwischen einer Herrschaft über die ‚äußere' und einer Herrschaft
über die ‚innere' Natur der Menschen (vgl. Neumann 1950: 82).

Die psychologische Erkenntnis hat Neumann nur in einem einzigen Aufsatz, *Angst und Politik* (Neumann 1954a), eingehend gewürdigt. In diesem späten Text versucht er zu verstehen, welche
triebdynamischen, sozialen und politischen Mechanismen den Formen irrationaler Angst zugrunde liegen, die Menschen zur möglichen Beute von Demagogen machen. Seine psychologischen Kategorien gewinnt Neumann aus einer orthodoxen Lesart von Freud
(dazu kritisch Honneth 2002). Dabei interessieren ihn vor allem die
Theorien des Aggressions- und des Todestriebes sowie der Begriff
der Identifikation. Neumanns Überzeugung, daß sich verantwortliche Bürger weder der politischen Macht vorbehaltlos überlassen
noch sich ihr völlig entfremden dürfen, soll eine Entsprechung in
Freuds Kritik an regressiven Bindungen finden. Neumann schwebt
eine rational vermittelte Identifikation mit demokratischen Institutionen vor, die der affektiven Identifikation mit einem ‚Führer'
vorbeugen soll.

Auch für die Erkenntnis der Geschichte ist Einsicht in die Notwendigkeit wesentlich. Da Geschichte von Menschen gemacht
wird, sind es hier die nichtintendierten Folgen von Handlungen, die
uns zur Anpassung zwingen, indem sie den Raum menschlicher
Möglichkeiten vorab *begrenzen*. Diese Einsicht kann uns vor uto-
pischem Überschwang bewahren; andererseits darf sie nicht verabsolutiert werden. Weil die Geschichte Menschenwerk ist, hat ihre
Erkenntnis immer auch eine kritische und programmatische Bedeutung: Sie kann uns helfen, die Gesellschaft auf intelligente
Weise zu verbessern, eben weil sie uns einen Raum menschlicher
Möglichkeiten erschließt.

Das Erfordernis menschlichen Handelns verweist auf das *Willenselement* der Freiheit. Darunter versteht Neumann vor allem
die aktivische Seite der Identifikation des Staatsbürgers mit seiner Rolle und mit den Institutionen, die freies Handeln ermöglichen. Der Gegenbegriff ist politische Entfremdung. Sie kann von
einem Desinteresse an Politik bis zur freiwilligen Unterwerfung
unter „cäsaristische" Führer reichen. Angst ist eine mögliche Ursache der Entfremdung, und ihr wiederum liegt häufig ein Ver-

kennen oder eine Vereitelung von Handlungsmöglichkeiten zugrunde.

Was aber hat eine Demokratie, wie Neumann sie unter modernen Bedingungen einzig für sinnvoll hält, den Menschen zu bieten? Wie günstig sind die Aussichten, wie groß die Handlungsräume und wie gehaltvoll die Alternativen, die sie ihnen eröffnen kann? Neumanns Spätwerk stimmt eher skeptisch: Wie gezeigt, steht es zu sehr im Banne der Bürokratiethese Webers, um den Gedanken einer Ausweitung der Demokratie auf alle öffentlich relevanten Handlungsräume zu erlauben.

Wenig hilfreich sind auch die Formulierungen, in denen Neumann das Verhältnis von Demokratie und Partizipation umreißt. In dem programmatischen Vortrag *Die Wissenschaft der Politik in der Demokratie* von 1950 bestimmt er das Ziel der Demokratie als „Verwirklichung der Freiheit des Menschen durch Massenbeteiligung an ihrer Verwirklichung" (Neumann 1950: 376). Noch vier Jahre später, in dem Text *Zum Begriff der politischen Freiheit,* lobt er das demokratische politische System als „das einzige, das das aktivistische Element der Freiheit institutionalisiert" (Neumann 1954: 126). Im selben Aufsatz findet sich aber auch die viel zitierte Auskunft, daß das Wesen des demokratischen politischen Systems „nicht in der Beteiligung der Massen an politischen Entscheidungen [besteht], sondern darin, politisch verantwortliche Entscheidungen zu treffen" (ebd.: 132).

Diese wenigen, aber zentralen Zitate lassen vermuten, daß Neumann schwankt, ob der Beitrag der politischen Beteiligung zur Freiheit *instrumenteller* oder *konstitutiver* Natur ist. Die erste Ansicht scheint schon begrifflich unplausibel: Eine als Entfaltung aller menschlichen Möglichkeiten verstandene Freiheit (Neumann 1955a: 293) müßte die Partizipation an den öffentlichen Angelegenheiten einschließen. Die folgerichtige zweite Ansicht wird von Neumann in den beiden ersten Zitaten selbst nahegelegt, während er ihr im dritten Zitat widerspricht. Wenn jedoch moderne Demokratie nur in der verdünnten Form einer verantwortlichen Ausübung der Macht möglich sein soll, ist politische Entfremdung eine naheliegende und sogar rationale Reaktion: Auf Selbstverwirklichung darf die große Mehrzahl der Menschen dann nur mehr in privaten Nischen hoffen (ähnlich Buchstein 2002).

3. Zur Kritik an einem (selbst-)kritischen Theoretiker

3.1. *Die zeitgenössische Kritik aus dem ‚inneren Kreis'*

Unter seinen New Yorker Kollegen am Institut für Sozialforschung
galt Franz Neumann in den dreißiger und frühen vierziger Jahren
als vergleichsweise orthodoxer Marxist, der an einem Ökonomismus festhielt, den die Kerngruppe um Horkheimer gerade überwunden wollte. An dieser allgemeinen Einschätzung können zwei
Aspekte unterschieden werden (vgl. Jay 1976: 175ff.; Erd 1985:
97). Zum einen bezieht Neumann weder die Kulturtheorie noch die
Psychonalyse in seine Analysen ernsthaft ein. Die subjektiven
Grundlagen totaler Herrschaft, wie der ‚innere Kreis' am Institut
sie sieht, finden bei dem eher an einer funktionalen Theorie von
Institutionen interessierten Rechtssoziologen keine systematische
Beachtung.

Wichtiger noch ist die Zurückweisung von Neumanns Kritik an
Pollocks Theorie des Staatskapitalismus. Der *Behemoth* entfaltet
eine marxistische Argumentation, in der die genuin ökonomischen
Kategorien eine tragende Rolle spielen, während Pollock davon
ausgeht, daß Ökonomie tendenziell auf Sozialtechnologie reduziert
wird. Die Kontroverse erhält eine institutspolitische Note nicht
zuletzt durch Pollocks enge Freundschaft mit Max Horkheimer:
Noch Jahre nach der Rückkehr aus dem amerikanischen Exil wird
Horkheimer eine Übersetzung des *Behemoth* ins Deutsche erfolgreich hintertreiben (Erd 1985: 125).

Die sachliche Beurteilung der Kritik wird vor allem davon abhängen, wie stark man die funktionalistischen und deterministischen
Züge in Neumanns Argumentation gewichtet. Gewiß bemüht sich
Neumann an vielen Stellen seines Hauptwerkes um den Nachweis,
daß die faschistische Herrschaft mit Bezug auf die funktionalen Erfordernisse des Monopolkapitalismus erklärt werden müsse. Andererseits aber betont er wie kein anderer den radikal kontingenden
Charakter der Bündnisse, die jeweils die genaue Machtstruktur des
Systems bestimmen. Neumann nimmt damit für einen besonderen
Fall die Formel des eurokommunistischen Theoretikers Nicos Poulantzas (1978: 119) vom „Staat als Verdichtung eines Kräfteverhält-
nisses" vorweg; allerdings spielt die Arbeiterklasse als eigenständiger
Machtfaktor im nationalsozialistischen Regime keine Rolle.

Diese Spannung zwischen funktionalistischen und handlungstheoretischen Momenten ist ohne Zweifel irritierend. Neumann kann nicht wirklich erklären, warum die langfristigen Interessen des monopolistischen Kapitals am besten in einem Machtgefüge aufgehoben sein sollen, das selbst eines Mindestmaßes an Berechenbarkeit entbehrt und zudem von rassistischen Fanatikern durchsetzt ist.

Interessanter ist daher die handlungstheoretische Betonung des ergebnisoffenen Kampfes um relative Machtpositionen. Wenn die staatliche Struktur von einer antagonistischen Kooperation heterogener Gruppen geprägt wird, dann kann die Entwicklungsrichtung des Systems immer nur vorläufig im Medium strategischen Handelns abgesteckt werden. Die funktionale Ableitung der Dominanz eines besonderen Interesses ist damit ausgeschlossen. Sollte sich die Vermutung eines bestimmenden Einflusses kapitalistischer Verwertungsimperative dennoch bestätigen, so *als empirische Hypothese.* Daß der *Behemoth* schließlich als unübertroffene Gesamtanalyse des nationalsozialistischen Systems anerkannt werden sollte (vgl. Mills 1972; Schäfer 1977; Wilson 1982), verdankt er denn auch eher der empirischen Beobachtung eines anarchischen Nebeneinanders konkurrierender Machtgruppen als der ökonomistischen Festlegung auf die Zweckdienlichkeit ihrer Kämpfe für die Sache des Kapitals.

3.2. Die Rezeption im Vorfeld und Umkreis der außerparlamentarischen Opposition

Im Gegensatz dazu konzentrierte sich die Rezeption Neumanns im Kontext der außerparlamentarischen Opposition nicht zufällig auf die politökonomisch fundierte Verfallstheorie des Rechts, die ja wesentlich von der Suggestion funktionaler Zwangsläufigkeiten zehrt. Daß Neumann, nach einer längeren Zeit der Nichtbeachtung (vgl. Hase/Ruete 1984; Luthardt 1984), im Windschatten der Bewegung wiederentdeckt wurde, lag nicht zuletzt an der negativistisch gewendeten Orthodoxie seiner im Exil verfaßten Schriften.

Die zeittypische Hinwendung zu marxistischen Argumentationsfiguren erklärt zugleich, warum das ohnehin fragmentarische Spätwerk Neumanns bei der ‚Bewegung' keinen Widerhall fand. Dieser Werkabschnitt, der mit seinen resignativen Zügen und seiner defensiven Behandlung des liberaldemokratischen *Status quo* schon die wenigen Rezensenten in den fünfziger Jahren teils verwirrte, teils enttäuschte (Kirchheimer 1957; Kettler 1957), vertrug sich nicht mit dem Interesse an einer radikalen Theorie in praktischer Absicht. Neumanns späte Orientierungsversuche „[b]etween Marxism and liberal democracy" (Hughes 1975) konnten oder wollten soziale Akteure, die sich diesbezüglich fürs erste festgelegt hatten, nicht nachvollziehen.

Bereits der junge Jürgen Habermas, der auch Neumanns spätere Arbeiten aufmerksam rezipiert hatte, gab der bei Neumann eher minimalistisch gemeinten Idee einer rationaler Kontrolle politischer Macht eine partizipatorische Wendung. Zugleich stellte er sie in die von Wolfgang Abendroth erneuerte Perspektive einer sozialen Demokratie. Wie Neumann, so wendet sich auch Habermas gegen eine Hypostasierung politischer Beteiligung zum Selbstzweck. Wie jener, so bindet er die Idee der Demokratie an die Norm einer rationalen Autorität. Diese Norm aber verknüpft er nicht so sehr mit dem Prinzip der Repräsentation als mit dem der Selbstregierung eines aufgeklärten Demos.

So verrät die folgende Formulierung deutlich Neumanns Einfluß und weist zugleich auf die radikaldemokratische Bewegung der späten sechziger Jahre voraus: „[I]n dem Maße, in dem mündige Bürger unter Bedingungen einer politisch fungierenden Öffentlichkeit, durch einsichtige Delegation ihres Willens und durch wirksame Kontrolle seiner Ausführung, die Einrichtung ihres gesellschaftlichen Lebens selber in die Hand nehmen, wird personale Autorität in rationale überführbar" (Habermas 1958: 12).

Gewiß spielte Neumanns Werk in den späten sechziger Jahren nicht annähernd die Rolle, die den Arbeiten seines Freundes Herbert Marcuse zukam. Immerhin aber erlaubte es linken Juristen um die 1968 gegründete Zeitschrift *Kritische Justiz*, ihre Wahrnehmung von Notstandsgesetzen, maßlosen Polizeieinsätzen und politisch motivierter Rechtsprechung auf die vorgeblich funktional notwendige Verdrängung von *ratio* durch *voluntas* zurückzuführen und damit in eine totalisierende Zeitdiagnose einzufügen. Vermutet wurden etwa eine allgemeine „Tendenz zum Rückfall der Staatsgewalt in die Verhältnisse undomestizierter, unkontrollierter sozialer Teilgewalt" (Hofmann 1968: 6) und eine Entwicklung des zeitgenössischen Rechts „vom Formalismus zum Finalismus" (Unterseher 1968: 98) –

Entwicklungen, die sich jeweils mit dem Übergang vom Konkurrenz-
zum Monopolkapitalismus erklären lassen sollten.

Überboten wurde dieser an Neumann geschulte Funktionalismus noch von Ulrich K. Preuß, der Neumanns – und Kirchheimers
– Rechtskritik durch ‚Ableitung' aus der Wertform zur Diagnose
eines irreversiblen Verfalls der Reste eines rationalen Rechts zu-
spitzte. Dieser Verfall ist vollendet, wenn, wie im System des Bon-
ner Grundgesetzes vorgeblich geschehen, die vernünftige Form des
Rechts ganz von der falschen Konkretheit einer materialen Wert-
ordnung aufgezehrt worden ist (Preuß 1973; zur Kritik siehe Blanke 1984).

3.3. Heutige Einwände

Diese These einer Totalregression des Rechts wird mittlerweile
nicht allein deshalb zurückgewiesen, weil Ableitungstheoreme und
andere marxistische Globalvermutungen aus der Mode gekommen
sind. Soweit sie negatorisch auf Neumanns Idealtypus der rationalen Allgemeinheit des Gesetzes beruht, soll sie auch an der Unan-
gemessenheit eben dieses Maßstabes scheitern. Friedhelm Hase
und Matthias Ruete (1984) jedenfalls kontrastieren Neumanns
idealisiertes Bild der ursprünglichen Gesetzesherrschaft mit der
gegenläufigen Entwicklung des englischen Rechts. Dieses bildet
ein prominentes Beispiel für die von Neumann kategorial ausgeschlossene Möglichkeit eines rationalen Richterrechts. Im englischen Fall wird Rationalität nicht durch Kodifizierung formaler
Bestimmungen verwirklicht, sondern durch einen über Präjudizien
vermittelten Fortgang des gesprochenen Rechts, das seine Kohärenz „der strukturierenden Kraft des gesamtgesellschaftlich-ideo-
logischen und des juristischen Diskurses" verdankt (ebd.: 159).

Man könnte in diesem Zusammenhang auch an die Arbeiten des
amerikanischen Rechtsphilosophen Ronald Dworkin (1986) denken. Dworkin führt die potentielle Rationalität eines Richterrechts
auf die regulative Rolle von *Prinzipien* in Verfahren der Rechts-
auslegung und Rechtsfortbildung zurück. Seine Überlegungen ergänzen die Alternative von rationaler Allgemeinheit und irrationaler Konkretheit um die von Neumann ausgeschlossene dritte Möglichkeit einer moralisch gehaltvollen Hermeneutik des Rechts.

Die Kritik von Hase und Ruete und der Hinweis auf Rechtsprinzipien können verdeutlichen, was Thomas Blanke (1984: 188f.) mit Blick auf Neumann und seine neomarxistischen Nachfolger zu dem folgenden Einwand generalisiert: „Im Kern ist die politökonomisch orientierte Rechtsformtheorie an ihren ökonomistischen Reduktionismus gescheitert, an der vereinseitigenden Zurückführung aller Systemzwänge auf letztinstanzlich wirkende ökonomische Imperative (womit die spezifische Logik der Funktions- und Selektionsmechanismen des politisch-administrativen Systems ausgeklammert bleibt) und die speziell für eine Rechtstheorie ebenso erstaunliche wie verhängnisvolle Nichtberücksichtigung der Dimension sozialer Traditionen, ‚Werte‘ und kultureller Normen andererseits."

Im Lichte dieser Globalkritik könnte nun das Spätwerk Neumanns gerade aufgrund seines Verzichts auf ökonomistische Vorentscheidungen einen unvermuteten Glanz entfalten. Daß es das jedenfalls in den Augen der heutigen Kritik keineswegs tut, liegt nicht allein an seinem fragmentarischen Erscheinungsbild. In seinem wesentlich zustimmenden Verhältnis zur liberalen Demokratie der fünfziger Jahre lasse es vielmehr jede Einsicht in die von Blanke angesprochenen „Funktions- und Selektionsmechanismen des politisch-administrativen Systems" vermissen. Zugleich fehle ihm das Sensorium für die kulturellen Dimensionen politisch-sozialer Ordnungen. Darunter leide vor allem der Versuch, dem voluntativen Moment der Freiheit einen sozialen Träger zuzuordnen. Dieses Problem wird noch ‚objektivistisch‘ verschärft durch Neumanns resignativen Glauben an die schicksalhafte Rolle der Bürokratie in modernen Gesellschaften.

Hubertus Buchstein (1991) ist in diesem Sinne der Ansicht, daß Neumann eine zu weit gehende Verselbständigung der politischen Macht akzeptiert. Buchstein erklärt sich diesen ‚realistischen‘ Grundzug mit Neumanns Hoffnung auf einen Gebrauch politischer Macht für positive soziale Ziele: Die Apologie eines möglichst effektiven Verwaltungshandelns steht im Zeichen sozialreformerischer Erwartungen. Weil dieser linke Etatismus blind ist für mögliche Selektivitäten und verzerrende Filterwirkungen der politischen Macht selbst, trägt er zu einer Kritischen Theorie *des Politischen* auch dann nichts bei, wenn seine Absichten im übrigen sympathisch sein mögen.

Die Hinnahme bürokratischer Macht birgt zudem fundamentale Gefahren für die Demokratie: Sie fördert politische Entfremdung und

bereitet damit den Boden für neurotische Ängste. Die ‚realistische'
Reformulierung des demokratischen Ideals verträgt sich nicht mit
Neumanns eigener Einsicht in die fatalen Rückwirkungen eines ver-
breiteten Gefühls der Handlungsunfähigkeit auf die subjektiven
Grundlagen der Demokratie (so auch Buchstein 2002).

Buchsteins Kritik schlägt damit zugleich eine Brücke zu den
handlungstheoretischen Problemen, die sich Neumann in seinem
Spätwerk einhandelt. Einen ähnlichen, wenn auch etwas anders begründeten Übergang vollzieht William E. Scheuerman (1994:
180ff.). Er ist der Ansicht, daß sich Neumann zu keiner Zeit von einer zentralistischen Konzeption der staatlichen Souveränität zu lösen vermag. Immer bildet ein einziger höchster ‚Punkt' der Entscheidung das Modell, von dem sich Neumann in seiner Theorie
des Politischen leiten läßt. Auch die Demokratie macht hier keine
Ausnahme: Ihr unterscheidendes Merkmal ist die Suprematie des
Parlaments, das den höchsten Punkt im Staat *verkörpern* muß, um
wahrhaft gesetzgeberisch wirken zu können.

Scheuerman sieht nun im ‚Punktmodell' der Souveränität eine
handlungstheoretische Verengung angelegt: Das aktivische Moment der Politik wird tendenziell auf einen strategischen Kampf
um die Besetzung des einen Ortes der Macht reduziert. Zu kurz
kommen damit die eher dezentralen Aspekte politischen Handelns,
aber auch die verständigungsorientierten Formen politischer Teilnahme. Auch vermißt Scheuerman (ebd.: 202) nähere Auskünfte
über ein mögliches Zusammenwirken des volitiven mit dem kognitiven Element der Freiheit: In einer deliberativen Demokratietheorie sind beide Aspekte verschränkt: Das politische Wollen verweist
intern auf Argumentationen, in denen Geltungsansprüche mit
Gründen eingelöst werden könnten.

Eine Theorie politischer Rationalität aber hat Neumann nicht
vorgelegt, und einige seiner Bemerkungen über politische Bildung
deuten darauf hin, daß er das kognitive Element der Freiheit primär
auf der Ebene verantwortlicher Eliten aufgehoben wissen wollte.
Die spontanen Reaktionen von unten wären dann nicht viel mehr
als ein expressives Aufbegehren, das eine demokratische Funktion
erfüllen mag, aber jedes vernünftigen Gehalts ermangelt.

Dem entspricht Alfons Söllners (1982: 88) Beobachtung eines
„existentialistischen" Moments in Neumanns Spätwerk. Gemeint ist
damit zum einen die Ablösung des Moments persönlicher Entschei-

dung, ohne das von einem *Willens*aspekt der Freiheit nicht die Rede sein könnte, von allen rechtfertigenden Gründen. Zum anderen wird damit auf eine Schwierigkeit des früheren Parteigängers der Arbeiterbewegung hingewiesen: Dieser vermag keine Kollektivsubjekte mehr zu erkennen, die schon aufgrund ihrer sozialstrukturellen Position für eine Förderung der Freiheit prädestiniert sein könnten. An ihre Stelle treten in Neumanns Spätwerk die vielen einzelnen Bürgerinnen und Bürger in ihrer Unvertretbarkeit.

4. Alternative Wege einer kritischen Theorie des Politischen

So schwer es fällt, an der unscharfen Gestalt des Neumann'schen Spätwerkes die Konturen einer kritischen Theorie des Politischen noch auszumachen: Wie deren sämtliche Spielarten bleibt es kritisch gegen die entfremdenden Folgen einer hypertrophierten Verwaltungsrationalität. Und selbst mit seiner gewachsenen Wertschätzung liberaldemokratischer Institutionen steht es in der heutigen Landschaft kritischer Theorie alles andere als einzig da.

4.1. Zeitgenössische Verzweigungen

Wohl niemand hat die Diagnose der Bürokratisierung in machttheoretischer Absicht vorbehaltloser verallgemeinert als Horkheimer und Adorno. In der restlos integrierten Gesellschaft, von der sie im Anschluß an Pollocks Theorie des Staatskapitalismus ausgehen, greifen die einzelnen Aspekte des Sozialen als Momente eines umfassenden Herrschaftsgeschehens fugenlos ineinander: Private Unternehmen und Staatsadministration verschmelzen zu einer plankapitalistischen Maschinerie; die Psyche der Einzelnen wird vermittelst kulturindustrieller Techniken auf die Funktionserfordernisse des Systems abgestimmt (siehe zusammenfassend Honneth 1986).

Eben dieser Annahme eines funktionalen Entsprechungsverhältnisses von objektiven und subjektiven Faktoren der Machtbildung verdanken Psychoanalyse und Kulturtheorie ihre zentrale

Stellung im Programm des Instituts. Die beiden Disziplinen sollen erklären, warum sich die Individuen in das staatskapitalistische ‚Gehäuse der Hörigkeit' nahezu widerstandslos einfügen, anstatt die historisch fällige Option eines Lebens ohne Not und Fremdbestimmung selbstbewußt zu ergreifen.

Die funktionale Geschlossenheit der Theorie erklärt zugleich das geringe Gewicht, das Horkheimer und seine engsten Mitarbeiter der Politikwissenschaft beimessen. Mit dem ebenso pauschalen wie pessimistischen Befund einer total verwalteten Welt scheint sich jede differenzierte Analyse und Kritik politischer Ordnungen, Programme und Prozesse erübrigt zu haben. Der mögliche Ort einer vergleichenden Untersuchung politischer Macht wird vielmehr von der generellen Vermutung bürokratischer Verdinglichung besetzt.

In dieser Vermutung äußert sich der Einfluß Max Webers, der ja in anderer Weise auch im Spätwerk von Neumann allgegenwärtig ist. Doch während Weber die Bürokratisierung unter dem allgemeinen Gesichtspunkt einer formalen, auf zweckrationales Handeln zugeschnittenen ‚Rationalisierung' betrachtet, sehen Horkheimer und Adorno darin die zeitgenössische Gestalt einer direkten Herrschaft auf klassengesellschaftlicher Grundlage, die selbst noch die Organisationen der Arbeiterschaft durchdringt. Die vermeintliche Geschichte der Klassenkämpfe erscheint dann als „Geschichte von Bandenkämpfen, Gangs und Rackets" (Adorno 1972: 381). Weder die Differenzen zwischen unterschiedlichen politischen Systemen noch die zwischen etablierten Kräften und organisierter Gegenmacht weisen über die Hermetik des Herrschaftsgeschehens wesentlich hinaus.

Eine vorschnelle Apologie liberaler Demokratien kann man dieser Theorievariante gewiß nicht unterstellen. So umgeht sie zumindest eine zentrale Schwierigkeit des Spätwerks von Franz Neumann. Bei der Betrachtung dieses Werkes war ja unklar geblieben, wie sich der Glaube an die Institutionalisierung der Freiheit in der Form demokratischer Rechtsstaaten mit der Vermutung einer schicksalhaften Bedeutung der Bürokratie vereinbaren lassen sollte. Diese Spannung lösen Adorno und Horkheimer einseitig zugunsten des zweiten Momentes auf. Damit aber werden nicht nur mögliche Spielräume befreienden politischen Handelns pauschal geleugnet. Hinter der Globaldiagnose eines totalen Verblendungszusammenhanges geraten auch die institutionellen und prozeduralen Besonderheiten liberaler Demokratien aus dem Blick.

Daß darin nicht nur ein normatives, sondern auch ein analytisches Problem für eine kritische Theorie des Politischen liegen könnte, läßt sich als dringende Vermutung aus den Schriften Otto Kirchheimers herauslesen. Von Anbeginn (vgl. ders. 1930) tritt in seinem Werk ein handlungstheoretisches Interesse an der Analyse sozialer Kräfteverhältnisse zutage. Mit den Arbeiten aus dem inneren Kreis des Instituts für Sozialforschung ebenso wie mit dem Nachkriegswerk Herbert Marcuses (z.B. 1967) verbindet Kirchheimers Schriften die Befürchtung, daß sich auch die westlichen Systeme dem Negativbild einer eindimensionalen Gesellschaft ohne Opposition zumindest annähern. Mit den Arbeiten Neumanns verbindet sie die pessimistische Erwartung einer Zunahme politischer Entfremdung in modernen Massengesellschaften.

Während jedoch Neumann eine mögliche Lösung in der Koexistenz von souveräner, im Parlament verkörperter Gewalt und autonomen gesellschaftlichen Organisationen erblickt, sieht Kirchheimer (1944) das politische Zentrum längst im Besitz oligarchischer Gruppen und verselbständigter Bürokratien. Der Pluralismus erscheint so nicht als Gegengewicht zur souveränen Gewalt, sondern als ihr jeder demokratischen Kontrolle entzogener Nachfolger. Diese These verleitet Kirchheimer indes nicht zur Vernachlässigung der Spezifika liberaler Demokratien, sondern gerade umgekehrt zu ihrer genauen Untersuchung. In der Folge haben Kirchheimers spätere Arbeiten die politikwissenschaftliche Forschung in wesentlich größerem Maße beeinflußt als die Schriften seines Freundes Neumann (Söllner 1982a: 297).

Vor allem gilt das für die Untersuchungen zur Entwicklung moderner Massenparteien. Die Entstehung von *Catch-all-parties*, die aus den älteren, auf konfessioneller oder klassenpolitischer Grundlage stehenden demokratischen Integrationsparteien hervorgehen, antwortet auf eine konsumistische Neuinterpretation der Rolle des Bürgers, die sie zugleich untermauert. Parteien dieses neuen Typs ordnen programmatische Gegensätze der Gewinnung von Wählerstimmen aus einem Reservoir atomisierter Einzelner unter (Kirchheimer 1953/54; 1965). Im Zusammenwirken mit den Massenmedien überspielen sie die fortbestehenden Interessendivergenzen in einer durch Massenwohlstand nur oberflächlich integrierten Klassengesellschaft (Kirchheimer 1957).

Mit dieser ideologischen Funktion der Parteien tritt eine dem politischen Prozeß selbst innewohnende Selektivität zutage. Zugleich beraubt sie die Demokratie ihres agonalen Sinns: einen Raum für den geregelten Widerstreit gehaltvoller Alternativen zu öffnen (vgl. zu Kirchheimers Parteientheorie Schmidt 1989; Stöss 1989; zu Kirchheimer insgesamt Herz/Hula 1969; Luthardt/Söllner 1989).

4.2. Was bleibt?

Vom deutschen Büchermarkt sind die Werke Franz Neumanns fast völlig verschwunden, und der kritischen Würdigung werden seine Texte kaum noch für wert befunden (eine neuere Ausnahme bildet Iser/Strecker 2002). Dafür mögen nicht allein die große Dichte der Argumentationen und der fragmentarische Charakter des Spätwerks verantwortlich zeichnen. Als durchweg überholter Theoretiker mag Neumann heute auch deshalb erscheinen, weil eine Kritische Theorie der Demokratie und des Rechtsstaats mittlerweile in Jürgen Habermas (1994) einen ungleich systematischeren Vertreter gefunden hat.

Gewiß löst *Faktizität und Geltung* vieles ein, was bei Neumann bloß programmatisch bleibt: Habermas entwirft eine integrative Theorie, die das Recht radikaldemokratisch einbettet und zugleich eigenlogisch zur Geltung kommen läßt. Auf diese Weise werden Fragen der Soziologie des Rechts mit solchen der Rechtsdogmatik und der Rechtsphilosophie im Horizont einer normativen Theorie des Politischen verschränkt.

Überdies ist das Habermas'sche Politikverständnis nicht mit den Hypotheken des Souveränitätsbegriffes befrachtet, den Franz Neumann von Carl Schmitt vorschnell übernommen hat. Anders als Neumann ist Habermas der Ansicht, daß sich die Souveränität des Volkes gerade nicht verkörpern läßt (Habermas 1994a; vgl. auch Lefort 1990). Über Neumann hinaus entwirft er eine Theorie kommunikativer Macht, die administrative Macht sowohl legitimieren als auch begrenzen soll.

Das Desiderat einer Kritischen Theorie politischer *Institutionen* wird überzeugender als im Spätwerk von Neumann: in den Arbeiten Claus Offes erfüllt. Zu den zentralen Themen seines Werkes gehören die Selektivitäten, die den „Assoziationsverhältnissen" liberaler Demokratien eignen (Offe 1989; vgl. Buchstein 1991; Schmalz-Bruns 1995; Geis/Strecker 2005). Macht ist kein neutrales Medium. Die Formen ihrer Organisierung beeinflussen die Bildung oder Verbildung von Bürgern. Sie sind Räume der Ausprägung von Präferenzen. Sie ermutigen oder entmutigen politisch verantwortliches Urteilen und Handeln.

Gleichwohl sehe ich wenigstens zwei Aspekte im Werk von Neumann, die in keinem dieser beiden Ansätze schon aufgehoben sind. Aktuell bleibt zum einen die Frage, wie sich die freiheitsverbürgenden Gehalte des allgemeinen Gesetzes bewahren oder wiederherstellen lassen, ohne daß wir dafür die Vorteile eines entwikkelten Systems sozialer Sicherheiten preisgeben müssen. Neumann hilft uns zu verstehen, warum wir das allgemeine Gesetz auch und gerade dann schätzen sollten, wenn uns am Ausbau der sozialen Rechte von Bürgern gelegen ist.

Neumann hat aber nicht nur, wie viele ältere und neuere Liberale, den Rationalitätsaspekt im Recht betont. Er hat zugleich, und das bildet den zweiten Grund für seine anhaltende Aktualität, auf die *Grenzen* dieses Gesichtspunktes hingewiesen. Immer wieder betont Neumann, daß die völlige Auflösung von Politik in Recht ein falscher Traum ist. Immer erneut macht er Ermessen und Entscheidung als konstitutive Merkmale noch der vernünftigsten Politik bewußt. Anders als Carl Schmitt verklärt Neumann diesen Umstand nicht, doch er weicht ihm auch nicht aus. Diskussion und friedliche Einigung haben für ihn nichts Verächtliches an sich, aber in der politischen Welt können sie nicht das einzige Wort haben (vgl. auch Wellmer 1998).

Literatur

a. verwendete Literatur

Adorno, Theodor W. (1972): Reflexionen zur Klassentheorie. S. 373-391 in: ders., Soziologische Schriften I (= Bd. 1 der gesammelten Schriften Adornos). Frankfurt a.M.

Bast, Jürgen (1999): Totalitärer Pluralismus. Zu Franz L. Neumanns Analysen der politischen und rechtlichen Struktur der NS-Herrschaft. Tübingen.

Blanke, Thomas (1984): Kirchheimer, Neumann, Preuß: Die Radikalisierung der Rechtstheorie. S. 163-194 in: Joachim Perels (Hrsg.), Recht, Demokratie und Kapitalismus. Aktualität und Probleme der Theorie Franz L. Neumanns. Baden-Baden.

Buchstein, Hubertus (1992): Politikwissenschaft und Demokratie. Wissenschaftskonzeption und Demokratietheorie sozialdemokratischer Nachkriegspolitologen in Berlin. Baden-Baden.

– (1993): Macht in der Kritischen Theorie. Zu einigen Problemen der politischen Machttheorien im Spätwerk von Franz L. Neumann und Otto Kirchheimer. S. 250-288 in: Herfried Münkler/Jürgen Gebhard (Hrsgg.), Bürgerschaft und Herrschaft: Zum Verhältnis von Macht und Demokratie im antiken und neuzeitlichen politischen Denken. Baden-Baden.

– (2002): Eine heroische Versöhnung von Freiheit und Macht. Zur Spannung zwischen Demokratie- und Gesellschaftstheorie im Spätwerk von Franz L. Neumann. S. 179-199 in: Mattias Iser/David Strecker (Hrsgg.), Kritische Theorie der Politik. Franz L. Neumann – eine Bilanz. Frankfurt a.M.

Dubiel, Helmut/Söllner, Alfons (1981): Die Nationalsozialismusforschung des Instituts für Sozialforschung – ihre wissenschaftsgeschichtliche Stellung und ihre gegenwärtige Bedeutung. S. 7-31 in: dies. (Hrsgg.), Wirtschaft, Recht und Nationalsozialismus: Analysen des Instituts für Sozialforschung 1939-1942. Horkheimer/Pollock/Neumann/Kirchheimer/Gurland/Marcuse. Frankfurt a.M.

Dworkin, Ronald (1986): Law's Empire. Cambridge.

Erd, Rainer (Hrsg.) (1985): Reform und Resignation. Gespräche über Franz L. Neumann. Frankfurt a.M.

Fraenkel, Ernst (1941/1974): Der Doppelstaat. Frankfurt a.M.

Geis, Anna/Strecker, David (Hrsgg.) (2005): Blockaden staatlicher Politik. Sozialwissenschaftliche Analysen im Anschluss an Claus Offe. Frankfurt a.M.

Habermas, Jürgen (1958): Zum Begriff der politischen Beteiligung. S. 9-60 in: ders., Kultur und Kritik. Frankfurt a.M.

– (1994): Faktizität und Geltung. Beiträge zur Diskurstheorie des Rechts und des demokratischen Rechtsstaats. Frankfurt a.M.

– (1994a): Volkssouveränität als Verfahren. S. 600-631 in: ders., Faktizität und Geltung. Beiträge zur Diskurstheorie des Rechts und des demokratischen Rechtsstaats. Frankfurt a.M.

Hase, Friedhelm/Ruete, Matthias (1984): Dekadenz der Rechtsentwicklung? Rationalität und Allgemeinheit des Gesetzes in der Rechtstheorie Franz L. Neumanns. S. 145-161 in: Perels, Joachim (Hrsg.), Recht, Demokratie und Kapitalismus. Aktualität und Probleme der Theorie Franz L. Neumanns. Baden-Baden.

Hennis, Wilhelm (1973): Demokratisierung. Zur Problematik eines Begriffs. S. 26-51 in: ders. (Hrsg.), Die mißverstandene Demokratie. Freiburg.

Herz, John H./Hula, Erich (1969): Otto Kirchheimer. An Introduction to his Life and Work. In: Frederic S. Burin/Kurt Shell (Eds.), Politics, Law and Social Change. Selected Essays of Otto Kirchheimer. New York.

Hilberg, Raul (2002): Die bleibende Bedeutung des *Behemoth*. S. 75-82 in: Mattias Iser/David Strecker (Hrsg.), Kritische Theorie der Politik. Franz L. Neumann – eine Bilanz. Frankfurt a.M.

Hofmann, Werner (1968): Die Krise des Staates und das Recht. Kritische Justiz 1(1), 1-10.

Honneth, Axel (1986): Kritik der Macht. Reflexionsstufen einer kritischen Gesellschaftstheorie. Frankfurt a.M.

– (1990): Kritische Theorie. Vom Zentrum zur Peripherie einer Denktraditi-
on. S. 25-72 in: ders., Die zerrissene Welt des Sozialen. Sozialphilosophische Aufsätze. Frankfurt a.M.

– (2002): „Angst und Politik" – Stärken und Schwächen der Pathologiediagno-
se von Franz Neumann. S. 200-208 in: Mattias Iser/David Strecker (Hrsg.),
Kritische Theorie der Politik. Franz L. Neumann – eine Bilanz. Frankfurt
a.M.

Hughes, Stuart (1975): Franz Neumann. Between Marxism and Liberal Democracy. S. 100-121 in: ders. (Ed.), The Sea Change. The Migration of
Social Thought 1930-1965. New York.

Intelmann, Peter (1996): Franz L. Neumann. Chancen und Dilemma des politischen Reformismus. Baden-Baden.

Iser, Mattias/Strecker, David (Hrsg.) (2002): Kritische Theorie der Politik.
Franz L. Neumann – eine Bilanz. Baden-Baden.

Jay, Martin (1976): Dialektische Phantasie. Die Geschichte der Frankfurter
Schule und des Instituts für Sozialforschung 1923-1950. Frankfurt a.M.

Kirchheimer, Otto (1930/1964): Weimar – und was dann? Analyse einer Verfassung. S. 9-56 in: ders., Politik und Verfassung. Frankfurt a.M.

– (1941/1981): Die Rechtsordnung des Nationalsozialismus. S. 235-284 in:
Helmut Dubiel/Alfred Söllner (Hrsgg.), Wirtschaft, Recht und Nationalsozialismus: Analysen des Instituts für Sozialforschung 1939-1942. Hork-
heimer/Pollock/Neumann/Kirchheimer//Gurland/Marcuse. Frankfurt a.M.

– (1944/1964): Zur Frage der Souveränität. S. 57-95 in: ders. (Hrsg), Politik
und Verfassung. Frankfurt a.M.

– (1953/54): Parteistruktur und Massendemokratie in Europa. Archiv des öffentlichen Rechts 79 (3), 301-325.

– (1957): Wandlungen der politischen Opposition. S. 123-150 in: ders., Politik
und Verfassung. Frankfurt a.M.

– (1965): Der Wandel des westeuropäischen Parteiensystems. Politische
Vierteljahresschrift 6 (1), 20-41.

Lefort, Claude (1990): Die Frage der Demokratie. S. 281-297 in: Ulrich Rödel
(Hrsg.), Autonome Gesellschaft und libertäre Demokratie. Frankfurt a.M.

Luthardt, Wolfgang (1984): Arbeiterbewegung und Weimarer Republik.
Kritische Bemerkungen zu Franz L. Neumanns Interpretation nach
1933. S. 41-56 in: Perels, Joachim (Hrsg.), Recht, Demokratie und Kapitalismus. Aktualität und Probleme der Theorie Franz L. Neumanns.
Baden-Baden.

Luthardt, Wolfgang/Söllner, Alfons (Hrsgg.) (1989): Verfassungsstaat, Souveränität, Pluralismus. Otto Kirchheimer zum Gedächtnis. Opladen.

Marcuse, Herbert (1956/1967): Vorwort zur amerikanischen Ausgabe. S. 5-8
in: Franz L. Neumann, Demokratischer und autoritärer Staat. Herausgegeben und mit einem Vorwort von Herbert Marcuse. Eingeleitet von Helge
Pross. Frankfurt a.M.

– (1967): Der eindimensionale Mensch. Studien zur Ideologie der fortgeschrittenen Industriegesellschaft. Darmstadt.

Mills, C. Wright (1972): The Nazi Behemoth. S. 170-178 in: ders., Power, Politics, and People. New York.

Neumann, Franz L. (1934/1978): Rechtsstaat, Gewaltenteilung und Demokratie. S. 124-133 in: Franz L. Neumann, Wirtschaft, Staat, Demokratie. Aufsätze 1930-1954. Herausgegeben von A. Söllner. Frankfurt a.M.

– (1937/1967): Der Funktionswandel des Gesetzes im Recht der bürgerlichen Gesellschaft. S. 31-81 in: Franz L. Neumann, Demokratischer und autoritärer Staat. Herausgegeben und mit einem Vorwort von Herbert Marcuse. Eingeleitet von Helge Pross. Frankfurt a.M.

– (1942): Behemoth. The Structure and Practice of National Socialism. New York [dt. Behemoth. Struktur und Praxis des Nationalsozialismus 1933-1944. Köln 1977].

– (1949/1967): Montesquieu. S. 142-194 in: Franz L. Neumann, Demokratischer und autoritärer Staat. Herausgegeben und mit einem Vorwort von Herbert Marcuse. Eingeleitet von Helge Pross. Frankfurt a.M.

– (1950/1978): Die Wissenschaft der Politik in der Demokratie. S. 373-392 in: Franz L. Neumann, Wirtschaft, Staat, Demokratie. Aufsätze 1930-1954. Herausgegeben von A. Söllner. Frankfurt a.M.

– (1950a): Marxismus und Intelligenz. IWK 4, 508-512.

– (1950b/1967): Ansätze zur Untersuchung politischer Macht. S. 82-99 in: Franz L. Neumann, Demokratischer und autoritärer Staat. Herausgegeben und mit einem Vorwort von Herbert Marcuse. Eingeleitet von Helge Pross. Frankfurt a.M.

– (1954/1967): Zum Begriff der politischen Freiheit. S. 100-141 in: Franz L. Neumann, Demokratischer und autoritärer Staat. Herausgegeben und mit einem Vorwort von Herbert Marcuse. Eingeleitet von Helge Pross. Frankfurt a.M.

– (1954a/1967): Angst und Politik. S. 261-291 in: Franz L. Neumann, Demokratischer und autoritärer Staat. Herausgegeben und mit einem Vorwort von Herbert Marcuse. Eingeleitet von Helge Pross. Frankfurt a.M.

– (1955/1967): Ökonomie und Politik im zwanzigsten Jahrhundert. S. 248-260 in: Franz L. Neumann, Demokratischer und autoritärer Staat. Herausgegeben und mit einem Vorwort von Herbert Marcuse. Eingeleitet von Helge Pross. Frankfurt a.M.

– (1955a/1967): Intellektuelle und politische Freiheit. S. 292-306 in: Franz L. Neumann, Demokratischer und autoritärer Staat. Herausgegeben und mit einem Vorwort von Herbert Marcuse. Eingeleitet von Helge Pross. Frankfurt a.M.

– (1967): Demokratischer und autoritärer Staat. Herausgegeben und mit einem Vorwort von Herbert Marcuse. Eingeleitet von Helge Pross. Frankfurt a.M.

– (1978): Wirtschaft, Staat, Demokratie. Aufsätze 1930-1954. Herausgegeben von A. Söllner. Frankfurt a.M.

– (1940): Typen des Naturrechts. S. 223-254 in: Franz L. Neumann, Wirtschaft, Staat, Demokratie. Aufsätze 1930-1954. Herausgegeben von A. Söllner. Frankfurt a.M.

– (1942a): Die Wirtschaftsstruktur des Nationalsozialismus. Auszüge aus dem
    zweiten Teil des Behemoth. S. 129-233 in: Helmut Dubiel/Alfred Söllner
    (Hrsgg.), Wirtschaft, Recht und Nationalsozialismus: Analysen des Insti-
    tuts für Sozialforschung 1939-1942. Horkheimer/Pollock/Neumann/Kirch-
    heimer/Gurland/Marcuse. Frankfurt a.M.
Offe, Claus (1989): Fessel und Bremse. Moralische und institutionelle Aspek-
    te „intelligenter Selbstbeschränkung". S. 739-774 in: Axel Honneth u.a.
    (Hrsgg.), Zwischenbetrachtungen. Im Prozeß der Aufklärung. Jürgen Ha-
    bermas zum 60. Geburtstag. Frankfurt a.M.
– (2002): Das Problem der sozialen Macht im Denken von Franz L. Neumann.
    S. 163-178 in: Mattias Iser/David Strecker (Hrsgg.), Kritische Theorie der
    Politik. Franz L. Neumann – eine Bilanz. Frankfurt a.M.
Perels, Joachim (Hrsg.) (1984): Recht, Demokratie und Kapitalismus. Aktua-
    lität und Probleme der Theorie Franz L. Neumanns. Baden-Baden.
– (2002): Franz L. Neumanns Beitrag zur Konzipierung der Nürnberger Pro-
    zesse. S. 83-94 in: Mattias Iser/David Strecker (Hrsgg.), Kritische Theorie
    der Politik. Franz L. Neumann – eine Bilanz. Frankfurt a.M.
Pollock, Friedrich (1941/1981): Staatskapitalismus. S. 81-110 in: Helmut Du-
    biel/Alfred Söllner (Hrsgg.), Wirtschaft, Recht und Nationalsozialismus:
    Analysen des Instituts für Sozialforschung 1939-1942. Horkheimer/Pol-
    lock/Neumann/Kirchheimer/Gurland/Marcuse. Frankfurt a.M.
– (1941a/1981): Ist der Nationalsozialismus eine neue Ordnung? S. 111-128
    in: Helmut Dubiel/Alfred Söllner (Hrsgg.), Wirtschaft, Recht und Natio-
    nalsozialismus: Analysen des Instituts für Sozialforschung 1939-1942.
    Horkheimer/Pollock/Neumann/Kirchheimer/Gurland/Marcuse.   Frankfurt
    a.M.
Poulantzas, Nikos (1978): Staatstheorie. Politischer Überbau, Ideologie, So-
    zialistische Demokratie. Hamburg.
Preuß, Ulrich K. (1973): Legalität und Pluralismus. Beiträge zum Verfas-
    sungsrecht der Bundesrepublik Deutschland. Frankfurt a.M.
Rousseau, Jean-Jacques (1762/1977): Vom Gesellschaftsvertrag oder Grund-
    sätze des Staatsrechts. Stuttgart.
Schäfer, Gert (1977): Franz Neumanns ‚Behemoth' und die heutige Faschis-
    musdiskussion. Nachwort in: Franz L. Neumann (1942), Behemoth. The
    Structure and Practice of National Socialism. New York [dt. Behemoth.
    Struktur und Praxis des Nationalsozialismus 1933-1944. Köln 1977].
Scheuerman, William E. (1994): Between the Norm and the Exception. The
    Frankfurt School and the Rule of Law. Cambridge/Mass.
Schmalz-Bruns, Rainer (1995): Reflexive Demokratie. Die demokratische
    Transformation moderner Politik. Baden-Baden.
Schmidt, Manfred G. (1989): „Allerweltsparteien" und „Verfall der Oppositi-
    on" – Ein Beitrag zu Kirchheimers Analysen westeuropäischer Parteien-
    systeme. S. 173-182 in: Wolfgang Luthardt/Alfons Söllner (Hrsgg.), Ver-
    fassungsstaat, Souveränität, Pluralismus. Otto Kirchheimer zum Gedächt-
    nis. Opladen.

Söllner, Alfons (1982): Neumann zur Einführung. Mit einem Beitrag von Theodor W. Adorno. Hannover.

- (1982a): Politische Dialektik der Aufklärung. Zum Spätwerk von Franz Neumann und Otto Kirchheimer (1950-1965). S. 281-326 in: Wolfgang Bonß/Axel Honneth (Hrsgg.), Sozialforschung als Kritik. Zum sozialwissenschaftlichen Potential der Kritischen Theorie. Frankfurt a.M.

Stöss, Richard (1984): Otto Kirchheimer als Parteientheoretiker. S. 189-198 in: Wolfgang Luthardt/Alfons Söllner (Hrsgg.), Verfassungsstaat, Souveränität, Pluralismus. Otto Kirchheimer zum Gedächtnis. Opladen.

Unterseher, Lutz (1968): Bürgerliches Arbeitsrecht oder die Zerstörung der formalen Rationalität. Kritische Justiz 1 (1), 95-107.

Wellmer, Albrecht (1993): Die Bedeutung der Frankfurter Schule heute. Fünf Thesen. S. 224-235 in: ders., Endspiele: Die unversöhnliche Moderne. Essays und Vorträge. Frankfurt a.M.

- (1998): Menschenrechte und Demokratie. S. 265-291 in: Stefan Gosepath/ Georg Lohmann (Hrsgg.), Philosophie der Menschenrechte. Frankfurt a.M.

Wiggershaus, Rolf (1988): Die Frankfurter Schule. Geschichte. Theoretische Entwicklung. Politische Bedeutung. München.

Wilson, Michael (1982): Das Institut für Sozialforschung und seine Faschismusanalysen. Frankfurt a.M.

b. kommentierte Literatur

Primärliteratur

Neumann, Franz L. (1944/1977): Behemoth. Struktur und Praxis des Nationalsozialismus 1933-1944. Köln.
Neumanns monumentale und materialreiche Studie über das nationalsozialistische Gesamtsystem. Der Nationalsozialismus wird darin als anarchischer Nicht-Staat gedeutet. Nach wie vor ein Standardwerk zum Thema.

Neumann, Franz L. (1967): Demokratischer und autoritärer Staat. Frankfurt a.M.
Eine klassische Textsammlung, die einige der wichtigsten Aufsätze Neumanns enthält, darunter den „Funktionswandel des Gesetzes", „Zum Begriff der politischen Freiheit" sowie „Angst und Politik". Lesenswert sind auch das knappe Vorwort des Herausgebers Herbert Marcuse und vor allem die konzise Einleitung von Helge Pross.

Neumann, Franz L. (1978): Wirtschaft, Staat, Demokratie. Aufsätze 1930-1954. Frankfurt a.M.
Dieser von Alfons Söllner herausgegebene Sammelband enthält einige weniger bekannte Texte Neumanns, die vor allem über Neumanns rechts- und politiktheoretische Konzeptionen Auskunft geben. Abgedruckt sind unter anderem die kleine Schrift „Typen des Naturrechts" und die Rede „Die Wissenschaft der Politik in der Demokratie". Sehr informativ sind die ausführliche biographische Einleitung des Herausgebers und die von Wolfgang Luthardt besorgte Ausgewählte Biographie der Schriften Franz Neumanns.

Sekundärliteratur

Söllner, Alfons (1982): Neumann zur Einführung. Hamburg.
Eine kleine, übersichtliche Einführung in Neumanns Biographie und Werk, die
noch ein wenig vom rebellischen Geist der 68er ahnen läßt. Im Anhang findet sich
ein ausführliches Interview, das Rainer Erd mit dem Autor geführt hat.

Perels, Joachim (Hrsg.) (1984): Recht Demokratie und Kapitalismus. Aktualität
und Probleme der Theorie Franz L. Neumanns. Baden-Baden.
Der Band versammelt Referate, die 1980 auf einem Colloquium über Franz L.
Neumann am Seminar für Wissenschaft von der Politik der Universität Hannover
vorgetragen wurden. Er gibt einen guten Überblick über den intellektuellen Wer-
degang Neumanns und über die Wege der Rezeption seines Werkes.

Erd, Rainer (Hrsg.) (1985): Reform und Resignation. Gespräche über Franz Neu-
mann. Frankfurt a.M.
Dieser kurzweilige Band ist in der Form eines fiktiven Kamingesprächs gehalten.
Die Gesprächspartner allerdings sind echt und gut ausgewählt. Besonders ver-
dienstvoll ist die Dokumentation eines ausführliches Briefwechsels zwischen
Neumann und Horkheimer.

Buchstein, Hubertus (1992): Politikwissenschaft und Demokratie. Wissenschafts-
konzeption und Demokratietheorie sozialdemokratischer Nachkriegspolitologen in
Berlin. Baden-Baden.
Ein sehr informativer Band, der Neumann zusammmen mit fünf weiteren Theoreti-
kern als eine der Gründerfiguren der Berliner Politikwissenschaft nach dem
Zweiten Weltkrieg intellektuell porträtiert. Im Horizont wissenschaftstheoretischer
Überlegungen werden vor allem die demokratietheoretischen Ansätze und die je-
weiligen Vorstellungen von Aufbau und Zweck des Faches Politikwissenschaft
vergleichend beleuchtet.

Scheuerman, William E. (1994): Between the Norm and the Exception. The Frankfurt School and the Rule of Law. Cambridge/Mass.
Diese hervorragende Studie setzt sich zugleich sympathetisch und systematisch
mit dem Verhältnis von Regel und Ausnahme in den kritischen Rechtsthorien von
Neumann und Otto Kirchheimer auseinander. Der Autor steht einer Habermasia-
nischen Lesart von Kritischer Theorie nahe und hält Neumann für einen nach wie
vor anregenden Autor, was er unter anderem in Überlegungen zu einer Reform
der Sozialstaaten auch begründen kann. Kritisiert wird Neumann vor allem dort,
wo er sich nicht genügend von Carl Schmitt gelöst hat.

Iser, Mattias/Strecker, David (Hrsgg.) (2002): Kritische Theorie der Politik. Franz
L. Neumann – eine Bilanz. Baden-Baden
Dieser aus einer Konferenz an der Freien Universität Berlin hervorgegangene
Sammelband würdigt Neumann als Gründungsfigur der deutschen Politikwissen-
schaft und fragt nach einer möglichen Aktualität seines Werkes für eine kritische
Analyse des demokratischen Rechtsstaates.

Kapitel II
Die politische Theorie des Libertarianismus: Robert Nozick und Friedrich A. von Hayek

Peter Niesen

Inhalt

1.   Was heißt „Libertarianismus"?

1.1.   *Libertarianisch – libertär – liberal – marktliberal – neoliberal*

Der Vorschlag, mit „Libertarianismus" eine im deutschsprachigen Raum noch nicht eingebürgerte Wortschöpfung zur Kennzeichnung einer etablierten theoretischen Tradition des 20. Jahrhunderts zu verwenden, mag zunächst rechtfertigungsbedürftig erscheinen. Für die Verwendung des Neologismus spricht, daß er sich auf den ersten Blick als Übersetzung von „libertarianism", einem im angelsächsischen Sprachraum auf theoretischer wie umgangssprachlicher Ebene gut eingeführten Etikett, zu erkennen gibt. Der Ausdruck „libertarianism" wurde zuerst vermutlich in den 1950er Jahren von Leonard Read, dem Gründer einer U.S.-amerikanischen „Foundation for Economic Education", zur Kennzeichnung eines Bündels von wirtschaftsliberalen Positionen verwendet (Boaz 1997a: 25). Seit den 60er Jahren hat der Ausdruck zumindest in den Vereinigten Staaten eine so weite Verbreitung gefunden, daß Friedrich Hayek und Robert Nozick, unsere beiden Leitautoren, ihre Auffassungen bereits als „libertarian" einordnen können (Hayek 1991: 493, Nozick 1974: ix). Im deutschsprachigen Raum behilft man sich bislang häufig mit Ausdrücken wie „libertär", „(klassisch) liberal", „marktliberal" oder „neoliberal", ohne doch den Gegenstand unmißverständlich in den Griff zu bekommen. An der Kombination der Merkmale, die die Theorietradition definieren, läßt sich ablesen, daß die Kunstausdrücke „Libertarianismus" und „libertarianisch" für Zwecke der Theoriegeschichtsschreibung besser als konkurrierende Vorschläge geeignet sind.

Der Libertarianismus führt sein zentrales Interesse, den Schutz der *individuellen Freiheiten*, bereits im Namen (von lat. *libertas:* Freiheit), wobei unter den klassischen Grundfreiheiten, die er zu verteidigen bereit ist, die freie Verfügung über Privateigentum im Vordergrund steht (1). Die für den Libertarianismus typische Begründung für die Priorität des Eigentumsrechts lautet, daß sich alle Freiheitsrechte als Folgen eines einzigen ursprünglichen Rechts auf Eigentum an der eigenen Person (engl. *self-ownership*) ergeben (vgl. unten 2.2.). Neben der Betonung der persönlichen Freiheiten lassen sich drei weitere Kriterien angeben, deren Erfüllung zusammengenommen als notwendige und hinreichende Bedingung dafür verstanden werden soll, eine Lehre als libertarianisch bezeichnen zu können. Ins Auge fällt zunächst die *marktwirtschaftliche Orientierung* (2). Diese beinhaltet nicht nur die Auffassung, daß die Interaktionen zwischen den Mitgliedern der Gesellschaft weitestgehend durch Marktprozesse koordiniert werden sollten, sondern auch die sozialontologische These, daß der wesentliche Teil sozialer Beziehungen selbst aus Tauschhandlungen besteht, die zwanglos und zum gegenseitigen Vorteil ablaufen. Tauschverhältnisse können die erwarteten günstigen Folgen nur unter Bedingungen der Konkurrenz haben. Es ist der ökonomische Wettbewerb, der den Motor für die zivilisatorische und technische Entwicklung einer Gesellschaft bereitstellt. Der Wettbewerb wird aber nicht als völlig autark und selbstgenügsam vorgestellt. Für sich allein ist der Markt nicht in der Lage, monopolisierendes oder gewalttätiges Verhalten, das Freiheit, Eigentum und Tausch bedroht, auszuschalten. Hier springt der *Staat* ein (3). So konkurrenzlos der Staat sich zugunsten des Marktwettbewerbs durchsetzen soll, so begrenzt ist sein Aufgabenbereich. Im libertarianischen Entwurf kommt ihm allein die Funktion zu, die Erhaltung der ökonomischen Ordnung zu garantieren. Jenseits der Erzwingung von Freiheits-, Eigentums- und Vertragsverhältnissen darf er keine weiteren Aufgaben übernehmen. Das bedeutet insbesondere, daß er nicht in die Produktionsverhältnisse eingreifen und erst recht keine sozialstaatliche Umverteilung vornehmen darf. Den inhaltlichen Schranken der Staatstätigkeit entspricht für den Fall, daß die genannten Kriterien von (Eigentums-)Freiheit, Markt und Minimalstaat in einem demokratischen System verwirklicht werden sollen, die *Beschränkung politischer Autonomie* (4). Für den Libertarianismus besteht kein notwendiger Zusammenhang zwischen den politischen und persönlichen Freiheiten, die im Prinzip auch in einem autokratischen System gewährleistet werden können. Er nimmt vielmehr ein Konkurrenzverhältnis von Freiheitsrechten und demokratischer Selbstbestimmung an, aufgrund dessen er für eingeschränkte Funktionen und Handlungsmöglichkeiten demokratischer Institutionen und bürgerlicher Partizipation plädiert.

Halten wir als Kriterien für libertarianische Theoriebildung den Schutz persönlicher Freiheiten, insbesondere des Eigentums, weiterhin den Marktwettbewerb als Zentrum der Gesellschaft, den Minimalstaat als Verteidiger des Marktwettbewerbs und schließlich die Einschränkung politischer Autonomie auf Gebiete fest, die Eigentum, Markt und staatliche Machtvollkommenheit nicht gefährden können. Auf der Basis dieser Kriterien kommt als Alternative für „libertarianisch" und seine Varianten die muttersprachlich akzeptablere, wörtliche Übersetzung von *libertarian*, „libertär", wohl nicht in Frage. Unzweideutig „libertär" erscheinen libertarianische Autoren nur, insofern sie persönliche Freiheiten verteidigen. Als libertäre Lehren gelten aber auch anarchistische Traditionen, die das dritte Kriterium, die Existenz des Staates, ablehnen (Woodcock 1963). Auch manche sozialistischen Traditionen, die dem Privateigentum an Produktionsmitteln (Kriterium 1) ebenso widersprechen wie der ausschließlich marktförmigen Verteilung von Gütern (2) (vgl. Edgley 2000), sowie schließlich auch radikaldemokratische Traditionen, die Ideale individueller Freiheit mit Idealen der Selbstverwaltung und der Basisdemokratie verbinden (4), werden als libertär bezeichnet (vgl. Rödel 1990). Weil alle diese Theorietraditionen mindestens eines der aufgeführten Merkmale (1-4) verwerfen, wäre es bestenfalls hinsichtlich einzelner Merkmale plausibel, insgesamt aber irreführend, die *libertarians* schlechthin als „libertär" zu bezeichnen. Mögliche Berührungspunkte zwischen den genannten Lehren auf der einen und dem Libertarianismus auf der anderen Seite sollen damit nicht ausgeschlossen werden; sie werden später unter dem Gesichtspunkt des „Linkslibertarianismus" untersucht (s. unten 5.1.).[1]

Wenn Nozick und Hayek sich auch damit einverstanden erklären, daß ihre Positionen „libertarian" genannt werden (Nozick 1974: ix, 1991: 318; Hayek 1991: 493), so bringen sie doch keine großen Sympathien für den Ausdruck auf und legen keinerlei Wert darauf, ihn als Markenzeichen zu besetzen. Damit stehen sie im Gegensatz zu einigen zeitgenössischen Vertretern, für die die theoretische Eignung ebenso wie die politische Attraktivität des Oberbegriffs außer Zweifel steht (vgl. Narveson 1988, Murray 1997, Boaz 1997a und b). Hayek distanziert sich sogar vorsichtig vom

---

1   Als eine rein sprachliche Variante empfiehlt sich gegenüber dem „Libertarianismus" der „Libertarismus" (Kymlicka 1996: 98) – hier entscheiden wir uns mit „Libertarianismus" für das vermeintlich sprachlich kleinere Übel.

„libertarianism", offiziell aus sprachästhetischen Motiven (Hayek 1991: 493f.). Was mag diese Berührungsängste erklären? Für die führenden libertarianischen Köpfe sind wohl vor allem begriffsstrategische Gründe ausschlaggebend, die damit zusammenhängen, daß der Begriff des *Liberalismus* nicht kampflos aufgegeben werden soll. Seit dem frühen 20. Jahrhundert ist im angelsächsischen Raum eine semantische Verschiebung eingetreten, die hierzulande zunehmend, allerdings bisher auf die akademische Diskussion begrenzt, übernommen wird, nämlich daß Vertreter ebenso freiheitlicher wie egalitärer, gleichzeitig sozialstaats- und demokratiefreundlicher Positionen sich als Liberale bezeichnen. Von John Dewey bis John Rawls und Ronald Dworkin wird unermüdlich betont, daß Ideen sozialer Gerechtigkeit, bürgerlicher Gleichheit, wohlfahrtsstaatlicher Umverteilung und demokratischer Selbstherrschaft dem Liberalismus nicht äußerlich sind.[2] Zwar befürworten diese modernen Liberalen ebenso wie die Libertarianer den Vorrang von Freiheitsrechten vor anderen politischen Zielen (1); allerdings widersprechen sie ihnen in Fragen der Ausgestaltung des Eigentumsrechts, der ausschließlich marktförmigen Steuerung der Gesellschaft, der Berechtigung und Notwendigkeit der Umverteilung von Einkommen und schließlich auch in der Frage der politischen Bedeutung demokratischer Autonomieausübung (1-4). Dieser Hegemoniestreit innerhalb des Liberalismus ist nun für die Entstehung und Abgrenzung der libertarianischen Position entscheidend. So wie sich Hayek unter anderem von dem Liberalen Dewey, dem angeblich „führenden Philosophen des amerikanischen Linksradikalismus" provozieren läßt, eine „Neue Darstellung der liberalen Prinzipien der Gerechtigkeit und der politischen Ökonomie" anzufertigen und damit einen „wahren" Liberalismus zu rehabilitieren (Hayek 1953: 31-39, 46 fn. 2, 1991: 492; vgl. den Untertitel von 1980, 1981a und b), so entwickelt Nozick seinen Ansatz als Reaktion auf Rawls' Anspruch, den Liberalismus für unsere Zeit maßgeblich zu formulieren (Nozick 1974: 183, 2006: 243). Entstehungsgeschichtlich ist also festzuhalten, daß der Libertarianismus eine Reaktion auf *de facto* erfolgreiche Besetzungen des Ausdrucks „Liberalismus" darstellt. Im Wettstreit

---

2   Dewey 1935, Rawls 1975, 1998, Dworkin 1985; zu Liberalismus und Sozialstaat vgl. Holmes 1995, zu Liberalismus und demokratischer Autonomie vgl. den Beitrag von Niesen zur politischen Theorie des Politischen Liberalismus im Band II.

mehrerer Traditionslinien, die das eigentliche liberale Erbe aufzube-
wahren beanspruchen, käme die Selbstbeschreibung als „libertarianisch" im Gegensatz etwa zu „klassisch liberal" (vgl. Bouillon 1997)
einem Eingeständnis sektiererischer Einseitigkeit gleich.

Während in der politischen Philosophie inzwischen die Bezeichnung *libertarianism* für die Ansätze von Hayek und Nozick
als durchgesetzt gelten kann (Kymlicka 1996: 98-131, Haworth
1994), finden in der politischen Ideengeschichtsschreibung und in
der politikwissenschaftlichen Theoriebildung weiterhin häufig die
Ausdrücke „Marktliberalismus" und „Neoliberalismus" Verwendung. Auch hier mag es wieder externe Gründe geben, warum sich
Libertarianer selbst so nicht vorrangig bezeichnen – die polemischen Konnotationen etwa des „Neoliberalismus" können eben
nicht leicht ignoriert oder gar positiv umgedeutet werden (Bourdieu 1998, Habermas 1998). In einer ganzen Reihe von Kontexten
kann man tatsächlich austauschbar von Libertarianismus, Marktliberalismus oder Neoliberalismus sprechen, um den ökonomischen
Kern des Libertarianismus hervorzuheben (Frankel Paul et al. 1998:
vii-xiv, Scheuerman 1999a: 218). Allerdings gerät die marktliberale
Agenda innerhalb des libertarianischen Denkens dort unter Druck,
wo sich Konflikte an der gleichzeitigen Orientierung an Marktfrei-
heit und deren staatlicher Einhegung entzünden. Als Kriterium (3)
hatten wir ja festgehalten, daß der Staat das Funktionieren von
Marktprozessen gleichzeitig ermöglichen und begrenzen soll. Der
Neoliberalismus bezieht in der heutigen Diskussion eine bestimmte
Position in solchen Konflikten, nämlich die der Unterwerfung
staatlichen Handelns unter die Erfordernisse von Marktprozessen,
im Extremfall die bewußte Auflösung staatlicher Handlungsfähigkeit zugunsten des Entscheidungsspielraums global operierender
ökonomischer Akteure. Die Tendenz aber, auch die rudimentären
Funktionen des territorial begrenzten Minimalstaats zugunsten von
am Markt konkurrierenden Unternehmen aufzugeben (Rothbard
1999: 167ff.), wird innerhalb des Libertarianismus als „Anarchokapitalismus" bezeichnet und abgelehnt (Nozick 1974: 336, 2006:
439). Wenn Neoliberalismus also bedeutet, Formen marktförmiger
supranationaler oder globaler Koordination zu befürworten, die von
funktionalen Äquivalenten staatlicher Ordnungsmacht glauben abse-
hen zu können, widerspricht dies der etatistischen Option der Libertarianer. Dies wirft die Frage auf, ob der Libertarianismus gerade

angesichts gegenwärtiger neoliberaler Entwicklungen, die die Auflösung territorialstaatlicher Autorität mit sich bringen, eine konsistente Position vertritt, oder ob er als politische Theorie des 20. Jahrhunderts im 21. Jahrhundert obsolet geworden ist (dazu 5.2.).

1.2. Entstehungsgeschichte

Wenn wir Nozick und Hayek als Referenztheoretiker des Libertarianismus auswählen, so verdankt sich dies ihrer jeweils zentralen Bedeutung in zwei Diskursen, einem eher philosophisch geprägten und einem rechts- und sozialwissenschaftlichen. Trotz der Ungleichzeitigkeit ihrer Lebensdaten, der Verschiedenheit der gewählten Textgenres und ihrer ungleichgewichtigen Produktivität haben sich beide Autoren annähernd gleichzeitig, zwischen Mitte der siebziger und Anfang der achtziger Jahre, weltweit durchgesetzt. Robert Nozick (1939-2002), der von 1965-67 und von 1969-2002 an der Harvard University lehrt, formuliert 1974 in seinem Buch *Anarchy, State, Utopia* die auch heute noch maßgebliche Version des Libertarianismus für die politische Philosophie. Abgesehen von einigen flankierenden Aufsätzen (Nozick 1997: 15-141) und anekdotischen Rückblicken, in denen er sich von der früheren Position distanziert (1991: 318), besteht Nozicks Beitrag zur politischen Theorie des 20. Jahrhunderts in diesem einen Buch, denn in der Folgezeit wendet er sich vor allem Fragen der theoretischen Philosophie und der persönlichen Ethik zu. Während Nozick der wichtigste libertarianische Autor für die politische Philosophie ist, sind die Arbeiten von Friedrich August von Hayek (1899-1992) für die Gesellschafts- und Rechtswissenschaften zentral. Hayek stammt aus einer Wiener Akademiker- und Beamtenfamilie; er studiert Recht, Politik, schließlich Nationalökonomie und lehrt ab 1931 an der London School of Economics, später an der University of Chicago (1950-62) und ab 1962 an der Universität Freiburg (zur Biographie vgl. Hennecke 2000). Nachdem er in der Vorkriegszeit auf nationalökonomischem, insbesondere wirtschaftstheoretischem Gebiet gearbeitet hatte, breitet Hayek von 1944 bis 1988 seine libertarianischen Ideen auf den Gebieten von Politikwissenschaft, Soziologie, Rechtswissenschaft, Zeitgeschichte, aber auch Sozialphilosophie und Erkenntnistheorie in immer neuen Entwürfen aus, die im Rückblick bemerkenswert kohärent erscheinen. Im Gegensatz zu Nozick publiziert Hayek nach anfänglich großer Resonanz auf sein Buch *Der Weg zur Knechtschaft* (1944) allerdings jahrzehntelang für eine eher desinteressierte Öffentlichkeit (Miller 1994: 346). Sein marktradikaler Kurs gilt als so umstritten, daß selbst die Verleihung des sogenannten „Nobelpreises" für Wirtschaftswissenschaften im Jahre 1974 an Hayek korrigierend flankiert wird durch die gleichzeitige Verleihung an den interventionsfreundlichen Ökonomen Gunnar Myrdal. Der historische Durchbruch des Hayekschen Libertarianismus ereignet sich dann im Jahre 1979, als Margaret Thatcher, die Hayeks *Die Verfassung der Freiheit* von 1960 (dt. 1991), als Programmschrift der Wirtschafts- und Sozialpolitik der britischen Konservativen Partei identifiziert hatte, Premierministerin von Großbritannien wird.[3] Thatcher zieht aus Hayeks Buch die politischen Konsequenzen von Inflationsbekämpfung, Steuersenkung, der Entmachtung der Gewerkschaften, der Privatisierung von Staatsunternehmen und Versorgungssystemen wie Bahn, Post, Wasser, Strom sowie der Deregulierung der Gesundheits- und Altersvorsorge. Allerdings erscheint die plötzliche „Entdeckung" des Libertarianismus durch die Politik der westlichen Industriestaaten weniger überraschend, wenn man sich vor Augen führt, daß Hayek sich bereits seit Ende der 30er Jahre an der Gründung zahlreicher *think thanks* wie der Schweizer *Mort Pèlerin Society* (1947), einer damals neuen Variante der internationalen Politikberatung beteiligte, in deren wissenschaftspolitischem Lobbyismus die Grundlagen für das spätere Reüssieren des Libertarianismus gelegt wurden (Plehwe/Walpen 1999).

Auf ähnlich entgegenkommende politische Verhältnisse wie Hayek in Thatchers Großbritannien trifft Nozicks Entwurf in den U.S.A.. Wird seine Reaktion auf Rawls im Klima der Bürgerrechtsbewegung zunächst als schockierender Rückschritt wahrgenommen, so drückt sie schon wenige Jahre später, als die Reagan-Administration (1981-1989) einen marktliberalen wirtschaftspolitischen Kurs einschlägt, Steuersenkungen für Unternehmen und große Einkommen vornimmt und die ohnehin rudimentären Leistun-

---

3   Thatcher, seit 1975 Vorsitzende der Konservativen Partei, warf angeblich bei einem Besuch der Forschungsabteilung ihrer Partei ein Exemplar der *Verfassung der Freiheit* auf den Tisch und erklärte: „This is what we believe" (Cassidy 2000: 44).

gen des U.S.-amerikanischen Sozialstaats weiter zurückdrängt, mehrheitsfähige Überzeugungen aus. Wenn der historische Moment des Libertarianismus, das Zeitalter von „Thatcherismus" und „Reaganomics" gegen Ende der siebziger, Anfang der achtziger Jahre, unseren Autoren ihren Platz innerhalb der politischen Theorien des 20. Jahrhunderts anweist, so zeichnen Hayeks Werke in ihren zeitgeschichtlichen Bedingtheiten ein komplexeres Bild. *Der Weg zur Knechtschaft* (1944), Hayeks erstes politisches Buch, entstanden im britischen Exil, entwirft noch während des Kriegs gegen das nationalsozialistische Deutschland die Konturen der Nachkriegskonstellation, in denen der Staatssozialismus und seine intellektuellen Verbündeten, die Hayek in der Sozialdemokratie und im Sozialliberalismus vermutet, als hauptsächliche Gegner der „freien Welt" erscheinen. In diesem Buch sind bereits die wesentlichen Elemente von Hayeks politischem Denken wie in einer Nußschale vollständig versammelt. Sein letztes Buch *The Fatal Conceit* (1988, dt. *Die verhängnisvolle Anmaßung: Die Irrtümer des Sozialismus*, 1996), gefolgt vom Zusammenbruch der kommunistischen Systeme und dem sich anschließenden Verfassungsgebungstourismus libertarianischer Experten in den osteuropäischen Staaten, schließt daher einen Kreis, der die Erfolgsbedingungen des Libertarianismus in unmittelbaren Zusammenhang mit dem Anti-Sozialismus des Kalten Kriegs setzt. Wenn der politische Libertarianismus sich als Partei im globalen Systemwettbewerb der Jahrhundertmitte konstituiert, so ist wenig überraschend, daß sein Durchbruch in den siebziger Jahren gelingt, als erstmals in der Nachkriegsgeschichte in den westlichen Industrieländern der sozialstaatliche Kompromiß unter Druck gerät. Wenn seine intellektuellen Wurzeln im Antikommunismus liegen, so ist auch die Annahme plausibel, daß die Problembeschreibungen, Ideale und Lösungsvorschläge des Libertarianismus sich historisch noch weiter, bis zu den theoretischen Auseinandersetzungen der Zwischenkriegszeit zurückverfolgen und letztlich im „autoritären Liberalismus" Weimarer Prägung lokalisieren lassen: der minimale, aber starke Staat, nach dem der Libertarianismus unter einer freiheitsfreundlichen Beschreibung verlangt, muß sich letztlich daran messen lassen, ob er die Funktionsbedingungen einer modernisierten kapitalistischen Ökonomie garantieren kann (Heller 1933: 652, vgl. Scheuerman 1999b: 220-3).

2.   Robert Nozick: Umverteilung als Versklavung

Nozicks Buch zerfällt in drei Teile, die den Titelstichwörtern *Anarchie, Staat* und *Utopie* entsprechen. Das Ziel des ersten Teils ist der Nachweis, daß der Staat auf der Basis rationalitätstheoretischer, moralischer und empirischer Argumente „moralisch zulässig" ist. Der zweite Teil verfolgt das Beweisziel, daß ein solcher Staat nur als „Minimalstaat" legitim sein kann und seine Zwangsmittel nicht für darüber hinausgehende Aufgaben einsetzen darf. Im dritten Teil schließlich skizziert Nozick nicht eine bestimmte inhaltliche Utopie des Zusammenlebens, sondern untersucht, wie der Minimalstaat als ein Rahmen dienen kann, innerhalb dessen sich die verschiedensten Lebensstile verwirklichen lassen.[4]

2.1.   Anarchismus und Staat

Nozick beginnt mit der Prämisse, daß „die Menschen Rechte haben und es Dinge gibt, die ihnen kein Mensch und keine Gruppe antun dürfen" (Nozick 1974: ix, 2006: 13).[5] Die Politik hat daher nicht die Aufgabe, bestimmte Ziele oder Zwecke zu verwirklichen, sondern die Durchbrechung bestimmter moralischer Schranken (*sideconstraints*) absolut zu vermeiden. Nozick drückt dies auch mit dem Kantischen Imperativ aus, daß Personen selbst Zwecke und nicht bloß Mittel sind. „Sie dürfen nicht ohne ihr Einverständnis für andere Ziele geopfert oder gebraucht werden" (Nozick 1974: 30f., 2006: 57). Wenn Rechte das Thema der Politik sind, so wird die Verteidigung des Staates gegenüber dem Einwand eines Anarchisten, die bloße Existenz des Staates verletze bereits moralische Rechte, zur Grundfrage der politischen Philosophie. Nozicks Verständnis von

---

4   Der ahistorische Charakter von Nozicks Argumentation mag den Anachronismus rechtfertigen, seine Theorie vor derjenigen Hayeks vorzustellen. Der Hauptgrund für die gewählte Reihenfolge liegt darin, daß Nozick libertarianische Gerechtigkeitsvorstellungen deutlicher präsentiert als Hayek, bei dem sie dann im Anschluß vergleichend herausgearbeitet werden können (vgl. dazu unten 3.5.).

5   Ich verweise zunächst auf die Seitenzahl der amerikanischen Originalausgabe und dann auf die der jüngst wieder aufgelegten Übertragung ins Deutsche, die ich, wo erforderlich, modifiziert habe.

„Anarchismus" und „Staat" stützt sich auf Konzeptionen eines streitbaren Naturzustands (Hobbes 1651: Kap. XIII, Locke 1690: Kap. IX, § 123), aus dem sich, so Nozick, auf der Basis rationaler Arbeitsteilung konkurrierende Firmen herausbilden, die den Personen ihren Schutz anbieten. Eine anonyme Tendenz zur Monopolisierung führe dann im nächsten Schritt dazu, daß sich eine Schutzvereinigung oder eine Kooperation zwischen solchen Organisationen auf einem Territorium durchsetzt und Konflikte faktisch dominant bearbeitet. Diese Geschichte versammelt einige Elemente, die für libertarianische Theoriebildung typisch sind: Aufgrund von rationalen Transaktionen mit begrenzter Tragweite, die aber wie von „unsichtbarer Hand" koordiniert werden, bilden sich „spontan" komplexe Ordnungen heraus. Und selbst wenn keine historische Wahrheit für diese ideale Entstehungsgeschichte beansprucht wird, so verleiht ihr doch der Umstand, daß sie sich so hätte abspielen können, den Status einer „potentiellen Erklärung", der sich günstig auf die Legitimität des entstehenden Staates auswirken soll (Nozick 1974: 7, 2006: 29).

Dies setzte allerdings voraus, daß die Vorherrschaft einer Schutzvereinigung bereits einem staatlichen Zustand gleichkäme. Nicht alle Personen jedoch, mit denen sich innerhalb eines Territoriums Konflikte ergeben können, haben sich ihr notwendigerweise bereits angeschlossen. Einige anarchistische Unabhängige (*independents*), vergleichbar dem in zahllosen Western von John Wayne verkörperten Typus (Wolff 1991: 45), könnten sich weigern, ihre Zuständigkeit als Richter und Rächer in eigener Sache, über die sie als Bewohner eines Naturzustands verfügen, aufzugeben (Nozick 1974: 54f., 2006: 82, vgl. Locke 1690: Kap. II, § 8). Darf die vorherrschende Schutzvereinigung in diesem Fall den Unabhängigen gewaltsam den Rekurs auf Selbstjustiz verwehren? Nozicks entscheidendes Argument ist, daß die *Verfahren*, in denen Unabhängige ihr Recht ermitteln, unzuverlässig, womöglich nicht unparteilich und mit schwerwiegenden Risiken für diejenigen behaftet sind, die ihnen unterworfen werden (1974: 96-108; 2006: 137-152). Nozick läßt hier offen, warum der nach ökonomischen Kriterien funktionierende Schutzbetrieb einen höheren Grad an Zuverlässigkeit und Unparteilichkeit erwarten läßt und ein geringeres Risiko der Verletzung von Verfahrensrechten darstellt. Wie Thomas Nagel (1982: 193f.) anmerkt, ist aber zweifelhaft, ob eine solche Firma individuelle Rechte besonders pfleglich behandeln würde. Nozick stellt auch keine Forderungen auf, welche rechtsstaatlichen und verfahrensmäßigen Kriterien von einer Organisation zu erfüllen wären, damit sie legitimerweise den Wildwestzustand beenden könnte. Bringt die gebündelte Zwangsbefugnis, wie Nozick (1974: 98; 2006: 139) gegen Locke (1690: Kap. VII, § 93) annimmt, „wesentlich" weniger Furcht, Risiko und zu erwartende Parteilichkeit mit sich als die disparate, so soll dies die Schutzorganisation dazu berechtigen, die private Erzwingung von Ansprüchen gegen ihre Klienten zu unterbinden.

Sie wird dadurch zum *Ultraminimalstaat*, der Gewaltanwendung gegen seine Klienten legitim und effektiv verhindert; sie wird dadurch aber noch nicht zum *Minimalstaat*, da nicht alle auf „ihrem" Territorium lebenden Personen in den Genuß ihres Schutzes kommen. Sie bietet ihren Mitgliedern Schutz gegen Unabhängige, nicht aber Unabhängigen Schutz gegen Mitglieder an. Der Übergang zum Minimalstaat verdankt sich nun der Überlegung, die ihrer Selbstjustiz gegenüber Mitgliedern gewaltsam beraubten, daher schutzlos gewordenen Personen zentral protegieren zu müssen. Das Problem, das dabei auftritt, ist der mögliche Einwand der Mitglieder, die sich fragen: müssen wir für den Schutz Unabhängiger, die über keine Mittel verfügen, mitbezahlen (1974: 111; 2006: 156)? Nozick ist der Ansicht, eine bejahende Antwort impliziere nicht die vom Libertarianismus abgelehnte „Umverteilung" von Mitteln, sondern erfordere lediglich eine „Entschädigung" für die Enteignung der Selbstjustizrechte. Unabhängig davon, ob man diese Enteignung als Verletzung oder bloß als Nachteil interpretiert (Hyams 2004), sind damit die legitimierenden Bedingungen dafür, auch Anarchisten in einen Minimalstaat zwingen zu dürfen, versammelt. Zu ihnen gehört weder, daß der resultierende Staat über eine liberale Struktur, noch, daß er über rechtsstaatliche Mechanismen und Kontrollmöglichkeiten, geschweige denn über eine demokratische im Gegensatz zu einer autoritären Gesetzgebung verfügen muß.

2.2.   *Kritik des Sozialstaats*

Fragt man nun, dem Schutz welcher moralischen Rechte der Minimalstaat seine Legitimität verdankt, so wird man von Nozick nicht mehr an Kant, sondern an Lockes Konzeption eines Eigentums an der eigenen Person verwiesen, das Nozick als *self-ownership* bezeichnet. Aus diesem Eigentum leiten sich die Ansprüche auf körperliche Unversehrtheit und Handlungsfreiheit, aber auch Besitzrechte an den eigenen Körperteilen und Talenten sowie an den Früchten der eigenen Arbeit ab (Locke 1690: Kap. V, § 27, Nozick 1974: 172, 206, 228; 2006: 229, 273f., 286). Es sind die Schlußfolgerungen aus dieser naturrechtlichen Eigentumslehre, die die eigentliche Provokation von Nozicks Text darstellen.

Nozick unterscheidet drei Typen von Theorien gerechter Eigentumsverteilung: Theorien, bei denen Verteilungen nach ihrem Endergebnis (*end-state*) beurteilt werden (z.B. „Es soll keine großen Einkommensunterschiede geben"), Theorien, die nach Verteilungsschemata (*patterns*) vorgehen (z.B. „Jedem nach seinen Bedürfnissen"), und schließlich Theorien, die Verteilung auf historisch erworbene Anrechte oder Titel (*entitlements*) zurückführen (z.B. „Was jemand sich erarbeitet hat, soll er behalten."). Nozick bringt gegen die *patterned* und *end-state*-Theorien zwei Argumente vor. Erstens impliziere die Eigentumsverteilung nach Schemata oder zu erreichenden Endzuständen, daß Ansprüche auf rechtmäßig Erworbenes und damit Menschenrechte verletzt würden. Um ein berühmtes Beispiel zu erwähnen: Wenn meine Arbeitsleistung zum Kernbereich meines Eigentums an meiner eigenen Person gehört, so sei die „Besteuerung von Arbeitseinkommen ... mit Zwangsarbeit gleichzusetzen." (1974: 169, 2006: 225) Ob jemand mich dazu bringt, fünf Stunden für ihn zu arbeiten, oder mir den Gegenwert von fünf Arbeitsstunden entzieht – beides drückt nach Nozick denselben ungerechtfertigten, weil nicht konsentierten Zwang aus. Verfügten andere über einen einklagbaren Anspruch auf einen Teil der Früchte der Arbeit eines anderen, würden sie „zu Teileigentümern" seiner Person. (172, 2006: 227). Ein umverteilender Wohlfahrtsstaat verwandle „seine Bürger in Teilzeitsklaven mit schwindendem Eigenanteil" (Kersting 2000a: 39). Das zweite Argument ist, daß sich Verteilungsschemata und ergebnisorientierte Verteilung in einer freien Gesellschaft nicht reproduzieren, sondern des steten korrigierenden Eingriffs bedürfen (Nozick 1974: 163, 2006: 218f.). Am Beispiel des Basketball-Spielers Wilt Chamberlain will Nozick zeigen, wie „Freiheit Verteilungsschemata durcheinander bringt" (*how liberty upsets patterns;* Nozick 1974: 154-165, vgl.

2006: 215-220). Wenn Chamberlains Vertrag ihm an jeder Eintrittskarte einen Anteil von 25 *cents* zusichert, so stimmt jeder Basketballfan mit dem Kauf der Karte seiner besonderen Alimentierung zu. Unter der Voraussetzung, daß zum Ausgangszeitpunkt eine gerechte Verteilung nach einem bestimmten Schema herrschte, führt die wiederholte freie Entscheidung der Basketballfans dazu, daß zu einem späteren Zeitpunkt allein aufgrund freier Handlungen eine neue Einkommensverteilung herbeigeführt wurde (jeder hat etwas weniger und Chamberlain viel mehr), die nicht dem für gerecht gehaltenen Verteilungsschema entspricht. „Jede Verteilung mit einem egalitären Moment kann durch die freiwilligen Handlungen der Einzelnen im Laufe der Zeit umgestürzt werden" (Nozick 1974: 165, 2006: 219, vgl. zur Kritik unten 4.3.). Nozick vertritt dagegen eine *entitlement theory,* nach der man über ein historisches Anrecht verfügen muß, um Eigentum rechtmäßig zu besitzen. Die Gerechtigkeit eines Ausgangszustands pflanzt sich dann historisch durch alle gerechten Transaktionen fort. Daß die Eigentumsverteilung zu einem bestimmten Zeitpunkt eklatant ungerecht aussieht, besagt also gar nichts. „Alles, was aus gerechten Verhältnissen auf gerechte Weise entsteht, ist selbst gerecht" (151, 2006: 203f.). Eine *entitlement*-Theorie muß sich zu den Maßstäben gerechter Aneignung und Eigentumsübertragung äußern; in einer nicht-idealen Welt muß sie außerdem etwas dazu sagen, wie Verletzungen von Eigentumsrechten (z.B. unrechtmäßige Aneignungen oder Übertragungen) korrigiert und wiedergutgemacht werden können (151f., 2006: 204f.). Daß Nozick sich nicht direkt zu diesen Themen (und zu den Kriterien der Wiedergutmachung nicht einmal indirekt) äußert, könnte man als Eingeständnis auffassen, daß ein philosophischer Libertarianismus verschiedene Optionen hat, sie zu beantworten und damit auch politisch zu diametral entgegengesetzten Ergebnissen kommen könnte (dazu s.u. 5.1.). Zwei eher *en passant* vorgenommene Entscheidungen sind aber für Nozicks Typ von Libertarianismus konstitutiv. Erstens läßt er bei aller Kritik im Detail keine Alternative zu einem Prinzip der ersten Aneignung durch Arbeit erkennen; er legt sich vielmehr an einigen Stellen selbst darauf fest (160, 2006: 214). Dies fügt einen Gesichtspunkt des Verdiensts (*desert*) in die Besitzlehre ein: Die Vorgeschichte der Eigentumsverteilung ist nicht zuletzt aus dem Grunde wichtig, weil sich eine Person einen bestimmten „Anteil verdient hat"

(154, 2006: 207). Im Gegensatz dazu konstruieren Nozick zufolge Theorien der Verteilungsschemata künstlich eine Stunde Null der Verteilungsgerechtigkeit und „tun so ... als ob die Dinge aus dem Nichts entstünden" (160, 2006: 214). Die Aneignung eines bearbeiteten Gegenstandes findet bei Nozick dort statt, wo jemand bereits über das Material verfügt – wenn mir der Baum gehört, aus dem ich mein Kanu schnitze – aber nicht dort, wo die Produktionsmittel oder die Rohstoffe bereits einem anderen gehören: dies sei der Irrtum des Sozialismus (155, 2006: 208).

Zweitens ist für Nozick selbstverständlich, daß neben Kauf und Tausch auch die Eigentumsübertragung durch freies Geben „aus Liebe" (167f., 2006: 224) ein Menschenrecht darstellt und daher unter die Prinzipien gerechten Transfers fällt. Damit wird kurzerhand ein uneingeschränktes Schenkungs-, Erb- und Spendenrecht etabliert (159f., 168, 2006: 212, 224f.), das im Kontrast steht zum verdienstlichen Gesichtspunkt des Eigentumserwerbs. Einen Rechtstitel auf Eigentum erwirbt man, so läßt sich zusammenfassen, falls man mit eigenen Produktionsmitteln Rohstoffe bearbeitet oder indem man von jemandem, der das tut, geliebt und beschenkt wird. Liebe oder, allgemeiner gesprochen, Philanthropie ist die Instanz, an die Kinder, Arbeitslose, Schwache und Behinderte, die nicht aus eigener Kraft am Aneignungsprozeß teilnehmen, in Abwesenheit wohlfahrtsstaatlicher Mechanismen appellieren können. Eine einzige naturrechtliche Einschränkung von Aneignungshandlungen erkennt Nozick an, den Lockeschen Vorbehalt (*proviso*), „genug und gleich Gutes" für andere übrigzulassen. Nozick interpretiert diesen Vorbehalt so, daß eine Aneignung die Position anderer Personen nicht verschlechtern soll. Im Hinblick auf die wechselseitigen Vorteile, die ein marktgesteuertes Eigentumssystem aufweist, glaubt Nozick, daß der Vorbehalt „(fast?) nie" bedeutsam werden wird (Locke 1690: Kap. V, § 27, Nozick 1974: 175-182; 2006: 234-242). Nur als „Katastrophenbedingung" soll der Lockesche Vorbehalt daher gegen einseitige private Aneignungen geltend gemacht werden können (Nozick 1974: 181, 2006: 240).

2.3. Demokratie und Utopie

Demokratie schließlich kann Nozick sich nicht anders vorstellen als nach dem Modell des Eigentums von Personen an Personen, als „Volksbesitz an den Rechten aller" oder *demoktesis* (von gr. *demos*: Volk und *ktesis*: Erwerbung), wie er mit der folgenden Parabel zeigen möchte. Als Eigentümer ihrer selbst können Personen auch Aktienanteile an sich selbst und damit Bestimmungsrechte über sich selbst verkaufen (282, 2006: 370). Angenommen, zu den verkäuflichen Anteilen gehören die Wahl des Berufs, der Kleidung, des Ehepartners, des Wohnorts, der bevorzugten Drogen etc. Viele rechtliche Verbote, etwa im Familien- oder Drogenrecht, aber auch im Antidiskrimierungsrecht lassen sich dann so darstellen, als habe ein Monopolist die Entscheidungsfreiheit aller in diesen Bereichen erworben und mache nun von ihr Gebrauch, indem er auch gegen ihre derzeitigen Präferenzen bestimmte Handlungen ausschließt. Eine Person könnte nun an sich selbst gerade soviel Anteile behalten, daß sie zwar kaum noch Einfluß ausüben, aber wenigstens und „vielleicht nur aus Sentimentalität" an Aktionärsversammlungen teilnehmen könnte, die darüber bestimmen, was mit ihren Anteilen und denen anderer geschehen soll. Besitzen viele die Anteile vieler, so läßt sich (im fernen Echo an Rousseau) sagen, daß „fast jeder über sie entscheidet, und sie entscheiden über fast jeden" (285, 2006: 259). Ist erst einmal jeder zum Teileigentümer eines jeden anderen geworden, sind wir (im fernen Echo an Abraham Lincoln) im System der „Demoktesis, des Eigentums am Volk durch das Volk und für das Volk" angekommen (290, 2006: 381) – die Geschichte, wie man zu „einem demokratischen Staat" gelangt, ist offenbar aus der Perspektive des Einzelnen der „Geschichte eines Sklaven" sehr ähnlich (292, 2006: 383). Betrachtet man die moderne Demokratie aus der Perspektive des Libertarianismus, so erscheint sie als Veranstaltung freiwilliger Selbstversklavung.

Für seine restriktive Staatsauffassung beansprucht Nozick nicht nur, daß sie richtig, sondern auch, daß sie „inspirierend" sei. Für die Inspiration ist der weniger stark rezipierte dritte Teil seines Buchs zuständig, in dem die potentielle Heterogenität libertarianischer Gesellschaften als Utopie gefeiert wird. Jede beliebige Form des gemeinschaftlichen Zusammenlebens sei im Minimalstaat möglich: Klosterleben und Libertinage, Kapitalismus ebenso wie

Kommunismus, selbst „partizipatorische Demokratie" (1974: 316, 2006: 415). Doch wird die überraschende Ankündigung, Umverteilung und demokratische Selbstbestimmung könnten auf der freiwillig-kommunitären Ebene unterhalb des Minimalstaats wieder eingeführt werden, nicht ausformuliert. Ungeklärt bleibt daher zunächst, aus welchen Gründen und mit welchen (Zwangs-)Mitteln Gemeinschaften unterhalb des Minimalstaats ihren Mitgliedern gebieten, verwehren oder erlauben dürfen, was der Staat aus moralischen Gründen nicht von ihnen fordern darf.[6] Ungeklärt bleibt insbesondere, ob das Zugeständnis, freiwillige Gemeinschaften dürften nichtkapitalistische und umverteilende Wirtschaftsformen praktizieren, empirisch eine realistische Option darstellt angesichts des Umstands, daß sich die Wohlhabenderen wohl solchen Gemeinschaften entziehen werden (Singer 1982: 38).

3. Friedrich Hayek: Soziale Gerechtigkeit als bedeutungslose Idee

3.1. Kritik der Planwirtschaft

Hayeks *Weg zur Knechtschaft* von 1944 ist „den Sozialisten in allen Parteien" gewidmet. Das Buch beginnt als Kritik des Nationalsozialismus, der aber nicht als Phänomen *sui generis*, sondern als Variante des Sozialismus wahrgenommen wird, und damit als idiosynkratische Realisierungsform „derselben politischen Idee", die auch im sowjetischen Kommunismus verwirklicht werden sollte, nämlich des Ideals sozialer Gerechtigkeit oder sozialer Gleichheit. Auch wenn über die Zulässigkeit des Privateigentums an Produktionsmitteln zwischen den beiden Ideologien keine Übereinstimmung herrsche, so seien doch die Wege der Realisierung des gemeinsamen Ziels äquivalent, nämlich mittels wirtschaftlicher Planung. Indem Hayek noch während des zweiten Weltkriegs das NS-

---

6 Diese Frage ist besonders dringlich im Hinblick auf Nozicks spätere Neupositionierung, in der er kommunitäre Solidaritätsgefühle als Legitimation für „symbolisch" verstandene *staatliche* Umverteilungspolitik zuläßt (1991: 322, kritisch Zintl 2000: 115-117).

System vor allem wegen der ihm zugeschriebenen ebenso „gewaltsamen" wie „ineffektiven" Wirtschaftsplanung kritisiert, nimmt er
die Konstellation der Nachkriegszeit, insbesondere die spätere Vereinnahmung von sowjetischem Kommunismus und Nationalsozialismus als Totalitarismen ähnlicher Prägung, vorweg. „Für beide ist
der wahre Feind, der Mensch, mit dem sie nichts gemeinsam hatten
und den zu überzeugen aussichtslos war, der Liberale alter Schule." (Hayek 1953: 48f.)

Hayeks Kritik der Planwirtschaft läßt einiges über seine er-
kenntnis- und gesellschaftstheoretischen Annahmen wie auch über
seine ethischen Festlegungen erkennen. Hayek wendet sich gegen
die Annahme, daß der technische und produktive Fortschritt zur
Monopolisierung führe oder daß die gestiegene epistemische Komplexität der sozialen Welt in der Wirtschaft „Planung" erzwingen
würde. Nur dort wäre ökonomische Planung ein geeignetes Verfahren der Handlungkoordination, wo „eine einzelne Person oder ein
einzelner Ausschuß alle bedeutungsvollen Tatsachen wirklich
übersehen könnte" (1953: 73). Marktsteuerung wird demgegenüber
als erkenntnistheoretische „Dezentralisierung" betrachtet. Da niemand „alle Faktoren abwägen kann, die auf die Entscheidungen so
vieler Individuen einwirken", übernimmt der Preismechanismus die
Handlungskoordination, denn er ist der einzige „Registrierapparat,
der automatisch alle bedeutungsvollen Wirkungen der individuellen Handlungen aufzeichnet, deren Angabe zugleich Wirkung und
Ursache aller individuellen Entscheidungen ist" (1953: 74, vgl.
Hayek 1981a: 24). Abgesehen vom unüberwindlichen epistemi-
schen Pluralismus scheitern planwirtschaftliche Systeme in der Moderne auch am ethischen Pluralismus, am Fehlen einer einheitlichen Werteordnung, die die Ziele des Wirtschaftens, insbesondere
des Produzierens festlegen könnte. Hayek verallgemeinert hier eine
grundlegende Prämisse der Österreichischen Schule der Nationalökonomie (Menger, v. Mises), wonach es allein die subjektiven
Präferenzen der Handelnden sind, die den Dingen ihren Wert verleihen, zu einer subjektivistischen Bestandsaufnahme der modernen Gesellschaft, die keine gemeinsamen Zwecke oder Ziele mehr
verfolge.

Allerdings ist *Der Weg zur Knechtschaft* noch vergleichsweise
offen für die Idee, den Dysfunktionalitäten des Marktes politische
Fesseln anzulegen. Dies gilt nicht nur für den Schutz der Bedingun-

gen eines funktionierenden Wettbewerbs, der Gewährleistung von Vertragsfreiheit und Privateigentum gegen Betrug und Gewalt, der Garantie stabiler Rahmenbedingungen des Wettbewerbs wie Geld und frei verfügbarer Informationsquellen, sondern auch für die sozial und ökologisch motivierte Gewährleistung der natürlichen Ressourcen, für Arbeitsschutz und Gesundheitsfürsorge sowie für ein soziales Netz: „Die Aufrechterhaltung des Wettbewerbs ist sehr wohl auch mit einem ausgedehnten System der Sozialfürsorge vereinbar – solange dieses so organisiert ist, daß es den Wettbewerb nicht weitgehend lahmlegt". Auch die Bereitstellung öffentlicher Güter (wie Parks, Versorgungs-, Verkehrseinrichtungen) hält Hayek in dieser Phase noch für Aufgaben, die ein „weites und unumstrittenes Gebiet für die Betätigung des Staates darstellen" (1953: 60-62). Unklar ist hier weniger die Intention eines wettbewerbsfunktionalen Sozialstaats als vielmehr, wie das Kriterium, den Wettbewerb „nicht weitgehend lahmzulegen", interpretiert werden soll, und vor allem, aus welchen normativen Quellen sich die Berücksichtigung sozialer Not der Mitbürger speisen soll; aus welcher wettbewerbsexternen Position diese überhaupt sichtbar wird (vgl. dazu unten 4.1.).

3.2.   Herrschaft des Gesetzes

Während die Planwirtschaft im Westen immer weniger Freunde findet und der Kommunismus immer weniger als Option wahrgenommen wird, nimmt mit der Radikalität von Hayeks Einwänden, die er vom Sozialismus nun auf den Wohlfahrtsstaat westlicher Prägung überträgt, auch die Gründlichkeit ihrer theoretischen Fundierung zu. Hayeks unbestrittenes Hauptwerk, *Die Verfassung der Freiheit* (1991, orig. 1960) unternimmt im ersten Teil eine begrifflich und rechtstheoretisch ehrgeizige Einführung von zentralen libertarianischen Konzepten wie Zwang, Freiheit und Rechtsstaatlichkeit, stützt sie im zweiten Teil ideengeschichtlich ab und entwickelt im dritten Teil politische Folgerungen für den Sozialstaat. Spätere Werke wie *Recht, Gesetzgebung und Freiheit* (3 Bde. 1980, 1981a, 1981b, orig. 1973-1979) reformulieren diese Kritik am Verfall des Rechtsstaats, an Sozialstaat und Demokratie.

Auf rechtsphilosophischer Ebene moniert Hayek die begriffliche Konfusion zwischen einer negativen Grundbedeutung von Freiheit als Abwesenheit von Zwang und verschiedenen positiven Verwendungen des Freiheitsbegriffs, die sich auf die politische Freiheit der Mitwirkung, auf die innere Freiheit als Unbeugsamkeit des Gewissens oder auf die effektive Freiheit als Handlungsfähigkeit oder Macht beziehen. Insbesondere letztere steht unter Verdacht, unter dem Mantel einer „gleichen Freiheit von Angst und Not" nur das alte Gespenst der „gleichmäßigen Besitzverteilung" (1991: 23, vgl. 1953: 47) zu verbergen. Nach Hayeks Auffassung sind alle Phänomene genuiner Unfreiheit auf Zwang, und damit auf die Unterwerfung unter den Willen eines anderen, zurückzuführen. Das bedeutet, daß „objektive" Handlungshindernisse, die nicht auf einen menschlichen Willen zurückzuführen sind, nicht als freiheitseinschränkend erscheinen: wir werden später sehen, daß dies auch für den Marktprozeß und seine Ergebnisse gelten soll. Sobald wir uns nun der Frage zuwenden, wie sich die Freiheit des Individuums zu (staatlichen) Gesetzen verhält, fällt ins Auge, daß Hayeks negative Konzeption ebenfalls eine Ambiguität aufweist (Miller 1989: 28-30). Einerseits ist klar, daß alle positiven Gesetze, die Verhalten sanktionieren, Zwang ausüben und Freiheit einschränken. Andererseits gibt es aber nach Hayek eine hervorgehobene Klasse von Normen, deren Befolgung eben nicht die Unterwerfung unter einen Willen bedeute. „Der Begriff der Freiheit unter dem Gesetz ... beruht auf der Ansicht, daß wir mit der Befolgung von Gesetzen im Sinne von allgemeinen abstrakten Regeln, die, unabhängig von ihrer Anwendung auf uns, niedergelegt werden, nicht dem Willen eines anderen unterworfen und daher frei sind." (Hayek 1991: 185) Diese „Herrschaft des Gesetzes" setzt niemanden dem Risiko der Willkür aus, sie privilegiert und diskriminiert nicht. Ihr Gesetzesbegriff ist „materiell", nicht „formal", indem er nicht auf den Urheber, sondern auf das „Wesen" der Norm abstellt (1991: 187), das auch einem demokratischen Gesetzgeber entgegengehalten werden muß. Auch „die Demokratie [muß] erst lernen ..., daß sie, um gerecht zu sein, in ihrer Tätigkeit von allgemeinen Gesetzen geleitet sein muß" (1991: 398).

Diese Überlegungen stehen im Einklang damit, daß Hayek das Recht nicht als rationales Programm für die Gestaltung der Gesellschaft auffaßt, sondern als Behältnis eines Wissens, das von Generationen arbeitsteilig zusammengetragen wurde, ohne daß eine Einzelperson sich anmaßen könnte, die Funktion eines einzelnen Ge-

setzes zu durchschauen oder festlegen zu wollen. Ebenso wie ökonomische Ordnung durch Handeln, das sich an Preisen orientiert,
spontan und nichtintendiert gestiftet werden kann, so werden
rechtliche Verhaltensregeln von Hayek als Ergebnisse eines spontanen Prozesses sozialer Ordnungsbildung aufgefasst. Solche Ordnungen sollen verstreutes und latentes Wissen nutzen, selbstkorri-
gierend operieren und sich auf der Basis rein interessegeleiteten
Handelns perpetuieren können (Kley 1994: 120, vgl. Gray 1995:
118-124). Für den Fall, daß eine solche Ordnung nur minimal repressiv ist, geht Hayek von ihrer zivilisatorischen Überlegenheit
über konkurrierende Handlungssystemen aus. Dies liegt daran, daß
unter Bedingungen von Nichtwissen oder lokal verstreutem Wissen
die abstrakte Allgemeinheit von Regeln sich für die Anpassung an
eine unbekannte Zukunft als epistemisch günstig erweist (Hayek
1981a: 26). Der Rechtsstaat findet bei Hayek also letztlich eine erkenntnistheoretische Begründung (Shklar 1998: 27-29).

3.3. Kritik des Sozialstaats

Die sozialphilosophische Idee spontaner Ordnungsbildung auf der
Basis minimaler Regulation, verknüpft mit der rechtstheoretischen
Auszeichnung des abstrakt-allgemeinen Gesetzes, führt Hayek nun
zu den Positionen zu Sozialstaat und Demokratie, die für sein Werk
wohl die charakteristischen sind. Was abstrakte Allgemeinheit des
Gesetzes bedeutet, läßt sich, wie Hayek selbst vermerkt, durch
Kriterien wie langfristige Wirkung, Bezug auf unbekannte Fälle,
Verbot der Rückwirkung, Bekanntheit und Rechtsgewißheit sowie
Gleichheit im Sinne der Gleichbehandlung durch das Gesetz nur
teilweise, aber nicht völlig befriedigend bestimmen (1991: 270-3).
Was Hayek vorschwebt, läßt sich wohl am besten durch sozialstaatliche Regeln wie die Steuerprogression illustrieren. Während die
proportionale Besteuerung von Einkommen für Hayek die Allgemeinheit des Gesetzes wahrt, verstößt die progressive Besteuerung
gegen sie: sie drücke daher eine „Diskriminierung der Wohlhabenden" aus (Hayek 1991: 397). Auch wenn sie sich nicht gegen bestimmte, namentlich genannte Individuen richte, könne sie als
nicht-allgemein gelten, da die Mehrheit, die die Steuersätze fest-
setzt, die zu tragende Belastung auf eine unterdrückte Minderheit

der Wohlhabenden abwälze. Dies verletze die Bedingung, daß die Personen einer im Gesetz „ausgesonderten Gruppe [hier: die Besserverdienenden] die Legitimität der Unterscheidung ebenso anerkennen wie die Personen außerhalb der Gruppe" (1991: 273). Hayek zögert nicht, in solchen Zusammenhängen bestimmte sozialstaatliche Normierungen als „ungerecht" (1991: 398) bzw. als „Unrecht" (1952: 1) zu bezeichnen, entsprechend seinem Gerechtigkeitsverständnis, daß „alle nach denselben Regeln zu behandeln" seien (1981a: 62).

Hayeks vorrangige Strategie der Kritik an Gerechtigkeitsvorstellungen, die Umverteilung vorsehen, beinhaltet jedoch nicht, ihnen direkt zu widersprechen und alternative Gerechtigkeitsvorstellungen ins Feld zu führen. Er legt vielmehr eine weit ausholende semantische Kritik des Begriffs „sozialer" oder „distributiver Gerechtigkeit" vor, den er innerhalb einer „Gesellschaft freier Menschen" als „leer und bedeutungslos" (1981a: 100), als „Luftspiegelung" (Kersting 2000b: 61), der kein sachlicher Gehalt korrespondiert, entlarven möchte. Es sei ein Irrglaube, ähnlich dem an „Hexen und Gespenster", sich unter „sozialer Gerechtigkeit" in einer spontan sich bildenden Ordnung, im Gegensatz zu einer „Zwangsorganisation", irgend etwas bestimmtes vorzustellen (1981a: 98).

Hayeks Argument beruht auf der Überzeugung, nicht alle Arten von Phänomenen seien als „gerecht" oder „ungerecht" zu bezeichnen. Die unkontroverse Prämisse „Eine bloße Tatsache oder ein Sachverhalt, den niemand ändern kann, mag gut oder schlecht sein, aber nicht gerecht oder ungerecht", verengt Hayek darauf, „nur menschliches Verhalten [könne] gerecht oder ungerecht genannt werden" (1981a: 53). Daher könnten in einer spontanen Ordnung „die besonderen Ergebnisse des gesellschaftlichen Prozesses nicht gerecht oder ungerecht sein" (1981a: 55). Verteilungen durch den Marktmechanismus, die „in vielen Fällen als sehr ungerecht angesehen werden müßten, wenn sie das Resultat einer absichtlichen Zuteilung an bestimmte Leute wäre" (1981a: 95), sind so der Bewertung entzogen. Das ist aber offenbar eine willkürliche semantische Festlegung. Während es zutreffen mag, daß der Ausdruck „gerecht" im Rahmen der persönlichen Moral nur auf intentionales Handeln und höchstens die es leitenden Regeln angewandt werden kann, stellt dies für Recht und Politik, die ja *per definitionem* sich nicht für die Intentionen der Akteure interessieren, sondern deren

Handlungsfolgen, Nebenfolgen, Strukturen, insbesondere Institutionen und auch die Gesellschaften, in denen Handlungsfolgen und Institutionen für eine relative Begünstigung von Individuen sorgen, mit dem Prädikat „gerecht" belegen wollen, eine nicht einsichtige, moralphilosophische Beschränkung dar. Die Folgen eines weder gerechten noch ungerechten Marktwettbewerbs bei Hayek sind allerdings mit den gerechten Folgen des gerechten Marktwettbewerbs bei Nozick identisch. Wie die *entitlement theory* der Eigentumsverteilung alle Folgen bei der Beurteilung gerechter Transaktionen ausblendet, so sind auch die Folgen kapitalistischen Wirtschaftshandelns bei Hayek unangreifbar.

Der späte Hayek lehnt im Gegensatz zu den früheren Arbeiten den Versuch ab, die Marktordnung durch Eingriffe zu „korrigieren" (1981a: 191). Das besagt allerdings nicht, daß die Schwachen nun wie bei Nozick auf Philanthropie hoffen müßten. Auch dem späten Hayek zufolge kann es eine soziale Grundsicherung im Sinne eines „Mindesteinkommens oder eines Minimums, unter das niemand zu sinken braucht" geben, das aber vollständig „außerhalb des Marktes" angesiedelt und für Bedürftige, die ihren Lebensunterhalt nicht auf dem Markt verdienen können (1981a: 122), nicht aber für solche, die am Markt Leistungen anbieten, die nicht nachgefragt werden, vorgesehen ist (1981a: 192). Eine solche Mindestsicherung läge jedenfalls „im Interesse jener, die Schutz gegen Verzweiflungsakte der Bedürftigen verlangen" (Hayek 1991: 361, vgl. Zintl 2000: 98-107).

3.4. Kritik der Demokratie

Hayeks Stellung zur Demokratie ist bereits 1944 ambivalent. Er lehnt die sozialistische Wirtschaftsplanung nicht zuletzt aus dem Grunde ab, weil sie die Machtbefugnisse des Parlaments zugunsten expertokratischer Ermächtigungen verringert. Die von den Fesseln des demokratischen Verfahrens befreite „Wirtschaftsdiktatur" ist ihm ein Greuel. Aber seine Argumentation richtet sich nicht darauf, „daß die Diktatur notwendigerweise die Freiheit vernichten muß, sondern darauf, daß Planwirtschaft zur Diktatur führt" (1953: 99). Während die Diktatur oftmals die Freiheit erhalten kann, ist dies für die Demokratie gerade nicht ausgemacht. Dies ist die These von der freiheitsvernichtenden „totalitären Demokratie" (Hayek 1981b: 19), eine These, die auch Nozick unterstützt: Der Minimalstaat besitze nicht zuletzt den Vorteil, daß es niemanden gebe, der den anderen seine eigene utopische Version des richtigen Lebens aufzwingen könne (Nozick 1974: 312, 351, 2006: 284, 317). Wie für Carl Schmitt ist dagegen auch für Hayek Demokratie mit „plebiszitärer Diktatur", die alle liberalen Rücksichten hinwegfegt, vereinbar (Schmitt 1993: 237; Hayek 1981b: 19), woran man eine gewisse institutionelle und verfahrensmäßige Unterbestimmtheit seines Demokratiebegriffs ablesen kann.[7]

Demokratie ist bei Hayek ein Mittel zum Zweck. Sie verdankt ihre Bedeutung allein ihrem funktionalen Beitrag dazu, „die Erreichung der höchsten Ziele der bürgerlichen Gesellschaft und des Privatlebens zu sichern" (1953 99). Sie muß sich daher darauf beschränken, Regierungsentscheidungen zu bestimmen. Als Verfahren oder soziales Ideal, das sich auf andere Bereiche (Erziehung oder den Arbeitsplatz) anwenden läßt, kommt sie nicht in Betracht. Die neuzeitliche Demokratie fordert Hayeks Kritik vor allem deshalb heraus, weil sie ihren Handlungsradius auf Fragen distributiver Gerechtigkeit ausgedehnt hat (1981b: 137). Ihr „Hauptzweck muß die Verteilung von Geldern werden, die einer Minderheit abgepreßt worden sind" (1981b: 24). Hayek betont, daß dies kein Argument gegen die „Massendemokratie" sei: „[W]enn demokratische Regierungen wirklich an das gebunden wären, worauf sich die Massen einigen, ließe sich nur wenig einwenden." (1981b: 138). Vielmehr seien es die Sonderinteressen organisierter Minderheiten, die pluralistische Gesellschaften in „Schacherdemokratien" verwandelten (1981b: 138).

Hayek plädiert daher für eine Neuerfindung der Gewaltenteilung „auf höchster Ebene", nämlich innerhalb der Befugnisse, die vom parlamentarischen Gesetzgeber wahrgenommen werden. Er schlägt eine Unterteilung in zwei Kammern vor, einer gerechtigkeitsorientierten Legislative, die sich an die Volks*meinung* gebunden weiß und für die Setzung abstrakt-allgemeiner Normen zuständig ist, und einer am Volks*willen* orientierten Regierungsversammlung, die Maßnahmen „im Rahmen von Regeln, die von der erste-

---

7   Vgl. Scheuerman 1999b und den Beitrag von Brodocz zur dezisionistischen Theorie von Schmitt in diesem Band.

ren Versammlung festgelegt worden sind," erläßt. Während die Kontrolle des Regierungshandelns weiterhin bei der Regierungsversammlung liegen soll, stehen ihr Zwangsmittel gegenüber Privatleuten nur innerhalb von Grenzen, die vom Oberhaus festgelegt werden, zur Verfügung. Um auf das Beispiel der Steuerprogression zurückzukommen: das Unterhaus verfügte zwar über das Budgetrecht, nicht aber über die Möglichkeit, eine differenzierte Steuerpolitik zu betreiben, weil das Oberhaus auf der abstrakten Allgemeinheit der Besteuerungsmodi bestünde und damit die Steuerprogression ausschlösse.[8] Die Besetzung beider Kammern folgt dabei verschiedenen Gesichtspunkten. Während die Zusammensetzung des Unterhauses wie im zeitgenössischen Parlamentarismus nach Parteizugehörigkeit erfolgt, soll ein spezielles Verfahren für das Oberhaus einen höheren Grad der Unparteilichkeit verbürgen. Hayek zufolge braucht man

„eine Versammlung von Männern und Frauen, die in einem relativ reifen Alter für ziemlich lange Perioden, wie etwa fünfzehn Jahre, gewählt werden, so daß sie keinen Gedanken daran wenden müßten, wiedergewählt zu werden ... [U]m gleichzeitig zu verhindern, daß die Versammlung einen zu hohen Prozentsatz alter Personen enthält, wäre es klug, ... von jeder Gruppe von Personen im selben Alter einmal in ihrem Leben zu verlangen, etwa in dem Kalenderjahr, indem sie ihr 45. Lebensjahr erreicht hätten, aus ihrer Mitte Repräsentanten zu wählen, um für 15 Jahre Dienst zu tun. Das Ergebnis wäre eine legislative Versammlung von Männern und Frauen zwischen ihrem 45. und 60. Lebensjahr, von denen ein Fünfzehntel jedes Jahr ersetzt werden würde" (1981b: 156).

Den Einwand einer reinen Experten- oder Elitenherrschaft versucht Hayek zu umgehen, indem er darauf verweist, daß das gewählte Oberhaus gegenüber den „Gerechtigkeitsmeinungen" des Volks responsiv sein soll. Allerdings stellt sich nun heraus, warum es für Hayek wichtig war, redistributive Gerechtigkeitsauffassungen als unsinnig und bedeutungslos und nicht etwa als falsch oder moralisch fragwürdig zu deklarieren, wie dies in Nozicks Ansatz geschieht. Wenn das legislative Oberhaus sich durch Berufung auf die Gerechtigkeitsmeinungen der Bevölkerung legitimiert, ist es hilfreich, eine mögliche umverteilungsfreundliche Volksmeinung

---

8   Es sind also Konflikte zwischen Unter- und Oberhaus zu erwarten, weshalb Hayek für die Einrichtung einer übergeordneten Gewalt, die Konflikte zwischen den Kammern entscheiden kann – er denkt an ein Verfassungsgericht – plädiert (1981b: 164).

nicht als verfehlt zurückweisen zu müssen, sondern sie als verwirrt oder nicht einschlägig, wie einen Aberglauben an Gespenster, übergehen zu können.

3.5. Rekapitulation: Hayek vs. Nozick

Als Nozicks Buch 1974 erscheint, erkennt Hayek bei aller theoretischen Differenz die politische Übereinstimmung sofort. In einem kurzen Vorwort empfiehlt er es den deutschen Lesern als „großes und tiefschürfendes Werk", eingestandenermaßen bevor er es noch ganz durchgearbeitet hat (Nozick 2006: 12f.). Nozick seinerseits importiert Hayeks Begriff und Kritik von Verteilungsschemata (Nozick 1974: 154ff., 2006: 212ff., Hayek 1991: 107). Dennoch ist die intellektuelle Beziehung zwischen beiden Autoren nicht tief (Gamble 1996: 111f.). Allerdings kann Hayeks *Illusion sozialer Gerechtigkeit* von 1981 als eine implizite Antwort auf Nozick gelesen werden. Wir haben bereits auf den Unterschied hingewiesen, daß Hayek die Idee sozialer Gerechtigkeit in einer freien Gesellschaft für sinnlos hält, während Nozick mit den Freunden des Sozialstaats einer Meinung ist, daß sie eine ernste moralische Frage bezeichnet, allerdings zu Hayekschen Ergebnissen kommt, was die Rechtmäßigkeit von Umverteilung angeht. Während für Nozick menschenrechtliche Ansprüche nahezu absolut gelten, sind für Hayek alle individuellen Rechte prinzipiell begrenzbar (1981a: Kap. VIII, vgl. 1991: 187). Während Nozick die Notwendigkeit der Wiedergutmachung für ungerechte Besitzverhältnisse zwar nicht ausführt, so doch festhält, spricht sich Hayek dafür aus, eine Restitution in den meisten Fällen aus praktischen Gründen zu unterlassen und durch langfristiges Unrecht zustande gekommene inegalitäre Ausgangspositionen hinzunehmen (1981a: 177). Im Gegensatz zu Nozicks Auffassung, Transaktionen am Markt produzierten aus gerechten Ausgangszuständen gerechte Ergebnisse, behauptet Hayek, daß der Markt weder gerecht noch ungerecht verteilt, seine Ergebnisse daher weder verdient noch unverdient sind (1981a: 104). Während Nozick auf der Historizität der Gerechtigkeit besteht, löscht für Hayek der Markt alle Vergangenheit aus (1981a: 160, 165). Im Unterschied zu Nozick enumeriert Hayek auch keinen Katalog von Rechtsansprüchen, auf die sich Personen in allen Gesellschaften berufen könnten. Er greift vor allem nicht auf das *self-ownership*-Argument zurück und legt damit eine größere Flexibilität an den Tag, sich auf Entwicklungen der modernen Ökonomie einstellen und sie gegen Gerechtigkeitsforderungen immunisieren zu können.

4. Kritik des Libertarianismus

4.1. Kritik an Hayek

Während Hayek seine Argumente gegen die Effizienz einer Planwirtschaft spätestens mit dem Zusammenbruch der kommunistischen Staaten um 1990 bestätigt sieht, hat er die empirische Widerlegung seiner Argumentation aus den 50er und 60er Jahren, die wohlfahrtsstaatliche Zähmung kapitalistischer Wirtschaftspolitik im Westen wirke sich ebenso freiheitsfeindlich aus wie der Staatssozialismus, nicht mit demselben Enthusiasmus aufgenommen (Miller 1994: 347). Seine Kritik am Nationalsozialismus, die dessen totalitäre Züge in die Steuerung der Wirtschaft verlegt, ist heute nicht mehr anschlußfähig (vgl. bereits Neumann 1944). Sehen wir von den zeitdiagnostischen Leistungen und auch von der begriffsanalytischen Angemessenheit seiner Theoriebildung, auf die wir anhand der Begriffe von Freiheit und Gerechtigkeit bereits eingegangen sind (vgl. oben 3.2.) einmal ab, so zeigt sich, daß wesentliche Teile der zeitgenössischen und neueren Kritik an Hayeks Werk sich auf dessen vermeintlich unzureichende oder inkohärente normative Grundlagen richten. Selbst wenn die epistemologische und handlungskoordinierende Überlegenheit marktförmiger Steuerung eingeräumt wird, gibt dies noch keine Antwort darauf, warum die Marktgesellschaft Alternativen gegenüber vorzugswürdig sein soll. Diese Frage wird besonders akut im Hinblick auf Überlegungen, auf der Basis welcher Werte oder Ideale Einschränkungen des Marktes (z.B. Arbeitszeitbegrenzung, Arbeitsschutz) oder Kompensationen der Marktergebnisse (z.B. ein allgemeines Mindesteinkommen) gerechtfertigt werden können. Einige Kommentatoren unterstellen, daß eine utilitaristische Begründung bei Hayek sowohl der Marktordnung als auch ihren Ausfallbürgschaften zugrunde liegt (s. Hayek 1981a: 149; vgl. Barry 1979). Hayeks deutlichster Schritt in diese Richtung ist wohl sein Argument, daß das überlegene Funktionieren des Marktsystems sich an seiner Fähigkeit, eine maximale Bevölkerung am Leben zu erhalten, ablesen läßt (1988: 120-134, 157). Ein solches Kriterium würde aber alle Verbindung zur Freiheitlichkeit der Lebensverhältnisse kappen (Gray 1995: 140f.). Alternativ zur utilitaristischen Lesart ließe sich auf Hayeks an Rawls (1975: 29) erinnerndes Argument verweisen, daß eine libertarianische Gesellschaftsordnung vorzugswürdig vom Standpunkt jener wäre, die ihre Stellung in der Gesellschaft nicht kennen (vgl. Hayek 1981a: 153, 156, 178). Eine solche Wahl unter Ungewißheit wäre wohl nicht bereits dann rational, wenn der Marktaustausch ein Positivsummenspiel ist, sondern nur auf der Basis von Sicherheiten für diejenigen, die nicht am Markt teilnehmen können. Auch die Bereitstellung von Hilfen, die Benachteiligten eine autonome Marktteilnahme ermöglichen können (Zintl 2000: 111), scheinen erforderlich, um eine Entscheidung unter Ungewißheit für die Marktgesellschaft plausibel zu machen. In der Sekundärliteratur geht man aber inzwischen allgemein davon aus, daß die Vielzahl normativer Argumente, die sich bei Hayek finden, letztlich nicht in einen konsistenten Zusammenhang gebracht werden können (Kukathas 1989: 201-204); dies gilt insbesondere für Hayeks Spätwerk, in der er naturwissenschaftlichen Begründungsversuchen einer evolutionären Überlegenheit liberaler Ordnungen ungeschützt nachgeht (1980, 1988). Der gegenwärtige Stand der Forschung ist daher der, daß Hayeks Rechts- und Sozialphilosophie statt einer normativen eine instrumentalistische Rechtfertigung anstrebt, die die Marktgesellschaft letztlich in einen Zusammenhang mit den Überlebensbedingungen der Spezies rückt (Kley 1994: 184-193). Die fehlende Eindeutigkeit in normativer Hinsicht schlägt letztlich auch auf die Kohärenz von Hayeks Theorie spontaner Ordnungsbildung zurück, deren klare Durchführung für das ökonomische Verhalten am Markt nicht darüber hinwegtäuschen kann, daß sie in ihrer Übertragung auf andere gesellschaftliche Prozesse unbrauchbar erscheint (Kley 1992: 31, vgl. Miller 1994: 350).

4.2. Kritik an Nozick

In einer ersten Phase war die Rezeption geprägt von der Empörung über frivole Gedankenexperimente eines Professors, der „von den Höhen seines Lehrstuhls aus vorschlägt, ungefähr zehn Prozent seiner Mitbürger zu erniedrigen, wo nicht verhungern zu lassen" (Barry 1975: 331f.).[9] Aber die Option, Nozicks Buch als Fall von „Verrat der Intellektuellen" oder alternativ als „großen Witz" zu verstehen (Barry 1975: 332) stellt sich nicht mehr, sobald eine nicht-vernachlässigbare Anzahl unserer Zeitgenossen intuitiv der Ansicht ist, daß Nozick weitgehend recht hat (Wolff 1991: vii). In den 70er und 80er Jahren wurde einige Energie in die Kritik an Nozicks Anarchismuswiderlegung gesteckt (vgl. die Aufsätze in Paul 1982: 57-104), wobei als Schwachpunkt das Verbot von Selbstjustiz auf der Basis von Risikoerwägungen identifiziert wurde (Wolff 1991: 67-70). Wichtiger erscheinen die Einwände, die die Anarchismuswiderlegung fehlschlagen sehen, weil dem „Minimalstaat" der Staatscharakter abgesprochen werden müsse. Die entscheidende Differenz zur herkömmlichen Staatsvorstellung wird in dem Umstand gesehen, daß die vorherrschende Schutzvereinigung keine Jurisdiktion über Dispute erwerbe, die sich zwischen Unabhängigen (und nicht zwischen Unabhängigen und Mitgliedern) ereignen (Wolff 1982: 81, Lessnoff 1996: 248), für solche Konflikte nicht von ihrem Rechtsprechungs- und Gewaltmonopol Gebrauch machen will und daher molekulare Naturzustände auf ihrem Territorium dulde. Der mangelnden rechtsstaatlichen Disziplinierung von Nozicks Schutzvereinigung, deren vermeintlich überlegene Respektierung von Verfahrensrechten der Individuen ja das entscheidende Argument in der Anarchismuswiderlegung ist, wird, mit der erwähnten Ausnahme von Nagel (1982: 193-4), dagegen weniger Aufmerksamkeit geschenkt. Vor dem Hintergrund des U.S.-amerikanischen Liberalismus prosperierte in den 70er und 80er Jahren die Auseinandersetzung darüber, ob Nozick die richtigen Rechte identifiziert hat (vgl. die Beiträge in Paul 1982: 107-

---

9 Frivol erscheint jedenfalls die Art und Weise, in der Nozick sich später von seinen libertarianischen Auffassungen distanziert (1991: 318), denn weder untermauert er seine Sinnesänderung argumentativ, noch verbreitet er sie ostentativ wie die frühere Position. Dies erweckt bei seinen Lesern den Eindruck, den folgenlosen Episoden einer privaten Bildungsgeschichte beiwohnen (vgl. auch Nozick 1993: 32).

301), oder ob seine Aufzählung auch unter libertarianischen Prämissen z.B. durch ein Recht auf die materiellen Voraussetzungen eines bedeutungsvollen Lebens ergänzt werden sollten (Scheffler 1982: 153). Wie Hayek wurde auch Nozick vorgehalten, seine normativen Prinzipien dogmatisch zu setzen und auf eine unzureichende Basis zu stellen (Nagel 1982: 193).

Für die heutige Diskussion ist fast ausschließlich Nozicks Sozialstaatskritik von Bedeutung. Im Vordergrund stehen seine Aktualisierungen der Lockeschen Konzeptionen von *self-ownership* und Aneignung durch Arbeit, aus denen seine Gleichsetzung von Einkommensbesteuerung mit Zwangsarbeit folgt. Dabei muß eingeräumt werden, daß *self-ownership* zunächst eine völlig unbestimmte Kategorie ist (Arneson 2000: 340, dagegen Cohen 1995: 213-217). Was wir uns unter einem Eigentumsrecht vorstellen, welche Implikationen es hat und worauf es sich erstrecken kann, ist ja keineswegs naturrechtlich festgelegt. Dieser Einwand richtet jedoch gegen Nozicks spezielle Interpretation des Prinzips nichts aus (zu deren Kritik vgl. unten 5.1.). Das zunächst paradox erscheinende Phänomen, daß innerhalb der Tradition des (analytischen) Marxismus die Kategorie des *self-ownership* stärker als Herausforderung betrachtet wird als von egalitär-liberalen Autoren, kann man wohl dadurch erklären, daß viele Marxisten ihre Argumente gegen Ausbeutung auf das Eigentum der Person an sich selbst und an den Früchten ihrer Arbeit stützen (so Cohen 1995: 144ff.) und damit Nozicks Intuitionen voraussetzen, aber umkehren. Gleichwohl wird *self-ownership* von egalitärer (Cohen 1995: 230ff.) wie von liberaler Seite (Kymlicka 1996: 108) mit dem Argument abgelehnt, es sei unverträglich mit nicht-vertraglichen Pflichten auf Hilfeleistung, deren Existenz wir alle anerkennten. Mit solchen Pflichten stehe aber die gegenüber der *self-ownership*-These schwächere Nichtinstrumentalisierungsformel Kants, die Nozick ja ebenfalls ins Feld geführt hatte (s.o. 2.1), nicht im Konflikt, was es Kritikern wie Cohen und Kymlicka ermöglicht, eine Differenzierung zwischen einem Lockeschen und einem Kantischen Verständnis eines Verfügungsrechts über die eigene Person zu treffen, von denen nur die erstere, nicht aber die letztere, die Zulässigkeit sozialstaatlicher Umverteilung in Schwierigkeiten bringe. Kymlicka hat überdies Nozicks „Wilt Chamberlain-Beispiel" einer Kritik unterzogen. Nozick hatte ja behauptet, daß die neue Eigentumsverteilung, wie sie sich nach dem freiwilligen Kauf von Eintrittskarten ergibt, dem Verteilungsschema des Ausgangszustands widerspreche und damit vom Staat „gewaltsam" rückgängig gemacht werden müsse. Kymlicka weist nach, daß Nozicks Argument darauf beruht, die moralisch zulässige, aber nicht-absolute Verteilung zum Ausgangszeitpunkt mit einer moralisch notwendigen und daher vom Staat unbedingt wiederherzustellenden Verteilung zu verwechseln (1996: 115, vgl. Cohen 1995: Kap. 1).

5. Theoretische Entwicklung und Variation

5.1. Gibt es Linkslibertarianismus?

Wenn wir als Beispiel für heutige libertarianische Politik die U.S.A. heranziehen, so besetzen Libertarianer vielfach, aber nicht stets, rechtskonservative Positionen: sie unterstützen das Recht, einschränkungslos Waffen besitzen und tragen zu dürfen (Schulman 1995), wenden sich gegen Sozialhilfe- und Antidiskriminierungsprogramme oder staatlich regulierte Schulbildung, aber auch gegen die Kriminalisierung des Drogenmarktes (Murray 1997). Seit 1971 gibt es eine *Libertarian Party*, die ihre Präsidentschaftskandidaten unter dem Motto „Do you want smaller government?" ins Rennen schickt und für radikale Steuersenkungen und den Abbau des ohnehin wenig üppigen Sozialstaats votiert (vgl. www.lp.org). Die libertarianischen Theoretiker polemisieren gegen linke Intellektuelle, bestreiten aber für ihr eigenes Programm eine konservative Ausrichtung (Nozick 1997: 280-295, Hayek 1991: 481-497). Insofern sie sich damit von traditions-, etwa religions- oder sittlichkeitsbasierten Spielarten des Konservatismus abgrenzen, tun sie dies mit großer Berechtigung. Drei Beispiele, die für eine politische Ambiguität des Libertarianismus geltend gemacht werden, sind die folgenden:

- seine konsequent antipaternalistische Haltung in Fragen, in denen Individuen sich und ihren Familien mit willkürfreien Handlungen selbst schaden, sei es aufgrund mangelnder Reflexion, Erfahrung oder Bildung (z.B. Drogenmißbrauch).
- seine konsequent einschränkungsfeindliche Position in Fragen der Redefreiheit, auch in Gebieten, in denen von Redebeiträgen

wenig gesellschaftlicher Nutzen und hohe gesellschaftliche Kosten zu erwarten sind: üble Nachrede, *hate speech* wie Volksverhetzung und rassistische Beleidigung, Gewaltpornographie und Fernsehwerbung (Graber 1991).

– sein Eintreten für völlige sexuelle und reproduktive Freiheit, für die Gleichberechtigung von Homosexuellen, das Recht auf Beendigung von Schwangerschaften. („Mein Bauch gehört mir" ist ein *self ownership*-Argument.)

Bei solchen politischen Optionen ist es zum Teil unplausibel, sie eindeutig nach „links" oder „rechts" zuzuordnen. Es kann daher nicht überraschen, daß die Identität eines „Linkslibertarianismus" auch im zentralen Feld der Wirtschafts- und Sozialpolitik bestimmt wird (Vallentyne/Steiner 2000a). Linkslibertarianer sind nicht geneigt, die absolute Eigentums- und Vertragsfreiheit zu beschränken; sie dehnen den umverteilungsfeindlichen Staat prinzipiell nicht über die Regulationsmechanismen, die auch die Libertarianer *sans phrase* zulassen, aus. Auch das Prinzip des Eigentums an der eigenen Person wird nicht als verdinglichendes Erbe bürgerlicher Theoriebildung aufgefaßt, sondern vielmehr als grundlegende Prämisse vorausgesetzt (Vallentyne 2000: 3-5). Den Unterschied zum Nozickschen Libertarianismus macht erst die Überzeugung, nicht-besessene Gegenstände seien nicht herrenlos, sondern im (hypothetischen) ursprünglichen Gemeinbesitz. Aneignung unter Bedingungen der Knappheit kann daher nicht einseitig, sondern nur unter Kompensation der Nicht-Aneignenden (die nichts mit einer sie begünstigenden Redistribution von Eigentum zu tun hat) erfolgen. Dies kann als eine striktere Interpretation des Lockeschen Vorbehalts gelesen werden, genug und gleich Gutes für andere übrig zu lassen. Der Lockesche Vorbehalt erscheint gleichsam als Trojanisches Pferd in den Mauern des Libertarianismus (s.o. 2.2., vgl. Fried 2004: 69).[10]

Wenn der Linkslibertarianismus dadurch definiert ist, daß eine unilaterale Aneignung nur gegen eine Kompensationsverpflichtung,

---

10 Insofern allerdings legitime Aneignung auf Konsens gestützt (Cunliffe 2000b: 6) oder verschiedene Formen von faktischem Gemeinbesitz, d.h. Rechte eines jeden auf nicht-exklusiven Gebrauch eines Gegenstands, zugelassen werden (Vallentyne 2000a: 7, Vallentyne et al. 2005: 202f.), verschwimmen die Konturen libertarianischer Auffassungen; es wird unklar, warum man überhaupt noch von Libertarianismus sprechen soll, für den nicht exklusiv besessene Gegenstände ebenso systemfremd sind wie deren demokratische Zuteilung.

deren Höhe dem von Angebot und Nachfrage bestimmten Wert der Ressource korrespondiert, vorgenommen werden darf, so unterscheidet er sich von einem Verteilungsegalitarismus dadurch, daß der Wert der angeeigneten Ressource und nicht etwa das, was die Aneignenden daraus machen, wobei auch Talent, Glück und Leistung eine Rolle spielen, „besteuert" werden soll. Allerdings kann auch Talent (naturalistisch verstanden als überlegene natürliche, das heißt nicht-modifizierte genetische Information) als natürliche Ressource gedeutet werden, was zur Kompensationspflicht seines Gebrauchs gegenüber weniger Begabten führen würde (Steiner 1994: 248, 274; vgl. Steinvorth 1995: 30ff.). Wenn schließlich selbst Fleiß und Arbeitsethik nicht zum Eigentum an der eigenen Person zählen, sondern vielmehr als kulturelle Ressource gedeutet werden, die man sich aus der Umgebung aneignet, müssten gegebenenfalls diejenigen, die sich solche Kompetenzen nicht aneignen, dafür kompensiert werden. Dient die Kompensationsverpflichtung aber vornehmlich dazu, unverdientes Glück und die daraus resultierenden Lebenschancen auszugleichen, wird erklärungsbedürftig, warum überhaupt ein Anspruch auf Selbst-Besitz angenommen und nicht auch z.B. körperliche Organe auf der Basis des Lockeschen Vorbehalts Bedürftigen zugeteilt werden sollen. Das zentrale Problem des Linkslibertarianismus scheint also darin zu liegen, zwischen dem „inneren" Eigentum an der eigenen Person und den „äußeren" natürlichen Ressourcen, die allen gehören, auf eine nicht *ad absurdum* zu führende Weise zu unterscheiden (s. Fried 2004: 86, 91, Vallentyne et al. 2005: 209f.).

Der bedeutendste Autor des Linkslibertarianismus, der in Manchester lehrende kanadische Philosoph Hillel Steiner, hat mit Hilfe einiger Modifikationen an Nozicks *entitlement theory* eine erkennbar linkslibertarianische Theorie der Eigentumsübertragung entwickelt. Eine ihrer radikalen Pointen betrifft die Abschaffung des Erbrechts, das als für den Empfänger unverdiente Eigentumsübertragung einen Schwachpunkt von Nozicks Auffassung gerechten Transfers darstellt. Steiner kritisiert das Vererben allerdings nicht als ungerecht (wie etwa Lyons 1982: 365) , sondern als metaphysisch unmöglich und vergleicht das Recht des Vererbens mit dem Recht, als Toter immer noch das Wahlrecht ausüben zu dürfen (1994: 251). Ein Testament könne ja bis zum letzten Moment geändert werden, Tote könnten aber kein Eigentum übertragen. Die

Folge ist, daß „das Eigentum des Toten sich wieder zu den natürlichen Ressourcen der Kategorie ursprünglich nichtbesessener Gegenstände gesellt: Gegenstände, an denen jede Person einen gleichen Anteil beanspruchen kann" (Steiner 1994: 261, Übs. PN). Die Grenzen von Steiners Argument liegen allerdings darin, daß es gegen die inegalitären Effekte, die die Schenkungsfreiheit zu Lebzeiten mit sich bringt, nichts auszurichten vermag (Jones 1995: 541).

5.2.   Libertarianismus, Anarchokapitalismus und Post-Etatismus

Für viele Autoren charakterisiert den Libertarianismus ein „entschiedene[r], radikale[r] Anti-Etatismus" (Vorländer 1995: 435). Falls unter „Anti-Etatismus" die Position verstanden wird, die derzeit vom Staat wahrgenommenen Funktionen seien auf die eines Nachtwächterstaats zurückzuschneiden, so muß diese These nicht unserer Darstellung, den Libertarianismus kennzeichne ein Beharren auf dem minimalen, aber starken Staat, also eine Form von Etatismus, widersprechen. Weiter geht eine Einschätzung, nach der der Libertarianismus sich positiv zwar auf *Recht* beziehe (insofern es nicht mehr umfaßt als den Schutz von Person, Eigentum und Vertrag), den *Staat* allerdings als eine ungeeignete Agentur für seine Realisierung ansehe (Barry 1986: 6). Wie immer es um diese These systematisch bestellt sein mag, in bezug auf Nozick und Hayek, die beiden Hauptvertreter des Libertarianismus, wird sie kaum aufrechtzuerhalten sein, denn für beide Autoren steht die Zwangsgewalt des Staates nicht zur Disposition (vgl. Gamble 1996: 110-2, Haworth 1994: 8). Allerdings gibt es eine Anzahl von Theoretikern, die sich selbst dem Libertarianismus zurechnen und für eine radikale Abschaffung des Staates einsetzen (Rothbard 1999: 167-192, 230-251, Friedman 1973). Hier scheint erforderlich, einen Vorschlag von Nozick wieder aufzunehmen und zwischen dem staatsfixierten Libertarianismus und dem „Anarchokapitalismus" zu unterscheiden (Nozick 1974: 366 fn 4, 2006: 439; ausführlich Lemieux 1988). Die anarchokapitalistische Staatstheorie teilt die marxistische Kritik am Staat als dem Eigentum einer Klasse mit bestimmten Interessen. Allerdings ist ihr entscheidender Kritikpunkt ein ökonomischer, nämlich daß der Staat als Monopolist höhere Preise für Dienstleistungen fordern kann, als dies auf einem freien Markt möglich wäre. Zu diesen Dienstleistungen gehören auch innere und äußere Sicherheit (Barry 1986: 187). Im Gegensatz zu Autoren wie Rothbard, die den Anarchokapitalismus als Konzeption empfehlen, ist der Ausdruck in jüngerer Zeit auch deskriptiv, aus kritischer Perspektive, eingesetzt worden, beispielsweise um auszudrücken, daß die spontan entstandene postsowjetische Wirtschaftsordnung Rußlands sich längst der Einhegung und Kontrolle durch den Territorialstaat entzogen hat (Gray 1999). Zusammen mit der überwältigenden Evidenz für die Zunahme kaum regulierter supranationaler Wirtschaftsbeziehungen kann dies als Anhaltspunkt dafür gedeutet werden, daß der Libertarianismus im 21. Jahrhunderts als Doktrin obsolet werden könnte. Der Unterschied zwischen Libertarianern und Befürwortern des Anarchokapitalismus ist ja nur von Interesse, solange Territorialstaaten noch Regelungskompetenzen aufweisen, die vom Anarchokapitalismus zumindest als störend aufgefaßt werden können. Wenn sich die Differenz auch im 21. Jahrhundert noch nachweisen lassen soll, so müssen sich die Libertarianer dazu äußern, welche funktionalen Äquivalente territorialstaatlicher Institutionen dazu in der Lage sein sollen, die supranationalen Marktbewegungen zu kontrollieren und einzuhegen.

Eine eindeutige Option für ein post-etatistisches Zeitalter lassen die beiden behandelten Theoretiker vermissen. Während gegenwärtige Konzepte eines Weltminimalstaates *ohne* Demokratie und Umverteilung von Wohlstand wohl am ehesten mit Nozickschem Libertarianismus verträglich sind, hat Hayek den Wettbewerbsgedanken früh auf politische Institutionen übertragen und auf die Lerneffekte hingewiesen, die ein komparatives Experimentieren mit Regierungs- und Wirtschaftsformen erwarten läßt (1991: 335, vgl. Wohlgemuth 2000). Unter diesem Gesichtspunkt ist die Erhaltung eines heterarchischen Weltsystems wünschenswert. Hayek spricht sich aber durchgängig für klar umschriebene Machtbefugnisse eines internationalen politischen Verbandes aus, wobei sein Nachkriegs-Enthusiasmus für eine starke föderative, mit Zwangsmitteln den Frieden garantierende internationale Macht, die sich nach dem Modell des „ultraliberalen ‚Laissez-faire'-Staates" aus den Wirtschaftskreisläufen heraushält (1953: 286) und auf die Erzwingung von Unterlassungen auf Seiten der staatlichen Regierungen beschränkt (1981b: 151), später häufig von Warnungen vor der

Despotismusgefahr eines „Weltstaates" kontrastiert wird (1991: 335).

Die Unentschiedenheit libertarianischer Theoretiker in der post-etatistischen Konstellation weist aber wohl auch auf ein unge-löstes Problem im Selbstverständnis des Libertarianismus hin. Mit der Zunahme freiheits- und eigentumsrelevanter Beziehungen auf der transnationalstaatlichen Ebene wächst ihm eine neue empiri-sche Bezugsgruppe zu. In einer Hinsicht ist dies ganz unproblema-tisch, denn libertarianische Theoretiker haben sich im Gegensatz zum traditionellen Konservatismus stets gegen nationalistische Be-strebungen gewandt und bestritten, daß eine spezielle ethische Be-ziehung zwischen Landsleuten besteht (Hayek 1991: 490, 1981a: 124-126, 193; Nozick 2006: 38-41, zur Kritik Miller 2002: 27-29). Allerdings versuchten sie bisher über die zentrale Frage, ob ihre Gerechtigkeitsauffassungen und Institutionenvorschläge sich auf jeweils „insulare", territorial abgegrenzte politische Gemeinschaf-ten oder auf die Menschheit schlechthin beziehen, auf der Basis der empirischen Hypothese hinwegzuleiten, daß sich freie Gesell-schaften technische und ökonomische Entwicklungsvorteile nicht gegen rivalisierende Gesellschaften, sondern langfristig zu deren Gunsten zunutze machen.[11] Insofern der internationale Freihandel die Wohlstandsmaximierung und gesellschaftliche Inklusion in den fortgeschrittenen Ländern ebenso zu verbürgen schien wie das „Aufholen" der ärmeren Länder, konnte behauptet werden, daß ei-ne globale Deregulierung der Ökonomie auch für die Ärmsten die einzige Hoffnung ist (Hayek 1953: 278). Die Überzeugungskraft dieser Annahme beruhte auf der Analogie zwischen innerstaatli-chen und zwischenstaatlichen *trickle down*-Effekten. Wie innerhalb der westlichen Industriestaaten eine Hebung des Lebensstandards auch für die am wenigsten Begünstigten nachweisbar schien, so sollte die Prosperität dieser Staaten auch den weniger begünstigten Ländern zugute kommen. Doch selbst wenn man diese Analogie des Arguments halber akzeptiert, sagt sie zunächst nichts über das zu erwartende Schicksal der am wenigsten Begünstigten innerhalb

---

11 Der Linkslibertarianismus muß von dem Einwand ausgenommen werden, sich im Unklaren über seine normative Bezugsgruppe zu sein, denn er formuliert das Recht auf einen gleichen Anteil an den natürlichen Ressourcen unabhän-gig von territorialstaatlichen Mitgliedschaften, als Anspruch an einen globalen Fundus (Vallentyne 2000: 11).

der ärmeren Länder aus. Wie die Marktordnung des globalen Wirtschaftssystems zeigt, können minimal regulierte spontane Ordnungen anscheinend mit weitgehender Exklusion koexistieren. Millionen von Menschen in den peripheren Ländern, und zwar auch in denjenigen, die wirtschaftlich „aufholen", haben jeden Kontakt zu gesellschaftlichen Funktionssystemen verloren, ohne daß dies die Reproduktionsfähigkeit des Wirtschaftssystems beeinträchtigte (Luhmann 1997: 632f.). Wenn diese Beobachtung zeigt, daß ein *trickle down*-Effekt bis auf die Ebene der Ärmsten innerhalb der globalen Ökonomie nicht absehbar ist, dürfte dies der menschenrechtlichen Emphase Nozicks ebenso Probleme bereiten wie den Hayek zugeschriebenen utilitaristischen Intuitionen. Der Libertarianismus wird sich entscheiden müssen, an welcher Art von Wohlergehen welcher Gruppe er sich messen lassen will, nachdem die Epoche des „Libertarianismus in einem Land" dahin ist.

Literatur

a. verwendete Literatur

Arneson, Richard (2000): Lockean Self-Ownership: Towards a Demolition. S. 322-344 in: Peter Vallentyne/Hillel Steiner (Eds.), Left-Libertarianism and its Critics. The Contemporary Debate. Houndmills.

Barry, Brian (1975): Review: Nozick, Robert (1974): Anarchy, State and Utopia. Oxford. Political Theory 3, 331-336.

Barry, Norman (1979): Hayek's social and economic philosophy. London.

– (1986): On classical liberalism and libertarianism. London.

Boaz, David (1997a): Libertarianism. A primer. New York.

– (Ed.) (1997b): The libertarian reader. Classical and contemporary readings from Lao-Tzu to Milton Friedman. New York.

Bouillon, Hardy (1997): Freiheit, Liberalismus und Wohlfahrtsstaat: eine analytische Untersuchung zur individuellen Freiheit im klassischen Liberalismus und im Wohlfahrtsstaat. Baden-Baden.

Bourdieu, Pierre (1998): Die Sachzwänge des Neoliberalismus. Le Monde Diplomatique, März, 3.

Cassidy, John (2000): The Price Prophet. New Yorker, 7. Februar, 44-51.

Cohen, Gerald A. (1995): Self-Ownership, Freedom, and Equality. Cambridge.

Cunliffe, John (2000): Introduction. Left-Libertarianism – Historical Origins. S. 1-19 in: Peter Vallentyne/Hillel Steiner (Eds.), The Origins of Left-Libertarianism. An Anthology of Historical Writings. Houndmills.

Dewey, John (1935): Liberty and Social Control. S. 360-387 in: ders. (1984), Later Works, Bd. 11, Carbondale, Ill.

Dworkin, Ronald (1985): Liberalism. S. 181-204 in: ders., A Matter of Principle. Oxford.

Edgley, Alison (2000): The Social and Political Thought of Noam Chomsky. London.

Fried, Barbara H. (2004): Left-Libertarianism: A Review Essay. Philosophy and Public Affairs, 66-92.

Friedman, David (1973): The machinery of freedom. New York.

Gamble, Andrew (1996): F.v. Hayek: The iron cage of liberty. Cambridge.

Graber, Mark A. (1991): Transforming free speech: the ambiguous legacy of civil libertarianism. Berkeley.

Gray, John (1995): Freiheit im Denken Hayeks. Tübingen.

– (1999): Die falsche Verheißung: der globale Kapitalismus und seine Folgen. Berlin.

Habermas, Jürgen (1998): Die postnationale Konstellation und die Zukunft der Demokratie. S. 91-169 in: ders., Die postnationale Konstellation. Frankfurt a.M.

Haworth, Alan (1994): Anti-libertarianism: Markets, Philosophy, and Myth. London, New York.

Hayek, Friedrich A. von (1952): Unrecht und Gefahr der Steuerprogression. Köln.

– (1953): Der Weg zur Knechtschaft. Erlenbach-Zürich. 3. Auflage.

– (1980): Regeln und Ordnung. (Recht, Gesetzgebung und Freiheit. Bd. 1). Landsberg/Lech.

– (1981a): Die Illusion der sozialen Gerechtigkeit. (Recht, Gesetzgebung und Freiheit. Bd. 2). Landsberg/Lech.

– (1981b): Die Verfassung einer Gesellschaft freier Menschen. (Recht, Gesetzgebung und Freiheit. Bd. 3). Landsberg/Lech.

– (1988): The Fatal Conceit. The Errors of Socialism. London.

– (1991): Die Verfassung der Freiheit. Tübingen. 3. Auflage.

Heller, Hermann (1933): Autoritärer Liberalismus? S. 645-653 in: ders. (1971), Gesammelte Werke, Bd. 2. Leiden.

Hennecke, Hans Jörg (2000): Friedrich August von Hayek: Die Tradition der Freiheit. Düsseldorf.

Hobbes, Thomas (1651/1976): Leviathan oder Stoff, Form und Gewalt eines bürgerlichen und kirchlichen Staates. Hrsg. von Iring Fetscher, Frankfurt a.M.

Holmes, Stephen (1995): Welfare and the Liberal Conscience. S. 236-266 in: ders., Passions and Constraint. Chicago.

Hyams, Keith (2004): Nozick's Real Argument for the Minimal State. Journal of Political Philosophy, 353-364.

Jones, Peter (1995): Two Conceptions of Liberalism, Two Conceptions of Justice. British Journal of Political Science 25, 541-568.

Kersting, Wolfgang (2000a): Einleitung. in: ders. (Hrsg.), Politische Philosophie des Sozialstaats. Weilerswist.

– (2000b): Theorien der sozialen Gerechtigkeit. Stuttgart, Weimar.
Kley, Roland (1992): F.A. Hayeks Idee einer spontanen sozialen Ordnung. Kölner Zeitschrift für Soziologie und Sozialpsychologie 44 (1), 12-34.
– (1994): Hayek's Social and Political Thought. Oxford.
Kukathas, Chandran (1989): Hayek and Modern Liberalism. Oxford.
Kymlicka, Will (1996): Der Libertarismus. S. 98-131 in: ders., Politische Philosophie heute. Frankfurt a.M., New York.
Lemieux, Pierre (1988): L'anarcho-capitalisme. Paris.
Lessnoff, Michael (1996): Robert Nozick: Anarchy, State, and Utopia. S. 241-263 in: Murray Forsyth/Maurice Keens-Soper (Eds.), The Political Classics. Green to Dworkin. Oxford.
Locke, John (1690): An Essay Concerning the True Original, Extent, and End of Civil Government (Second Treatise). In: ders. (1988), Two Treatises of Government. Hg. v. Peter Laslett. Cambridge.
Luhmann, Niklas (1997): Die Gesellschaft der Gesellschaft. Frankfurt a.M. 2 Bde.
Lyons, David (1982): The New Indian Claims and Original Rights to Land. S. 355-379 in: Jeffrey Paul (Ed.), Reading Nozick. Essays on Anarchy, State, and Utopia. Oxford.
Miller, David (1989): Market, State, and Community. Theoretical Foundations of Market Socialism. Oxford.
– (1994): F.A. Hayek: Dogmatic Skeptic. Dissent, Summer, 354-353.
– (2002): The Justification of Political Authority, S. 10-33 in: David Schmidtz (Ed.), Robert Nozick. Cambridge.
Murray, Charles A. (1997): What it Means to be a Libertarian: A Personal Interpretation. New York.
Nagel, Thomas (1982): Libertarianism without Foundations. S. 191-205 in: Jeffrey Paul (Ed.), Reading Nozick. Essays on Anarchy, State, and Utopia. Oxford.
Narveson, Jan (1988): The Libertarian Idea. Philadelphia.
Neumann, Franz (1944/1977): Behemoth. Struktur und Praxis des Nationalsozialismus 1933-1944. Frankfurt a.M.
Nozick, Robert (1974): Anarchy, State, and Utopia. Oxford.
– (2006): Anarchie Staat Utopia. Dt. von Hermann Vetter. München.
– (1991): Vom richtigen, guten und glücklichen Leben. München.
– (1993): The Nature of Rationality. Princeton/New York.
– (1997): Socratic Puzzles. Cambridge, Mass.
Niesen, Peter (2006): Die politische Theorie des Politischen Liberalismus: John Rawls. S. 27-63 in: André Brodocz/Gary S. Schaal (Hrsgg.), Politische Theorien der Gegenwart. Opladen.
Paul, Jeffrey (Hrsg.) (1982): Reading Nozick. Essays on Anarchy, State, and Utopia. Oxford.
Plehwe, Dieter/Walpen, Bernhard (1999): Wissenschaftliche und wissenschaftspolitische Produktionsweisen im Neoliberalismus. Beiträge der Mont Pèlerin Society und marktradikaler Think Tanks zur Hegemoniegewinnung und -erhaltung. Prokla 29 (115), 203-235.

Rawls, John (1975): Eine Theorie der Gerechtigkeit. Frankfurt a.M.
– (1998): Politischer Liberalismus. Frankfurt a.M.
Rödel, Ulrich (Hrsg.) (1990): Autonome Gesellschaft und libertäre Demokratie. Frankfurt a.M.
Rothbard, Murray N. (1999): Die Ethik der Freiheit. Sankt Augustin.
Scheffler, Samuel (1982): Natural Rights, Equality, and the Minimal State. S. 148-168 in: Jeffrey Paul (Hrsg.), Reading Nozick. Essays on Anarchy, State, and Utopia. Oxford.
Scheuerman, William E. (1999a): Die stille Revolution im amerikanischen Recht. S. 209-231 in: Hauke Brunkhorst/Peter Niesen (Hrsgg.), Das Recht der Republik. Frankfurt a.M.
– (1999b): The Unholy Alliance of Carl Schmitt and Friedrich A. Hayek. S. 209-224 in: ders., Carl Schmitt: The End of Law. Oxford.
Schmitt, Carl (1993): Verfassungslehre. Berlin.
Schulman, J. Neil (1995): Self Control, not Gun Control. Santa Monica.
Shklar, Judith (1998): Political Theory and the Rule of Law. S. 21-37 in: dies., Political Thought and Political Thinkers. Hrsg. v. Stanley Hoffmann. Chicago.
Singer, Peter (1982): The Right to be Rich or Poor. S. 37-53 in: Jeffrey Paul (Hrsgg.), Reading Nozick. Essays on Anarchy, State, and Utopia. Oxford.
Steinvorth, Ulrich (1995): Steiner's Justice. Analyse und Kritik 17, 21-34.
Vallentyne, Peter (2000): Introduction: Left-Libertarianism: A Primer. S. 1-20 in: Peter Vallentyne/Hillel Steiner (Hrsgg.), Left-Libertarianism and Its Critics. The Contemporary Debate. Houndmills, New York.
Vallentyne, Peter/Steiner, Hillel (Eds.) (2000a): Left-Libertarianism and Its Critics. The Contemporary Debate. Houndmills, New York.
– (Hrsg.) (2000b): The Origins of Left-Libertarianism. An Anthology of Historical Writings. Houndmills.
Vallentyne, Peter/Steiner, Hillel/Otsuka, Michael (2005): Why Left-Libertarianism is not Incoherent, Indeterminate, or Irrelevant: A Reply to Fried. Philosophy and Public Affairs, 201-215.
Vorländer, Hans (1995): Art. Libertarianism. S. 435 in: Rüdiger Wersich (Hrsg.), USA-Lexikon. Bielefeld.
Wohlgemuth, Michael (2000): Grenzüberschreitung als Entdeckungsverfahren. Eine Hayekianische Betrachtung von Globalisierung und Systemwettbewerb. in: Jean Weinfeld (Hrsg.), Globale Welten. Berlin.
Woodcock, George (1963): Anarchism. A History of Libertarian Ideas and Movements. Harmondsworth.
Wolff, Jonathan (1991): Robert Nozick: Property, Justice and the Minimal State. Stanford.
Wolff, Robert Paul (1982): Robert Nozick's Derivation of the Minimal State. S. 77-104 in: Jeffrey Paul (Hrsg.), Reading Nozick. Essays on Anarchy, State, and Utopia. Oxford.
Zintl, Reinhard (2000): Die libertäre Sozialstaatskritik bei von Hayek, Buchanan und Nozick. S. 95-119 in: Wolfgang Kersting (Hrsg.), Politische Philosophie des Sozialstaats. Weilerswist.

b. kommentierte Literatur

Primärliteratur

Nozick, Robert (1974): Anarchy, State, and Utopia. Oxford.
Das einflußreichste Einzelwerk des Libertarianismus. Weil die Diskussion haupt-sächlich mit Bezug auf die englischsprachige Terminologie geführt wird (patterns, entitlements, side-constraints), lohnt die Lektüre im Original. Eine deutsche Fas-sung ist im April 2006 wieder aufgelegt worden.

Hayek, Friedrich August von (1953[3]): Der Weg zur Knechtschaft. Erlenbach-Zürich.
Das ökonomische Manifest des Kalten Krieges. Neuausgabe Tübingen 2004, hg. v. Manfred Streit. Seit 2001 erscheinen in Tübingen Hayeks Gesammelte Schriften in deutscher Sprache, *die von Alfred Bosch, Manfred E. Streit, Viktor Vanberg und Reinhold Veit herausgegeben werden.*

Hayek, Friedrich August von (1991[3]): Die Verfassung der Freiheit. Tübingen.
Hayeks wichtigstes Buch, das seine Sicht von Freiheit, Rechts- und Sozialstaat auf der Basis einer weit ausgreifenden ideengeschichtlichen Herleitung darlegt. Eine Neuausgabe hg. v. Alfred Bosch und Reinhold Veit ist jüngst erschienen (Tübingen 2005).

Hayek, Friedrich August von (1980-81): Recht, Gesetzgebung und Freiheit. 3 Bde. Landsberg/Lech.
Die drei Bände verknüpfen die Themen aus Die Verfassung der Freiheit, die Rechtsstaatstheorie (Bd. 1), die Kritik an der „Illusion sozialer Gerechtigkeit" (Bd. 2) sowie die Demokratiekritik (Bd. 3) mit der Theorie spontaner Ordnungs-bildung. Eine Neuausgabe in einem Band ist seit 2003 unter dem Titel "Recht, Ge-setz und Freiheit" erhältlich (Tübingen, übs. v. Monika Streissler, hg. v. Viktor Vanberg).

Sekundärliteratur

Wolff, Jonathan (1991): Robert Nozick: Property, Justice and the Minimal State. Stanford.
Ersetzt den Zeilenkommentar zu Anarchy, State, and Utopia und unternimmt eine durchgängige kritische Würdigung von Nozicks Argumenten.

Paul, Jeffrey (Hrsg.) (1982): Reading Nozick. Essays on Anarchy, State, and Uto-pia. Oxford.
Repräsentative Sammlung moral- und rechtsphilosophischer Aufsätze.

Kley, Roland (1994): Hayek's Social and Political Thought. Oxford.
Im Diskussionszusammenhang mit den Monographien von Kukathas (1989), Gray (1995) und Gamble (1996) der wohl wichtigste Ertrag einer post-thatcheristischen Blüte der Hayek-Forschung in Großbritannien. Der Schwerpunkt liegt auf der Er-

*klärungskraft, die Hayeks gesellschaftstheoretische Annahme einer spontanen
Ordnungsbildung für eine Begründung des Liberalismus haben kann.*

Gamble, Andrew (1996): F.A. Hayek: The Iron Cage of Liberty. Cambridge.
*Zuverlässige politikwissenschaftliche Gesamtdarstellung, die auch Hayeks intel-
lektuelles Umfeld und die wirtschaftspolitischen Kontroversen seiner Zeit schil-
dert.*

Barry, Norman (1986): On Classical Liberalism and Libertarianism. London.
*Einführung in verschiedene Spielarten und Variationen des Libertarianismus, von
der radikallibertarianischen Wirtschcftstheorie der Österreichischen Schule bis
zum Anarchokapitalismus der siebziger Jahre.*

Boaz, David (1997): Libertarianism. A Primer. New York.
*Übersichtliche Gesamtdarstellung für einen breiten amerikanischen Leserkreis,
die den Libertarianismus auf seine politischen Implikationen für gegenwärtige
Konfliktfelder abklopft.*

Vallentyne, Peter/Steiner, Hillel (2000): Left-Libertarianism and its Critics: The
contemporary Debate. Houndmills.
*Eröffnet eine Debatte über das Selbstverständnis linker Libertarianer mit egalitä-
ren Neigungen, zu denen neben Steiner und Vallentyne auch Alan Gibbard, Ba-
ruch Brody, Michael Otsuka und Philippe Van Parijs gezählt werden.*

Kapitel III
Die politische Theorie der Politökonomie:
James M. Buchanan

Joachim Behnke

Inhalt

The simple exchange of apples and oranges between two traders –
this institutional model is the starting point for all that I have done.

(Buchanan 1986, 1999: 26)[1]

1. Einleitung

Die seit 1999 beim Liberty Fund erscheinende Ausgabe der gesammelten Werke James M. Buchanans umfaßt 20 Bände. Darunter sind unter anderem Beiträge zu Theorien der öffentlichen Güter, öffentlicher Schulden, Grundsätzen der Besteuerung, Artikel zu
methodologischen Grundsatzfragen, aber (und vor allem) auch
Beiträge – Monographien wie zahlreiche Aufsätze – zu einem Gebiet, das man heute mit „Konstitutioneller Ökonomie" bezeichnet
und als einer von deren herausragenden Begründern Buchanan
gelten darf. Die konstitutionelle Ökonomie, manchmal auch „Neue
Politische Ökonomie" genannt, steht Buchanan zufolge in der eigentlichen Tradition der Klassiker der Wirtschaftstheorie wie Adam
Smith. Während die orthodoxe Ökonomie, wie sie sich im 19.
Jahrhundert herausbildete, Analysen des Marktgeschehens unternimmt, um hieraus Ratschläge für praktische Politik zu gewinnen,
untersucht die konstitutionelle Ökonomie die Regelwerke, innerhalb derer praktische Politik umgesetzt werden muss (vgl. Buchanan 1987: 585).

Vor allem seinen Publikationen auf dem Gebiet der konstitutionellen Ökonomie, deren bekannteste „The Calculus of Consent"
(1962) – gemeinsam verfaßt mit Gordon Tullock – und „Die Grenzen der Freiheit" (1975, 1984) sind, verdankt Buchanan seinen
Ruhm und nicht zuletzt den Nobelpreis für Ökonomie, der ihm
1986 verliehen wurde. Neben Rawls' „Eine Theorie der Gerechtigkeit" (1971, 1975) und Nozicks „Anarchie, Staat und Utopia"
(1974, 1976)[2] verhalf Buchanans „Die Grenzen der Freiheit" den

---

1   Wenn zwei Jahreszahlen hinter einer Literaturangabe stehen, bezieht sich die
    erste auf das Erscheinungsjahr der Originalausgabe und die zweite auf das Er-
    scheinungsjahr der verwendeten Ausgabe.
2   Vgl. zu diesen beiden Autoren die jeweiligen Beiträge in „Politische Theorien
    der Gegenwart, II" (Brodocz/Schaal 2006) und in diesem Band.

Vertragtheorien in den 70ern zu neuer Popularität und Buchanan selbst wird mit diesen beiden zu den sogenannten „new contractarians" gezählt.

So verwirrend weit Buchanans Interessen auch auf den ersten Blick gestreut zu sein scheinen, so gut kann man bei genauerem Hinsehen doch die Konstanten seines Werks erkennen und die vereinheitlichenden Perspektiven wahrnehmen, unter denen mehr oder weniger alles, was er geschrieben hat, betrachtet werden kann. Die grundlegendste dieser Perspektiven ist Buchanans Bekenntnis zu einem methodologischen und normativen Individualismus. „The coherence that the work does possess stems from the simple fact that I have worked from a single methodological perspective during the four decades that span my career to date, along with the fact that I have accepted the normative implications of this perspective." (Buchanan 1986, 1999: 27) Schon in einer seiner ersten Publikationen aus dem Jahre 1949 (vgl. Buchanan 1949, 1999: 122f), die sich mit dem Wesen der öffentlichen Ausgaben beschäftigt, besteht Buchanans wegweisender Beitrag darin, daß er die individualistische Perspektive von den Tauschbeziehungen auf dem freien Markt, wo sie klassischerweise schon immer angewendet wurde, auf den politische Sektor überträgt. Damit wendet sich Buchanan zum einen gegen eine Sichtweise, die den Staat als einen eigenständigen „Organismus" wahrnimmt, dessen Aufgaben und Funktionen aus seinem ureigensten Wesen entstehen, und versteht statt dessen den Staat als Instrument, das eine Versammlung von Individuen einrichtet, um ihre Interessen zu verfolgen. Zum anderen wird die Beziehung Individuum-Staat als eine etwas komplexere Form des Tausches behandelt, bei der der einzelne Bürger die staatlichen Leistungen im Austausch für seine Beitragszahlungen in Form von Steuern erhält. Da die Produktion öffentlicher Güter analog zum Tausch privater Güter zu verstehen ist, muß sie auf der freiwilligen Zustimmung aller Beteiligten beruhen, d.h. einstimmig von allen Bürgern beschlossen werden. Diesen wesentlichen und für sein gesamtes Werk zentralen Gedanken lernte Buchanan in den „Finanztheoretischen Untersuchungen" Knut Wicksells (1896, 1969) kennen, auf die er durch puren Zufall während seiner Studienzeit in Chicago stieß und die einen „dramatischen Effekt" auf ihn ausübten (vgl. Buchanan 1986, 1999: 15).

Alle weiteren Arbeiten Buchanans lassen sich mehr oder weniger in dieses elementare Schema einfügen. Die Individuen gründen den Staat, der als protektiver Staat die Einhaltung des rechtlichen Rahmens gewährt, innerhalb dessen die Individuen ihre privaten Tauschgeschäfte abwickeln. Außerdem produziert der Staat in seiner Rolle als Leistungsstaat öffentliche Güter, deren Bereitstellung durch Schulden und Steuern finanziert wird, und deren Zustandekommen durch privaten Tausch unwahrscheinlich oder unmöglich ist. In beiden Rollen des Staates müssen die Aktivitäten des so geschaffenen „Leviathans" durch Regeln beschränkt werden, die in einer Verfassung niedergelegt werden.

2.   Kernelemente der Buchananschen Theorie

Im Folgenden werden die wichtigsten Elemente der konstitutionellen Ökonomie Buchanans dargestellt. Als Rahmen der Darstellung wird die Vertragskonstruktion aus „Die Grenzen der Freiheit" verwendet, während für die Diskussion spezieller Punkte vor allem auf „The Calculus of Consent" und „Politics by Principle, not Interest" zurückgegriffen wird.

2.1.   Der Status Quo als Ausgangspunkt der Betrachtung und methodologische Annahmen

Mit „Die Grenzen der Freiheit" reagierte Buchanan auf eine Entwicklung der Politik, die er seit den 60ern zu beobachten meinte, die Ausweitung der Tätigkeiten des Staates. Verschärft wurde diese Entwicklung zudem durch einen Staat, der sich immer unkontrollierter gebärdete. Buchanans Kritik am selbstherrlich gewordenen „Leviathan" fußt dabei auf einem Vertragsargument, das er in Anlehnung an Hobbes (1651, 1984) entwickelt. Angesichts der von Buchanan konstatierten Misere ist das Motiv seiner Theorie die Suche nach einer Methode, die eine Bewertung und eine In-Frage-Stellung des Status Quo ermöglichen soll. Eine solche Methode stellt für ihn die vertragstheoretische Konstruktion dar. Die Fragen, die sich Buchanan stellt, lauten: Wie können wir Kritik an bestehenden Institutionen begründen? Auf welche Annahmen müssen wir dabei zurückgreifen, bzw. welche methodologischen und auch normative Festsetzungen müssen gemacht werden?[3].

Die entscheidende Festsetzung Buchanans besteht – wie schon erwähnt – in der Anwendung des methodologischen Individualismus. Dieser muß unterschieden werden, je nachdem ob er sich auf eine positive oder normative Analyse bezieht (vgl. Pies 1993: 136). Im positiven Sinn beinhaltet er die Annahme, daß die Eigenschaften und das „Verhalten" sozialer Systeme lediglich durch die Zurückführung auf Handlungen von Individuen erklärt werden können. Im normativen Sinn beinhaltet das Prinzip des methodologischen Individualismus die Auffassung, daß nur Individuen Wertvorstellungen besitzen, und daß jede normative Bewertung einer Institution daher nur auf die Wertvorstellungen von Individuen zurückgeführt werden kann. Die Wertvorstellungen jedes Individuums gehen dabei in gleichem Maße in die Bewertung ein, in diesem Sinn ist das individualistische Prinzip auch „demokratisch". „Jeder Mensch zählt nur als einzelner – das ist der entscheidende Punkt." (Buchanan 1975, 1984: 3). Der so gefaßte methodologische Individualismus bildet die ausgesprochen sparsame normative Basis der Buchananschen Theorie. Nicht einmal der zentrale Wert der Freiheit gehört zum normativen Grundinventar des Buchananschen Ansatzes. Vielmehr ergibt sich die Freiheit als eine notwendige Konsequenz aus dem Prinzip des Individualismus (vgl. Buchanan 1975, 1984: 3). Auch die Anwendung der Vertragskonstruktion als Mittel zur Beurteilung der Legitimität gesellschaftlicher Institutionen ist nur die Konsequenz aus der Geltung des Prinzips des methodologischen Individualismus (vgl. Brennan/Buchanan 1985, 1993: 26).

Die zwingende Konsequenz aus der Anwendung des Prinzips des methodologischen Individualismus besteht darin, daß Buchanan nicht Institutionen bzw. Zustände an sich, sondern die Prozesse ihrer Entstehung bewerten und beurteilen will (vgl. Buchanan 1986). Die Bewertung von Ergebnissen bzw. Zuständen an sich ist nach Buchanan unnütz, da sie den Fehler „irrelevanter Paradiesver-

---

3   Auch methodologische Festsetzungen sind in letzter Instanz normative Festsetzungen (vgl. Popper 1935, 1989: 25f).

gleiche"[4] macht. D.h. der bloße Vergleich verschiedener Zustände, die „im Prinzip möglich" sind, ist hinfällig, wenn diese Zustände in der politischen Wirklichkeit nicht auftreten oder nicht auftreten können. Die sich einstellenden Zustände sind aber immer das Ergebnis des Ineinanderwirkens vieler einzelner Handlungen, die unter der Beachtung der geltenden Regeln gewählt werden. Die Prozeßbetrachtung von Markt wie Politik gleichermaßen ist notwendig, weil es sich in beiden Fällen um Interaktionsmechanismen handelt. Der Zweck von Markt und Politik besteht daher nicht in der Optimierung irgendwelcher Zustände, denn dies könnten sie gar nicht leisten, sondern in der Koordination der Handlungen der Individuen. Dabei sind die Individuen auf sich allein gestellt, „objektive" Instanzen wie Schiedsrichter, Auktionatoren oder „wohlwollende Diktatoren" haben in diesem Modell keinen Platz.

Nicht die Ergebnisse sollen also beurteilt werden, sondern die Regeln, die diese Ergebnisse hervorgebracht haben. Dies ist eine für Buchanan notwendige Folgerung, da – wie er schon in einer frühen Kritik an Arrow (1951, 1963) bemerkt hat (vgl. Buchanan 1954, 1999) – die Individuen zwar eine Präferenzordnung über „social states" haben mögen, diese aber nicht die ihnen zur Wahl stehenden Alternativen darstellen. „... which is valued cannot, itself, be directly chosen." (Buchanan 1995: 146). Die Individuen wählen eine Allokation von Rechten und Regeln, die ihr Handeln voraussichtlich auf eine derartige Weise leiten, daß die sich als Folge der Interaktion der Handlungen aller Individuen ergebenden sozialen Zustände den Präferenzen der Individuen entsprechen (vgl. Buchanan 1995: 146f).

Die Vertragskonstruktion wiederum ist vonnöten, um die Legitimität der Regeln zu gewährleisten.[5] Die interessante Idee Buchanans besteht nun darin, die Vertragskonstruktion nicht lediglich zum Entwurf eines ursprünglichen Vertrags zu gebrauchen, der die Gesellschaft einmal begründet hat, die dann im weiteren sich selbst überlassen wird, sondern zur Erstellung einer Folie, die in jedem Stadium der Gesellschaft immer wieder von neuem herangezogen

---

4   Der Begriff stammt in Anlehnung an Demsetz von Pies (1993: 130).
5   Rawls hingegen benutzt die Vertragskonstruktion zur Begründung seiner Gerechtigkeitsprinzipien, anhand derer jedoch Zustände bewertet werden sollen, nämlich das aktuelle Institutionendesign einer Gesellschaft.

werden kann, um die jeweilig aktuelle „Verfaßtheit" der Gesellschaft auf ihre „Vertragsgerechtigkeit" hin zu überprüfen.

2.2. Die Utopie der Anarchie

„Gut" im Sinne des Individualismus ist jede Handlung, die ausschließlich auf freien Entscheidungen beruht. Dies gilt für die „private" Handlung einer einzelnen Person genauso wie für die koordinierte Handlung zweier Personen, z.B. bei einem Gütertausch, und wie für die „kollektive Handlung" einer Gruppe von Personen. Solange eine Handlung ausschließlich durch eine oder mehrere freiwillige Entscheidungen zustande kommt, kann sie daher niemals schlecht sein. Die ideale Welt des Individualisten ist frei von jedem äußeren Zwang, eine Einschränkung der eigenen Freiheit kann bestenfalls dann entstehen, wenn für eine bestimmte Handlung keine allgemeine Übereinstimmung erzielt werden kann. Die ideale Welt des Individualisten ist die Anarchie. „Seine Welt wird ausschließlich von Menschen bevölkert, die eine sehr kleine Zahl von Verhaltensnormen respektieren, wobei diese sich aus Grundsätzen wechselseitiger Toleranz und Anerkennung herleiten." (Buchanan 1984: 3) Doch dieser utopische Zustand ist alles andere als stabil und sich selbst erhaltend. Handlungen einzelner Personen haben oft externe Effekte, d.h. sie haben Konsequenzen für andere Personen. Dies kann bei knappen Gütern dadurch entstehen, daß der Gebrauch oder Verbrauch des Gutes durch den einen den Gebrauch oder Verbrauch durch den anderen ausschließt. Es kann aber auch einfach der Fall sein, daß sich der eine in seinem Wohlbefinden dadurch beeinträchtigt fühlt, wie sich der andere verhält oder einfach nur kleidet oder seine Haare wachsen läßt. Die vollkommene Freiheit des einen bedeutet immer eine Einschränkung der Freiheit des anderen; die jeweiligen Freiheiten der einzelnen Individuen treten in Konflikt zueinander und es wird daher notwendig, „die Grenzen der Freiheit" zu ziehen. Der Zustand der Anarchie ist daher nicht nur durch freiwillige Kooperation zur Beschaffung öffentlicher Güter („public goods") charakterisiert – dies ist gewissermaßen die Thematik des „Calculus of Consent", den Buchanan gemeinsam mit Gordon Tullock verfaßt hat –, sondern auch durch die Allgegenwart des Konflikts. Diesem Thema sind die „Grenzen der Freiheit" gewidmet, die in diesem Sinne eine Theorie öffentlicher Übel („public bads") und eine Ergänzung des „Calculus of Consent" darstellen (vgl. Buchanan 1984: 10). Ging es in diesem um die Aufstellung von Regeln, die die Erwirtschaftung von Kooperationsgewinnen ermöglichen sollten, so geht es in den „Grenzen der Freiheit" um Regeln, die die Übergriffe in die Freiheit des einzelnen soweit wie möglich verhindern und begrenzen sollen. Rechte sind ein Mittel, die Grenzen der Freiheiten zu bestimmen, indem sie einzelnen Personen Verfügungsrechte über Handlungen oder Güter zuweisen. Damit erfüllen Rechte die Funktion, eine Koordination der Handlungen der Individuen zu ermöglichen, die jetzt formalisiert ist und sich nicht mehr allein auf den informalen Normen beruht, die die Individuen von sich aus einhalten. Dieses Unvermögen der Menschen, allein aus ihrem Einsichtsvermögen heraus sich auch dann an Regeln zu halten, wenn deren Durchsetzung nicht durch äußere Zwangsinstanzen garantiert ist, schafft das Einfallstor für den Leviathan, mit all seinen erwünschten, aber auch unerwünschten Folgen[6].

2.3. Die natürliche Verteilung und der konstitutionelle Vertrag

Buchanan beschreibt den Naturzustand zuerst mit den denkbar einfachsten Annahmen. Es wird angenommen, es gebe nur ein einziges Gut X und nur zwei Personen A und B. Unabhängig von der aktuellen Anfangsverteilung des knappen Gutes X wird zwischen den beiden Individuen A und B eine Konkurrenz um das Gut entstehen, d.h. jeder der beiden ist bestrebt, soviel wie möglich der Anfangsausstattung des anderen mit Gut X an sich zu bringen. Die Mittel, die beide dazu einsetzen können, bestehen in simpler Gewalt, Betrug, Diebstahl. Umgekehrt gibt es entsprechende Mittel,

---

6   Ganz in der Hobbesschen Tradition ist für Buchanan die Unmöglichkeit einer
     geordneten Anarchie derart offensichtlich, daß er der Frage, wie unter anarchi-
     schen Zuständen Kooperation zustandekommen könnte, wenig Beachtung
     schenkt (vgl. dazu z.B. Taylor 1987). Wie die Entstehung informaler Normen
     und deren Ersetzung durch formal organisierte Institutionen innerhalb des
     gleichen methodologischen Rahmens behandelt werden könnten, ist in James
     Colemans „Grundlagen der Sozialtheorie" (1990, 1991; 1990,1992) ausführ-
     lich dargestellt (vgl. Behnke 2001).

sich zu wehren, wie den Bau von Verteidigungsanlagen, Schutz-
wällen, Alarmanlagen etc. Schließlich wird es zu einer Art Gleichgewicht kommen, denn jeder wird nur solange in Angriffsmittel investieren, solange die entsprechenden Kosten durch einen entsprechenden Gewinn durch Aneignung eines Teils des Gutes X des anderen mehr als aufgewogen werden und jeder wird nur solange in
den Bau von Verteidigungsmitteln investieren, wie diese Investitio-
nen als weniger gravierend empfunden werden als der entsprechende Verlust an Gut X, der ohne sie in Kauf genommen werden
müßte. Die Verteilung des Gutes X, die sich in diesem Gleichgewicht einstellt, nennt Buchanan die „natürliche Verteilung". Sie
hängt ausschließlich von den relativen Fähigkeiten der beiden Individuen ab, ihr Angriffspotential bzw. Verteidigungspotential zu
entwickeln. Beide Spieler erkennen nun, daß sie sich beide besser
stellen könnten, wenn sie auf die „unproduktiven Ausgaben" für
Angriff und Verteidigung verzichteten. Sie schließen daher einen
„Abrüstungsvertrag" miteinander ab, der beiden Parteien den Ver-
zicht auf die Anwendung von Gewaltmitteln auferlegt und jedem
einen bestimmten Teil des Gutes X zuspricht. Eine solche mögliche Aufteilung ist in Abbildung 1 in Form einer Matrix, wie sie aus
der Spieltheorie bekannt ist, wiedergegeben (vgl. Buchanan 1975,
1984: 39). Dabei wird angenommen, daß jedes der beiden Individuen in der Lage ist, sein „Wohlstandsniveau" mit Hilfe sogenannter Nutzeneinheiten zu bewerten.[7] Jeder der beiden „Spieler" verfügt über zwei Handlungsoptionen, nämlich, sich entweder an den
Vertrag zu halten oder ihn zu brechen. Durch die Kombination der
jeweils zwei Handlungsmöglichkeiten der einzelnen Individuen ergeben sich vier mögliche Zustände, die durch die Zellen der Matrix
abgebildet sind. Die Einträge in den Zellen entsprechen den „Auszahlungen" in Nutzeneinheiten, die die beiden Spieler im jeweiligen Zustand erhalten, dabei entspricht die erste Zahl immer der

---

7 Diese Nutzeneinheiten stellen nur ein äußerst grobes Messinstrument des Wohl-
stands dar. Es wird lediglich vorausgesetzt, dass ein Individuum einen bestimmten Zustand gegenüber einem anderen mit einem höheren Nutzenwert bemisst,
wenn es den ersten Zustand dem zweiten vorzieht. Die Abstände zwischen verschiedenen Nutzenwerten sind damit irrelevant, nicht aber die Reihenfolge. Ebenso soll in keiner Weise vorausgesetzt werden, dass die Nutzeneinheiten aus der
Sicht von A mit denen aus der Sicht von B vergleichbar sind.

Auszahlung des „Zeilenspielers" A und die zweite Auszahlung der des „Spaltenspielers" B.

Abbildung 1:

		B	
		Respektiert Vertrag	Respektiert Vertrag nicht
	Respektiert Vertrag	19, 7	3, 11
A	Respektiert Vertrag nicht	22, 1	9, 2

Halten sich beide Parteien an den Vertrag, so erhält die Person A 19 Nutzeneinheiten und B 7 Einheiten. Wird der Vertrag von beiden Seiten mißachtet, so beträgt der Nutzen von A 9 Einheiten und der von B 2 Einheiten. Dies entspricht der natürlichen Verteilung. Beide Parteien können sich durch den Abschluß eines Vertrags verbessern und durch die Einsparung von Rüstungskosten einen „gemeinsamen" Gewinn erzielen. Eine Situation, in der sich jeder einzelne besser stellt als in einer anderen, wird als dieser gegenüber „pareto-superior" bezeichnet. Der Vertragsabschluß ist daher ein pareto-superiores Ergebnis gegenüber der natürlichen Verteilung. Ein Zustand wird als „pareto-optimal" oder effizient bezeichnet, wenn sich niemand verbessern kann, ohne daß sich mindestens eine andere Person verschlechtert. Alle Ergebnisse außer der natürlichen Verteilung sind effizient.

Das Besondere an Buchanans Vertragsentwurf ist, daß die im Vertrag erzielbaren Verteilungen durch die Verteilung im Naturzustand eingeschränkt sind. Keiner der potentiellen Vertragspartner würde aus Buchanans Sicht jemals einem Vertrag zustimmen, wenn der dadurch erreichte Zustand für ihn nicht gegenüber dem vertragslosen Zustand vorzuziehen ist. Nur Zustände, die gegenüber der natürlichen Verteilung pareto-superior sind, können überhaupt Vertragsergebnisse werden. Aber weder treten die Vertragsschließenden als Gleiche in den Vertrag ein, noch kommen sie als solche aus ihm hervor.

Das Ergebnis nach Vertragsabschluß muß auch keineswegs der ursprünglichen Aufteilung entsprechen, wie sie sich z.B. in einer Art von geordneter Anarchie ergeben könnte. In dieser könnten z.B.

informelle Regeln bestehen, nach denen jeder das an Gütern erhält, was ihm „wie Manna vom Himmel fällt" und das, was er selbst produziert hat. Es ist möglich, daß die ursprüngliche Aufteilung gegenüber der natürlichen Verteilung pareto-superior ist, d.h. beide Parteien würden besser abschneiden, wenn sie einfach die anfängliche Zuteilung akzeptieren würden, anstatt sich auf kostspielige Verteilungskämpfe einzulassen. In diesem Fall könnte der Vertrag festlegen, allen Personen die Verfügungsrechte über das von ihnen selbst Hergestellte zuzugestehen. Auf eine solche Art und Weise könnte nach Buchanan durchaus auch eine Form des Eigentumsrechts wie bei Locke entstehen (vgl. Buchanan 1975, 1984: 88), allerdings mit dem entscheidenden Unterschied, daß hier das Eigentum erst durch den Vertrag zustande käme und nicht schon im Naturzustand bestehen würde[8]. Rechte entstehen bei Buchanan grundsätzlich ausschließlich durch gegenseitige Übereinstimmung. Naturrechtliche Vorstellungen wie von Locke – oder auch Nozick – lehnt er ab. Aus diesem Grund kann auch der Eigentumsbegriff bei Buchanan nur durch Vertrag entstehen, eine „Aneignungstheorie" wie bei Locke oder Nozick ist aus seiner Perspektive unangemessen.

Die Lösung, es bei der Anfangszuteilung zu belassen, ist jedoch nach Buchanan nur möglich, wenn sich alle Personen durch den Kampf um Güter schlechter stellen als sie es ohne Kampf tun würden. Wenn für nur einen die natürliche Verteilung ein besseres Ergebnis bereithält als die ursprüngliche Aufteilung, kann diese kein Ergebnis des Vertrags mehr sein. Je größer die Asymmetrie zwischen den produzierenden und den kämpferischen Fähigkeiten zwi-

---

8 Die Attraktivität einer solchen Lösung könnte dabei auch noch unter anderen Gesichtspunkten deutlich werden. Gegenüber der natürlichen Verteilung sind theoretisch unendlich viele Vertragslösungen vorstellbar, die alle effizient wären, von denen aus also keine gemeinsame Verbesserung mehr möglich wäre. Um aus der Vielzahl der möglichen Vertragslösungen eine herauszufiltern, bedarf es daher eines Kriteriums. Die Lösung, den Personen einfach ihre ursprüngliche Zuteilung sowie das von ihnen Produzierte zu überlassen, kann man unter Umständen als eine sich gewissermaßen natürlich anbietende im Sinne eines sogenannten „focal point" (vgl. Schelling 1960: 57f) empfinden. In diesem Zusammenhang sind auch spieltheoretische Experimente zum sogenannten „ultimatum bargaining" von Interesse, die zeigen, daß Gleichverteilungsergebnisse auch dann zustande kommen, wenn die Verhandlungspartner unterschiedliche Verhandlungsmacht besitzen (vgl. Güth/Tietz 1990).

schen den Personen ist, desto unwahrscheinlicher ist es, daß das
Vertragsergebnis der ursprünglichen Aufteilung entspricht. Wenn
die Person A ein begnadeter Kämpfer, aber ein katastrophaler Pro-
duzent ist, und die Fähigkeiten der Person B genau umgekehrt ausgebildet sind, dann wird in der natürlichen Verteilung annähernd
alles, was B produziert, an A zugewiesen sein. Ein wahrscheinli-
ches Vertragsergebnis wäre dann, daß B fast alles von ihm Produzierte in Form eines Tributs an A übergibt, solange dieser ihm zumindest das Leben lässt. Sklaverei oder Verhältnisse, in denen der
Wert der Arbeit, d.h. der Lohn, lediglich die Kosten ihrer Reproduktion darstellt, also den „Werth der zur Erhaltung ihres Besitzers
nothwendigen Lebensmittel" (Marx 1867, 1980: 134), überhaupt
jegliche Form der Ausbeutung; all dies wären mögliche Ergebnisse
eines solchen „Vertrags".

Der Vertrag stellt allerdings insofern eine äußerst instabile
Konstellation dar, als daß es für jeden der beiden Vertragspartner
einen Anreiz gibt, einseitig von den Bedingungen des Vertrages
abzuweichen. Für beide Spieler gilt zudem, dass sie ihr schlechtes-
tes Ergebnis erzielen, wenn sie sich als einziger an die vereinbarten
Abmachungen halten. Für beide Spieler ist die vertragsbrechende
Handlungsoption immer die bessere als die vertragseinhaltende,
unabhängig davon, was der andere zu tun beabsichtigt[9]. Für beide
Individuen stellt die Option des Vertragsbruchs eine „dominante
Strategie" dar, wie sich der Spieltheoretiker ausdrücken würde.
Das bloße Wissen um die Möglichkeit gemeinsamer Kooperationsgewinne alleine kann also noch keinesfalls gewährleisten, daß es
zur Erzielung dieser Gewinne durch gegenseitige Kooperation
überhaupt kommt. Ohne eine Art von Zwang zur Kooperation können diese Gewinnmöglichkeiten nicht realisiert werden. Im Zwei-
Personen-Fall ist noch eine relativ einfache Lösung des Dilemmas
vorstellbar. Verweigert sich einer der beiden Spieler der Kooperation, so wird der andere darauf reagieren, indem auch er auf Kooperation verzichtet, wodurch es zu einem Rückfall in den Naturzustand kommt. Da der erste Spieler dies voraussehen kann, wird
er darauf verzichten, sich unkooperativ zu verhalten (vgl. Buchanan 1975, 1984: 38). Während im Zwei-Personen-Verhältnis durch
die unmittelbare Gegenüberstellung der Personen mit der Entwick-

---

9   Die Struktur des Spiels entspricht dem bekannten Prisoners' Dilemma.

lung einer solchen „Reziprozitätsnorm" (vgl. Vanberg/Buchanan 1988: 145f) gerechnet werden kann, scheidet diese Möglichkeit jedoch in einer Viel-Personen-Gesellschaft durch die Anonymität der Verhältnisse aus. Im Verfassungsvertrag müssen daher auch die Mittel festgelegt werden, mit deren Hilfe die Einhaltung des Vertrags durch alle Beteiligten sichergestellt werden kann, sowie die Aufteilung der Kosten für die Bereitstellung dieser Mittel. Somit wird im konstitutionellen Vertrag die Einrichtung einer Zwangsinstanz beschlossen, die den Staat auf seine Rolle als Rechtsschutzstaat („protective state") festlegt. In dieser Funktion ist der Staat ausschließlich auf die Durchsetzung des Rechts beschränkt, in keiner Weise obliegt es ihm, selbst Recht zu schaffen.

2.4. Der postkonstitutionelle Vertrag

Durch die Schaffung von Eigentumsrechten im konstitutionellen Vertrag entstehen für die Individuen zusätzliche Handlungsalternativen. Wenn sich die Individuen hinsichtlich der relativen Wertschätzung zweier Güter voneinander unterscheiden, entsteht jetzt die Möglichkeit, daß sie sich durch Tausch besser stellen. Wenn z.B. A das Gut X im Verhältnis zu Y sehr hoch einschätzt, während B Y einen wesentlich höheren Nutzenwert zuweist als X, dann kann A mit B Y gegen X so tauschen, daß beide nach dem Tausch ein höheres Wohlstandsniveau erzielen als vorher. Die Zuordnung von Rechten ermöglicht auch Abmachungen über die Produktion von sogenannte öffentlichen Gütern.[10]

Der jetzt erzielte Zustand kommt also durch einen zweistufigen Prozess zustande, wie er in Abbildung 2 für den Zwei-Personen-Fall wiedergegeben ist (vgl. Buchanan 1975, 1984: 41).

---

10 Öffentliche Güter sind dadurch charakterisiert, daß sie gemeinsam konsumiert werden können, oder – anders ausgedrückt – deren Konsum durch das Individuum A den möglichen Konsum durch Individuum B in keiner Weise einschränkt und von deren Gebrauch niemand ausgeschlossen werden kann, wenn das Gut einmal bereitgestellt ist.

Abbildung 2

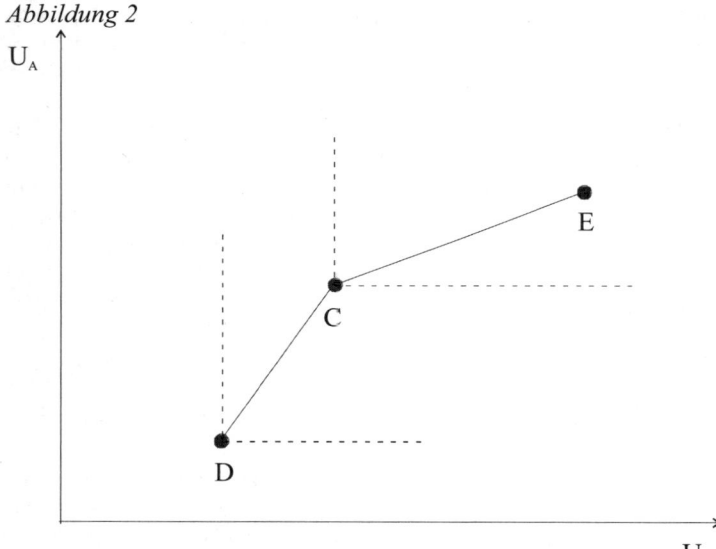

Die erste Stufe von D zu C zeigt die gemeinsamen Kooperationsgewinne durch Aufstellung eines Regelsystems auf, die zweite
Stufe von C zu E zeigt hingegen die Kooperationsgewinne auf,
die durch das Handeln innerhalb des Regelsystems erzielt werden
können. Der Punkt D gibt die Nutzenwerte der Individuen im
Naturzustand wieder, wie sie sich aufgrund der natürlichen Verteilung ergeben. Durch den konstitutionellen Vertrag, d.h. die
Etablierung und Anerkennung einer Rechtsordnung, können sich
beide Individuen verbessern. Diese Situation entspricht dem
Punkt C in der Abbildung. In der postkonstitutionellen Phase gibt
es jetzt für beide Individuen eine weitere Möglichkeit, sich gemeinsam auf Punkt E zu verbessern, nämlich durch den Tausch
von Rechten, genauer von Verfügungsrechten an Gütern, d.h. Ei-
gentumstiteln, und durch Abmachungen über die Produktion öffentlicher Güter.

  Die private Produktion öffentlicher Güter, für die das Ausschluß-
prinzip nicht gilt, kommt in der Regel wegen des sogenannten Tritt-

brettfahrer- oder Free-Rider-Problems nicht zustande[11]. Die Bereitstellung eines solchen Gutes ist daher nach Meinung Buchanans
nur durch eine kollektive Entscheidung möglich, die den Umfang
des bereitzustellenden Gutes sowie die Beiträge, die die einzelnen
Mitglieder zu leisten haben, festlegt. In Analogie zum freiwilligen
Tausch von privaten Gütern zwischen zwei Personen kann nach
Buchanan eine solche kollektive Entscheidung nur dann legitim
genannt werden, wenn sie ebenfalls ausschließlich auf den freien
Entscheidungen aller Betroffenen, d.h. jedes Einzelnen, gegründet
werden kann. Einstimmigkeit ist daher für Buchanan – in Anlehnung an Wicksell – für jede kollektive Entscheidung, d.h. einer
Entscheidung des Kollektivs mit Konsequenzen für jedes einzelne
Mitglied des Kollektivs, notwendig. Ähnlich wie beim Verfassungsvertrag wird eine solche einstimmige Entscheidung des Kollektivs nur zustande kommen, wenn sich jeder einzelne dadurch
besser stellt. Öffentliche Güter werden daher nur dann bereitgestellt, wenn der Nutzen des öffentlichen Gutes für jedes Individuum größer ist als die ihm auferlegten Kosten. Das Einstimmigkeitsprinzip garantiert somit die Effizienz des Ergebnisses im Sinne des
Paretokriteriums. Der postkonstitutionelle Vertrag, in dem die Entscheidungen bezüglich der Produktion öffentlicher Güter festgelegt
werden, sieht den Staat in seiner Rolle als Leistungsstaat („produc-
tive state"). Mit dieser Betonung des produktiven Aspekts der Staatstätigkeit hebt sich Buchanan z.B. deutlich vom „Minimalstaat" Nozicks ab, der die Kompetenz des Staates auf den Schutz der Rechte
seiner Bürger beschränkt sehen möchte.

---

11 Der klassische Fall aus Humes „A Treatise of Human Nature" geht von einer
    Dorfgemeinschaft von Bauern aus, die gemeinsam eine Wiese bewässern wol-
    len, die allen gehört. Da jeder den Vorteil aus der Bereitstellung des öffentli-
    chen Guts genießt, unabhängig davon, ob er selbst einen Beitrag geleistet hat,
    so wird er „einen Vorwand suchen, um sich von der Mühe und den Kosten zu
    befreien und die ganze Last den anderen aufzuhalsen." (Hume 1740, 1978:
    288)

2.5. Die Festlegung des optimalen Quorums von Entscheidungsregeln

Obwohl das Einstimmigkeitsprinzip die Legitimität kollektiver Entscheidungen begründet und somit im Prinzip unverzichtbar ist, gibt es pragmatische Gründe, die eine gewisse Lockerung des Einstimmigkeitsprinzips nahe legen. Mit der Frage, unter welchen Umständen und aus welchen Gründen ein Individuum einer Entscheidungsregel zustimmen sollte, die keine Einstimmigkeit verlangt, hat sich Buchanan zusammen mit Gordon Tullock vor allem in „The Calculus of Consent" (1962) auseinandergesetzt.

Durch eine Entscheidung des Kollektivs entstehen dem einzelnen Individuum externe Kosten. Je kleiner die Anzahl Z der Gruppenmitglieder, die für eine Entscheidung benötigt werden, desto höher ist der Erwartungswert K der externen Kosten, die einem einzelnen Mitglied der Gruppe durch die Entscheidungen des Kollektivs auferlegt werden. Ist Z z.B. Eins, d.h. ist eine einzelne Person befugt, für das Kollektiv jeweils eine Entscheidung zu treffen, so muss ein einzelnes Individuum mit extrem hohen externen Kosten rechnen, da jedes Mitglied der Gruppe allen anderen Mitgliedern die Kosten einer Entscheidung aufzwingen kann, die es allein getroffen hat[12]. Wenn hingegen alle N Mitglieder des Kollektivs zustimmen müssen, sind die erwarteten externen Kosten eines Einzelnen gleich Null, denn niemand würde einer Entscheidung zustimmen, die ihm Kosten aufbürden. Den beschriebenen Zusammenhang gibt die Kurve K in Abbildung 3 wieder (vgl. Buchanan/ Tullock 1965: 67).

---

12 Die Situation, in der eine Entscheidungsregel existiert, in der eine beliebige einzelne Person für das Kollektiv entscheiden kann, ist daher nicht vergleichbar mit einer Diktatur, da es nicht eine bestimmte Person ist, die diese Entscheidungen für die Gruppe trifft

Abbildung 3

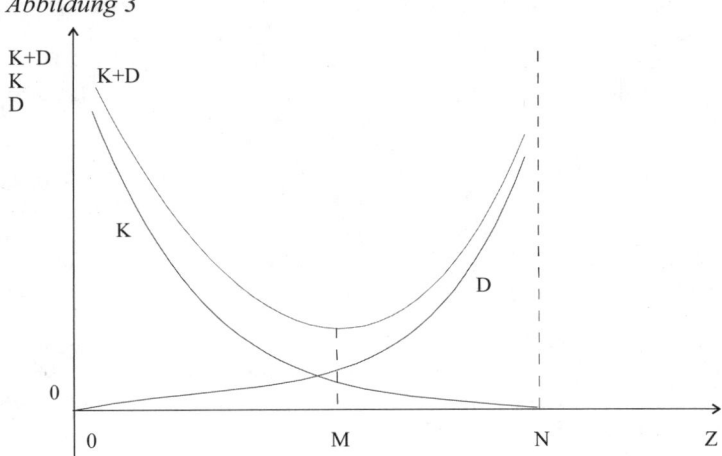

Durch die Abstimmung entstehen jedoch ebenfalls Kosten in Form der Entscheidungskosten D. Diese verhalten sich genau umgekehrt zu den erwarteten externen Kosten. Je höher die Anzahl der Gruppenmitglieder, die für eine kollektive Entscheidung benötigt werden, desto höher die Entscheidungskosten. Diese enthalten in der Buchananschen Verwendung des Begriffs weniger die Kosten des Entscheidens an sich, im Sinne von Informations- oder Überredungskosten, sondern vielmehr Kosten, die dadurch entstehen, daß bestimmte Mitglieder der Gruppe „strategic bargaining" betreiben. Diese Mitglieder versuchen für die Ressource, die sie in Form ihrer Stimme besitzen, den höchstmöglichen Preis zu erzielen. Je höher das erforderliche Quorum, desto stärker das Verhandlungspotential, das jeder Besitzer einer Stimme für sich verbuchen kann. Im Falle der Einstimmigkeitsregel werden diejenigen, die besonders hartnäckig und eigensinnig verhandeln, sich besonders große Vorteile gegenüber den anderen Mitgliedern verschaffen können (vgl. Buchanan/Tullock 1965: 69). Zusätzlich zu den Kosten durch „strategic bargaining" entstehen dem einzelnen auch noch Opportunitätskosten dadurch, daß manche Entscheidungen, wegen zu hoher Quoren überhaupt nicht zustande kommen. Unter der Einstimmigkeitsregel kann jeder einzelne eine Entscheidung verhindern, die ihm nur eine unbedeutende Last aufbürden würde, jedem anderem der Gruppe aber großen Nutzen verschaffen würde[13].

Addiert man die externen Kosten und die Entscheidungskosten, erhält man die *sozialen Interdependenzkosten*, bzw. die „costs of social interdependence" (Buchanan/Tullock 1965: 46). Die Kurve der sozialen Interdependenzkosten hat ein Minimum bei M. Eine Entscheidungsregel, bei der jeweils M Personen übereinstimmen müssen, um für das Kollektiv eine Entscheidung zu treffen, ist aus der Sicht des einzelnen Individuums mit den geringsten sozialen Interdependenzkosten verbunden. Auch hier handelt es sich um erwartete Kosten, also um Kosten, die sich im Mittel auf lange Zeit einstellen. Wo die Interdependenzkostenkurve ihr Minimum besitzt, hängt alleine von der Form der beiden zugrundeliegenden Kurven ab. Es gibt keinen Punkt, der von vorneherein anderen Punkten vorzuziehen wäre. Ein herausragendes Ergebnis der Analyse besteht daher darin, daß es kein Quorum gibt, das an sich schon Qualitäten besitzt, die dieses Quorum als das bestmögliche auszeichnen. Auch die in der Praxis so verbreitete Mehrheitsregel ist dieser Analyse gemäß in ihrer Qualität in nichts verschieden von jeder anderen Entscheidungsregel mit jedem beliebigen Quorum. Lediglich die Verhältnisse der Kosten spielen eine Rolle bei der Auswahl des optimalen Quorums und keine hervorgehobenen „moralischen" oder formalen Eigenschaften eines bestimmten Quorums[14]: Die Möglichkeit der Ausbeutung der unterlegenen Gruppe

---

13 Diese Gefahr kann im Prinzip durch das Zulassen von sogenannten „side payments" unter Umständen beseitigt werden, also wenn die Nutznießer der kollektiven Entscheidung in der Lage sind, den Geschädigten hinreichend zu kompensieren.

14 Die Mehrheitsregel besitzt offensichtlich einige solcher Qualitäten. Sie scheint die „natürliche" Lösung für die Suche nach einer Regel für die Bestimmung eines Abstimmungsergebnisses zu sein. „Denn wenn eine Anzahl von Menschen mit der Zustimmung jedes Individuums eine Gemeinschaft gebildet hat, dann haben sie dadurch diese Gemeinschaft zu einem einzigen Körper gemacht, mit der Macht, wie ein einziger Körper zu handeln, was nur durch den Willen und den Beschluß der Mehrheit geschehen kann. denn da eine Gemeinschaft allein durch die Zustimmung ihrer einzelnen Individuen zu handeln vermag und sich ein einziger Körper auch nur in einer einzigen Richtung bewegen kann, so muß sich notwendigerweise der Körper dahin bewegen, wohin die stärkerer Kraft ihn treibt. Und das eben ist die Übereinstimmung der Mehrheit." (Locke 1690, 1977:260) Überdies besitzt die Mehrheitsregel wich-

durch die, die sich durchsetzt, ist immer gegeben, und für den Einzelnen spielt es – wenn er in der Opferrolle ist – keine Rolle, ob er von einer einzelnen Person, einer Minderheit oder einer Mehrheit von Personen ausgebeutet wird. Eine Mehrheit, die konstant eine Minderheit ausbeutet, entspricht dem demokratischen Ideal ebenso wenig wie eine Ein-Personen-Diktatur.

Eine Entscheidungsregel, die weniger als Einstimmigkeit verlangt, kann aus der Sicht des Individuums der Einstimmigkeitsregel nur dann vorzuziehen sein, wenn es damit rechnen kann, zumindest gelegentlich in der Siegergruppierung zu sein. Ein Prinzip wie die Mehrheitsregel kann daher nur dann als akzeptabel erscheinen, wenn von einer Rotation der Mehrheiten ausgegangen werden kann. Diese Bedingung ist erfüllt, wenn die zu entscheidenden politischen Themen voneinander „unabhängig" sind, d.h. wenn die Mehrheit zu einem Thema nicht gleichzeitig die Mehrheit zu einem anderen Thema ist. Existieren jedoch stabile Koalitionen, deren Mitglieder hinsichtlich aller relevanten Themen mehr oder weniger

---

tige formale Eigenschaften. Sie ist das minimal mögliche Quorum, dessen Beschlüsse nicht durch die Gegenseite wieder aufgehoben werden können.

Wenn man weiterhin einen Abstimmungsprozess in Gruppen als ein Entdeckungsverfahren einer objektiv vorhandenen „Wahrheit" betrachtet, in Analogie zu einer Jury von Geschworenen, dann ist die Mehrheitsregel ebenso der Entscheidungsmechanismus, der mit der größten Wahrscheinlichkeit zur Enthüllung der Wahrheit führt. (Vorausgesetzt, es gibt entweder nur eine richtige oder eine falsche Entscheidung und die individuelle Wahrnehmung ist zugunsten der wirklichen Verhältnisse „verzerrt", d.h. die Wahrscheinlichkeit eines einzelnen Individuums, die Wahrheit zu entdecken, ist größer als ½. Dieses Ergebnis ist in der Social-Choice Literatur als das Condorcetsche Jury-Theorem bekannt (vgl. u.a. Black 1958: 164f)). Eine solche Theorie, die auf der Annahme eines zu entdeckenden objektiv vorhandenen „Gemeinwohls" beruht, lehnen Buchanan und Tullock jedoch vehement ab. Sie gehen von konfligierenden Interessen der Individuen aus, die zwar miteinander versöhnt werden müssen, aber nie auf einen Nenner gebracht werden können. Die Vorstellung, daß Verfassungsregeln „entdeckt" werden können und somit als „truth judgments" interpretiert werden können, steht für Buchanan sogar im Widerspruch zum Demokratie- und zum Vertragsprinzip, d.h. dem individualistischen Prinzip, da die Vorstellung eines objektiv vorhandenen und zu entdeckenden „Guten" automatisch zur Stärkergewichtung von Expertenmeinungen führen muß und damit das individualistische Gebot der gleichen Berücksichtigung aller Willensäußerungen verletzt (vgl. Buchanan/Congleton 1998: 4).

übereinstimmen[15], dann ist keinerlei Schutz vorhanden, der eine permanente Ausbeutung der Minderheit durch die Mehrheit verhindern könnte.

2.6. Das „Generality-Principle"

Der Gefahr der Ausbeutung der Minderheit durch die Mehrheit kann durch zweierlei Art begegnet werden; zum einen durch weitere Qualifikationen der Form der Beschlußfassung, zum anderen durch Qualifikationen der Form der Beschlüsse selbst. Die erste Art bezieht sich auf ein bestimmtes institutionelles Design, die zweite Art auf die Formulierung bestimmte Prinzipien, die durch keinen gefaßten Beschluß verletzt werden dürfen, und die damit eine Quasi-Syntax zulässiger Beschlüsse und Entscheidungen bilden. Sowohl die institutionellen Vorkehrungen als auch die Prinzipien müssen in der Verfassung festgelegt sein. Konkret schlagen Buchanan und Tullock als Vorkehrung im ersten Sinn z.B. ein Zwei-Kammern-System vor (vgl. Buchanan/Tullock 1962: Kap. 16). Der zweiten Art von Vorkehrung gegen eine Ausbeutung der Minderheit durch die Mehrheit widmet sich Buchanan in dem 1998 erschienenen Buch „Politics by Principle, not Interest", das er zusammen mit Roger Congleton verfaßt hat und das den bezeichnenden Untertitel „Toward nondiscriminatory democracy" trägt.

Wenn Beschlüsse, die einstimmig zustande gekommen sind, eine bestimmte Eigenschaft aufweisen, die den Charakter solcher Beschlüsse näherungsweise gut wiedergibt, dann kann womöglich eine Annäherung von nicht einstimmig gefaßten Beschlüssen an diejenigen, die unter Geltung des Einstimmigkeitsprinzips beschlossen worden wären, dadurch gewährleistet werden, daß man an sie die Bedingung stellt, daß sie diese Eigenschaft besitzen müssen. Diese Eigenschaft macht Buchanan in der Allgemeingültigkeit

---

15 Solche stabile Koalitionen könnten z.B. dann zustande kommen, wenn alle politischen Sachfragen durch eine einzige ideologische Dimension abgebildet werden könnten, wenn also z.B. die Links-Rechts-Einstellung eines Individuums seine Einstellung zu jedem politischen Thema bestimmen würde. Die Gefahr stabiler Koalitionen wäre dementsprechend desto geringer, je höher die minimal notwendige Anzahl an Dimensionen ist, die den gesamten Raum der politischen Sachfragen abbilden könnten.

(„generality") von einstimmig gefaßten Beschlüssen aus. „Constraining rules that emerge from general agreement will tend to be *general* in application. Rules that apply to others must also be applied to one's own behavior." (Buchanan/Congleton 1998: 6) Beschlüsse des Kollektivs über öffentliche Maßnahmen, z.b. die Bereitstellung und Finanzierung eines öffentlichen Gutes, sind nur dann gültig, wenn sie dieser Allgemeingültigkeitsnorm genügen.

Die Norm sagt nichts über den Inhalt von Beschlüssen aus, lediglich über ihre Form[16]. „Gut" ist jedoch nicht das Prinzip an sich, denn gut kann ja nur sein, was auf den Konsens aller zurückzuführen ist. Die Einführung des Generality-Prinzips kann also nur damit begründet werden, daß ihm alle zustimmen würden. Warum aber sollten alle Bürger dem Generality-Prinzip tatsächlich zustimmten? Das Generality-Prinzip schränkt ja die Möglichkeiten der bisher Bevorteilten stark ein, aus ihren bestehenden Vorteilen Kapital zu schlagen. Warum sollten auch sie dem Generality-Prinzip zustimmen? Um dies zu verstehen, soll die Wirkungsweise des Generality-Prinzips anhand Abbildung 4 näher erläutert werden (vgl. Buchanan/Congleton 1998: 23):

Abbildung 4

	B	
	Z_1 1,1	Z_2 -1,2
A	Z_3 2,-1	Z_4 0,0

---

16 Auch wenn das Generality-Prinzip keine konkreten inhaltlichen Vorgaben macht, so stellt es doch – ähnlich wie Rawls' Differenzprinzip – einen Maßstab dar, an dem die politische Wirklichkeit gemessen und beurteilt werden kann. Damit verläßt Buchanan den Boden der „Limits of Liberty", in denen er nur die Vertragssituation beschreiben, jedoch daraus keine bestimmten Prinzipien ableiten wollte. Ja, genau diese Ableitung bestimmter Prinzipien, ist es sogar, was er dort an Rawls kritisiert, der damit die Grenzen dessen, was aus seiner Sicht an Argumentation zulässig war, verlassen hätte (vgl. Buchanan 1984: 248f).

Der wichtige Unterschied zu einer Spielmatrix ist, daß die verschiedenen Zellen hier keine Ergebnisse darstellen, die sich als Folgen bestimmter Kombination der Handlungen von A und B einstellen, sondern sie sind Zustände der Welt, über die aufgrund der Entscheidungsregel eine bestimmte Person oder Gruppe von Personen unmittelbar entscheiden kann. Die Darstellung in Abbildung 4 ist kein Spiel, sondern die Illustration einer Entscheidungssituation. A sei hierbei das repräsentative Mitglied einer Mehrheitskoalition, B das repräsentative Mitglied der unterlegenen Minderheit. Allein A entscheidet also über den zu verwirklichenden Zustand der Welt. Im vorliegenden Beispiel wird sich A natürlich für den Zustand Z_3 entscheiden, da A so seine höchste Auszahlung erhält. Dies ist jedoch ein Zustand, dessen Verwirklichung äußerst asymmetrische Konsequenzen für A und B hat, und der gegenüber B diskriminatorische Züge trägt. Demgegenüber weisen die Zustände Z_1 und Z_4 symmetrische Auszahlungen für A und B auf, man kann daher sagen, daß in diesen Zuständen das Generality-Prinzip stärker realisiert ist als in den beiden Zuständen Z_2 und Z_3[17]. Die Zeilen bzw. Spalten der beiden Individuen sind hier keine Handlungsoptionen, können aber als die Konsequenzen interpretiert werden, die eine kollektive Entscheidung für sie nach sich zieht. Die symmetrischen Auszahlungen treten daher in der Diagonalen der Matrix von links-oben nach rechts-unten auf, da sie die Zellen enthält, die Zustände der Welt repräsentieren, in denen die Gleichbehandlung aller Individuen durchgeführt wird. Während in der Spieltheorie die Diagonale die Ergebnisse enthält, bei der alle die gleiche Handlung durchführen, enthält in dieser entscheidungstheoretischen Darstellung die Diagonale die Entscheidungen, die allen Beteiligten dieselben „Kosten" auferlegt. Hält sich A bei seiner Entscheidung an das Generality-Prinzip, so kann es nur unter den Zuständen auf der Diagonalen wählen, im angeführten Beispiel wird es sich dabei natürlich für die Verwirklichung des Zustands Z_1 entscheiden.

Wie bereits erwähnt, kann die Mehrheitsregel nur dann als akzeptabel gelten, wenn von rotierenden Mehrheiten ausgegangen

---

17 Die Auszahlungen in der in Abbildung 4 dargestellten Matrix enthalten hier nicht die Nutzenwerte der Individuen, sondern eine Ausschüttung in realen Gütern oder Dienstleistungen, bzw. real zu leistenden Aufwendungen oder deren jeweiligen monetären Gegenwert in Marktpreisen. Nur unter dieser Bedingung lassen sich Aussagen über die Symmetrie der Ausschüttung machen.

wird. Zwangsläufig werden daher Entscheidungssituationen wie in Abbildung 4 auftreten, in denen sich B bei der Mehrheit und A bei der Minderheit befindet. In diesem Fall wird B, wenn er nur den eigenen Nutzen zu maximieren sucht, die Zelle Z_2 wählen, mit den entsprechenden diskriminierenden Folgen für A. Fühlt sich B jedoch an das Generality-Prinzip gebunden, so wählt er Z_1.

Sind die Mehrheiten voneinander unabhängig, dann kann angenommen werden, dass sich A und B annähernd genauso oft in der Mehrheit bzw. in der Minderheit befinden. Immer, wenn A oder B zu entscheiden haben, müssen sie sich davor überlegen, ob sie sich bei ihrer Entscheidung nach dem Generality-Prinzip richten möchten oder lediglich den eigenen Nutzen zu maximieren versuchen. Diese Situation läßt sich jetzt wieder als echte Spielsituation modellieren. Nimmt man an, daß der Schaden, den man als diskriminierter und ausgebeuteter Teil im Vergleich zur kooperativen Lösung, also bei Einhaltung des Generality-Prinzips, erleidet, größer ausfällt als der Ausbeutungsgewinn, den man sich im umgekehrten Fall verschaffen kann, wiederum im Vergleich zu der Auszahlung, die man unter dem Generality-Prinzip erhalten würde, dann stellt die gemeinsame Respektierung des Generality-Prinzips beide Parteien besser. Somit ist sie gegenüber der beidseitigen Nicht-Respektierung pareto-superior, und die Spielsituation entspricht wieder dem klassischen Prisoners' Dilemma.

Solange die Präferenzen aller Individuen hinreichend ähnlich sind, führt die Anwendung des Generality-Prinzips zur Verwirklichung ökonomisch effizienter Lösungen, denn da keiner die Kosten auf andere abwälzen kann, werden nur solche öffentlichen Güter produziert, deren Nutzen für jeden einzelnen seine Kosten übersteigt. Je unterschiedlicher die Präferenzen der beteiligten Individuen sind, desto unwahrscheinlicher wird es jedoch, daß es eine Lösung auf der Diagonalen gibt, die auch ökonomisch effizient ist. Wenn z.B. die Produktivität eines bestimmten Individuums bei der Bereitstellung eines öffentlichen Gutes besonders hoch ist, und gerade dieses Individuum das öffentliche Gut besonders gering bewertet, während es bei anderen Individuen genau umgekehrt ist, dann besteht die effiziente Lösung in einem Zustand, der sich außerhalb der Diagonalen befindet, nämlich in dem Zustand, bei dem das Individuum mit der hohen Produktivität das öffentliche Gut mehr oder weniger im Alleingang herstellt. Unter der Zulassung von side-payments würde sich dieses Ergebnis auch einstellen, weil die übrigen Individuen den Bereitsteller für seinen Aufwand entsprechend entschädigen. Die erzwungene Anwendung des Generality-Prinzips führt unter diesen Umständen zur Verwirklichung ökonomisch ineffizienter Zustände[18].

Buchanan rechtfertigt die Beibehaltung des Generality-Prinzips unter dem Aspekt „politischer Effizienz". „We use the term *political efficiency* to describe the efficacy of differing institutions in reducing or eliminating the incentives for participants to invest resources in rent seeking aimed to secure discriminatory advantage through majoritarian exploitation." (Buchanan/Congleton 1998: 40) Da die Mehrheitsregel immer die Möglichkeit eröffnet, eine Minderheit auszubeuten, entsteht für eine besondere Art von politischen Unternehmern ein Anreiz, bewußt allein zum Zweck der Ausbeutung von Minderheiten entsprechende Mehrheiten zu konstruieren. Sogenannte „rent seeking" Politiker suchen gezielt nach Ausbeutungspotentialen bei jeweils zu schaffenden Minderheiten. Die politische Ineffizienz besteht dabei in der Verschwendung von Ressourcen, die für die Suche solcher Ausbeutungspotentiale sowie für die Bündelung der entsprechenden ausbeuterischen Mehrheiten aufgewendet werden. Da das Generality-Prinzip solche Ausbeutungspotentiale zu verhindern scheint, unterminiert es im gleichen Maße das Zustandekommen politisch ineffizienter Lösungen, auch wenn dafür die gelegentliche Verwirklichung ökonomisch ineffizienter Lösungen in Kauf genommen werden muß.

2.7. Die permanente Reformulierung des Vertrags in Neuverhandlungen

Der interessante Unterschied von Buchanans Verwendung des vertragstheoretischen Arguments im Vergleich zu klassischen, aber auch zeitgenössischen Vertragstheoretikern besteht darin, daß er den Vertrag nicht nur zur Erklärung des Ursprungs der Gesellschaft heranzieht, die dann im weiteren in dem so verfaß-

---

18 Sind die Präferenzen hinreichend unterschiedlich, können außerdem auch symmetrische Lösungen Ausbeutungspotentiale besitzen und einseitig zu Kosten bestimmter Untergruppen gehen.

ten Zustand sich selbst überlassen bleibt, sondern daß der Vertrag in der Form kontinuierlicher Neuverhandlungen als Muster bestehen bleibt, an dem sich die Gesellschaft in ihrer aktuellen Verfaßtheit immer wieder von neuem zu messen hat. Die Notwendigkeit, den Vertrag nicht nur auf die Entstehung der Gesellschaft, sondern auch auf den Status Quo anzuwenden, entsteht durch die Frage, wie der Vertrag – selbst wenn er tatsächlich einmal historisch geschlossen worden wäre – auch für die Menschen der Gegenwart verpflichtenden Charakter haben könnte. „Unter welchen Bedingungen sind die Individuen am ehesten bereit, die überkommenen Regeln der Gesellschaftsordnung zu befolgen sowie die bestehende Zuordnung von Individualrechten zu respektieren und zu achten? Diese Frage läßt sich nur beantworten, wenn die bestehende Struktur so bewertet wird, *als wäre* sie das Ergebnis eines gerade geschlossenen Vertrages oder eines Vertrages, der fortwährend ausgehandelt wird." (Buchanan 1975, 1984: 108) Die Akzeptanz der aktuellen Struktur ist nur dann gewährleistet, wenn sie ein mögliches Ergebnis von Neuverhandlungen sein könnte. Je weiter sie von diesen Neuverhandlungserwartungen abweicht, desto weniger werden sich die Bürger an das Gesetz gebunden fühlen, und die Anzahl der Gesetzesverstöße wird zunehmen. Diesem durch die Distanz des Rechtsbewußtseins zum Recht erzeugten Druck kann die Gesellschaft kurzfristig durch Verschärfung der Sanktionen bei Verstößen begegnen, langfristig bleiben stabile Verhältnisse jedoch nur gewährleistet, wenn sich diese Distanz in tolerablen Grenzen bewegt und sich die Rechtsordnung im Verhalten der Bürger widerspiegelt.

Der Ausgangspunkt solcher Neuverhandlungen ist der Status Quo, d.h. kommt kein Neuverhandlungsergebnis zustande, so wird der Status Quo beibehalten. Der Bezugspunkt, von dem Neuverhandlungen ausgehen, ist jedoch die natürliche Verteilung, wie sie sich bei einem Rückfall in den Naturzustand unter den aktuellen Stärkeverhältnissen ergeben würde. Als Beispiel sei angenommen, im ursprünglichen Vertrag sei ein Tribut von A an B vereinbart worden, da B A körperlich überlegen ist und im Zustand der Anarchie B alles, was A produziert, diesem hätte wegnehmen können. Die Generation der Erben von A und B, A' und B', sei genau mit den gegenteiligen Eigenschaften ihrer Väter ausgestattet. Der Sohn von B ist ein vergeistigter, der Dichtkunst und den schönen Frauen

zugewandter Schwächling, der Sohn von A ein unter armen Verhältnissen hart gewordener Streetfighter-Typus. Im Falle eines
Rückfalls in den Naturzustand – da erfahrungsgemäß Worte, auch
in Jamben gesetzt, nur ungenügende Argumente gegen Fäuste dar-
zustellen vermögen – käme es zu einer Umkehrung der Verhältnisse. A' raubte B' dessen ganzes Vermögen, die schöne Bibliothek
wird Brennholz und B' wird seiner Vorliebe für das zarte Ge-
schlecht nur noch – wenn überhaupt – mit zahnlosen Mägden nach-
gehen können. Da B' dies voraussehen kann, wird er einer Neuver-
handlung des Vertrages zustimmen und bereit sein, einen Teil seiner Privilegien abzugeben. Das neu verhandelte Ergebnis wird einstimmig erzielt, obwohl sich B' gegenüber dem Status Quo verschlechtert, aber weil sich beide im neuen Ergebnis besser stellen,
als sie es unter einem Rückfall in den Naturzustand tun würden.
Bei Neuverhandlungen kann es also zu einstimmig beschlossenen
Änderungen des Status Quo kommen, auch wenn der neue Zustand
nicht pareto-superior gegenüber dem vorigen ist. Die Einstimmigkeit ist für Buchanan auch bei Neuverhandlungen eine unverzichtbare Bedingung, da es sich um eine Neuordnung von Rechten handelt und die Minderung oder Wegnahme von Rechten nur durch
Zustimmung der Betroffenen vorgenommen werden kann (vgl.
Buchanan 1975, 1984: 118).

Wenn der Status Quo weit von den Neuverhandlungserwartungen abweicht, die Begünstigten des Status Quo sich jedoch weigern, einer Änderung zuzustimmen, so kommt es zu Spannungen,
die schließlich zu einem Rückfall in die Anarchie und zur Revolution führen können (vgl. Buchanan 1975, 1984: 122)[19]. Eine andere, von Buchanan aber nur am Rande erwähnte Möglichkeit, auf
eine übergroße Distanz von aktuellem Vertrag und Neuverhandlungserwartungen zu reagieren, besteht in der Möglichkeit von Ab-

---

19 Allerdings ist es eine oft beobachtete Tatsache, daß Revolutionen nicht in besonders repressiven Systemen ausbrechen, sondern gerade in Zeiten, die Reformen gegenüber aufgeschlossen sind. Die ersten Schritte des Entgegenkom-
mens der durch den Status Quo Begünstigten gegenüber den Benachteiligten
führt erst zu den Erwartungen von Neuverhandlungen, die die tatsächlich ge-
machten Zugeständnisse dann nicht mehr zu erfüllen mögen. Zu dieser „Fru-
strationshypothese" vgl. Coleman 1990, 1992: 192ff. Die klassische „jakobini-
sche" Methode der Revolutionäre besteht dann darin, die Übereinstimmung im
neuen nachrevolutionären Vertrag dadurch zu gewährleisten, dass alle, die dem
Vertrag nicht zustimmen würden, davor eliminiert werden.

wanderung in Gesellschaften, deren Verfassungen eher den eigenen Neuverhandlungserwartungen entsprechen. Umgekehrt erzeugt die Abwanderungsmöglichkeit einen größeren Druck auf die vom derzeitigen Vertrag Begünstigten, auf die Forderungen der weniger Begünstigten einzugehen, wenn sie die Gans, die goldene Eier legt, nicht verlieren wollen. Je leichter die Abwanderungsmöglichkeit zu realisieren ist, desto geringer wird daher die Distanz ausfallen (vgl. Buchanan 1975, 1984: 146f).

3. Kritik

Die Kritik an Buchanan läßt sich aus vielerlei Perspektiven formulieren. Zwischen den Extremen der systemimmanenten Kritik, die Buchanan mit den eigenen Waffen herausfordert, und der Fundamentalkritik, die nicht bereit ist, überhaupt seine Prämissen zu akzeptieren, finden sich auch Mischformen, die beide Elemente der Kritik enthalten. Da Buchanans Schaffen bis in die unmittelbare Gegenwart hineinreicht, läßt sich keine Unterscheidung treffen zwischen zeitgenössischer Kritik und Kritik aus heutiger Perspektive. Zudem hat Buchanan sein Grundmodell kontinuierlich weiterentwickelt, so daß gewisse Mängel oder Lücken in früheren Werken von ihm selbst in späteren Werken beseitigt wurden. So läßt sich „Die Begründung von Regeln" mehr als eine ausführliche Darstellung seiner grundlegenden Konzepte lesen, als daß in diesem Buch wesentlich Neues enthalten wäre. Mit dem „Generality-Principle" in „Politics by Principle, not Interest" wiederum nimmt Buchanan eine echte Erweiterung seines Verfassungsvertrags vor, die wohl gewisser Kritik an der „kriteriellen Leere" seiner Konzeption in den „Grenzen der Freiheit" entgegenkommen sollte. Leider aber geht Buchanan selbst fast nie explizit auf Kritik ein, so daß es oft schwer ist, zu erkennen, inwiefern gewisse Weiterentwicklungen oder Modifikationen seines Modells eine Reaktion auf bestimmte Kritik darstellen. Da jedoch die Eckpfeiler seines Gedankengebäudes von ihm nie in Frage gestellt wurden, könnten Argumente der Kritik, die z.B. in den 70er Jahren formuliert worden sind, genauso gut aus heutiger Zeit stammen. Kritik an Buchanan ist somit in gewisser Weise immer gegenwärtige Kritik.

3.1. Systemimmanente Kritik

Die systemimmanente Kritik, wie sie z.B. Zintl (1983) vornimmt, stellt die Frage, ob denn die Schlußfolgerungen, die Buchanan zieht, überhaupt aus seinen Prämissen korrekt abgeleitet werden können. Diese Form der Kritik beschäftigt sich daher mit der (internen) Konsistenz der Argumentationsstruktur. Systemimmanente Kritik hat den gewaltigen Vorteil, daß sich der Kritisierte nicht gegen sie immunisieren kann, da sie ja von denselben Prämissen wie er ausgeht. Sie ist daher die einzige Form der Kritik, die – vorausgesetzt, sie ist ihrerseits formal korrekt – auch der Kritisierte als legitim anerkennen muß, da er sie nicht durch einen einfachen Verweis auf unterschiedliche Perspektiven zurückweisen kann. Zintl weist in seiner Analyse unter anderem nach, daß unter der Annahme rationalen Verhaltens der Individuen (vgl. Zintl 1983: 55f) und der Geltung eines Bewertungskriteriums von Institutionen entsprechend der Pareto-Regel die Schaffung der gesellschaftlichen Institution freien Privateigentums nicht zwangsläufig abgeleitet werden kann (vgl. Zintl 1983: 88ff). Gerade die scheinbare Stärke des Buchananschen Ansatzes, die „realistische" Modellierung des Naturzustandes erweist sich als empfindliche Schwäche, die sich als Einfallstor für „vertragstheoretischen Nihilismus" (Zintl 1983: 90) erweist. Die Allgemeinheit der Prämissen, die von Buchanan erstrebte größtmögliche normative Voraussetzungslosigkeit entzieht so dem Ansatz die Möglichkeit, zu substantiellen Aussagen zu gelangen[20].

---

20 Wenn aus den Prämissen einer Theorie ein bestimmtes gesellschaftliches Design abgeleitet werden soll, so handelt es sich dabei um eine Art von „technologischer Prognose" (Popper 1957, 1987: 35). Prognosen jedoch lassen sich nur mit Hilfe von allgemeinen Gesetzen und bestimmten Randbedingungen aufstellen (Vgl. Popper 1935, 1989: 31ff). Der Spezifikationsgrad der Prognose ist dabei einzig und allein abhängig vom Spezifikationsgrad der Randbedingungen. Aus allgemeinen Sätzen allein lassen sich niemals konkrete Ereignisse oder technologische Prognosen ableiten. Singuläre Sätze, die sich auf konkrete Ereignisse oder Tatsachen beziehen, sind ein notwendiger Bestandteil der Prämissen, um singuläre Sätze ableiten zu können. Wenn der Spezifikationsgrad der Folgerungen den Spezifikationsgrad der Prämissen übersteigt, so ergibt sich eine Art von logischer Unbestimmtheit. Die Folgerungen sind dann nicht notwendig sondern lediglich „möglich", insofern, daß es nicht ausgeschlossen werden kann, daß sie aus den Prämissen gefolgert werden könnten,

3.2. Das Problem der Gleichheit oder Ungleichheit der Interessen

Damit einstimmige Ergebnisse zustande kommen können, muß es hinsichtlich des Ergebnisses identische Interessen aller Abzustimmenden geben (vgl. Kersting 1994: 47). Daher können aus Buchanans Sicht auch nur Regeln Inhalte des Vertrags sein und nicht konkrete politische Vorhaben, da nur bezüglich ersterer identische Interessen bestehen können. Die Verschiedenheit der individuellen Interessen und die ihnen zugrundeliegende Vielfalt der Ziele schließt nicht aus, daß es ein allen gemeinsames Interesse an einem Regelwerk gibt, innerhalb dessen sie ihre divergierenden Interessen verfolgen können. Die Gleichheit von Interessen, auch an Regeln, muß sich aber auf eine situative Gleichheit aller zurückführen lassen, d.h. auf Aspekte, unter denen sich alle in der gleichen Situation befinden. Es ist kein Vertragsargument möglich ohne einen Verweis auf einen Aspekt, unter dem alle Vertragspartner gleich sind. Im klassischen Fall, bei Hobbes, besteht die Gleichheit in der gleichen Verletzlichkeit, die für alle das identische „konstitutionelle Interesse" (Vanberg/ Buchanan 1988: 139f) der Sicherung der Lebensverhältnisse schafft, bei Rawls z.B. ist die situative Gleichheit dadurch gewährleistet, daß sich alle hinter dem „Schleier des Nichtwissens" in identischen Verhältnissen befinden, nämlich ohne Wissen der Position, die sie in der empirischen Welt einnehmen werden.

Der „Trick", dessen sich Buchanan bedient, um diese situative Gleichheit herzustellen, ist die Annahme eines „Schleiers der Unsicherheit", unter dem die Betroffenen ihre jeweiligen Entscheidungen zu treffen haben. „The veil of ... uncertainty offers a mean of bridging the apparent gap between furtherance of separately identified interests and agreement on the rules that conceptually define the „social contract". (Buchanan/Congleton 1998: 6) Im Gegensatz zu

wenn diese entsprechend stärker spezifiziert wären. Genau in dem eben beschriebenen Sinn übersteigt der Spezifikationsgrad des Konzepts „privates Eigentum" den Spezifikationsgrad der Prämissen im Buchananschen Modell. Eigentumsrechte sind also eine „mögliche", aber keine notwendige Ableitung aus den Annahmen. Sie können nur dann zur notwendigen Ableitung werden, wenn die Randbedingungen durch die Einführung zusätzlicher Annahmen stärker spezifiziert werden, wie dies von Zintl durchgeführt wird (vgl. Zintl 1983: 100ff).

Rawls wissen die Vertragspartner unter dem Buchananschen „Schleier der Unsicherheit" zwar, wer sie sind und kennen ihre Ressourcenausstattungen und ihre Fähigkeiten, ihre Gleichheit ist aber dadurch gewährleistet, dass sie ihre zukünftige Position bei Abstimmungen oder als Betroffene von bestimmten Politikprogrammen nicht einschätzen können.

Während der „Schleier der Unsicherheit" im „Calculus of Consent" und später in „Die Begründung von Regeln" und „Politics by Principle, not Interest" eine bedeutende Rolle spielt, bleibt er in „Die Grenzen der Freiheit" weitgehend ausgeblendet. Dies ist auf die Betonung der Ungleichheit und der Wichtigkeit der natürlichen Verteilung in diesem Buch zurückzuführen, die sich in der Tat mit dem gleichmacherischen Konzept des „Schleiers der Unsicherheit" nur schwerlich zu vereinen scheinen lassen.

Vertragsinhalte, die durch die natürliche Verteilung bedingt sind, müssen als äußerst unsicher gelten, da auf sie bezogen bei jeder Veränderung der natürlichen Verteilung, wie sie sich durch einen zeitweiligen Rückfall in den Naturzustand ergeben würde, Neuverhandlungsdruck entsteht. Diese Unsicherheit bezüglich der Stabilität des Verhandlungsergebnisses ist jedoch ganz und gar kongruent zu der Unsicherheit im Naturzustand, da sie diese genau widerspiegelt. Damit gelangt man aber zu der ursprünglichen Hobbesschen Position. Die Unsicherheit des Naturzustands kann durch Vertrag nur dann erfolgreich beseitigt werden, wenn die Bereitschaft zur Einhaltung des Vertrags nicht zu den Verhältnissen, wie sie sich aktuell im Naturzustand ergeben würden, rückgekoppelt ist. Die Zulassung der Ungleichheit der Vertragspartner durch die Berücksichtigung der natürlichen Verteilung als Ausgangsposition der Vertragsverhandlungen (und der Neuverhandlungserwartungen) führt genau in die Falle, die Buchanan genauso wie Hobbes vermeiden wollte.

Die Ungleichheit der Ausgangspositionen hat auch noch andere, weitreichende Folgen. Das Weglassen wesentlicher normativer Elemente wie z.B. der Gleichheit der Ausgangspositionen macht die Verwendung des Vertrags zur Rechtfertigung gesellschaftlicher Institutionen z.B. aus der Sicht Kerstings unmöglich (vgl. Kersting 1994: 348). Das Übereinkunftskriterium ist nach Kersting nur eine notwendige, aber keine hinreichende Bedingung für die Legitimität eines Vertrags (vgl. Kersting 1994: 346f). Ein Vertrag, der als Aus-

gangsposition auch eine Situation zuläßt, in der einige der Vertragspartner der Gewalt durch andere potentielle Vertragspartner ausgesetzt sind und aus ihrer so erzwungenen Notlage heraus dem Vertragsabschluß „zustimmen", ist aber gar kein Vertrag, sondern bestenfalls eine Art von „Diktatfrieden" (Kersting 1994: 344)[21].

3.3. Das Problem des impliziten Vertrags

Der Verpflichtungscharakter des Vertrags ist unabhängig vom Inhalt und entsteht allein aufgrund der Zustimmung der Vertragspartner. Der Anspruch, den jemand aufgrund des Vertrags an einen anderen stellt, erhebt sich nicht aufgrund eines im Vertrag festgehal-
tenen moralisch Gebotenen, denn dann wäre der Vertrag überflüssig, sondern aufgrund des freiwilligen Zugeständnisses der anderen
Seite. Daraus folgt aber, daß nur tatsächlich abgeschlossene Ver-
träge Verpflichtungscharakter generieren können. Buchanan geht
daher von einer nicht-hypothetischen Zustimmung aus, die allerdings auch nicht faktisch stattgefunden hat. Dieser „stillschweigen-
de oder implizite Konsens" (Brennan/Buchanan 1985, 1993: 136)
verpflichtet die Mitglieder eines Regelsystems genauso, als ob sie
den Regeln explizit zugestimmt hätten. Diese Forderung ist sicherlich unproblematisch im Falle eines freiwilligen Beitritts zu einem
Regelsystem. Problematischer ist dies bei Teilnehmern, die durch
Zwang oder qua Geburt Mitglieder sind. In diesem Fall wird der
nicht vollzogene Austritt als implizite Zustimmung gewertet. Die
Austritts-, „Abwanderungs"- oder „Exit"-Option (vgl. Hirschman
1970, 1974) bzw. das Unterbleiben ihrer Wahrnehmung kann aber
nur dann als Zustimmung aufgefaßt werden, wenn sie auch tatsächlich als „echte Möglichkeit" (Brennan/Buchanan 1985, 1993: 136)
existiert. Nach Kersting ist dies nur gegeben, wenn Alternativen

---

21 Der Fairness halber muß zugegeben werden, dass Buchanan selbst in „Die Begründung von Regeln" zugibt, daß äußerer Zwang beim Zustandekommen einer Vereinbarung dieser die Legitimität nehmen kann. „Die moralische Kraft
einer Verpflichtung, Versprechen zu halten, wird reduziert (aber nicht notwendigerweise beseitigt), wenn die näheren Umstände Elemente des Zwangs
enthalten." (Brennan/Buchanan 1985,1993: 135) Allerdings schränkt er ein, daß
diese Bedingung nicht schon beim bloßen Vorliegen ungleicher Verhandlungs-
stärke verletzt ist.

vorhanden sind, die nicht „zumutungsreicher" sind als die „gewählten", so daß die Unterlassung des Austritts „mit Recht als Resultat einer rationalen Entscheidung und Wahl interpretiert werden
kann, so daß damit aus dem Hier-leben ein bewußtes Hier-leben-
Wollen wird, bei dem die besondere positive Qualität des Hier diesem den Vorzug vor dem Dort gesichert hat" (Kersting 1994: 37).
Da das Vorhandensein dieser Bedingung jedoch in der Realität
kaum vorausgesetzt werden kann, ist die Verwendung des Arguments der impliziten Zustimmung nach Kersting unzulässig.

3.4. Der Status Quo und das Einstimmigkeitsprinzip

Der individualistische Standpunkt läßt sich in zwei Bedeutungskom-
ponenten zerlegen, eine „anti-kollektivistische" und eine „anti-paternalistische" (vgl. Zintl 1983: 21f). Die anti-paternalistische Haltung
des Individualisten gründet in seinem tiefen Mißtrauen gegenüber
Personen, die sich anmaßen, das „objektive" Interesse anderer Personen besser zu kennen als diese selbst. So sehr dieses Mißtrauen
nachvollziehbar ist, so sehr führt die Buchanansche Alternative, jede
Meinung und jedes Interesse als gleichwertig zu betrachten, zu nicht
minder großen Problemen. „It is rather strange that „rational discourse", for Buchanan, entails jettisoning everything that might normally be thought of as constituting rational discourse (e.g. arguments
about the justice or injustice of alternative arrangements) in favor of
the comparison of brute preferences, however prejudiced or mis-
guided, whether based on true or false ideas about the world." (Barry
1980: 97; vgl. auch Kley 1989: 162) Die Berücksichtigung jeder
noch so absonderlichen Ansicht ist natürlich besonders fatal bei Geltung des Einstimmigkeitsprinzips bezüglich jeder Änderung des Status Quo. Dadurch, daß Änderungen der Verfassung des Status Quo
nur durch einstimmigen Beschluß zustande kommen dürfen, erhält
der Status Quo einen „besonderen Rang" (Kley 1989: 146) und wird
dadurch gegenüber allen anderen möglichen Verfassungen hervorgehoben. Die Notwendigkeit eines Bezugspunkts an sich kann aber in
keiner Weise begründen, warum gerade der Status Quo „as a morally
appropriate baseline" (Barry 1980: 99f) gelten soll.

   Während einstimmig beschlossene Veränderungen tatsächlich
als legitim betrachten werden können, ist in keiner Weise klar, was

es über die Legitimität des Ausgangspunkts zu sagen gibt, wenn kein einstimmiger Beschluß zustande kommt, diesen zu verlassen. „This method is one of supreme conservatism. Even a single person opposing a change can block it altogether no matter what everybody else wants. Marie Antoinette's opposition to the First Republic would have saved the monarchy in France, and the world would have seen very little change. Clearly there is something grotesquely unsatisfactory about a social decision rule like this." (Sen 1970: 25) Die Einstimmigkeitsregel führt so zu einer „bloßen Apologie des Bestehenden" (Koller 1987: 229).

4. Resümee

Buchanans Vorhaben, eine vertragstheoretische Konstruktion zu entwickeln, anhand derer die aktuelle Verfaßtheit der Gesellschaft beurteilt werden kann, muß als gescheitert angesehen werden. Sein Modell kann weder dafür herangezogen werden, die Form bestimmter gesellschaftlicher Institutionen abzuleiten, noch dafür, die Legitimität bestimmter Politikprogramme zu bewerten. Buchanans Angriff auf die politischen Veränderungen seit den 60er Jahren läßt sich weniger mit seinen vertragstheoretischen Argumenten erklären als vielmehr aus einem persönlichen Unbehagen an vielen dieser Veränderungen. Die Antwort auf die Frage, warum eine Zunahme der Staatsausgaben illegitimer sein soll als dies unter Umständen ein Sklavereivertrag sein könnte, diese Antwort bleibt Buchanan seinen Kritikern und Lesern schuldig.

Das Verdienst des Buchananschen Ansatzes liegt darin, daß er imstande ist, wenn auch nicht die Grenzen der Freiheit, so doch die Grenzen dessen aufzuzeigen, was mit gewissen Argumenten zulässig zu vertreten ist. Buchanans sparsamer normativer Ansatz erweist sich zwar letztlich aufgrund seiner „kriteriellen Leere" (Kersting 1994: 349) als substantiell belanglos, zeigt aber damit auch auf, welche zusätzlichen Mindestannahmen auf jeden Fall gemacht werden müssen, damit man überhaupt zu inhaltlich interessanten Schlußfolgerungen kommen kann. Daher kann der Buchanansche Ansatz durchaus als Ausgangspunkt dafür fruchtbar gemacht werden, wie denn vertragstheoretische Konstruktionen gestrickt sein müssten, damit sie zur Herleitung und Begründung bestimmter Institutionen herangezogen werden können. Buchanans Bedeutung sollte daher vor allem in seinem Beitrag gesehen werden, den er bezüglich methodischer Grundsatzfragen geleistet hat.

Literatur

a. verwendete Literatur

Arrow, Kenneth J. (1951): Social Choice and Individual Values. New Haven.
Barry, Brian (1980): Review Article: „The Limits of Liberty: Between Anarchy and Leviathan and Freedom in Constitutional Contract": Perspectives of a Political Economist. Theory and Decision 12, 95-106.
Behnke, Joachim (2001): Colemans Theorie der Moderne. S. 37-65 in: Carsten Stark/Christian Lahusen (Eds.), Theorien der Gesellschaft. Einführung in zentrale Paradigmen der soziologischen Gegenwartsanalyse. München.
Black, Duncan (1958): The Theory of Committees and Elections. Cambridge.
Brennan, Geoffrey/Buchanan, James M. (1985): Die Begründung von Regeln. Konstitutionelle politische Ökonomie. Tübingen.
Brodocz, André/Schaal, Gary S. (Hrsgg.) (2001): Politische Theorien der Gegenwart II. Eine Einführung. Opladen.
Buchanan, James M. (1949/1999): The Pure Theory of Government Finance. A Suggested Approach. S. 119-132 in: James M. Buchanan, The Collected Works of James M. Buchanan, Vol. I: The Logical Foundations of Constitutional Liberty. Indianapolis.
– (1954/1999): Social Choice, Democracy, and Free Markets. S. 89-102 in: James M. Buchanan, The Collected Works of James M. Buchanan, Vol. I: The Logical Foundations of Constitutional Liberty. Indianapolis.
– (1975): Die Grenzen der Freiheit. Zwischen Anarchie und Leviathan. Tübingen.
– (1986): Notes on Politics as Process. S. 87-91 in: James M. Buchanan (Hrsg.), Liberty, Market and State. Political Economy in the 1980s. Brighton.
– (1986/1999): Better than Plowing. S. 11-27 in: James M. Buchanan, The Collected Works of James M. Buchanan, Vol. I: The Logical Foundations of Constitutional Liberty. Indianapolis.
– (1987): Constitutional Economics. S. 585-588 in John Eatwell/Murray Milgate/Peter Newman (Eds.), The New Palgrave. A Dictionary of Economics. Vol. I. London.
– (1995): Individual Rights, Emergent Social States, and Behavioral Feasibility. Rationality and Society 7, 141-150.

Buchanan, James M./Congleton, Roger D. (1998): Politics by Principle, not Interest. Toward nondiscriminatory democracy. Cambridge.

Buchanan, James M./Tullock, Gordon (1962): The Calculus of Consent. Ann Arbor, Mich.

Coleman, James S. (1991): Grundlagen der Sozialtheorie. Band 1: Handlungen und Handlungssysteme. München.

– (1992): Grundlagen der Sozialtheorie. Band 2: Körperschaften und die moderne Gesellschaft. München.

Güth, Werner/Tietz, Reinhard (1990): Ultimatum Bargaining Behavior. A Survey and Comparison of Experimental Results. Journal of Economic Psychology 11, 417-449.

Hirschman, Albert O. (1970): Abwanderung und Widerspruch. Reaktionen auf Leistungsabfall bei Unternehmungen, Organisationen und Staaten. Tübingen.

Hobbes, Thomas (1651/1984): Leviathan oder Stoff, Form und Gewalt eines kirchlichen und bürgerlichen Staates. Frankfurt a.M.

Hume, David (1740/1978): Ein Traktat über die menschliche Natur. Bd. 2. Über die Affekte. Über Moral. Hamburg.

Kersting, Wolfgang (1994): Die politische Philosophie des Gesellschaftsvertrags. Darmstadt.

Kley, Roland (1989): Vertragstheorien der Gerechtigkeit. Eine philosophische Kritik der Theorien von John Rawls, Robert Nozick und James Buchanan. Bern.

Koller, Peter (1987): Neue Theorien des Sozialkontrakts. Berlin.

Locke, John (1690/1977): Zwei Abhandlungen über die Regierung. Frankfurt a.M.

Marx, Karl (1867/1980): Das Kapital. Kritik der politischen Ökonomie. Hildesheim.

Nozick, Robert (1974): Anarchie, Staat, Utopie. München.

Pies, Ingo (1993): Normative Institutionenökonomik. Zur Rationalisierung des politischen Liberalismus. Tübingen.

Popper, Karl R. (1935/1989): Logik der Forschung. Tübingen.

– (1957/1987): Das Elend des Historizismus. Tübingen.

Rawls, John (1971): Eine Theorie der Gerechtigkeit. Frankfurt a.M.

Schelling, Thomas C. (1960): The Strategy of Conflict. Cambridge, Mass.

Sen, Amartya K. (1970): Collective Choice and Social Welfare. San Francisco.

Taylor, Michael (1987): The Possibility of Cooperation. Cambridge.

Vanberg, Viktor/Buchanan, James M. (1988): Rational Choice and Moral Order. Analyse & Kritik 10, 138-160.

Wicksell, Knut (1896/1969): Finanztheoretische Untersuchungen. Aalen.

Zintl, Reinhard (1983): Individualistische Theorien und die Ordnung der Gesellschaft. Untersuchungen zur politischen Theorie von James M. Buchanan und Friedrich A. v. Hayek. Berlin.

b. kommentierte Literatur

Primärliteratur

Buchanan, James M. (1975): Die Grenzen der Freiheit. Zwischen Anarchie und Leviathan. Tübingen.
Buchanans vertragstheoretisches Hauptwerk. Hier entwirft er seine Vorstellung der zwei Stufen des Vertrags in der konstitutionellen und postkonstitutionellen Phase sowie seine Vorstellung der permanenten Neuverhandlungen. Das Buch enthält eine starke, mitunter auch polemische Kritik an den politischen Entwicklungen seit den 60er Jahren.

Buchanan, James M. (1986/1999): Better than Plowing. S. 11-27 in: James M. Buchanan (Ed.), The Collected Works cf James M. Buchanan, Vol. I: The Logical Foundations of Constitutional Liberty. Indianapolis.
Autobiographischer Aufsatz von Buchanan, in dem die Schulen, die sein Denken beeinflußt haben, geschildert sind una in dem er selbst eine Einordnung und Beurteilung seiner Publikationen vornimmt, sowie die Motive und Leitlinien seines Schaffens erläutert.

Buchanan, James M. (1987): Constitutional Economics. S. 585-588 in: John Eatwell/Murray Milgate/Peter Newman (Eds.), The New Palgrave. A Dictionary of Economics. Vol. I. London.
Der Artikel ist ein sehr kurzer und klarer Abriß über die wesentlichen Elemente und Ursprünge der konstitutionellen Ökonomie und zeigt ihre Beziehung zu anderen Disziplinen und Teildisziplinen auf.

Buchanan, James M./Congleton, Roger D. (1998): Politics by Principle, not Interest. Toward Nondiscriminatory Democracy. Cambridge.
Das Buch enthält eine ausführliche Diskussion des Generality-Prinzips und illustriert die Bedeutung dieses Prinzips anhand vieler Anwendungsbeispiele.

Buchanan, James M./Tullock, Gordon (1962): The Calculus of Consent. Ann Arbor, Mich.
Das Werk muß als der Klassiker der konstitutionellen Ökonomie schlechthin bezeichnet werden. Es ist eine tiefschürfende ökonomische Analyse von Entscheidungsregeln, mit dem Schwerpunkt auf der Behandlung der Einstimmigkeitsregel.

Sekundärliteratur

Kersting, Wolfgang (1994): Die politische Philosophie des Gesellschaftsvertrags. Darmstadt.
Philosophischer Abriß der Theorie des Gesellschaftsvertrags von Hobbes bis zur Gegenwart. Das Buch enthält einen hervorragenden allgemeinen Teil über „metakontraktualistische Betrachtungen" sowie Einzeldarstellungen aller Klassiker der Vertragstheorie.

Koller, Peter (1987): Neue Theorien des Sozialkontrakts. Berlin.
Koller liefert hier eine ausführliche und profunde Darstellung der drei „new contractarians", Rawls, Nozick und Buchanan.

Zintl, Reinhard (1983): Individualistische Theorien und die Ordnung der Gesellschaft. Untersuchungen zur politischen Theorie von James M. Buchanan und Friedrich A. v. Hayek. Berlin.
Zintl unternimmt eine systemimmanente Kritik an Buchanan, die eine sehr ausführliche und klare Beschreibung der grundlegenden expliziten sowie der impliziten Annahmen des Ansatzes von Buchanan enthält.

Kapitel IV
Die politische Theorie des Pragmatismus: John Dewey

Thomas Noetzel

Inhalt

1.   Einleitung

John Deweys (geb. 20.10.1859 in Burlington/Vermont, gest. 1.6.
1952 in New York City) Ruf, der bedeutendste politische Philosoph des Pragmatismus zu sein, gründet sich neben seinen For-
schungs- und Lehrtätigkeiten an der University of Chicago (1894-
1904) und der Columbia University (1904-1930) auf sein politisches Engagement. In Chicago hatte er den dortigen Lehrstuhl für
Philosophie, Psychologie und Pädagogik inne, und insbesondere
seine schulreformerischen Projekte führten zur Veränderung seines
während des Studiums angeeigneten Hegelianismus und zur Annäherung an den Pragmatismus. Deweys Wechsel an die Columbia
University als Professor für Philosophie brachte schließlich eine
eigenständige Philosophie des Experimentalismus und Instrumentalismus hervor, die dem eher epistemologisch begrenzten bzw.
popularisierend vergröbernden Pragmatismus von Ch. S. Peirce
und William James eine konsequente politische Interpretation an
die Seite stellte. Dort entstanden auch Deweys Hauptwerke: Democracy and Education (1916), Experience and Nature (1925), The
Public and Its Problems (1927), The Quest for Certainty (1929).
Nach seiner Emeritierung erschien u.a.: Art as Experience (1934),
ein großangelegter Versuch den pragmatischen Erfahrungsbegriff
auf ästhetische Sachverhalte anzuwenden und Ästhetik dadurch als
besondere Form von Kommunikation zu begreifen. Die Gesamtausgabe seiner Werke umfaßt 37 Bände.
   Dewey war Zeit seines Lebens öffentlich engagiert und gilt als
Modell eines gesellschaftspolitisch verantwortlich agierenden Intellektuellen. In der Verbindung von Wissenschaft und politischer
Praxis sah er die Lösung der vielfältigen Probleme eines wildwüch-
sigen Kapitalismus, mit denen die USA zu Beginn des 20. Jahrhunderts konfrontiert wurden. Es ist kein Zufall, dass an der Universität von Chicago dieser instrumentalistisch-reformerische Impetus
besonders stark unter den Mitgliedern der (im weitesten Sinne) sozialwissenschaftlichen Fakultät vertreten war, denn Chicago zeigt
sich in diesen Jahren als Brutstätte der Pathologien unregulierter
Marktökonomie. Auch wenn Dewey schon zu Beginn des Jahrhunderts Chicago verließ, gehörte er gleichwohl zu diesem Diskurs der
als „Chicago School" bekannt gewordenen interventionistischen
Wissenschaft – vor allem der Soziologie (Joas 1992: 23ff.). Höhe-

punkte erreichte diese Relevanzbestimmung der Wissenschaften als Werkzeuge politischer Reformen in der Ära des Progressive Movement zu Beginn des Jahrhunderts und in der Ära des New Deal. Deweys Aktivitäten waren nicht auf sozialreformerische Fragen der Innenpolitik beschränkt. So trat er für die Neugründung eines polnischen Staates nach Ende des Ersten Weltkriegs ein, beriet Anfang der zwanziger Jahre die chinesische Regierung bei der Modernisierung des Bildungssystems und propagierte in der Zwischenkriegszeit eine gesellschaftliche Bewegung für internationalen Gewaltverzicht und Abrüstung. Er machte sich auch international einen Namen durch die Leitung des Untersuchungskomitees, das sich mit der Ermordung Trotzkys beschäftigte.

Dewey als beispielgebenden Theoretiker für den Pragmatismus vorzustellen, ist schon aufgrund der Heterogenität der pragmatischen Philosophie nicht ganz unproblematisch. Zwar bestand zwischen den Angehörigen der ersten Generation des Pragmatismus, zwischen Peirce, James, Dewey und Mead, zum Teil ein enger persönlicher oder publizistischer Zusammenhang, aber trotzdem hat sich keine Schule im engeren Sinne der Wissenschaftsdominanz und Nachwuchsrekrutierung gebildet. Allen Spielarten des Pragmatismus ist jedoch die Ablehnung einer Wissenstheorie der richtigen, d.h. abbildungsadäquaten Wahrheitsformulierung eigen. Darüber hinaus können noch die Ablehnung eines Realitätsskeptizismus, ein selbstreflexiver Fallibilismus, ein kontextualistisches Bewußtsein und die Betonung der sozialen Konstruktion, des Diskurses für die Konstruktion von wahren Aussagen genannt werden. Aber wichtiger als die gemeinsame Gegnerschaft zur Korrespondenztheorie der Wahrheit sind für die Entwicklung eines pragmatischen Paradigmas die feinen Unterschiede zwischen Peirce, James und Dewey. Im Zusammenhang mit der Herausbildung einer spezifischen Denk- und Argumentationsrichtung die Theorievarianten zu betonen, ist nicht widersprüchlich, da es eine „Schule" des Pragmatismus nicht gibt. So überwindet Peirce zwar die klassische dualistische Subjektphilosophie Descartes', aber auch für ihn bleibt in erster Linie die individuelle Reflexion Bezugspunkt aller erkenntnistheoretischen Überlegungen. Die Selbstvergewisserung des Individuums ist bei Peirce nun allerdings an eine konkrete Problemlage, einen kontextuellen Reflexionsdruck gebunden. Danach bestimmen reale Problemsituationen die jeweilige Wirklichkeitserkundung, deren Stimmigkeit dann an ihrer Problemlösungskapazität gemessen wird. Erkenntnis bildet nicht mehr objektiv ab, sondern steht im Dienst der vergrößerten Bewältigungsmacht. Gewißheiten müssen sich in der Praxis als solche bewähren, um zu solchen werden zu können. Für Peirce bleibt diese Kontextualisierung von Wissen allerdings an die gedankenexperimentelle Erwartbarkeit der praktischen Folgen von Erkenntnissen gebunden (Peirce 1991: 5). Praxis ist hier noch keine Kategorie der Faktizität. Die mit der Ablösung von Korrespondenztheorien der Wahrheit verbundene Frage nach den Geltungsansprüchen beantwortet Peirce nun nicht nur mit der Bindung von Aussagen (Indikativsätzen) an Handlungsfiktionen. Neben dieser Bestimmung der Relationalität von Wahrheit entwirft er eine Logik des Zusammenhangs von Handlung und Bezeichnung. Peirce selbst entwickelt in diesem Kontext mit der „Abduktion" ein pragmatisches Schlußverfahren zwischen Induktion und Deduktion (Eco/Sebeok 1985), das in einer konkreten Situation Erkenntnisinteresse, Vorurteil und Vorwissen zu einem Komplex verbindet, der Schlußfolgerungen, die Konstruktion von Kausalitäten konkret situiert und nicht ewige und universale Gültigkeit anstrebt. Eingebunden ist diese Logik in Wahrscheinlichkeiten, von denen die meisten quasi selbstverständlich Handlungen bestimmen. Unwahrscheinlichkeit muß nicht erst bewiesen werden, sondern erfährt eine praktische Nichtberücksichtigung. Nicht alle Annahmen müssen problematisiert und begründet werden. Erst wenn diese Vorurteile ihre Selbstverständlichkeit verlieren, besteht der Zwang zur Neuorientierung.[1] Schlußfolgerungen basieren auf Zeichen, die lageadäquat gedeutet werden müssen. Dabei übersteigt Peirce allerdings nicht einen epistemologischen Rahmen. Pragmatismus ist danach vor allem eine wissenschaftliche Methode, und Handlung ist vor allem experimentelles Schließen.

Doch in der Zeichentheorie ist eine über den Rahmen wissenschaftlicher Diskurse hinausweisende Sozialität enthalten. Zeichen sind für das Individuum Merkzeichen und immer auch Anzeichen für andere. Peirces Semiotik wird als Theorie der Relativität von Bezeichnungen damit Ausgangspunkt für philosophisches und

---

1   Genauso operiert Sherlock Holmes, während Inspektor Lestrade von Scotland Yard den Schritt vom alten Wahrscheinlichen zum neuen Wahrscheinlichen nicht schafft.

sozialwissenschaftliches Denken, das die Interaktion zwischen den Individuen in den Mittelpunkt stellt.[2] Schon für Peirce war die Kommunikation Fundament der scientific community. William James machte dann den Versuch, den Begriff des Pragmatismus zu einer allgemeinen, psychologischen Theorie nützlichkeitsmaximierender Individualität zu erweitern (James 1977). James lehnt alle essentialistischen Definitionen des menschlichen Wesens ab und entwirft Identität als Ergebnis der Existenzführung und ihrer Bedingungsfaktoren. Diese Selbstgestaltung ist Reaktion auf Entscheidungsprobleme, die sich dem einzelnen stellen. Die so kontextualisierte Indidividualität ist wirklichkeitsorientiert; Selbstbehauptung ist konkret. Entsprechend realistisch und empirisch ist James' Pragmatismus ausgerichtet. Er bereichert Peirces Theorie der Zeichenbedeutung durch eine pragmatische Theorie der individuellen Wirklichkeitskonstruktionen. Zur kommunikativen Bedeutung kommt jetzt die Ebene des subjektiven Glaubens und Meinens hinzu.[3] Damit besteht eine Anschlußmöglichkeit für hermeneutische Verfahren. Spätestens an dieser Stelle wird deutlich, daß die gegen den Pragmatismus immer wieder herbeizitierten Argumente eines vermeintlichen performativen Selbstwiderspruchs der Relativierung aller Bezeichnungen, also auch der jeweils eigenen, das pragmatistische Denken verfehlt. Geht es diesem doch gar nicht um die Fortführung traditioneller erkenntnistheoretischer Debatten, sondern um die handlungstheoretische, bei den Akteuren und ihren Interaktionen ansetzende Aufschließung solcher Begriffe wie Wissen, Erkenntnis, Urteil.

---

2 Hier knüpft etwa Meads „symbolischer Interaktionismus" als Theorie der Entstehung von individueller Identität im Prozeß der Vergesellschaftung an.

3 Diese (sozial-)psychologische Orientierung läßt Peirce für sein Denkgebäude den Begriff des „Pragmatizismus" erfinden, um sich vom unlauteren „Pragmatismus" abzusetzen.

2.   Metaphysik der Erfahrung und politische Theorie

2.1.   Handlung und Erfahrung

Das pragmatische Denken geht davon aus, daß Wissen das Erreichen von gesetzten Zwecken sichert und darum dann problematisch wird, wenn Widerstände im Handlungsvollzug auftreten. Vor einer solchen Handlungssequenz steht keine ursprüngliche Intention, sondern die Handlung ist Teil eines Kontinuums und immer in konkrete Lagen eingebettet. Die Reflexion des Handelnden ist mithin nicht von der Handlung zu trennen; erst der distanzierte (sozialwissenschaftliche) Beobachter muß durch willkürliche Sequentialisierung einen Beginn konstruieren. Ein solcher Handlungs- und Reflexionsbegriff verweist zwar auf „Nützlichkeit" als allgemeinen Handlungsmodus, aber eben nicht im Sinne des klassischen moralphilosophischen Utilitarismus. Im Gegensatz zu diesem unterlegt der Pragmatismus seinem Handlungsbegriff keine Ontologie der Nutzensuche. Vielmehr ist die Feststellung, daß Handlungen bestimmten Zwecksetzungen dienen, schlicht unhintergehbare Voraussetzung, um Handlungen (auch die jeweils eigenen) überhaupt beobachten und verstehen zu können. Es zeichnet den pragmatischen Handlungsbegriff aus, daß er die Situierung der Individuen nicht in ein Korsett objektiver Rationalität zwängt. Weil die Vorstellung einer am Beginn der Handlung stehenden Intention, die dann bestimmte Zweck-Mittel-Überlegungen auslöst, aufgegeben und analytisch der Beginn jeder Handlung von vorausgehenden Absichten nicht getrennt wird, erübrigen sich grobschlächtige Unterscheidungen des Handlungsverlaufs in rational vs. irrational. Ebenfalls entfallen behavioristische Reiz-Reaktions-Schemata, weil der Reflex immer von der Gestimmtheit der gereizten Subjekte, von ihrer konkreten Lage abhängt (Dewey 1972). Darüber hinaus steht die Formulierung einer utilitaristischen sozialen Wohlfahrtsfunktion als das größte Glück der größten Zahl konträr zur Nutzenvorstellung des Pragmatismus, setzt dieser doch immer bei der konkreten Rekonstruktion von Situationsdeutungen von „Glück" und „Unglück" als Ausgangspunkt jeder Handlung an.

Die Einheit von Intention und Handlung zeigt sich für Dewey in der erfolgreichen Bewältigung problematischer Situationen. Hier fügt sich ein Erfahrungsbegriff ein, der die geglückte Handlung als erfolgreiche Anpassung an Umweltansprüche versteht. Erfahrungen markieren die Schnittstelle zwischen individueller Disposition und Umwelteinflüssen, in ihnen kommen die Objekte zu ihrem Eigenrecht als Realität jenseits individuellen Wollens. Erfahrungen sind deshalb zentral für die zukünftige Orientierung der Akteure; sie geben die Möglichkeiten der optimalen Handlung vor und statten den Handelnden quasi mit Ressourcen zur Problemlösung aus. Ganz deutlich drängt an diesem Punkt Deweys Evolutionismus in seine politische Philosophie. Erfahrung ist Ausdruck einer gelungenen Koevolution zwischen Individuen und ihrer Umwelt und als solche allgemeines Naturprinzip: „Mere activity does not constitute experience. It is dispersive, centrifugal, dissipating. Experience as trying involves change, but change is meaningless transition unless it is consciously connected with the return wave of consequences which flow from it. When an activity is continued into the undergoing of consequences, when the change made by action is reflected back into a change made in us, the mere flux is loaded with significance" (Dewey 1966: 139). Als Kopplungsstelle zwischen psychischem System und Umwelt besitzen Erfahrungen eine eigene Materialität. Im Rahmen von Experimenten können Erfahrungen aktiv gesucht und gemacht werden, aber sie entwickeln als Reflexion geglückter/mißglückter Anpassung Selbständigkeit. Diese Autonomie von Erfahrungen bedarf einer entsprechenden individuellen Reflexionsbereitschaft, einer gewissen Intelligenz der richtigen, problemlösenden Schlußfolgerungen, erst dann kann es zu Rückkopplungen in den Handlungsverlauf kommen. Erfolgreiche Sozialisation besteht nach Dewey in der Entwicklung von Offenheit gegenüber Erfahrungen. Folgerichtig stellen seine Schulexperimente und Lehrplanentwürfe dieses Erlernen von Sensibilität in den Mittelpunkt. Schüler sollen vor allem praktische Erfahrungen machen, sich Lehrinhalte aktiv aneignen usw. Erfahrungen umfassen Umwelt und System, Körper und Geist, Subjekt und Objekt. So holistisch definiert bilden sie das Fundament der antidualistischen Philosophie Deweys, das vor der Berufung nach Chicago noch deutliche religiöse Ganzheitssemantiken aufweist und danach den Erfahrungsbegriff immanentisiert und politisiert. Seine lebensreformerische Position, die als Variante der um die Wende zum 20. Jahrhundert populären Ideen der Ganzheitlichkeit gelten kann, führt zu einer vehementen Ablehnung erfahrungsarmen Theoretisierens: „An ounce of experience is better than a ton of theory simply because it is only in experience that any theory has vital and verifiable significance. (...) A theory apart from an experience cannot be defitinely grasped even as theory. It tends to become a mere verbal formula, a set of catchwords used to render thinking, or genuine theorizing, unnecessary and impossible. Because of our education we use words, thinking they are ideas, to dispose of questions, the disposal being in reality simply an obscuring of perception as prevents us from seeing any longer the difficulty" (Dewey 1966: 144). Dewey privilegiert also mit diesem emphatischen Erfahrungsbegriff eine bestimmte Form der Wirklichkeitsvergewisserung und rückt ihn in das Zentrum seines Pragmatismus. Mit Peirce geht er von der Leere der Begriffe aus, die keine Unterschiede mehr machen, aber er wendet dessen Nominalismus in einen Realismus der praktischen Erfahrung.[4] Dieses Element der intelligenten Entwicklung und Anwendung von erfahrungsbestätigten Instrumenten zur Anpassungssicherung bewegt Dewey schließlich dazu, für seine Philosophie die Bezeichnungen „Experimentalismus" oder „Instrumentalismus" dem Etikett „Pragmatismus" vorzuziehen.

Dewey setzt also auf die Authentizität des Zusammenfallens von Subjekt und Objekt in der Erfahrung der Koevolution. Er überträgt dieses Konzept schließlich auf das politische Handeln. Dabei gehen Kritiker, die Dewey eine Szientifizierung des Politischen vorwerfen, jedoch fehl, denn Experimentalismus bedeutet etwas anderes als die Übertragung wissenschaftlicher Erkenntisse. Er spricht in „Democracy and Education" davon, daß die Verbindung von Erfahrungen, intelligenter Bearbeitung und Erwartungsformulierung ein Grundmuster jeder Entwicklung darstellen: „As soon as an infant begins to *expect* he begins to use something which is now going as a sign of something to follow; he is (...) judging. For he takes one thing as *evidence* of something else, and so recognizes a relationship. Any future development, however elaborate it may be, is only an extending and a refining of this simple act of inference" (Dewey 1966: 146, Hervorh. im Orig.). Die fortgeschrittenen (Natur-)Wissenschaften unterscheiden sich von diesem Grundmuster der

---

4   Die Hierarchisierung von Weltbezügen hat Dewey den Vorwurf der Metaphysik der Erfahrung eingehandelt (Rorty 1982, 1998a). Gerade vor dem Hintergrund des linguistic turn kann die Abwertung von „leeren Wörtern" nicht überzeugen, da ja auch die Erfahrung verbalisiert werden muß.

intelligenten Rückkopplung nur durch bessere, ausgefeiltere Verfahren der Beobachtung und Schlußfolgerung. Das Experiment ist eine besonders elaborierte Ausprägung existenzsichernder Kulturtechnik. Deweys Betonung der herausgehobenen Bedeutung der Pädagogik wird vor diesem Hintergrund verständlich. Die Schule ist für ihn die zentrale soziale Institution der Erfahrungsaneignung. Die Schüler sollen ihre Intelligenz, ihre Kreativität und Produktivität vergrößern; „theoretisches" Wissen tritt demgegenüber zurück. So ausgebildet werden sie zu Individuen, die nicht nur über technische Meisterschaft verfügen, sondern in ihrer Erfahrungsoffenheit ideale Bürger eines Gemeinwesens darstellen, das ohne Mobilisierung von sozialer Intelligenz sich nicht behaupten kann. Dewey entgeht dabei nicht der Gefahr, Bildung und Ausbildung zum sozialen Panacea schlechthin zu machen. Bezeichnenderweise setzen viele seiner praktischen Politikempfehlungen – erinnert sei hier nur an seine Beratertätigkeit für die chinesische Regierung – an Bildungs- und Schulreformen an.

Diese Leitidee der Sicherung der Bedingung der Möglichkeit Erfahrungen zu machen, hat eine weitere Komponente, die ins Zentrum des politischen Denkens Deweys deutet. Das politische System muß Strukturen aufbauen, die die Wirkung des kulturellen Instrumentalismus der intelligenten Erfahrungsbearbeitung verstetigen. Bildungspolitik ist dabei ein zentrales Politikfeld, aber Dewey geht weit über eine solche Beschränkung auf spezifische *policies* hinaus. Systematisierte Erfahrungen, zum Paradigma im modernen Wissenschaftsbetrieb verdichtet, sollen danach politisches Handeln bestimmen. Wobei Dewey bis in sein Spätwerk hinein dieses Handeln mit staatlichen Interventionen gleichsetzt. Hier äußert sich ein starker Steuerungsoptimismus gegenüber etatistischen Eingriffen, der sich aus dem Vertrauen in die Problemlösungskapazität der methodischen Erfahrungsbearbeitung speist. Für Dewey kommt es darauf an, Erfahrungsoffenheit auf die politische Entscheidung zu übertragen. Es geht dabei nicht um die Transformation dieses oder jenes Einzelwissens aus der Sphäre der Wissenschaften in die der Politik[5], sondern eher um die Übertragung eines bestimmten Handlungsmodus. Dieses Vertrauen ist Ausdruck einer Mischung aus religiösem Glauben an die letztlich gerechtfertigte

---

5   Die Stellung des Experten wird in Abschnitt 2.3. diskutiert.

Schöpfung, einem geschichtsphilosophischen Hegelianismus der siegreichen Vernünftigkeit und Darwins Evolutionstheorie, die Deweys Frühwerk prägt (Dewey 1971). Das Problem der normativen Leerstelle einer solchen politischen Theorie der engen Verzahnung von Erfahrung und Steuerung, die die Qualität des politischen Systems auf seine Leistungsfähigkeit reduziert, bleibt zunächst unbearbeitet. Dewey tritt in seinen politischen Überlegungen immer als Anhänger der Demokratie auf. Sie ist ihm authentischer gesellschaftlicher Ausdruck dieser umfassenden Vervollkommnungsfähigkeit. So fordert er schon gegen Ende des 19. Jahrhunderts eine umfassende Demokratisierung der industriellen Beziehungen, aber dieses Plädoyer entspringt allein seinem damaligen Entwicklungsoptimismus, der die Evolution als Aussöhnung der partikularen sozialen Interessen begreift (Dewey 1969: 246). Angesichts der in der Zwischenkriegszeit prekär werdenden Begründungen für individuelle Freiheit besteht dann für Dewey die Notwendigkeit, seine Handlungstheorie der Erfahrung als Theorie der Demokratie genauer zu formulieren.

2.2.   Öffentlichkeit, Demokratie und Erfahrung

In „The Public and Its Problems"[6] verbindet Dewey 1927 schließlich seine Metaphysik der Erfahrung mit einer originellen Demokratietheorie, die auch eine Neuorientierung in seiner Staatstheorie markiert. Dewey erweitert darin seinen Begriff des in Analogie zum individuellen Handelns entworfenen problemlösenden Leistungsstaates in Richtung eines erst im öffentlichen Diskurs überhaupt zu konstruierendem Instrument der gesellschaftlichen Verbesserung. Öffentlichkeit löst den Staat als Leitkategorie ab. In seinen Vorstellungen zur Entstehung und Entwicklung von Öffentlichkeit greift er seinen Begriff der intelligenten Erfahrungsbearbeitung wieder auf. Diese geht vom Individuum aus, aber bestimmte Problemwahrnehmungen der einzelnen verweisen auf gesellschaftliche Problemlagen. Immer dann, wenn solche Schwierigkeiten nicht mehr in der direkten Kommunikation der unmittelbar Betroffenen überwunden werden können, entsteht Öffentlichkeit (Dewey 1996: 35). Diese stellt danach eine besondere Form der Asso-

---

6   Es wird im folgenden nach der deutschen Übersetzung (Dewey 1996) zitiert.

ziation von Erfahrungen dar, die erst im Zusammenschluß vieler betroffener einzelner zur Öffentlichkeit intelligent gemacht werden können. Erst durch Bildung einer Gemeinschaft werden systematische Beobachtungen von überindividuellen Handlungsfolgen und entsprechende Schlußfolgerungen möglich. Der Staat ist für Dewey eine Erfindung solcher Öffentlichkeiten zur Bearbeitung der indirekten Handlungsfolgen und kein Gebilde mit über die gesellschaftlichen Interessen hinausreichendem Wesen.

Die Idee der Geburt der Politik und des Staates aus der Erfahrung der Problewahrnehmung und -überwindung und dem Geist der Öffentlichkeit liefert Dewey eine normative Folie, die auf die schlechte Realität inkompetenter Politik, korrupter Staatlichkeit und defizitärer Öffentlichkeit gelegt werden kann. Er konstatiert gemeinsam mit anderen zeitgenössischen Kritikern der politischen Praxis der Vereinigten Staaten eine Krise der politischen Repräsentation. Das Modell der deliberativen, liberalen Demokratie des 19. Jahrhunderts war offensichtlich auf die Wirklichkeit einer Dominanz partikular gesellschaftlicher und politische Interessengruppen nicht mehr anwendbar. Der politische Diskurs wurde im Getriebe des parteipolitischen Geschäfts zerrieben. Mit der Ausdifferenzierung einer eigenständigen politischen Sphäre von Berufspolitikern, Lobbyisten, Verwaltungsexperten entfernt sich diese von den Betroffenheitsöffentlichkeiten. Hinzu kommt, dass allein schon die sozialräumliche Ausdehnung die direkte Beteiligung der Bürgerinnen und Bürger erschwert. Der Komplexizitätsgrad der politischen Sachverhalte ist so groß, dass die Öffentlichkeit mit der Beurteilung der jeweiligen Sachfragen überfordert scheint. Die Öffentlichkeit und ihre Ausdrucksformen werden zu Anhängseln des Betriebes. Statt Aufklärung und Diskussion bestimmen Propaganda, Sensationsjournalismus und Werbefeldzüge die öffentliche Meinung. Im Gegensatz zu Vertretern einer elitären Demokratietheorie, die aus dieser Bestandsaufnahme ein Modell der durch Wahl kontrollierten Elitenzirkulation propagieren und allen Hoffnungen auf Rekonstruktion partizipatorischer Öffentlichkeit eine Absage erteilen[7], geht es Dewey um die Überwindung der demokratiefeindlichen Konsequenzen des Industrialismus und des Strukturwandels der Öffent-

---

7 Dewey reagiert mit „The Public and Its Problems" auf Walter Lippmans entsprechende Argumentation in „The Phantom Public" (1925).

lichkeit. Seine Zurückweisung der klassischen liberalen Politiktheorie einer vorpolitischen Freiheit der Individuen, die Gesell-
schafts- und Staatsbildung nur als möglichst gering zu haltenden
Freiheitsverlust begreifen kann, ist soweit folgerichtig. Zwar habe
die Durchsetzung der repräsentativen, rechtsstaatlichen Demokratie
die politische Selbstbestimmung der Individuen zum Ausdruck gebracht, aber dieser Individualismus sei inzwischen nicht nur durch
die große Maschinerie der Politik selbst dementiert worden, sondern darüber hinaus keine geeignete Grundlage, um die notwendige
Erfahrungsoffenheit sozial zu sichern (Dewey 1996: 92ff.). Aber
auch Vorstellungen einer gesellschaftlichen Homogenisierung als
Voraussetzung identitärer Demokratie der Einebnung der Rollen
von Untertan und Souverän, wie sie etwa in Rousseaus Programm
unmittelbarer und umfassender Partizipation aller Individuen vorgesehen ist, finden nicht seine Unterstützung. Dewey macht die
Einebnung individueller Erfahrungsunterschiede gerade nicht zur
Voraussetzung der Demokratie. Vielmehr will er idiosynkratische
Erfahrungen in einer besonderen Assoziationsform fruchtbar machen für den gesellschaftlichen Fortschritt. Eine auf Diskussion
und Beteiligung ausgerichtete Demokratie sieht er als Modell an
für den Zusammenschluß der einzelnen ohne Verlust ihrer Erfahrungen: „Democracy as compared with other ways of life is the
sole way of living which believes wholeheartedly in the process of
experience as end and as means; as that which is capable of gener-
ating the science which is the sole dependable authority for the direction of further experience and which releases emotions, needs
and desires so as to call into being the things that have not existed
in the past. For every way of life that fails in its democracy limits
the contacts, the exchanges, the communications, the interactions
by which experience is steadied while it is also enlarged and en-
riched. The task of this release and enrichment is one that has to be
carried on day by day. Since it is one that can have no end till experience itself comes to an end, the task of democracy is forever
that of creation of a freer and more humane experience in which all
share and to which all contribute" (Dewey 1991: 229f).

Dewey entwirft hier die problemzentrierte Kommunikation der
Öffentlichkeit als vorstaatliches Fundament der Politik. Die Einheitsstiftung der verbindlichen politischen Entscheidung resultiert
nicht allein auf dem Eigeninteresse der Individuen, die nur ihre je-

weiligen Kalkulationen zur Deckung bringen und ist auch nicht mehr reiner Ausdruck allgemein waltender Evolution. Statt dessen vernetzt die Kommunikation der Betroffenen diese zum politischen Kollektivsubjekt. Ausgehend von dem gesellschaftlichen Charakter der über den einzelnen hinausgehenden Schwierigkeiten und Aufgaben definieren die Bedingungen der Möglichkeit diskursiver Erfahrungsbearbeitung demokratische Systeme. Als Ort der Deliberation ist Demokratie dabei Mittel und Zweck. Sie gilt Dewey nach wie vor als ausgezeichnetes Instrument, um die sozialen Probleme zu lösen, aber dieser evolutionäre, quasi organische Kompetenzvorsprung wird in „The Public and Its Problems" deutlich an die Form der demokratischen Teilhabe, an freie Assoziationen und Diskussion gebunden. Die Demokratie ist als Einheit von Form und Inhalt anderen politischen Ordnungen überlegen. Sie ist lebensweltlich eingebettet und geht über eine Staatsformenlehre weit hinaus. Demokratie aller Lebensbereiche ist Ausdruck einer Kultur der Erfahrungsoffenheit und ein Instrument der intelligenten Erfahrungsbeoachtung. Als gemeinsames Experiment der Lebensverbesserung stiftet sie Einheit zwischen den am Experiment Beteiligten.

2.3. Die Erfahrung einer verfallenden Öffentlichkeit

Offensichtlich steht Dewey die scientific community als Basis demokratischer Beteiligung vor Augen. Er sieht allerdings selbst, dass sich mit der zunehmenden Komplexität funktional-differenzierter, räumlich ausgedehnter Gesellschaften die Herstellung einer Experimentiergemeinschaft schwierig gestaltet, und seine Vision der sozialen Sicherung von Erfahrungen geht mit einer düsteren Darstellung des Verfalls von Öffentlichkeit nicht nur in den Vereinigten Staaten des frühen 20. Jahrhunderts einher (Dewey 1996: 100ff.). Hinzu kommt der unter normativen Prämissen als dysfunktional zu bewertende Erfolg des wissenschaftlichen Experimentalismus im engeren Sinne, der zu einer erheblichen Machtsteigerung der jeweiligen Experten führt. Für Dewey ist diese Dominanz ein Grund für die Entpolitisierung der Öffentlichkeit und ihre Zersplitterung in viele partikulare Öffentlichkeiten, die sich im kulturell Beliebigen oder in der Kalkulation ihres Interessenegoismus verlieren. Die in der repräsentativen Demokratie durch gesellschaftliche, politische Eliten und Experten entmachtete Öffentlichkeit muß rekonstruiert werden, um Erfahrungen der Individuen sozial wirksam werden zu lassen. Er zielt auf die Erfindung und Erprobung von Assoziationsformen, in denen diese soziale Intelligenz sich artikulieren kann. Erst wenn solche Kooperationen die einzelnen wirklich erfassen, ist die Gesellschaft in der Lage, Experten und politische Institutionen für sich zu instrumentalisieren.[8] Aus der „großen Gesellschaft" muß die „große Gemeinschaft" werden (Dewey 1996: 128). Dabei sollen die Methoden der systematischen Erfahrungsbearbeitung politisch so verallgemeinert werden, dass sich in der Beobachtung, Veröffentlichung, Diskussion sozialer Probleme demokratisches Erfahrungspotential die funktional ausdifferenzierten Wissenseliten unterwerfen kann. In diesem Sinne bedeutet Deweys Kurierung der Defizite der Demokratie durch mehr Demokratie, den Ausgleich der demokratischen Defizite der Expertenkulturen durch Stärkung der Erfahrungssouveränität der Betroffenen.

Eine solche Wiederherstellung von Öffentlichkeit kann nur lokal gelingen, denn dort besteht am ehesten die Chance der Nutzung der Erfahrungsunmittelbarkeit. Dewey plädiert damit nicht nur für eine Föderalisierung des politischen Systems, sondern vor allem für eine Stärkung kommunitärer Bindungen in unterschiedlichen lokalen Bezügen.[9] Die Pathologien des Industrialismus und der liberalen Demokratie schreibt Dewey der Zerstörung der lokalen Gemeinschaften zu. Es kommt danach zu Fehlentwicklungen, weil es keinen Modus der intelligenten sozialen Erfahrungsbearbeitung mehr gibt. Kommunikation ist für ihn aber immer mikrosoziologisch an konkreten Austausch von „Angesicht zu Angesicht" (Dewey 1996: 177) gebunden. Deshalb lehnt er berufsständische Assoziationsformen als Mittel der Rekonstruktion von Öffentlichkeit ab und unterscheidet sich damit von einem wirkungsmächtigen Dis-

---

8   „Der Mann, der die Schuhe trägt, weiß am besten, daß und wo sie drücken, auch wenn der fachkundige Schuhmacher am besten beurteilen kann, wie den Beschwerden abzuhelfen ist" (Dewey 1996: 172).

9   Der hier deutlich werdende Übergang von Deweys mit deutlicher Kritik am modernen „Individualismus" ausgestatteten politischem Experimentalismus zu kommunitaristischen Argumentationsmustern trägt zur aktuellen Renaissance des Pragmatismus bei, der damit in Kritiken des Rechtsliberalismus eingepaßt werden kann.

kurs seiner Zeit. Im Übergang vom 19. zum 20. Jahrhundert nehmen in den politischen Systemen des westlichen, atlantischen Projekts der Moderne die Diskussionen über die Stärkung intermediärer Organisationen zu. Erinnert sei hier nur an die in diesem Zusammenhang von Durkheim mit seinen Studien zur Arbeitsteilung (1893) und zum Selbstmord (1897) gesetzten Marksteine. In der berufsständischen Organisation sollen die ökonomisch und sozial atomisierten einzelnen eine Kopplungsstelle zur Gesellschaft finden. Doch diese Zusammenschlüsse basieren auf Größe, Weitheit und Indirektheit. Gewerkschaften, Ständeorganisationen, Versorgungskassen, Kooperativen neigen zu komplexen Institutionalisierungen mit entsprechenden Bürokratisierungen, Eliten, Zentralisierungen und spiegeln so die Probleme der diffusen industriellen, demokratischen Öffentlichkeit. Sie passen sich schließlich als Machtfaktor in die kollektive Interessenrepräsentation ein.

Für Dewey ist die Arbeit keine geeignete Grundlage der Stärkung kommunikativer Bindungen. Die Einheit der Individuen entsteht nicht im Arbeitsprozeß, sondern muß in der „dauerhaften Verbindung (...) nachbarlicher Vereinigung" (Dewey 1996: 177) beginnen. Das gemeinsame Problemlösen vor Ort ist die Grundlage einer solchen lokalen, unmittelbaren Verbundenheit der lebensweltlichen Demokratie. Gegen die Pathogenese industrieller Massengesellschaften mobilisiert er – und damit stoßen wir auf eine durchgängige Eigenschaft seiner Schriften – das Pathos der Solidarität und den Appell an den Bürgersinn. Die lokale Gemeinschaft bringt die einzelnen zu ihrem Ausdruck und wird schließlich zur Weltgesellschaft. In unverkennbarer Übernahme der Vorstellungen Meads zur Genese von „I" und „Me" in der gegenseitigen Rollenübernahme der symbolischen Interaktion stellt Dewey fest: „Die freie Erweiterung und Stärkung der beschränkten individuellen intellektuellen Gaben, die aus dem Strömen sozialer Intelligenz folgen kann, kennt keine Grenze, wenn diese mündlich von einem zum anderen in den Kommunikationen der lokalen Gemeinschaft zirkuliert. Das und nur das verleiht der öffentlichen Meinung Realität. (...) Territorialstaaten und politische Grenzen werden bestehen bleiben; sie werden jedoch nicht Barrieren sein, welche die Erfahrung verarmen, indem sie den Menschen von seinem Nebenmenschen abschließen; sie werden keine unabänderlichen Teilungen sein, durch welche die äußere Trennung in Neid, Angst, Mißtrauen und Feindschaft im Inneren umgewandelt wird"

(Dewey 1996: 181, 179). Der Weg zur Stärkung lokaler Gemeinschaften und die vorstaatliche Integration der Individuen zu problemorientierten Öffentlichkeiten und Experimentiergemeinschaften bleibt in der politischen Theorie Deweys allerdings weitgehend unausgeführt. Er bietet keine Institutionenlehre der sozialen Erfahrungsbearbeitung an. Vielmehr begreift er ganz pragmatistisch seine Interventionen als konkrete Arbeit an der Öffentlichkeit. Deweys Philosophieren ist ein Gesprächsangebot, eine Einladung zum gemeinsamen Erfahrungsaustausch. Form und Inhalt seiner politischen Philosophie fallen in diesem publizistischen Engagement zusammen.

3. Dewey und seine Kritiker

3.1. Unmoralisch – Zur Kritik von Deweys Zeitgenossen

Dewey hat in den brisanten politischen Debatten seiner Zeit Stellung bezogen. Allerdings stand er dabei oft auf der Verliererseite und hat entsprechende Mehrheitskritik auf sich gezogen.[10] Aber auch die minoritären Positionen einer Revolutionierung des bestehenden ökonomischen und politischen Systems haben Dewey immer wieder aufgrund seines Reformismus kritisiert. In den dreißiger Jahren führte Reinhold Niebuhr beispielhaft moralischen Rigorismus gegen Dewey ins Feld. In „Moral Man and Immoral Society" (Niebuhr 1932) betont er, daß die Pathogenese der bürgerlichen Gesellschaft nicht auf versperrte Erfahrungsbearbeitung beruhe, sondern auf Interessengegensätze, die im Rahmen einer kapitalistischen Ordnung nicht ausgeglichen werden könnten. Auch die Idee, sozialwissenschaftliches Expertentum sei für eine sozialreformerische Praxis zu gewinnen, wird von Niebuhr als Vorurteil eines sa-

---

10 Seine Befürwortung für eine amerikanische Intervention in den Ersten Weltkrieg isoliert ihn nicht nur vom Progressive Movement, sondern wird durch das Scheitern ein internationalen Weltfriedensordnung delegitimiert. Ende der dreißiger Jahre nimmt er demgegenüber isolationistische Positionen ein und votiert für innenpolitische Gegner Roosevelts. Er plädiert für die Gründung einer dritten Partei jenseits von Demokraten und Republikanern, unterstützt dann 1945 Truman und nicht den progressiven Wallace. Diese Seitenwechsel rufen irgendwann entsprechende Kritik aus allen politischen Lagern hervor.

turierten Mittelschicht-Liberalen abgetan. Seine Kritik an Dewey wurde auch deshalb sehr beachtet, weil er auf die Kategorie des Machtgewinns und der Machtbehauptung hinweist, die bei Dewey kaum problematisiert wird. Dieses Defizit erklärt sich wiederum aus der pragmatischen Orientierung am bestehenden demokratischen politischen System, das die Frage nach der Macht quasi selbstverständlich immer wieder neu stellt und beantwortet. Für Dewey besteht keine Notwendigkeit, darüber hinaus systemtranszendierende Überlegungen anzustellen, hält er doch alle Demokratie einschränkenden gesellschaftlichen Verhältnisse für in der Demokratie gerade im Sinne ihrer deliberativen Ausweitung und Unterfütterung durch lokale Assoziationen korrigierbar, wie seine Forderungen nach industrieller Mitbestimmung und Verstaatlichung zeigen. Eine solche Kritik an der Ohnmacht des sozialen Liberalismus gründet sich bis heute (Deppe 1999: 251ff.) auf die Beobachtung, dass die von Dewey selbst beklagten Mängel des politischen Systems nicht behoben worden sein. Dieses Versagen sei notwendig mit fehlender grundsätzlicher Kapitalismus-Analyse und einem falschen sozialtechnologischen Optimismus verbunden. So kann aber nur argumentieren, wer seine eigene Beobachtung der gesellschaftlichen Verhältnisse für kompetenter hält. Eine solche Position läßt sich aber nur um den Preis der politischen Marginalität einnehmen, denn die Gegenwart des Pathologischen betrifft doch alle gegenwärtigen politischen Strömungen, mit Ausname derer, die nicht praktisch geworden sind. Gegen solche Theorie ohne Handlung hat sich der Pragmatismus immer gewandt und deshalb ist Niebuhrs Angriff auch nicht wegen seiner antireformistischen Polemik relevant. Vielmehr artikuliert sich hier der immer wieder erhobene Tadel, dass der Pragmatismus nur subjektive Wertbegründungen zulassen könne und dementsprechenden moralischen Relativismus verkünden könne und allein in der hedonistischen Bedürfnisbefriedigung einen Bezugspunkt fände. Niebuhr verwechselt offensichtlich Pragmatismus und Utilitarismus, denn erstgenannter verweist auf Nützlichkeit aufgrund der Beobachtung von Handlungen. In diesem Sinne sind auch Werte für das Individuum nützlich, aber daraus resultiert noch keine Handlungsempfehlung. Der Pragmatismus entwickelt keine individuelle Pflichtethik, weil er die damit verbundenen Begründungsansprüche nicht mehr tragen zu können glaubt. Diese Bescheidenheit wird ungewolltermaßen von Niebuhr bestätigt, denn der konnte letztlich gegen die normative Offenheit nur scheinbar objektives Wissen setzen. Das führt ihn schließlich zur Ontologie, die in „Reflections on the End of an Era" (Niebuhr 1934) nur eine Mischung aus Marxismus und Christentum zur spirituellen Revolution fähig erklärt. Gegen die ergebnisoffenen Überlegungen Deweys, der das Fehlen einer politischen Endzielbestimmung einräumt, macht sich nicht nur Niebuhrs im Selbstanspruch aufgrund seiner Machtorientierung realistischer Moralismus als hermetisches Ordnungsversprechen stark: „The basic conviction (...) is that the liberal culture of modernity is quite unable to give guidance and direction to a confused generation which faces the disintegration of a social system and the task of building a new one" (Niebuhr 1934: ix). Angesichts der Wahrnehmung eines Abgrunds der gesellschaftlichen Auflösung und allgemeiner Orientierungslosigkeit setzt Niebuhr auf die Rettung der einzelnen und Formierung der Gesellschaft durch moralische Führung. Dabei gilt die in Deweys Augen unhintergehbare normative Pluralität moderner Gesellschaften als das eigentliche Verhängnis.

3.2. Unpolitisch – Zur gegenwärtigen Kritik an Deweys Denken

Die Dauer seines öffentlichen Wirkens und die Weite seines Werks haben Dewey zu einer dominierenden Kraft der US-amerikanischen Philosophie werden lassen. Diese Fokussierung auf von Dewey bearbeiteten Themen läßt nach Ende des Zweiten Weltkriegs allerdings schnell nach.[11] Gegenüber der sich etablierenden analytischen Philosophie in allen ihren Spielarten kann sich der Prag-

---

11 Allerdings muß einschränkend darauf hingewiesen werden, dass Aspekte pragmatischen Denkens, insbesondere Überlegungen zum Status der Forschungslogik, der Zeichentheorie, dem semantischen Wahrheitsbegriff weiter in den Arbeiten von Quine, Sellars, Putnam, Popper, Feyerabend, Apel, Habermas, Hennis, Fraenkel, Colella – um nur einige zu nennen – beobachtbar sind. Aber trotzdem kann nicht von der Dominanz eines Paradigmas gesprochen werden, denn in der Selbstbeschreibung lehnen viele der o.g. die Zuschreibung zum Pragmatismus ab. Zumal die politische Qualität fast völlig zurücktritt.

matismus nicht mehr recht behaupten.[12] Gerade der Anspruch, politische Philosophie zu sein, steht konträr zur szientistischen Differenzierung der akademischen Philosophie. An dieser Schnittstelle von Wissenschaft und Politik setzen auch die interessanteren Diskussionen um Dewey ein. Dabei stehen seit dem ersten Auftreten pragmatistisch argumentierender Autoren vor allem Fragen nach dem epistemologischen Status, der Repräsentation von Wirklichkeit, der Qualität von wahren Aussagen, der Begründung von Argumenten im Mittelpunkt, die auch heute noch diskutiert werden. In dieser Debatte sind Teilnehmer und Beobachter mit der Wiederkehr des ewig Gleichen konfrontiert (Morgenbesser 1977).

Eine Variante der Ablehnung, die einen Brückenschlag bildet zwischen der in Deutschland weitgehend vorherrschenden Ablehnung des Pragmatismus[13] und einem Teil der amerikanischen Rezeption, in der politische und fachphilosophische Aspekte zusammenfallen, soll noch kurz skizziert werden. Dabei geht es um den bis in die gegenwärtige Debatte immer wieder erhobenen Vorwurf, aufgrund seiner theoretischen Schwächen, sei der Pragmatismus als politische Philosophie ungeeignet (Lovejoy 1963, zuletzt u.a. Diggins 1994). Bereits Horkheimer überlegt in seiner „Kritik der instrumentellen Vernunft" zunächst, ob es nicht angebracht sei, „einer Lehre jegliche philosophische Herkunft abzusprechen, die behauptet, dass unsere Erwartungen nicht deshalb erfüllt werden und unsere Handlungen nicht deshalb erfolgreich sind, weil unsere Ideen wahr sind, sondern dass unsere Ideen vielmehr wahr sind, weil unsere Erwartungen erfüllt werden und unsere Handlungen erfolgreich sind" (Horkheimer 1967: 49). Das hier artikulierte kausale Denken kann sich von einem objektiven, repräsentativen Wahrheitsbegriff nicht lösen, weil dann keine Erklärung für Erfolg bzw. Mißerfolg von Handlungen zustande käme. Doch gerade diese Kausalität ist reine Konstruktion und verweist in ihren Beweisabsichten immer auf die Bestätigung durch Erfolg. Wer darüber hinaus einen objektiven Wahrheitsanspruch reklamiert, muß einen außerweltlichen Beob-

---

12 Eine Ausnahme ist der 1927 von Dewey promovierte Sidney Hook (1902-1989), der in seinen ideengeschichtlichen (Towards the Understanding of Karl Marx: A Revolutionary Interpretation, 1933), wissenschaftstheoretischen (Education for Modern Man, 1946) und politischen (Revolution, Reform and Social Justice, 1975) Arbeiten pragmatische Positionen vertritt.

13 Als große frühe Ausnahme siehe jedoch Jacoby 1909.

achtungsstandpunkt einnehmen, kann doch nur so aus der Zirkularität des Erfolgs ausgebrochen werden. Eine solche Distanz der kontemplativen Entrückung fordert Horkheimer dann auch konsequenterweise für die richtige Philosophie, die zum „Eingedenken und Gewissen der Menschheit" (Horkheimer 1967: 173) werden soll. Neben den Vorwürfen des Positivismus, Sozialdarwinismus, Industrialismus, die Horkheimer vorbringt, steht die Frage nach dem Status der Philosophie im Mittelpunkt. Er hält philosophische Kritik nur bei Orientierung am Prinzip der Wahrheit für möglich (Horkheimer 1967: 92). Solchen Bedarf an Selbstrechtfertigung kennt der Pragmatismus nicht, weil Kritik immer und von allen Beteiligten geübt wird, die alle für sich Wahrheitsansprüche anmelden. Horkheimers Privilegierung der Philosophie geht also fehl, weil sie die Auszeichnung der eigenen Position voraussetzen muß. Dass der Standpunkt der Kritischen Theorie eine Sonderstellung als Ausdruck der Vernunft beansprucht, kann sich letztlich auch nicht auf einen besonderen Zugang zur Wahrheit gründen, denn wie wäre der argumentativ einzulösen? Die Maßstäbe der Kritik verweisen auch Horkheimer immer auf sich selbst.[14] Vielmehr steht das politische Motiv der Immunisierung gegenüber totalitären, insbesondere faschistischen Tendenzen im Vordergrund. Dabei gilt ihm der Experimentalismus Deweys als Ausdruck nutzenorientierter Handlungsmaximierung ohne weitere normative Bestimmungen und als Technikempfehlung gerade auch von demokratiefeindlichen Systemen benutzbar (Horkheimer 1967: 78). „Der antiphilosophische Geist, der vom subjektiven Vernunftbegriff nicht abzulösen ist und der in Europa in den totalitären Verfolgungen der Intellektuellen kulminierte" ist symptomatisch „für die Erniedrigung der Vernunft" (Horkheimer 1967: 60) und vereint Pragmatismus und Faschismus. Weil er die Philosophie als Leitdisziplin vom Sockel stößt, taugt der Pragmatismus nicht zum Antifaschismus. Diese Vernichtung entbehrt aber offensichtlich einer genaueren Lektüre, denn ansonsten wäre es kaum möglich gewesen, dass Horkheimer Deweys „The Public and Its Problems" nicht berücksichtigt. Nicht nur dort hat Dewey gezeigt, dass sein kultureller Instrumentalismus inhaltlicher und formaler Ausdruck deliberativer Demokratie ist und nicht

---

14 Diese individuelle Signatur macht viele Texte der Autoren der Kritischen
    Theorie als Poesie ästhetisch interessant.

reine Technikempfehlung. Nach Dewey wird soziale Intelligenz eben erst in einer partizipativen Öffentlichkeit voll zur Entfaltung kommen.

4. Der Pragmatismus als gegenwärtige politische Theorie

Knüpften Überlegungen zur Begründung gesellschaftskritischer Sozialwissenschaft aus einer Rekonstruktion der Handlungs-, besonders der Kommunikationspraxis Ende der sechziger, Anfang der siebziger Jahre des 20. Jahrhunderts auch wieder an die frühen Pragmatisten an (Apel 1967, 1970; Bernstein 1966, 1975), so stellte das politische Denken Deweys dabei keinen Bezugspunkt dar. Auch seine Verbindung von Erziehung und Demokratie schien weitgehend vergessen (Apel 1974). Das ist um so erstaunlicher, weil inzwischen eine breite Literatur zum Verhältnis von Pragmatismus und Feminismus (Rorty 1998b), zum pragmatischen Rechtsbegriff, zur pragmatischen Medien- und Literaturtheorie (Dickstein 1998) existiert. Daß diese Distanz in jüngster Zeit kleiner wird, liegt vor allem an der Unumgänglichkeit einer Überwindung eingeschliffener Diskursgrenzen in der Demokratietheorie. Hier dominieren immer noch klassische liberale Entwürfe einer rechtsstaatlich kontrollierten Mehrheitsherrschaft einerseits und antiliberale Alternativen prozeduraler Legitimität bzw. republikanisch-unmittelbarer Volkssouveränität andererseits (Honneth 1999). Ein Teil der gegenwärtigen Bezugnahme blendet dann auch die liberalen Aspekte in Deweys Argumentation aus und bezieht sich auf die kommunitaristischen und prozeduralen Gehalte. Gerade in seiner Öffentlichkeitstheorie hat Dewey die kooperative Assoziation der Problemlöser als Basis demokratischer Institutionenbildung beschrieben. Honneth (1999: 61) hebt Deweys Demokratiemodell hervor, weil darin „(...) die normative Idee der Demokratie nicht nur als ein politisches, sondern zunächst und vor allem als ein soziales Ideal betrachtet wird." Es ist sicher auch das mit dem Ende des Ost-West-Konfliktes verbundene neue Selbstbewußtsein des Liberalismus, das ein neues Suchinteresse bei gesellschaftskritischen Autoren ausgelöst hat. Deweys Experimentalismus ist für eine solche Lage

der notwendigen Neuorientierung ein geeigneter Begriff. Brunkhorst (1998) versammelt dann auch unter diesem Stichwort Überlegungen, die in Deweys politischem Dreieck von Individuum –
Demokratie – Öffentlichkeit angesiedelt sind. Weiterführend sind
in dieser Debatte insbesondere solche Beiträge, die auf das Problem der medialen Sinnstrukturierung hinweisen und in diesem Zusammenhang auch Defizite in Deweys Emphase der partizipativen
Indienstnahme von Wissenschaft und Journalismus feststellen
(Kettner 1998) bzw. in Anschluß an Dewey Demokratie „rationali-
tätstheoretisch" begründen wollen (Vogel 1998). Damit schließt
die deutsche Debatte an die amerikanische an, in der Putnam die
Rechtfertigung der Demokratie als funktional beste Möglickeit der
intelligenten Erfahrungsbearbeitung betrieben hat (Putnam 1992).
Letztlich hat damit doch wieder ein Restobjektivismus Einzug gehalten, der die Überlegenheit der Demokratie im Rahmen von Deweys Psychologie des Erfahrungenmachens und der Logik der Forschung beweist.

Demgegenüber radikalisiert Richard Rorty Deweys demokratie-
theorietischen Entwurf indem er sich dem Problem der politischen
Einheit der differenten Individuen und damit Deweys Liberalismus
zuwendet. Rorty rückt das Organisationsproblem des Individualismus wieder ins Zentrum seiner Aufmerksamkeit und verbindet ein
Plädoyer für die Idiosynkrasie und die ästhetische Selbstkonstruk-
tion – emphatisch Selbsterweiterung – der einzelnen mit der Solidarität demokratischer Gesellschaften. Diese Betonung der Selbstbestimmung bringt ihm nun nicht nur den Vorwurf des Subjektivismus und der argumentativen Beliebigkeit ein, sondern führt auch in
der binnentheoretischen Diskussion zu scharfen Ablehnungen als
unpragmatistisch (Saatkamp 1995). Da Rorty Deweys methodologische Bemühungen zur Begründung von Demokratie verwirft und
die konkrete politische Situierung zum Ausgangspunkt seines Engagements macht (Rorty 1998c) sind die Debatten über seine De-
wey-Interpretation immer Debatten über konkrete politische Stellungnahmen zum politischen System der USA, Ethnozentrismus vs.
Multikulturalismus, Universalität der Menschenrechte usw. (Noetzel 2001). Insgesamt ist festzustellen, dass sich in diesem Zusammenhang Studien zur Bedeutung Deweys für Transformationsge-
sellschaften häufen. Wobei China als besonderer Schwerpunkt erscheint (Grange 2003, Tan 2004). Vorherrschend bleibt aber die

Einbettung des Deweyschen Experimentalismus in die aktuelle demokratietheoretische Diskussion. Dabei verweist Hartmann (2003) auf den Holismus Deweys, dessen Erfahrungsbegriff philosophische Anthropologie, Psychologie und Phänomenologie verbindet. Die Anknüpfung an eine Politologie der Empfindsamkeit, um die sich Rorty in seinen jüngeren Arbeiten bemüht, wird auch in der neueren pädagogischen Rezeption Deweys deutlich (Hansen 2002, Glassman 2004). Besonders steil liest sich eine Kritik prominenter Demokratietheorien des Liberalismus, Deliberalismus und Kommunitarismus, die sich mit dem ganzheitlichen Vernunftbegriff Deweys konfrontieren lassen müssen und dabei ihre jeweiligen blinden Flecke beschrieben bekommen. Jörke (2003) betont, dass erst der kontextsensible Rationalismus, der Deweys Handlungstheorie antreibt, die Schnittstelle von individueller Handlung und Gesellschaftsstruktur beobachtbar mache. Auf die erkenntnistheoretischen und methodologischen Probleme, die mit einem solchen Holismus der erfahrenen Individualität verbunden sind, wird in den emphatisch vorgebrachten Dewey-Interpretationen kaum eingegangen. Sophia Rost (2003) versucht durch Einbeziehung Deweys in die zeitgenössische Diskussion über Zivilgesellschaftlichkeit, diese Brücke zwischen empirischer und normativer Theorie des Politischen zu schlage. Oft drängt sich allerdings der Eindruck auf, daß theoretische Kritik stellvertretend für den politischen Streit als das bessere, weil wissenschaftlich seriöser wirkende Instrument benutzt wird und das Beschweigen politischer Sachverhalte ermöglicht. Letztlich gilt schon das Unbehagen Rortys Reformismus und Liberalismus, der Mill, Dewey und Rawls zu seinen wichtigen Bezugsgrößen macht. Rorty zeigt sich bis heute wiederum als Erbe Deweys in der Praxis eines bürgerschaftlichen Engagements, das eine Trennung in Wissenschaft und Politik, in Experte und Publikum wenigstens in den grundlegenden Fragen der gemeinschaftlichen Entwicklung nicht gutheißt.[15] Dieses zu akzeptieren fällt auch unter „den" Pragmatisten jenen schwer, die von der Suprematie der Philosophie nicht lassen können. Wobei abschließend zu bemerken ist, dass diese Auseinandersetzung über Begründbarkeit von Normen

---

15 Gleichzeitig ist Rortys Trennung in privater Selbstverwirklichung und öffentlicher Solidarität ein Bruch mit Deweys rudimentären Systemdenken, das von der Kongruenz dieser Rollen in der demokratischen Partizipation ausgeht.

die brisante Frage unbeantwortet läßt, ob der Pragmatismus nur als Sollensforderung nach mehr und besserer Demokratie noch Interesse beanspruchen kann, während er für die Erforschung aller anderen Gegenstände der Sozialwissenschaften nichts zu bieten hat. Mills konzediert großzügig, dass er zwar wichtig sei in Sachen „social reform", aber unwichtig für „doing social science" (vgl. Wolfe 1998: 205). Dieser Behauptung wird weiter nachzugehen sein, während der Streit der Moralisten und Metaethiker überhört werden kann. Das Moralische versteht sich ohnehin immer von selbst.

Literatur

a. verwendete Literatur

Apel, Karl-Otto (Hrsg.) (1967): Ch. S. Peirce. Schriften I. Frankfurt a.M.
– (Hrsg.) (1970): Ch. S. Peirce. Schriften II. Frankfurt a.M.
Apel, Hans-Jürgen (1974): Theorie der Schule in einer demokratischen Industriegesellschaft. Rekonstruktion des Zusammenhangs von Erziehung, Gesellschaft und Politik bei John Dewey. Düsseldorf.
Bernstein, Richard (1966): John Dewey. Atascadero/Ca.
– (1975): Praxis und Handeln (engl. Praxis and Action, 1971), Frankfurt a.M.
Brunkhorst, Hauke (1998): Demokratischer Experimentalismus. S. 7-12 in: ders. (Hrsg.), Demokratischer Experimentalismus. Politik in der komplexen Gesellschaft. Frankfurt a.M.
Deppe, Frank (1999): Politisches Denken im 20. Jahrhundert. Die Anfänge. Hamburg.
Dewey, John (1966): Democracy and Education. An Introduction to the Philosophy of Education (1916). New York.
– (1969): The Ethics of Democracy (1888). S. 227-252 in: ders., John Dewey – The Early Works, 1882-1898, Vol. 1. Carbondale/Edwardsville.
– (1971): Christianity and Democracy (1893). S. 3-10 in: ders., John Dewey – The Early Works, 1882-1898, Vol. 4. Carbondale/Edwardsville.
– (1972): The Reflex Arc Concept in Psychology (1896). S. 96-110 in: ders., John Dewey – The Early Works, 1882-1898, Vol. 5. Carbondale/Edwardsville.
– (1991): Creative Democracy – The Task Before Us (1939). S. 224-230 in: ders., John Dewey – The Later Works, 1925-1953, Vol. 14. Carbondale/Edwardsville.
– (1996): Die Öffentlichkeit und ihre Probleme (1927). Bodenheim.
Diggins, John Patrick (1994): The Promise of Pramatism. Modernism and the Crisis of Knowledge and Authority. Chicago.

Eco, Umberto/Sebeok, Thomas A. (Hrsg.) (1985): Der Zirkel oder im Zeichen der Drei Dupin, Holmes, Peirce. München.

Glassman, Michael (2004): Running in Circles: Chasing Dewey. Educational Theory, 54, S. 315-342.

Grange, Joseph (2003): John Dewey and Confucius: Ecological Philosophers; Journal of Chinese Philosophy, 30 , S. 419-444.

Hansen, David T.(2002): Dewey's Conception of an Environment for Teaching and Learning. Curriculum Inquiry, 32, S. 267-283

Hartmann, Martin (2003): Die Kreativität der Gewohnheit. Gründzüge einer pragmatischen Demokratietheorie, Frankfurt a.M.

Honneth, Axel (1999): Demokratie als reflexive Kooperation. John Dewey und die Demokratietheorie der Gegenwart. S. 37-65 in: Hauke Brunkhorst/Peter Niesen (Hrsgg.), Das Recht der Republik. Frankfurt a.M.

Horkheimer, Max (1967): Zur Kritik der instrumentellen Vernunft (1947), Frankfurt a.M.

Jacoby, Günther (1909): Der Pragmatismus. Neue Bahnen in der Wissenschaftslehre des Auslands. Leipzig.

James, William (1977): Der Pragmatismus: ein neuer Name für alte Denkmethoden (1907). Hamburg.

Joas, Hans (1992): Pragmatismus und Gesellschaftstheorie. Frankfurt a.M.

Jörke, Dirk (2003): Demokratie als Erfahrung. John Dewey und die politische Philosophie der Gegenwart, Wiesbaden

Kettner, Matthias (1998): John Deweys demokratische Experimentiergemeinschaft. S. 44-66 in: Hauke Brunkhorst (Hrsg.), Demokratischer Experimentalismus. Politik in der komplexen Gesellschaft. Frankfurt a.M.

Lovejoy, Arthur O. (1963): The Thirteen Pragmatisms and other Essays (1908). Baltimore.

Morgenbesser, Sidney (Hrsg.) (1977): Dewey and his Critics. Essays from The Journal of Philosophy. New York.

Niebuhr, Reinhold (1932): Moral Man and Immoral Society. New York.

– (1934): Reflections of an End of an Era. New York.

Noetzel, Thomas (2001): Die politische Theorie des Pragmatismus: Richard Rorty. S. 225-251 in: André Brodocz/Gary S. Schaal (Hrsgg.): Politische Theorien der Gegenwart II. Opladen.

Peirce, Charles Sanders (1991): Vorlesungen über Pragmatismus (1903). Hamburg.

Putnam, Hilary (1992): Renewing Philosophy. Cambridge.

Rorty, Richard (1982): Dewey's Metaphysics. S. 72-89 in: ders., Consequences of Pragmatism. Minneapolis.

– (1998a): Dewey Between Hegel and Darwin. S. 290-306 in: ders., Truth and Progress. Philosophical Papers, Vol. 3. Cambridge/New York.

– (1998b): Feminism and Pragmatism. S. 202-227 in: ders., Truth and Progress. Philosophical Papers, Vol. 3. Cambridge/New York.

– (1998c): Achieving Our Country. Leftist Thought in Twentieth-Century America. Cambridge/Mass.

Rost, Sophia (2003): John Deweys Logik der Untersuchung für die Entdek-
    kung des Politischen in der modernen Gesellschaft, Münster
Saatkamp, Herman J. (Hrsg.) (1995): Rorty and Pragmatism. The Philosopher
    responds to his Critics. Nashville/London.
Tan, Sor-Hoon (2004): China's Pragmatist Experiment in Democracy: Hu
    Shih's Pragmatism and Dewey's Influence in China. Metaphilosophy Vol-
    ume 35, 44-64.
Vogel, Matthias (1998): Medien im Experiment der Demokratie. S. 106-143
    in: Hauke Brunkhorst (Hrsg.), Demokratischer Experimentalismus. Politik
    in der komplexen Gesellschaft. Frankfurt a.M.
Wolfe, Allan (1998): The Missing Pragmatic Revival in American Social Sci-
    ence. S. 199-206 in: Morris Dickstein (Ed.), The Revival of Pragmatism.
    New Essays on Social Thought, Law and Culture. Durham/London.

b. kommentierte Literatur

Primärliteratur

Dewey, John (1996): Die Öffentlichkeit und ihre Probleme (Orig. The Public and
its Problems, 1927). Bodenheim.
*John Deweys Werk umfaßt eine große Zahl von Texten, die auch sein politisches
Denken manifestieren. Allerdings ist die Trennung politisch/unpolitisch im pragmatischen Denken ohnehin so nicht vorzunehmen. Als politisch im engeren Sinne
der Analyse des politischen Systems der Vereinigten Staaten ist vor allem die ‚Die
Öffentlichkeit und ihre Probleme' zu nennen.*

Dewey, John (1987): Liberalism and Social Action (1935) in: ders., John Dewey –
The Later Works, 1925-1953, Vol. 11. Carbondale/Edwardsville.
*Dieser Text enthält eine pragmatische Geschichte des Liberalismus von Locke bis
zur Zeit der Niederschrift. Dewey sieht im Liberalismus eine Methode der Sicherung der Selbstbestimmung der Individuen in der Gesellschaft. Dazu gehört für
ihn die demokratische Kontrolle der Ökonomie bis hin zur Sozialisierung.*

Dewey, John (1988): Freedom and Culture (1939) in: ders., John Dewey – The
Later Works, 1925-1953, Vol. 13. Carbondale/Edwardsville.
*Hier setzt sich Dewey nicht nur mit totalitären Bewegungen und Systemen auseinan-
der, sondern er begründet darüber hinaus seine Ablehnung des ökonomistischen
Determinismus. Dewey betont die Notwendigkeit der Regulierung gesellschaftlicher
Konflikte und warnt vor der Illusion, diese versöhnen oder aufheben zu können.*

Sekundärliteratur

Dickstein, Morris (Hrsg.) (1998): The Revival of Pragmatism. New Essays on So-
cial Thought, Law and Culture. Durham/London.
*Neben Aufsätzen der Neopragmatisten Putnam und Rorty gibt der Band einen
Überblick über das Spektrum des klassischen Pragmatismus des 20. Jahrhunderts*

und diskutiert aktuelle Entwicklungen und Anwendungen. Unentbehrlich für die Beurteilung der gegenwärtigen Debatten.

Eldridge, Michael (1998): Transforming Experience. John Dewey's Cultural Instrumentalism. Nashville/London.
Eldridge bettet in seiner Diss. Deweys Pragmatismus nicht nur in die zeitgenössische und aktuelle Diskussion ein und weist Rortys Interpretationen zurück, sondern bietet darüber hinaus eine Fundgrube wichtiger Dewey-Literatur.

Festenstein, Matthew (1997): Pragmatism and Political Theory. From Dewey to Rorty. Chicago/Cambridge.
Festensteins Arbeit ist der erste systematische Versuch Kategorien der politischen Theorie mit dem Pragmatismus zu verbinden, wobei sein Begriff des Pragmatismus eher als Pragmatik interpretiert werden muß und dann folgerichtig auch Habermas umfaßt.

Hickman, Larry A. (Hrsg.) (1998): Reading Dewey: Interpretations for a Postmodern Generation. Bloomington/Indianapolis.
Sehr guter auf dem aktuellen Literaturstand befindlicher Überblick über alle relevanten Aspekte des Werks.

Langsdorf, Lenore/Andrew R. Smith (Hrsg.) (1995): Recovering Pragmatism's Voice. The Classical Tradition, Rorty and the Philosophy of Communication. New York.
Essays zu Dewey, James und Mead, die zum Teil strukturalistisch, systemtheoretisch, ethnographisch, ästhetisch oder kommunikationstheoretisch gelesen werden.

Mounce, Howard (1997): The Two Pragmatisms. From Peirce to Rorty. London/New York.
Der Autor unterscheidet einen primären Pragmatismus (Peirce) von sekundären Formen (James, Dewey, Rorty) und plädiert für eine epistemologische Rückführung. Trotzdem ein informationsreicher Überblick mit gut geordneten Verweisen auf die wichtigen Texte beider Pragmatismen.

Ryan, Alan (1995): John Dewey and the High Tide of American Liberalism. New York/London.
Der gelungene Versuch, Deweys Denken in den sozialen und politischen Kontext zu stellen. Unersetzbar für die Rekonstruktion der zeitgenössischen Debatten.

Kapitel V
Die politische Theorie des freiheitlichen Republikanismus: Hannah Arendt

Thorsten Bonacker

Inhalt

1.   Einleitung: *Ausgeschlossener aus Gesellschaft*
Paria im Leben – <u>Paria</u> im politischen Denken

Vermutlich paßt in bezug auf Hannah Arendt keine Bezeichnung für die Beschreibung ihrer Biographie und ihrer Stellung innerhalb der politischen Theorie des 20. Jahrhunderts besser als jener Begriff, den sie in ihrem Buch über die Lebensgeschichte Rahel Varnhagens verwendete (vgl. Arendt 1959, 1978: 55ff.). Dort unterscheidet sie zwei Möglichkeiten jüdischen Lebens in der Moderne, das von der Differenz zur Gesellschaft geprägt ist. Entweder kann dieses Anderssein in Form des Parvenus verleugnet und Assimilation angestrebt werden, die freilich niemals ganz gelingen kann. Oder das Anderssein wird zum Anlaß genommen, bei aller Zugehörigkeit zur Gesellschaft ein Außenseiter, ein Paria, also ein Fremder in der Gesellschaft zu bleiben und die daraus resultierenden Widersprüche zu leben und nicht zu leugnen.

Hannah Arendts eigene Biographie liest sich bisweilen als eine Wiederholung ihrer Beschreibung derjenigen Varnhagens. 1906 in Hannover geboren und in Königsberg aufgewachsen, ist sie gleich in mehrfacher Hinsicht Paria geblieben: als deutsche Jüdin, die 1933 nach Paris geflohen ist; als Emigrantin in den Vereinigten Staaten, deren Staatsbürgerschaft sie 1951 annahm; und als Kritikerin des jüdischen Nationalismus (vgl. Arendt 1978: 108ff.), die zwar in der Gründung des Staates Israel die Voraussetzung für eine geeignete Form kollektiver Selbstbestimmung sah und in den 40er Jahren gewisse Sympathien für den Zionismus entwickelte, sich aber mit ihren Äußerungen zu den israelisch-arabischen Beziehungen und zum Eichmann-Prozeß in Jerusalem teilweise heftige Kritik von jüdischer Seite gefallen lassen mußte. Diese Fremdheit Arendts, die in den USA anhielt, bildet in gewisser Weise auch das Hauptthema ihrer politischen Theorie. Die Erfahrung des Paria, des entwurzelten Fremden, der seine Heimat verliert oder nicht finden kann, kann zwar dazu führen, daß der Paria seine Verschiedenheit lebt und seine Bodenlosigkeit nicht als Makel zu kaschieren versucht.[1] Aber dafür müssen Arendt zufolge gewisse rechtliche und politische Voraussetzungen geschaffen sein, die verhindern, daß

---

1   Für eine Interpretation des Werks Hannah Arendts vor dem Hintergrund ihrer Biographie siehe vor allem Young-Bruehl (1986) und Heuer (1992).

Bodenlosigkeit Rechtlosigkeit bedeutet. Diese Verbindung von Pluralität – als Nichtreduzierbarkeit der Menschen aufeinander oder auf eine abstrakte ethnische, politische oder religiöse Einheit – und politischer Gleichheit im Sinne eines grundsätzlichen Rechts, Rechte zu haben, ist der rote Faden der politischen Theorie Hannah Arendts.[2]

Aber auch in bezug auf die Traditionen des politischen Denkens, an die Arendt anknüpft, läßt sich ihre Stellung innerhalb der politischen Theorie des 20. Jahrhunderts als die einer Fremden beschreiben. Ihre politische Haltung ist nicht eindeutig progressiv oder konservativ, was sich schon daran ablesen läßt, daß ihre politische Theorie sowohl für elitär-aristokratisch als auch für radikaldemokratisch gehalten wird. Bereits die Wahl ihrer theoretischen Referenzen ist ungewöhnlich. Ein Anschluß an die Tradition politischen Denkens kommt für sie nur noch insofern in Betracht, als er gleichzeitig mit der metaphysischen Tradition brechen muß und dennoch nicht umhin kann, mit dem Vokabular dieser Tradition weiter zu arbeiten. Arendts Rezeption der Tradition läßt sich als eine Art Neubeschreibung des europäischen politischen Denkens unter antimetaphysischen Vorzeichen bezeichnen. Dabei bezieht sie sich hauptsächlich auf drei politische Theorien: auf Aristoteles' Unterscheidung zwischen der vita activa und der vita contemplativa, also zwischen Handeln und Denken, auf Kants Idee der Urteilskraft und der Menschenrechte und auf die Theorien der republikanischen Tradition politischen Denkens wie sie bei Tocqueville oder Rousseau zu finden sind. Arendts politische Theorie läßt sich deshalb mit guten Gründen sowohl als neoaristotelisch als auch als kantianisch oder republikanisch kennzeichnen. Dazu kommt ein weitere sehr bedeutsamer, aber heimlicher Bezugspunkt ihrer politischen Theorie. Arendt hatte 1924 in Marburg angefangen, Philosophie zu studieren. Ihr erster und einflußreichster Lehrer war Martin Heidegger, auch wenn sie später bei Husserl promovierte. Heideggers Existenzphilosophie, vor allem sein Buch „Sein und Zeit" von 1926, bildet eine der wichtigsten Quellen für Arendts politische Theorie (vgl. Arendt 1990) – und daß, obwohl Heideggers Verwicklung in den Nationalsozialismus einen unbefangenen Bezug

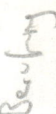

---

2   So beginnt Arendt ihre Vorlesung über die Frage „Was ist Politik?" mit dem Satz: „Politik beruht auf der Tatsache der Pluralität der Menschen" (1993: 9).

auf seine Philosophie, die zudem scheinbar frei von politischen Themen ist, schwierig, wenn nicht unmöglich machte.

Arendt verknüpft diese so unterschiedlichen philosophischen und politischen Traditionen mit ihrem großen Thema, der Wiedergewinnung der öffentlichen Welt als einem philosophischen (Arendt 1967) und politischen (Arendt 1965) Projekt. Erreichen will sie diese Wiedergewinnung der in der Geschichte des europäischen politischen Denkens in den Hintergrund gedrängten öffentlichen Welt durch eine Verbindung der beiden zentralen, aber scheinbar widersprüchlichen politischen Ideen der Moderne: Freiheit und Gleichheit. Vereinbaren lassen sich beide Ideen Arendt zufolge nur durch einen freiheitlichen Republikanismus, der die Autonomie des Politischen vor den Gefahren totaler Herrschaft schützt (Arendt 1955).

2.   Die politische Theorie des freiheitlichen Republikanismus

2.1. Die Autonomie des Politischen

Arendts politische Theorie beginnt mit einer Kritik an den beiden wichtigsten Strömungen des modernen politischen Denkens: am Liberalismus und am Marxismus. Beide verlagern Arendt zufolge das Ziel politischen Handelns in den unpolitischen Außenbereich der Politik. Sowohl der Liberalismus als auch der Marxismus suchen das normative Fundament der Politik, also dasjenige Kriterium, das politisches Handeln legitim erscheinen läßt, nicht im Politischen selbst. Vielmehr reduzieren sie das Politische auf Essenzen, die ihm angeblich zugrunde liegen (vgl. dazu Wellmer 1999). Während der Liberalismus legitimes politisches Handeln an individuelle Interessen oder die Natur des Menschen bindet, setzt der Marxismus den Gang der Geschichte an diese Stelle. Aus Arendts Sicht sind diese anthropologischen und geschichtsphilosophischen Begründungen politischer Theorie nichts weiter als metaphysische Restbestände im alteuropäischen politischen Denken. Sie treten in gewisser Weise die Nachfolge Gottes an, denn so, wie in der Vormoderne politische Herrschaft mit dem Einklang des göttlichen Willens begründet wurde, legitimieren moderne Auffassungen von

Politik Herrschaft mit den Notwendigkeiten des menschlichen Wesens oder des geschichtlichen Verlaufs. Was also die moderne Auffassung von Politik kennzeichnet, ist eine in der christlichen Tradition stehende Geringschätzung des Politischen. Die für das Politische konstitutive Frage danach, wie wir leben wollen, ist in dieser Tradition immer schon beantwortet, bevor sie eigentlich gestellt werden kann. Eine solche Orientierung des politischen Handelns an einem unpolitischen Ziel verfehlt den Sinn von Politik.

Dagegen ist die Unmöglichkeiten eines solchen Ziels für Arendt die Bedingung der Möglichkeit von Politik. Anders gesagt: Nur weil Politik kein eindeutiges normatives Ziel hat, nur weil wir nicht wissen, wie wir leben wollen, sondern dieses Ziel immer wieder neu bestimmen müssen, ist Politik überhaupt sinnvoll und notwendig. Die Verständigung über Ziele politischen Handelns ist infolgedessen nur im Rahmen politischen Handelns möglich. Alles andere zerstörte dessen Eigensinn und damit auch die Freiheit einer politischen Gemeinschaft, über ihre Ziele jeweils selbst zu entscheiden. Staatsbürger und -bürgerinnen wären dann nur Ausführende einer dem Politischen vorausgehenden Quelle der Politik. Woran Arendt in der begriffsgeschichtlichen Auseinandersetzung mit dem europäischen politischen Denken erinnern will, ist die Autonomie des Politischen, die sie weder anthropologisch noch geschichtsphilosophisch begründet.[3] Statt dessen versucht sie, die Wurzeln des modernen Begriffs von Politik freizulegen, um zu zeigen, inwieweit unser heutiges Verständnis von Politik gegenüber den begriffsgeschichtlichen Ursprüngen verkürzt ist, was also gewissermaßen in der Entwicklung des politischen Denkens auf der Strecke geblieben ist.

Zwei Argumente bringt sie für die Autonomie des Politischen vor. Das erste Argument erläutert, was unter Autonomie zu verstehen ist: Autonom kann das Politische nur sein, wenn es keinen unpolitischen Grund hat. Politik verweist nur auf Politik, Freiheit nur auf Freiheit. Es gibt nichts, was diese Freiheit der Menschen, über ihre Belange selbst zu entscheiden, a priori einschränkt. Das zweite Argument begründet die Autonomie-These mit einer Handlungs-

---

3　Vgl. dagegen die These eines impliziten anthropologischen Hintergrunds bei Arendt von Jaeggi (1997).

theorie, die das Grundgerüst der Theorie des freiheitlichen Republikanismus bildet.

2.1.1. Der Eigensinn des Handelns

Aristoteles hatte die für die griechische Antike bedeutsame Unterscheidung zwischen dem tätigen, der Welt zugewandten Leben und dem kontemplativen, der Welt abgewandten Leben getroffen. Das Politische war offenbar nicht eine Sache des Denkens und der Verinnerlichung, sondern eine Sache der Praxis zwischen Menschen, die über ihre Bedürfnisse miteinander sprechen. An diesen Gedanken knüpft Arendt ebenso an, wie an die Überlegung Heideggers, daß Menschen immer schon in der Welt als einem gemeinsam geteilten Bedeutungshorizont, als „Gewebe menschlicher Bezüge und Angelegenheiten" (Arendt 1967: 113) sind. Nur vor dem Hintergrund einer solchen geteilten Welt, aus der wir nicht heraustreten können und die uns zugleich bei aller individuellen Verschiedenheit verbindet, macht unsere Praxis überhaupt Sinn. „Es gibt", so Arendt, „kein menschliches Leben, auch nicht das Leben des Einsiedlers in der Wüste, das nicht, sofern es überhaupt etwas tut, in einer Welt lebt, die direkt oder indirekt von der Anwesenheit anderer Menschen zeugt" (Arendt 1967: 33). Die Rede von ,dem' Wesen ,des' Menschen ist damit gegenstandslos, denn Menschsein bedeutet für Arendt gerade, auf kein Wesen festlegbar, sondern einfach nur in der Welt zu sein. Menschen bewegen sich immer nur in bestimmten Kontexten und sind deshalb genauso wenig außerhalb dieser Kontexte lokalisierbar wie ihre Tätigkeiten außerhalb dieser Kontexte verstehbar wären. Der Sinn menschlicher Tätigkeiten erschließt sich nur im Kontext einer Welt gemeinsam geteilter Bedeutungen.

Die drei Grundformen menschlicher Praxis sind nun insofern Bedingungen oder Kontexte des Menschen in der Welt, als sie in unterschiedlicher Weise das Verhältnis des Menschen in der und zur Welt, d.h. auch zu sich und zu anderen Menschen ausdrücken. Die Ausgangsfrage Arendts lautet also: Welches Verhältnis haben wir zu uns und zu anderen, mithin zur Welt, wenn wir etwas tun, wenn wir also arbeiten, etwas herstellen oder handeln?

Arbeiten besteht in der stofflichen Aneignung und Umformung der natürlichen Welt. Es ist der biologischen Reproduktion der Gattung geschuldet, die ihr Überleben in der Welt sichern muß. Im Arbeitsprozeß begegnen sich keine Individuen, die zusammen arbeiten. Arbeiten bedeutet vielmehr Isolation infolge der Beschäftigung des Individuums mit einer Sache, die seine Tätigkeitsform bestimmt, so daß es im Arbeiten nicht um ein intersubjektives Miteinander in einer gemeinsame Welt, sondern um Naturbeherrschung zum Zweck des Überlebens geht. In diesem Sinne ist das Arbeiten als Bearbeitung der stofflichen Natur weltlos, denn es ist nicht auf andere und auch nicht auf Sinnhaftigkeit, sondern nur auf natürliche Dinge und auf die Notwendigkeit des Überlebens bezogen (vgl. Arendt 1967: 134).

Das *Herstellen* von Dingen unterscheidet sich vom Arbeiten vor allem darin, daß die Dinge, die hergestellt werden, in der Welt gebraucht und nicht verbraucht werden. Während im Arbeitsprozeß die natürlichen Dinge gleichsam vernichtet werden, bewegen sich die Herstellenden in einer Dingwelt nützlicher Sachen. Hergestellte Dinge bekommen in der Welt einen Sinn, d.h. einen Nutzen, ohne den sie einfach in die Natur zurückfallen würden. So gesehen ist das Herstellen auf eine bewohnte Welt bezogen, in deren Kontext das Hergestellte gebraucht wird. Selbst wenn also der Herstellungsprozeß selbst keine Intersubjektivität erfordert, so unterscheidet ihn vom Arbeiten der Bezug zur gemeinsamen Welt. Betrachtet der Arbeitende die Dinge unter dem Aspekt der Notwendigkeit, so erkennt der Herstellende Dinge als nützlich. Das Herstellen schafft eine Dingwelt, die als eine Art materielles Substrat von Welt verstanden werden kann, denn ohne die hergestellten und nützlichen Dinge, kann es keine gemeinsame Welt geben, wenn auch die gemeinsame Welt nicht in den Dingen aufgeht.

Nur die dritte Tätigkeitsform ist direkt auf eine Mitwelt bezogen, denn nur das *Handeln* findet zwischen Menschen, zwischen Subjekten und nicht zwischen Subjekt und – natürlichem oder künstlichem – Objekt statt. Im Unterschied zum Sich-Verhalten impliziert oder erfordert Handeln die Anwesenheit anderer. Während das Leben und Überleben die Voraussetzung oder Bedingung der Notwendigkeit des Arbeitens und die Weltlichkeit die Voraussetzung der Nützlichkeit des Herstellens ist, besteht die Voraussetzung des Handelns in dem „Faktum menschlicher Pluralität" (Arendt 1967: 213), d.h. in der Gleichzeitigkeit von Gleichheit und Verschiedenheit des Menschen.[4] Die Bedingung der Möglichkeit des Handelns, das als solches immer schon einen Bezug zu anderen realisiert, weil es in der Welt stattfindet, liegt in der Gleichheit von Menschen, die die Bedeutung von Handlungen verstehen können. Die Fähigkeit zu verstehen, ist Arendt zufolge dem Menschen als solchem gegeben. Aber die Notwendigkeit des Handelns läßt sich erst aus der Verschiedenheit der Menschen erklären, denn eine völlige Gleichheit würde implizieren, daß sich Menschen nicht mehr miteinander über etwas verständigen müßten. „Das absolute Unterschiedensein jeder Person" (Arendt 1967: 213) sorgt also dafür, daß Verständigung niemals abgeschlossen ist und daß es kein letztes Handeln, kein Ende der Welt gibt.

Worin besteht nun aber für Arendt der Eigensinn des Handelns als Tätigkeit im Gegensatz zum Herstellen oder Arbeiten? Um diese Frage zu beantworten, unterscheidet Arendt zwischen dem Erscheinen des Menschen und seinem In-Erscheinung-Treten. Während jeder Mensch durch seine Geburt in der Welt erscheint, tritt er erst durch das Handeln in Erscheinung, d.h. er unterscheidet und bezieht sich im Handeln auf andere. Das Handeln hat somit die Eigenschaft einer zweiten Geburt, durch die der Handelnde im Bezug auf andere in die Welt menschlicher Angelegenheiten eintritt. Die Natalität des Menschen[5] bedeutet somit einerseits, daß das Erscheinen jedes Menschen immer einen neuen Anfang in der gemeinsamen Welt markiert. Jeder Mensch ist in den Augen Arendts ein neuer Anfang, der die Welt gleichzeitig fortsetzt und verändert. Die natürliche Geburt ist für die Welt unverfügbar und selbst eine erstarrte Welt ausgetrockneter Beziehungen wird sich niemals vollständig einer potentiellen Erneuerung entziehen können. Andererseits spielt der Mensch in dieser natürlichen Dimension der Natalität in gewisser Weise noch eine passive Rolle – schließlich *werden* wir geboren. Bei der zweiten Geburt durch das Handeln ergreifen wir dagegen selbst die Initiative und genau darin besteht der Eigensinn des Handelns. Der Handelnde setzt etwas in Bewegung

---

4   Pluralität stellt in dieser Hinsicht ein „prä-politisches Existenzial" (Greven 1993: 79) dar, weil es eine Vorbedingung der Möglichkeit politischen Handelns ist.

5   Natalität hat damit wie Pluralität den Status eines Existenzials im Sinne Heideggers und ist eine notwendige und unbestreitbare Gegebenheit menschlichen In-der-Welt-Seins. Vgl. dazu Heidegger (1926: 52ff.) und Arendt (1970: 81f.).

und fängt etwas an, was nicht vollständig aus dem Vorgefundenen abgeleitet werden kann. Das Handeln unterbricht die Kontinuität der Welt. Es setzt zwar Welt als Gewordenes voraus, denn Handeln nimmt auf eine gemeinsame Welt Bezug, aber es ist als Handeln nicht durch diese Welt determiniert. Infolgedessen beinhaltet das Handeln immer auch einen Einbruch des Unerwarteten und Unberechenbaren in die Welt (vgl. Arendt 1970: 11f.). Im Gegensatz zum Verhalten, das sich an Vorgefundenem orientiert, stiftet das Handeln die Welt, die durch das Handeln immer anders fortgesetzt wird. Welt und Handeln verweisen also in der Handlungstheorie Arendts so aufeinander, daß beide füreinander Voraussetzung und Resultat sind. Dadurch bleibt die Welt konstitutiv immer unabgeschlossen und offen für Neues.

2.1.2. Das Private und das Öffentliche

An dieser Stelle der handlungstheoretischen Begründung der Autonomie des Politischen verknüpft Arendt nun die Tätigkeitsformen und Weltverhältnisse mit einer weiteren Unterscheidung von Aristoteles: der Trennung zwischen der privaten und der öffentlichen Sphäre. In der privaten Sphäre stehen sich Subjekt und Objekt gegenüber. Die Objekte werden entweder, wie im Fall des Arbeitens aber auch des Konsumierens, von Subjekten verbraucht oder, wie im Fall des Herstellens, gebraucht. Privat ist diese Sphäre insofern, als andere nicht wie in der Mitwelt anwesend, sondern abwesend sind. In dieser Privatsphäre finden wir dementsprechend Arbeiter und Besitzer, Konsumenten und Produzenten. In ihr spielen technische und pragmatische Fragen der Problemlösung, der Güterverteilung oder der Mitteloptimierung eine zentrale Rolle. Probleme, die in der Privatsphäre auftreten, lassen sich somit als Steuerungsprobleme beschreiben, für die nur die richtige Lösung und das geeignete Programm gefunden werden müssen. In der Antike waren all diese Fragen im oikos, d.h. im Haus angesiedelt und damit nicht Gegenstand öffentlicher Belange. Demgegenüber besteht die öffentliche Sphäre aus Handeln, genauer aus dem miteinander Handeln, das etwas kategorial anderes als das Arbeiten und Herstellen im Rahmen des Privaten ist. Während das Herstellen und das Arbeiten einem (privaten) Zweck dienen, ist das Handeln Selbstzweck. Wir handeln nicht, um Probleme zu lösen und auch nicht, um uns miteinander zu verständigen. Wir handeln, weil wir alle gleichermaßen immer schon in der Welt und dabei immer schon verschieden sind. Wir handeln, anders gesagt, weil wir nicht Nicht-Handeln können, weil sich „niemand diesem Minimum an Initiative ganz und gar entziehen kann" (Arendt 1967: 215). Das miteinander Handeln konstituiert also einen öffentlichen Raum zwischen Subjekten – und zwar in zweifacher Hinsicht: ontologisch und institutionell (vgl. Benhabib 1998: 169ff.).

Mit jedem Handeln entsteht – *ontologisch* – ein Erscheinungsraum, in dem sich Handelnde aufeinander beziehen. Dabei können sie einerseits auf eine gemeinsam geteilte Welt zurückgreifen, andererseits verändern sie diese Welt immer auch, denn die Welt determiniert niemals vollständig stets neu beginnende Handlungen. Miteinander zu handeln, bedeutet zum einen, etwas gemeinsam hervorzubringen. Zum anderen bedeutet es auch, sich gegenseitig anzusprechen und unabhängig davon, was zusammen getan wird, ein Bezugsgewebe menschlicher Angelegenheiten, also die Mitwelt, fortzuschreiben. Handeln besteht für die Handelnden darin, „den eigenen Faden in ein Gewebe zu schlagen, das man nicht selbst gemacht hat" (Arendt 1967: 226), so daß dieses Gewebe als Kontext unserer Handlungen, in dessen Rahmen Handeln verstehbar ist, niemals wie ein Produkt fertig gestellt oder wie ein Verhalten intentional gesteuert werden kann.

Während in dieser ontologischen Konstitution des öffentlichen Raumes eine vorpolitische Willensbildung stattfindet, die die unterschiedlichen und je individuellen Deutungsmuster aufeinander bezieht, besteht der *institutionelle* öffentliche Raum aus genuin politischen Handlungen, die einen solchen Raum erst schaffen. Ontologisch ist der vorpolitische Erscheinungsraum, weil er mit jedem Handeln entsteht, aber auch vergeht. Wir müssen ihn nicht mit besonderen Handlungen hervorbringen. Damit der öffentliche Raum die einzelnen Handlungen überdauert, muß er institutionalisiert werden. Dies geschieht Arendt zufolge erst durch die gemeinsame Gründung eines öffentlichen Raumes, mithin eines politischen Gemeinwesens. Mit der vorpolitischen Fähigkeit zu handeln, also Neues zu beginnen, korrespondiert hier die Fähigkeit, gemeinsam eine politische Gemeinschaft erst zu gründen. Diese Fähigkeit zur gemeinsamen Gründung politischer Institutionen bezeichnet Hannah Arendt als Macht: „Macht entspricht der menschlichen Fähigkeit, nicht nur zu

handeln oder etwas zu tun, sondern sich mit anderen zusammenzuschließen und im Einvernehmen mit ihnen zu handeln. Über Macht
verfügt niemals ein Einzelner; sie ist im Besitz einer Gruppe und
bleibt nur solange existent, als die Gruppe zusammenhält" (Arendt
1970: 45; vgl. auch Arendt 1967: 251ff.). Mit anderen Worten:
Durch Macht als gemeinsames Handeln entsteht ein öffentlicher
Raum, in dem sich Handelnde über ihre Angelegenheiten verständigen. Dies ist der Ort des Politischen, der selbst durch politisches
Handeln, nämlich durch die Gründung eines politischen Ortes, hervorgebracht wird. Das Politische läßt sich nicht auf das Private – auf
Arbeiten und Herstellen, auf Besitz oder Zweckrationalität – reduzieren. Vielmehr zeigt sich in der Autonomie des Politischen die Unentscheidbarkeit der Frage danach, wie wir leben wollen. Sie muß von
denen entschieden werden, die – ob als Staatsbürger bzw. -bürgerin
oder als Flüchtling – in einem Gemeinwesen leben. Dazu gehört auf
der Seite der Individuen eine politische Urteilskraft, denn angesichts
der fehlenden normativen Maßstäbe – also der Unmöglichkeit, politische Fragen vor der allgemeinen Willensbildung nach dem Muster
von Wahrheitsfragen zu entscheiden – bleibt den Individuen nur, sich
selbst ein Urteil zu bilden. Und urteilen zu müssen, impliziert die
Abwesenheit einer allgemeinen Regel des Urteilens, denn ansonsten
würden wir nicht urteilen, sondern eine Regel vollziehen. Das Urteilen ist nur dann notwendig, wenn es Besonderes gibt, das nicht im
Allgemeinen aufgeht, sondern sich immer wieder, trotz aller Regeln,
von ihm unterscheidet.[6]

2.2. Der Zerfall und die Zerstörung des Politischen

2.2.1. Der Prozeß der Entpolitisierung

Die Unterscheidung von Privatem und Öffentlichem, von vita
contemplativa und vita activa, war in der Antike für die Autonomie
des Politischen und die Schaffung einer gemeinsamen Welt des-

---

6   Vgl. dazu Arendt (1985: 25ff.), sowie Arendt (2000). Ihre Theorie der Urteilskraft
    als dritter Teil der Studie über die vita contemplativa (neben den Arbeiten zum
    Denken und zum Wollen) konnte Arendt nicht mehr beenden. Immerhin liegen
    einige Aufzeichnungen dazu vor. Vgl. zur Rekonstruktion einer Theorie der Ur-
    teilskraft im Rahmen der politischen Theorie Arendts auch Hermenau (1999).

halb von grundlegender Bedeutung, weil dem tätigen, der Welt und
den anderen zugewandten Leben eine zentrale Bedeutung zuge-
messen wurde. Ein gutes und glückliches Leben war ohne die Beteiligung am öffentlichen Leben nicht denkbar. Dies änderte sich
mit dem Einbruch des Christentums in die Antike. Das antike Verständnis des Politischen verlor in dem Maße an Plausibilität, wie
das christliche Weltbild die vita activa zugunsten der vita contemplativa, das Öffentliche zugunsten des Privaten abwertete. Während in der Antike die politische Tätigkeit als Streben nach Unver-
gänglichkeit gedeutet wurde, galt der Einzelne im Christentum a
priori als unsterblich. Seine Bemühungen hatten sich fortan vor allem auf die innere Übereinstimmung mit Gott zu richten. Glauben
löste das Handeln ab, so daß der öffentliche Bereich seine zentrale
Bedeutung einbüßte. Gemeinsamkeit stellte sich gewissermaßen
von selbst durch den gemeinsamen Bezug auf Gott her und bedurfte dementsprechend keiner Tätigkeiten – weder des Herstellens
noch des Handelns – mehr.

Erst mit dem Zerfall des christlichen Weltbildes bzw. dem Entstehen des Protestantismus auf der einen und dem Sieg der Naturwissenschaften auf der anderen Seite erfährt die vita activa in der
Neuzeit eine Auf-, aber auch eine Umwertung. Nun ist es für das
gute Leben notwendig, sich der Welt wieder zuzuwenden. Wie
Max Weber so sieht auch Hannah Arendt hierin einer der Entste-
hungsgründe für den Kapitalismus: Der Protestantismus verlangt
vom Gläubigen, in der Welt aktiv zu sein, anstatt sich in seine In-
nerlichkeit zurückzuziehen, und die Naturwissenschaften weisen
den Weg, die Welt als gestaltbar aufzufassen. Im Bereich der politischen Theorie setzt sich in dieser Zeit die Auffassung durch, daß
eine politische Ordnung nicht im göttlichen Willen vorgefunden
wird, sondern daß diese Ordnung erst hergestellt werden muß. So
tritt der Typus des homo faber an die Stelle des kontemplativen
Gläubigen, dessen typische Verhaltensweise darin liegt, „alles Vor-
findliche und Gegebene als Mittel zu behandeln" (Arendt 1967:
389). Mit der *kulturellen Rationalisierung* der Gesellschaft entsteht
mit anderen Worten jener Typus von Zweckrationalität, die im
Rahmen der menschlichen Tätigkeitsformen dem Herstellen entspricht. Diese Entdeckung des Herstellens in der Neuzeit, in der
alles eine Frage der Praxis und nicht der Kontemplation wird, bedeutet zwar eine Aufwertung der vita activa. Entscheidend ist aber

Religion als Zerstör b. Politische

für Arendt die damit verbundene Umwertung, denn während in der Antike das Handeln als eigenständig und zentral im Kontext menschlicher Tätigkeiten betrachtet wurde, nimmt jetzt das Herstellen diesen Platz ein. Ebenso wie die Erneuerung des Privilegs des tätigen Lebens ist deshalb „die Selbstverständlichkeit, mit der Handeln und Herstellen identifiziert werden, bzw. mit der alles Handeln im Sinne eines Herstellens verstanden wird" (Arendt 1967: 389), für die Entstehung der modernen Gesellschaft kennzeichnend. Der Eigensinn des Handelns wird in der modernen Gesellschaft, so Arendts These, auf den des Herstellens reduziert, so daß Handeln als etwas aufgefaßt wird, das nach einer Regel, einem Programm oder Gesetz abläuft. [Handelnde werden nicht als miteinander Handelnde betrachtet, die gemeinsam etwas stiften, das es zuvor nicht gab, und die infolgedessen gerade Gesetze und Kontinuitäten unterbrechen, statt ihnen zu folgen (vgl. Arendt 1970: 34f.). Wird Handeln als Herstellen verstanden, verliert es seinen intersubjektiven zugunsten eines instrumentellen Charakters, bei dem sich Handelnde wie Herstellende verhalten, also bspw. andere als Mittel statt als Subjekte betrachten.

Parallel zu dieser kulturellen Verdrängung des Handelns durch das Herstellen verläuft ein gesellschaftsstruktureller Entwicklungsprozeß, den Arendt als *Entpolitisierung* beschreibt. Mit dem Anbruch der Neuzeit wandelt sich auch die Unterscheidung von öffentlicher und privater Sphäre. Die Ökonomie tritt aus der privaten Sphäre, der sie in der Antike zugehörte, hinaus und konstituiert sich als öffentliche Angelegenheit. Das ursprünglich Private wird dadurch öffentlich. In der modernen Gesellschaft rückt infolgedessen die soziale Frage in den Mittelpunkt. Dies führt dazu, daß die eigentlich politische Frage danach, wie die Menschen zusammenleben *wollen*, in den Hintergrund rückt. Sie wird durch eine Sichtweise verdrängt, die politische Fragen als technische Fragen nach den richtigen Steuerungsinstrumenten versteht. Hatte die Antike noch ein Bewußtsein dafür, daß Bürger diese gemeinsamen Ziele ihres Zusammenlebens nicht einfach vorfinden, sondern erst darüber beraten und entscheiden müssen, so wird in der Moderne dieser Sinn für die Autonomie des Politischen einer Entpolitisierung geopfert. Politisches Handeln wird dann als strategisches Handeln interpretiert.

Zwei tragende Säulen der modernen Entpolitisierung unterscheidet Arendt: den Kapitalismus – und in seiner Folge die mo-

derne Massengesellschaft und den Imperialismus – und die Kontur
des europäischen Nationalstaats. Im Fortgang des gesellschaftlichen Modernisierungsprozesses kommt es Mitte des 19. Jahrhunderts zur umfassenden Industrialisierung und Technisierung der Gesellschaft. Damit etabliert sich Arendt zufolge ein neues Prinzip des
Gesellschaftlichen, das jetzt von der Tendenz zur unendlichen Selbststeigerung dominiert wird. Sie löst das Paradigma der Zweckrationalität in der Neuzeit ab und setzt die Herstellung als Selbstzweck an seine Stelle. Kapitalismus meint in erster Linie die Unmöglichkeit, den Prozeß der Produktion und Konsumtion aus sich
selbst heraus zu begrenzen (vgl. Arendt 1989: 56). Nach innen gerichtet produziert dieses Prinzip der Selbststeigerung um seiner
selbst willen die modernen *Massengesellschaft*. In ihr sind alle
menschlichen Unterschiede angesichts eines von der Bürokratie erzeugten fast vollkommenen Konformismus und einer ironischer Weise vom Liberalismus gehegten „kommunistischen Fiktion" (Arendt
1967: 56) einer allgemeinen Interssenharmonie bis zur Unkennt-
lichkeit nivelliert. Dazu paßt das privatistische Freiheitsverständnis
der Massengesellschaft, die unter Freiheit bloß negative Freiheit,
also die Abwesenheit von Zwang im Sinne eines ungehinderten
Verfolgens privater Interessen, versteht. Die Folge dieser Entpoli-
sierung sieht Arendt in einem allgemeinen Weltverlust, d.h. in einer Heimatlosigkeit des modernen Menschen, der sich nicht mehr
in einer Welt orientieren kann. Denn Sinn ist an gemeinsames
Handeln, an Mitwelt, an Prozesse der Verständigung gebunden. Er
entsteht aus dem Rückbezug auf eine gemeinsam geteilte Welt, die
aber im Zuge der Privatisierung und Entpolitisierung dem Verfolgen je eigener Bedürfnisse weichen muß, über deren Sinn oder Un-
sinn von den Subjekten nicht mehr geurteilt werden kann.

   Nach außen gerichtet bringt das Prinzip der Selbststeigerung
den *Imperialismus* hervor, der die Kolonien als Ressourcen der
Ausbeutung erschließt.[7] Als Unterdrückungsmechanismus stützt er
sich auf zwei Prinzipien: Durch die Einführung der Rassenideolo-
gie, die Arendt zufolge hier ihre Wiege hat, diskriminiert er zwischen dem heimischen Staatsvolk und den kolonialisierten Völkern
so, daß zu Hause einerseits die Idee der Menschenrechte eingefor-

---

7   Arendt schließt hier an die Imperialismustheorie Rosa Luxemburgs an; vgl.
    (1955: 273ff.). Siehe dazu auch Brunkhorst (1999: 68ff.).

dert und in den Kolonien andererseits Unterdrückung praktiziert werden kann (vgl. Arendt 1955: 351ff., 1978: 12). Diese ethnische Definition entpolitisiert den Nationalstaat, da das Volk nicht mehr als politische, sondern als ethnische Einheit betrachtet wird. Andererseits beruht der Imperialismus weniger auf einer politischen Kolonialherrschaft, als auf einer effizienten Bürokratie, die verwaltet statt regiert, Verordnungen statt Gesetze erläßt und so im politischen Sinne nicht für die Folgen ihrer Taten verantwortlich gemacht werden kann. Der Imperialismus etabliert dadurch keine politische Herrschaft, sondern ist Teil des modernen Zerfalls des Politischen, weil er die Kolonialisierten und das eigene Staatsvolk gleichsam als Objekte behandelt. Darüber hinaus reißt er die Schranken des Nationalstaats ein, der die einzige Möglichkeit der äußeren Begrenzung des letztlich selbstdestruktiven kapitalistischen Prinzips unendlicher Steigerung darstellt. Der moderne Nationalstaat zerbricht, so Arendt, zum einen an dieser historischen Expansionsdynamik der Gesellschaft. Zum anderen zerbricht er aber auch an seiner inneren Widersprüchlichkeit.

Der europäische Nationalstaat war seit der französischen Revolution durch eine Antinomie zwischen Staat und Nation belastet. Auf der einen Seite basierte nämlich der Nationalstaat auf dem Prinzip der Volkssouveränität, d.h. der Idee, daß das Volk sich seine Gesetze selbst gibt und nicht auf eine höhere Instanz angewiesen ist. Dieses Prinzip hat zur Konsequenz, daß Normen – wie bspw. Gesetze – nur im Kontext einer besonderen politischen Gemeinschaft als von ihr selbst gesetzt gelten können. Nur der Wille des Staatsvolkes ist in der Lage, solchen Normen Geltung zu verschaffen. Von hier aus leitet sich das Prinzip nationaler Souveränität ab, das es bspw. verbietet, in die politischen Angelegenheiten eines anderen Staates einzugreifen. Auf der anderen Seite kennt der moderne Nationalstaat aber auch Rechte, die – wie die Menschenrechte – einen allgemeinen Geltungsanspruch behaupten. Als Rechtsstaat beansprucht der Staat, Gesetze auf der Basis menschenrechtlich legitimierter Herrschaft zu erlassen. Insofern gründet er auf etwas allen demokratischen Entscheidungsprozessen Vorausliegendem. Der Nationalstaat vereinbart damit Unvereinbares: die Besonderheit jeder konkreten demokratischen Willensbildung mit der Allgemeinheit gesetzesmäßiger Herrschaft. Sichtbar wird diese Antinomie am Freiheitsbegriff, denn einerseits gibt es

Freiheit nur als unveräußerliche, unbedingte und folglich uneinge-
schränkte Freiheit. Auf der anderen Seite läßt sie sich aber nur in
einem bestimmten politischen und also eingegrenzten Raum ausüben. Unbedingtheit und Begrenztheit, Rechtsstaat und Demokratie, Menschenrechte und nationale Souveränität liegen so im Dau-
erkonflikt (vgl. Arendt 1955: 559ff.).

Politisch folgenreich wird diese Antinomie dann nach dem Ende des ersten Weltkrieges als das Prinzip nationaler Souveränität
praktisch auf ganz Europa ausgedehnt wird. Denn mit dieser Ausdehnung kommt ein Grundproblem zum Vorschein, das in der Folge den Nationalstaat von innen dekonstruiert: Zwar gelten Menschenrechte universal und transzendieren damit jede staatlich verfaßte politische Gemeinschaft, aber dennoch sind sie nur im Kontext eines bestimmten Staats einklagbar. Weil aber nach dem ersten
Weltkrieg zwischen dem Staatsvolk und der Minderheit innerhalb
einer Nation unterschieden wurde, wurden die Menschenrechte
gleichsam von innen ausgehöhlt. Denn der Minderheit wurde das
Recht auf kollektive politische Selbstbestimmung verweigert, indem ihr nur noch ein Recht auf kulturelle Autonomie zugestanden
wurde, das aber jederzeit entzogen werden konnte und auch entzogen wurde. Durch diese Eroberung des Staates durch die Nation
enstand eine Minderheit im eigenen Land. Und zur Praxis staatlicher Souveränität gehörte es jetzt auch, solche Minderheiten zu ent-
rechten und sie aus dem Staatsverband auszuschließen, wodurch sie
erstens faktisch staatenlos wurden und zweitens damit keine Instanz
mehr anrufen konnten, um ihre Menschenrechte einzufordern. „Die
Flüchtlinge und Staatenlosen sind seit den Friedensverträgen von
1919 und 1920 wie der Fluch, der sich an alle neuen, im Bild des
Nationalstaates errichteten Staaten dieser Erde heftet. Für die neu-
en Staaten wirkt sich dieser Fluch wie der Keim einer tödlichen
Krankheit aus. Denn der Nationalstaat kann nicht existieren, wenn
nicht alle seine Bürger vor dem Gesetz gleich sind, und kein Staat
kann bestehen, wenn ein Teil seiner Einwohner außerhalb aller Gesetze zu stehen kommt und de facto vogelfrei ist" (Arendt 1955:
601; vgl. auch Arendt 1986: 7ff.). Eine Möglichkeit, auf die Illegali-
tät der Staatenlosen zu reagieren, die nicht abgeschoben werden
konnten, weil sie keinen Staat hatten und die sich genau aus diesem
Grund auch nicht auf Menschenrechte beziehen konnten, die auf
Minderheitenrechte innerhalb einer Nation reduziert waren, bestand

in der Einrichtung von Internierungslagern. Mit ihnen schafften sich die Staaten – auch in territorialer Hinsicht – eine Art inneres Außen, durch das Staatenlose gewissermaßen deportationsfähig wurden.

So endete das Experiment des europäischen Nationalstaates, das auf dem fragilen Gleichgewicht von Staat und Nation, von demos und ethnos, von Gesetzesherrschaft und Volkswillen, von Menschenrechten und Demokratie aufbaute, infolge einer Transformation des Staates aus einer legalen in eine nationale Institution mit Unterdrückung und Vertreibung. Dieses Scheitern war also nicht nur die Folge des äußeren Drucks des Kapitalismus auf den ihn begrenzenden Nationalstaat, sondern auch die Konsequenz einer inneren Widersprüchlichkeit, die aufgrund einer besonderen historischen Konstellation in die totale Herrschaft mündete. Notwendige, wenn auch nicht hinreichende Voraussetzung totaler Herrschaft war Arendt zufolge diese durch Kapitalismus und der europäischen Konstruktion des Nationalstaats herbeigeführte Entpolitisierung, mit der die gemeinsame Welt als Bedingung der Möglichkeit der Ausübung öffentlicher Freiheit verloren ging. Damit waren aber die wichtigsten Barrieren gegen totale Herrschaft eingerissen oder zumindest brüchig geworden.

2.2.2. Die Zerstörung des Politischen

In der Ausgangsthese der Theorie totaler Herrschaft begreift Arendt totale Herrschaft als eine spezifische und historisch einzigartige Staatsform. Sie differenziert zwischen vier historisch bekannten Staatsformen – der Tyrannei, der Monarchie, der Republik und der totalen Herrschaft –, die sich sowohl ihrer Struktur als auch ihrem Prinzip nach, d.h. der der Herrschaftsform entsprechenden Tugend unterscheiden. Die Struktur der tyrannischen Herrschaft besteht in der Willkür, die der Herrscher ohne weitere Legitimitätsansprüche ausübt. Die Tyrannei basiert demzufolge auf dem apolitischen Prinzip der Furcht, durch die die Untertanen sich dem Herrscher unterwerfen. Die Monarchie setzt demgegenüber die Autorität des einzelnen an die Stelle der Willkür. Diese Autorität beruht auf der Repräsentation des göttlichen Willens durch den Herrscher, der damit an etwas Nichtpolitisches gebunden ist. Die Tugend der Ehre und des Streben nach Auszeichnung ersetzt dabei die der Furcht. Die Republik basiert hingegen auf einer Gesetzesherrschaft, die die politische Herrschaft an ihre Verfassungsmäßigkeit bindet. Von den Bürgern und Bürgerinnen wird die Tugend des – gemeinsamen – Handelns verlangt. Sie müssen sich um ihre eigenen Belange als Staatsbürger und -bürgerinnen im öffentlichen Raum selbst kümmern. Dadurch entsteht die für die Staatsform der Republik typische Manifestation von Macht als Ausdruck eines gemeinsamen Willens zur Schaffung oder Veränderung politischer Institutionen, die sich jetzt auf nichts anderes als auf das intersubjektive Einverständnis stützen können (vgl. Arendt 1970: 42f.).[8] Und insofern bezeichnet Arendt die Republik als eine genuin politische Staatsform, weil sie der Autonomie des Politischen zur Geltung verhilft, indem sie die Legitimität von Herrschaft an den geschützen Raum politischen Handelns koppelt.

Die totale Herrschaft ist dagegen nicht nur apolitisch wie die Tyrannei, sondern antipolitisch, d.h. gegen das Politische gerichtet. An die Stelle des positiven Rechts und seiner Kontingenz, d.h. seiner prinzipiellen Änderbarkeit, setzt die totale Herrschaft Arendt zufolge das Gesetz der Natur (Nationalsozialismus) oder das der Geschichte (Stalinismus), die die einzigen Quellen absoluter Legitimität sind. Sie etabliert damit eine Art Metagesetz, das den Mangel an Gerechtigkeit, der dem positiven Recht eigen ist, durch eine Art übernatürliche Regel tilgt. Diese Regel bedarf keiner Begründung, sie hat keine Ausnahme und sie entläßt alle, die ihr folgen, aus der Verantwortung für ihr Tun. Totale Herrschaft bedeutet also aus der Perspektive Arendts nicht ein Zuviel an gesetzesmäßiger Regelung und ist somit keine Verlängerung der modernen Bürokratie, sondern sie zerstört das Gesetz, das im Gegensatz zum Metagesetz totaler Herrschaft, immer auch übertreten werden kann. Das positive Recht ermöglicht Freiheit, denn einerseits kann es geändert werden, andererseits kann man gegen Rechtsgesetze verstoßen. Gegen das Gesetz der Natur – als Gesetz natürlicher Selektion der Rassen – oder der Geschichte – als Gesetz der dialektischen Geschichtsentwicklung – ist ein Verstoß schlechthin unmöglich. Es vollzieht sich gleichsam als eine anonyme Bewegung jenseits menschlicher Handlungen und determiniert diese. In der totalen Herrschaft ersetzt die absolute Notwendigkeit solcher Bewegungsgesetze damit

---

8   Vgl. zur Unterscheidung zwischen Autorität und Macht auch Arendt (1994: 159ff.).

jene auf Gesetzesgrenzen beruhende Freiheit, die Herrschaft immer instabil sein läßt. Ihrer Struktur nach gründet sich totale Herrschaft auf das „eiserne Band des Terrors": „Der totale Terror setzt an die Stelle der Zäune des Gesetzes und der rechtmäßig etablierten und geregelten Kanäle menschlicher Kommunikation ein eisernes Band, das alle so eng aneinanderschließt, daß nicht nur der Raum der Freiheit, wie er in verfassungsmäßigen Staaten zwischen den Bürgern existiert, sondern auch die Wüste der Nachbarlosigkeit und des gegenseitigen Mißtrauens, die der Tyrannis eigentümlich ist, verschwindet, und es ist, als seien alle zusammengeschmolzen in ein einziges Wesen von gigantischen Ausmaßen. (...) Terror als der folgsame Vollstrecker natürlicher oder geschichtlicher Prozesse fabriziert dieses Einssein von Menschen, indem er den Lebensraum zwischen Menschen, der der Raum der Freiheit ist, radikal vernichtet. Das Wesentliche der totalitären Herrschaft liegt also nicht darin, daß sie bestimmte Freiheiten beschneidet oder beseitigt, noch darin, daß sie die Liebe zur Freiheit aus dem menschlichen Herzen ausrottet; sondern einzig darin, daß (sie) die Menschen, so wie sie sind, mit solcher Gewalt in das eiserne Band des Terrors schließt, daß der Raum des Handelns, und die allein ist die Wirklichkeit der Freiheit, verschwindet" (Arendt 1955: 958). Als Prinzip sichert totale Herrschaft ihre Gefolgschaft durch Ideologie, die alles in der Welt erklären kann, indem sie es deduktiv aus einem einzigen Prinzip ableitet und so ein scheinbar in sich schlüssiges Weltbild konstruiert. So siegt Arendt zufolge die Logik über die Erfahrung, denn die Ideologie schaltet die Möglichkeit des Neuen, des Unvorhersehbaren aus und zwängt jedes Ereignis in eine Kette der Kausalität. „Man könnte sagen, daß es das eigentliche Wesen der Ideologie ist, aus einer Idee eine Prämisse zu machen, aus einer Einsicht in das, was ist, eine Voraussetzung für das, was sich zwangläufig einsichtig ereignen soll" (Arendt 1955: 967).

Damit zerstört totale Herrschaft gerade dasjenige, was die Autonomie des Politischen markiert: die Möglichkeit, gemeinsam aus freien Stücken etwas Neues anzufangen. Und wenn der öffentliche Raum der Ort praktizierter Freiheit ist und die republikanische Verfassung als Symbol der Autonomie des Politischen gelten kann, so ist umgekehrt das Konzentrationslager die zentrale Institution totaler Herrschaft, die für die absolute Vernichtung der Freiheit und der Macht steht, die nur in einer Welt gemeinsamer Bezüge entstehen kann. Solche Bezüge in einer Mitwelt sind auf gemeinsame Ideen oder Überzeugungen angewiesen. Im Konzentrationslager als einer Einrichtung grenzenlosen Experimentierens ist dagegen alles möglich. Aus der Welt wird hier ein Labor, das keine innere Begrenzung, keine selbst gesetzten Schranken mehr kennt.

Bei aller Differenz zwischen den beiden historischen Erscheinungsformen totaler Herrschaft, dem Nationalsozialismus und dem Stalinismus, gleichen sich Arendt zufolge beide darin, daß sie aus der Entpolitisierung mit den Mitteln des Terrors und der Ideologie eine Zerstörung des Politischen machen. In der totalen Herrschaft geben die Individuen ihre politische Urteilskraft zugunsten der Ideologie auf, die an die Existenz einer gemeinsamen Welt gekoppelt ist. Eine solche Welt gemeinsam Anwesender existiert in der totalen Herrschaft auch als vorpolitischer Erscheinungsraum nicht mehr, weil totalitäre Politik die Vorbedingungen der Entstehung von Macht als einem intersubjektiv geteilten Einverständnis zerstören muß. In der totalen Herrschaft wird nicht gehandelt, sondern behandelt. Alle vollziehen dabei ein Gesetz, das den Anschein eines naturgesetzlichen Zwanges erweckt, obwohl das Gesetz erst durch den faktischen Vollzug durch Individuen Realität wird. Dadurch entsteht schließlich die berühmte „Banalität des Bösen", bei der die Täter sich selbst zu Gesetzesträgern machen (vgl. Arendt 1963).

Arendts Handlungstheorie erlaubt ihr an dieser Stelle, die Logik totaler Herrschaft nicht nur zu rekonstruieren, sondern darüber hinaus zu zeigen, inwiefern die totale Herrschaft nicht vollständig funktioniert. Denn es gibt einen kleinsten irreduziblen Rest, der nicht in einer noch so perfekten totalen Herrschaft aufgeht und sich ihr widersetzt. Zwar kann totale Herrschaft das Faktum der Pluralität in das eiserne Band des Terrors zwängen und so die Mitwelt je verschiedener Individuen zu einer Art Kollektivsubjekt mutieren lassen. Sie kann ganze Gruppen und Massen von Menschen vernichten. Aber sie kann nicht die Natalität des Menschen abschaffen. Die Zerstörung des öffentlichen Raumes und seiner Institutionen ist für Arendt eben nicht gleichbedeutend mit der Zerstörung seiner ontologischen Dimension. Letzteres gelänge nur um den Preis der vollständigen Vernichtung der Menschheit. Weil aber der Mensch vor allem Politischen selbst die Fähigkeit ist, Neues anzufangen, kann totale Herrschaft diese prinzipielle Fähigkeit nicht vollständig aus der Welt schaffen, ohne sich selbst überflüssig zu machen. Arendt folgert aus diesem Faktum der Natalität, daß Menschen als Menschen für ihr Handeln stets Verantwortung tragen, weil sie immer auch anders handeln können, weil sie immer anders anfangen können. Keine noch so ideologische Verblendung, kein noch so starker Terror, keine noch so effektive Unterwerfung unter ein übernatürliches Gesetz kann diese Verantwortung leugnen.[9]

2.3. Die Idee der Republik

Arendts Kritik der Verkürzung des Handelns auf das Herstellen und ihr Nachweis, daß das Kontinuierliche auf der Möglichkeit des Anfangenkönnens beruht, führt auf der methodologischen Ebene dazu, daß sie ihre politische Theorie nicht als Aufdeckung einer bislang verborgenen Wahrheit verstanden wissen will. Eine politische Theorie, die die Autonomie des Politischen in den Mittelpunkt rückt, kann selbst nicht jenseits dieser Autonomie stehen. Nach dem Ende der totalen Herrschaft ging es für Arendt darum, eine neue Perspektive aufzuzeigen, einen neuen politischen Anfang zu machen (vgl. Canovan 1992: 191). Und auch wenn aus der Geschichte keine Gesetze geschlußfolgert werden können, deren Kenntnis eine Wiederholung totaler Herrschaft verhinderte, so ist es Arendt zufolge doch möglich, sich vor den Gefahren der Entpolitisierung, die den Boden der totalen Herrschaft bereitet haben, zu schützen. Deshalb will Arendt das Politische rehabilitieren – und zwar mit einer erzählenden Erinnerung an die Autonomie des Politischen in der Antike. Mit Arendts politischer Theorie soll ein neues Vokabular geschaffen werden, das der Entpolitisierung die Autonomie des Politischen entgegenhält und die vergangene republikanische Tradition[10] vor dem Hintergrund der Erfahrung totaler Herrschaft erneuert (vgl. Arendt 1970: 41). Denn ihrer Ansicht nach kann nur die Institutionalisierung der Autonomie des Politischen einen wirksamen Schutz gegen Entpolitisierung und totale Herrschaft bieten. Angemessener ist diese Lösung aber auch insofern, als die moderne Gesellschaft in einer noch nie dagewesenen

---

9　Zur Frage, inwiefern das Denken vor falschen, verantwortungslosen Handlungen schützt, siehe Arendt (1979). Vgl. auch Bluhm (2001) sowie Seubert (2000).

10　Siehe für die Grundlinien dieser Tradition Walzer (1995) und Brunkhorst (1994).

Art die sozialstrukturellen Voraussetzungen für die Autonomie des Politischen geschaffen hat. Im Gegensatz zu anderen Gesellschaften ist die moderne für Arendt in der Lage, wirtschaftliche Probleme gleichsam technisch zu lösen, ohne daß damit der öffentliche Raum belastet werden muß. Politische Fragen sind demgegenüber Fragen danach, wie wir leben wollen. Soziale und ökonomische Probleme sind von ihnen zu trennen und lassen sich administrativ lösen. Arendts freiheitlicher Republikanismus, der vor diesem Hintergrund entsteht, wird von ihr in zweifacher Hinsicht begründet: systematisch über die Fortsetzung ihrer handlungstheoretischen Argumentation und historisch durch die Kosequenzen, die wir aus dem Scheitern der französischen Revolution ziehen sollten.

2.3.1. Verfassung als Versprechen

Das handlungstheoretische Argument baut auf der Überlegung auf, daß nur das Handeln selbst die Aporie des Handelns bewältigen kann. Diese Aporie zeigt sich, wenn Handeln nicht als Herstellen verstanden wird. Sie besteht kurz gesagt darin, daß das Handeln immer nur in einem gegebenen Kontext statt finden kann, den es aber immer schon sprengt, weil kein Kontext das Handeln determinieren kann. Daraus folgen zwei Probleme: Zum einen sind damit die Folgen des Handelns nicht abzuschätzen, denn wenn das Handeln den Kontext überschreitet, wissen wir nie, was passieren wird. Zum anderen ist es infolgedessen unmöglich, für sein Handeln Verantwortung übernehmen zu können, denn uns fehlen die Kriterien für die zweifelsfreie Beurteilung von Handlungen. Aber genau deshalb, so die paradoxe Feststellung Arendts, tragen wir für unser Handeln Verantwortung, denn Verantwortung gibt es nur, wenn es keine absoluten Gründe für das Handeln gibt. Nur Handeln kann die Gegenmittel gegen diese selbsterzeugte Paradoxie selbst erzeugen. Auf die Frage, wie wir Verantwortung übernehmen können, wenn die Folgen des Handelns zum Zeitpunkt des Handelns nicht bekannt sein können, antwortet Arendt mit der Gleichzeitigkeit der entbindenden und verbindenden Kraft des Handelns durch die Möglichkeiten des Verzeihens und Versprechens, die das Handeln in der Gegenwart auf Vergangenheit und Zukunft beziehen. Das vergangenheitsgerichtete Verzeihen entbindet von den Folgen des

Handelns, während die Handelnden mit dem in die Zukunft weisenden Versprechen sich selbst binden. Das Handeln als Möglichkeit des Anfangens bezieht sich somit durch das Verzeihen auf die Vergangenheit und kann als Neues in die Welt treten, weil es die Vergangenheit einerseits in die Gegenwart hinübergerettet und sich andererseits von ihr unterscheidet. Mit dem Verzeihen ist die Vergangenheit abgeschlossen und eine neue Gegenwart kann beginnen. Das Versprechen läßt demgegenüber offen, was in der Zukunft passieren wird. Aber die Handelnden binden sich durch das Versprechen an eine noch unbekannte Zukunft und erzeugen so Maßstäbe des Handelns, die das Handeln auf keine äußere Instanz reduzieren.

Mit dem Versprechen als eine gegenseitige Verpflichtung trotz der Ungewißheit der Zukunft für etwas bzw. füreinander einzustehen, generiert sich Macht als eine Fähigkeit zu handeln. Es schafft eine gemeinsame Welt, die Neues zuläßt, denn das Versprechen beinhaltet zugleich, daß es immer wieder, mit jedem neuen Ereignis erneuert werden muß. Gleichzeitig sichert es aber auch die Dauerhaftigkeit der Welt, denn das Versprechen setzt sich mit jedem Ereignis immer auch fort. Und so scheint das Versprechen genau jene Qualitäten zu haben, die das Handeln benötigt, um eine gemeinsame Welt hervorzubringen und fortzusetzen. Deshalb interpretiert Arendt in der republikanische Tradition stehend die Verfassung als ein Versprechen, mit dem sich die Gründer eines politischen Gemeinwesens verpflichten, für die Verfassung, d.h. für den Fortbestand der Republik in Zukunft einzustehen.

Arendt faßt im Anschluß daran die Idee der Republik als eine Kombination aus Gleichheit und Freiheit auf. Einerseits beruht das republikanische Prinzip auf der Gleichheit von Ungleichen, die mit der Verfassung etabliert wird. Nur Ungleiche müssen sich überhaupt in einem Gemeinwesen zusammenschließen, ansonsten wären sie ja immer schon in einer Gemeinschaft. Deshalb muß eine politische Gemeinschaft erst gegründet werden. Andererseits hatte die Bindung von Menschenrechten an kollektive Selbstbestimmung in Europa zur faktischen Abschaffung der Menschenrechte geführt. Dem will Arendt vorbeugen, indem sie deutlich macht, daß Menschenrechte im Rahmen der republikanischen Tradition bedeuten, ein Recht auf Rechte zu haben. Dieses Recht, Rechte zu haben, als Recht, einer politischen Gemeinschaft anzugehören, kann keine republikanische Verfassung verwehren[11], die ja im Revolutionsakt die Gesetzesherrschaft gegen die tyrannische Willkür bzw. monarchistische Herrschaft des einzelnen ins Leben ruft. Und Gesetzesherrschaft kann ihrem Begriff nach keinen Zustand der Entrechtung dulden.

Wenn nun aber die Verfassung als einmal gegebenes Versprechen verstanden wird, wenn die Revolution die Republik gründet, und wenn diese gemeinsame Gründung die Idee der Republik verkörpert, dann stellt sich die Frage, wie denn die Republik vor der Erstarrung gerettet werden kann. Anders gefragt: Wie kann sich dieses Versprechen ständig erneuern, wie kann die Republik sozusagen immer wieder neu gegründet werden, ohne daß sie permanent in sich zusammenbricht? Diese Frage verweist auf die problematische Legitimitätsquelle der Republik, denn „diejenigen, die zusammenkommen, um den neuen Verfassungsstaat zu errichten, haben selber keine verfassungsrechtlichen Befugnisse; ihnen fehlt gerade die Autorität, die sie selbst proklamieren" (Arendt 1965: 238).

2.3.2. Das Scheitern der Revolutionen

Diese Frage nach dem ‚Grund' der Republik ist für Arendt keine abstrakte Frage der politischen Theorie, sondern sie stellte und stellt sich im politischen Prozeß selbst. Arendts historisch-genetisches Argument zur (Neu-)Begründung der Idee der Republik endet schließlich genau bei dieser Frage. Zwei historische Antwortversuche lassen sich dabei unterscheiden: In Frankreich führt diese Suche nach dem Grund der Republik zum Vorschlag Robbespierres, einen unsterblichen Gesetzgeber als Autoriätsquelle jenseits des politischen Raumes in Form einer Religionsgründung zu institutionalisieren. Die Nation und nicht mehr der König wird in der französischen Revolution als Gottes Stellvertreter betrachtet. Und auch die amerikanische Revolution kann, so die Beobachtung Arendts, nicht anders, als sich schließlich auf Gott als „den größten Gesetzgeber des Alls", wie John Adams (zit. nach Arendt 1965: 239) meint, zu berufen. Bekanntlich scheiterten beide Revolutionen trotz dieser Gemeinsamkeit aus unterschiedlichen Gründen. Die

---

11 Dieses Recht kommt bspw. im Asylrecht zur Geltung. Insofern läßt sich bei Arendt von einer republikanischen Verpflichtung zur Gastfreundschaft sprechen, die der Republik als Verkörperung der Autonomie des Politischen eigen ist.

französische Revolution hat – wie später die russische – die soziale Frage in den Mittelpunkt gestellt und sich selbst als Ereignis in der Kontinuität eines historischen Prozesses beschrieben. Dadurch hat sie für Arendt nicht nur die Freiheit als Quelle politischen Handelns vernotwendigt und entpolitisiert, sondern darüber hinaus den Staat als Mittel zum Zweck allgemeiner Wohlfahrt betrachtet. Beides, die Entpolitisierung und das instrumentalistische Verständnis des Politischen führte schließlich dazu, daß Macht und Gewalt in der französischen Revolution nicht mehr unterschieden werden konnten (vgl. Arendt 1970: 47ff.). Demgegenüber war die amerikanische Revolution durch eine Konzentration auf das Politische gekennzeichnet. Hier findet Arendt jene genuine Stiftung des Politischen und den mit ihr verbundenen Tugenden des „public happiness" (Arendt 1965: 152), der Freude am politischen Handeln. In der Gründung der Vereinigten Staaten zeigte sich die Macht gemeinsamen Handelns, wie sie sich in der gegebenen Verfassung manifestiert. Diese Macht beruht eben – und deshalb ist die amerikanische Revolution das Vorbild des freiheitlichen Republikanismus – auf einem wechselseitigen Versprechen der Gründer. Die Gründe ihres Scheiterns liegen für Arendt in dem ungelösten, aber von Jefferson erkannten Problem, daß die Gründung der Republik als Möglichkeit, gemeinsam zu handeln, wiederholt werden muß, ohne daß sich deshalb die Republik immer wieder auflöst. Das Problem der amerikanischen Revolution lag demzufolge darin, daß „sie zwar dem Volke die Freiheit (gab), aber sie enthielt keinen Raum, in dem diese Freiheit nun auch wirklich ausgeübt werden konnte. Nicht das Volk, sondern nur seine gewählten Repräsentanten hatten Gelegenheit, sich wirklich politisch zu betätigen, was heißt, daß nur sie in einem politischen Sinne frei waren" (Arendt 1965: 302). In der Folge wurde in den Vereinigten Staaten öffentliche Freiheit auf bürgerliche, negative Freiheit beschränkt.

Historisch hat also die Frage nach dem Grund der Republik keine der Idee der Republik, d.h. der Idee der gemeinsamen verfassungsmäßigen Selbstbestimmung freier Staatsbürger und -bürgerinnen angemessene Antwort gefunden. Für eine solche Antwort erinnert Arendt zunächst noch einmal an die Antike, um zu zeigen, daß der Rückgriff auf einen göttlichen Gesetzgeber keinesfalls notwendig oder zwingend ist. In der Antike war eine solche Vorstellung eines Gesetzgebers über den Gesetzen Zeichen für eine tyrannische Herrschaft. Die Gesetzgebung fand zwar auch außerhalb der polis statt, aber sie war nicht über sie erhaben. Sie war als Bedingung der Möglichkeit der polis selbst geschaffen, um Freiheit in den Grenzen der polis möglich zu machen. Dazu bedurfte es keiner Berufung auf eine transzendente Autorität. Damit ist aber noch nicht geklärt, inwiefern sich das Versprechen der Verfassung, die einmal ins Leben gerufene Freiheit permanent wiederholen und so Freiheit praktizierbar und zu einer politischen Realität werden kann. Die Lösung findet Arendt in einer Verbindung von Freiheit und Öffentlichkeit zu einem positiven Freiheitsbegriff. Die Verfassung ist dann nichts anderes als die institutionelle Garantie eines öffentlichen Raumes, in dem sich die Bürger und Bürgerinnen ständig über ihre Belange verständigen und so gemeinsam handeln können. Die einmal gestiftete Republik verlagert damit das Problem, wie sich diese Stiftung wiederholen kann, damit der revolutionäre Geist des Neuen erhalten bleibt und die Republik nicht zur Bürokratie erstarrt, in den öffentlichen Raum. In ihm entscheidet sich, wie die Bürger und Bürgerinnen leben wollen. Hier können sie ihren Gehorsam gegenüber politischen Institutionen und administrativen Entscheidungen durch den freien Zusammenschluß aufkündigen. Hier können sie ohnmächtige Staatsapparate zu Fall bringen, indem sie durch gemeinsames Handeln Neues schaffen. Öffentlicher Raum und Republik bedingen sich somit wechselseitig: Die Republik ermöglicht den öffentlichen Raum, während der öffentliche Raum die Republik legitimiert. Insofern ist der öffentliche Raum die Fortsetzung der Gründung der Republik mit anderen Mitteln.

Diese Verbindung zwischen Republik und öffentlicher Freiheit zu einem freiheitlichen Republikanismus findet Arendt in der (amerikanischen) Räteidee: „Wenn der Endzweck der Revolution die constitutio libertatis ist, die Errichtung der Freiheit bzw. die Konstituierung eines öffentlichen Raumes, in dem sie in Erscheinung treten kann, dann sind die Elementarrepubliken oder Räte, in deren Rahmen jedermann von seiner Freiheit Gebrauch machen kann und also in einem positiven Sinne frei *ist*, im Grunde der große Endzweck der Republik selbst; und wenn die Stufenfolge der Machtbefugnisse in einem solchen System auch in der Machtvollkommenheit der Zentralregierung schließlich gipfeln muß, so ist doch andererseits diese Machtvollkommenheit jedenfalls für innerpolitische Zwecke nur da, um die Sicherheit der Elementarrepubliken zu garantieren, in welchen das Volk eigentlich frei ist und frei lebt. Wobei die Grundvoraussetzung dieses wie jedes Rätesystems (...) ist, daß keiner ‚glücklich' genannt werden kann, der nicht an öffentlichen Angelegenheiten teilnimmt, daß niemand frei ist, der nicht aus Erfahrung weiß, was öffentliche Freiheit ist, und daß niemand frei oder glücklich ist, der keine Macht hat, nämlich keinen Anteil an öffentlicher Macht" (Arendt 1965: 326f.). Die Idee der Räte ersetzt hier das uns vertraute Prinzip der Repräsentation in einer repräsentativen Demokratie. Ohne Repräsentation, sondern direkt soll im Rätesystem öffentliche Freiheit als eine Art kommunale Selbstverwaltung ausgeübt werden. Historische Vorbilder sind, ohne lange Bestand gehabt zu haben, die amerikanischen town-hall meetings, die gleichsam die Basis der amerikanischen Republikgründung bildeten, die Pariser Kommune oder die russischen Räte vor deren Eroberung durch die Bolschewisten.

Ein solcher freiheitlicher Republikanismus, der Freiheit und Gleichheit vereint, ist für Arendt die institutionelle Verkörperung der Autonomie des Politischen. Indem er die Gründung in den öffentlichen Raum als dort gemeinsam praktizierte Freiheit verlängert, entfaltet er die Autonomie auch als Schutz vor totaler Herrschaft und als Barriere vor dem Übergriff durch das Gesellschaftliche. Von den Bürgern und Bürgerinnen verlangt er die Tugend des politischen Handelns, also der „public happiness", des Engagierens für die eigenen öffentlichen Belange oder, mit John Locke gesprochen, der Liebe zur Freiheit. Ansonsten droht der Zerfall des Politischen, mit dem die Widerstandskräfte gegen totale Herrschaft schwinden.

3. Zur Kritik der politischen Theorie Arendts

3.1. Zeitgenössische Kritik

Die Debatte um die Arbeiten Arendts konzentrierten sich in den 60er und 70er Jahren in erster Linie auf ihre politisch-publizistischen Artikel – vor allem auf ihren Bericht des Eichmann-Prozesses (Arendt 1963). Die politische Lage und die ideologischen Kämpfe dieser Zeit führten dazu, daß Arendts Versuch, die Mechanismen totaler Herrschaft vor dem Hintergrund der Geschichte des politischen Denkens und des gesellschaftlichen Modernisierungsprozesses zu erklären, in der Diskussion um die Totalitarismustheorie als Gleichsetzung von Nationalsozialismus und Stalinismus betrachtet wurde (vgl. Schindler 1996: 112ff.). Ein zweiter prominenter Einwand gegen die bewußt moralische Theoriesprache Arendts erhob hingegen den Vorwurf, die Theorie totaler Herrschaft sei aufgrund der leidenschaftlichen und sentimentalen Sprache der „Origins of Totalitarianism" unwissenschaftlich (vgl. Voegelin 1953).

Die Rezeption der politischen Theorie Arendts begann demgegenüber erst Anfang der 80er Jahre in den USA, Frankreich und Italien, bevor sie dann auch in Deutschland wiederentdeckt wurde. Dafür lassen sich mehrere Gründe anführen: Zunächst ist die eingangs skizzierte Paria-Stellung Arendts im Feld politischer Theorien mit dafür verantwortlich, daß Arendt nicht schulbildend wirkte. Sie paßte nicht in das ideologische Feld der 60er und 70er Jahre (vgl. Kallscheuer 1993). Ihr Anschluß an unterschiedliche Theorietraditionen stiftete eher Verwirrung, als daß er zu einer kritischen Lektüre anregte. Darüber hinaus ist die politische Theorie nicht systematisch ausgearbeitet, sondern in sich heterogen. Dies erschwert eine schnelle Rezeption. Neben diesen eher theorieinternen Aspekten spielt die politische Lage nach dem Zerfall des Sozialismus in den osteuropäischen Ländern eine zentrale Rolle. Arendts Theorie totaler Herrschaft und ihre Idee eines freiheitlichen Republikanismus entwickelten sich jetzt einerseits als Alternative zu den überkommenen Theorietraditionen. Andererseits bot die politische Theorie Arendts für die Oppositionsbewegungen im Osten eine Möglichkeit, sich selbst als Gründer der Freiheit zu beschreiben. Im Westen ließen sich dagegen mit Arendt die Demokratiedefizite repräsentativer Demokratien benennen, ohne dabei antidemokratisch argumentieren zu müssen (vgl. Greven 1993).

3.2. Gegenwärtige Kritik

Die gegenwärtige Kritik an der politischen Theorie des freiheitlichen Republikanismus bezieht sich auf deren drei zentrale Thesen: auf die These der Autonomie des Politischen, des Zerfalls des Politischen und auf die Idee der Republik.

Gegen die *Autonomie-These* werden in der Hauptsache drei Einwände vorgebracht, die alle die Unterscheidung von politischen und nicht-politischen Fragen betreffen. An dieser von Arendt neoaristotelisch begründeten Trennung wird zunächst kritisiert, daß sie die Möglichkeit und vor allem die Notwendigkeit der Politisierung sozialer und ökonomischer Fragen außer Acht läßt. Vor allem Autoren aus der Tradition der kritischen Theorie werfen Arendt vor, daß soziale Gerechtigkeit sehr wohl eine politische und nicht nur eine quasi technische Frage sei, denn „nicht nur ist die Frage der Interpretation und der Standards sozialer Gerechtigkeit eine strittige, also eine potentiell politische Frage, die immer unter konkreten geschichtlichen und ökonomischen Randbedingungen beantwortet werden muß; eminent politisch ist vielmehr die Frage, in welchen Formen soziale Gerechtigkeit realisiert werden soll" (Wellmer 1999: 147; ähnlich dazu Dubiel 1994 und Pitkin 1998).

Daß dennoch zwischen politischen und nicht-politischen Fragen unterschieden werden sollte, wird keineswegs geleugnet. Nur die Art, wie Arendt diese Unterscheidung versteht und begründet, führt dazu, daß soziale Fragen bei ihr von vornherein quasi entpolitisiert werden (vgl. Villa 1996). Der Grund dieser Entpolitisierung wird in einem Konkretismus Arendts gesehen, die mit ihren Begriffen auf Gegenstände zielt und sie nicht als unterschiedliche Perspektiven auf ein und dieselbe Sache versteht (vgl. dazu Wellmer 1999: 148f., Benhabib 1998: 247ff.). So könne Armut als ökonomisches oder als politisches Problem aufgefaßt werden – dies ließe sich aber nicht theoretisch vorentscheiden.

Der dritte Einwand zielt auf die Vernachlässigung administrativer Aspekte der Politik und kritisiert den Anti-Institutionalismus Arendts. Die Koppelung des Machtbegriffs an kommunikativ, d.h. zwanglos erzielte Einverständnisse wird zwar prinzipiell begrüßt. Dennoch, so Jürgen Habermas (1991), geht Politik nicht in kommunikativer Macht auf. Eine solche Macht stehe immer in einem Spannungsverhältnis zu den administrativen Entscheidungsprozessen, die ihre Legitimität zwar aus dieser Macht schöpfen, deren Ergebnisse aber unter anderen institutionellen Gegebenheiten zustande kommen.

Gegen die *Zerfalls-These* wird vorgebracht, Arendt habe ihre normativen Grundlagen der Kritik der Moderne nicht ausreichend begründet. Ihre Version der Dialektik der Aufklärung, die im Gegensatz zur kritischen Theorie Adornos und Horkheimers, handlungstheoretisch und nicht geschichtsphilosophisch begründet wird[12], habe den Mangel, zu stark von Heideggers Fundamentalontologie geprägt zu sein. „Obwohl sich", so Seyla Benhabib (1998: 302), „Hannah Arendts Auffassung von Politik und vom Politischen ohne eine normative Position, die stark in universalistischen Menschenrechten, Gleichheit und Respekt wurzelt, kaum verstehen läßt, kann man in ihren Schriften nicht feststellen, daß sie sich um eine normative Rechtfertigung bemüht." Diese Rechtfertigung ersetzt sie durch einen „libertären Existenzialismus" (Flores d'Arcais 1993, vgl. auch Jay 1986, Canovan 1992, Kateb 1984), der die Möglichkeiten einer Rekonstruktion des rationalen normativen Gehalts der Moderne unnötig verschenke. Damit gerate sie unfreiwillig in die Nähe der Antimodernisten (vgl. Canovan 1996).

Gegen Arendts Erneuerung der *Tradition des Republikanismus* ist einerseits vorgetragen worden, daß die Verbindung eines republikanischen, am Gemeinsinn orientieren Politikbegriffs, mit der liberalen und freiheitlichen Idee subjektiver Rechte mißlingt. Im Konfliktfall", so Hauke Brunkhorst (1994: 101) „sieht sich Hannah Arendt genötigt, die moderne Gleichheit einem klassischen Verständnis politischer Öffentlichkeit zu opfern." Arendts Betonung individueller Verschiedenheit als Faktum der Pluralität lasse sich nur dann mit dem Universalismus verknüpfen, wenn eingesehen wird, daß Gleichheit Verschiedenheit einschließe. Desgleichen scheitere der Versuch des freiheitlichen Republikanismus, den klassischen Begriff des Politischen, der den Mensch als politisches Wesen beschreibt, mit der modernen Tugend des Egalitarismus in Einklang zu bringen. Letztlich führe dies zu einem elitären Politikverständnis.[13]

Auch Arendts Rückgriff auf die Antike und auf die Räteidee zur Neubegründung des Republikanismus steht dabei zur Debatte. Ihre Vorstellung eines am Rätemodell orientierten freiheitlichen Republikanismus sei, so wiederum Habermas (1991), für die ausdifferenzierte moderne Gesellschaft unangemessen.

---

12 Siehe zu Gemeinsamkeiten und Unterschieden der Analyse totaler Herrschaft von Adorno und Arendt den Aufsatz von Ahrens (1995) sowie allgemein Auer/Rensmann/Schulze-Wessel (2003).

13 Siehe dagegen zur Verteidigung Arendts die Interpretation von Bohman (1996), der auf die innere Angewiesenheit, aber auch auf die Unvereinbarkeit von Gleichheit und Differenz hinweist. Vgl. dazu auch, aus einer anderen Perspektive, Honig (1988).

4. Anschlüsse an die politische Theorie Arendts

4.1. Zeitgenössische Anschlüsse

Nachdem sich die heftige Diskussion um Arendts Arbeiten zu ihren politischen Stellungnahmen und zum Eichmann-Bericht gelegt hatten, kristallisierten sich in den 60er und 70er Jahren vor allem drei Versuche heraus, an die politische Theorie anzuschließen.

Zunächst bemerkte Jürgen Habermas (1991) in einer Rezension von Arendts „Über die Revolution" 1966 und dann zehn Jahre später in einem Aufsatz über Arendts Machtbegriff, die Bedeutung von Arendts Konzeption des öffentlichen Raumes für seine Arbeiten zum normativen Gehalt der Öffentlichkeit in der modernen Gesellschaft. Wegweisend für Habermas war vor allem Arendts Vorstellung, daß der öffentliche Raum herrschaftsfrei organisiert ist, so daß sich in ihm nichts anderes als der „zwanglose Zwang des besseren Arguments" (Habermas) durchsetzen kann. Habermas hat diese Idee in zwei Richtungen ausgebaut: Einerseits bezeichnet sie ihm zufolge den normativen Eigensinn des modernen Begriffs von Öffentlichkeit, den wir kontrafaktisch unterstellen, wenn wir uns in der Öffentlichkeit bewegen. Andererseits steht und fällt die Legitimität politischer, d.h. administrativer Herrschaft mit der tatsächlichen Herrschaftsfreiheit in diesem Raum. Eine Austrocknung der Öffentlichkeit hat dann zur Folge, daß es zu Legitimationskrisen und zu pathologischen gesellschaftlichen Erscheinungen kommt.

Einen ganz anderen Anschluß wählte der Politikwissenschaftler Dolf Sternberger (1979), der im Gegensatz zu Habermas stärker an den aristotelischen Zug in der politischen Theorie Arendts anknüpfte. Ihm zufolge trugen vor allem zwei Ideen Arendts zu einem adäquaten Politikverständnis bei: einerseits die Idee der sprachlichen Struktur von Politik, deren Autonomie im gemeinsamen Beraten zum Ausdruck kommt, andererseits die Vorstellung von menschlicher Pluralität, deren Bedeutung für das Politische darin liegt, daß im gemeinsamen Beraten die Vielheit ganz unterschiedlicher Standpunkte zur Sprache kommt. Allerdings klagte Sternberger gegenüber Arendt sowohl Ergebnisse der empirischen Politikforschung als auch die Notwendigkeit eines differenzierteren Blicks auf die antike polis ein.

Den antimetaphysischen Charaker der politischen Theorie Arendts in der Folge Heideggers hob hingegen Ernst Vollrath (1971)

als erster hervor. Die große Leistung Arendts besteht seines Erachtens vor allem darin, Heideggers Idee der Grundstruktur menschlichen Seins als In-der-Welt-Sein für politisches Denken fruchtbar
gemacht zu haben. Dieser antimetaphysische Begriff des Politischen
zeigt sich für Vollrath (1977) vor allem darin, daß die politische Urteilskraft wieder in den Mittelpunkt der politischen Theorie rückt.
Damit ließe sich zum einen der politischen Theorie ein rationales
Fundament geben. Zum anderen könne damit auch der normative
und phänomenale Eigensinn des Politischen geklärt werden.

4.2. Gegenwärtige Anschlüsse

Wenn die Heterogenität der politischen Theorie Arendts ein Hindernis für eine zeitgenössische Rezeption darstellte, so ist sie zugleich der Grund dafür, warum Arendt seit den 80er Jahren zunehmend in den Mittelpunkt der Theoriedebatte rückt. Ihre politische
Theorie des freiheitlichen Republikanismus wird dabei aus ganz
unterschiedlichen Blickwinkeln an die aktuelle Diskussion anschlußfähig gemacht.

Explizit an die Theorie des freiheitlichen Republikanismus
schließt in der Debatte um die Zivilgesellschaft die zivilgesellschaftliche Demokratietheorie von Dubiel, Rödel und Frankenberg an, die
auf die Arendt-Rezeption des zivilgesellschaftlichen Republikanismus von Lefort, Gauchet und Castoriadis (vgl. Rödel 1990 und Lefort 1997) zurückgreifen. Die zivilgesellschaftliche Demokratietheorie nimmt in erster Linie die Autonomie-These Arendts auf. Ihr zufolge läßt sich Politisches nicht durch Nichtpolitisches begründen.
Die demokratische Frage stellt sich aus diesem „Blickwinkel sä-
kularisierter Politik" (Rödel/Dubiel/Frankenberg 1989: 52) als Frage nach der Möglichkeit des Offenhaltens des Politischen angesichts der totalitären Versuche seiner Schließung. Dubiel u.a. schließen deshalb aus der Autonomie-These, daß sich öffentliche Freiheit
nach der Gründung der Republik in den Praktiken der Zivilgesellschaft niederschlagen muß, die für „die Sicherung und das Offenhal-
ten einer republikanisch-demokratischen Verfassung und der von
dieser eingehegten pluralen öffentlichen Arenen" (1989: 82) sorgt.

In der Diskussion um die Zivilgesellschaft, die in den 80er Jahren zunächst in den USA begann, sind darüber hinaus weitere Ver-

bindungen von Arendts Erneuerung der republikanischen Tradition mit anderen demokratietheoretischen Überlegungen gezogen worden. In einem der wichtigsten Bücher in diesem Zusammenhang haben Jean Cohen und Andrew Arato (1992) eine politische Theorie der Zivilgesellschaft ausgearbeitet, die sich gleichermaßen auf die Diskurstheorie von Habermas, den westlichen Marxismus und Arendts Republikanismus stützt (vgl. auch Sitton 1994).

Im Rahmen der feministischen Diskussion (vgl. Young-Bruehl 1996; Honig 1995; dagegen Kahlert/ Lenz 2001) ist Arendt vor allem dafür kritisiert worden, daß ihre Unterscheidung zwischen dem Privaten und dem Öffentlichem patriarchale Denkmuster übernimmt. Demgegenüber schlägt Seyla Benhabib vor, das Private als das Recht auf autonome Individualität und als Recht auf einen Schutz vor der Öffentlichkeit zu interpretieren und so die Unterscheidung Arendts vor dem Hintergrund der Debatten um Abtreibung, Pornographie und Homosexualität neu zu verstehen. Ohne „eine robuste Privatsphäre, die unser Bedürfnis nach Intimität, Häuslichkeit und Individualität erfüllt, würden wir nur im alles verzehrenden, grellen Licht der Öffentlichkeit existieren" (Benhabib 1998: 333).

Aus Sicht der politischen Theorie der Dekonstruktion ist vor allem Arendts Analyse der Aporie der illegitimen Legitimität des republikanischen Gründungsaktes, der als ein performativer Akt verstanden wird. Bonnie Honigs (1991) Verknüpfung von Arendts politischer Theorie mit der Dekonstruktion der Unabhängigkeitserklärung von Derrida (2000; vgl. Bonacker 2001 führt sie zwar dazu, bei Arendt einen gewissen metaphysischen Rest zu entdecken. Dennoch, so Honig, biete Arendt Anknüpfungspunkte für eine demokratietheoretisch orientierte politische Theorie der Dekonstruktion. Ähnlich argumentiert Dana R. Villa (1999), der den agonistischen Aspekt der politischen Theorie Arendts in den Vordergrund rückt und Verbindungslinien zur postnietzscheanischen Demokratietheorie von William Connolly oder Chantal Mouffe zieht.

Literatur

a. verwendete Literatur

Ahrens, Jörn (1995): Zur Faschismusanalyse Hannah Arendts und Theodor W. Adornos. Leviathan 1, 27-40.

Arendt, Hannah (1959): Rahel Varnhagen. Lebensgeschichte einer deutschen Jüdin aus der Romantik. München.

– (1963): Eichmann in Jerusalem. Ein Bericht von der Banalität des Bösen. München.

– (1970): Macht und Gewalt. München.

– (1978): Verborgene Tradition, Frankfurt a.M.

– (1979): Das Leben des Geistes. 2 Bände (Band 1: Das Denken, Band 2: Das Wollen). München.

– (1985): Das Urteilen. Texte zu Kants Politischer Philosophie. Hrsg. von Roland Beier. München/Zürich.

– (1987): Wahrheit und Lüge in der Politik. München.

– (1989): Menschen in finsteren Zeiten, München.

– (1990): Was ist Existenz-Philosophie? Frankfurt a.M.

– (1993): Was ist Politik? Fragmente aus dem Nachlaß. Hrsg. von Ursula Ludz. München/Zürich.

– (1994): Zwischen Vergangenheit und Zukunft. München.

– (2000): In der Gegenwart. Übungen im politischen Denken II, hrsg. Von Ursula Ludz. München.

Auer, Dirk/Rensmann, Lars/Schulze-Wessel, Julia (Hrsgg.) (2003): Arendt und Adorno. Frankfurt a.M.

Becker, Michael (1998): Die Eigensinnigkeit des Politischen. Hannah Arendt über Macht und Herrschaft. S. 167-182 in: Peter Imbusch (Hrsg.), Macht und Herrschaft. Sozialwissenschaftliche Konzeptionen und Theorien. Opladen.

Blum, Harald (2001): Handeln und Verantwortung. Hannah Arendts Konzept politischen Denkens. Politisches Denken 2001, 1-18.

Bohman, James (1996): The Moral Costs of Political Pluralism. The Dilemmas of Difference and Equality in Arendt's Reflections on Little Rock. S. 53-80 in: Larry May/Jerome Kohn (Eds.), Hannah Arendt. Twenty Years Later. Cambridge.

Bonacker, Thorsten (2006): Die politische Theorie der Dekonstruktion. S. 193-224 in: André Brodocz/Gary S. Schaal (Hrsgg.), Politische Theorien der Gegenwart II. Opladen.

Brunkhorst, Hauke (1994): Demokratie und Differenz. Vom klassischen zum modernen Begriff des Politischen. Frankfurt a.M.

– (1999): Hannah Arendt. München.

Canovan, Margaret (1992): Hannah Arendt. A Reinterpretation of Her Political Thought. Cambridge.

– (1996): Hannah Arendt as a Conservative Thinker S. 11-32 in: Larry May/ Jerome Kohn (Eds.), Hannah Arendt. Twenty Years Later. Cambridge.

Cohen, Jean/Arato, Andrew (Eds.) (1992): Civil Society and Political Theory. Cambridge.

Derrida, Jacques (2000): Nietzsche – Politik des Eigennamens. Berlin.

Dubiel, Helmut (1994): Ungewißheit und Politik. Frankfurt a.M.

Flores d'Arcis, Paolo (1993): Libertärer Existenzialismus: Zur Aktualität der Theorie von Hannah Arendt. Frankfurt a.M.

Greven, Michael Th. (1993): Hannah Arendt – Pluralität und die Gründung der Freiheit. S. 69-96 in: Peter Kemper (Hrsg.), Die Zukunft der Politischen, Frankfurt a.M.

Habermas, Jürgen (1991): Philosophisch-politische Profile. Frankfurt a.M.

Heidegger, Martin (1926): Sein und Zeit. Tübingen.

Hermenau, Frank (1999): Urteilskraft als politisches Vermögen. Zu Hannah Arendts Theorie der Urteilskraft. Lüneburg.

Heuer, Wolfgang (1992): Persönliche Integrität und politisches Handeln. Eine Rekonstruktion des politischen Humanismus Hannah Arendts. Berlin.

Hinchman, Lewis P./Hinchmann, Sandra K. (Hrsg.) (1994): Hannah Arendt. Critical Essays. New York.

Honig, Bonnie (1988): Arendt, Identity, and Difference. Political Theory 1, 77-99.

– (1991): Declarations of Independence: Arendt and Derrida on the Problem of Founding a Republic. American Political Science Review 1, 91-113.

– (Ed.) (1995): Feminist Interpretations of Hannah Arendts. University Park/Pennsylvania.

Jaeggi, Rahel (1997): Welt und Person. Zum anthropologischen Hintergrund der Gesellschaftskritik Hannah Arendts. Berlin.

Jay, Martin (1986): The Political Existentialism of Hannah Arendt. S. 237-256 in: Ders., Permanent Exiles: Essays on the Intellectual Migration from Germany to America. New York.

Kallscheuer, Otto (1993): Der verweigerte Dialog. Hannah Arendt und die europäischen Intellektuellen. S. 142-180 in: Peter Kemper (Hrsg.), Die Zukunft des Politischen. Ausblicke auf Hannah Arendt. Frankfurt a.M.

Kahlert, Heike/Lenz, Claudia (Hrsgg.) (2001): Die Neubestimmung des Politischen. Denkbewegungen im Dialog mit Hannah Arendt, Königstein.

Kateb, Georg (1984): Hannah Arendt: Politics, Conscience, Evil. New York.

Kubes-Hofmann, Ursula (Hrsg.) (1994): Sagen, was ist. Zur Aktualität Hannah Arendts. Wien.

Lefort, Claude (1997): Überlegungen zum Begriff der totalen Herrschaft. S. 31-53 in: Daniel Ganzfried/Sebastian Hefti (Hrsgg.), Hannah Arendt. Nach dem Totalitarismus. Hamburg.

Orozco, Teresa (1999): Zur Renaissance des Unpolitischen. Arendt-Lektüren wiedergelesen. Berliner Debatte Initial 6, 95-110.

Pitkin, Hanna Fenichel (1998): The Attack of the Blob. Hannah Arendt's Concept of the Social. Chicago.

Rödel, Ulrich (Hrsg.) (1990): Autonome Gesellschaft und libertäre Demokratie. Frankfurt a.M.

Rödel, Ulrich/Dubiel, Helmut/Frankenberg, Günter (1989): Die demokratische Frage. Frankfurt a.M.

Schindler, Roland (1996): Geglückte Zeit – gestundete Zeit. Hannah Arendts Kritik der Moderne. Frankfurt a.M.

Seubert, Sandra (2000): „Gehorsam ist etwas für Kinder und Sklaven". Zum Problem der Verantwortung bei Hannah Arendt. Berliner Debatte Initial 11, 73-81.

Sitton, John F. (1994): Hannah Arendt's Argument for Council Democracy. S. 307-329 in: Lewis P. Hinchman/Sandra K. Hinchmann (Eds.), Hannah Arendt. Critical Essays. New York.

Sternberger, Dolf (1979): Die versunkene Stadt. Über Hannah Arendts Idee der Politik. S. 109-121 in: Adelbert Reif (Ed.), Hannah Arendt. Materialien zu ihrem Werk. Wien/München/Zürich.

Villa, Dana R. (1996): Arendt and Heidegger. Princeton

– (1999): Politics, Philosophy, Terror. Essays on the Thought of Hannah Arendts. Princeton.

Voegelin, Eric (1953): The Origins of Totalitarianism. Review of Politics 1, 68-85.

Vollrath, Ernst (1971): Politik und Metaphysik. Zum politischen Denken Hannah Arendts. S. 59-84 in: Adelbert Reif (Hrsg.), Hannah Arendt. Materialien zu ihrem Werk. Wien/München/Zürich.

Vollrath, Ernst (1977): Die Rekonstruktion der politischen Urteilskraft. Stuttgart.

Walzer, Michael (1995): Was heißt zivile Gesellschaft? S. 44-70 in: Bert van den Brink/Willem van Reijen (Hrsgg.), Bürgergesellschaft, Recht und Demokratie. Frankfurt a.M.

Wellmer, Albrecht (1999): Hannah Arendt über die Revolution. S. 125-156 in: Hauke Brunkhorst/Wolfgang R. Köhler/Matthias Lutz-Bachmann (Hrsgg.), Recht auf Menschenrechte, Frankfurt a.M.

Young-Bruehl, Elisabeth (1986): Hannah Arendt. Leben, Werk und Zeit. Frankfurt a.M.

– (1996): Hannah Arendt among Feminists. S. 307-324 in: Larry May/Jerome Kohn (Eds.), Hannah Arendt. Twenty Years Later. Cambridge.

b. kommentierte Literatur

Primärliteratur

Arendt, Hannah (1955): Elemente und Ursprünge totaler Herrschaft. München 1986 [Ori.: (1951): The Origins of Totalitarianism, New York 1951].
In den Arbeiten zum Begriff und zur Funktionsweise totaler Herrschaft untersucht Arendt die gesellschaftsstrukturellen Entwicklungen, die zu den beiden Typen totaler Herrschaft, zum Nationalsozialismus und zum Stalinismus, geführt und die sich parallel zur ideengeschichtlichen Verdrängung des Politischen vollzogen haben.

Arendt, Hannah (1965): Über die Revolution, München 1974 [Ori.: (1963): On Revolution, New York 1963].
Hier stellt Arendt die amerikanische und der französische Gründung der Republik gegenüber und führt die Idee des freiheitlichen Republikanismus in systematischer und historischer Hinsicht aus.

Arendt, Hannah (1967): Vita activa oder Vom tätigen Leben. München 1981 [Ori.: (1958): The Human Condition, Chicago 1958].
Hier entwirft Arendt ihre handlungstheoretisch begründete These von der Autonomie des Politischen im Anschluß an die aristotelische Unterscheidung von Arbeiten, Herstellung und Handeln. Sie rekonstruiert die Autonomie des Politischen in einer ideengeschichtlichen Auseinandersetzung mit der europäischen Tradition des politischen Denkens und seiner Geringschätzung des Politischen, die mit der antiken Idee der polis kontrastiert wird.

Arendt, Hannah (1986): Zur Zeit. Politische Essays. Berlin.
In diesem Band sind einige der wichtigsten politisch-publizistischen Arbeiten Arendts versammelt wie ihr Bericht über den ersten Deutschlandbesuch nach Ende des zweiten Weltkrieges, ihre kontroverse Einschätzung zu den administrativen Versuchen der Aufhebung der Rassentrennung in den Vereinigten Staaten oder ihre Thesen zur Bedeutung und Legitimität zivilen Ungehorsams.

Arendt, Hannah (2002): Denktagebuch 1950-1973. Zwei Bände. Hrsgg. von Ursula Ludz und Ingeborg Nordmann. München.
In ihren Denktagebüchern hat Hannah Arendt Exzerpte, kürzere Texte, Eindrücke und Gedanken festgehalten, die zum Teil im veröffentlichten Werk enthalten sind, die aber vor allem die Kontinuitäten der Themen und Motive von Arendt dokumentieren.

Sekundärliteratur

May, Larry/Kohn, Jerome (Eds.) (1996): Hannah Arendt – Twenty Year Later. Cambridge.
Zu Arendts politischer Theorie finden sich in diesem Sammelband vor allem die Aufsätze von Albrecht Wellmer über den Urteilsbegriff, von James Bohman über die Antinomie von Gleichheit und Differenz bei Arendt und von Margaret Canovan über Arendt als Konservative. Darüber hinaus bietet der Band einen guten Einblick in die unterschiedlichsten Facetten der Arendt-Diskussion.

Benhabib, Seyla (1998): Hannah Arendt. Die melancholische Denkerin der Moderne. Hamburg.
Hier handelt es sich um eine Interpretation der politischen Philosophie Arendts vor dem Hintergrund der Diskurstheorie, die sehr gut geschrieben ist und sich auch als Einführung in das Denken Arendts lesen läßt. Im Mittelpunkt steht das Spannungsverhältnis zwischen den modernistischen und antimodernistischen Zügen in Arendts Theorie.

Grunenberg, Antonia (Hrsg.) (2003): Totalitäre Herrschaft und republikanische Demokratie. Fünfzig Jahre „The Origins of Totalitarianism" von Hannah Arendt. Unter Mitarbeit von Stefan Ahrens und Bettina Koch. Frankfurt a.M.
Der Band versammelt Beiträge, die sich mit dem Gehalt, der Aktualität und der Rezeption von Arendts Studie „Elemente und Ursrpünge totaler Herrschaft" beschäftigen. Im Mittelpunkt steht dabei das Spannungsverhältnis zwischen den selbstdestruktiven und selbsterhaltenden Tendenzen moderner Demokratien.

Grunenberg, Antonia (2003): Hannah Arendt, Freiburg.
Das Buch ist eine kompakte Einführung in das Werk und Leben Hannah Arendts mit einem Schwerpunkt auf die politische Theorie und Gegenwartsdiagnostik Arendts.

Reif, Adelbert (Hrsg.) (1979): Hannah Arendt. Materialien zu ihrem Werk. Wien/ Zürich/München.
Der Band versammelt viele klassische Aufsätze zu Arendt (u.a. von Sternberger, Habermas, Vollrath, Hobsbawm oder Jonas) aus der ersten Rezeptionsphase.

Schulze Wessel, Julia (2006): Ideologie der Sachlichkeit. Hannah Arendts politische Theorie des Antisemitismus, Frankfurt a.M.
In ihrer Studie interpretiert die Autorin Arendts Eichmann-Buch vor dem Hintergrund ihrer Arbeiten zur totalen Herrschaft und macht deutlich, dass Arendts Beschreibung der Genese des moderner Antisemitismus ein zentrales Element ihrer politischen Theorie darstellt.

Kapitel VI
Die politische Theorie des Konservatismus: Michael Oakeshott

Michael Becker

Inhalt

1. Einleitung

Neben Michael Oakeshott läßt sich so schnell kein politischer Philosoph des 20. Jahrhunderts nennen, dessen gegenwärtiger Wirkungs- und Bekanntheitsgrad in einem derart krassen Mißverhältnis zu der großen Bedeutung steht, die seinem Werk vor nicht allzu langer Zeit zugebilligt worden ist. Über die Ursachen dieses Sachverhaltes läßt sich nur spekulieren. Einer der ausschlaggebenden Gründe mag gewesen sein, daß Oakeshotts politisches Denken in gewisser Weise immer unzeitgemäß war. Das gilt in ganz besonderem Maße für sein Hauptwerk *On Human* Conduct. Es erschien 1975, also zu einem Zeitpunkt, da John Rawls' *Theorie der Gerechtigkeit* gerade eine Renaissance der zwischenzeitlich schon totgesagten politischen Philosophie eingeleitet, diese aber zugleich in liberale Bahnen gelenkt und zudem auf das vertragstheoretische Paradigma eingeschworen hatte. Eigensinnige Ansätze wie derjenige Oakeshotts, der trotz seiner gelegentlichen Nähe zu Hobbes keinesfalls dem Kontraktualismus zuzurechnen ist, gerieten so schnell in eine Randlage. Zusammen mit einer vergleichsweise hermetischen Sprache und einer erschwerten Zuordnung innerhalb des Theorie-Kanon konnte außerdem der Eindruck entstehen, hier handele es sich um ein höchst idiosynkratisches und nicht unbedingt auf Verständigung angelegtes Unterfangen. Oakeshotts politische Philosophie harrt deshalb gegenwärtig, vor allem in Deutschland, einer ihr gebührenden Würdigung.

Michael Oakeshott wurde 1901 als Sohn einer Krankenschwester und eines Postmeisters geboren (vgl. Grant 1990: Kap. 1). Als Student widmete er sich er sich dem Studium der Geschichte und der Theologie, weswegen er in den zwanziger Jahren des vergangenen Jahrhunderts auch zweimal Deutschland besuchte. Sein Hauptinteresse galt jedoch der Philosophie. *Experiences and Its Modes*, Oakeshotts philosophisches Hauptwerk aus dem Jahre 1933, war stark beeinflußt vom britischen Idealismus McTaggarts und Bradleys, womit er sich von dem damals dominierenden Logischen Positivismus schroff absetzte. Eine der wesentlichen Aussagen dieses Frühwerks besteht in dem Aufweis der Inkommensurabilität der verschiedenen Erfahrungsweisen der Welt, der wissenschaftlichen, der historischen und der praktischen (später wird Oakeshott noch die poetische hinzufügen), und in einem Verständnis von Philosophie, das einerseits die Unterschiedlichkeit dieser Weltwahrnehmungen reflexiv werden lassen kann, das aber andererseits selbst nicht praktisch werden kann.

Unmittelbar nach dem 2. Weltkrieg erfolgt die Veröffentlichung einiger der bekanntesten Aufsätze von Oakeshott: die berühmte „Einleitung" zu Hobbes' *Leviathan* (1946), „Rationalism in Politics" (1947) und „Political Education" (1951). Dieser Aufsatz basiert auf seiner Antrittsvorlesung an der London School of Economics, wo Oakeshott seit 1950 Politikwissenschaft lehrte. Mit „On being conservative" und „The voice of poetry in the conversation of mankind" wurden Mitte bzw. Ende der fünfziger Jahre weitere wichtige Arbeiten publiziert. 1962 erschien die erste Ausgabe der Aufsatzsammlung *Rationalism in Politics* (eine erweiterte Neuausgabe erschien 1991), die die meisten der voranstehend genannten und eine ganze Reihe zusätzlicher Schriften enthielt. 1975 veröffentlichte Oakeshott, gleichzeitig mit *Hobbes on Civil Association*, einer Sammlung seiner Arbeiten über Hobbes, *On Human Conduct*, die in vielen, jedoch nicht allen Hinsichten endgültige Fassung seiner Politischen Philosophie. 1983 ist mit *On History and other Essays* eine weitere Sammlung mit dem wichtigen Aufsatz „The Rule of Law" erschienen. 1990 ist Oakeshott gestorben.[1]

---

1 In der deutschsprachigen politischen Philosophie werden Oakeshotts Arbeiten so gut wie gar nicht rezipiert. Die nennenswerte Ausnahme ist hier Vollrath (1987). Keine Behandlung und z.T. noch nicht einmal eine Erwähnung finden sie z.B. in Dubiel (1985) und (1987), Ballestrem/Ottmann (1990), Lieber (1993), Neumann (1995), Stammen/Riescher/Hofmann (1997), Kersting (2000) und Horn (2003). Allerdings ist Oakeshott auch nicht vertreten in dem Band von Goodin/Pettit (1997), der immerhin eine Sammlung von „kanonischen" Texten aus der zweiten Hälfte des 20. Jahrhunderts zu sein beansprucht. Siehe dagegen Parekh (1996), der aber unverständlicherweise *On Human Conduct* unerwähnt läßt. Es existieren bis dato keine deutschsprachigen „Einführungen". An deutschsprachigen Texten stand lange Zeit nur *Rationalismus in der Politik*, die 1962 erschienene Übersetzung der ersten Auflage von *Rationalism in Politics* zur Verfügung. Allerdings ist mittlerweile unter dem Titel *Zuversicht und Skepsis* (Oakeshott 2000) ein großer, postum veröffentlichter Essay über die „Zwei Prinzipien neuzeitlicher Politik" ins Deutsche übertragen worden; empfehlenswert ist die darin enthaltene „Einleitung" von Wilhelm Hennis. Nach dem Tode Oakeshotts herausgegeben wurden auch die beiden kleineren Sammelbände (1993a) und (1993b). Die Herausgabe weiterer, bis dato unveröffentlichter Schriften ist angekündigt.

2.   Das Konzept der Politik als konservative Praktik

2.1.   *Was heißt es, konservativ zu sein?*

In Zeiten, in denen politische und soziale, kulturelle und ökonomische Veränderungen und Umwälzungen in immer kürzeren Intervallen auftreten, scheint der Konservatismus eine Art Verweigerungshaltung zu verkörpern, eine Ideologie für die Rückwärtsgewandten und Modernisierungsskeptiker zu sein. Betrachtet man den politischen Konservatismus vor diesem Hintergrund als ein neuzeitliches Phänomen, dann kann man ihn ganz allgemein als eine Reaktion auf die Erfolge des Liberalismus verstehen und bis in die zweite Hälfte des 17. Jahrhunderts zurückverfolgen. Begreift man den Konservatismus konkret als Antwort auf die Theorie und Praxis der französischen Revolution, so ist er jüngeren Datums und seine Geburtsstunde läßt sich dann z.B. mit Edmund Burkes *Betrachtungen über die Französische Revolution* von 1790 oder mit der Herausgabe der Zeitschrift *Le Conservateur* durch Chateaubriand zwischen 1818 und 1820 in Verbindung bringen.

Karl Mannheim (1984: Kap. 2) hat deshalb einen „Traditionalismus" (oder auch „natürlichen" Konservatismus), verstanden „als ein vegetatives Festhalten am Althergebrachten", unterschieden von einem „modernen" Konservatismus als objektiver Sinn- bzw. „Strukturzusammenhang".[2] Aber diese Position, die den Konservatismus chronologisch exakt verorten will, muß nicht zwingend eingenommen werden. Denn es läßt sich auch die Auffassung vertreten, konservative Anschauungen verkörperten so etwas wie eine Konstante des politischen und sozialen Lebens, zumindest seitdem sich gesellschaftliche Veränderungen beobachten oder bewußt herbeiführen lassen. Dies muß nicht bedeuten, daß es *inhaltliche* konservative Positionen dann deshalb nicht geben kann, weil „konservativ" immer nur dasjenige wäre, was sich jeweils zu einem bestimmten Zeitpunkt und in einem konkreten soziopolitischen Umfeld gegen „progressive" Tendenzen, Projekte oder Resultate wendet. Das ist zumindest

---

2   „Konservatismus" heißt bei Mannheim die „historisch und soziologisch erfaßbare Kontinuität, die in einer bestimmten soziologischen und historischen Situation entstanden ist und in unmittelbarem Konnex mit dem historisch Lebendigen sich entwickelt" (1984: 97).

nicht Oakeshotts Ansicht. In *Zuversicht und Skepsis*, wo „Zuversicht" kennzeichnend für einen progressiv-planenden und „Skepsis"
für einen (ordnungs-)bewahrenden Politikstil ist, heißt es, es sei am
angemessensten, „wenn man beide Politikstile als die Stiefkinder jener Machterweiterung (in den Händen der Regierung, M.B.) bezeichnet, die am Beginn der Neuzeit steht" (Oakeshott 2000: 95).
Beide sind zunächst unabhängige, aber dann doch aufeinander bezogene Weltsichten. Wenn nun aber der Konservatismus als skeptischer
Politikstil nicht bloß „reagiert", dann muß sich auch eine Art konservatives Credo benennen lassen. Quinton (1993) hat es in den folgenden drei Punkten zusammenzufassen versucht:

1. Ein ausgeprägter *Traditionalismus* im Sinne einer Beibehaltung
   bisheriger Praktiken (siehe dazu Kap. 2.3) auf dem Gebiet der
   Politik. Politische Änderungen, zumal einschneidende, seien für
   die von ihnen unmittelbar Betroffenen immer mit beträchtlichen
   Unannehmlichkeiten verbunden, weil ein mehr oder weniger
   großer Teil der politisch bestimmten Lebenswelt nun nach anderen, erst noch gewöhnungsbedürftigen Regeln funktioniere.
   Darüber hinaus und vor allem sei nicht auszuschließen, sondern
   sogar wahrscheinlich, daß gravierende Neuerungen oft unintendierte negative Folgen nach sich ziehen, die den Mehrwert der
   Reformen wieder aufwiegen, zumindest aber schmälern können. Und schließlich ließen sich fast immer konkrete Beispiele
   letztlich gescheiterter Großprojekte (Französische Revolution;
   Russische Revolution) anführen, die das Beibehalten bewährter
   Praktiken als klug erscheinen lassen. Dieser reflektierte, nicht
   „vegetative" Traditionalismus ist vor allem bedingt durch
2. eine grundlegende *Skepsis* gegenüber politischem Wissen, insofern es sich, ausgehend von universalistischen Vorstellungen
   des Rechten bzw. Richtigen, die Konstruktion „guter Gesellschaften" zutraut: diesbezüglich gebe es keine ‚Blaupausen', so
   der Konservatismus, auch nicht solche, die in einem universalen
   Rechtekatalog zentriert sind. Maßstabsetzend seien dagegen
   konservative „Werte" wie individuelle Freiheit und Gleichheit
   und in erster Linie natürlich Sicherheit.
3. Die *organizistische* Auffassung des Verhältnisses von Individuum und Gesellschaft ist ein Hauptgrund für das Spannungsverhältnis des Konservatismus zum Liberalismus (mit dessen klassi-

scher Variante er jedoch gelegentlich gleichgesetzt wird), bei
dem die Einzelnen nicht selten als Atome bzw. als „ungebundenes Selbst" aufgefaßt werden. Das Hervorheben der sozialen
Eingebundenheit der Individuen dagegen läßt den Konservatismus denn auch als Vorläufer des Kommunitarismus oder umgekehrt: einige Varianten des letzteren als konservative Theorien
erscheinen.

Dieser 3-Punkte-Katalog läßt einerseits ein grobes Schema der
konservativen Ideologie erkennen, läßt aber andererseits noch genügend Spielraum für regionale oder historische Varianten, etwa
für die sich in unterschiedlichen Souveränitätskonzepten ausdrük-
kende Unterscheidung eines britischen und eines amerikanischen
Konservatismus (vgl. Devigne 1994: Kap. 6).

Darüber hinaus dürfte deutlich geworden sein, daß das konservative Weltbild nicht, zumindest nicht notwendigerweise, „reaktionär" ist, es will nicht „die Uhr zurückdrehen", sondern es tritt für
die Erhaltung des status quo ein und kann sogar – in Maßen –
Neuerungen akzeptieren. Schließlich impliziert eine konservative
Position, außenpolitisch gesehen, nicht unbedingt eine imperialisti-
sche Haltung.[3]

Was Oakeshott angeht, so konstruiert er kein kohärentes Ge-
dankengebäude des Konservatismus, weil sich dann das konservative Denken seinerseits als *rationaler* Gegenentwurf zu konkurrierenden Ideologien präsentieren würde. Oakeshott (1991b: 408)
spricht statt dessen vom Konservatismus als einer „Neigung" („disposition") und definiert ihn folgendermaßen: „To be conservative,
then, is to prefer the familiar to the unknown, the tried to the un-
tried, fact to mystery, the actual to the possible, the limited to the
unbounded, the near to the distant, the sufficient to the superabun-
dant, the convenient to the perfect, present laughter to utopian
bliss." „Konservativ sein" meint dann eine Neigung zur Skepsis,
die sich, lebenszyklisch gesehen, im eher fortgeschrittenen Alter

---

3   Im Unterschied zu der damit vorgenommenen Abgrenzung des Konservatismus
     gegenüber reaktionärer Politik rechnet Hirschman (1995) die Warnung vor den
     unintendierten (negativen) Nebenfolgen rationaler politischer Planung durchaus
     der Rubrik der „Sinnverkehrungsthese" innerhalb der „Rhetorik der Reaktion" zu.
     Speziell zum deutschen politischen Konservatismus, der sich nicht umstandslos
     der oben gegebenen Definition fügt, siehe Göhler/Klein (1993: 317ff.).

eines Menschen einstellt. Und dies weitgehend unabhängig davon, ob sich zu einem bestimmten Zeitpunkt ökonomische Motive zur Beibehaltung des status quo herausgebildet haben oder nicht. Denn der skeptische Konservatismus entsteht vor allem aus der Erfahrung heraus, daß der Mensch, als ein in vielerlei Hinsichten zunächst „noch nicht festgestelltes Tier", die komplexen institutionellen, soziokulturellen und politischen Bedingungen seiner individuellen Identität zu schätzen gelernt hat.[4]

2.2. Politischer Anti-Rationalismus und politischer Diskurs

Einer der zentralen Aspekte des politischen Konservatismus im allgemeinen und desjenigen Oakeshotts im besonderen ist die harsche Kritik an rationalen Gesellschafts- bzw. Politikmodellen. ‚Rationalisten' auf dem Feld des Politischen (vgl. Oakeshott 1991c) seien zum einen ihrerseits Skeptiker was die Brauchbarkeit des Überlieferten, der Gewohnheiten und der Meinungen für die Begründung und Bewahrung einer politischen Ordnung angehe. Zum anderen seien sie aber optimistisch hinsichtlich der Leistungsfähigkeit der Vernunft, ‚erste' Prinzipien eines geordneten Zusammenlebens zu benennen. Der politische Rationalismus, so Oakeshott, kenne zwei Stufen der ‚Herstellung' einer gerechten oder anderweitig idealen Gesellschaft: zunächst müsse eine vernünftige Lehre entwickelt, eine Ideologie ‚gemacht' werden, und dann müsse dieses Konstrukt auf die existierende Gesellschaft angewendet werden. Der Rationalist verfährt also bei der ‚Gründung' einer neuen Gesellschaft wie ein Ingenieur, der ein technisches Problem zu lösen hat. Er greift auf theoretisches, erfahrungsunabhängiges Wissen zurück, das sich in Regeln zusammenfassen läßt, und läßt sich davon bei seinem Projekt der (Um-)Gestaltung der Gesellschaft leiten. Gegenüber Archer (1979) ist jedoch zu betonen, daß diese „Ratio-

---

4   Deshalb ist die Auffassung des Konservatismus als „Ausdruck und Agentur mächtiger gesellschaftlicher Interessen, die sich gegen Emanzipationsbestrebungen richten", als „Sichtweise", die „vom realen Elend der Unterklasse ab(sieht)", also eine rein ökonomische Perspektive, viel zu eng. So aber Fritzsche (1995: 181 bzw. 182).

nalismus"-Kritik sich nicht gegen die rationalen oder vernünftigen Potentiale in Traditionen oder Praktiken wendet, sondern nur gegen jene Theorien, die diese existierenden Praktiken durch rationalistische, erfahrungsfreie Gesellschaftsentwürfe ersetzen wollen.

Oakeshott versteht seine Aufgabe in *On Human Conduct* als diejenige eines *Theoretikers*, der die Bedingtheit menschlichen Tuns aufklären möchte. Als solcher unterscheidet er sich grundlegend von einem *Philosophen* (vor allem im Sinne der „philosophes" der französischen Aufklärung), wie mit Bezug auf Platons Höhlengleichnis darlegt wird. Dem Theoretiker Oakeshottscher Provenienz entspricht in der platonischen Gleichnisdramaturgie derjenige Gefangene, der sich von seinen Fesseln hat befreien können und der entdeckt, daß die Schatten auf der Wand, auf die die Gefangenen gezwungenermaßen blicken müssen, durch ein Feuer, das hinter ihrem Rücken brennt, ‚verursacht' werden. Diese Art des Erkenntnisfortschritts, der Einsicht in die Bedingtheit sinnlicher Wahrnehmung, genügt dem Theoretiker. Der Philosoph dagegen sieht darin lediglich ein Etappenziel auf dem Weg zum wahren Wissen, das die ideelle „Bedingtheit der Bedingungen" des Wahrnehmens umfaßt. Diese auf Letztbegründung ausgerichtete philosophische Attitüde kann dann ‚tieferes' Wissen erlangen, muß aber damit rechnen, daß dieses Wissen bei den in der Höhle Verbliebenen, um das Mindeste zu sagen, auf Unverständnis stößt. Zu Recht, sagt Oakeshott, denn was solle z.B. ein im Umgang mit Pferden Vertrauter von jemandem halten, der vorgibt, er sei ein guter Reiter oder Pferdezüchter, nur weil er die *Idee* des Pferdes kenne? Dasselbe Mißtrauen müsse dem entgegenschlagen, der von einer „Idee" der gesellschaftlichen Organisation oder eines Staates spreche.

Als Vertreter des politischen Rationalismus werden neben Platon auch Descartes, Machiavelli, Locke, die intellektuellen Gründerväter der USA – Hamilton, Madison und Jay sowie Jefferson – und schließlich Marx und Engels genannt. Die sicher überraschende Zuordnung von Locke, Hamilton u.a. sowie Jefferson zum rationalistischen Lager ergibt sich aus den naturrechtlichen Implikationen ihrer Auffassungen, die Oakeshott ebenfalls als erfahrungsunabhängige Konstrukte begreift.[5]

---

5   Allerdings bringt diese Position die Gefahr mit sich, den Rationalismusvorwurf auch auf Oakeshotts Gewährsmann Hobbes ausweiten zu müssen. Denn Hobbes

Der kritisierte politische Rationalismus läßt sich besonders gut anhand seines für ihn typischen Sprachgebrauchs studieren. Dessen Vorbild, so Oakeshott, sei der naturwissenschaftliche Diskurs und sein Ziel bestehe in der möglichst ausschließlichen Verwendung einer *demonstrativen* Sprache. In diesem Rahmen seien „wahre", über jeden Zweifel erhabene, weil meinungsunabhängige Aussagen zu machen – entweder weil man, wie im platonischen Idealismus, über einen als unveränderlich betrachteten universalen Maßstab verfügt oder aber weil man ausreichend empirische Informationen über das menschliche Verhalten und die gesellschaftliche Verhältnisse zu haben glaubt, um z.b. Aussagen über den ‚notwendigen' Gang der Geschichte machen zu können.

Diesen Versuch einer Verwissenschaftlichung des politischen Diskurses durch den „demonstrativen" Sprachgebrauch lehnt Oakeshott ab; er hält allein den *argumentativen* Sprachgebrauch[6] dem Bereich des Politischen für angemessen. „Argumente" sollen der Überzeugung eines Zuhörers oder eines Publikums in einer Sache dienen, in der es unerschütterliche Beweise gerade nicht gibt – und dies sei bei politischen Fragen in hohem Maße der Fall. Ein Argument müsse zweierlei leisten: Zum einen müßten die Konsequenzen einer bestimmten Antwort auf eine konkrete Problemlage dargelegt werden; zum anderen müßten die vermuteten Folgen einer geplanten Handlung mit den gesellschaftlichen Vorstellungen von „gut" und „schlecht" in Verbindung gebracht werden. Die Eigenart

---

hatte im 26. Kapitel des Leviathan (1996: 226) von den staatlichen („positiven") und den natürlichen Gesetzen gehandelt und behauptet, sie schlössen sich einander ein, weil „das Naturgesetz in allen Gemeinwesen der Welt ein Teil des staatlichen Gesetzes (ist)". Oakeshott entschärft diese Situation dadurch, daß er Hobbes' natürliche Gesetze *nicht* als vernünftigerweise unbestreitbare universale Ansprüche an politische Ordnungen versteht. Denn dann müßte man auch einen *Autoren* – condition sine qua non eines jeden Gesetzes bei Hobbes – angeben können. Die Antwort, dies sei ein allmächtiger Gott, ziehe aber im *Leviathan*, so Oakeshott (1991d: 322ff.), folgende Schwierigkeit nach sich. Hobbes ist dort der Auffassung, Gottheiten seien generell das Ergebnis menschlicher Projektionen. Aber während z.B. der Wunsch nach der Erklärung des Ursprungs der Welt eine „vernünftige" Projektion sei, sei derjenige nach einem gnädigen („providential"), sich im natürlichen Gesetz artikulierenden Gott eine Projektion des „Begehrens" eines Teiles der Menschheit. Gott kann also nur für diejenigen der Autor der natürlichen Gesetze sein, die ihn als einen vorsorgenden Gott anerkennen bzw. an ihn glauben.

6 Beide Begriffe entnimmt Oakeshott der *Rhetorik* des Aristoteles.

solcher nicht demonstrativer Argumente, die von wahrscheinlichen
Folgen ausgehen und allgemein geteilte Wertvorstellungen berücksichtigen, liegt auf der Hand, denn „strictly speaking, they cannot
be ‚refuted' at all. They may be resisted by arguments of the same
sort which, on balance, are found to be more convincing." (Oakeshott 1991e: 79). Oakeshotts Analyse der „Sprachverwirrung im
politischen Denken" (A. Hayek) hat einen konservativen Bezugspunkt insofern, als er die Verlustrechnung der seiner Auffassung
nach bereits weitgehend vollzogenen Umstellung des Diskurses in
der politischen Theorie auf ein neues, unangemessenes Idiom legt.

2.3. Praktik, bürgerliche Vereinigung und politische Erziehung

Ein zentraler Begriff in Oakeshotts Interaktionstheorie ist die
„Praktik" („practice"). Darunter versteht er „a set of considerations,
manners, uses, observances, customs, standards, canon's maxims,
principles, rules, and offices specifying useful procedures or de-
noting obligations or duties" (Oakeshott 1975: 55). Eine Praktik setzt
selbstbewußte Individuen voraus, die vor dem Hintergrund aner-
kannter sozialer Verpflichtungen angemessen in kontingenten Situationen handeln. Der dabei gebrauchte Handlungsbegriff ist zu unterscheiden sowohl von einem deterministischen Konzept des Verhaltens als auch vom Konzept der „Situationslogik", nach dem Akteure in gegebenen Umständen immer ihre individuellen Präferenzen
optimal zu befriedigen versuchen. Überdies besitzt das „Tun"
(„conduct")[7] immer auch eine nicht-intentionale Komponente, weil

---

7   Der Begriff „human conduct" bzw. „conduct inter homines" ist schillernd. An
    einer Stelle (Oakeshott 1976: 365) heißt es, „I mean by ‚human conduct' ac-
    tion and utterance which seeks the satisfaction of some substantive want or
    promotes some substantive interest in a transactional or a co-operative rela-
    tionship between agents". Keinesfalls also darf „conduct" übersetzt werden mit
    „Verhalten" in einem behavioristischen Sinne; aber auch andere Übersetzun-
    gen wie „Führung" oder „Betragen" sind unangemessen. Am ehesten ließe sich
    „conduct" noch mit „Handeln" wiedergeben. Dagegen spricht jedoch, daß
    „Handeln" zum einen zu starke teleologische bzw. intentionale Implikationen
    besitzt und zum anderen die in „conduct" immer mitenthaltene Aktivität des
    Sprechens, sozusagen die „Sprechhandlung" ausgeblendet wird. Deshalb wird

es hierbei auch um einen „agent disclosing and enacting himself in performances" (Oakeshott 1975: 36) geht. Der Bedeutungsüberschuß von „conduct" gegenüber den intentionalen Handlungskonzepten besteht also darin, daß das „Tun" immer auch dramaturgische Elemente enthält. Es dient nicht nur der Bedürfnisbefriedigung oder dem ‚Zusammenhandeln', sondern enthüllt zugleich, wer einer ist, und zwar dadurch, wie er sich des Ausdrucksmittels, der ‚Sprache' einer Praktik bedient.

„Tun" umfaßt nun aber nicht nur regelgeleitete Handlungen und Interaktionen in der sozialen Welt. Denn „Sprechen" ist selbst eine Form des Tuns, wie sich an den institutionalisierten Formen des Sprechens, dem „Versprechen", dem „Taufen", dem „Verurteilen" etc. leicht verdeutlichen läßt. Das Sprechen kann verständigungsorientiert bzw. auf Überzeugung ausgerichtet („persuasive") sein – das zeigte sich ja bereits an Oakeshotts positiver Bezugnahme auf die Rhetorik –, indem es anschlußfähig für die Äußerungen oder Handlungen anderer ist. Wenngleich einzuräumen ist, daß das Sprechen häufig wohl in einer helfenden („auxiliary") Funktion auftritt, in dem es individuelle Handlungen anderer „erklärt". So gesehen sind bei Oakeshott durchaus Ansätze einer Theorie des kommunikativen Tuns erkennbar.

Die erwähnten Elemente einer Praktik stellen den Rohstoff dar für eine besondere Art intersubjektiver Beziehung: die „bürgerliche Vereinigung" („civil association"). Durch die Analyse einer sog. „Unternehmens-Vereinigung" („enterprise association") wird zunächst geklärt, was eine bürgerliche Vereinigung *nicht* ist. Beide Assoziationstypen verkörpern, so Oakeshott, bis zu einem gewissen Grade Idealisierungen, aber sie sind keine reinen, in einem Ideenhimmel angesiedelten Konstrukte, sondern eher Realabstraktionen. Eine Unternehmens-Vereinigung (vgl. Oakeshott 1975: 112-18) besteht aus Akteuren, die sich zwecks Befriedigung individueller oder gemeinsamer Bedürfnisse zusammenschließen. Die Beziehungen, die diese Unterhändler („bargainer") untereinander unterhalten, sind in einer spezifischen Weise durch Regeln bestimmt, die von allen Beteiligten anerkannt werden: diese Regeln sind erstens nicht dazu geeignet, diesen Assoziationstyp zu charakterisie-

---

im Zusammenhang mit „conduct" im weiteren jeweils von „Tun" die Rede sein.

ren, denn die Besonderheit dieser Vereinigung resultiert aus den
Zwecken oder dem Zweck, den ihre Mitglieder gemeinsam verfolgen. Deshalb stehen die *Interaktions*regeln in einem kontingenten
Verhältnis zu den jeweils gesetzten Zwecken. Diese Regeln werden
zweitens auch nicht um ihrer selbst willen geachtet, sondern als
allgemein anerkannte Bedingungen, unter denen die jeweiligen individuellen Bedürfnisse optimal realisiert werden können.

Eine bürgerliche Vereinigung ist im Unterschied dazu keine *substantielle*, auf irgendeinen Zweck ausgerichtete, sondern eine *formale*
Beziehung nicht der Unterhändler, sondern der „Bürger" („cives").
Diese teilen eine aus Gewohnheiten, Bräuchen und einer gemeinsamen Sprache bestehende „Praktik" (s.o.), der gemäß nur dann gehandelt werden kann, wenn sie zuvor erlernt und vor allem verstanden
worden ist. Die Kommunikation zwischen den Mitgliedern der bürgerlichen Vereinigung muß sich darüber hinaus grundsätzlich von
derjenigen innerhalb einer Vereinigung von Unterhändlern unterscheiden. Da die Bürger keine Zweckgemeinschaft zur Erreichung
konkreter Ziele bilden, kann ihr spezifischer Kommunikationsmo-
dus, so Oakeshott, auch nicht von Zweckrationalität und Kalkulation dominiert sein. Die Bürger kommunizieren vielmehr über die
Art und Weise ihrer rechtlichen Verbundenheit, d.h. sie versuchen,
sich gegenseitig von der Plausibilität ihrer Deutungen der Rechtsregeln zu überzeugen. Sie sprechen also in einem „argumentativen"
und nicht in einem „demonstrativen" Stil, weil es in Fragen des
Rechts keine (Tatsachen-)Wahrheiten zu entdecken gibt. Die Bürger betreiben im Rahmen dieser auf das Recht bezogenen Unterre-
dung das, was Oakeshott „the pursuit of intimations" nennt. Darunter ist eine – im Unterschied zum Problem der unmittelbaren
Regelanwendung – handlungsentlastete (kritische) Untersuchung
der rechtlichen Ordnung in dem Bemühen zu verstehen, die sehr
wahrscheinlich in ihr (noch) enthaltenen Widersprüchlichkeiten
allmählich zu glätten und dem Recht so mehr Kohärenz zu verleihen.[8]

---

8   Die Aufhebung der rechtlichen Diskriminierung von Frauen dient Oakeshott
    zur Illustrierung dieser eher interpretativen, auf keinen Fall aber deduktiven
    Vorgehensweise: „Arguments drawn from abstract natural right, from ‚justice', or
    from some general concept of feminine personality, must be regarded as either
    irrelevant, or as unfortunately disguised forms of the one (!) valid argument;

Im Zusammenhang mit der Analyse des Tuns und den Praktiken war implizit unterstellt, daß dieses zwar nicht determinierte, aber doch in gewisse Bahnen gelenkte Handeln erlernt werden müsse. In Oakeshotts diesbezüglichen Ausführungen kehrt ein oben erwähnter Aspekt konservativen Denkens insofern wieder, als es ihm dabei weniger um die Formulierung einer eigenen Theorie, einer Anleitung zur richtigen Erziehung als um die Kritik verfehlter Ansätze geht. Und es ist nicht überraschend, daß eine verfehlte politische Erziehung nun mit einem *falschen* Selbstverständnis politischer Lehren in Verbindung gebracht wird. Im Kontext seiner Rationalismus-Kritik wurde deutlich, daß Oakeshott vor allem Letztbegründungen z.B. einer staatlichen Ordnung, losgelöst von jeglicher gesellschaftlicher Praxis, für maßlos hält. In Sachen angemessener Erziehung führt er aus, daß die (meisten) politischen Ideologien keine vollkommen erfahrungsfreien Vernunftkonstrukte verkörpern, sondern Idealisierungen realer politischer Verhältnisse. Als solche seien sie durchaus sinnvoll, da sie einer Gesellschaft gewissermaßen den Spiegel vorhalten könnten. Allerdings würden politische Lehren oder Ideologien, wie insbesondere der Marxismus, nicht nur als Blaupausen für die ideale Gesellschaft begriffen, sondern zugleich auch als Handlungsanleitungen dafür, wie die idealen (‚guten‘) Verhältnisse herbeigeführt werden könnten. Politische Erziehung bestünde demnach ausschließlich in der Vermittlung theoretischen und nicht praktischen (im Sinn von: auf eine Praktik bezogen) Wissens.

Nichts könnte einer bürgerlichen Vereinigung im Sinne Oakeshotts abträglicher sein. Denn genauso wenig wie ein Kochbuch aus einem im Kochen Ungeübten einen guten Koch mache, so könne eine Ideologie aus sozusagen a-politischen Individuen gute Bürger machen (Oakeshott 1991f: 59). Was politische Erziehung statt dessen zu vermitteln hat, ist zunächst die Morphologie einer tradierten Praktik bzw. die Modalitäten einer bürgerlichen Vereinigung. Alleine die Vermittlung dieses Wissens hat, so Oakeshott, ihre eigenen Schwierigkeiten, weil eine konkrete Praktik niemals vollkommen objektiviert werden und auch nicht definitiv abgeschlossen sein kann. Politische Erziehung erschöpft sich jedoch nicht in die-

---

namely that there was an incoherence in the arrangements of society which pressed convincingly for remedy" (1991: 57).

ser Vermittlungsfunktion, sie ist „not merely a matter of coming to understand a tradition, it is learning how to participate in a conversation: it is at once initiation into an inheritance in which we have a life interest, and the exploration of its intimations" (Oakeshott 1991f: 62). Zu dem ‚Wissen' über die gesellschaftliche Praktik kommt die ‚Kunst' seiner Anwendung im regelgeleiteten politischen Tun hinzu; eine ‚Kunst', die ihrerseits aber nicht wiederum durch Regeln (‚demonstrativ') zu vermitteln ist, sondern nur durch Orientierung am Beispiel erlernt werden kann. Genauso, wie man seine Muttersprache nicht planmäßig durch Aneignung des Alphabets, der Grammatik oder einzelner Worte erlerne, sondern über „words in use", so müsse politisches Tun am Tun anderer abgeschaut werden. Politische Erziehung soll dann einerseits instand setzen, sich in einem überkommenen Kontext zu bewegen; sie soll andererseits aber auch in die Lage versetzen, das Regelwerk der bürgerlichen Vereinigung auf (In-)Kohärenz zu überprüfen.

2.4. Regeln, Rule of Law und der „Charakter" eines Staates

i) Wenn eine bürgerliche Vereinigung durch rechtliche Regeln verfaßt ist, dann muß der Begriff der Regel konkretisiert werden. Oakeshott benennt drei Merkmale (1975: 126f). Erstens und vor allem sei eine Regel eine bestehende oder ständige „Vorschrift" („prescription") und unterscheide sich dadurch von einem Rat, einer Anweisung oder einen Befehl. Eine Vorschrift liege einer konkreten Handlung voraus und initiiert sie nicht. Zweitens dürften Regeln nicht als substantielle Ge- oder Verbote verstanden werden, denn sie könnten einem Akteur nicht nahe legen, etwas Bestimmtes zu tun oder zu sagen. Drittens seien Regeln solche Normen, die ihre Existenz der Anerkennung durch die Akteure verdanken – was nicht unbedingt heißen muß, daß diese Anerkennung ausdrücklich stattfindet.

Rechtliche Regeln, in ihrer Gesamtheit als „lex" bezeichnet, unterscheiden sich von Regeln im allgemeinen dadurch, daß sie von *allen* Mitgliedern der bürgerlichen Vereinigung *anerkannt* werden – „Bürger" „are related solely in terms of their common recognition of the rules which constitute a practice of civility" (Oakeshott 1975: 128). Die Praktik der Bürgerlichkeit beinhaltet nun bei genauerem Hinsehen zwei Sorten von Regeln: die konkreten, die die Beziehungen der Bürger untereinander ordnen, und die abstrakten, die die Praktik als solche festlegen. Oakeshott scheint sich hier implizit an dem Hartschen Begriff des Rechts[9] zu orientieren: auch dieser umfaßt einerseits primäre Regeln, die das Erlaubte festlegen, und sekundäre Regeln, die den Umgang mit diesen primären Regeln (d.h. ihre Anwendung bzw. Änderung durch Organe der Rechtsprechung bzw. Gesetzgebung) bestimmen. Allerdings muß dabei ein wichtiger Unterschied festgehalten werden.

Dieser Unterschied betrifft die sogenannte „Anerkennungsregel" („rule of recognition"). Für Hart ist sie das Selektionskriterium, nach dem primäre Regeln überhaupt erst als *Rechts*regeln bestimmt werden können. Die Gültigkeit dieser Regel ist ihrerseits durch einen faktischen Konsens unter den Amtsinhabern innerhalb einer rechtlich organisierten Gemeinschaft gegeben. Oakeshott (1975: 151) sagt nun ausdrücklich, daß in seinem Modell der bürgerlichen Vereinigung eine solche Anerkennungsregel *keinen* Platz finde, vor allem deshalb nicht, weil sie keiner Interpretation durch die Bürger zugänglich sei. Die Autorität bzw. Legitimität einer Rechtsordnung wird aber auch nicht, wie bei den kontraktualistischen Theorien, durch einen hypothetischen Vertrag begründet. Autorität entsteht vielmehr allmählich aus der anhaltenden Anerkennung der rechtlichen Ordnung durch die Bürger. Den so gesehen nicht intendierten (nicht ‚rationalistischen') Ursprung rechtlicher bzw. staatlicher Autorität veranschaulicht Oakeshott am Beispiel des „Marylebone Cricket Club": zunächst einer unter mehreren privaten Sportvereinen, entwickelte er sich im Laufe eines Jahrhunderts zum unangefochtenen Hüter der Cricket-Spielregeln: „This was an acquisition of authority, for the club never had any ‚power' to enforce its decisions. This authority was not acquired by succession to an office of authority previously held by some other occupant (...) Nor did it come by any act of authorization. It was acquired merely by being acknowledged to have it" (Oakeshott 1975: 154). Die Autorität einer regelsetzenden bzw. regelbewahrenden Institution ergibt sich also daraus, daß sie von denjenigen, die unter den Regeln agieren, als autoritativ anerkannt wird.

ii) Ein weiterer Unterschied zu Harts Rechtstheorie besteht in der unterschiedlichen Gewichtung, die Oakeshott den einzelnen „Ge-

---

9 Vgl. Hart (1973: Kap. V).

walten" im Rahmen der Rule of Law zuschreibt, genauer gesagt: in *On Human Conduct* zugeschrieben hatte. Sein Hauptaugenmerk richtet sich dort ganz klar auf die Judikative. Aus einem naheliegenden Grund. Denn dazu, daß die Bürger durch Rechtsregeln im Sinn von „lex" verbunden sind, bedarf es mehr als der Anforderung, daß diese Regeln allgemein bekannt sein und auch weitgehend befolgt werden müssen: Es bedarf einer Institution, die die zwar nicht notorische, aber eben nie auszuschließende Unsicherheit über die Vorschriften der rechtlichen Regeln in konkreten Situationen beseitigt. Diejenige Institution, die mit der verbindlichen Anwendung der Rechtsregeln betraut wird, ist die Judikative. Im Rahmen einer Urteilsbegründung wird die notwendigerweise abstrakte Rechtsregel präzisiert. „Adjudication, then, is a necessary condition of civil association and it postulates *lex*. No doubt, rules emerge from adjudicating disputes, but the notion that there is no *lex* in advance of adjudication and that adjudicating creates it, is absurd. Nevertheless, to adjudicate is to declare a conclusion which is not, and could never be given in *lex*, namely, how a prescribed norm of conduct stands in relation to a contingent situation" (Oakeshott 1975: 133).

Das hier zu Tage tretende Modell der Rechtsprechung ist ganz offensichtlich englischen Ursprungs: ein Teil von „lex" ist nichtgesatztes Recht, also z.B. Gewohnheitsrecht. Das ist der paradigmatische Fall, wie bestimmten Regeln im Laufe der Zeit allmählich Autorität zugebilligt werden kann. Ein anderer Teil von „lex" geht aus richterlichen Urteilen hervor: er ist „Fallrecht" („Case law"), das also ebenfalls nicht gesatzt ist, sondern aus der fallbezogenen Konkretisierung einer Rechtsregel hervorgeht und auch für zukünftige, ähnlich gelagerte Fälle verbindlich ist. Hier klingt an, daß die Sprache, in der ein Richter seine Urteile spricht, diejenige ist, die weiter oben als der „argumentative" Sprachstil bezeichnet wurde. Gerichtsentscheidungen können nicht, von den Rechtsregeln ausgehend, „deduziert" oder demonstriert werden. Sie seien, so Oakeshott, aber auch keine „intuitiven" oder gar „esoterischen" Schlüsse, sondern eine auf Überzeugung angelegte und darum in einem gewissen Maße auf Zustimmung angewiesene Eruierung der Regel-Bedeutung in konkreten Situationen.[10] Diese juridische Perspektive dominierte

---

10 Mit der Auffassung, daß es bei der Rechtsprechung nicht auf die Feststellung des „subjektiven Willens" des Gesetzgebers oder der „legislative intention"

lange Zeit Oakeshotts Verständnis der politischen Gewaltenteilung; sie ist zugleich auch die Perspektive, aus der die rechtlich konstituierte Verbundenheit der Bürger deutlich wird. An einer Stelle (Oakeshott 1995: 131) heißt es dazu sehr pointiert, es gehöre zum „Charakter" der Bürger, sich als Prozeßparteien vor einem Gericht zu betrachten.

Im Zusammenhang mit den Ausführungen zur ‚Handhabung' von „lex" ist auch dessen vehemente Verteidigung gegenüber jedem Versuch der Substantialisierung oder Materialisierung hervorzuheben. Oakeshott diskutiert dazu die verschiedenen Positionen, von denen aus „lex" als „jus", d.h. als „richtiges Recht" bezeichnet werden kann. Akzeptabel erscheinen ihm Anforderungen wie die Gleichheit vor dem Gesetz, das Verbot geheimer oder rückwirkender Gesetze, das Verbot der Ächtung etc. Anforderungen also, die auch als (unerläßliche) „Moralität des Rechts" (Lon Fuller) begriffen worden sind – allerdings als eine rein *formale* Moralität, die keine substantiellen Ansprüche enthält. Darüber hinausgehende Richtigkeits-Kriterien natur- bzw. vernunftrechtlicher Provenienz oder „fundamentale Werte" weist Oakeshott grundsätzlich zurück. Damit werden aber vor allem Vorstellungen von sozialer Gerechtigkeit, die durch den Staat vorzunehmende Umverteilungen vorschreiben, ausgeschlossen, denn „lex" kann per definitionem keinem „kollektiven" Zweck dienen. Anders verhält es sich – zumindest in den späten Arbeiten – mit praxisimmanenten Beurteilungskriterien für die Regeln von „lex". In „The Rule of Law" findet sich überraschenderweise „the negative and limited consideration that the prescriptions of the law should not conflict with a prevailing educated moral sensibility" (1999: 174). Das heißt, es gibt zwar keine universal gültigen, aber dafür gemeinschaftsinterne materiale oder „sittliche" Maßstäbe, denen das Recht im Sinne von „jus" genügen muß. Dieser Begriff des „jus" bietet Oakeshott die Gelegenheit, sein in *On Human Conduct* entwickeltes und allzu „mageres" Konzept von Recht und Politik (vgl. Gerencser 2000: 147) mit Inhalt zu füllen.

Auch wenn nun die Gerichte die zentrale politische Institution der bürgerlichen Vereinigung verkörpern, so bedarf diese doch auch ei-

---

ankomme, entfernt sich Oakeshott denkbar weit von der Position, die Hobbes in seinem *Leviathan* (1996: Kap. XXVI) vertritt.

ner regelsetzenden, gesetzgebenden Gewalt. „Lex", als Gesamtheit
der Bedingungen für das bürgerliche Tun, kann offensichtlich unterschiedliche Inhalte haben, und eine (teilweise) Modifizierung des
Rechtssystems ist Gegenstand der gesetzgebenden Tätigkeit. Oakeshott unterscheidet hinsichtlich der Gesetzgebungstätigkeit einen
„metaphorischen" von einem „eigentlichen" Politikbegriff. Ersterer
zielt auf die Unternehmensvereinigung ab, in denen „Unterhändler"
Vorschläge („policies") in Verhandlungen einbringen, um daraus einen größeren allgemeinen oder auch nur individuellen Vorteil zu ziehen. Auch die ‚eigentliche' Politik der bürgerlichen Vereinigung
speist sich aus individuellen Beiträgen. Aber das politische Engagement besteht hier weder in der Äußerung subjektiver Präferenzen
noch in der Unterbreitung demonstrativer Wahrheiten, sondern in
dem Vertreten von individuellen Meinungen („opinions") im Hinblick auf die rechtliche Ordnung. Die von seiten der Bürger vorge-
schlagenen Regelergänzungen oder Neuerungen, dieses politische
Engagement bezüglich der „Wünschbarkeit" eines anderen, verbes-
serten Zustandes der bürgerlichen Vereinigung, ist zwar als *privat* zu
bezeichnen, weil einzelne Bürger mit dem Gesetzgeber in ein bargai-
ning-Verhältnis eintreten: „Politics, thus far, is private persons (that
is, persons without authority) negotiating with holders offices of
authority" (Oakeshott 1975: 163). Als *öffentlich* gelten solche, in
Verhandlungen vorgebrachte und auf die Modifikation des Regelbestandes bezogene Argumente jedoch wegen ihres besonderen Gegenstandes: der „res publica" als einer zweckfreien Vereinigung von
Bürgern.

Schließlich benötigt Oakeshotts bürgerliche Vereinigung auch eine Regierungsinstitution bzw. ein „exekutives Amt". Diesem obliegt
nicht das auf eine mehr oder weniger umfangreiche Ministerialbüro-
kratie gestützte Policy-Making, sondern die Anwendung von „lex"
im wörtlichen Sinne von „rule application". Regieren meint dann eine auf der Autorität von „lex" aufruhende Tätigkeit des Führens oder
Ordnung Schaffens, also „imposing temporary order upon a confused
situation likely to compromise the civil condition if it is left un-
regulated" (Oakeshott 1975: 143). An anderer Stelle wird die „Regierung" quasi als ‚Anhängsel' der Judikative begriffen: sie läßt sich
von dieser vorgeben, was „lex" in konkreten Situationen bedeutet
und ist dann gehalten, dieses Verständnis umzusetzen, um Rechtssi-
cherheit für die Bürgerschaft zu gewährleisten.

In dem wichtigen, bereits erwähnten Aufsatz „The Rule of Law" aus dem Jahre 1983 hat Oakeshott diese, wie sich ohne Übertreibung sagen läßt, auf die Judikative zugeschnittene Theorie der Gewaltenteilung einer drastischen, aber unkommentierten Änderung unterzogen. War ursprünglich die Rechtsprechung die ‚zentrale' Institution der bürgerlichen Vereinigung, deren Unterstützung durch die legislative Prozedur allerdings notwendig war, so steht nun eindeutig die Gesetzgebung im Mittelpunkt. Mit der immens aufgewerteten Bedeutung des Gesetzgebers einher geht die Auffassung, daß „the sole recognition of the authenticity of a law is that expressed in an acknowledgement that it has been properly enacted" (Oakeshott 1999: 150). Das heißt nicht, daß die Gesetzgebung zur einzigen Quelle von „lex" geworden ist. Gewohnheitsrecht oder Richterrecht sind jetzt allerdings nur deshalb als für die bürgerliche Vereinigung geltendes Recht zu betrachten, weil ihnen der Gesetzgeber (noch) nicht widersprochen und ihnen so indirekt Autorität verliehen hat.[11]

iii) Der „Charakter" eines Staates wird nun davon abhängen, ob man ‚seine' Gesellschaft eher als Unternehmens- oder als bürgerliche Vereinigung begreifen muß. Beide Varianten gelten ja als Idealtypen, als Realabstraktionen, die in Reinkultur gar nicht existieren. Ähnlich wie bei Tönnies' „Gemeinschaft" und „Gesellschaft" oder bei Durkheims „mechanischer" und „organischer" Solidarität, handelt es sich hier um Assoziationstypen, die, in unterschiedlich starker Ausprägung, beide *zugleich* innerhalb eines Staates anzutreffen sein können. In der Kombination beider Idealtypen gelingt dann

---

11 Über den Anlaß zu dieser, wie man sagen könnte, Hobbesschen Wendung bei Oakeshott kann man nur Vermutungen anstellen, allerdings nicht ganz unbegründete. Zwar werden durch die besagte Revision die beiden Sprachspiele der Gesetzgebung und der Rechtsprechung nicht in ihrer internen ‚Logik' tangiert, jedoch gelingt Oakeshott so eine definitive Abgrenzung seiner Rule of Law-Auffassung gegenüber einer in den siebziger und achtziger Jahren des 20. Jahrhunderts einflußreich gewordenen Auffassung des Rechte-Liberalismus. Für diese Vermutung spricht, daß sich unter den ganz wenigen (zumal zeitgenössischen) Autoren, die Oakeshott überhaupt nennt, auch Ronald Dworkin befindet. Dworkin hatte Ende der siebziger Jahre mit *Taking Rights Seriously* eine komplexe und wirkungsreiche Theorie vor allem der moralischen Rechte und der sie berücksichtigenden Rechtsprechung entwickelt. Wie eine knappe Anmerkung erkennen läßt, (miß-)versteht Oakeshott (1999: 157, Anm. 6) dies vor allem als ein die Gewaltenteilung unterlaufendes Plädoyer für eine richterliche Gesetzgebung.

das „making intelligible the many-in-one of human associations.
(...) A state may perhaps be understood as an unresolved tension
between the two irreconcilable dispositions represented by the
words *societas* and *universitas*" (Oakeshott 1975: 200f.). „Societas" bezeichnet dabei einen Staat, in dem der Modus der bürgerlichen Vereinigung dominiert, „universitas" denjenigen, in der
Elemente der Unternehmens-Vereinigung vorherrschen.

Ausgehend von dieser konzeptionellen Grundlage untersucht
Oakeshott im dritten Teil von *On Human Conduct* die wichtigsten
Gründe, die zu einer weitgehenden Deformierung der, modern gesprochen: zivilgesellschaftlichen Verhältnisse durch wesens- oder
„charakterfremde" Zwecke geführt haben. Die Anfänge dieser
schicksalhaften Überlagerung der bürgerlichen Rechtsverhältnisse
sieht Oakeshott (1975: 206ff.) in der Entstehung der europäischen
Zentralstaaten Ende des Mittelalters. Solche Staaten zeichneten sich
vor allem durch zweierlei Geburtsmerkmale aus: Sie seien auf beträchtliche Steuereinnahmen angewiesen gewesen (die ihrerseits
die ersten „Abenteuer" der Gesetzgebung nach sich gezogen hätten), und sie hätten in der Regel über große Heere verfügt, so daß
eine Wehrpflicht notwendig gewesen sei. Dadurch sei ein Staat in
erster Linie zu einer von konkreten Zwecken geprägten Organisation geworden; ihm seien von Anfang an Konstruktionsmerkmale
eingeschrieben worden, die es einem Herrscher zukünftig erlauben
würden, dem Staat noch stärker den Charakter einer *universitas* zu
verleihen: entweder dadurch, daß der Herrscher ihn als sein Privateigentum betrachtete oder dadurch, daß er den Verwaltungsapparat
aufblähte; schließlich auch dadurch, daß er sich vollkommen, nämlich in den Kolonialgebieten, wie ein profitorientierter Unternehmer
verhielt. Ein letzter, alles überwölbender Grund, der dem Staat den
Charakter einer *universitas* verlieh, war die kontinuierliche Bedrohung Europas durch außereuropäische Eroberer, den Türken. Ein
andauernder Kriegszustand verwandelt den Staat notwendigerweise
in eine auf Verteidigung bzw. Überleben ausgerichtete Zweckgemeinschaft – „War in a modern European state is the enemy of civil association" (Oakeshott 1975: 273).

Parallel zu diesem Wandel der objektiven Bedingungen einer
staatlichen Organisation konstatiert Oakeshott (1991g) auch noch eine andere, ‚subjektive' Veränderung: diejenige des Charakters der
Mitglieder einer Vereinigung. Genauer gesagt: es wird deutlich, daß

aus den Trümmern des mittelalterlich-religiösen Weltbildes *zwei* Typen von Individuen hervorgegangen sind. Genauso wie die Politik der „Zuversicht" und der „Skepsis" sich als denkbar unterschiedliche „Prinzipien" aus dem Phänomen des Machtzuwachses von Regierungen ergeben haben, so ist das in der modernen liberalen Moral- und Politiktheorie vorherrschende autonome, sich selbst Zwecke setzende Individuum lediglich das eine Produkt der zerfallenen Weltordnung. Das andere wird durch das „individual manqué", das „Anti-Individuum" verkörpert. Ihm sind all die Freiheiten der neuen weltlichen bzw. politischen Ordnung ein Graus. Es ist nicht selbstbewußt, es verabscheut persönliche Freiheit (aufgrund des damit verbundenen ‚Zwangs' zur Wahl) und Vielfalt und beneidet diejenigen, die sich in der rechtlich gesicherten Freiheit zurechtfinden. Seine Leitvorstellungen sind Gleichheit und Solidarität. Die Masse dieser eher „im Geiste" oder an Charakter, aber nicht zwangsläufig materiell „Armen" sieht Oakeshott zu einer Solidargemeinschaft zusammenschmelzen, die einerseits ein Recht auf Wohlfahrt geltend macht und ausbeutbar wird durch Demagogen und die andererseits den Wandel eines Staates zur Zweckgemeinschaft forciert.[12]

3. Zeitgenössische und aktuelle Kritik

3.1. Oakeshott in der Kritik seiner Zeitgenossen

Als einer der wesentlichen Gründe für die vergleichsweise verhaltene Aufnahme von Oakeshotts Hauptwerk *On Human Conduct*, seiner einzigen Monographie auf dem Gebiet der politischen Philosophie, war eingangs das Unzeitgemäße ihres Inhalts genannt worden. In zweiter Linie, wenn auch nicht zu unterschätzen, sind formale, stilistische Probleme zu nennen. Oakeshott genoß nach dem 2. Weltkrieg zunächst einen Ruf als glänzender Essayist. Auf die

---

12 Diese Entwicklung geht einher mit einem Mißverständnis des Rechts bzw. der Rechte in der ‚Massengesellschaft', denn „what he (the ‚mass man', M.B.) came to demand were rights of an entirely different *kind*, and of a kind which entailed the abolition of the rights appropriate to individuality" (Oakeshott 1991g: 378). Mit anderen Worten: das Anti-Individuum fordert keine Bürger-, sondern soziale Rechte.

Liebhaber seines kunstvollen Stils muß die oft als hermetisch-abstrakt bezeichnete Sprache in *On Human Conduct* mehr als irritierend gewirkt haben. Die mit großer Spannung erwartete „Zusammenschau" zahlreicher seiner Einzelbetrachtungen zum Politischen hatte bei nicht wenigen alleine aus diesem Grund eine tiefe Enttäuschung ausgelöst, die sich gelegentlich auch in einem erstaunlich schneidenden Ton niederschlägt.[13]

Unter formalem Aspekt zu kritisieren sind auch stillschweigend vorgenommene Veränderungen in Oakeshotts Theorie-Vokabular. In dem Aufsatz „The voice of poetry in the conversation of mankind" aus dem Jahre 1959 z.B. hatte sich Oakeshott gegen eine Vereinheitlichung der Sprachidiome gewandt und die „Konversation" als einen Sprachgebrauch gekennzeichnet, in dem nicht, wie in der „argumentativen" Sprache der Naturwissenschaften, Wahrheit und Beweis dominierten. „Konversation" meinte dabei das Gegenteil von Argumentation und „Diskurs": keiner der Teilnehmer will mit seiner Äußerung etwas beweisen; er muß nichts begründen; es gibt keinen „Schiedsrichter", der über richtig und falsch befinden könnte. Später jedoch hat Oakeshott (1991e) mit dem argumentativen und dem demonstrativen Sprachgebrauch zwei Sorten von Diskursen unterschieden, die auf dem Gebiet des Politischen geführt werden. Der *demonstrative* ist jetzt derjenige der (Natur-)Wissenschaft, der *argumentative* der dem Politischen eigentlich angemessene.[14]

Ein Teil der inhaltlichen Kritik bezieht sich auf Oakeshotts Verständnis politischer Philosophie bzw. Theorie im allgemeinen. Eine Hypothek, die Oakeshott als politischen Philosophen belastet, stammt aus seinem philosophischen Frühwerk *Experiences and Its Modes*, in der er die Unvereinbarkeit von theoretischer und prakti-

---

13 Pitkin (1976: 302) hält das Buch für „rigidly dogmatic, assertive, and idiosyncratic almost to the point of being crotchety"; Spitz (1976: 343) gibt gar an: „Not since the English translations of Hegel have I been subjected to so tortured (and tortuous), convoluted. repetitive, and dense English prose"; und selbst wohlmeinende, zumindest weniger enttäuschte Kritiker wie Barber (1979: 450) sprechen von einem Buch, das „slowmoving, dense, often inaccessible, maddeningly abstract" sei. Eine Übersicht über die zahlreichen Besprechungsartikel zu *On Human Conduct* findet sich in Berki (1979: 570).

14 Grant (1990: 65) dagegen behauptet, „argument" sei (weiterhin) „goaloriented", stehe also ausschließlich in einem konsequentialistischen Kontext. Zur veränderten Terminologie in der 1975 wiederveröffentlichten Einleitung zum *Leviathan* siehe Parekh (1979: 481, Anm. 1).

scher, einer Praxis entstammenden Erfahrung dargelegt hatte. Oakeshott hatte später diese extreme Auffassung dahingehend revidiert, daß ein gewisser Wert der philosophischen Reflexion darin bestehen könne, eine Gesellschaft im Spiegel der Theorie sich selbst anschauen zu lassen. Archer (1979) entdeckt, womöglich aufgrund dieser Modifikation, gewisse „doktrinäre" Spuren bzw. Voreingenommenheiten zugunsten der bürgerlichen Vereinigung, wenn die Unternehmens-Vereinigung als „corrupted" bzw. „infected" bezeichnet wird; Parekh (1979: 503) meint, das Konzept von „conduct" sei dem „individuality-loving middle-class European" abgeschaut.

Das Verhältnis von bürgerlicher Vereinigung und Unternehmens-Vereinigung wirft Schwierigkeiten eigener Art auf. Beide grundverschiedene Assoziationstypen verkörpern „Charaktere", die immer gleichzeitig innerhalb eines Staates anzutreffen sind. Läßt sich ihr Verhältnis deshalb als komplementär bezeichnen? Berki (1979) spricht in diesem Zusammenhang von der „Form" der bürgerlichen und dem „Inhalt" der Unternehmens-Vereinigung. Aber diese Sichtweise ist zu harmonisierend. Unternehmens-Vereinigungen verfügen als Zweckgemeinschaften zwar über ein internes Regelwerk, das die optimale Realisierung ihres Zweckes gewährleisten soll. Und diese Regeln stehen offensichtlich ihrerseits unter der Bedingung, daß sie gegen die verbreiteten und rechtlich kodierten Auffassungen von „richtig" und „falsch" nicht verstoßen dürfen. Insofern erbringt die zweckfreie Rule of Law auch Leistungen für die Unternehmens-Vereinigung. Aber dies scheint für Oakeshott quasi nur ein Nebeneffekt zu sein, denn die Herrschaft des Rechts gilt in erster Linie den Individuen und ihren jeweiligen, auch nicht ökonomischen Zwecken. Die rechtlich garantierte Freiheit der Bürger („cives") ist mit anderen Worten umfassender als die des Wirtschaftsbürgers („bargainer"). Die bürgerliche Vereinigung geht nicht in der Rolle des rechtlichen Dienstleisters für die Zweckgemeinschaften auf – immerhin spricht Oakeshott (1975: 326) selbst von einem Verhältnis der „sweet enemies".[15]

---

15 Das scheint auch eine angemessene Charakterisierung für die Bestimmung des Verhältnisses von „zuversichtlichem" und „skeptischem" Politikstil. Obwohl Oakeshott ganz eindeutig letzteren bevorzugt, sieht er eine Art ‚ausgleichende Gerechtigkeit' für den Fall am Werke, daß einer der beiden Stile verabsolutiert wird. Denn das Problem des skeptischen (konservativen) Politikstils besteht darin, daß er nicht selbstgenügsam ist. Aufgrund seiner Scheu vor Neuerungen assoziiere

3.2. Die gegenwärtige Kritik an Oakeshott

Ein gravierendes Problem ganz anderer Art besteht in der Ignorie-
rung der „sozialen Frage". Der ‚Sinn' der Unternehmens-Vereinigungen, so war immer wieder gesagt worden, bestehe in der Verfolgung irgendeines Zweckes. Die bürgerliche Vereinigung und die
in ihr etablierte Rule of Law verfolgen dagegen keinen konkreten,
substantiellen Zweck, auch das betont Oakeshott unermüdlich.
Wenn man will, dann hat sie natürlich doch einen ‚Zweck' darin,
daß sie individuelle Zwecksetzung ermöglichen soll. Aber dieser
Zweck unterscheidet sich von denjenigen der Unternehmens-
Vereinigungen darin, daß kein bestimmter Zustand erreicht, ‚hergestellt' werden soll. Das verdeutlichen auch die mit beiden Assoziationstypen verbundenen Freiheitsbegriffe: „Freiheit" im Kontext
der Unternehmensvereinigung bedeutet vor allem freiwillige Mit-
gliedschaft, freiwillige Unterwerfung unter den Zweck der Gemeinschaft. In der bürgerlichen Vereinigung, der die einzelnen ja
nicht freiwillig beigetreten sind, bedeutet „Freiheit" weitestgehen-
de Uneingeschränktheit der individuellen Zwecksetzung. Eine Ressourcen umverteilende Sozialpolitik zugunsten der schlechter Ge-
stellten kommt deshalb einem Mißbrauch von „lex" für „the achieve-
ment of a substantive state of affairs" (Oakeshott 1999: 170 Anm.
13) gleich – auch dann, wenn es sich um ein mehrheitsfähiges
Konzept sozialer Gerechtigkeit handeln sollte.

Wenn nun aber in Oakeshotts späten Schriften das Gesetzes-
recht in den Mittelpunkt der Rule of Law rückt und nicht nur zur
Korrektur eines aus dem Ruder gelaufenen Richterrechts oder evolutionären Rechts dient, dann verstärken sich die Zweifel an dem Postulat der absoluten Zweckunabhängigkeit dieser Gesetzgebung.
Oakeshott hatte dieses ja so begründet, daß aus der größeren
Wünschbarkeit einer alternativen Rechtsordnung keinerlei individuelle Vorteile abzuleiten sein dürften; Rechtsregeln hätten so

---

man mit ihm eher Statik als Dynamik, die aber offensichtlich ein zentrales
Merkmal moderner Gesellschaften sei. „Ohne den von der Zuversicht ausgehenden Einfluß, also ohne den ‚Perfektionismus', den wir als eine Illusion entlarvt
haben (...) ist eine Regierung im skeptischen Stil anfällig für die Nemesis des politischen Quietismus" (Oakeshott 2000: 202). Der „Skepsis" drohe stets die Gefahr, noch nicht einmal die zur Sicherung ihrer eigenen Vorherrschaft notwendigen Änderungen einleiten zu wollen.

‚zwecklos' wie die Regeln des Straßenverkehrs zu sein. „But beyond the rules of the road", so fragt Franco (1990: 225), „what sorts of regulations does Oakeshott seem to think civil association allows for?" Und er gelangt zu dem Schluß, daß „(t)he non-purposiveness of civil laws is not inconsistent with governmental activity"; man denke z.b. an den Bereich des Umweltschutzes.

Mit dem Konzept der „civil association" ist bereits im wesentlichen festgelegt, was die Aktivitäten innerhalb eines als *societas* begriffenen Staates sind: nämlich Pflege und Weiterentwicklung des Regelbestandes. Dabei hat die Akzentverlagerung von der Judikative auf die Legislative, die Oakeshott in den achtziger Jahren vorgenommen hat, zu einigen Irritationen geführt. MacCormick (1989: 51) folgert (allerdings ohne Oakeshotts Ausführungen in *On Human Conduct* zu berücksichtigen), daß „a *gesetzespositivistisch* notion of the ‚authenticity' of rules" ein zentrales Element der Rule of Law sei und darum das Common Law, anders als in Hayeks „spontaner Ordnung", keine Wertschätzung erfahre. Friedman (1989: 33) behauptet sogar, daß Oakeshott „praises legal positivism". Allerdings ist in dieser Frage Vorsicht am Platze. Zwar hatte nach der Revision der Gewaltenteilungslehre in „The Rule of Law" der Gesetzgeber bzw. das „legislative office" eine enorme Aufwertung erfahren. Aber hinsichtlich der von diesem betriebenen Regelsetzung ist Oakeshott nicht zum ‚reinen' Positivisten geworden: zwar ist der Gesetzgeber die einzige Instanz, die dem Recht Autorität verschaffen kann, aber sie ist nicht die einzige Quelle des Rechts. Es gibt bei Oakeshott (1999: 150) – weiterhin – nicht gesetztes Recht, wenn auch mit der Einschränkung, daß „it must be lodged within the custody of the legislative office. Its authority cannot lie in its antiquity (...)." Und darüber hinaus ist nicht zu vergessen, daß es, wie oben erwähnt, zumindest gemeinschaftsintern Maßstäbe für richtiges Recht gibt. Oakeshott geht also nicht von einem, wie beim Rechts- bzw. Gesetzespositivismus häufig der Fall, in jeder Hinsicht souveränen Gesetzgeber aus.[16]

---

16 Was den judikativen Beitrag zur Herrschaft des Rechts angeht, so ist bedauerlich, daß Oakeshott diesen Aspekt nicht nur nicht weiter untersucht hat, sondern sich auch von den „rights foundationalist" wie z.B. Dworkin in der Annahme distanziert hat, hier würden dem Richter legislative Kompetenzen zugestanden. Das Interessante an Dworkins Theorie der Rechtsprechung ist nicht nur, daß sie den auch von Oakeshott für Richter reklamierten „Sinn für Ange-

4. Oakeshotts monolithisches Werk

Um Oakeshotts Theorie des „modernen europäischen Staates"
mit der rechtlich konstituierten bürgerlichen Vereinigung in ihrem Zentrum ist es ruhig geworden. Die kaum überbietbare Abstraktheit gerade in seinem politikphilosophischen Hauptwerk,
seine dezidiert alteuropäischen Grundbegriffe sowie die konservative Grundhaltung – all dies scheint nicht sonderlich attraktiv
und ruft offensichtlich eine generelle Anschlußunwilligkeit in der
zeitgenössischen politischen Philosophie hervor. Von einer Rezeption, gar von einer Weiterentwicklung seines Werkes kann
jedenfalls keine Rede sein.[17] In der gegenwärtigen Theorieland-
schaft erscheint es vielmehr wie ein Monolith, dem gelegentlich
Versatzstücke entnommen werden. Richard Rorty hat Oakeshott
z.B. als einen Vorläufer in seinem Bemühen ausgemacht, die liberale Demokratietheorie von unnötigem Letztbegründungsbal-
last zu befreien. Zweierlei entlehnt er (vgl. Rorty 1992: 107f.)
der *societas* Oakeshotts für seine Form des Pragmatismus: zum
einen versteht er sie als „Arbeitsgemeinschaft von Exzentrikern",
also als Gemeinschaft von mehr oder weniger virtuosen Einzel-
gängern mit ganz unterschiedlichen Lebensplänen, die unter der
Autorität von allgemein anerkannten Rechtsregeln zu realisieren
sind. Und zum anderen übernimmt er die These, daß es keine
gemeinschaftsexternen Maßstäbe („die Menschheit") für das
richtige Tun gibt – die Richtigkeitsstandards rechtlicher Ordnungen könnten nicht universal, sondern müßten lokalen Ursprungs

---

messenheit" zu rekonstruieren versucht, sondern daß sie, von der amerikanischen und nicht von der britischen Rechtspraxis ausgehend, eine Bill of Rights
als *Bestandteil* einer gemeinschaftlichen Praktik (bzw. Tradition) vorfindet
und von dort ausgehend nichts anderes als ein „Verfolgen der Andeutungen"
unternimmt – nur eben in einem universalistischen Kontext. Aus ähnlichen
Gründen hält auch Michael Walzer (1990: 39) Oakeshotts ‚interpretativen'
Ansatz für zu eng; er sei „ohne jede Bezugnahme auf ‚allgemeine Begriffe'
(wie Freiheit oder Gleichheit...)".

17 Allerdings ist nicht zu verkennen, daß der einhundertste Geburtstag von Oakeshott im Jahr 2001 eine verstärkte Beschäftigung mit seinem Werk ausgelöst
hat. Siehe z.B. Nardin (2004), Franco (2004) und Fuller/Abel (2005). Inwiefern sich aus dieser wiedererstarkten Aufmerksamkeit auch eine nachhaltige
Rezeption und sogar Weiterentwicklung von Oakeshotts politischer Philosophie ergibt, bleibt abzuwarten.

sein. John Rawls hat in *Political Liberalism* auf die Ähnlichkeit von Oakeshotts Unterscheidung zwischen bürgerlicher Vereinigung und Unternehmens-Vereinigung und seiner eigenen zwischen „wohlgeordneter demokratischer Gesellschaft" und „Privatgesellschaft" („association") verwiesen (1993: 42 Anm. 44). John Gray (1991: 199) schließlich hat in Oakeshotts Konzept der bürgerlichen Vereinigung „the very kernel of ‚liberalism'" erblickt. Ein vielleicht überraschendes Urteil, das aber bei genauerem Hinsehen durchaus seine Berechtigung hat.

Der Konservatismus Oakeshotts hat, so muß deshalb das Fazit lauten, viele Facetten: Er ist, um es abschließend nochmals zu betonen, keinesfalls reaktionär, er ist sehr stark skepsisgeprägt und enthält neben der erz-liberal verstandenen, weil die Autonomie des Individuums schützenden Rule of Law auch noch „gemeinschaftliche" Aspekte. Es ist durchaus keine Übertreibung zu sagen, daß seine Synthese aus Hegelscher Sittlichkeit und Hobbesscher Zivilgesellschaft die Alternative „Kommunitarismus oder Liberalismus" schon überwunden hatte, als diese noch gar nicht gestellt war. Daß eine derart reichhaltige politische Philosophie wie diejenige Oakeshotts vor allem in Deutschland weitgehend unberücksichtigt geblieben ist, das darf getrost zu den rezeptionsgeschichtlichen Kuriositäten gerechnet werden.

Literatur

a. verwendete Literatur

Archer, J.R. (1979): Oakeshott on Politics. The Journal of Politics 41 (1), 150-168.

Ballestrem, Karl Graf/Ottmann, Henning (Hrsgg.) (1990): Politische Philosophie des 20. Jahrhunderts. München.

Barber, Benjamin (Hrsg.) (1976): A Symposium on Michael Oakeshott. Political Theory 4 (3), 259-367.

– (1979): Conserving Politics: Michael Oakeshott and Political Theory. Government & Opposition 11, 446-463.

Berki, R.N. (1979): Oakeshott's Concept of Civil Association: Notes for a Critical Analysis. Political Studies 29, 570-585.

Devigne, Robert (1994): Recasting Conservatism. Oakeshott, Strauss, and The Response to Postmodernism. New Haven/London.

Dubiel, Helmut (1985): Was ist Neokonservatismus? Frankfurt a.M.

– (1987): Neokonservatismus. S. 479ff. in: Iring Fetscher/Herfried Münkler (Hrsgg.), Pipers Handbuch der politischen Ideen. Bd. 5: Neuzeit: Vom Zeitalter des Imperialismus bis zu den neuen sozialen Bewegungen. München.

Dworkin, Ronald (1977): Taking Rights Seriously. London.

Franco, Paul (1990): The Political Philosophy of Michael Oakeshott. New Haven/London.

Friedman, Richard B. (1989): Oakeshott on the Authority of Law. Ratio Juris 2, 27-40.

Fritzsche, Klaus (1995): Konservatismus: Entwürfe zur Sicherung sozialer Herrschaft. S. 179-228 in: Franz Neumann (Hrsg.), Handbuch Politische Theorien und Ideologien. Bd.1. Opladen.

Fuller, Timothy/Abel, Corey (Hrsg.) (2005): The Intellectual Legacy of Michael Oakeshott. Thoverton.

Gerencser, Steven Anthony (2000): The Skeptic's Oakeshott. Houndmills u.a.

Göhler, Gerhard/Klein, Ansgar (1993): Politische Theorien des 19. Jahrhunderts. S. 259-656 in: Hans-Joachim Lieber (Hrsg.), Politische Theorien von der Antike bis zur Gegenwart. Bonn

Goodin, Robert E./Pettit, Philip (Hrsg.) (1997): Contemporary Political Philosophy. An Anthology. Oxford.

Grant, Robert (1990): Oakeshott. London.

Gray, John (1991): Oakeshott on Law, Liberty, and Civil Association. S. 199-216 in: ders., Liberalisms. Essays in Political Philosophy. London.

Hart, H.L.A. (1961/1973): Der Begriff des Rechts, Frankfurt a.M.

Hirschman, Albert O. (1995): Denken gegen die Zukunft. Die Rhetorik der Reaktion. München.

Hobbes, Thomas (1651/1996): Leviathan. Darmstadt

Kersting, Wolfgang (2000): Die politische Philosophie der Gegenwart. S. 17-59 in: ders., Politik und Recht. Abhandlungen zur politischen Philosophie der Gegenwart und zur neuzeitlichen Rechtsphilosophie. Weilerswist.

King, Preston/Parekh, Bhikhu (Eds.) (1968): Politics and Experience. Cambridge.

MacCormick, Neil (1989): Spontaneous Order and The Rule of Law: Some Problems. Ratio Juris 2, 41-54.

Mannheim, Karl (1984): Konservatismus. Ein Beitrag zur Soziologie des Wissens. Herausgegeben von David Kettler, Volker Meja und Nico Stehr. Frankfurt a.M.

Nardin, Terry (2004): The Philosophy of Michael Oakeshott. Philadelphia.

Neumann, Franz (Hrsg.) (1995): Handbuch Politische Theorien und Ideologien. Bd. 1. Opladen.

Oakeshott, Michael (1975): On Human Conduct. Oxford.

– (1976): On Misunderstanding Human Conduct. Political Theory 4, 353-367.

– (1989): The Voice of Liberal Learning: Michael Oakeshott on Education. Hrsg. von Timothy Fuller. New Haven/London.

– (1991a): Rationalism in Politics and Other Essays. New and expanded Edition. Indianapolis.

– (1956/1991b): On Being Conservative. S. 407-437 in: ders., Rationalism in Politics and Other Essays. New and Expanded Edition. Indianapolis.
– (1947/1991c): Rationalism in Politics. S. 5-42 in: ders.: Rationalism in Politics and Other Essays. New and Expanded Edition. Indianapolis.
– (1975/1991d): Introduction to *Leviathan*. S. 221-294 in: ders., Rationalism in Politics and Other Essays. New and Expanded Edition. Indianapolis.
– (1991e): Political Discourse. S. 70-95 in: ders., Rationalism in Politics and Other Essays. New and Expanded Edition. Indianapolis.
– (1962/1991f): Political Education. S. 43-69 in: ders., Rationalism in Politics and Other Essays. New and Expanded Edition. Indianapolis.
– (1961/1991g): The Masses in Representative Democracy. S. 363-383 in: ders., Rationalism in Politics and Other Essays. New and Expanded Edition. Indianapolis.
– (1993a): Morality and Politics in Modern Europe. Hrsg. von Shirley Robin Letwin. New Haven/London.
– (1993b): Religion, Politics and the Moral Life. Hrsg. von Timothy Fuller. New Haven/London.
– (1933/1994): Experiences and Its Modes. Cambridge.
– (1983/1999): The Rule of Law. S. 129-178 in: ders., On History and Other Essays. Indianapolis.
– (2000): Zuversicht und Skepsis. Zwei Prinzipien neuzeitlicher Politik. Mit einem Vorwort von Wilhelm Hennis. Hrsg. von Timothy Fuller. Berlin. [engl. Orig.: Michael Oakeshott (1996): The Politics of Faith and the Politics of Scepticism. Hrsg. von Timothy Fuller. London.]
Parekh, Bhikhu (1979): The Political Philosophy of Michael Oakeshott. British Journal of Political Science 9, 481-506.
– (1996): Political Theory: Traditions in Political Philosophy. S. 503-518 in: Robert E. Goodin/Hans-Dieter Klingemann (Eds.), A New Handbook of Political Science. Oxford.
Pitkin, Hanna Fenichel (1976): Inhuman Conduct and Unpolitical Theory: Michael Oakeshott's On Human Conduct. Political Theory 4, 301-320.
Quinton, Anthony (1993): Conservatism. S. 244-268 in: Robert E. Goodin/Philip Pettit (Eds.), A Companion to Contemporary Political Philosophy. Oxford.
Rawls, John (1993): Political Liberalism. New York.
Rorty, Richard (1992): Kontingenz, Ironie und Solidarität. Frankfurt a.M.
Spitz, David (1976): A Rationalist Malgré Lui: The Perplexities of Being Michael Oakeshott. Political Theory 4, 335- 352.
Vollrath (1987): Grundlegung einer philosophischen Theorie des Politischen. Würzburg.
Walzer, Michael (1990): Kritik und Gemeinsinn. Drei Wege der Gesellschaftskritik. Berlin.

b. kommentierte Literatur

Primärliteratur

Oakeshott, Michael (1975): On Human Conduct. Oxford.
Oakeshotts Hauptwerk auf dem Gebiet der politischen Philosophie. Beeindrukkend eigensinnige (wenn auch nicht in allen Hinsichten endgültige) Sichtweise von „Recht" und „Politik" in einer „bürgerlichen Vereinigung". Der Umstand, daß dieses Werk nicht unbedingt leicht zugänglich ist, sollte keinesfalls von einer Auseinandersetzung mit ihm abhalten. Die dort unternommenen Anstrengungen des Begriffs belegen, auf welch hohem Niveau politische Philosophie auch außerhalb des mainstreams betrieben werden kann.

Oakeshott, Michael (1991): Rationalism in Politics and Other Essays. New and expanded Edition. Indianapolis.
Unverzichtbare Sammlung von Aufsätzen, die zwischen 1932 und 1975 veröffentlicht wurden. Enthält darüber hinaus auch einige erstmals veröffentlichte Essays.

Oakeshott, Michael (2000): Zuversicht und Skepsis. Zwei Prinzipien neuzeitlicher Politik. Mit einem Vorwort von Wilhelm Hennis. Hrsg. Von Timothy Fuller. Berlin [engl. Orig.: Michael Oakeshott (1996): The Politics of Faith and the Politics of Scepticism. Hrsg. von Timothy Fuller. London].
Ein auch in der deutschen Übersetzung noch sehr schön zu lesender älterer, aus dem Jahre 1952 stammender und postum veröffentlichter Essay. Er behandelt unter den Begriffen „Zuversicht" und „Skepsis" viele der Themen, die später unter die Kategorien „Rationalismus" und „Konservatismus" gefaßt wurden. Das Buch ist eine ideale Vorbereitung auf, jedoch kein Ersatz für die Lektüre von ‚On Human Conduct'.

Sekundärliteratur

King, Preston/Parekh, Bhikhu (Eds.) (1968): Politics and Experience. Cambridge.
Dieser Band, anläßlich von Oakeshotts Emeritierung veranstaltet, enthält eine Reihe von Beiträgen erstklassiger Autoren (wie z.B. R.S. Peters, W.H. Greenleaf, S.S. Wolin, B.C. Parekh, J.G.A. Pocock), die sich mit Oakeshotts politischer Philosophie, aber auch mit anderen Themen wie „Erfahrung", „Tradition" und „Erziehung" auseinandersetzen.

Barber, Benjamin (Ed.) (1976): A Symposium on Michael Oakeshott. Political Theory 4, 259-367.
Eine Sammlung von Besprechungsaufsätzen zu ‚On Human Conduct', in denen die Autoren (mit Ausnahme von J.L. Auspitz, dessen Beitrag eine anspruchsvolle Einführung in Oakeshotts politische Philosophie insgesamt darstellt) sich entweder auf die Betrachtung eher abgelegener Einzelaspekte verlegen oder aber an Karikatur grenzende Werk-Besprechungen betreiben. Oakeshott spricht in einer Replik zu Recht von einem groben „Mißverstehen" seiner Absichten.

Devigne, Robert (1994): Recasting Conservatism. Oakeshott, Strauss, and The Response to Postmodernism. New Haven/London.
Bietet eine kenntnisreiche Einbettung von Oakeshotts politischem Denken in die Theorie und Praxis des britischen Konservatismus und stellt zudem Vergleiche zum Konservatismus in den USA an.

Franco, Paul (2004): Michael Oakeshott. New Haven/London.
Eine knappe, aber dennoch umfassende und aktuelle Einführung in Oakeshotts Gesamtwerk. Das Buch beginnt mit einer kurzen Biographie Oakeshotts und stellt dann dessen wichtigste Ideen vor: seine Kritik des politischen und sozialen Rationalismus, seine Vorstellungen zur Erziehung sowie das Konzept der „bürgerlichen Vereinigung". Darüber hinaus behandelt Franco aber auch Oakeshotts Geschichts- und Religionsphilosophie sowie seine Ästhetik.

Kapitel VII
Die politische Theorie der liberal-prozeduralistischen Demokratie: Robert A. Dahl

Gary S. Schaal

Inhalt

1. Ein missverstandener Theoretiker

Der 1915 geborene amerikanische Politikwissenschaftler Robert A.
Dahl gilt – zumindest in der anglo-amerikanischen *scientific com-
munitiy* – als einer der bedeutendsten Politikwissenschaftler der Gegenwart (vgl. Ware 1998 und Goodin/Klingemann 1996). Die bundesdeutsche Politikwissenschaft rezipierte Dahls Werk jedoch sehr
selektiv und folgte in der Regel einer kanonischen Kategorisierung,
die ihn regelmäßig als „Pluralisten" wahrnahm, und zwar erstaun-
licherweise sowohl in der „gemäßigten" als auch in der „elitistischen" Variante in der Tradition Schumpeters.[1] Pluralismus als soziales und politisches Phänomen ist jedoch ein der Idee und Praxis
von Demokratie inhärentes Phänomen[2]. Insofern muss *jede* Demokratietheorie immer auch Pluralismus – sei es von politischen Präferenzen, politischen Gruppierungen und Lobbygruppen, Lebens-
stilen etc. – reflektieren. Die bundesdeutsche Rezeption verortet
Dahl jedoch vornehmlich im intellektuellen Kontext jener in den
1950er und 60er Jahren geführten Debatten, die mit den Namen
Ernst Fraenkels oder Alton Kelsos verbunden sind. Sieht man von
der intellektuellen Renaissance Fraenkels ab[3], wirkt die politische
Theorie Dahls in diesem Kontext jedoch auf eine merkwürdige Art
und Weise antiquiert.

Das Label „Pluralist" ist jedoch nicht die einzige Verkürzung
von Dahls Werk. In der Regel wird seine Arbeit dem liberalen demokratietheoretischen und überaus kapitalismusfreundlichen *mainstream* zugerechnet – doch übersieht diese Einschätzung, dass Dahl
1940 mit einer Dissertation über *Socialist Programs and Democratic Politics* promovierte und 1986 mit *A Preface to Economic Democracy* ein brillant argumentiertes Plädoyer für innerbe-
triebliche Demokratie vorlegte, und so einer zentralen Forderung
des sozialdemokratischen Diskurses neue argumentative Kraft – und

---

1   So Eisfeld (1987: 433-444), Fenske (1991:716) und Schmidt (2006:226-239) für
     die deutsche sowie Held (1987:136-220) und Eisenberg (1996) für die anglo-
     amerikanische Diskussion.
2   So John Rawls (1998), der dies als das „Faktum des Pluralismus" bezeichnet.
     Vgl. hierzu den Beitrag von Peter Niesen im zweiten Band.
3   Vgl. hierfür die im Erscheinen begriffene Gesamtausgabe seiner Werke (Brün-
     neck/Buchstein/Göhler 1999; 2000).

liberale Autorität – gab.[4] Und doch wäre es falsch, Dahl einen sozialdemokratischen Theoretiker zu nennen, in dem Sinne, in dem
Benjamin Barber es z.B. ist. Er ist vielmehr „(...) a democrat first
and foremost" (Nagel 1991: 217), dessen Interesse an der ökonomischen Dimension von Demokratie aus seinem Interesse an der
Intaktheit des demokratischen Prozesses selbst resultiert. Auch seine – fraglose – Verbundenheit mit der Demokratie in den USA ist
nicht unkritisch, was sich in dem bereits 1956 publizierten *A Preface to Democractic Theory* zeigt. Seine kritisch-wohlwollende
Position zur amerikanischen Demokratie hat Dahl bis in die jüngste
Zeit behalten. In einer aktuellen Monographie *How Democratic is
the American Constitution?* (2001: 15-20) benennt er sieben Konstruktionsfehler der amerikanischen Verfassung, die maßgeblich
aus dem Zeitpunkt ihrer Genese resultieren: Die amerikanischen
Verfassungsväter haben in vielen Fragen der institutionellen Ausgestaltung des demokratischen politischen Systems absolutes Neu-
land betreten. Die daraus resultierenden Performanzdefizite sind
nicht ihnen anzulasten. Die Defizite sind für Dahl jedoch so gravierend, dass er das institutionelle Design des amerikanischen politischen Systems *nicht* als Vorbild für die Ausgestaltung institutioneller Arrangements in anderen Ländern empfiehlt. Auch deshalb
steht er dem amerikanischen Verfassungspatriotismus – der für einige Kommentatoren an einen Verfassungskult grenzt – skeptisch
gegenüber, da er die Behebung der institutionellen Defizite – hier
insbesondere die Art der Repräsentation der Bundesstaaten und die
Wahl des Präsidenten (Wahlmännergremium) – erschwert.

Obwohl die anglo-amerikanische Diskussion die skizzierten kurz-
schlüssigen Verortungen unterließ und Dahls Werk eher in seiner gesamten intellektuellen Breite registrierte, erfolgte dort eine andere
Verkürzung: Dahl wurde temporalisiert und seine Arbeiten in jene
des „jungen" und des „alten" Dahl differenziert, die sich, mono-
lithisch in ihrer jeweiligen Gestalt, kaum mehr aufeinander zu beziehen scheinen. Eine Sichtweise, die seinem eigenen Werkverständnis
widerspricht und durch die Kohärenz seiner Arbeiten eindeutig wi-

---

4 Gleichwohl muss Nagel (1991: 215) dabei recht gegeben werden, dass „the
pluralist Dahl of 1948 through 1965 is an aberration from the democratic-
socialst sympathies evident in his earlier and later works".

derlegt wird.[5] Gegen eine solche Lesart spricht auch, dass das *opus magnum* Dahls, *Democracy and its Critics,* eine Kompilation von Reflektionen, Themen und Texten darstellt, die immerhin einen Zeitraum von mehr als 20 Jahre umfasst. Betont werden muss jedoch, dass es im Werk von Dahl eine Verschiebung gegeben hat. Die aktuelleren Werke zeichnen sich durch eine stärkere Betonung der normativen Dimension der Beschäftigung mit der Demokratie aus (u.a. *Political Equality*, 2006) Obwohl Dahl immer eine normativ anspruchsvolle Begründung von Demokratie seinen empirischen Analysen zugrunde legte, schöpft er diese normativen Gehalte heute stärker aus als früher. Auch scheint es eine Hinwendung zur eher theoretischen und eine zumindest partielle Abwendung von der empirischen Dimension bei ihm zu geben. Diese Prioritätsverschiebungen erfolgen jedoch im Rahmen eines Theorie- und Forschungsprojektes, das Dahl bereits früh skizziert hat.

Diese Kohärenz in den Blick zu bekommen, ist jedoch nicht ganz einfach, da sie weder aus einem einheitlichen *Forschungsgegenstand* (im substantiellen Sinne) noch aus einem einheitlichen *Forschungsansatz* (weder theoretisch noch empirisch) resultiert.[6] Vielmehr wird sie durch eine netzwerkartige Struktur der forschungsleitenden Fragen hergestellt, die metaphorisch als „Schneeballsystem" bezeichnet werden kann und intellektuelle Impulse im Werk gleichsam intern weiterleitet. Dahl hat diesen theoretischen Eklektizismus zum Programm erhoben, indem sich das theoretisch-konzeptionelle Design aus dem Forschungsgegenstand *ergeben soll* (bzw. sich aus ihm ableitet). Dieses Verständnis ermöglichte es ihm, flexibel auf die Konjunkturzyklen des Theoriebetriebes einzugehen und Rational-Choice Modelle, (Post-)Behavioralismus und normative Demokratietheorie sowohl als *Analyseinstrumente* wie auch als *Analyseobjekte* zu verwenden.

Zwei Besonderheiten ziehen sich jedoch wie ein roter Faden durch Dahls Werk. Erstens eine dialektisch aufeinander bezogene Einheit von Theorie und Empirie. Theorie ohne empirische Bodenhaftung ist für Dahl nur ein „Glasperlenspiel", Empirie, die sich der theoretischen Reflexion entzieht, kruder Empirismus (*Hyper-*

---

5   Oder in den Worten von Polsby (zitiert nach Dahl 1997: 27): „[T]hey're all one book".

6   Gleichwohl wird Dahl auch heute noch häufig mit einem behavioralistischen Ansatz identifiziert.

factualism, wie David Easton es bezeichnet hat), der sich gegen theoretisch inspirierte Kritik hermetisch verschließt. Seinen eigenen Anspruch formuliert Dahl (1989: 8) in *Democracy and its Critics* dahingehend, dass seine Theorie „normativ, empirical, philosophical, sympathetic, critical, historical, utopianistic, all at once" sein soll. Daher existiert für Dahl auch kein a priori normativ ausgezeichneter Ausgangspunkt für den Politikwissenschaftler – sowohl die empirische Diagnose als auch das theoretische Axiom sind legitime Ansatzpunkte politikwissenschaftlicher Analyse. Zweitens hat Dahl die empirische Bodenhaftung zumeist in Referenz auf das politische System der USA eingezogen. Hierin könnte auch ein erklärendes Moment für seine geringe Resonanz in der bundesdeutschen Diskussion liegen.

Beides – Pluralität der Forschungsgegenstände wie auch der Forschungsmethodik – hat die Ausbildung einer „Schule" in einem strikten Sinne unmöglich gemacht. Trotzdem hat Dahl die politikwissenschaftliche Landkarte nachhaltig verändert. In *Who Governs?* (1961) konnte er für New Haven exemplarisch zeigen, wie Macht in einer Demokratie verteilt ist und wie sie ausgeübt wird, in *Polyarchy* (1971) verdeutlichte er empirisch, welche Faktoren Einfluss auf die demokratische Entwicklung einer Nation besitzen, um schließlich mit *Procedural Democracy* (1979) und *Democracy and its Critics* (1989) die aktuelle Demokratietheorie nachhaltig zu beeinflussen. Die beiden letzten Publikationen avancierten innerhalb der postkommunistischen empirischen Demokratieforschung zur kanonischen theoretischen Fundierung.[7]

Robert A. Dahl ist ein reiner *academic,* der – mit Ausnahme einer kurzen Phase nach dem zweiten Weltkrieg – nie außerhalb der Universität gearbeitet hat, kein *public intellectual* (im Sinne eines Pierre Bourdieu oder Jürgen Habermas) ist oder gar politische Ämter bekleidet hat. Sein Einfluss auf das politische Denken einer weiteren Öffentlichkeit sollte dennoch nicht unterschätzt werden, da Dahl mit seinen Büchern sehr unterschiedliche Publikumskreise anspricht und sich auch auf deren jeweilige Sprache einlässt. Ein Beispiel hierfür ist *Democracy and its Critics,* das eher die akade-

---

7 Vgl. hierfür die instruktive Übersicht der zeitgenössischen Ansätze der empirischen Demokratieforschung bei Schmidt (2006:307-423). Für eine fundierte Diskussion des *State of the Art* vgl. Roller (2005).

mischen *peers* adressiert und *On Democracy*, ein Buch, das in vielen Hinsichten eine kurze Fassung von *Democracy and its Critics* darstellt, dessen Sprache sich jedoch an der Rezeption in einer breiten Öffentlichkeit orientiert. Ähnliches gilt auch für ein neueres Buch, *How Democratic is the American Constitution?*

2.   Demokratietheorie

Dahl wird im Folgenden als ein *prozeduraler* Demokratietheoretiker[8] rekonstruiert, der besonderes Gewicht einerseits auf die liberale Grundrechtsdimension und andererseits auf das Faktum des Pluralismus legt. Wie bereits in der Einleitung angedeutet, wird Dahl aufgrund der analytischen Betonung von Gruppen, ihres Zusammenspiels und der sich daraus ergebenden Machtkonstellation als „Pluralismustheoretiker" bezeichnet. Selbst David Held, der sich sonst durch eine eher ausgewogene Darstellung zeitgenössischer Demokratiemodelle auszeichnet, argumeniert: „Several pluralist theories have been expounded (...), what may be regarded as the ‚classic version' [can be found, G.S.] in the writings of (...) Truman and Dahl" (Held 1987: 188). Zu Recht betont Held (1987: 187), dass sich der Pluralismus einerseits aus dem „Madisonian heritage in American democratic theory" und andererseits aus dem Utilitarismus speist. Leider scheinen Held und einige andere Kommentatoren dabei aus den Augen verloren zu haben, dass Dahl bereits 1956 mit *A Preface to Democratic Theory* einen überaus *kritischen* Kommentar zur ‚*Madisonian Democracy'* vorgelegt hat, der nicht geeignet ist, ihn als Verfechter eines „naiven" klassischen Pluralismus zu diskutieren. Die folgende Rekonstruktion soll verdeutlichen, das Dahl als prozeduraler Demokratietheoretiker für die politischen Theorien der Gegenwart weichenstellend gewirkt hat. Diese Einschätzung wird auch von Dieter Fuchs geteilt: „In our opinion, Dahl's theory is not just any theory that could be replaced by another (...). Dahl's theory incorporates the historical origins of contemporary democracies and the history-of-ideas discourse on the justification of these democracies." (Fuchs 1995: 5)

---

8   Den Titel eines 1979 publizierten Aufsatzes aufgreifend (Dahl 1979).

2.1. Von normativen Axiomen und empirischen Aussagen

Dahl hat mit *Democracy and its Critics* keine umfassende Demokratietheorie im eigentlichen Sinne und erst recht keine Gesellschaftstheorie vorgelegt. Vielmehr wird eine *Theorie des demokratischen Prozesses* entfaltet, die zugleich bescheidener hinsichtlich ihrer normativen Grundannahmen und – z.t. daraus resultierend – konkreter bezüglich ihrer empirischen Anwendbarkeit ist. Legitimer Ausgangspunkt einer solchen Theorie sind für Dahl (1989: 7) sowohl empirische Beobachtungen als auch normative Aussagen. Diese gleichermaßen berechtigten, und doch zugleich zutiefst unterschiedlichen *erkenntnistheorietischen* Zugänge, greift Dahl mit einer zentralen *terminologischen* Weichenstellung auf: *Demokratie* benennt jenes politische System, das den utopischen Gehalt seiner normativen Grundsätze vollständig ausschöpft – und daher immer Utopie bleiben wird. Die notwendigerweise immer defizitären realen Annäherungen an die normativen Gehalte von Demokratie bezeichnet Dahl als *Polyarchien* (Dahl 1971: 8; 1989: 218; 1998: 90). Alle real existierenden demokratischen politischen Systeme sind daher in Dahls Terminologie *Polyarchien* und keine *Demokratien*. Mit dieser grundbegrifflichen Entscheidung kann Dahl einerseits die normativen Gehalte des abstrakten Konzepts *Demokratie* benennen, ohne sie zugleich mit den real existierenden Demokratien zu konfundieren. Andererseits zielt Dahls Theorie des demokratischen Prozesses auch und gerade auf die demokratische Wirklichkeit, auf die Anwendung normativer Standards, auf die Benennung jener Faktoren, welche die Entwicklung der demokratischen Wirklichkeit beeinflussen, und – last but not least – auf die Kategorisierung realer *Polyarchien* anhand der Frage, wie demokratisch diese sind. Dieses empirische Anliegen kann durch die kategoriale Differenzierung angemessener entfaltet werden.[9]

---

9   Diese Differenzierung ermöglicht es Dahl (2000) auch, das in fast allen westlichen Demokratien sinkende Vertrauen in politische Institutionen (vgl. die Beiträge in Norris 1999) nicht als demokratischen Krisenindikator zu werten, da die Wertschätzung von Demokratie auf der normativ-intrinsischen Ebene angesiedelt ist.

2.2.   Zwei demokratische Transformationen

Demokratie ist eine unwahrscheinliche Staatsform. Dass sie sich in den griechischen Stadt-Staaten der Antike, insbesondere in Athen, entwickeln konnte, ist daher überaus bemerkenswert und markiert einen „Neubeginn der Weltgeschichte" (Meier 1993). Der historisch langsame Prozess der sukzessiven Einführung demokratischer Verfahren, Ideen und Werte bezeichnet Dahl als die *first democratic transformation* (Dahl 1989: 13). Doch obwohl sie den normativen Assoziationsraum noch heute stark beeinflusst[10], ist sie als *empirischer Bezugspunkt* fehlleitend, da sich die gesellschaftlichen und politischen Voraussetzungen von Demokratie durch die *second democratic transformation* (Dahl 1989: 24), d.h. durch die Entwicklung vom demokratischen Stadt-Staat zum demokratischen *Flächenstaat*, radikal wandelten. Hinzu tritt, dass sie auch in *normativer Perspektive* nicht unproblematisch ist, da die konstitutive normative Idee jeder zeitgenössischen Demokratie – die Bürger betrachten sich wechselseitig als Freue und Gleiche – in Athen nur auf einen kleinen Teil der in der Stadt Lebenden zutraf. Die Frage, wer in einer Demokratie *Bürger* ist und dementsprechend negative politische Abwehrrechte und positive politische Partizipationsrechte besitzt, ist daher zentral für die Bestimmung des normativen Gehaltes einer Demokratie. Gerade in dieser Hinsicht war Athen – aber auch die anderen antiken *Poleis* – hoch-selektiv.

Die zweite demokratische Transformation verändert zwar nicht notwendigerweise die normativen Grundlagen von Demokratie, sehr wohl jedoch ihre Übersetzung und Anwendung in demokratische Standards und Prozeduren des demokratischen Prozesses.[11] Neun demokratische Merkmale charakterisieren die Demokratie sowohl nach der ersten als auch der zweiten Transformation: zwei bleiben unverändert, sieben wechseln ihre institutionelle Konkretisierung (siehe Tabelle 1). Das zentrale normative Ideal beider Demokratieformen ist die Selbstregierung des Demos. Diese realisiert sich in den griechischen Stadt-Staaten durch die unmittelbare Partizipation des Demos in der *Ekklesia* (der Volksversammlung), in

---

10 So ist die attische Demokratie noch heute für viele partizipativen Demokratietheoretiker das Modell der „eigentlichen" Demokratie, vgl. Pateman (1970).

11 Vgl. für die folgenden Ausführungen auch Fuchs (1998).

der alle erwachsenen männliche Vollbürger das gleiche Recht auf Teilhabe (bei der deliberativen Diskussion von kollektiv bindenden Entscheidungen sowie ihrer autoritativen Verabschiedung qua Mehrheitsentscheidung) besitzen. Durch die Identität von Regierten und Regierenden sind keine Repräsentationsinstitutionen erforderlich, daher erfolgt auch keine Dispersion der Macht auf unterschiedliche politische Institutionen, sondern ihre Konzentration in der *Ekklesía*.[12] Obwohl die Demokratien nach der zweiten demokratischen Transformation dasselbe normative Ideal – der Demos regiert sich selbst – besitzen, wurde aufgrund von Prozessen der sozialen, politischen und technischen Komplexitätssteigerung (Zolo 1992) in Verbindung mit der Vergrößerung des Territoriums und des Demos, eine Übersetzung dieses demokratischen Ideals in Repräsentationsinstitutionen notwendig. Hierdurch zerbricht die personale Identität von Regierten und Regierenden. An ihre Stelle tritt die politische Repräsentation, die sich normativ durch die Responsivität der Regierten auszeichnet. Die Auflösung der personalen Identität führt jedoch auch zur Dispersion der Macht in unterschiedliche politische Institutionen.[13]

Dahl selbst identifiziert die Möglichkeit einer *third democratic transformation*, die einerseits durch die bekannten Prozesse der Globalisierung und der sinkenden Steuerungsleistung des Nationalstaates als der bisher zentralen demokratischen Zurechnungseinheit gekennzeichnet sind, andererseits durch die modernen Informations- und Telekommunikationstechnologien die Möglichkeit bietet, die Idee der Direktdemokratie in Form des *Minipopulus* (Dahl 1989: 340; 1998: 180-188) zu reaktivieren.

---

12 Diese Machtverteilung trifft nicht auf die gesamte Zeit des Bestehens von Athen als Demokratie zu. Vielmehr gab es Verschiebungen zwischen der *Ekklesía* und der *Boulé*. Auf diese Details soll hier jedoch zugunsten einer eher modellartigen Darstellung attischer Demokratie verzichtet werden.

13 Ideengeschichtlich ist diese Entwicklung mit dem Werk Montesquieus verbunden, der jedoch gewaltenteilige Herrschaft noch im Rahmen der klassischen Idee einer Mischverfassung konzipierte. Erst die Autoren der Federalist Papers haben die Vorstellung der Gewaltenteilung von der Idee einer sie konstitutionell tragenden Mischverfassung entkoppelt.

Tabelle 1: Merkmale der zwei demokratischen Transformationen[14]

	Erste Transformation	Zweite Transformation
Transformationsresultat	Demokratische Stadt-Staaten	Demokratische National-staaten
Demokratieprinzip	Der Demos regiert sich selbst	
Regierungsmodus	Durch unmittelbare Teilhabe des Demos	Durch vom Demos gewählte Repräsentanten
Zentrale Institution	Ekklesía	Parlament
Grundlegendes Strukturprinzip	Machtkonzentration	Machtdispersion
Demokratischer Standard	Größtmögliche Identität von Regierenden und Regierten	Größtmögliche Steuerung der Regierenden durch die Regierten
Demos im formalen Sinne	Alle Mitglieder der gesellschaftlichen Gemeinschaft mit politischen Rechten; gleiche politische Rechte für alle Staatsbürger	
Konstitutives politisches Recht	Gleiche Freiheit der Rede in den Versammlungen	Gleiche Freiheit des Wählens bei periodischen Wahlen
Demos im prozeduralen Sinne	Mehrheitsentscheidungen in der Ekklesía	Mehrheitsentscheidungen bei Wahlen
Informationelle Grundlage der Meinungsbildung des Demos	Diskussion der Staatsbürger in der Ekklesía	Medienvermittelter Wahlkampf der politischen Parteien

2.3. Die (normative) Begründung von Demokratie

„On what grounds can a belief in the democratic process be rationally justified, or if ‚rationally' seems too demanding, at least reasonably justified?" (Dahl 1989: 83). Diese, für jede Demokratietheorie zentrale Frage, wird von Dahl in der für ihn erkenntnistheoretisch charakteristischen, doppelt verankerten, Art und Weise beantwortet. Demokratie kann einerseits über die Performanz einer *Polyarchie* begründet werden: „[W]hen the idea of democracy is actively adopted by a people, it tends to produce the best feasible political system, or at any rate the *best* state, taken all around." (Dahl 1989: 84 Hervorhebung G.S)[15] Eine solche Begründungs-

---

14 Nach Fuchs (1998: 155).

15 Ein Erklärungsansatz, der – im Vorrang der Demokratie vor der Philosophie – der politischen Theorie des Pragmatismus von Richard Rorty (vgl. den Beitrag von Noetzel in Band II) sehr nahe ist, selbst wenn Dahl keine explizite Referenz auf Rorty einzieht.

strategie ist jedoch den Kontingenzen des faktischen demokratischen Prozesses mit seinen *ups and downs* ausgeliefert und damit nicht besonders robust – der Verweis auf die neuen Demokratien in den ehemals staatssozialistischen Ländern mag hier ausreichen.[16] Darüber hinaus ist *best state* normativ zu unbestimmt, um darüber Demokratie begründen zu können, und daher benötigt der empirische Begründungsversuch eine normativ-theoretische Fundierung.[17] Dahl bemüht sich deshalb, den „moralischen" Kern des *best* zu identifizieren: „I believe that virtually all attempts to answer a question like this fall back, even if only by implication, on an assumption so fundamental that it is presupposed in most moral argument. This is what might be called the *idea of intrinsic equality*" (Dahl 1989: 84-85 Hervorhebung G.S.]). Der „beste Staat" – oder eher: die beste Staatsform – ist also jener, der die normativen Gehalte der *idea of intrinsic equality* am „verlustfreiesten" in die Praxis umsetzt. Diese Annäherung an den moralischen Kern des „besten Staates" zieht jedoch zwei Folgeprobleme nach sich: Die Notwendigkeit einer definitorischen Konkretisierung der *idea of intrinsic equality* auf der theoretischen Ebene sowie ihrer Operationalisierung auf der empirischen Ebene.

---

16 Erkenntnistheoretisch würde man zudem eine „definitional fallacy" (Holden 1974: 6) begehen, da „[it is] illogical to define democracy by induction from a practice of any one political unit (...)" (Saward 1994: 6). Ähnlich Ryan (1970: 29): „It is no use defining democracy in terms of politics in any particular country, for then we can no longer praise that country for being democratic – we cannot praise a society for qualities which belong to it by definition rather than by political contrivance."

17 Bekanntlich setzt sich Demokratie aus *Demos* (Volk) und *kratein* (Herrschaft) zusammen. Daher verfahren viele Demokratietheorien bei der Bestimmung der normativen Gehalte von Demokratie etymologisch-deduktiv (vgl. Sartori 1991, Fuchs 1998: 154). Dahl benutzt diesen Ansatz nur als Einstieg, da sowohl *Demos* als auch *Herrschaft* inhaltlich viel zu unbestimmt sind, als das damit eine erfolgreiche Bestimmung von Demokratie möglich wäre. Hinzu tritt, dass Demokratie für Dahl (1989: 2) heute mehr eine „vague endorsement of a popular idea", als eine konkrete und systematische Vorstellung einer spezifischen politischen Herrschaftsform ist. Die Pluralität der Ansätze in Verbindung mit eher intuitiven, wenig systematischen Explikationen der normativen Gehalte von Demokratie führte dazu, dass eine Vielzahl von normativen „Hintergrundannahmen" existieren, die die „shadow theory of democracy" (Dahl (1989:4) bilden und einer klaren Begriffsbildung im Wege stehen.

In der Ideengeschichte ist die Vorstellung der *intrinsic equality* von zentraler Bedeutung[18], die für Dahl direkt aus der kulturellen Tradition des Christentums resultiert, sind doch alle Menschen Kinder Gottes und somit gleich. Trotz – oder eher: aufgrund – der ideengeschichtlichen Prominenz existiert jedoch kein (substantieller) Konsens hinsichtlich des spezifischen theoretischen Zuschnittes von „intrinsischer Gleichheit", insofern ermöglicht sie es Dahl auf den ersten Blick auch nicht, die normativen Gehalte hinreichend konkretisieren zu können. Allerdings will Dahl keine umfassende Gesellschaftstheorie auf moralphilosophischer Basis vorlegen, sondern *nur* eine Theorie des demokratischen Prozesses. Daher kann er die Idee intrinsischer Gleichheit auf ihre Implikationen für den demokratischen Prozess hin argumentativ-konzeptionell zuspitzen, womit sich die konkretere Frage stellt, was intrinsische Gleichheit im Kontext des demokratischen Prozesses bedeutet. Eine Antwort hierauf erschließt sich über die Entfaltung der *differentia specifica* der *demokratischen* Dimension des politischen Prozesses.

Menschliche Assoziationen differenzieren sich ab einer bestimmten Größe funktional aus. Zur Senkung der Koordinationskosten wird ein System ausdifferenziert, das die Kompetenz besitzt, kollektiv bindende Entscheidungen zu treffen und autoritativ sanktioniert zu implementieren: das politische System. Das Besondere der Demokratie identifiziert Dahl in der *Allokation* und *Zurechenbarkeit* von Entscheidungskompetenz. Für die Theorie des demokratischen Prozesses übersetzt Dahl die Idee intrinsischer Gleichheit – aus einer Vielzahl konkurrierender Verständnisse von Gleichheit – daher in das *principle of equal consideration of interests* (Dahl 1989: 86). Dies impliziert, dass jedes von einer politischen Entscheidung betroffene Mitglied einer Assoziation, das (moralisch, nicht juridisch) gleiche *Recht* besitzt, hierzu seine Interessen artikulieren zu können und den gleichen *Anspruch* geltend machen kann, dass seine Interessen „akkurat interpretiert" (Dahl 1989: 86) werden. Aus der Idee der *equal consideration of interests* resultiert jedoch noch keine starke Begründung für Demokratie, da sie aufgrund der Unklarheit, wer In-

---

18 So im klassischen Liberalismus z.B. bei Locke (1970: 322): „(...) that all Men by Nature are equal". Innerhalb des modernen politischen Liberalismus von Rawls, Larmore und Ackerman lautet die basale Prämisse, daß sich die Bürger wechselseitig als Freie und Gleiche anerkennen. Vgl. auch den Beitrag von Niesen zur Politischen Theorie des Politischen Liberalismus in Band II.

teressen „akkurat interpretieren" darf, eine offene Flanke gegen den Einwand des Paternalismus besitzt. Wenn Akteur A Präferenz x artikuliert und Akteur B jedoch weiß, dass y für A besser wäre, spricht kein Argument dafür, A's Präferenz gegen B's durchzusetzen. Daher muss Dahl das Prinzip der *equal consideration* durch eine Zusatzannahme stärken: das *strong principal of equality* (Dahl 1989: 97). Damit wird die eher empirisch als normativ orientierte Prämisse eingeführt, dass „a substantial portion of adults are adequately qualified to govern themselves" (Dahl 1989: 97). Mit dieser Prämisse wird Dahls Begründung von Demokratie gegen den skizzierten paternalistischen Einwand (oder, in der Terminologie Dahls, gegen *guardianship*) abgesichert. Das zunächst Paternalismus abwehrende *strong principal of equality* kann, wenn die impliziten Gehalte expliziert werden, auch als Argument *für* den demokratischen Prozess dienen. Diese positive Wendung führt Dahl (1989: 99-100) mit der *presumption of Personal autonomy* ein: „In the absence of a compelling showing to the contrary everyone should be assumend to be the best judge of his or her own good or interests." In der Anwendung auf faktische demokratische Prozesse lässt sich diese Annahme in die normative Aussage paraphrasieren, dass hinter die subjektiven politischen Präferenzen der Bürger nicht zurückgefallen werden darf. Sie sind – in Abwesenheit eines überzeugenden Beweises der geistigen Nichtzurechnungsfähigkeit eines Bürgers – nicht hintergehbar, ohne Gefahr zu laufen, undemokratisch zu handeln.

Damit kann Dahl seine Begründung für Demokratie – wenn auch eher zirkulär – folgendermaßen zusammenfassen: „Taking as premisses, then, the Principle of Equal Consideration of Interests and the Presumption of Personal Autonomy justify our adopting the Strong Principal of Equality. The Strong principal, in turn, is at once the most powerful and the most controversial assumption in the theory of the democratic process. By accepting the Strong Principal, in effect we accept the democractic process as a requirement for making binding decisions" (Dahl 1989: 105).

2.4.   Fünf Kriterien des demokratischen Prozesses

Dahl kann zeigen, dass die Demokratie jene politische Staatsform ist, in der die moralische Intuition, wonach alle Menschen intrinsisch gleich sind, auf der politischen Dimension am besten realisiert wird. Offen ist jedoch, wie der *faktische* politische Prozess gestaltet sein muss, damit der demokratische Anspruch, wonach alle Mitglieder einer politischen Gemeinschaft das gleiche Recht auf Teilhabe am politischen Prozess haben, effektiv realisiert werden kann.[19]

Dahl argumentiert, dass die folgenden fünf Kriterien den demokratischen Aspekt des politischen Prozesses ausreichend beschreiben.[20] Die Kriterien befinden sich intern in einem hierarchischen Verhältnis; es gilt das kumulative Prinzip, wonach ein Mehr an erfüllten demokratischen Kriterien den politischen Prozess demokratischer werden lässt:

1. *effective participation*: Throughout the process of making binding decision, citizens ought to have an adequate opportunity, and an equal opportunity, for expressing their preferences as to the final outcome. They must have adequate and equal opportunities for placing questions on the agenda and for expressing reasons for endorsing one outcome rather than another." (Dahl 1989: 109)

2. *voting equality at the decisive stage*: At the decisive stage of collective decisions, each citizen must be ensured an equal opportunity to express a choice that will be counted as equal in weight to the choice expressed by any other citizen. In determining outcomes at the decisive stage, these choices, and only these choices, must be taken into account." (Dahl 1989: 109)

3. *enlightened understanding*: Each citizen ought to have adequate and equal opportunities for discovering and validating (within the time permitted by the need for a decision) the choice on the matter to be decided that would best serve the citizen's interests." (Dahl 1989: 112)

4. *control of the agenda*: The demos must have the exclusive opportunity to decide how matters are to be placed on the agenda

---

19 Mit dieser Frage verschiebt sich der Fokus weg von den normativen Begründungen hin zu eher empirisch orientierten Fragestellungen.

20 Die Rekonstruktion der fünf demokratischen Kriterien orientiert sich an Dahl (1989: 108-118). Sie finden sich jedoch auch in anderen Werken wieder – in der Grundorientierung gleich, in Details jedoch verschieden (vgl. Dahl 1979 und 1998: 37-40).

of matters that are to be decided by means of the democratic process." (Dahl 1989: 113)

5. *inclusion*: The demos must include all adult members of the association except transients and persons proved to be mentally defective." (Dahl 1989: 129)

Diese fünf Kriterien sind Spezifikationen der abstrakten Idee „intrinsischer Gleichheit" und benennen erschöpfend die Voraussetzungen dafür, dass der demokratische Prozess unverzerrt ist und die normativen Gehalte der Idee intrinsischer Gleichheit vollkommen ausgeschöpft werden können. Sie sind jedoch bei weitem zu anspruchsvoll, als dass sie in *Polyarchien* zur Gänze realisiert werden können. Diese sind mit Referenz auf die fünf Kriterien immer nur mehr oder weniger demokratisch. Dies zeigt nicht notwendigerweise demokratische Defekte der *Polyarchien* an, sondern spiegelt nur die grundbegriffliche Weichenstellung von Demokratie als normativen Bezugspunkt und *Polyarchien* als faktische Realisierung des normativen Konzeptes wieder.

Entlang der kumulativ angelegten demokratischen Kriterien kann ein erstes Raster von demokratischen Entwicklungsstufen entwickelt werden, mit dessen Hilfe reale *Polyarchien* verortet werden können (s.S. 262).

Die vier demokratischen Entwicklungsstufen sind für eine empirische Analyse noch zu abstrakt. Daher spezifiziert Dahl (1989: 221) sieben Institutionen, die ein politisches System besitzen muss, um als *Polyarchie* klassifiziert werden zu können. Dies sind erstens *elected officials*[21]. Gemeint ist damit, dass alle politischen Entscheidungen ausschließlich von *gewählten* Repräsentanten getroffen werden dürfen und dies so auch verfassungsrechtlich abgesichert ist. Zweitens müssen in regelmäßigen Abständen *free and fair elections* abgehalten werden bei denen drittens alle erwachsenen Bürger das aktive (*inclusive suffrage*) und viertens das passive Wahlrecht (*right to run for office*) besitzen. Hinzu tritt fünftens das Recht auf freie Meinungsäußerung (*freedom of expression*), von dem ohne Angst vor Repressalien Gebrauch gemacht werden kann. Sechstens müssen politische Informationen für alle Bürger zugänglich sein (*alternative information*), was verfassungsrechtlich

---

21   Alle Zitate Dahl (1989: 221).

durch Pressefreiheit garantiert werden kann. Siebtens muss Vereinigungsfreiheit (*associational autonomy*) existieren. Eine *Polyarchie* muss alle sieben aufgeführten Institutionen besitzen. Die Intensität, mit der eine *Polyarchie* demokratisch ist, kann in Abhängigkeit von der faktischen Ausgestaltung der einzelnen Institutionen jedoch stark variieren.

Tabelle 2: Demokratische Entwicklungsstufen

more democratic →			
democraticness →	procedurally democratic in a narrow sense	fully democratic with respect to an agenda and in relation to a demos	fully democratic in relation to its demos	fully democratic
democratic Criteria ↓				
effective participation	√	√	√	√
voting equality at the decisive stage	√	√	√	√
enlightened understanding		√	√	√
control of the agenda			√	√
inclusion				√

Tabelle 3: Polyarchie und Kriterien des demokratischen Prozesses[22]

Demokratische Kriterien	voting equality	effective participation	enlightened understanding	control of the Agenda	inclusion
Institutionen der Polyarchie					
elected officials	√	√		√	
free and fair elections	√			√	
inclusive Suffrage		√		√	√
right to run for office		√		√	√
freedom of expression		√	√	√	√
alternative information		√	√	√	√
associational autonomy		√	√	√	√

Zwischen den sieben Institutionen der *Polyarchie* und den fünf demokratischen Kriterien besteht ein spezifischer Zusammenhang: Bestimmte real existierende Institutionen sind Voraussetzung dafür, dass spezifische demokratische Kriterien erfüllt werden können. Damit z.B. das demokratische Kriterium *voting equality* erfüllt wird, muss (1) die Wahl politischer Repräsentanten in (2) freien und fairen Wahlen erfolgen. Dieser Zusammenhang wird in Tabelle 2 schematisch dargestellt.[23]

Die sieben Institutionen der *Polyarchie* konstituieren zwei Dimension des Demokratisierungsprozesses (Dahl 1971: 4-8). Erstens die Dimension *liberalization* (oder *public contestation*) und zweitens *inclusiveness* (oder *participation*). Liberalisierung umfasst all jene Prozesse, institutionelle Vorkehrungen etc., die es ermöglichen, eine Regierung – sei sie demokratisch oder autokratisch – „herauszufordern" (daher auch *public contestation*).[24] Der Möglichkeitsraum reicht auf dieser Dimension vom nicht absetzbaren „Herr-

---

22 Diese Tabelle folgt Dahl (1989: 222). Vgl. für frühere Systematisierungen Dahl (1971: 3).
23 Die Exaktheit und konzeptionelle Präzision, die sich in den Tabellen 1 und 2 widerspiegelt, begründet, warum Dahl in der empirischen Demokratieforschung in den 90er Jahren des letzten Jahrhunderts zum zentralen theoretischen Reverenzpunkt avancierte. Vgl. exemplarisch für entsprechend inspirierte empirische Studie Elklit (1994).
24 Die analytischen Grundlagen dieser Dimension des Demokratisierungsprozesses hat Dahl in *Political Oppositions in Western Democracies* (1966) gelegt. Vgl. Pulzer (1987) für eine kritische Würdigung dieses Ansatzes.

scher (Regierung) auf Lebenszeit", bis hin zu regelmäßig abgehaltenen Wahlen, in denen effektiv die Regierung bestimmt wird. Diese Dimension charakterisiert jedoch nur 50% des Demokratisierungsprozesses, da nicht automatisch die Größe der Gruppe mitbestimmt wird, die diese Rechte und institutionellen Garantien in Anspruch nehmen darf. Daher führt Dahl mit der Inklusivität (*participation*) eine zweite Demokratisierungsdimension ein. Diese bildet den Optionsraum *Einer* (autokratischer Herrscher) bis *der gesamte Demos* ab. Erst eine positive Entwicklung auf beiden Dimensionen wird von Dahl als Demokratisierung verstanden – wobei die sieben Institutionen der *Polyarchie* sowohl auf einer als auch auf beiden Dimensionen gleichzeitig (so das Wahlrecht) lokalisiert sein können. Die abschließende Grafik verdeutlicht die Entwicklungspfade, die Nicht-Demokratien, von Dahl (1971: 7) als *closed hegemonies* bezeichnet, einschlagen können.

Werden die demokratischen Partizipationsrechte ausgeweitet, ohne gleichzeitig eine reale Konkurrenzsituation um die politische Macht zu implementieren, so entstehen *inklusive Hegemonien*, i.d.R. politische Systeme, in denen Wahlen durchgeführt werden, die zu keinen Veränderungen in der politischen Machtkonfiguration führen und nur akklamatorischen Zwecken dienen. Viele der ehemaligen staatssozialistischen Systeme waren inklusive Hegemonien. Wird hingegen ein Konkurrenzsystem um politische Macht eingeführt, ohne dabei zugleich ein allgemeines Wahlrecht zu implementieren, entstehen *kompetetive Oligarchien*. Historisch gehören hierzu v.a. jene Länder, die das Wahlrecht selektiv verliehen haben – an Weiße, Männer, Reiche etc. Politische Systeme, die auf beiden Dimensionen voranschreiten, entwickeln sich zu *Polyarchien*. Die in Tabelle 2 aufgeführten Erscheinungsformen der *Polyarchie* sind daher gleichsam Zwischenstationen auf dem Weg von einer geschlossenen Hegemonie zu einer vollständig demokratischen *Polyarchie*. Diese Entwicklung muss jedoch nicht geradlinig verlaufen – denkbar (und historische Tatsache) sind „Umwege" zur *Polyarchie* über kompetitive Oligarchien oder inklusive Hegemonien (Dahl 1971: 34ff).[25]

---

25 Dahls (1971) zentrale Frage lautet, wie sich geschlossene Hegemonien zu *Polyarchien* entwickeln können. Seine Antwort ruht dabei auf zwei Säulen: Neben einem eher „klassischen" institutionentheoretischen Fokus – u.a. verfassungsrechtliche Garantien, institutionelle Konfigurationen, Pro-Kopf-Einkom-

Grafik 1: Liberalisierung, Inklusivität und Demokratisierung[26]

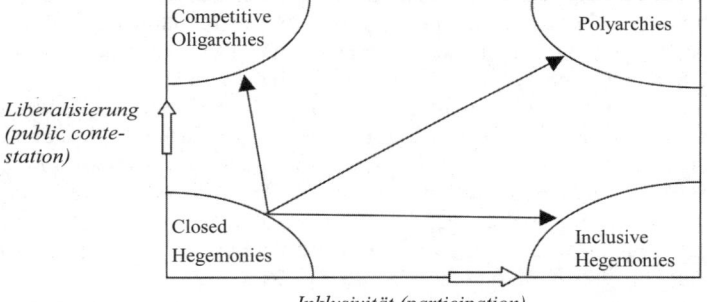

Inklusivität (participation)

2.5. Der demokratische Prozess

Die fünf demokratischen Standards schöpfen den normativen Gehalt von Demokratie sehr intensiv aus – zu intensiv, so scheint es zunächst, um als angemessene und sinnvoll anwendbare Evaluationsstandards faktischer demokratischer Prozesse dienen zu können. Wenn Dahl auch und gerade die empirische Dimension des demokratischen Prozesses in den analytischen Blick bekommen will, sind solche Standards dann nicht kontraproduktiv? Diese Intuition soll exemplarisch am vierten demokratischen Kriterium[27] diskutiert werden, da es auf den ersten Blick der Idee identitärer Demokratie entspricht, welche höchstens in demokratischen Stadt-Staaten mit einem zahlenmäßig kleinen Demos zu verwirklichen ist, der zeitlich vor der zweiten demokratischen Transformation an-

---

men, Alphabetisierungsquote – zeichnen sich die Arbeiten von Dahl v.a. durch die frühe systematische Berücksichtigung individueller *Einstellungen* zur Demokratie aus. Hierbei schließt Dahl konzeptionell an die wegweisenden Studien von Almond/Verba in den 60er Jahren (*Civic Culture*) an. Eine detaillierte Diskussion jener Bedingungen, welche die Entwicklung von *Polyarchien* fördern, würde jedoch den Rahmen dieser Darstellung sprengen. Vgl. dafür Dahl (1971: 202-207 und 1989: 244-264).

26 Grafik nach Dahl (1971: 7).

27 „Control of the Agenda: The demos must have the exclusive opportunity to decide how matters are to be placed on the agenda of matters that are to be decided by means of the democratic process." (Dahl 1989: 113)

gesiedelt ist. Darüber hinaus ist fraglich, ob der Demos tatsächlich die notwendige faktische Kompetenz besitzt, um alle politischen Fragen entscheiden zu können. Falls nicht, würde daraus eine entscheidende Schwächung der normativen Begründung von Demokratie resultieren.[28] (s.u. zeitgenössische Kritik an Dahl).

Dahl selbst umgeht diese „Falle", indem er bei der Überführung der normativen Standards in lebensweltlich Erwartbares Abstand von der substantiellen Kompetenz nimmt und statt dessen auf eine *reflexive Kompetenz* (Schmalz-Bruns 1995: 221) setzt, die die Grenzen der Kompetenz des Demos jeweils fallbezogen aufzeigen kann: „Thus the criterion of final control does not presuppose a judgment that the demos is qualified to decide every question requiring a binding decision. It does presuppose a judgement that the demos is qualified to decide (1) which matters do or do not require binding decisions, (2) if those that do, which matters the demos is qualified to decide for itself, and (3) the terms of which the demos delegates autority" (Dahl 1989: 114). Den idealen Bürger, den *Zoon Politikon*, ersetzt Dahl daher durch den „good-enough or adequate citizen" (Dahl 1992: 48).

Die reflexive Kompetenz ermöglicht es Dahl, die konkrete Ausgestaltung des demokratischen Prozesses nicht theoretisch vorzuentscheiden, sondern in die Kompetenz des Demos selbst zu legen, und dies für alle politischen Fragen, die kollektiv bindende Entscheidungen erfordern. Eine solche Konfiguration ist weit davon entfernt, den normativen Gehalt von Demokratie unterauszuschöpfen (Habermas 1992: 386) oder gar elitistisch zu sein (Zolo 1992; Eisenberg 1996: 380). Sie trägt der epistemologischen Komplexität zeitgenössischer politischer Entscheidungen ebenso Rechnung wie dem Ideal der Volkssouveränität, ohne dabei jedoch auf die unrealistische Forderung nach permanenter identitärer Demokratie auf der territorialen Ebene von Stadt-Staaten zu bestehen.[29]

Auch Dahls Verständnis des *common good* – des Gemeinwohls – unterstreicht, dass er kein Pluralismustheoretiker im klassischen Sinne, sondern ein prozeduraler Demokratietheoretiker ist. Innerhalb der pluralistischen Demokratietheorie (Fraenkel) ergibt sich das Ge-

---

28 Vgl. zur Kritik an Dahl Abschnitt 3.
29 Obwohl Dahl dieser Forderung normativ sympathisch gegenüber steht (Dahl 1967; vgl. dazu auch Dahl 1987).

meinwohl als Resultante eines Kräfteparallelogramms: Politische Interessengruppen besitzen spezifische politische Präferenzen, bringen diese in den politischen Prozess ein und treffen dort auf rivalisierende Präferenzen anderer Gruppen. Das Austarieren dieser konfligierenden Interessen erfolgt unter Macht- und Einflussgesichtspunkten. Anders Dahl (1989: 163-192): Gegen republikanische Konzeptionen à la MacIntyre[30] argumentiert er, dass die Heterogenität moderner Gesellschaften ein *substantielles* a priori Gemeinwohl unmöglich werden lässt. Gegen den skizzierten Pluralismus führt er ins Feld, dass er gegen das fünfte demokratische Kriterium – *enlightened understanding* – verstößt, da die politischen Präferenzen der Bürger (Interessengruppen) im demokratischen Prozess nicht reflexiv sind, sondern als statisch begriffen werden. Daher steht bei Dahl – zumindest in seinem demokratietheoretischen Werk – nicht der Machtaspekt im Vordergrund[31], sondern der Aspekt der Präferenzgenese. Dieser kann – wie Habermas ihn rekonstruiert (1992: 383-386) – deliberativ sein, er kann jedoch auch andere Gestalten annehmen. Daher ist die Demokratietheorie Dahls auch prozedural, aber nicht *notwendigerweise* deliberativ. Das Konzept des Gemeinwohls geht für Dahl daher auch in jenen prozeduralen Voraussetzungen des demokratischen Prozesses auf, die die Erfüllung der fünf demokratischen Kriterien (und dabei insbesondere das fünfte demokratische Kriterium) garantieren.

3. Kritik[32]

Die Kritik an Dahl spiegelt die Stellung der Demokratietheorie in den 90er Jahren des letzten Jahrhunderts wieder. Daher soll zu-

---

30 Vgl. hierzu den Beitrag von Rosa zur Politischen Theorie des Kommunitarismus in Band II.

31 Dahl besitzt einen eher „klassischen", an Weber orientierten Machtbegriff (Dahl 1961). Vgl. den Beitrag von Schmidt zur Politischen Theorie der Rationalisierung in diesem Band.

32 Die Konturen der liberal-prozeduralen Demokratietheorie von Dahl haben sich erst in den letzten 20 Jahren entwickelt. Daher kann das Ordnungsprinzip des Buches – die Differenzierung in zeitgenössische und gegenwärtige Kritik – nicht aufgegriffen werden.

nächst der Problemkontext skizziert werden, dem sich der größere Teil der zeitgenössischen Demokratietheorie stellen muss.

Die Demokratietheorie ist ein Kernbereich der Politikwissenschaft, der im Zuge der demokratischen Transformationen in den 70er und den 90er Jahren in seiner *empirischen* Ausprägung im Mittelpunkt nicht nur des akademischen Interesses stand. Trotzdem befindet sich die Demokratietheorie in den letzten Jahren in einer zunehmend problematischer werdenden Situation, die v.a. aus zwei Entwicklungen resultiert.

1. Auf der einen Seite werden die klassischen Probleme der Demokratie, die aus der zweiten demokratischen Transformation resultieren, diskutiert: Repräsentationsfragen, Wahlrechtsfragen, Inklusionsfragen. Diese „klassischen" Fragen besitzen in der politischen Theorie zwar eine beeindruckende Ahnenreihe, sie werden jedoch durch *empirische* Phänomene der Globalisierung einerseits und der Lokalisierung andererseits zunehmend in die zweite Reihe gedrängt (vgl. Schmitter 1999; Held 2002; 2003). Die analytischen Werkzeuge, um einer zunehmend komplexer werdenden demokratischen Umwelt konzeptionell Herr zu werden, sind von diesen demokratietheoretischen Großentwürfen noch nicht vorgelegt worden[33], so dass sie sich, obwohl dem eigenen Anspruch nach eine empirisch einflussreiche Teildisziplin, selbst marginalisiert. Die Situation ist geradezu paradox: Einerseits konnte die – zumeist am amerikanischen Vorbild orientierte – Theorie der liberal-pluralistischen Demokratie nach dem Niedergang des Kommunismus einen bemerkenswerten *politischen* Triumph feiern, andererseits ist sie zunehmend davon herausgefordert, die aus diesen Veränderungen resultierende und geradezu exponentiell zunehmende Komplexität theoretisch zu verarbeiten (Zolo 1992; Schmalz-Bruns 1995, Abromeit 2002).

2. Zum anderen gerät die Demokratietheorie als integrative Teildisziplin auch aus theoretischer Perspektive zunehmend unter

---

33 Dahl (1999: 927) selbst ist skeptisch hinsichtlich der Frage, ob im Angesicht dieses Problemdruckes Demokratie in Zukunft funktionieren kann: „Skeptics argue, that the conditions required for the function of democratic institutions simply do not exist at the international level and are unlikely to develop within any foreseeable time. I find myself among the skeptics." Doch: „Solutions are unclear" (Dahl 1999: 929).

Druck. In der politischen Philosophie erlebt die (mitunter auch nur implizite) moralphilosophisch anspruchsvolle Diskussion der normativen Begründung von Demokratie eine bemerkenswerte Renaissance.[34] Aus gesellschaftstheoretischer Perspektive wird die Interdependenz aller gesellschaftlichen Teilbereiche betont, so dass die Vorstellung einer isolierten Analyse des *demokratischen Prozesses* verkürzt erscheint. Aus empirischer Perspektive erobern in den letzten Jahren Analysen kurzer oder mittlerer Reichweite zunehmend größere Terrains (vgl. von Beyme 1991).

Obwohl die Relevanz der liberal-pluralistischen Demokratietheorie nicht in Frage steht, hat sie – aufgrund der genannten Prozesse – in den letzten Jahren weniger Aufmerksamkeit erhalten als in den 1960er und 70er Jahren. So wurde in einem „Review Symposium", welches das Journal of Politics anlässlich der Publikation von *Democracy and its Critics* veranstaltete, nur äußerst moderate Kritik an Dahl artikuliert; Jack Nagel (1991: 217) spricht sogar davon, das Buch „suffers from a shortages of critics".

Für den italienischen Demokratietheoretiker *Danilo Zolo* (1992) verbindet die Theorie von Dahl zwei demokratietheoretische Linien: einerseits die „realistische" Demokratietheorie à la Schumpeter, andererseits die klassische pluralistische in der Tradition der Federalist Papers. Aufgrund des eigenen Anspruches, die Faktizität des demokratischen Prozesses in den Blick zu bekommen, ist Dahl für Zolo ein „Neo-Realist", der Schumpeter näher steht als den Federalists. Doch gerade aus dem Anspruch, die Demokratietheorie als eine empirische Wissenschaft zu betreiben, die – als Folge der behavioralistischen Revolution in der amerikanischen Politikwissenschaft in den 1950er Jahren – sich den *harten* Kriterien der Wissenschaftlichkeit der Naturwissenschaften geöffnet hat, resultieren für Zolo die gravierenden Schwierigkeiten dieses gesamten Forschungsansatzes, zu deren Vertretern er u.a. auch Sartori (1962; 1992) zählt. Ausgangspunkt der Kritik Zolos ist, dass für Dahl und Sartori Demokratie ein spezifischer „Gegenstand" ist, der sich allein der *politikwissenschaftlichen* Analyse aufgrund ihres methodologischen Kanons adäquat erschließt (vgl. Sartori 1995: 118): „These canons he still identifies without qualification as logical ri-

---

34 So z.B. innerhalb der *liberal-communitarian debate*. Vgl. die Beiträge von Niesen und Rosa in Band II sowie Forst (1994).

gour in definitions, empirical verifiability of theories and the cu-
mulativity of discoveries." (Zolo 1992: 24) Zolos Kritik an Dahl
(und Sartori) kulminiert daher im Vorwurf erkenntnistheoretischer
Naivität. Der *Glaube* an den Positivismus in der Politikwissenschaft müsste durch eine *reflexive epistemology* (Zolo 1992: 9) ersetzt werden, die Abschied nimmt von der „possibility of a nomo-
logical and deductive explanation in either the natural or the political and social sciences."[35]

Im Gegensatz zu Zolo teilt *Michael Saward* (1998) die epistemologischen Grundlagen von Dahls Analyse, er argumentiert jedoch, dass seine normative Begründung von Demokratie moralphilosophisch nicht gut genug ist. Die grundlegende Kritik lautet,
dass die Verbindung zwischen der demokratischen Intuition (*best
political system*) und der sie philosophisch stützenden *idea of instrin-
sic equality* im besten Fall unklar, im schlechtesten argumentations-
logisch gar nicht vorhanden ist. Dahl muss voraussetzen, dass die
Vorstellung intrinsischer Gleichheit ohne weitere argumentative
Stützung akzeptiert wird, „as a matter of more-or-less blind faith"
(Saward 1998: 18). Auch die Stellung der *presumption of personal
autonomy* wird von Saward in Frage gestellt, da Dahl sie begründungslogisch nicht als *epistemologisches* Argument, sondern als
prudential rule einführt. Als „mix of moral and empirical judgments
it displays the inherent messiness of a contingent statement that is not
derived rigorously from axioms or empirical laws. Instead a pruden-
cial rule draws a flawed and imprecise understanding of human experience. It displays all the imperfections of contingency." (Dahl
1989: 100-101).[36] Sawards heftige Kritik an der mangelnden philosophischen Begründung der *presumption of personal autonomy* lässt
sich auf eine Diagnose zurückführen, die bereits Walzer (1983: 285)
pointiert formuliert: „[A]ll arguments for exclusive rule, all anti-

---

35 Danilo Zolo artikuliert von der Peripherie der Politikwissenschaft disziplinäre
    Bedenken, die auch vom Zentrum aus thematisiert werden. Der Standort der
    Politikwissenschaft (und damit natürlich auch der Demokratietheorie) unter
    grundsätzlich anderen epistemologischen Vorzeichen ist bereits zuvor von Al-
    mond/Genco (1977), Easton (1985) und Ricci (1984) diskutiert worden.
36 Zwar kritisiert Saward die mangelnde Begründungstiefe, darüber hinaus steht
    jedoch der Wissenschaftsansatz Dahls, der normative Aussagen mit empiri-
    schen Analysen in eine wechselseitige und dauerhafte Beziehung setzen will,
    auf dem Prüfstand.

democratic arguments, if they are serious, are arguments from special knowledge", d.h. solche, die die Befähigung der Bürger, ihre Bedürfnisse selbst am besten interpretieren zu können, in Frage stellen. Daher besitzt die Begründung der *presumption* eine Schlüsselstellung in der Theorie des demokratischen Prozesses. Saward (1994) selbst schlägt eine epistemologische Verankerung im Fallibilismus vor (vgl. Thorson 1962), die dazu führt, dass politische Fragen nicht binär in *richtig/falsch* codiert werden können. In der politischen Sphäre sticht daher nur kontingentes Wissen, es kann kein Expertenwissen existieren, das zu richtigen oder *wahren* politischen Entscheidungen führt: „All claims to superior knowledge with respect to politics must fail" (Saward 1994: 12). Vor diesem epistemologischen Hintergrund müssen alle paternalistischen Bestrebungen undemokratisch sein.[37]

4.   Alternative Theorieansätze[38]

Das Tableau gegenwärtiger Theoriealternativen im Modell der liberal-prozeduralistischen Demokratietheorie wird maßgeblich von der Frage beeinflusst, wie Dahl heute wahrgenommen wird und – direkt damit verbunden – was die *zentralen* und *charakteristischen* Merkmale dieses Ansatzes sind. Wie bereits mehrfach angedeutet wurde, variieren die Verortungen deutlich.

Wird die Betonung auf die *empirische* Dimension der Demokratietheorie gelegt, um so eine *realistische* Perspektive einzunehmen, ist die Einschätzung Danilo Zolos, dass Dahl ein „Neo-Realist" in der Traditionslinie Schumpeters ist, nicht vollkommen unplausibel. Daher kann Zolos *komplexe Demokratietheorie,* die für sich selbst beansprucht, „realistisch" zu sein, ohne dabei auf die epistemologischen Grundannahmen des post-behavioralistischen demokratietheoretischen Mainstreams angewiesen zu sein, auch als

---

37 Vgl. für eine ausführlichere Diskussion über den Zusammenhang von Demokratie und diskursiver Präferenzgenese Schaal (2000: 21-28). Siehe für eine alternative Begründung Goodin (1990).

38 Die Konturen der liberal-prozeduralen Demokratietheorie von Dahl haben sich erst in den letzten 20 Jahren entwickelt. Daher kann auch das zweite Ordnungsprinzip des Buches – die Differenzierung in zeitgenössische und gegenwärtige theoretische Alternativen – leider nicht aufgegriffen werden.

aktuelle Umsetzung des Dahl'schen Erkenntnisinteresses gewertet werden.[39]

Weniger demokratietheoretisch, sondern viel stärker philosophisch ist der demokratische Realismus des italienischen Philosophen Giorgio Agamben. In seinem vielbeachteten und umstrittenen Werk *Homo Sacer* unternimmt Agamben unter anderem den Versuch, eine alternative Lesart der klassischen kanonischen Texte der politischen Philosophie vorzulegen. Auf Basis seiner provozierenden Annahmen über die menschliche Natur kommt er zu radikal anderen Formen und Begründungen politischer Herrschaft, als der liberal-demokratische Mainstream – auch wenn seine Referenzen auf Carl Schmitt und dessen Vorstellung vom Ausnahmezustand nicht nur innerhalb der bundesdeutschen Diskussion mit Vorbehalt rezipiert wurden.

Charakteristisch für Dahl ist jedoch auch die Abkehr von substantiellen Vorstellungen/Ideen/Werten innerhalb der Demokratietheorie und ihre konsequente *Prozeduralisierung* – was im Umkehrschluss jedoch gerade nicht impliziert, dass Demokratie von entgegenkommenden (vorpolitischen) Dispositionen der Bürger unabhängig ist. Vielmehr zeichnet sich Dahl durch die enge konzeptionelle Verzahnung von konsequenter Prozeduralisierung und politischer Kultur aus (so bereits Dahl 1971). Diese Verbindung ist auch für das Werk von *Noberto Bobbio* kennzeichnend. In einer inzwischen bereits berühmt gewordenen Sammlung von Essays zur *Zukunft der Demokratie* (Bobbio 1988) unternimmt Bobbio den Versuch, eine prozedurale und minimale Definition von Demokratie vorzulegen: „Wenn man von Demokratie (...) spricht, so besteht die einzige Art und Weise der Verständigung darin, sie als ein Ensemble von (primären oder Grund-) Regeln zu begreifen, die festlegen, *wer* zur Teilnahme an den kollektiven Entscheidungen berechtig ist und mit welchen *Verfahren* diese Entscheidungen getroffen werden." (Bobbio 1998: 8). Die vier Bedingungen, die erfüllt sein müssen, damit von einer Demokratie im prozeduralen Sinne gesprochen werden kann, ähneln jenen Dahls auffällig:

1. Kollektiv bindende Entscheidungen werden von einer sehr großen Zahl der Gruppenmitglieder getroffen. Die Regeln für

---

39 Die komplexe, neo-realistische und neo-elitäre Theorie von Zolo wird in dem Kapitel Die politische Theorie der Eliten: Schumpeter von William Scheuerman bereits skizziert. Um Redundanzen zu vermeiden, wird hier auf eine Darstellung verzichtet.

die Entscheidungsprozedur sind außerhalb ihrer selbst im Vorfeld festgelegt.
2. Die Entscheidungsregel ist die Mehrheitsregel.
3. In einer Wahlsituation müssen die Gruppenmitglieder reale Alternativen besitzen.
4. Die Voraussetzungen hierfür sind die historischen Errungenschaften des liberalen Rechtstaates: Meinungs-, Versammlungs-, Rede- und Assoziationsfreiheit (Bobbio 1988: 8-11).

Schließlich scheinen die Verbindungen zwischen der deliberativen Demokratietheorie von Habermas und der prozeduralistischen von Dahl enger zu sein, als dies Habermas (1992:386ff) selbst sieht.

Eine konsequente institutionelle Ausgestaltung der fünf demokratischen Standards liegt noch nicht vor. Dahls eigene Konzeptionalisierung eines *Minipopulus*, der mit Hilfe der modernen Kommunikationstechnologien die politischen Partizipationschancen jedes einzelnen Bürgers erhöhen soll, scheint die normativen Gehalte der Theorie des demokratischen Prozesses nur in Ansätzen auszuschöpfen (vgl. Schmalz-Bruns 1995: 222-223). Doch gerade hierin bestünde die Chance, ein liberales demokratisches Institutionengefüge zu begründen, das die Idee der Volkssouveränität effektiv realisiert und dabei gleichzeitig fest in den normativen Einstellungen der Bürger verankert ist, da es in der Tradition des hegemonial gewordenen Liberalismus steht.

Literatur

a. verwendete Literatur

Abromeit, Heidrun (2002): Wozu braucht man Demokratie? Die postnationale Herausforderung der Demokratietheorie. Opladen
Almond, Gabriel/Genco, S. (1977): Clouds, Clocks, and the Study of Political Science. World Politics 29 (4), 489-522.
Almond, Gabriel A./Verba, Sidney (1963): The Civic Culture. Princeton.
Agamben, Giorgio (2002): Homo Sacer. Die souveräne Macht und das nackte Leben. Frankfurt a.M.
Beyme, Klaus von (1991): Theorie der Politik im 20. Jahrhundert. Frankfurt a.M.
Bobbio, Noberto (1988): Die Zukunft der Demokratie. Hamburg.

Brünneck, Alexander von/Buchstein, Hubertus/Göhler, Gerhard (Hrsgg.) (1999):
    Ernst Fraenkel. Gesammelte Schriften. Bd. 3: Neuaufbau der Demokratie in
    Deutschland und Korea, (hrsg. v. Gerhard Göhler). Baden-Baden.
– (2000): Ernst Fraenkel. Gesammelte Schriften. Bd. 4: Amerikastudien,
    (hrsg. v. Hubertus Buchstein). Baden-Baden.
Dahl, Robert A. (1956): A Preface to Democratic Theory. Chicago.
– (1961): Who Governs? New Haven.
– (Ed.) (1966): Political Opposition in Western Democracies. New Haven.
– (1967): The City in the Future of Democracy. American Political Science
    Review 61 (4), 953-970.
– (1971): Polyarchy. New Haven.
– (1979): Procedural Democracy. S. 97–133 in: Peter Laslett/James Fishkin
    (Eds.), Philosophy, Politics and Society. Oxford.
– (1982): Dilemmas of Pluralist Democracy. Autonomy vs. Control. New Haven.
– (1986): A Preface to Economic Democracy. Cambridge.
– (1987): Sketches for a Democratic Utopia. Scandinavian Political Studies
    10, 195-206.
– (1989): Democracy and Its Critics. New Haven.
– (1992): The Problem of Civic Competence. Journal of Democracy 3, 45-59.
– (1997a): From Personal History to Democratic Theory. S. 3-15 in: ders, To-
    ward Democracy: A Journey. Berkeley.
– (1997b): A Brief Intellectual Autobiography. S. 68-78 in: Hans Daalder (Ed.),
    Comparative European Politics. The Story of a Profession. London.
– (1998): On Democracy. New Haven.
– (1999): The Shifting Boundaries of Democratic Government. Social Rease-
    arch 66 (3), 915-931.
– (2000): A Democratic Paradox? Political Science Quarterly 115 (1), 35-40.
– (2001): How Democratic is the American Constitution? New Haven/London.
– (2006). On Political Equality. New Haven/London
Easton, David (1985): Political Science in the United States. Past and Present.
    International Political Science Review 6 (1), 133-152.
Eisenberg, Avigail I. (1996): Individual Development and Anglo-American
    Pluralism. Social Science Information 35 (2), 363-387.
Eisfeld, Rainer (1987): Pluralismus. S. 421-436 in: Iring Fetscher/Herfried
    Münkler (Hrsgg.), Pipers Handbuch der politischen Ideen. Band 5. München.
Elklit, Jorgen (1994): Is the Degree of Electoral Democracy Measurable? S. 89-
    111 in: David Beetham (Ed.), Defining and Measuring Democracy. London.
Fenske, Hans (1991): Politisches Denken im 20. Jahrhundert. S. 657-880 in:
    Hans-Joachim Lieber (Hrsg.), Politische Theorien von der Antike bis zur
    Gegenwart. Bonn.
Forst, Rainer (1994): Kontexte der Gerechtigkeit. Frankfurt a.M.
Fraenkel, Ernst (1968): Deutschland und die westlichen Demokratien. Stutt-
    gart: Kohlhammer.
Fuchs, Dieter (1995): Criteria for a Democratic Process. Discussion Papers FS
    III 95-201, Wissenschaftszentrum Berlin.

– (1998): Kriterien demokratischer Performanz in Liberalen Demokratien. S. 151-180 in: Michael Greven (Hrsg.), Demokratie – eine Kultur des Westens? Opladen.

Goodin, Robert E./Klingemann, Hans-Dieter (1996): Political Science. The Disciplin. S. 3-49 in: Robert E. Goodin/Hans-Dieter Klingemann (Eds.), A New Handbook of Political Science. Oxford.

Goodin, Robert E. 1990: Liberalism and the Best Judge Principle. Political Studies 38 (2), 181-195.

Habermas, Jürgen (1992): Faktizität und Geltung. Frankfurt a.M.

Held, David (1987): Models of Democracy. Oxford.

– (2002): Governing Globalization. Oxford.

– (2003): The Global Transformations Reader. Oxford.

Holden, B. (1974): The Nature of Democracy. London.

Locke, John (1689/1690): Second Treatise of Government.

Meier, Christian (1993): Athen. Ein Neubeginn der Weltgeschichte. Berlin.

Nagel, Jack H. (1991): Review Democracy and its Critics. Journal of Politics 53 (1), 215-218.

Norris, Pippa (Ed.) (1999): Critical Citizens. Global Support for Democratic Governance. Oxford.

Pateman, Carol (1970): Participation and Democratic Theory. Cambridge.

Pulzer, Peter (1987): Is there Life after Dahl? S. 11-29 in: Eva Kolinsky (Ed.), Opposition in Western Europe. London.

Ricci, D. (1984): The Tragedy of Political Science. New Haven.

Roller, Edeltraut (2005): The Performance of Democracies. Political Institutions and Public Policies. Oxford.

Rorty, Richard (1988): Solidarität oder Objektivität. Stuttgart.

Ryan, A. (1970): The Philosophy of the Social Sciences. London.

Sartori, Giovanni (1962): Democratic Theory. Detroit.

– (1985): La scienza politica. Mondoperaio 38, 100-118.

– (1992): Demokratietheorie. Darmstadt.

Saward, Michael (1994): Democratic Theory and Indices of Democratization. S. 6-24 in: David Beetham (Ed.), Defining and Measuring Democracy. London.

– (1998): The Terms of Democracy. Cambridge.

Schaal, Gary S. (2000): Integration durch Verfassung und Verfassungsrechtsprechung? Über den Zusammenhang von Demokratie, Verfassung und Integration. Berlin.

Schmalz-Bruns, Rainer (1995): Reflexive Demokratie. Baden-Baden.

Schmidt, Manfred G. (2006): Demokratietheorien. 3. Auflage. Wiesbaden.

Schmitter, Philippe C. (1999): The Future of Democracy: Could It Be A Matter of Scale? Social Reasearch 66 (3), 933-958.

Walzer, Michael (1983): Spheres of Justice. Oxford.

Ware, Alan (1998): Robert Dahl, Political Scientist. Government and Opposition 33 (3), 394-400.

Zolo, Danilo (1992): Democracy and Complexity. A Realist Approach. Cambridge.

b. kommentierte Literatur

Primärliteratur

Dahl, Robert A. (1989): Democracy and its Critics. New Haven.
Dies ist das demokratietheoretische Hauptwerk Dahls, in dem frühere Überlegungen systematisch zusammengeführt werden. Das Buch entfaltet einerseits seine „Theorie des demokratischen Prozesses" (dritter Teil, S. 83–134), andererseits beinhaltet es Diskussionen demokratietheoretischer Grundfragen in Form von fiktiven Dialogen zwischen Klassikern der Demokratietheorie. Mitunter ist es durch diese Form der Darstellung zu narrativ und lässt den Leser im Unklaren darüber, welche konkrete Demokratietheorie diskutiert wird.

Dahl, Robert A. (1998): On Democracy. New Haven.
Ein „best of Dahl". Geschrieben für ein breites, akademisch interessiertes, aber nicht entsprechend vorgebildetes Publikum, fasst Dahl seine demokratietheoretischen Arbeiten der letzten Jahrzehnte noch einmal zusammen. Als Einstieg in die Demokratietheorie sehr zu empfehlen, für eine intensivere Auseinandersetzung mit Dahl ist jedoch „Democracy and its Critics" unerlässlich.

Dahl, Robert A. (1956): A Preface to Democratic Theory. Chicago.
Anders als der Titel vielleicht suggeriert, legt Dahl mit diesem Buch keine systematische Demokratietheorie und auch keine Vorstudie dazu vor. Vielmehr diskutiert er die herrschende amerikanische Demokratiekonzeption – die Madisonian Democracy – und argumentiert, dass die Angst der amerikanischen Gründungsväter vor der Tyrannei der Mehrheiten – und damit einhergehend: das Lob des Pluralismus – der amerikanischen Demokratie mehr Schaden zugefügt hat, als dies zumeist wahrgenommen wird. Diese Diagnose hat die positive Rezeption des Buches über Jahre hinweg erschwert. Durch seinen sehr deduktiven und überaus stringenten Argumentationsstil ist es noch heute eine sehr lohnenswerte Lektüre.

Dahl, Robert A. (1997): Toward Democracy: A Journey: Reflections, 1940-1997. Berkeley.
Dieser Band versammelt zentrale Aufsätze aus allen Phasen der wissenschaftlichen Karriere Dahls an einem Ort.

Sekundärliteratur

Shapiro, Ian/Reeher, Grant (Ed.) (1988): Power, Inequality, and Democratic Politics. Essays in Honor of Robert A. Dahl. Boulder.
Dieser Band versammelt kritische Würdigungen von Dahls Arbeiten aus allen Schaffensphasen. Aufgrund des Erscheinungsdatums bleibt „Democracy and its Critics" noch unberücksichtigt .

Kapitel VIII
Die politische Theorie des Dezisionismus: Carl Schmitt

André Brodocz

Inhalt

1. Einleitung: Warum Carl Schmitt?

Die politische Geistesgeschichte der frühen Bundesrepublik
Deutschland kommt nicht ohne den Namen ‚Carl Schmitt' aus.
„Subkutan", so die treffende Formulierung Dirk van Laaks (1993:
8), hat Schmitt über verschiedene Personen, Kreise und Diskussionen gewirkt. So haben sich etwa bei Schmitt während seiner Zeit
als Nachfolger von Rudolf Smend an der Universität Bonn mit
Ernst Forsthoff und Ernst Rudolf Huber zwei seiner Schüler promoviert, die für das Recht und die Rechtswissenschaft der Bundesrepublik prägend sein sollten (vgl. Günther 2004). Schmitt, der vor
seiner Zeit in Bonn (1922-1933) in Greifswald (1921) und später
in Köln (1933) und Berlin (1933-1945) Rechtswissenschaft lehrte,
lebte von 1888 bis 1985.[1] Seine aus heutiger Sicht wichtigsten
Schriften zur politischen Theorie erschienen erstmals[2] in den
1920er Jahren: ‚Die Diktatur' (1921), ‚Politische Theologie'
(1922), ‚Die geistesgeschichtliche Lage des heutigen Parlamentarismus' (1923), ‚Der Begriff des Politischen' (1927) und ‚Verfassungslehre' (1928). Schmitt rückte hierbei unter anderem einen
Begriff ins Zentrum, der zum Kennzeichen seiner politischen
Theorie werden sollte: die *Dezision*, d.h. die Entscheidung. Ideengeschichtlich sah sich Schmitt damit insbesondere in der Tradition
von Donoso Cortés und Thomas Hobbes (vgl. Hérnandez Arias
1998; Rumpf 1972).

Neben Rudolf Smend, Hermann Heller und Hans Kelsen gehörte Schmitt zu den Staatsrechtslehrern, die die juristischen Debatten während der Weimarer Republik bestimmten (vgl. Mehring
1994, Llanque 1995). Schmitt trat dort vor allem als scharfer Kritiker der Weimarer Reichsverfassung und der parlamentarischen politischen Kultur in Erscheinung. Nach ihrer Machtübernahme trat er
am 1.5.1933 in die NSDAP ein. Damit machte er schnell politisch
Karriere, wurde u.a. Leiter der Reichsfachgruppe Hochschullehrer
des Bundes Nationalsozialistischer Deutscher Juristen und gilt bis

---

1   Eine tabellarische Übersicht zu Schmitts Lebenslauf findet sich bei Mehring
    (1992).
2   Schmitt hat die verschiedenen Auflagen seiner Texte immer wieder aktualisiert
    und überarbeitet. Häufig kam es dabei auch zu substantiellen Veränderungen.
    Geradezu paradigmatisch ist dafür ‚Der Begriff des Politischen' (vgl. speziell
    dazu Meier 1988).

heute als „Kronjurist des Drittens Reichs" (Koenen 1995; vgl. auch Bendersky 1983; Blasius 2001). Publizistische Angriffe und interne Intrigen beendete diese zunächst steil verlaufende Karriere 1936, in deren Folge Schmitt schließlich alle Partei-Ehrenämter abgeben mußte. Nach dem Ende des 2. Weltkrieges verlor Schmitt nicht nur seinen Lehrstuhl, sondern auch die Berechtigung zu lehren. Bei den Nürnberger Prozessen blieb ihm dagegen eine Anklage erspart. Bis zu seinem Tod zog er sich in institutioneller Hinsicht ins Private zurück, ohne jedoch an öffentlicher Wirkung zu verlieren.[3]

Die Auswirkungen Schmitts auf die Bundesrepublik sind mit seinem Tod jedoch keinesfalls an ihr Ende gekommen. Im Gegenteil: Sein Tod hat geradezu eine Renaissance an Schmitt-Literatur hervorgebracht.[4] Warum aber ausgerechnet Carl Schmitt? Weder in seinen staatsrechtlichen noch in seinen politiktheoretischen Texten finden sich Bernhard Schlink (1991) zufolge innovativere Fragen und Antworten als unter seinen schon angesprochenen Zeitgenossen Smend, Heller oder Kelsen. Immer wieder, so Schlink, wird aufs neue versucht, Schmitts Biographie, in der sich die Abstraktion des Intellekts und die ‚Banalität des Bösen' (Arendt) gegenüberstehen, zu versöhnen: Muß hinter der offensichtlichen Banalität des Bösen nicht einfach doch noch mehr stecken? Solange einem noch so abstrakten Intellekt die pure Banalität des Bösen nicht zugetraut wird, bleibt Carl Schmitt vor allem als Person interessant. Wird dieser Zusammenhang, und hierbei ist Schlink nur zuzustimmen, hingegen endlich akzeptiert, dann verliert Schmitt auch als Person seinen dämonischen und mystifizierten Glanz. Und dann kann endlich deutlich werden, was Schmitts Dezisionismus zu staatsrechtlichen und politiktheoretischen Themen und Problemen beiträgt und warum diese mit (s)einer dezisionistischen politischen Theorie bisher weder erschöpft behandelt noch befriedigend gelöst worden sind.

---

3 Zu Schmitts Bedeutung jenseits der Bundesrepublik vgl. jetzt auch Müller (2003).

4 Siehe hierzu, wenn auch nur ausschnitthaft die Literaturberichte von Gransow/Miller (1989), Lauermann (1994), Adam (1995), Zumbansen (1997); Caldwell (2005).

2. Grundbegriffe einer politischen Theorie des Dezisionismus

Schmitts Beiträgen zu einer politischen Theorie des Dezisionimus fehlt es an Kohärenz. Bis heute ist strittig, ob seinem Werk eine Gesamtkonzeption zugrunde liegt und wodurch es gegebenenfalls zusammengehalten wird: durch den Begriff der Entscheidung (Krockow 1958) oder den Begriff des Politischen (Böckenförde 1988), durch ihre politische Theologie (Meier 1988) oder ihre gegenaufklärerische Perspektive (Gil 1988)? Aus diesem Grund werden im folgenden eher die Grundbegriffe als die Grundzüge einer politischen Theorie des Dezisionismus vorgestellt – und zwar vor allem im Rekurs auf die in den 1920er Jahren erschienenen Hauptwerke.

2.1. Politik und Gesellschaft

Die Identifizierung des Politischen mit der Unterscheidung von Freund und Feind ist zweifellos das Markenzeichen von Schmitts Dezisionismus. Darüber hinaus darf jedoch nicht vergessen werden, daß das Politische in einem ganz spezifischen Verhältnis zur Gesellschaft gesehen wird. Grundsätzlich zeichnet sich nämlich Schmitts politischer Theorie zufolge die Gesellschaftsstruktur einer modernen Gesellschaft dadurch aus, daß sie primär nicht mehr von einer Differenzierung in Stände oder Klassen geprägt ist. Stattdessen ist sie vor allem durch „relativ selbständige Sachgebiete menschlichen Denkens und Handelns" gekennzeichnet (Schmitt 1932: 26). Nicht die verschiedenen sozialen Positionen der Handelnden, sondern die unterschiedliche Art und Weise, wie gehandelt wird, dominieren demnach das Erscheinungsbild einer spezifisch modernen Gesellschaft. Ökonomie, Moral und Ästhetik, aber auch Kultur, Religion und Bildung sind nach Schmitt (1930: 56; 1932: 25-26) Beispiele für solche selbständigen Sachgebiete. *Selbständig* sind diese einzelnen Sachgebiete, weil das sie ausmachende Denken und Handeln auf jeweils eigenen letzten Unterscheidungen beruht. Von einem eigenen ökonomischen Sachgebiet kann beispielsweise die Rede sein, weil die Unterscheidung des Nützlichem vom Schädlichen bzw. des Rentablen vom Unrentablen eine selbständige Form zu Denken und Handeln darstellt. Die Moral wiederum ist ein selbständiges Sachgebiet, indem auch sie dem Denken und Handeln mit der Unterscheidung zwischen Gut und Böse eine spezifische Unterscheidung bereithält. Ebenso ist es etwa das Unterscheiden des Schönen vom Häßlichen, mit dem das Sachgebiet der Ästhetik selbständig wird. Eine eigene letzte Unterscheidung ist Schmitt zufolge auch im Fall der Politik bzw. wie Schmitt sagt: im Fall des *Politischen* gegeben: „Die spezifisch politische Unterscheidung, auf welche sich die politischen Handlungen und Motive zurückführen lassen, ist die Unterscheidung von *Freund* und *Feind*" (Schmitt 1932: 26, Hervorhebung im Original). Handelt es sich also darum beim Politischen ebenfalls um ein weiteres selbständiges Sachgebiet der Gesellschaft?

Zunächst ist für Schmitt die Existenz einer eigenen Letztunterscheidung der Grund gewesen, das Politische als ein eigenes Sachgebiet innerhalb der Gesellschaft neben den anderen Sachgebieten zu begreifen. In der ersten Auflage von ‚Der Begriff des Politischen' hält er dementsprechend explizit fest: „Das Politische steht (...) selbständig als eigenes Gebiet neben anderen (...)" (Schmitt 1927: 238). Allerdings wird diese Überlegung schnell revidiert. Bereits kurz nach der Erstveröffentlichung von ‚Der Begriff des Politischen' (1927) bezeichnet Schmitt (1930: 56) es als eine „falsche Vorstellung", das Politische einfach als ein Sachgebiet unter anderen zu verstehen. Stände das Politische neben anderen Sachgebieten, wie etwa der Ökonomie, der Moral oder der Ästhetik, dann könnten aus ökonomischen, moralischen oder ästhetischen Konflikten nicht politische Konflikte werden. Damit wäre jedoch verbunden, daß ein ganz spezifisches Kennzeichen des Politischen ausgeblendet werden müßte – und zwar daß „*jedes* denkbare Gebiet menschlicher Tätigkeit der Möglichkeit nach politisch ist" (Schmitt 1930: 56, Hervorhebung im Original).

Mit dieser Spezifizierung des Politischen kann zunächst einmal Schmitts Begriff des Sachgebiets präzisiert werden. Um etwas als *Sachgebiet* begreifen zu können, müssen zwei Bedingungen erfüllt sein: Als notwendige Bedingung fungiert die eigene Letztunterscheidung. Sie ist die Voraussetzung für die Selbständigkeit eines spezifischen Denkens und Handelns in einem Sachgebiet. Als hinreichende Bedingung für ein Sachgebiet gilt die beschränkte Reichweite dieses verselbständigten Handelns und Denkens. Erst wenn nicht jede Frage wenigstens der Möglichkeit nach auch zur Frage einer letzen Unterscheidung werden kann, dann umfaßt diese Unterscheidung nur ein bestimmtes Gebiet der Gesellschaft: sein Sachgebiet. Weil also nicht alle gesellschaftlich möglichen Formen zu denken und zu handeln rentabel oder unrentabel, gut oder böse, schön oder häßlich sein können, stecken diese verselbständigten Denk- und Handelsarten nur Sachgebiete in der Gesellschaft ab.

Nicht jede letzte Unterscheidung ist allerdings in ihrer gesellschaftlichen Reichweite beschränkt. Kann eine Letztunterscheidung auf alles gesellschaftlich Mögliche angewandt werden, dann ist sie *total*. Die Unterscheidung von Freund und Feind, die die Selbständigkeit politischen Denkens und Handelns ausmacht, ist eine solche totale Unterscheidung. „Inzwischen", so Schmitt (1934: 7, Hervorhebung im Original), „haben wir das Politische als das Totale erkannt und wissen infolgedessen auch, daß die Entscheidung darüber, ob etwas *unpolitisch* ist, immer eine *politische* Entscheidung bedeutet, gleichgültig wer sie trifft und mit welchen Beweisgründen sie sich umkleidet."[5] Demnach impliziert die Totalität des Politischen sogar, daß sich die Unterscheidung des Politischen auch selbst nicht ausnimmt. Das heißt zum Beispiel: Wer keine Feinde sieht, hat sich schon für die Seite des Feindes entschieden (vgl. Schmitt 1932: 52-53). Niemand kann sich dieser Entscheidung entziehen. Anders als Ökonomie, Moral oder Ästhetik ist deshalb das Politische nicht nur ein Sachgebiet in einer Gesellschaft, sondern es ist in bezug auf die Gesellschaft total. Das heißt: Alles gesellschaftlich Mögliche, also alle Sachgebiete und die eigene Letztunterscheidung, können für die Bestimmung von Freund und Feind bedeutsam sein. Jede Art zu denken und zu handeln, kann zu einer Entscheidung über Freundschaft und Feindschaft werden. Muß damit die Unterscheidung von Freund und Feind letztlich noch auf eines oder mehrere dieser Sachgebiete zurückgeführt oder sogar damit begründet werden?

Schmitts politische Theorie verneint diese Frage. Der Feind muß nicht zwingend zugleich ein ökonomischer Konkurrent oder moralischer Bösewicht sein (vgl. Schmitt 1932: 27). Genau deshalb

---

5   Das einleitende „Inzwischen" weist noch einmal daraufhin, daß Schmitt in der
    ersten Auflage von ‚Der Begriff des Politischen' das Politische noch nicht als
    total begriffen hat, sondern nur als ein Sachgebiet neben anderen.

ist die Unterscheidung von Freund und Feind gegenüber anderen Unterscheidungen selbständig. In einem ökonomischen Konkurrenten oder in einem ästhetisch Geschmacklosen möglicherweise auch einen politischen Feind erkennen zu können, weist nur darauf hin, daß sich ökonomische oder ästhetische Gegensätze auch zu einem politischen Gegensatz „steigern" können (vgl. Schmitt 1932: 36). Diese Gegensätze sind dann nicht mehr ökonomisch oder ästhetisch, sie sind politisch geworden.[6] Sie markieren die Entscheidung zwischen Freund und Feind.

In der Entwicklung der Gesellschaft kommt dieser Steigerung innerhalb der dezisionistischen Theorie eine besondere Rolle zu. Denn der politische Gegensatz von Freund und Feind steigert sich primär immer aus nur einem Sachgebiet heraus, welches Schmitt (1929a: 122) deshalb auch „Zentralgebiet" nennt. Zwischen dem 16. und dem 19. Jahrhundert verlagert sich das Zentralgebiet vom Theologischen über das Metaphysische und das Humanitär-Moralische zum Ökonomischen. „Im Kern der erstaunlichen Wendung liegt ein elementar einfaches, für Jahrhunderte bestimmendes Grundmotiv, nämlich das Streben nach einer neutralen Sphäre. Nach aussichtslosen theologischen Disputationen und Streitigkeiten des 16. Jahrhunderts suchte die europäische Menschheit ein neutrales Gebiet, in welchem der Streit aufhörte, und wo man sich verständigen, einigen und gegenseitig überzeugen konnte" (Schmitt 1929a: 127). Entwickelt sich allerdings ein neutral erscheinendes Sachgebiet zum Zentralgebiet, dann wird es auch unvermeidlich zum „Kampfgebiet" (Schmitt 1929a: 128) – und die Suche nach einem neutralen Gebiet beginnt aufs Neue. Zu Beginn des 20. Jahrhunderts sieht Schmitt die Technik zum Zentralgebiet aufsteigen. Im Unterschied zu allen anderen Sachgebieten bleibt die Technik jedoch „kulturell blind" (Schmitt 1929a: 129), sie bietet keine Gegensätze an, denen die politische Unterscheidung folgen kann. Technik ist ein pures Instrument, sie ist zur Gänze neutral. Ausgerechnet diese Neutralität läutet jedoch das Ende des bisherigen Neutralisierungsprozesses ein, denn: „Die Technik ist mehr neutraler Boden im Sinne jenes Neutralisierungsprozesses, und jede starke Politik wird sich ihrer

---

6 Genau hier setzt dann auch Schmitts Marxismus-Kritik an, der ihm zufolge verkennt, daß die ökonomischen Gegensätze zu politischen werden können und nicht etwa schon per se politisch sind.

bedienen. Es kann daher nur ein Provisorium sein, das gegenwärtige Jahrhundert im kulturellen Sinn als das technische Jahrhundert aufzufassen. Der endgültige Sinn ergibt sich erst, wenn sich zeigt, welche Art von Politik stark genug ist, sich der neuen Technik zu bemächtigen, und welches die eigentlichen Freund- und Feind-Gruppierungen sind, die auf dem neuen Boden erwachsen" (Schmitt 1929a: 131). Was aber wird genau mit der Unterscheidung von Freund und Feind bezeichnet? Warum kann ausgerechnet diese Unterscheidung total werden?

„Die Unterscheidung von Freund und Feind hat den Sinn, den äußersten Intensitätsgrad einer Verbindung oder Trennung, einer Assoziation oder Dissoziation zu bezeichnen (...)" (Schmitt 1932: 27). Als äußerst intensiv kann eine Gemeinschaft aber nur verstanden werden, wenn sie sich „existenziell" von anderen, feindlichen Gemeinschaften abgrenzt. Das Band der Freundschaft wird also durch den gemeinsamen Feind gestiftet. Und der gemeinsame Feind ist insofern „existenziell etwas anderes und Fremdes", als „im extremen Fall Konflikte mit ihm möglich sind, die weder durch eine im voraus getroffene generelle Normierung, noch durch den Spruch eines ‚unbeteiligten' und daher ‚unparteiischen' Dritten entschieden werden können" (Schmitt 1932: 27). Der Feind existiert, er ist keine Metapher, kein Symbol und keine Fiktion. Der Feind ist „seinsmäßige Wirklichkeit" – und zwar wenigstens als „reale Möglichkeit" (Schmitt 1932: 28-29). Daraus folgt zweierlei: Erstens kommt es für den Begriff des Feindes nicht darauf an, daß eine Gesellschaft aktiv bedroht oder bekämpft wird, sondern daß sie jederzeit aktiv bedroht oder bekämpft werden *könnte*. „Das Politische liegt nicht im Kampf selbst, (...) sondern (...) in einem von dieser realen Möglichkeit bestimmten Verhalten" (Schmitt 1932: 37). Zweitens folgt für den Begriff des Politischen aus der real existierenden Möglichkeit des Feindes der „Pluralismus der Staatenwelt" (Schmitt 1932: 54). In einem Weltstaat kann es schon deshalb keine Politik mehr geben, weil kein Feind existiert. Kurz gesagt: Keine Freundschaft ohne Feindschaft.

2.2. Staat und Recht

Die Formulierung eines spezifischen Begriff des Politischen ist für Schmitt vor allem deshalb notwendig geworden, weil das Politische spätestens im 20. Jahrhundert nicht mehr mit dem der Gesellschaft gegenüberstehenden Staat identifiziert werden kann. Staat und Gesellschaft sind nicht mehr auseinander zu halten, wenn alles in der Gesellschaft Mögliche auch politisch sein kann. Aus dem Staat kann unter diesen Bedingungen kein „spezifisches Unterscheidungsmerkmal des ‚Politischen'" gewonnen werden (Schmitt 1932: 24). Daher dreht Schmitt (1932: 20) die Argumentation einfach um: „Der Begriff des Staates setzt den Begriff des Politischen voraus", weshalb Politisches Handeln auch nicht, wie etwa noch von Max Weber vertreten, vom Staat her verstanden werden kann.[7] Stattdessen begreift Schmitt – wie oben gezeigt – das Politische als jene selbständige Form des Denkens und Handelns, die sich an der Unterscheidung von Freund und Feind orientiert. Der Staat wiederum bezeichnet dann erst „eine organisierte politische Einheit (...) die als Ganze für sich die Freund-Feind-Unterscheidung trifft" (Schmitt 1932: 30). Zum Staat gehört darum auch das jus bellum, das Recht zur Kriegsführung, zwingend dazu (vgl. Schmitt 1932: 45). Kann es danach keinen Staat ohne das Politische und kein politisches Handeln ohne den ‚Pluralismus der Staatenwelt' geben, dann ist der Begriff des Weltstaats aus dezisionistischer Sicht sogar ein Widerspruch in sich. Denn die Organisation einer politischen Einheit impliziert schließlich wenigstens die *reale* Möglichkeit einer anderen, genauer: einer feindlichen politischen Einheit.

Der Vorrang des Politischen hat für den Staat noch eine weitere Konsequenz: Auch er fällt unter die Totalität des Politischen. Das heißt auch der Staat selbst kann zum Gegenstand eines Freund und Feind unterscheidenden Kampfes werden. „Wenn innerhalb eines Staates die parteipolitischen Gegensätze restlos ‚die' politischen Gegensätze geworden sind, so ist der äußerste Grad der ‚innerpolitischen' Reihe erreicht, d.h. die innerstaatlichen, nicht die außen-

---

7   Vgl. speziell zu Schmitts und Webers Begriff des Politischen Mehring (1990) und Scheuerman (1993). Zum generellen Verhältnis Schmitts zu Weber siehe Ulmen (1991) und Eisermann (1994).

politischen Freund- und Feindgruppierungen sind für die bewaffnete Auseinandersetzung maßgebend" (Schmitt 1932: 32).

Solche Momente des innenpolitischen Kampfes, solche *Ausnahmezustände* sind für Schmitts Staatsbegriff von hoher Bedeutung. Denn: „Der Ausnahmefall offenbart das Wesen der staatlichen Autorität am klarsten. Hier sondert sich die Entscheidung von der Rechtsnorm, und (um es paradox zu formulieren) die Autorität beweist, daß sie, um Recht zu schaffen, nicht Recht zu haben braucht" (Schmitt 1934: 19). Diesen Vorrang des Staates vor dem Recht begründet Schmitt funktional, normativ und faktisch. *Funktional* wird dieser Vorrang darauf zurückgeführt, daß dem Recht „ein unbedingter, von der Zweckmäßigkeit unabhängiger Eigenwert" fehlt (Schmitt 1921: 11). Das Recht ist nur ein Mittel, mit dem sich der Staat organisiert. Eine eigene, exklusiv zu erfüllende Funktion, wie sie dem Recht etwa in der Systemtheorie von Niklas Luhmann zugeschrieben wird, kommt dem Recht in der politischen Theorie des Dezisionismus demnach nicht zu. *Normativ* steht das Recht vor dem Problem, daß die Erfassung des Ausnahmezustands in einer Rechtsnorm das Recht in eine Paradoxie führt. Es muß nämlich für eine Norm Geltung beanspruchen, mit der die Nicht-Geltung aller Rechtsnormen – und damit auch ihre eigene Geltung – festgestellt werden kann. Eine solche Norm steht dann vor der Paradoxie, wie sie ihre eigene Geltung begründen kann, wenn sie selbst den generellen Geltungsanspruch aller Rechtsnormen durch die Formulierung einer Ausnahme verneint. „Woher schöpft das Recht diese Kraft, und wie ist es logisch möglich, daß eine Norm gilt mit Ausnahme eines konkreten Falles, den sie nicht restlos tatbestandsmäßig erfassen kann?" (Schmitt 1934: 20) *Faktisch* gibt sich, so Schmitt, der Vorrang des Staats vor dem Recht schließlich im Ausnahmezustand selbst zu erkennen. Das Recht verliert an Geltung, aber der Staat besteht fort. Der Begriff des Ausnahmezustands bezeichnet demnach nicht einfach Unordnung, Chaos oder Anarchie, sondern er verweist immer noch auf eine Form der Ordnung, allerdings auf keine *Rechts*ordnung. „Die zwei Elemente des Begriffes ‚Rechts-Ordnung' treten hier einander gegenüber und beweisen ihre begriffliche Selbständigkeit" (Schmitt 1934: 19).

Für das Recht ergeben sich aus dem Vorrang des Staates eine beschränkende und eine eröffnende Konsequenz. So bleibt das Recht einerseits innerhalb der Gesellschaft immer darauf *be-*

schränkt, nur ein Sachgebiet neben anderen zu sein (vgl. Schmitt 1932: 66; Schmitt 1930: 56). Denn die Unmöglichkeit, den Ausnahmezustand rechtlich zu normieren, weist darauf hin, daß das Recht niemals alles Mögliche umfassen und auf eine dem Politischen vergleichbare Weise total werden kann. Andererseits *eröffnet* der Vorrang des Staates dem Recht erst die Möglichkeit richterlicher Unabhängigkeit. Diese ist nämlich auf die Abhängigkeit des Richters vom Gesetz angewiesen (vgl. Schmitt 1928: 274; Schmitt 1929: 79). Das heißt, der Richter muß seine Entscheidung von bereits vorhandenen Normen ableiten. Insofern ist die Rechtspraxis genau genommen sogar darauf angewiesen, daß der Staat dem Recht vorausgeht.[8]

2.3. Souveränität und Verfassung

Dem Ausnahmezustand kommt in der dezisionistischen Theorie noch aus einem weiteren Grund eine besondere Stellung zu. Aufgrund der Unmöglichkeit seiner rechtlichen Normierung ist die Feststellung, genauer: die Ausrufung des Ausnahmezustands immer auch eine normativ ungebundene Entscheidung (vgl. Schmitt 1934: 18; Schmitt 1921: 191). Diese Ungebundenheit wiederum ist Ausweis von Souveränität. Daraus zieht Schmitt (1934: 13) den Schluß: „Souverän ist, wer über den Ausnahmezustand entscheidet." Da sich die Souveränität demnach nicht am „Normalfall" des politischen Alltagsgeschäfts – der Setzung von Normen – beweist, sondern am „Grenzfall" – an der Aussetzung von Normen – begreift der Dezisionsimus ,Souveränität' auch als einen „Grenzbegriff" (Schmitt 1934: 13).

Die Souveränität verleihende Entscheidung über den Ausnahmezustand kann allerdings nicht einer Verfassung überantwortet werden. Denn auch im Verfassungsrecht kann der Ausnahmezustand weder tatbestandsmäßig erfaßt noch normativ begründet werden. Eine Verfassung kann höchstens festlegen, wer über den Ausnahmezustand entscheiden darf. Ob die Ausrufung des Ausnahmezustands auch rechtens ist, kann jedoch bereits schon nicht mehr von der Verfassung geregelt werden. Denn die Entscheidung

---

8   Vgl. zu Schmitts Staatsbegriff auch die Beiträge in Voigt (2001).

über den Ausnahmezustand ist für Schmitt ein mit der Notwehr zu
vergleichender Akt. Bei solchen Entscheidungen können die Voraussetzungen ihrer Rechtmäßigkeit gerade nicht vor ihrer Ausübung juristisch geprüft werden. Schließlich gehört es zu jenen
Notsituationen dazu, daß „(...) derjenige, der die Nothandlung ausübt, nicht von demjenigen unterschieden werden (kann), der darüber entscheidet, ob der Notfall gegeben ist" (Schmitt 1921: 176).

Mit der Ausrufung des Ausnahmezustands kommt es zur Einrichtung einer Diktatur. Diese zeichnet sich dadurch aus, daß sie –
wie die Notwehr – nur als „Gegenreaktion" möglich ist (vgl.
Schmitt 1921: 133). Erst nachdem der vermeintliche innenpolitische Feind geltendes Recht verletzt, verliert das Recht seine
Zweckmäßigkeit und wird schließlich sogar zum Hindernis seines
Zwecks: Mittel zur Organisation der politischen Einheit. Unter diesen Bedingungen darf sich auch der Diktator über bestehendes
Recht hinwegsetzen. Denn Zweck des diktatorischen Handelns ist
dann allein die „Beseitigung" des Feindes (Schmitt 1921: 132; vgl.
auch Schmitt 1921: 11). Die Geltung des bestehenden Rechts und
sogar die Geltung der bestehenden Verfassung können also in einer
Diktatur nur deshalb *vorübergehend* ausgesetzt werden, weil auf
diese Weise ihr Bestehen in der Zukunft gesichert werden soll.
„Zwischen der Herrschaft der zu verwirklichenden Norm und der
Methode ihrer Verwirklichung kann also ein Gegensatz bestehen"
(Schmitt 1921: XVII; vgl. auch Schmitt 1921: 133). Der Zweck der
Diktatur liegt schließlich immer darin, daß sie sich selbst in der
Zukunft überflüssig macht. Genau dies unterscheidet die Diktatur
auch von einer despotischen Herrschaft, die sich gerade nicht
selbst überflüssig machen will (vgl. Schmitt 1921: XVII). Aber der
Zweck allein bedeutet noch keine Rechtfertigung von Diktatur,
diese folgt aus „der Ermächtigung einer höchsten Autorität, die
rechtlich imstande ist, das Recht aufzuheben und eine Diktatur zu
autorisieren, d.h. eine konkrete Ausnahme zu gestatten" (Schmitt
1921: XVIII). Eine von einer konstituierten, d.h. verfassungsmäßig
eingesetzten Gewalt bzw. von der konstituierten, d.h. eingesetzten
Verfassung selbst eingesetzte Diktatur handelt danach immer nur
im Auftrag des Souveräns, weshalb sie von Schmitt als „kommissari-
sche Diktatur" bezeichnet wird (Schmitt 1921: XIX, 133 und 143).

Faktisch ist allerdings eine verfassungsrechtliche Normierung
darüber, wer über den Ausnahmezustand entscheiden darf, genau

genommen nicht einmal notwendig. Denn es „ist ohne weiteres klar, wer der Souverän ist. Er entscheidet sowohl darüber, ob der extreme Notfall vorliegt, als auch darüber, was geschehen soll, um ihn zu beseitigen" (Schmitt 1934: 14). Nicht an der normativen Berechtigung zur Entscheidung über den Ausnahmezustand zeigt sich also der Souverän, sondern am faktischen Entscheiden über den Ausnahmezustand. Souveränität und Verfassung stehen also nicht etwa in einem besonderen Verhältnis, weil eine Verfassung jene Normen beinhaltet, die die Berechtigung zur Entscheidung über den Ausnahmezustand regeln. Vielmehr kommt dieses besondere Verhältnis erst dann in den Blick, wenn zwischen der Verfassung und den konkreten Normen des Verfassungstextes unterschieden wird.

So ist eine *Verfassung* nach Schmitt (1928: 20) die „Gesamt-Entscheidung über Art und Form der politischen Einheit". Sie beweist den „existierenden politischen Willen (...) desjenigen, der sie gibt" (Schmitt 1928: 22). Der Akt der Verfassunggebung bekundet danach den Willen einer Gemeinschaft, sich zwischen Freund und Feind zu entscheiden. Es handelt sich bei ihr folglich um einen genuin politischen Akt. Deshalb spricht Schmitt (1928: 24) von der Verfassung auch als „existentielle Totalentscheidung" einer Gemeinschaft. Im Unterschied dazu formuliert der *Verfassungstext*, wie diese Entscheidung verfassungsrechtlich normiert ist (vgl. Schmitt 1928: 76). Es ist darum auch die Normierung der existentiellen Totalentscheidung und nicht die erschwerte Abänderbarkeit, die eine Verfassungsnorm vom einfachen Recht unterscheidet.

Faktisch ist der Akt der Verfassunggebung allerdings in den seltensten Fällen zur Gänze bereits eine existentielle Totalentscheidung. Viele Fragen bleiben häufig unentschieden, indem sie entweder noch ausgeklammert werden oder unter konkurrierende Normen fallen können. Diese einzelnen Entscheidungen können jedoch, so Schmitt, nicht auf Dauer offen gehalten werden, sie verschieben sich nur in die Zukunft. Solche noch nicht getroffenen Entscheidungen erscheinen dann als „unechte Kompromisse" oder „dilatorische Formeln" (vgl. Schmitt 1928: 31). Aus der Sicht des Dezisionismus ist jedoch auch dieses vermeintliche Nichtentscheiden immer schon die Entscheidung, diese „grundlegenden Entscheidungen" nötigenfalls „außerhalb der verfassungsgesetzlich vorgesehenen Verfahren und Methoden" treffen zu lassen (vgl. Schmitt 1928: 35).

Um die existentielle Totalentscheidung zu normieren, muß ein Verfassungstext demnach vor allem darüber Auskunft geben, wie die Entscheidung zwischen Freund und Feind getroffen werden soll. Das heißt, daß zunächst die Feststellung und Durchsetzung der politischen Gleichheit und Ungleichheit geregelt werden muß: „Jede Gleichheit bekommt ihre Bedeutung und ihren Sinn durch das Korrelat einer möglichen Ungleichheit. Sie ist umso intensiver, je größer die Ungleichheit gegenüber denen ist, die nicht zu den Gleichen gehören" (Schmitt 1928: 227).[9] Gleichheit bedeutet für Schmitt in diesem Fall immer „*substantielle* Gleichheit" (Schmitt 1928: 228, Hervorhebung im Original) wie etwa die gleiche ‚Rasse', der gleiche Glauben, das gleiche Schicksal und/oder die gleiche Tradition. Die in einer Verfassung normierte substantielle Gleichheit läuft deshalb in letzter Konsequenz immer auf „Gleichartigkeit" hinaus (vgl. Schmitt 1928: 234; Schmitt 1926: 13-20). Diese Gleichartigkeit ist zudem das zentrale Kennzeichen von Demokratie: „Jede wirkliche Demokratie beruht darauf, daß nicht nur Gleiches gleich, sondern, mit unvermeidlicher Konsequenz, das Nichtgleiche nicht gleich behandelt wird. Zur Demokratie gehört also notwendig erstens Homogenität und zweitens – nötigenfalls – die Ausscheidung oder Vernichtung des Heterogenen" (Schmitt 1926: 13-14).

Die verfassungsrechtliche Normierung dieser substantiellen Gleichheit macht darum auch den politischen Bestandteil einer Verfassung aus, den Schmitt vom rechtsstaatlichen Bestandteil getrennt sehen will. Im rechtsstaatlichen Bestandteil sind dann die individuellen Freiheits- und Grundrechte genauso aufgehoben wie die Regulierung der Gewaltenteilung im Staat (vgl. Schmitt 1928: § 14 und 15). Denn in beiden Fällen wird der Staat als existent bereits vorausgesetzt, den die Normen des politischen Bestandteils erst in die Welt bringen. So wie dem Staat vor dem Recht gebührt demnach auch dem politischen Bestandteil einer Verfassung Vorrang vor ihrem rechtsstaatlichen Bestandteil.

Das besondere Verhältnis der Souveränität zu Verfassung und Verfassungstext wird jetzt daran deutlich, dass Verfassung und

---

9   Demzufolge ist die Gleichheit aller Menschen allein deshalb eine „unpolitische Gleichheit, weil ihr das Korrelat einer möglichen Ungleichheit fehlt" (Schmitt 1928: 227).

Verfassungstext durchaus auch auseinanderfallen können. In diesem Fall kann wieder die Diktatur ein Mittel sein, um die Verfassung gegen den bestehenden Verfassungstext durchzusetzen. Eine solche Diktatur „sucht einen Zustand zu schaffen, um eine Verfassung zu ermöglichen, die sie als wahre Verfassung ansieht. Sie beruft sich also nicht auf eine bestehende, sondern auf eine herbeizuführende Verfassung" (Schmitt 1921: 134). Im Unterschied zur kommissarischen Diktatur, deren Einsetzung der Verfassungstext direkt oder indirekt regelt und die ihre Autorität somit einer *konstituierten* Gewalt verdankt, gewinnt diese Form der Diktatur ihre Autorität aus der Berufung auf die die Verfassung *konstituierende* Gewalt: den politischen Willen einer Gemeinschaft. Zweck dieser Diktatur ist es, die „äußern Bedingungen" herzustellen, damit die „konstituierende Gewalt aktuell werden kann" (Schmitt 1921: 142). Und weil der Gemeinschaft – also dem Souverän – aktuell der Wille fehlt, ist diese Diktatur souverän, weshalb Schmitt sie auch als souveräne Diktatur von der bloß kommissarischen Diktatur abgrenzt.

2.4. Repräsentation und Legitimität

Im 20. Jahrhundert ist „das Verhältnis des Volkes zu seiner Repräsentation", so Schmitt (1921: 128), das „eigentliche Problem" des Staates. Die Repräsentation der politischen Einheit ist aus dezisionistischer Sicht zudem eine ganz zentrale Frage der politischen Theorie. Denn im wesentlichen lassen sich politische Theorien danach unterscheiden, ob sie dem Identitätsprinzip oder dem Repräsentationsprinzip folgen. Vom Identitätsprinzip geht eine politische Theorie aus, die einer politischen Einheit prinzipiell die Möglichkeit „unmittelbarer *Identität* mit sich selbst" zuspricht (Schmitt 1928: 205, Hervorhebung im Original). Weil sich eine Gemeinschaft demnach allein bereits aus der ihr zugrunde liegenden Gleichartigkeit heraus ihrer selbst als politische Einheit bewußt sein kann, ist Repräsentation nicht notwendig. Dem Repräsentationsprinzip ist dagegen eine politische Theorie verpflichtet, die die Anwesenheit einer politischen Einheit „in realer Identität" mit sich selbst prinzipiell bestreitet (vgl. Schmitt 1928: 205). Aufgrund dieser Unmöglichkeit realer Identität muß eine politische Einheit immer repräsentiert werden, damit sie ihrer selbst gewiß sein kann. Schmitts

Dezisionismus sieht sich insofern von beiden Positionen abge-
grenzt, als er beide Prinzipien in gemischter Erscheinung sieht
(vgl. Schmitt 1928: 276-277). Dennoch tendiert er eher zum Repräsentationsprinzip: „Eine restlose, absolute Identität des jeweils
anwesenden Volkes mit sich selbst als politischer Einheit ist an
keinem Ort in keinem Augenblick vorhanden. (...) Es gibt also keinen Staat ohne Repräsentation, weil es keinen Staat ohne Staatsform
gibt und zur Form wesentlich *Darstellung* der politischen Einheit
gehört" (Schmitt 1928: 207, Hervorhebung im Original).

Zu repräsentieren ist in diesem Fall der politische Wille einer
Gemeinschaft. Daß ein solcher politischer Wille vorhanden ist,
beweist nur die Entscheidungsfähigkeit einer Gemeinschaft. Eine
Verfassunggebung ist hierfür ein guter Indikator. Denn als existentielle Totalentscheidung verweist die Verfassung auf einen Entscheider, der willens und fähig ist, für und über sich selbst zu entscheiden (vgl. Schmitt 1928: 21 und 75-76). An die Repräsentation
eines existierenden politischen Willens legt der Dezisionismus allerdings ganz spezifische Anforderungen: „Repräsentieren ist kein
normativer Vorgang, kein Verfahren und keine Prozedur, sondern
etwas *Existentielles*. Repräsentieren heißt, ein unsichtbares Sein
durch ein öffentlich anwesendes Sein sichtbar machen und vergegenwärtigen. Die Dialektik des Begriffes liegt darin, daß das Un-
sichtbare als abwesend vorausgesetzt und doch gleichzeitig anwesend gemacht wird. Das ist nicht mit irgendwelchen beliebigen
Arten des Seins möglich, sondern setzt eine besondere Art Sein
voraus" (Schmitt 1928: 209-210, Hervorhebung im Original). Der
politische Wille einer Gemeinschaft kommt danach mit der Verfassunggebung nicht an sein Ende, vielmehr ist er immer „neben und
über" dem Verfassungstext existent, der die Verfassung rechtlich
normieren soll (Schmitt 1928: 91; vgl. dazu auch Schmitt 1928: 15).

In Schmitts Dezisionismus rückt die Frage nach der Repräsentation weit in den Vordergrund, weil nur sie ihm noch als Ausdruck
von Legitimität bleibt. Der funktionale, normative und faktische
Vorrang des Politischen und seiner organisierten Einheit, dem
Staat, vor Moral, Recht und Verfassung bedeutet schließlich auch
den Verlust eines außerpolitischen Maßstabes, um staatliche Herrschaft zu rechtfertigen. Da das Politische sich also gerade als un-
begründbare existentielle Entscheidung kennzeichnet, kann schon
die Realisierung dieser Entscheidung als ihre ausreichende Recht-

fertigung erscheinen. Dieser Schluß führt, so Schmitt, zum puren Dezisionismus der sogenannten gegenrevolutionären Staatsphilosophen de Maistre, Bonald und Donoso Cortes, und er mündet in der Forderung einer politischen Diktatur, die die existentielle Entscheidung verwirklicht (vgl. Schmitt 1934: Kap. IV). Die Legitimität eines Staates fällt hier konsequenterweise mit seiner Legalität zusammen. Schmitt beurteilt dies durchaus kritisch, weil Legitimität nicht einfach durch Legalität ersetzt wird, sondern Legalität als Legitimität erscheint. Das aber heißt, daß „(...) über jede Normativität hinaus, der bloße Besitz der staatlichen Macht einen zur bloß normativistisch-legalen Macht hinzutretenden zusätzlichen *politischen Mehrwert*, eine *über-legale Prämie auf den legalen Besitz der Macht* und auf die Gewinnung der Mehrheit (bewirkt)" (Schmitt 1932a: 288, Hervorhebung im Original). Dabei besteht der politische Mehrwert darin, daß dem politischen Gegner der legale Zugang zur Macht allein deshalb versperrt werden kann, weil er dem aktuellen Machtinhaber möglicherweise selbst zukünftig den legalen Zugang versperren könnte. Legitimität dient nicht mehr der Organisation der politischen Einheit, sondern wird zu einem reinen taktischen Instrument in der politischen Auseinandersetzung (vgl. Schmitt 1932a: 343). Um an einem Begriff von Legitimität festhalten zu können, der auch dezisionistischen Annahmen genügt, bleibt allein der Wille zur Entscheidung. Legitimität ist Schmitt zufolge nur noch denkbar als die „Legitimität eines wirklich vorhandenen, rechtmäßigen Willens" (Schmitt 1932a: 266). Weil aber der politische Wille sich selbst nicht sichtbar machen kann, wird Repräsentation nun zu einer zentralen Figur in der dezisionistischen politischen Theorie. So gibt die Repräsentation dieses Willens nämlich auch Auskunft über die vorhandene oder nicht vorhandene Legitimität staatlicher Herrschaft. Wer oder was kann jedoch für sich beanspruchen, den wahren Willen repräsentieren zu können? Wo ist die Repräsentation am besten aufgehoben: an der Spitze der Judikative, der Legislative und/oder Exekutive?

An der Spitze der Judikative steht die Verfassung, genau genommen der Verfassungstext. Denn der Verfassungstext normiert die Verfassung als existentielle Totalentscheidung einer politischen Einheit. Zwar ist der Verfassungstext damit unmittelbar mit der Entscheidung verknüpft, an der sich der politische Wille überhaupt nur beweisen kann, doch eine angemessene Repräsentation dieses

Willens durch den Verfassungstext ist Schmitt zufolge nicht möglich. Zum einen ist der Verfassungstext nur eine Ansammlung von
Normen, die formulieren, was sein *soll*. Er ist selbst also nichts
Existentielles und kommt schon deshalb kaum für eine Repräsentation in Frage. Denn „die Repräsentation gehört der Sphäre des
Politischen an und ist deshalb in ihrem Wesen etwas Existentielles"
(Schmitt 1928: 211). Zum anderen erweckt eine Repräsentation des
politischen Willens durch den Verfassungstext den Eindruck, als ob
dieser Wille mit der Verfassunggebung seinen Zweck erfüllt und somit an sein Ende gekommen ist. Stattdessen geht der Dezisionismus
gerade davon aus, daß dieser Wille stets gegenwärtig sein muß, um
die existentielle Entscheidung zwischen Freund und Feind auch
fällen bzw. austragen zu können. Mit einer Repräsentation des politischen Willens durch den Verfassungstext würde sich eine politische Einheit in ihrer Entscheidungsfreiheit selbst binden. Dies
lehnt der Schmittsche Dezisionismus kategorisch ab: „Die politische Entscheidung, welche die Verfassung bedeutet, kann nicht gegen ihr Subjekt zurückwirken und dessen politische Existenz aufheben" (Schmitt 1928: 77). Zumindest dem Einwand mangelnder
Existentialität und Zugehörigkeit zur Sphäre des Politischen ist –
im Unterschied zum Verfassungstext – ein Verfassungsgericht als
höchstes rechtliches Organ nicht ausgesetzt. Daß Verfassungsge-
richte zudem immer wieder auch politische Entscheidungen fällen
müssen, könnte seine notwendige politische Dimension nur unter-
streichen. Schmitt weist solche Überlegungen jedoch zurück. Daß
es an Verfassungsgerichten zu politischen Entscheidungen kommt,
beweist nur, daß diese politischen Entscheidungen bis dahin nur als
dilatorische Formelkompromisse Eingang in den Verfassungstext
gefunden haben. Solche Entscheidungen einem Gericht zu überlassen, ist sowohl politisch als auch rechtlich bedenklich. In *politischer* Hinsicht ist zu bedenken, daß ein Verfassungsgericht, welches Entscheidungen dieser Art trifft, die ihm nicht zukommende
Funktion des Gesetzgebers übernimmt (vgl. Schmitt 1929: 82). Diese
Funktionsübernahme ist wiederum *rechtlichen* Bedenken ausgesetzt,
weil die Richter als Gesetzgeber jene Abhängigkeit vom Gesetz
verlieren, der sie – wie oben ausgeführt – ihre richterliche Unabhängigkeit verdanken. An der Spitze der Judikative sieht der Dezisionismus die Repräsentation der politischen Einheit aus diesen
Gründen nicht aufgehoben.

Wenn die Übernahme gesetzgeberischer Funktionen durch ein Verfassungsgericht so kritisch beurteilt wird, dann wird offensichtlich der *Spitze der Legislative*, dem Parlament, besondere Bedeutung zugestanden. Einer angemessenen Repräsentation des politischen Willens durch das Parlament schätzt der Dezisionismus jedoch ebenfalls kritisch ein. Diese Kritik vollzieht sich in zwei Schritten. Zuerst weist Schmitt darauf hin, daß der Parlamentarismus des 20. Jahrhunderts nicht mehr seiner eigenen Idee gerecht wird: dem „Prinzip der öffentlichen Diskussion" (Schmitt 1926: 7; vgl. auch Schmitt 1926: 43).[10] Dabei wird der Begriff der Diskussion durchaus qualitativ von jenen rein strategisch vollzogenen Verhandlungen unterschieden, in denen es nur um die Durchsetzung eigener Interessen gegen die Interessen anderer geht. „Diskussion bedeutet einen Meinungsaustausch, der von dem Zweck beherrscht ist, den Gegner mit rationalen Argumenten von einer Wahrheit und Richtigkeit zu überzeugen oder sich von der Wahrheit und Richtigkeit überzeugen zu lassen" (Schmitt 1926: 9). Genau diese Diskussionen sind im Parlamentarismus des 20. Jahrhunderts jedoch nicht mehr anzutreffen. Zum einen fehlt es immer häufiger an der notwendigen Öffentlichkeit, wenn der parlamentarischen Arbeit insbesondere in nicht-öffentlichen Ausschüssen nachgegangen wird. Zum anderen wird einfach nicht mehr diskutiert, sobald das Parlament an der Regierungsbildung beteiligt wird. Stattdessen wird nur noch alles unternommen, um die regierungsbildende Mehrheit zu erlangen (vgl. Schmitt 1926: 62-63).

Im zweiten Schritt betont Schmitt, daß diese Krise des Parlamentarismus nicht zwingend mit einer Krise der Demokratie einhergeht. Denn der Parlamentarismus ist eine liberale und keine demokratische Idee. Die Idee der Demokratie ist allein in der „Identität von Regierenden und Regierten" aufgehoben, weshalb in einer Demokratie gemäß dem Willen der Regierten zu regieren ist (vgl. Schmitt 1926: 20-21 und 38). Bei der Kundgebung dieses Willens ist schon die Akklamation ausreichend. Der pure Zuruf ist gegenüber einer Abstimmung über Abgeordnete für das Parlament Schmitt zufolge sogar im Vorteil. Denn in einer solchen Wahl wird der Wille gerade nicht qualitativ, sondern nur quantitativ erfaßt.

---

10 Hier wird auch immer mal wieder auf eine Nähe zum ansonsten politisch weit entfernten Habermas hingewiesen (vgl. Becker 1994).

Dadurch wird ausgeblendet, daß sich die Mehrheit auch über den Willen täuschen kann. Kann jedoch der Wille der Gemeinschaft nur von einer Minderheit erkannt werden, dann ist Demokratie auch in der Form einer Diktatur denkbar (vgl. Schmitt 1926: 34-41).

Ist die Existentialität einer politischen Entscheidung überhaupt angemessen zu repräsentieren, dann bleibt also nur noch die *Spitze der Exekutive*. Nur hier ist Schmitt zufolge die Repräsentation jener existentiellen Entscheidung des Politischen angesiedelt. Dies wird deutlich, sobald im Begriff der Entscheidung zwischen dem Subjekt und dem Objekt der Entscheidung unterschieden wird. Das heißt, daß „(...) das Subjekt der Entscheidung eine selbständige Bedeutung neben ihrem Inhalt (hat)" (Schmitt 1934: 40). Den neben und über dem Verfassungstext immer weiter bestehenden politischen Willen zu repräsentieren, obliegt demnach demjenigen, der stets für die politische Einheit zu entscheiden hat. „Daher ist nicht jedes beliebige ‚Organ' Repräsentant. Nur wer *regiert*, hat teil an der Repräsentation. Die Regierung unterscheidet sich von der Verwaltung und Geschäftsbesorgung dadurch, daß sie das geistige Prinzip der politischen Existenz darstellt und konkretisiert" (Schmitt 1928: 212, Hervorhebung im Original). Die herausgehobene Stellung der Regierung in Schmitts politischer Theorie des Dezisionismus kulminiert schließlich darin, daß ihr und nicht etwa einem Verfassungsgericht die Aufgabe zukommt, über die Verfassung zu hüten – und zwar notfalls auch gegen den sie vermeintlich normierenden Verfassungstext (vgl. Schmitt 1931).

3.   Kritik an Schmitts Dezisionismus

3.1.   *Der heimliche Vorrang der Moral und weitere Kritik durch Schmitts Zeitgenossen*

Schmitts Dezisionismus hat bereits unter seinen Zeitgenossen aus ganz unterschiedlichen Gründen und an ganz unterschiedlichen Stellen erhebliche Kritik hervorgerufen. Im folgenden werden stellvertretend die Einwände von Leo Strauss, Karl Löwith und Hermann Heller vorgestellt. Sie sind aus der Perspektive der politischen

Theorie deshalb besonders interessant, weil sie alle an Schmitts Begriff des Politischen ansetzen.

Im Zentrum von *Leo Strauss'* (1932) Kritik an Schmitts Begriff des Politischen steht das Verhältnis von Politik und Moral. Schmitt, so seine These, verbirgt, daß das Moralische letztendlich doch dem Politischen voran geht. Ausgangspunkt der Kritik ist der Hinweis, daß Schmitts Politikbegriff die Gefährlichkeit des Menschen voraussetzt, ohne den Status dieser Voraussetzung genau angeben zu können. Steht diese Gefährlichkeit unbedingt fest, oder kann sie vielleicht doch beseitigt werden? Schmitts Unsicherheit in dieser Frage zeigt sich etwa darin, daß er das Politische einerseits für unentrinnbar hält, obwohl er es andererseits als bedroht ansieht. Bedroht kann das Politische allerdings nur dem erscheinen, der die Existenz des Politischen grundsätzlich bejaht. Warum aber, so Strauss' Frage, bejaht Schmitt das Politische? Politisch ist diese Bejahung nicht nachzuvollziehen, weil sie den Wunsch nach Gefährlichkeit und nicht nach ihrer Überwindung bedeuten würde. Stattdessen kann diese Bejahung nur moralisch Sinn machen: als Bejahung der Gefährlichkeit des Menschen. Nur wer die Gefährlichkeit bejaht, wer einen Streit über Leben und Tod zu führen bereit ist, der ist auch bereit, richtige Antworten auf die moralischen Fragen nach dem Gerechten und dem Guten zu suchen. Denn diese Antworten, so Strauss, können gerade nicht auf dem Weg der Verständigung gefunden werden. Aus diesem Grund enthält Schmitts Begriff des Politischen heimlich einen Primat der Moral. Daß Schmitt diesen Vorrang im Verborgenen hält, indem er gegen die Idee eines Primats der Moral wettert, liegt letztlich daran, daß er ,moralisch' allein mit der vorherrschenden liberalen, humanistischen und pazifistischen Moralauffassung identifiziert. Schmitts Kritik an der Moral des Liberalismus kann darum erst ein erster Schritt sein, sie ist erst dann vollendet, wenn es gelingt, Moral jenseits des Liberalismus zu denken.

Aus der Perspektive von *Karl Löwith* (1935) fehlt es Schmitts Begriff der politischen Entscheidung an genau jenem zentralen Aspekt, der das konkrete Entscheiden gegenüber der Unfähigkeit zur Entscheidung auszeichnet bzw. auszeichnen kann: Selbstbestimmung. Diese setzt voraus, daß es einen Grund gibt, sich für das eine und gegen das andere zu entscheiden. Eine politische Entscheidung in Schmitts Sinne, so Löwith, ist jedoch nur eine Entscheidung für die Entschiedenheit und gerade nicht für das eine oder das andere.

Denn der Entscheidung zwischen Freund und Feind fehlt es an eigenen Kriterien, um einen solchen Grund hinreichend angeben zu können. Freundschaft und Feindschaft speisen sich aus keiner eigenen Quelle, sondern steigern sich aus anderen nichtpolitischen Gegensätzen heraus. Erst mit der Entscheidung zwischen Freund und Feind werden Freund und Feind sichtbar. Die politische Entscheidung über Freunde und Feinde wird somit zur Gänze abhängig von der Gelegenheit, die sich konkret bietet. Deswegen handelt es sich Löwith zufolge bei Schmitts Theorie genau genommen um einen *okkasionellen* Dezisionismus. Weil es für Schmitts Begriff des Politischen nur darauf ankommt, daß entschieden wird, führt dieser Begriff auch nicht über jene von Schmitt attackierten politischen Haltungen hinaus, die aufgrund ihrer Unentschiedenheit nur den Entscheidungen anderer folgen. Mit der Entscheidung für die Entschiedenheit stellt sich Schmitts Dezisionismus zwangsläufig genauso in den Dienst jeder fremden Entscheidung, die schon allein aufgrund ihres Entscheidungscharakters zu bejahen ist.

Hermann Heller (1928) stimmt Schmitt zunächst zu, daß eine politische Einheit nötigenfalls bereit sein muß, den Angriff eines äußeren oder inneren Feindes mit dessen Vernichtung abzuwehren. Allerdings erklärt dies noch nicht, weshalb nun alle Arten politischen Handelns und Denkens von der Freund-Feind-Unterscheidung geleitet sein sollen. Grundsätzlich gibt Heller zu bedenken, daß diese Unterscheidung zunächst nichts Politisches aufweist, sieht man davon ab, daß Schmitt sie politisch nennt. Daß des einen Freund auch des anderen Freund und daß des einen Feind auch des anderen Feind sein soll, findet sich auch bei Geschäfts- und Jugendfreunden. Insofern ist die Unterscheidung von Freund und Feind keine notwendig politische Unterscheidung. Zudem wird sie der Dynamik des politischen Prozesses kaum gerecht. Schmitt, so der wichtige, weil heute immer noch aktuelle Vorwurf, geht nämlich von einem *statischen* Begriff der politischen Einheit aus, der die Entstehung und vor allem die permanente Aufrechterhaltung der politischen Einheit gar nicht in den Blick bekommt. Die Reduktion politischen Handelns und Denkens auf die Behauptung gegenüber dem Feind macht blind gegenüber all jenen Handlungen, die darauf ausgerichtet sind, die Homogenität der politischen Einheit im Innern stets zu erneuern. Politisches Handeln umfaßt daher all jene Entscheidungen, die auf einem bestimmten Gebiet verbindlich die Einheit herstellen, mit der die unendliche Vielheit und Verschiedenheit sozialer Handlungen immer wieder neu geordnet wird. Die Behauptung dieser Einheit gegenüber äußeren Feinden ist dabei nur ein Mittel. Nach Innen kommt es dagegen auf verschiedene Aspekte an: z.b. daß die Einheit sich nicht auf vermeintliche natürliche Gleichartigkeit verläßt, sondern auch eine gewisse geistige Homogenität stets gewahrt bleibt; daß die Vielheit unterschiedlicher Handlungsweisen in Parteien gebündelt wird, die so zwischen der notwendigen Einheit und Vielheit vermitteln; und daß darauf geachtet wird, daß unpolitische, d.h. ökonomische, kulturelle Ungleichheiten sich nicht als politische darstellen und damit die Einheit in Frage stellen könnten. Schmitt setzt, so ließe sich diese Kritik aus heutiger Perspektive zusammenfassen, immer schon voraus, was in einer modernen politischen Einheit täglich neu hergestellt werden muß: die Identität der politischen Gemeinschaft und die wechselseitige Anerkennung der Bürger als Gleiche.

3.2. Die Verdinglichung der Gleichheit und weitere Kritik von gegenwärtigen politischen Theorien

Schmitts Tod hat wie in der Einleitung bereits angesprochen der Produktion von Sekundärliteratur einen neuen Aufschwung erbracht.[11] Immer mehr randständige Schriften, Briefwechsel, Tagebücher etc. werden hinzugezogen, um dem Werk entweder doch noch zur Kohärenz zu verhelfen oder aber um ihm eine weitere bisher verborgen gebliebene Facette abzugewinnen. Hier interessiert jedoch nur die Kritik, die Schmitt derzeit von verschiedenen politischen Theorien der Gegenwart entgegengebracht wird: so etwa vom zivilgesellschaftlichen Republikanismus, von der Deliberation, von der Dekonstruktion und von der Theorie autopoietischer Systeme.[12]

---

11 Unter der speziellen Schmitt-Sekundärliteratur aus den 50er und 60er Jahren sind immer noch die Arbeiten von Krockow (1958) und Hofmann (1964) von Bedeutung. Schmitts Rezeption während der 70er und 80er Jahre repräsentieren am besten die Beiträge in Quaritsch (1988).

12 Siehe zu diesen Theorien auch die Beiträge von Marchart, von Schaal/Strecker, von Bonacker und von Brodocz in *Politische Theorien der Gegenwart II*. Für eine Kritik aus der Perspektive der politischen Theorie der Hegemonie siehe zudem Mouffe (1993); kritisch dazu Lefebvre (2005). Für eine Auseinandersetzung mit Schmitt aus der Perspektive Foucaults siehe auch Richter (2005: Kap. 1).

Zwischen der *politischen Theorie des zivilgesellschaftlichen Republikanismus* und der politischen Theorie des Dezisionismus deuten sich auf den ersten Blick zunächst zwei Parallelen an. Als erstes fällt auf, daß in beiden Theorien die integrative Kraft des Konflikts eine besondere Stellung einnimmt.[13] Ulrich Rödel, Günter Frankenberg und Helmut Dubiel (1989: 129-143) haben jedoch ausdrücklich darauf hingewiesen, daß diese Parallele nicht zu ziehen ist. Schmitts Dezisionismus, so die Konsequenz ihrer Kritik, kriegt die integrative Kraft des Konflikts genau genommen gar nicht in den Blick. Der Andere, mit dem Konflikte möglich sind, wird zum Feind erklärt, d.h. zur existentiellen Bedrohung, die gegebenenfalls beseitigt werden muß. Gleichheit kann mit ihm in der Konfliktaustragung nicht mehr hergestellt werden. Konsequenterweise kommt es bei Schmitt dann auch zu einer substantialistischen Umdeutung von Gleichheit zur Gleichartigkeit, die nicht mehr hergestellt werden muß, sondern immer schon ist. Dagegen liegt die integrative Kraft des Konflikts dem zivilgesellschaftlichen Republikanismus zufolge gerade darin, den Anderen zum Gleichen zu machen und zwar durch die beidseitige Anerkennung der Gewaltlosigkeit verbürgenden Regeln öffentlicher Konfliktaustragung. Darüber hinaus rücken zweitens beide Theorien eine ähnliche Problematik in den Vordergrund ihrer Interesses: die Frage nach der symbolischen Repräsentation einer prinzipiell unbegründbaren staatlichen Herrschaft. Schmitts Antwort ist jedoch aus der Perspektive des zivilgesellschaftlichen Republikanismus nicht überzeugend. So hat Karl-Heinz Ladeur (1996) gegen Schmitt eingewendet, daß nicht ausschließlich in der Entscheidung, sondern auch in der Hinnahme von Unentscheidbarkeit eine Antwort auf diese zentrale Frage gefunden werden kann. Die in der Moderne symbolisch leer gewordene Stelle der Macht muß dann nicht durch den besetzt werden, der seinen Willen und seine Fähigkeit dazu in der Entscheidung beweist, sondern sie muß als Leerstelle institutionalisiert werden. Anders als in Schmitts Variante bleibt so die Unbegründbarkeit staatlicher Herrschaft symbolisch weiterhin sichtbar, wodurch die totalitäre Versuchung ihrer Besetzung zwar nicht unbedingt verhindert, jedoch zumindest entzaubert werden kann.

---

13 Vgl. speziell zur Konflikttheorie des zivilgesellschaftlichen Republikanismus Brodocz (2005).

Für die *politische Theorie der Deliberation* ist Schmitts Dezisionismus vor allem in zweierlei hinsichtlich defizitär: einerseits in bezug auf die Konstitution einer politischen Einheit und andererseits in bezug auf das Recht von Staaten zur Kriegsführung. Jürgen Habermas (1996) zufolge wird bei Schmitt die für die Herstellung einer politischen Einheit notwendige Gleichheit fälschlicherweise zur Gleichartigkeit verdinglicht. Dies hat zur Folge, daß die Gleichartigkeit als Garant dafür angesehen wird, daß ‚gleiche‘ Individuen immer schon vorverständigt sind und keiner gemeinsamen öffentlichen Verständigung bzw. Willensbildung bedürfen. Für die Verfassung bedeutet dies dann wiederum, daß ihrem rechtsstaatlichen Bestandteil keine konstituierende Funktion zugeschrieben werden kann. Folglich gebührt im Dezisionismus dem politischen Bestandteil darum Vorrang gegenüber dem rechtsstaatlichen. Damit verkennt Schmitt jedoch, daß ein vernünftiges normatives Einverständnis unter Fremden möglich ist, soweit sie den Bedingungen einer intersubjektiven Verständigung gerecht werden, indem sie sich wechselseitig als Freie und Gleiche anerkennen. Bereits durch die Konstitution der politischen Einheit werden somit Volkssouveränität und Menschenrechte verschränkt, weshalb der rechtsstaatliche und der politische Bestandteil einer Verfassung gleichgestellt sind. Ebenso steht Habermas (1995) dem von Schmitt postulierten Recht eines souveränen Staates zur Kriegführung kritisch gegenüber. Hier zeigen sich die Folgen des dezisionistischen Politikbegriffs. Nicht der Krieg kann danach als das abzustellende Übel begriffen werden, sondern der Verlust des Politischen als eine selbständige Art des Denkens und Handelns. Nur so kann ausgerechnet die kriegerische Durchsetzung von Menschenrechten als ein nicht zu rechtfertigender, weil unpolitischer Kriegsgrund erscheinen. Die militärische Durchsetzung der Menschenrechte kann jedoch unter deliberativen Vorzeichen auch einer Verrechtlichung der internationalen Beziehungen Vorschub leisten und somit zur Verwirklichung der Rechtsstaatsidee auch jenseits staatlicher Grenzen beitragen.

Folgt man der *politischen Theorie der Dekonstruktion*,[14] dann impliziert Schmitts Begriff des Feindes zwei unvereinbare Bedingungen. Alexander García Düttmann (1999) weist etwa darauf hin,

---

14 Für eine dekonstruktive Lesart des Schmittschen Werkes siehe Balke (1996). Auch Jacques Derrida (2000) hat sich ausführlich an Schmitt abgearbeitet.

daß Schmitt einerseits darauf insistiert, daß der Andere stets der Feind ist. Insofern reagiert man quasi reflexhaft auf den vorhandenen Feind, ohne daß man selbst dessen Feind sein muß. Andererseits beweist sich das Politische als eine spezifische Art des Denkens und Handelns darin, daß man sich entscheidet, den Feind vom Freund zu unterscheiden. Von einer Entscheidung kann aber nur dann die Rede sein, wenn man sich auch anders entscheiden könnte, man entscheidet sich also nur des Anderen Feind zu sein, gerade ohne daß dieser selbst der Feind sein muß. Im ersten Fall ist der Feindschaft zunächst der Andere als Feind notwendigerweise vorgängig. Besteht das Verhalten aber nur noch im Reflex auf den vorgängigen Feind, dann muß man sich nicht entscheiden, diesen noch vom Freund zu unterscheiden. Im zweiten Fall ist man dagegen notwendigerweise selbst als Feind dem Anderen vorgängig. Nur ohne den zwingenden Reflex auf den Anderen wird Feindschaft zu einer Frage der Entscheidung. Ohne diesen zwingenden Reflex verfügt man allerdings auch zur Gänze frei darüber, ob man überhaupt Feinde hat oder nicht. Schmitts Begriff der Feindschaft beruht demnach auf einer zweifachen Vorgängigkeit, die nicht miteinander zu vereinbaren ist. Die Feindschaft, so García Düttmanns Gegenthese, kommt vielmehr erst in der Entscheidung über Feindschaft in die Welt. Feindschaft ist ein performativer Begriff, d.h. er bringt etwas hervor, indem er es beschreibt.

Aus Sicht der *politischen Theorie autopoietischer Systeme* erfährt Schmitts Dezisionismus Kritik aus zwei Richtungen. Andreas Göbel (1995) kritisiert Schmitts Unfähigkeit, zwischen der Einheit des Gesellschaftssystems und der Einheit des politischen Systems zu unterscheiden. Zwar erkennt Schmitt, daß sich die moderne Gesellschaft funktional in verschiedene Systeme bzw. Sachgebiete ausdifferenziert hat, doch aufgrund seiner Totalität schreibt er allein dem Politischen die Funktion zu, die Gesellschaft in der Gesellschaft zu repräsentieren. Damit übersieht die politische Theorie des Dezisionismus jedoch, daß kein Funktionssystems bzw. Sachgebiet zur Repräsentation der Gesellschaft in der Gesellschaft taugt, weil die Gesellschaft gleichermaßen auf die Funktionserfüllung durch alle Funktionssysteme bzw. Sachgebiete angewiesen ist. Schmitts Dezisionismus ist aus der Perspektive der Systemtheorie darum nicht mehr als eine ‚Übergangssemantik‘, die zwar neue Gesellschaftsstrukturen erblickt, aber noch mit alten Begriffen darauf reagiert. Die Kritik von Andreas Fischer-Lescano und Ralph Christensen (2005) setzt dagegen an Schmitts Entscheidungsbegriff. Im Unterschied zu Luhmann löst Schmitt die Entscheidung aus ihrem sozialen Kontext. Dadurch bleibt allein der Entscheider als Grund jeder Entscheidung zurück. Beobachtet man die Entscheidung hingegen als Operation des Rechtssystems und damit als eine Kommunikation, die an andere Rechtskommunikationen anschließt und die selbst Anschlüsse für weitere Rechtskommunikationen bietet, dann kann sich die Entscheidung mit Hilfe der Begründung zumindest für den zu entscheidenden Fall vorübergehend entparadoxieren. Darüber hinaus muß das Rechtsparadox erhalten bleiben, weil es die Autopoiesis und Autonomie des Rechtssystems dadurch erhält, dass Auseinandersetzungen darüber möglich bleiben, was das Recht ist.

4. Perspektiven eines demokratischen Dezisionismus

Unter Schmitts Zeitgenossen hat vor allem der 1928 bei ihm promovierte *Otto Kirchheimer* gezeigt, wie sich der Akzent einer dezisionistischen politischen Theorie durchaus auch nach links verschieben läßt.[15] Auch Kirchheimer (1930) zufolge ist eine Verfassung eine Entscheidung über die politische Einheit. Denn sie formuliert das Aktionsprogramm, mit dem die soziale Ordnung gestaltet werden soll. Dabei kommt den Grundrechten – anders als bei Schmitt – eine zentrale Funktion zu. Sie schützen nämlich jene Werte, über die man sich bereits einig ist. Indem sie so soziale Homogenität garantieren, gewähren sie jene Wertgemeinschaft, die eine politische Einheit ausmacht. Soziale Demokratie geht danach der politischen Demokratie immer voraus, und das Mehrheitsprinzip ist folglich nur dann demokratisch, wenn es auch dem Willen der Mehrheit Wirkung verschafft. Ähnlich wie bei Schmitt sind Wahlen auch für Kirchheimer kein Akt der Willensbildung, weil der Wille immer schon vor der Wahl existiert. Für die Bildung sozialer Homogenität sieht Kirchheimer im 20. Jahrhundert vor allem ein Problem, das überwunden werden muß: der Klassengegensatz.

---

15 Vgl. zu Schmitt und Kirchheimer auch Neumann (1981).

Möglich ist dies nur, wenn eine Verfassung die sozialistische Ordnung der Gesellschaft zu ihrem Aktionsprogramm erklärt. Denn nur diese kann die für die politische Einheitsbildung notwendige soziale Homogenität überhaupt noch herstellen. Das Problem der Weimarer Reichsverfassung ist Kirchheimer zufolge darin angelegt, daß sie sich *nicht* explizit für das sozialistische Wertesystem *entscheidet*, sondern es nur als eine Möglichkeit *neben* das kapitalistische stellt. Verhindert der Klassengegensatz also die Ausbildung sozialer Homogenität, dann kann auch die Spitze der Exekutive, d.h. hier der Reichspräsident, nicht die ihr von Schmitt zugeschriebene repräsentative Funktion übernehmen. Wo ein einheitlicher politischer Wille nicht existiert, kann er auch nicht repräsentiert werden. Stattdessen repräsentiert der Reichspräsident nur das, was ist: die herrschenden Machtverhältnisse zwischen den Klassen.

Dezisionistische Überlegungen finden sich zudem ausgerechnet bei einem von Schmitts Zeitgenossen, dessen Biographie im strikten Gegensatz zu Schmitts Leben verlaufen ist. *Walter Benjamin*, der 1940 auf seiner Flucht vor der Verfolgung durch das Nazi-Regime tragisch stirbt, knüpft in seiner 1925 verfaßten Habilitationsschrift „Ursprung des deutschen Trauerspiels" (Benjamin 1925) an Schmitts Zusammenhang zwischen Souveränität und Ausnahmezustand an (vgl. zum folgenden Weber 1997; Heil 1996: 127-136). Benjamin sieht, wie er Schmitt in einem Brief 1930 auch selbst mitteilt, in Schmitts staatsrechtlichen Abhandlungen zur Souveränität eine ‚Bestätigung' seiner kunstphilosophischen Überlegungen. Allerdings gibt es eine nicht unwichtige Differenz. Zwar geht auch Benjamin ebenso wie Schmitt davon aus, daß sich der Begriff der Souveränität nur vom Ausnahmezustand her fassen läßt. Im Unterschied zu Schmitt zeigt sich Souveränität jedoch nicht in der Entscheidung über den Ausnahmezustand, sondern *gegen* den Ausnahmezustand. Denn die von Schmitt skizzierte souveräne Diktatur mündet zwangsläufig in einer Tyrannei, allein weil dem Diktator die Gewißheit fehlt, ob er im Sinne der suspendierten Norm gehandelten haben wird. Dies kann sich nämlich immer erst nach der Beendigung des Ausnahmezustands zeigen. Der Diktator wird folglich abhängig von seiner Willkür, die er wieder nur tyrannisch garantieren kann. Souveränität beweist sich darum insofern am Ausnahmezustand, als souverän ist, wer sich gegen den Ausnahmezustand entscheidet, indem er den Ausnahmezustand ausschließt.

In der gegenwärtigen politischen Theorie dient Schmitt fast nur noch als Kontrastfolie und als argumentative Waffe. So wird zum einen die eigene Theorie gegen Schmitt und den mit seinem Namen verbundenen Dezisionismus profiliert, und zum anderen werden konkurrierende Theorien dadurch disqualifiziert, indem versucht wird, ihnen eine heimliche Affinität zu Schmitts Dezisionismus nachzuweisen. Vereinzelt werden einzelne, weniger verdächtig erscheinende Begriffe Schmitts vorsichtig übernommen und konstruktiv weiterentwickelt. In diesem Sinne hat *Gerhard Göhler* den für seine Theorie politischer Institutionen nicht unwichtigen Begriff der symbolischen Repräsentation nicht nur in Anlehnung an Cassirer, Eco und Bourdieu entwickelt, sondern eben auch in bezug auf Schmitt (vgl. Göhler u.a. 1997). Eine ernsthafte, explizite Fortschreibung am Paradigma der dezisionistischen politischen Theorie ist heute die Ausnahme. Sie findet sich gegenwärtig am ehesten noch in den Arbeiten von *Michael Th. Greven* (1989; 1992; 1999; 2000; 2004).[16]

Im Unterschied zu Schmitt verfolgt Greven die Idee eines *demokratischen Dezisionismus*. „Die politischen Gesellschaften der Gegenwart", so Grevens (1999: 9) These, „sind durch ihre Kontingenz und den Zwang zur Dezision geprägt." Entscheidungen reduzieren danach zumindest vorübergehend die Kontingenz, weil sie nur einer von verschiedenen Möglichkeiten innerhalb pluralistischer Ansprüche zur Geltung verhelfen. Anders als bei Schmitt sind politische Entscheidungen nicht an dem spezifischen Gegensatz zu erkennen, zwischen dem entschieden werden muß, in Schmitts Fall also zwischen Freund und Feind. Politische Entscheidungen sind vielmehr dadurch gekennzeichnet, daß sie *für alle Verbindlichkeit* beanspruchen und daß diese Verbindlichkeit mit der *Mobilisierung von Konsens und Zustimmung*, der *Herstellung parlamentarischer Mehrheiten* erreicht, im Zweifel aber auch mit dem *Mittel physischer Gewalt* erzwungen werden kann (vgl. Greven 1999: 103-110). Weil der Möglichkeit nach alle Themen Gegenstand von politischen Entscheidungen sind, kann Politik auch nicht auf ein Teilsystem der Gesellschaft begrenzt werden (vgl. Greven 1999: 22-23). Dieser von Schmitt als Steigerung unpoliti-

---

16 Siehe hierzu auch die Diskussion zwischen Greven und seinen Kritikern in der Zeitschrift „Ethik und Sozialwissenschaften" (Heft 2/1990, S. 223-261).

scher Gegensätze zu politischen Gegensätzen beschriebene Prozeß
wird bei Greven (1999: 38) weiter präzisiert. Ihm zufolge wird aus
einem zunächst unpolitischer. Thema ein Gegenstand politischer
Entscheidungen, wenn sich an diesem Gegensatz Interessen und
entsprechende Interessenvertreter formieren. Darum können auch
alle unpolitische Themen als ‚Interessen' in politische Themen kon-
vertiert werden. Jene Bereiche des Handelns, die faktisch zum Gegenstand der Politik geworden sind, konstituieren dann den „politischen Raum" (Greven 1999: 72-93). Die gegenwärtigen Gesellschaften unterscheiden sich von vorangehenden dadurch, daß inzwischen jedes Thema zu einem politischen geworden ist. Die Gesellschaft und der politische Raum sind folglich deckungsgleich.
Deshalb nennt Greven (1999: 16-17) solche Gesellschaften auch
„politische Gesellschaften". Das besondere an diesem Prozeß der
Politisierung ist, daß politische Gesellschaften nicht mehr zurück
können. Sie bleiben politische Gesellschaften, auch wenn sie bestimmte Themen von der Zuständigkeit der Politik befreien. Denn
auch dies kann fortan nur noch eine politische Entscheidung sein,
die auch anders hätte ausfallen können (vgl. Greven 1999: 78-79).
Die mangelnde Berücksichtigung von Entscheidung in der gegenwärtigen politischen Theorie ist aus Grevens (1999: 63) Sicht insbesondere deshalb problematisch, weil der für die Demokratie
zentrale Begriff der Verantwortung den „ethischen Korrespon-
denzbegriff" zur Entscheidung bildet. Ohne einen Fokus auf die
Entscheidung erscheint darum auch die Verantwortung heutzutage
immer weniger sichtbar. Entweder werden Entscheidungen als
Ausführung rationaler Steuerungsprogramme verkleidet, die nicht
zu verantworten sind, weil sie nur den gebotenen Sachzwängen ge-
horchen, oder aber die Verflechtung verschiedener Entscheidungs-
stellen in einem Entscheidungsprozeß verhindert, daß die Verantwortung für die Entscheidung noch genau lokalisiert werden kann
(vgl. Greven 1999: 147-163). Demokratie kann deshalb eine für sie
notwendige „Kultur der reflexiven Verantwortungsethik" (Greven
1999: 159) nur entwickeln und aufrechterhalten, wenn eines sichtbar gehalten wird: die Entscheidung.

Literatur

a. verwendete Literatur

Adam, Armin (1995): Jenseits alter Fronten. Neuere Carl Schmitt-Literatur. Philosophische Rundschau 42, 97-109.

Balke, Friedrich (1996): Der Staat nach seinem Ende. Die Versuchung Carl Schmitts. München.

Becker, Hartmuth (1994): Die Parlamentarismuskritik bei Carl Schmitt und Jürgen Habermas. Berlin.

Bendersky, Joseph W. (1983): Carl Schmitt. Theorist for the Reich. Princeton.

Benjamin, Walter (1925): Ursprung des deutschen Trauerspiels. S. 203-430 in: ders. (1974), Gesammelte Schriften, Bd. I/1. Hrsg. von Rolf Tiedemann/ Hermann Schweppenhäuser. Frankfurt a.M.

Böckenförde, Ernst-Wolfgang (1988): Der Begriff des Politischen als Schlüssel zum staatsrechtlichen Werk Carl Schmitts. S. 283-299 in Helmut Quaritsch (Hrsg.), Complexio Oppositorum. Über Carl Schmitt. Berlin.

Blasius, Dirk (2001): Carl Schmitt. Preußischer Staatsrat in Hitlers Reich. Göttingen.

Brodocz, André (2005): Die Konflikttheorie des zivilgesellschaftlichen Republikanismus. S. 231-248 in: Thorsten Bonacker (Hrsg.), Sozialwissenschaftliche Konflikttheorien. 2. Auflage. Wiesbaden.

Caldwell, Peter C. (2005): Controversies over Carl Schmitt. A Review of Recent Literature. Journal of Modern History 77, 357-387.

Derrida, Jacques (2000): Politik der Freundschaft. Frankfurt a.M.

Eisermann, Gottfried (1994): Max Weber und Carl Schmitt. Der Staat 33, 76-103.

Fischer-Lescano, Andreas/Ralph Christensen (2005): Auctoritatis interpositio. Die Dekonstruktion des Dezisionismus durch die Systemtheorie. Der Staat 44, 213-241.

García Düttmann, Alexander (1999): Freunde und Feinde. Wien.

Gil, Thomas (1988): Die gegenaufklärerische Perspektive der Rechts- und Staatsphilosophie C. Schmitts. Archiv für Rechts- und Sozialphilosophie 74, 521-530.

Göbel, Andreas (1995): Paradigmatische Erschöpfung. Wissenssoziologische Bemerkungen zum Fall Carl Schmitts. S. 267-286 in ders./Dirk van Laak/ Ingeborg Villingen (Hrsgg.), Metamorphosen des Politischen. Grundfragen politischer Einheitsbildung seit den 20er Jahren. Berlin .

Göhler, Gerhard u.a. (1997): Institution – Macht – Repräsentation. Wofür politische Institutionen stehen und wie sie wirken. Baden-Baden.

Gransow, Volker/Wayne Miller (1989): Carl Schmitt: Feind oder Fundgrube? Das Argument 31, 427-435.

Greven, Michael Th. (1989): Der substanzhafte und metaphysische Ansatz des politischen Schriftstellers Carl Schmitt bis 1934. S. 131-152 in: Rainer Eisfeld/Ingo Müller (Hrsgg.), Gegen Barbarei. Frankfurt a.M.

308   *André Brodocz*

– (1992): Über demokratischen Dezisionismus. S. 193-206 in: Dieter Emig
    (Hrsg.), Sprache und politische Kultur in der Demokratie. Frankfurt a.M.
– (1999): Die politische Gesellschaft. Kontingenz und Dezision als Probleme
    des Regierens und der Demokratie. Opladen.
– (2000): Kontingenz und Dezision. Beiträge zur Analyse der politischen Ge-
    sellschaft. Opladen.
– (2004): Max Weber's Missing Definition of 'Political Action' in his 'Basic
    Sociological Concepts'. Max Weber Studies 4, 179-200.
Günther, Frieder (2004): Denken vom Staat her. Die bundesdeutsche Staats-
    rechtslehre zwischen Dezision und Integration 1949-1970. München.
Habermas, Jürgen (1995): Kants Idee des ewigen Friedens – aus dem histo-
    rischen Abstand von 200 Jahren. S. 192-236 in: ders. (1996), Die Ein-
    beziehung des Anderen. Studien zur politischen Theorie. Frankfurt a.M.
– (1996): Inklusion – Einbeziehen oder Einschließen? Zum Verhältnis von
    Nation, Rechtsstaat und Demokratie. S. 154-184 in ders., Die Einbezie-
    hung des Anderen. Studien zur politischen Theorie. Frankfurt a.M.
Heil, Susanne (1996): „Gefährliche Beziehungen". Walter Benjamin und Carl
    Schmitt. Stuttgart/Weimar.
Heller, Hermann (1928): Politische Demokratie und soziale Homogenität. S.
    421-433 in: ders. (1992), Gesammelte Schriften, Bd. 2. Hrsg. von Chri-
    stoph Müller. 2. Auflage. Tübingen.
Hernández Arias, José Rafael (1998): Donoso Cortés und Carl Schmitt. Eine
    Untersuchung über die staats- und rechtsphilosophische Bedeutung von
    Donoso Cortés im Werk Carl Schmitts. München/Wien/Zürich.
Hofmann, Hasso (1964): Legitimität gegen Legalität. Der Weg der politischen
    Philosophie Carl Schmitts. Neuwied.
Kirchheimer, Otto (1930): Weimar – und was dann? Analyse einer Verfas-
    sung. S. 9-56 in: ders. (1981), Politik und Verfassung. Frankfurt a.M.
Koenen, Andreas (1995): Der Fall Carl Schmitt. Sein Aufstieg zum ‚Kron-
    juristen des Dritten Reiches'. Darmstadt.
Krockow, Christian Graf von (1958): Die Entscheidung. Eine Untersuchung
    über E. Jünger, C. Schmitt, M. Heidegger. Stuttgart.
Ladeur, Karl-Heinz (1996): Carl Schmitt und die Nichthintergehbarkeit der
    Politischen Theologie. Die Versuchung des Totalitarismus in der liberalen
    Gesellschaft. Politische Vierteljahresschrift 37, 665-686.
Lauermann, Manfred (1994): Im Irrgarten der Interpretationen. Ein (soziologi-
    scher) Seitenblick auf die neuere Schmitt-Literatur. Sociologia Internatio-
    nalis 32, 103-125.
Lefevbre, Alexander (2005): The Political Given. Decisionism in Schmitt's
    Concept of the Political. Telos 132, 83-98.
Llanque, Marcus (1995): Die Theorie politischer Einheitsbildung in Weimar
    und die Logik von Einheit und Vielheit (Rudolf Smend, Carl Schmitt,
    Herrmann Heller). S. 157-176 in: Andreas Göbel/Dirk van Laak/Ingeborg
    Villingen (Hrsgg.), Metamorphosen des Politischen. Grundfragen politi-
    scher Einheitsbildung seit den 20er Jahren. Berlin .

Löwith, Karl (1935): Der okkasionelle Dezisionismus von C. Schmitt. S. 32-71 in: ders. (1984), Sämtliche Schriften, Bd. 8. Hrsg. von Klaus Stichweh. Stuttgart.

Mehring, Reinhard (1990): Politische Ethik in Max Webers ‚Politik als Beruf‘ und Carl Schmitts ‚Begriff des Politischen‘. Politische Vierteljahresschrift 31, 608-626.

– (1992): Carl Schmitt zur Einführung. Hamburg.

– (1994): Staatsrechtslehre, Rechtslehre, Verfassungslehre. Carl Schmitts Auseinandersetzung mit Hans Kelsen. Archiv für Rechts- und Sozialphilosophie 80, 191-202.

Meier, Heinrich (1988): Carl Schmitt, Leo Strauss und der ‚Begriff des Politischen‘. Zu einem Dialog unter Abwesenden. Stuttgart.

Mouffe, Chantal (1993): The Return of the Political. London.

Müller, Jan-Werner (2003): A Dangerous Mind. Carl Schmitt in Post-War European Thougth. New Haven, Conn.

Neumann, Volker (1981): Verfassungstheorien politischer Antipoden: Otto Kirchheimer und Carl Schmitt. Kritische Justiz 14, 235-254.

Quaritsch, Helmut (Hrsg.) (1988): Complexio Oppositorum. Über Carl Schmitt. Berlin.

Richter, Norbert-Axel (2005): Grenzen der Ordnung. Bausteine einer Philosophie des politischen Handelns nach Plessner und Foucault. Frankfurt a.M./ New York.

Rödel, Ulrich/Günter Frankenberg/Helmut Dubiel (1989): Die demokratische Frage. Frankfurt a.M.

Rumpf, Helmut (1972): Carl Schmitt und Thomas Hobbes. Berlin.

Schlink, Bernhard (1991): Why Carl Schmitt? Rechtshistorisches Journal 10, 160-176.

Schmitt, Carl (1921): Die Diktatur. Von den Anfängen des modernen Souveränitätsgedankens bis zum proletarischen Klassenkampf. (Zitiert nach der 6. Auflage von 1994) Berlin.

– (1926): Die geistesgeschichtliche Lage des heutigen Parlamentarismus. 2. Auflage. (Zitiert nach der 7. Auflage von 1991) Berlin.

– (1927): Der Begriff des Politischen. 1. Auflage. S. 236-246 in: Kurt Lenk/ Berthold Franke (Hrsg.) (1991), Theorie der Politik. Eine Einführung. Frankfurt a.M.

– (1928): Verfassungslehre. (Zitiert nach der 8. Auflage 1993) Berlin.

– (1929): Das Reichsgericht als Hüter der Verfassung. S. 63-100 in: ders. (1958), Verfassungsrechtliche Aufsätze aus den Jahren 1924-1954. Materialien zu einer Verfassungslehre. Berlin.

– (1929a): Das Zeitalter der Neutralisierungen und Entpolitisierungen. S. 120-132 in: ders. (1988), Positionen und Begriffe. Im Kampf mit Weimar – Genf – Versailles, 1923-1939. Unveränd. Nachdruck der Erstauflage von 1940. Berlin.

– (1931): Der Hüter der Verfassung. Berlin.

– (1932): Der Begriff der Politischen. Text von 1932 mit einem Vorwort und drei Corollarien. (zitiert nach der 6. Auflage von 1996) Berlin.

– (1932a): Legalität und Legitimität. S. 263-350 in: ders. (1958), Verfassungs-
  rechtliche Aufsätze aus den Jahren 1924-1954. Materialien zu einer Verfassungslehre. Berlin .
– (1934): Politische Theologie. Vier Kapitel zur Lehre von der Souveränität. 2.
  Auflage. (Zitiert nach der 7. Auflage 1996) Berlin.
Strauss, Leo (1932): Anmerkungen zu Carl Schmitt, Begriff des Politischen.
  S. 97-125 in: Heinrich Meier (1988), Carl Schmitt, Leo Strauss und der
  ‚Begriff des Politischen'. Zu einem Dialog unter Abwesenden. Stuttgart.
Ulmen, Gary L. (1991): Politischer Mehrwert. Eine Studie über Max Weber
  und Carl Schmitt. Weinheim.
van Laak, Dirk (1993): Gespräche in der Sicherheit des Schweigens. Carl
  Schmitt in der politischen Geistesgeschichte der frühen Bundesrepublik.
  Berlin.
Weber, Samuel (1997): Von der Ausnahme zur Entscheidung. Walter Benja-
  min und Carl Schmitt. S. 204-224 in: Elisabeth Weber/Georg Christoph
  Tholen (Hrsg.), Das Vergessen(e). Anamnesen des Undarstellbaren. Wien.
Zumbansen, Peter (1997): Carl Schmitt und die Suche nach politischer Ein-
  heit. Eine Aufsatzsammlung und ihr Thema. Kritische Justiz 30, 63-79.

b. kommentierte Literatur

Primärliteratur

Schmitt, Carl (1932): Der Begriff der Politischen. Text von 1932 mit einem Vorwort und drei Corollarien. 6. Auflage. Berlin 1996.
*Schmitts Begriff des Politischen ist der zentrale Text für die politische Theorie des
Dezisionismus. Hier entfaltet er die Unterscheidung von Freund und Feind und
verknüpft sie mit der These von der Totalität des Politischen.*

Schmitt, Carl (1926): Die geistesgeschichtliche Lage des heutigen Parlamentarismus. Text der 2. Auflage. 7. Auflage. Berlin 1991.
*Im Vorwort zur zweiten Auflage faßt Schmitt bereits die Überlegungen des ganzen
Textes zusammen. Vor allem sein Begriff von Demokratie und seine Kritik an der
liberalen Idee des Parlamentarismus kommen hier sehr pointiert zur Sprache.*

Schmitt, Carl (1928): Verfassungslehre. 8. Auflage. Berlin 1993.
*Im Unterschied zu seinen ansonsten oft essayistisch-polemischen Texten ist die
Verfassungslehre ein systematisches Werk. Zunächst untersucht Schmitt verschiedene Verfassungsbegriffe und stellt diesen dann seinen Begriff von Verfassung als
existentielle Totalentscheidung gegenüber. Anschließend zeigt er auf, welche Konsequenzen damit für das Verhältnis von rechtsstaatlichem und politischem Bestandteil einer Verfassung gezogen werden müssen.*

Schmitt, Carl (1934): Politische Theologie. Vier Kapitel zur Lehre von der Souveränität. Text der 2. Auflage. 7. Auflage. Berlin 1996.
*Nicht nur für den Zusammenhang zwischen Souveränität und Ausnahmezustand
sind diese eher lose verknüpften vier Kapitel programmatisch. Dieses Buch ist in*

gewisser Hinsicht auch die Schnittstelle zwischen dem politiktheoretischen *‚Begriff des Politischen'* und der verfassungstheoretischen *‚Verfassungslehre'.*

Sekundärliteratur

Mehring, Reinhard (1992): Carl Schmitt zur Einführung. Hamburg.
Die Einführung ist 2006 inzwischen in dritter Auflage erschienen. Sie ist aber nicht ganz ohne Vorbehalte zu empfehlen. Ihr stellenweise sehr feuilletonistischer Ton („Im politisch eher windstillen als ‚goldenen' Jahr 1928 ...") ist nicht unbedingt jedermanns Sache. Zudem verschränkt sie in ihrer Rekonstruktion Biographie und Theorie. Für Leserinnen und Leser ohne Vorkenntnisse ist sie trotz allem ein guter erster Einstieg.

Schlink, Bernhard (1991): Why Carl Schmitt? Rechtshistorisches Journal 10, 160-176.
Um frühzeitig der Versuchung zu widerstehen, Schmitts Dezionismus vor allem als aufzulösende Verschränkung von banal-bösartiger Biographie und intellektuell-abstrakter Theorie zu lesen, ist Schlinks kurzer Aufsatz die beste Prävention. Er sollte sich darum direkt an Mehrings Einführung anschließen.

Quaritsch, Helmut (Hrsg.) (1988): Complexio Oppositorum. Über Carl Schmitt. Berlin.
Hier wird Schmitt von den wichtigsten Schmitt-Interpreten der 1970er und 1980er Jahre mal mehr, mal weniger kritisch interpretiert, rekonstruiert, verglichen, eingeordnet und gerechtfertigt. U.a. sind darunter Beiträge von Günter Maschke zur Zweideutigkeit in Schmitts Politikbegriff und von Hermann Lübbe zur liberalen Aneignungsfähigkeit des Schmittschen Dezionismus.

Reinhard Mehring (Hrsg.) (2003): Carl Schmitt – Der Begriff des Politischen. Ein kooperativer Kommentar. Berlin.
Abschnitt für Abschnitt wird der Schmitts „Der Begriff des Politischen" von verschiedenen Autoren (u.a. Herfried Münkler, Marcus Llanque, Bernd Ladwig) kommentiert. Besonders hervorhebenswert ist der Beitrag von Gerd Roellecke über den Abschnitt „Die Entscheidung über Freund und Feind". Siehe hierzu auch meine Rezension in: Berliner Debatte INITIAL 16 (2/2005), 125-127.

Kapitel IX
Die politische Theorie der Integration: Rudolf Smend

Marcus Llanque

Inhalt

1.   Einleitung: Smends Biographie und Kontext

Smend gehört wie Carl Schmitt oder Hermann Heller zu den Staatsrechtslehrern, die im Zuge der Republikanisierung des Staates und aus der methodischen Krise der Staatsrechtswissenschaft heraus sich zusehends politischen und soziologischen Überlegungen zuwandten und nicht mehr daran glaubten, Rechtsordnung und Staatlichkeit aus einer rein rechtsförmigen Betrachtung angemessen behandeln zu können. Der Staat kann demnach nicht mehr im Sinne Georg Jellineks in zwei Seiten getrennt werden, in die politische und die rechtliche, die jede unabhängig voneinander den Staat in den Blick nehmen. Wesen und Inhalt des Staates müssen nach dem Wegfall der in sich ruhenden Gewißheit, die die Monarchie dieser Theoretikergeneration trotz der sozialistischen Infragestellung doch stets geboten hatte, neu thematisiert werden. Smend als der ältere dieser Gruppe, zu der noch Erich Kaufmann gezählt werden muß, war noch am stärksten geprägt von der Realität des Kaiserreichs. Er wurde am 15.1.1882 geboren, war Sohn eines Professors für Altes Testament und orientalische Sprachen und wuchs überwiegend in Göttingen auf. Rechtshistorisch promoviert in der Schule Karl Zeumers über einen Vergleich der Preußischen mit der Belgischen Verfassungsurkunde, habilitierte sich Smend über die Geschichte des Reichskammergerichtes 1908 in Kiel. Ein Jahr später wurde er außerordentlicher Professor in Greifswald, 1911 ordentlicher Professor in Tübingen und ging 1915 nach Bonn in der Hoffnung, an einer preußischen Universität stärker mit politischen Fragen konfrontiert zu sein. Smend war nicht in den Kriegstaumel anderer Intellektueller und Gelehrter verfallen und lehnte vor allen Dingen den in dieser Zeit behaupteten Zusammenhang von Recht und Krieg ab. Recht war für Smend ein Teil der Kultur und nur aus dieser erklärbar und der Krieg war in diesem Sinne aufgrund seiner kulturzerstörenden Wirkung durchaus als Gegner des Rechts zu verstehen (Smend 1915; Llanque 2000a: 262). In seiner umfangreichen, in den „Staatsrechtlichen Abhandlungen" nicht aufgenommenen Rezension von Max Webers Schrift „Parlament und Regierung" teilte Smend zahlreiche Kritikpunkte an der konstitutionellen Monarchie, konnte sich aber zu Webers scharfer Verurteilung nicht durchringen (Smend 1918; vgl. Hennis 1999: 377f.). Smends Überlegungen über die Wirksamkeit ungeschriebener Verfassungsprinzipien auf die Verfassungspraxis und die Beachtlichkeit von impliziten interpretationsanleitenden Maßstäben für die Auslegung des formalen Wahlrechts gehörten zu den ersten Bestrebungen, das vornehmlich an Begriffen des Privatrechts orientierte öffentliche Rechtsgebiet zu erschüttern (Korioth 1992). Dies geschah aber nicht in revolutionärer oder republikanischer Absicht, wie Smends langes Beharren auf der Ordnung des monarchischen Konstitutionalismus zeigt. Was Smend schon vor 1918 zu zeigen versuchte, wurde unter den Bedingungen der Republik um so dringlicher: die Abhängigkeit des Verfassungsrechts vom Grundverständnis der Verfassung als Teil der politischen Ordnung selbst deutlich zu machen. Verfassungsrecht war für Smend kein Teilgebiet des öffentlichen Rechts, sondern im Gegensatz zum Verwaltungsrecht immer politisches Recht. Um diesen Zusammenhang zu erhellen, entwickelte Smend die Integrationslehre, die sich wesentlich mit seinem Namen verbindet und in dem Hauptwerk von 1928, „Verfassung und Verfassungsrecht" (Smend 1928b) ihre umfangreichste, aber nicht letzte Ausformulierung erfuhr.

Smends rechtswissenschaftliches Anliegen galt dem Bemühen, rechtswissenschaftliche Traditionen zu sprengen, um ihre Begriffe an die Anforderungen der sozialen Wirklichkeit anzupassen. In einem brieflichen Rückblick aus dem Jahr 1967 akzentuierte er sein Erkenntnisinteresse als „Durchstoß zur Wirklichkeit" (bei Manfred Friedrich 1987: 25). Damit war vor allen Dingen das Ausbrechen aus der Tradition des Rechtspositivismus gemeint, jenem im wilhelminischen Kaiserreich maßgeblichen Rechtsparadigma. Noch im Rückblick sagte Smend, seine Theorie sei „polemisch ausgerichtet" gewesen „an der obrigkeitlichen und begriffsjuristischen Verkrustung des Verfassungsdenkens" (Smend 1956: 479), für die er den Rechtspositivismus verantwortlich machte. Aus Smends Schule kommend versuchte Peter von Oertzen hinter der Oberfläche des gleichsam unpolitischen Formalismus im Gerber-Laband'schen Rechtspositivismus die implizite Parteinahme für die konkrete politische Ordnung des Kaiserreichs zu enthüllen (Oertzen 1953). Das war schon beim jungen Smend der theoretische Gegner gewesen, den er dann in der Weimarer Zeit vor allen Dingen in Gestalt Hans Kelsens erbittert bekämpfte und dafür auch dessen schonungslose Gegnerschaft erwidert bekam (Kelsen 1930). Auf der anderen Seite lehnte Smend aber auch eine rein technische oder machtpolitische

Betrachtungsweise des Staates ab, die er mit Friedrich Meinecke
sowie Max Weber und seiner Schule identifizierte, obschon seine
hermeneutische Methode viele Schnittpunkte mit Weber aufweist
(Anter 2005).

Smend lehnte es als Wissenschaftler eigentlich ab, sich unmittelbar in das politische Geschehen einzulassen. Entsprechend sind
Vorkommnisse diesbezüglich wenig überliefert. Er war Mitglied der
Deutschen-Nationalen Volkspartei, die er gemeinsam mit seinem
Freund Triepel aber 1930 verließ, als der Hugenburg-Kurs aus dieser zunächst bürgerlich geprägten Partei eine nach nationalsoziali-
stischem Vorbild systemoppositionelle Bewegung machen wollte.
1932 engagierte sich der Protestant für eine überkonfessionelle
Unterstützung der Politik Brünings, als er in dem Sammelband
„Krisis" von Oscar Müller einen Aufsatz zum Verhältnis von Protestantismus und Demokratie veröffentlichte, worin er zum gegenseitigen Aufeinderzukommen appellierte (Smend 1932). Dieser Appell
verhallte aber ebenso fruchtlos wie seine Rede am 18.1. 1933, kurz
vor der Machtergreifung, als er das deutsche Bürgertum dazu auf-
rief, sich nicht nur mit der Bourgeoisie zu identifizieren, sondern
sich in bester (vor-wilhelminischer) Tradition auch seiner staats-
bürgerlichen Wurzeln zu entsinnen und für die Verfassungsordnung zu engagieren. 1935 schließlich mußte er dem politischem
Druck weichen und seinen 1922 angetretenen Berliner Lehrstuhl
für Reinhard Höhn räumen und nach Göttingen gehen (Stolleis
1999: 269). Dort wurde Smend 1944 Präsident der Akademie der
Wissenschaften und blieb in diesem Amt bis 1949, er war auch der
erste Nachkriegsrektor Göttingens. Nach seiner Emeritierung 1950
setzte er sein kirchenrechtliches Seminar bis 1965 und sein staats-
und verfassungstheoretisches Seminar sogar bis 1969 fort. In diesem Seminar entfaltete er in der jungen Bundesrepublik einen un-
spektakulären, aber stetigen Einfluß auf eine Juristengeneration,
die sich unter seiner Obhut formte. Zu ihr zählen Namen der
Rechtslehre wie Konrad Hesse, Manfred Friedrich und Peter Häberle, ferner die in der Politikwissenschaft wirksamen Lehrer wie
Wilhelm Hennis und Martin Greiffenhagen, oder in der Politik tä-
tige Personen wie Peter von Oertzen und Horst Ehmke. Smend
starb am 5.7.1975.

2. Die Integrationslehre

2.1. Integration und Verfassung

Im Mittelpunkt der Integrationslehre Smends steht die Funktion der Verfassung als politischer Kern der Rechtsordnung. Der Sinn einer Verfassung erschließt sich nach Smend nicht aus der Betrachtung ihrer einzelnen Normen. Verfassungsrecht ist im Gegensatz zum Verwaltungsrecht politisches Recht und nur aus dem Gesamtzusammenhang der politischen Ordnung, auf welche sie einwirken soll, zu interpretieren. Eine Verfassung ist demnach kein dürres normatives Gerippe, die einen von der Verfassung unabhängigen politischen Körper des Staates wie ein Mantel umgibt und formt. Die Verfassung setzt nach Smend den Staat gerade nicht als „unbegreifliche feste Wirklichkeit" voraus (Smend 1923: 91). Die Verfassung ist „nicht nur als Organisationsstatut zu verstehen, das den Staat organisiert und zu seinen eigentlichen Aufgaben ermächtigt und verpflichtet, sondern zugleich als eine Lebensform seiner Angehörigen, die er an seinem Leben beteiligt" (Smend 1987: 1357). Mit Leben meint Smend hier die „dialektische Immanenz" (Smend 1928b: 186), die im Wechselspiel des normativen Angebots der Verfassung und des Sinnerlebens der Bürger und beider ständig zu erneuernden Aktualisierung der Wirklichkeit der Verfassungsordnung sich prozeßhaft ergibt. Damit will Smend ausdrücklich jegliche Staatstranszendenz aus dem Bezirk des Staatsrechts verbannen. Der konkrete Inhalt einer politischen Ordnung ergibt sich aus dem sie umgebenden Kultursystem. Smends Integrationstheorie beansprucht Geltung für alle verschiedenen Kultursysteme, weil sie mittels der „Elastizität der Integrationsfaktoren", die die Integrationstheorie erforscht, für alle Kulturen allgemeine Aussagen macht (Smend 1928b: 186, 191). Die Rückbeziehung des Rechts auf sein geistig-kulturelles Umfeld soll nach Smend aber zu keiner Marginalisierung der positiv-rechtlichen Seite des Rechts führen. Recht und Kultur sind wechselseitig aufeinander angewiesen. „Das Staatsrecht ist nur eine Positivierung jener geistesgeschichtlichen Möglichkeiten und Aufgaben und daher nur aus diesen zu verstehen, und umgekehrt bedürfen diese der rechtlichen Positivierung, um sich dauerhaft und befriedigend zu erfüllen" (Smend 1928b: 139). Unter Integration versteht Smend, dem Wortsinn folgend,

„Zusammenschluß" der Bürger und meint damit den Inbegriff aller politischen Tätigkeit, die auf verschiedene Weise erfolgen kann. Smend differenziert hier zwischen persönlichen, funktionalen und sachlichen Integrationsfaktoren (Smend 1928b: 142-169). Unter persönlichen Integrationsfaktoren versteht Smend die statische Repräsentation eines Monarchen und die dynamische Integration durch die politische Führungspersönlichkeit im Sinne Max Webers. Zu den funktionalen Integrationsfaktoren zählt Smend politische Institutionen wie das Parlament und zu den sachlichen Faktoren vor allen Dingen Grundrechte, jedoch nicht allein in ihrer Funktion als individuelle Schutzrechte, sondern sachlich im Sinne einer Wertgemeinschaft.

Smend sieht den Begriff des Politischen für die rechtliche Erfassung des Staates als erforderlich an, um das Wesen der Verfassungsorgane aus ihrer Leistung heraus und nicht aus ihren, aufgrund waltender Hintergrundmaßstäbe stets unterschiedlich auslegbaren normativen Bestimmungen heraus zu deuten. *Die Integration wird bei Smend zum Begriff des Politischen selbst.* Die Integrationstheorie als allgemeine Staatstheorie ist eine Theorie des Politischen, die hauptsächlich Angaben über Voraussetzungen und Formen der Integration macht. Smends Begriffsbestimmung weist konkurrierende Begriffsbestimmungen des Politischen als unerheblich, falsch oder zu einseitig zurück, insbesondere die vom Primat der Außenpolitik oder der Machtpolitik und ausdrücklich auch Carl Schmitts Freund-Feind-Unterscheidung (Smend 1928b: 177, 219 Anm. 11). Gerade in Smends Kritik und Absetzung von Carl Schmitts Gegenentwurf zeigt sich seine prozessuale Denkweise. Schmitt hatte Smend 1923 sein Manuskript des Buches „Römischer Katholizismus" noch vor der Veröffentlichung zugesandt (Smend 1928a: 88) und Smend hat im Anschluß daran Schmitts politische Theorie stets im Lichte dieses Buches ausgelegt. Für Smend war Schmitt das Beispiel des Versuches, die Tradition antiken politischen Denkens zu revitalisieren, weil er die dort vermutete „ontische Festigkeit der Weltordnung" in der Moderne vermißt und nun zum Ausgangspunkt einer Rechtstheorie erheben will (Smend 1928b: 180f.). Um dies zu erreichen, sei Schmitt bestrebt, den Staat nach dem Schema der katholischen Kirche als letztem Sachwalter antiken Denkens zu strukturieren und zwar dergestalt, daß der erwünschte Zustand politischer Integration „ausschließlich durch einen integrierenden Sachgehalt" erreicht werden soll (Smend 1928b: 174f.). Während Schmitt den Staat aus einer einzigen und einheitlichen Idee heraus errichten will, aus einer zwingenden Wertentscheidung über den Primat eines bestimmten Wertes, woraus der Unwert anderer Werte folgt, sieht Smend die tatsächliche Integration innerhalb einer modernen politischen Ordnung mannigfaltig vonstatten gehen. Zwar geht Smend wie Schmitt von der Grundidee des Staates als einer politischen Einheit aus (Llanque 1995). Smend setzt diese Einheit jedoch anders als Schmitt nicht unabhängig vom politischen Prozeß als bereits existent voraus. Einheit ist bei Smend nicht statisch gemeint: „Diese Einheit selbst ist aber nichts Festes, Statisches, das hier nur gewissermaßen anschaulich gemacht, gezeigt, ins Gedächtnis gerufen würde, sondern sie lebt als geistige Wirklichkeit nur im fortdauernden Flusse geistigen Lebens, und alle ‚Repräsentationen', ‚Verkörperungen', Symbole der bezeichneten Art sind festgewordene Anregungen und Formen für dies sich immerfort erneuernde Erlebnis" (Smend 1928b: 145). Das kann auch zu einem anderen affektualen Verhältnis der Bürgerschaft zu ihrer Verfassung führen. So sind die amerikanische Unionsverfassung oder die schweizerische Bundesverfassung nicht einfach nur Urkunden und Normenkorpora, sie haben neben ihrer rechtswissenschaftlichen Thematisierung auch den Rang von „Volksbüchern" und Katechismen und nehmen in dem Gefühlshaushalt der Bürger dort einen Stellenwert ein, der mit dem des Neuen Testaments, des Pentateuchs oder der Digesten vergleichbar ist (Smend 1916: 39). Die Paulskirchenverfassung von 1849 hätte vielleicht eine solche Volkstümlichkeit erringen können, die Reichsverfassung von 1871 hingegen blieb nach Smends Einschätzung den Bürgern unvertraut und fremd. In einer Einleitung zu einer Textausgabe der Weimarer Reichsverfassung bezeichnete Smend als deren wesentlichen Auftrag, einen „Aufruf zur Einigung in äußerer Not und innerer Zwietracht" zu erteilen, und er sah den Sinn des Verfassungslebens darin, „in der Ausführung der Verfassung die aufgegebene politische Einswerdung des Volksganzen immer von neuem zu verwirklichen" (Smend 1929: Vff.). In diesem Sinne wendet sich Smend auch gegen Schmitts wie Otto Kirchheimers Erwartung, die Verfassung müßte eine Entscheidung über wesentliche Grundlagen der Sozialordnung treffen, um sodann nur aus dem Mangel einer solchen einheitlichen Entscheidung ihre Geringschätzung der Weimarer Verfassung zu begründen. Dagegen meint

Smend: „Es ist aber nicht der Sinn einer Verfassung, ‚Entscheidung'
im Sinne irgendeines sachlich folgerichtigen politischen Denksy-
stems zu sein, sondern lebendige Menschen zu einem politischen
Gemeinwesen zusammenzuschließen" (Smend 1932: 320).

2.2. Staat und Individuum

Kollektive Gebilde wie der Staat sind für Smend nur verständlich
als Einheitsgefüge der Sinnerlebnisse von Individuen (Smend
1928b: 126). Trotz scharfer Kritik, Smend würde mit dieser Definition den Staat auf psychische Erlebnisakte reduzieren (Kaufmann
1960: XXXff.), behielt er diesen Ansatz bis zum Ende bei, weil er
den Staat weder auf einem fiktiven Gesellschaftsvertrag begründet
sieht noch auf einer Dezision, sondern als „Prozeß beständiger Erneuerung, dauernden Neuerlebtwerdens" erklären will (Smend 1953:
475). Smend versucht mit einer solchen Perspektive die Analyse politischer und staatlicher Institutionen nicht auf ihre technische Seite
zu reduzieren, sondern die Wirkung und damit die Wirklichkeit des
Sinnerlebens von Menschen mit einzubeziehen. Die Thematisierung
des Erlebnisses will die Beziehung der Individuen zum Staat klären
helfen. Auch wenn in der Staatslehre von Interessen, deren Repräsentation oder von der kollektiven Identität die Rede ist, wird eine
Beziehung zwischen dem politischen Gebilde und dem Individuum
unterstellt, deren Regelmäßigkeit in der Weimarer Zeit fast ausschließlich als Aspekt der Massenpsychologie behandelt wurde. In
Abhebung von deren Hintergrundannahme, wonach der moderne
Mensch als Teil der Masse nicht mehr auf der Grundlage des liberalen Menschenbildes als selbständige Persönlichkeit begriffen
werden kann, wurden insbesondere politische Verhaltensweisen in
der Gruppe, auf der Straße, dann aber auch übertragen auf Partei-
versammlungen zu nur massenpsychologisch erforschbaren Phänomene erklärt. Smend hebt sich von dieser im Ergebnis stets ab-
schätzigen Beurteilung des Urteilsvermögens der Wahlbevölke-
rung ab und erklärt schlichtweg jede Wechselwirkung von Individuum und Kollektivgebilde als Ergebnis des Erlebnisses. Erlebnis
meint nicht den schlichten Sinne des passiven Einwirkenlassens
von Emotionen, sondern schließt die Forderung ein, trotz der immer voraussetzungsreichen Notwendigkeit „der Person des bewuß-

ten, aktiven Staatsbürgers" ihm durch „Techniken der Verstehenser-
möglichung" die „Möglichkeit des aktiven Miterlebens" zu schaffen
(Smend 1928b: 133).

Smends Theorie des politischen Erlebens (vgl. auch Smend
1943) im Kontext der allgemeinen Integrationsaufgabe aller staatsrechtlichen Einrichtungen wirft einen neuartigen Blick auf das
Funktionieren politischer Institutionen. Die funktionelle Integration
und damit der Kern der staatlichen Organisation kann durch politische Institutionen alleine nicht gelingen (Smend 1928b: 155). Das
Gelingen hängt davon ab, daß erstens der politische Prozeß der
Willensbildung und Entscheidungsfindung, daß also der politische
Kampf nicht zu einer Infragestellung der Wertgemeinschaft führt,
um deren Auslegung gerungen wird, und zweitens von der inneren
Beteiligung der Bevölkerung an dem funktionalen Integrationsvor-
gang (Smend 1928b: 155f.). Nach dem Wegfall der persönlichen
Integrationswirkung des Monarchen war Smend besorgt, inwiefern
das gewählte Staatsoberhaupt diese Leistung ersetzen konnte und
ob auf der anderen Seite die Rufe nach politischer Führung nicht
auch desintegrative Folgen zeitigen konnten. Daher erwog Smend,
ob an die Stelle des Königs und Kaisers in der Monarchie nicht die
Grundrechte in der Demokratie treten konnten (Smend 1928a:
107). Aus dieser Überlegung heraus erfolgte eine im Kontext der
Weimarer Staatsrechtslehre erhebliche Aufwertung des 2. Haupt-
teils der Verfassung mit seinem Katalog an „Grundrechten und
Grundpflichten". Die Grundrechte müssen Smend zufolge nicht nur
gemäß ihrer klassischen individualrechtlichen Schutzfunktion, sondern immer auch in Hinblick auf die Verwirklichung des politischen Gemeinwesens im ganzen interpretiert werden, wonach sie
die Bevölkerung zu einer politischen Ordnung zusammenschließen
sollen. Die Voraussetzung des liberalen Grundrechtsverständnis-
ses, wonach das Individuum dem Staat vorausgeht, erachtet Smend
für genauso falsch und einseitig wie die umgekehrte Vorstellung,
der Staat ginge dem Individuum voraus und gewähre ihm Rechte.
Die Annahme einer liberalen Persönlichkeit als kleinste Einheit
von untereinander gleichen Einheiten des Staates, von der die
Rechtsordnung ausgehen soll, entspricht nicht der sozialen Wirklichkeit und auch nicht dem normativen Textbefund des II. Haupt-
teils der Verfassung selbst. Dort werden die Rechte und Pflichten
der Bürger statuiert im Kontext des sozial integrierten Menschen,

weshalb neben den klassischen Individualrechten auch zahlreiche Berufsrechte Eingang gefunden haben. Es handelt es sich also nicht nur um formale liberale Freiheitsrechte, sondern um konkrete Berufsrechte, die den Bürger in die Lage versetzen sollen, auch tatsächlich „freier, aktiver, demokratischer Staatsbürger zu sein" (Smend 1932: 319). Das mindert nach Smends Aussage nicht die Bedeutung der individuellen Schutzrechte. „denn da ist keine wahre politische Freiheit, wo ihre Grundlage, die soziale, wirtschaftliche, persönliche Sphäre des Staatsbürgers, nicht unantastbar ist. Aber über diesen mehr negativen Zusammenhang hinaus" (Smend 1932: 317) stellt sie sie gerade in den Kontext ihrer politischen Leistung. Smend möchte den positiven Zusammenhang der Grundrechte als Bindeglied der Staatsbürger mit der politischen Ordnung herausstellen. In diesem Sinne sollen Grundrechte sogar als „Verstärkungen des Staates und der Staatsgewalt" dienen, weil die Akte des Staates, die im Namen dieser Rechte vollzogen werden, um so wirksamer sind (Smend 1928a: 93). Damit soll die Wechselwirkung von Grundrechten und verfassungsrechtlicher Ordnung nicht nur einseitig aus der Schutzsphäre der Grundrechte gedeutet werden. Die Grundrechte wollen nach Smend keine unverrückbare Entscheidung über konkrete Fragen von Eigentum und Freiheit fällen, die dem politischen Prozeß entzogen werden. So wendet sich Smend auch gegen Carl Schmitts Theorie vom Institutscharakter der Grundrechte, die dem gesetzgeberischen Zugriff einen Riegel vorschieben wollte (politisch relevant insbesondere im Zusammenhang der Fürstenenteignung).

Die Grundrechte sollen also nach Smend in der Demokratie wesentlich eine integrative Funktion erfüllen, insofern sie die Grundlage einer Wertegemeinschaft darstellen, die den in der Monarchie so erfolgreichen persönlichen Integrationsfaktor ersetzt. Ist sie gewährleistet, muß der politische Kampf um ihre Auslegung im einzelnen nicht desintegrierend wirken, sondern kann seinerseits insofern zu den Integrationsfaktoren gezählt werden, als in der durchaus konfliktreich verstandenen politischen Auseinandersetzung der „Lebensprozeß" des Staates selber anschaulich und erlebbar wird für die Bevölkerung. Der parteipolitische Kampf als solcher widerspricht keineswegs der Integrationsforderung. Da die Einheit als fortdauerndes Geschehen konzipiert ist (Smend 1928b: 145) und nicht als statisches Gebilde, kann auch der Kampf um ihren Inhalt integrative

Wirkung entfalten. „Das Erlebnis beim Austragen innerpolitischer Kämpfe ist bei gesunden politischen Verhältnissen das einer wohltuenden Entladung von Spannungen, einer Katharsis, ähnlich wie beim Ausgang eines Spieles. Der tiefere Grund dieser wohltuenden, kathartischen Wirkung ist unabhängig von der Genugtuung über ein sachlich richtiges Ergebnis und von der Befriedigung über die Herstellung und Bewährung der formalen Einheit: der Austrag ist ein wesentlicher integrierender Lebensakt der Gemeinschaft" (Smend 1928b: 151). Alle Reduzierung der Politik auf die bürokratische Technik einer reinen Sachentscheidung führt demgegenüber zu einer Entfremdung von Bevölkerung und Regierung. Um die integrative Wirkung des politischen Kampfes zu erklären, zieht Smend Georg Simmels Theorie von der sozialisierenden Funktion des Konfliktes heran. Hier wie überall ist die Voraussetzung für die erfolgreiche Integration aber, daß der Kampf nicht die Wertgemeinschaft selber in Frage stellt (Smend 1928b: 155).

Für eine erfolgreiche politische Integration ist also neben der Wertgemeinschaft auch die innere Beteiligung der Bevölkerung Voraussetzung. Verlieren politische Institutionen die Fähigkeit, die Bevölkerung durch ihre Anteilnahme an ihrem Prozeß zu integrieren, so verlieren die Institutionen ihre integrierende Wirkung, damit aber auch ihre Legitimität, ganz gleich ob sie technisch funktionieren oder nicht. Das ist für Smend der Angelpunkt seiner Kritik am Weimarer Parlamentarismus.

2.3. Integrativer und desintegrativer Parlamentarismus

Smend teilt die in der Weimarer Diskussion seit der zweiten Hälfte der 20er Jahre zunehmende Besorgnis, der Reichstag zähle zu den Schwachposten der politischen Ordnung Weimars. Smend glaubt aber anders als etwa Schmitt nicht, daß der Parlamentarismus tot ist, weil die Idee des Parlamentarismus überlebt sei, sondern weil das Parlament seiner Integrationsaufgabe nicht nachkommt und vielleicht auch nicht mehr nachkommen kann. Nach Schmitt beruhte die Funktionsfähigkeit des Parlaments auf der Idee des Parlamentes, der Öffentlichkeit der Verhandlung und der Rationalität der Argumentation. Die gegenwärtige Gestalt des Parlamentarismus zeige aber, daß diese Idee nicht mehr existent ist. Das Parlament tagt nur zum Schein öffentlich, die wirklichen Entscheidungen fallen in Geheimberatungen von verfassungsrechtlich nicht vorgesehenen Ausschüssen und die parlamentarische Rede dient auch nicht mehr der Argumentation, sondern der Propaganda. Auf diese Weise kann im Parlament keine politische Einheitsbildung erfolgen. Gegen Schmitt hatte Richard Thoma auf die weiterhin schöpferische Fähigkeit des Parlaments hingewiesen, auch wenn sich diese nicht mehr im Plenarsaal erweise, so aber in der Diskussion des Fraktionszimmers, des Kabinetts und der sachverständigen Erörterung mit Gutachtern (Thoma 1925: 214). Smend nahm Thomas Schmittkritik auf und gab zu, daß diese ergänzenden Formen parlamentarischer Willensbildung erfolgreich sein könnten. Damit alleine ist aber die Integrationsaufgabe des Parlaments noch keineswegs erbracht. Öffentlichkeit ist für Smend kein primär institutionelles Mittel der Willensbildung oder ein Instrument der Kontrolle der Exekutive. Öffentlichkeit macht integrationstheoretisch hauptsächlich Sinn durch die im Medium der Öffentlichkeit geschaffene Möglichkeit der Teilnahme des Bürgers an staatlichen Vorgängen (Smend 1928b: 201). Der Ersatz der Öffentlichkeit des Plenums durch die geheimen Beratungen im Fraktionszimmer kann daher im Sinne Thomas die Geschäftsfähigkeit des Parlaments vielleicht retten, aber nicht die mit dem Verlust der Öffentlichkeit verloren gegangene integrierende Wirkung parlamentarischer Diskussion ersetzen (Smend 1928b: 153). Dahinter steht aber kein Ressentiment gegen den Parlamentarismus. Gegen Schmitt beharrt Smend auf der weiterhin möglichen Integrationsfunktion des Parlaments (vgl. Mehring 1994: 30f.). Er weist sogar Schmitts und Erich Kaufmanns Bedenken zur Verfassungsmäßigkeit besonderer Reichstagsausschüsse zurück. Am Falle des berühmten Ausschusses zur Untersuchung der Kriegsschuldfrage demonstriert er deren möglichen Sinn und Chance: „Politische Einigung durch evidente Klärung politischer Fragen, die einen wesentlich die Einigkeit hindernden Keil im deutschen politischen Körper darstellen, liegen in der Linie der allgemeinen Integrationsaufgabe der Verfassung überhaupt" (Smend 1928b: 245). Da Smend eine Staatsformenlehre vertritt, nach welcher sich die verschiedenen Formen an der jeweiligen Integrationsweise bemessen, billigt er dem Parlamentarismus sogar zu, eine Staatsform sui generis zu sein, und zwar als Beispiel der dynamischen Integration, während sich Monarchie und Demokratie insofern ähneln, als sie eine Integration eher der statischen Weise bevorzugen. Die dynamisch-dialektische Integration meint den Vorgang der Auseinandersetzung von Gegensätzen, aus welchen die Resultante der allgemeinen staatlichen Richtung erwächst und in welcher die maßgebliche Richtung immer wieder neu erschlossen werden muß (Smend 1923: 85). In diesem Sinne ist der Parlamentarismus nicht abhängig von einer bestimmten Ideologie wie Schmitt meint. „Hier kann die Ideologie zerfallen und die Integration bleiben" (Smend 1928b: 153) wie etwa in Frankreich oder England. Für die politische Synthese entscheidend ist in erster Linie nicht die Beschlußfähigkeit, sondern ob im Zuge des parlamentarischen Prozesses in Gruppenbildungen und Zusammenschlüssen in der Bevölkerung die für das Gelingen des Staates erforderliche „politische Gesamthaltung herbeigeführt" wird. Das Volk wird nach Smend erst im Zuge des politischen Verfahrens der Wahl und des Wechselverhältnisses von parlamentarischer Tätigkeit und Wählerschaft konstituiert, es wird im Verfahren selbst erst „existent" und ist nicht vorher schon vorhanden (Smend 1928b: 155). Damit können für Smend auch die politischen Parteien einen sinnvollen Beitrag zur Integration leisten. Die Frage ist nur, ob sich ein Volk überhaupt auf eine bestimmte Weise integrieren läßt. Das hängt vom tragenden Kultursystem der Aktivbürgerschaft ab. Ist sie identisch mit dem Publikum, das das Beratungsgeschehen des Parlaments mit innerer Anteilnahme verfolgt, so ist das Parlament weiterhin integrierend wirksam. Insofern ist das Parlament die „typische Staatsform der bürgerlich-liberalen Kultur des 19. Jahrhunderts" (Smend 1923: 85) und das hat etwa in England weiterhin Geltung. Ob es in Deutschland, das Smend zufolge mittlerweile demokratischer strukturiert ist als England oder selbst Frankreich, diese Rolle spielen kann, hält Smend für fraglich. Ein erhebliches Hindernis stellt schon das deutsche Wahlrecht dar. Die Möglichkeit einer integrierenden Wirkung des Parlaments hängt nämlich auch mit dem Wahlakt selber zusammen und gerade hier hat im Vergleich mit England die Einführung des Verhältniswahlrechts in Deutschland Smends Auffassung nach verheerende Folgen gezeitigt.

Die Weimarer Republik wandelte das demokratische Mehrheitswahlrecht zum Reichstag des Kaiserreichs in das Verhältniswahlrecht um. Zahlreiche Stimme warnten vor diesem Vorgang, darunter am eindringlichsten Friedrich Naumann noch kurz vor seinem Tode. Aber abgesehen von der Tatsache, daß die Sozialdemokratie unmöglich ihr generationenlanges Versprechen der Einführung des Verhältniswahlrechts brechen konnte, sprachen augenscheinlich auch die Gerechtigkeitsgründe des gleichen Stimmengewichts aller Wahlbürger hierfür. Für Smend ist das die Erfüllung des arithmetischen Traumes mathematisch genauer Repräsentation, wie es Mirabeau zu Beginn der Französischen Revolution gefordert hatte. Nur setzt dieser Traum die Präexistenz der Nation voraus. Smend befürchtet, daß mit dem Verhältniswahlrecht die Integrationswirkung des Wahlaktes verloren geht. Die Rationalität und Gerechtigkeit des Verhältniswahlrechts mindert nämlich das „dialektische" Wechselverhältnis von Wählern und Gewählten wie es im Mehrheitswahlkreis vorhanden sein kann. Die unmittelbare Erlebbarkeit der Wirkung der eigenen Stimme, die Beziehung zum Wahlkreisabgeordneten, insgesamt das „politische Erlebnis" des Wählens (Smend 1923: 65) verflüchtigt sich, wenn der Wähler zu einer atomistischen Zählnummer im riesigen Rechenwerk von Reichslisten wird.

2.4. Die Ambivalenz der Demokratie

Mit der Verschärfung der Staatskrise Weimars betont Smend zunehmend die Bedeutung des aktiven Bürgerbegriffs. Der Appell an das deutsche Bürgertum, sein vorherrschendes Selbstverständnis als entpolitisierte Bourgeoisie zugunsten eines aktiven Staatsbürgertums zu verändern (Smend 1933), steht im Zusammenhang seines bereits vorher entwickelten Demokratiebegriffs. Die Demokratie muß „von einer möglichst ausgedehnten Aktivbürgerschaft getragen und als eigener Besitz erlebt und fortgebildet werden" (Smend 1928b: 222). Das klingt, als sei die allgemeine Integrationstheorie zugleich als politische Theorie der Demokratie schlechthin konzipiert und tatsächlich hat Smend später seine Verfassungslehre als Ausformulierung eines immanentistischen Demokratieverständnisses bezeichnet (Smend 1987: 1358). Gleichwohl hatte Smend in Weimar noch ein ambivalentes Verhältnis zur Demokratie. Die protestantische Ausrichtung Smends (Tanner 1989: 124-134) erklärt, warum Smend in der Weimarer Zeit die Demokratie zurückhaltend einschätzte. Nicht nur machte er sie verantwortlich für die neuartigen, von den Faschisten so erfolgreich geübten Methoden der Integration. Smend sah in der Demokratie auch gewisse Neigungen zum Religions- und Kirchenersatz (Smend 1932: 305). Schon nach dem Ersten Weltkrieg war Smend in der synodalen Organisation der Kirche tätig und gehörte nach 1945 zum EKD und zu den bedeutenden Kirchenrechtlern. In der Religion erblickte Smend eine der großen ethischen Wertschöpferinnen, an der Demokratie in Weimar befürchtete er ihre gleichsam religionsersetzende Wirkung und damit ihre Konkurrenz zum Protestantismus. Am Ende der Weimarer Republik hat Smend sich immerhin darum bemüht, die atheistisch vermutete Demokratie mit den Konfessionen ins Gespräch zu bringen, um die Republik zu stabilisieren (Smend 1932). Die Vorbehalte gegenüber der Demokratie fielen wohl erst nach 1945 endgültig weg.

Zudem erschienen Smend die mit der Demokratie aufgegebenen Probleme größer als die damit verbundenen Chancen. Am deutlichsten wird dies daran, daß Smend die Demokratie nicht auf der Folie der Volkssouveränität und der von ihr vermittelten Legitimität diskutiert. In der Doktrin der Volkssouveränität sieht Smend letztlich nur eine Idee, die mit der Bezwingung der Monarchie ihre polemische Funktion eingebüßt hat, inhaltlich aber wenig aussagekräftig ist, wenn man nicht einen substantiellen Begriff von Volk hat. Das lehnt Smend aber genauso als unhaltbare Voraussetzung ab wie die Staatstranszendenz. Zwar bedarf auch die immanentistisch verstandene Demokratie eines relativ dauerhaften Wertbestandes (Smend 1923: 87), der in der modernen Demokratie hauptsächlich in Gestalt der Nationaldemokratie gefunden wird. Insofern kann die Demokratie nicht nur relativistisch konzipiert werden, sondern bedarf einer gewissen Homogenität. Homogenität ist hier aber nicht im Sinne Schmitts gemeint, wonach aus der Notwendigkeit der Homogenität die Ausscheidung der heteronomen Elemente folgt. Für Smend sind Kompromisse und Minderheitenrechte mit der Demokratie ohne weiteres vereinbar (Smend 1923: 92). Die Konzeption in den Grundrechten einen sachlichen Ersatz für die in der Monarchie personal erfolgte Integration zu sehen, markiert auch den Versuch, Angaben zu machen, wo die Demokratie eine verfassungsrechtlich relevante normative Grundlage findet, sofern man die Grundrechte nicht nur liberal-individualistisch versteht.

Zugleich sorgt sich Smend, ob die maßgebliche Integrationsweise der Demokratie nicht vollständig abweicht von anderen, insbesondere funktionalen Integrationsformen. Die demokratische Integration findet nämlich nach Smends Aussage wesentlich plebiszitär und symbolisch statt (Smend 1928b: 157). Die Flagge, das Staatsgebiet, das Prinzip der Staatsform, die Landeshymne, die Präambel der Verfassung sind für Smend solche Symbole genauso wie die Norm, die die Verantwortlichkeit des Abgeordneten gegenüber dem ganzen Volk festschreibt. Es handelt sich um eine stärker „sinnliche" als sinnstiftende Integrationsform. Generell weist die Integrationstheorie den Symbolen einen bedeutenden Stellenwert zu, da sie den Integrationsauftrag im Ganzen darstellen. Eine besondere Bedeutung gewinnen Symbole aber in der Demokratie aufgrund ihres stärkeren Bedürfnisses nach sinnlicher Präsenz. Das steigert auch das Bedürfnis nach plebiszitärer Beteiligung. Sie ist Smend zufolge kein Ausdruck eines gestiegenen Willens zur größeren rationalen Entscheidung, die sie auch sachlich gar nicht erzielen könnte. Plebiszitäre Partizipation ist vielmehr geboten, weil das eine für die Demokratie typische Integrationsform ist. Sie birgt jedoch erhebliche Gefahren, da sie aus der Sicht Smends im Jahre 1928 vornehmlich von faschistischer Seite erkannt und als politische Strategie verfolgt wurde, und zwar nach dem Vorbild Georges Sorels. „Nur in der direkten Aktion ist nach Sorel auch der Einzelne unmittelbar beteiligt und politisch lebendig – auf die unmittelbare Integration durch Korporativismus, Militarismus, Mythus und ungezählte andere Techniken ist der Faschismus gestellt" (Smend 1928b: 157). Smend kann auf der Grundlage seiner eigenen Theorie von der erforderlichen inneren Beteiligung des Menschen an der Politik, der Notwendigkeit der Erlebbarkeit des politischen Lebens diese Techniken des Faschismus nicht grundsätzlich verurteilen, sondern zieht sie als erfolgreiche Beispiele moderner Integration mit großem Interesse heran, zumal Integrationsformen bürgerlicher Provenienz gegenüber den spezifischen Erfordernissen der Demokratie bislang sprachlos geblieben sind. Der Faschismus bezieht seinen Erfolg aus „der paradoxen Einsicht, daß nur eine verhältnismäßig kleine Staatsbürgerschaft in vermittelter Beziehung zum Staat leben kann, dagegen die Massenbürgerschaft heutiger Demokratien (...) von den zarteren und ein wenig literarischen Lebensformen des bourgeoisen Repräsentativsystems nicht recht erfaßt wird", wo die neuere Zeit doch vielmehr „der elementareren, plebiszitären, syndikalistischen, sinnlichen, jedenfalls aber unmittelbareren politischen Lebensformen (...) bedarf" (Smend 1928b: 57). Solche Äußerungen haben Smend wiederholt dem Vorwurf ausgesetzt, auch in seiner eigenen Präferenz dem Faschismus bzw. Nationalsozialismus näher zu stehen. Immerhin scheint seine Grundrechtstheorie das vielleicht letzte Bollwerk vor dem nationalsozialistischen Politikverständnis gleichsam geschleift zu haben, in dem er den Sinn der Grundrechte nicht mehr primär in liberaler Hinsicht in ihrem individuellen Rechtsschutz erblickte, sondern auch hier die integrativen Funktionen hervorhob. Wäre es angebrachter gewesen, unter der als Bedrohung empfundenen Herausforderung des Faschismus nicht stärker die Dignität des Individuums und nicht seine Gemeinschaftsbezogenheit herauszustellen? Smend scheint eher die Lernfähigkeit des seiner Ansicht nach ganz unterentwickelten bürgerlichen Politikverständnisses provozieren zu wollen. „Es gehört zu den starken Seiten des Faschismus, über den man im übrigen urteilen mag, wie man will, daß er diese Notwendigkeit allseitiger Integration mit großer Klarheit gesehen hat, bei aller Ablehnung des Liberalen und Parlamentarischen doch die Technik funktionaler Integration mit Meisterschaft handhabt und die abgelehnte sozialistische Sachintegration durch eine andere (nationaler Mythus, Berufsstaat usw.) ersetzt" (Smend 1928b: 175). Bedeutet das Interesse am Gegner bereits eine Annäherung, oder setzt die Aufforderung, vom politischen Gegner zu lernen, bereits dessen Anerkennung voraus? Smends ganz offen geäußertes Interesse am Faschismus als Studienobjekt ist freilich kein Einzelfall. Man mußte Ende der zwanziger Jahre schon wie Hermann Heller einige Zeit in Italien an Ort und Stelle forschen, um hinter der Fassade faschistischer Integration die Fülle uneingelöster Versprechen und nur oberflächlicher Lösungen gesellschaftlicher Probleme mit faschistischen Mitteln zu sehen und ein klares Bewußtsein dafür zu entwickeln, daß es sich hier um einen verschleierten Machtapparat handelte. Aber auch Heller warnte das deutsche Publikum vor einer Unterschätzung dieses Phänomens und verlangte Einsicht in das Erfordernis, sich ernstlich zu wappnen. Zur Wappnung des Verfassungsstaates zählte Smend z.B. das Republikschutzgesetz, das es der Weimarer Rechtsordnung ermöglichen sollte, der politischen Extreme besser Herr zu werden. An diesem Beispiel zeigt sich auch, daß die Integrationslehre gerade angesichts ihrer Forderung der Integration in der Lage ist, jede reine Systemopposition zu den verfassungsmäßigen Formen der Integration als verfassungsfeindlich einzustufen. Die Strafbewehrung der Verletzung oder Verachtung verfassungsmäßiger Symbole sieht Smend ganz folgerichtig als wichtiges Mittel hierbei an, wie die Verfassungssymbole ihrerseits das umstrittene Republikschutzgesetz legitimieren. Sinn und Legitimität dieses Verfassungsschutzgesetzes bedurften demnach Smend zufolge keiner ausdrücklichen Spezialnorm des Verfassungsrechtes, sondern konnten dem grundsätzlichen Integrationsauftrag der Verfassung als Ganzes entnommen werden und finden dort ihre rechtliche Verankerung (Smend 1928a: 94).

Mangels genauer biographischer Forschung kann Smends persönliche Einstellung nicht ohne weiteres rekonstruiert werden. Aber sein erwähnter Austritt aus der DNVP, als diese in Hugenbergs Hand sich in eine massenbewegte Systemoppositionspartei wandelte und sein Eintreten für Brüning sind doch klare Belege dafür, daß er trotz seines wissenschaftlichen Interesses die politische Alternative des Nationalsozialismus zum Weimarer System keineswegs goutierte.

3. Die Kritik an Smends politischer Theorie der Integration

3.1. Smend in der Kritik seiner Zeitgenossen

Smend wandelt freilich auf einem schmalen Grat zwischen rationalistischer Verengung von Normen und ihrer irrationalistischen Mystifizierung, der zahlreiche Mißverständnisse und voreilige Zuordnungen provozierte. Smend selber ist sich dessen auch bewußt, führt dies aber letztlich auf die Natur des Gegenstandes zurück, welcher man nicht mit einer Vereinseitigung der Methode begegnen darf. „Rationalistische Wissenschaft sieht nur das Bewußte und das naturalistischem Denken Zugängliche, und das Irrationalistische ist hier im Agnostizismus der organischen Theorie steckengeblieben" (Smend 1928b: 141). Das Smend umtreibende Problembewußtsein geht von der Annahme der politischen und sozialen Blindheit der normativistisch verengten Rechtswissenschaft aus. Erst aus diesem Problembewußtsein wird Smends methodische Umorientierung verständlich. Die rechtswissenschaftliche Literatur hat sich zu sehr auf die vermeintlich entscheidenden methodischen Einflüsse konzentriert. Diese Fragestellung war um so plausibler, als Smend seinerseits im Kontext der Weimarer Methodendiskussion bzw. des sog. Richtungsstreites stand (Manfred Friedrich 1972, Wendenburg 1984, Rennert 1987). Es war aber umgekehrt das Problembewußtsein Smends, das ihn Anleihen bei anderen Autoren suchen ließ. Zu diesen Autoren zählte Theodor Litt, auf dessen Einfluß die Literatur Smends Semantik von Geist und Leben zurückführt, die die rechtswissenschaftliche Denkungsart irritieren muß. So hätte die Rede von der „Wertgesetzlichkeit des Geistes" (Smend 1928b: 139, 141, 151, 162 u.ö.), die Smend der hermeneutisch orientierten Sozialpsychologie entnahm (Spranger 1925: 413), weniger in die Irre geführt, wenn man berücksichtigt hätte, daß Smend ursprünglich von einer „soziologisch begründeten Verfassungstheorie" als Ersatz der dogmatisch-rechtsbegrifflichen Lehre sprach (Smend 1919: 67), weshalb man auch davon sprechen kann, daß Smend die Soziologie in die Rechtswissenschaft zurückführen wollte (Manfred Friedrich 1997: 357).

Diese zunächst diffus anmutende methodische Orientierung provozierte vor allen Dingen die stärker der Tradition verpflichtete Literatur. Sie warf Smend vor, zu einer „Heiligung der restlosen Politisierung des Staatslebens" zu führen (Tartarin-Tarnheyden 1928: 17f.). Hans Kelsen sah in dem gesamten Unternehmen eine einzige Invektive auf Liberalismus und Rationalismus, seine Polemik gegen Smend gehört zu den erbittertsten in seinem Werk (Kelsen 1930). Allerdings konnten die Juristen darauf verweisen, daß Smend die Justiz und Rechtsprechung nicht zu den Integrationsfaktoren zählte, sie sogar geradezu davon ausschloß (Smend 1928b: 208f.). Hier hatte Hermann Heller gewiß recht, wenn er Smend Inkonsequenz und Widerspruch zu den Maßstäben seiner eigenen Theorie vorhielt. Denn das moderne positive Recht kann gerade als charakteristischer Inhalt der mitteleuropäischen Kultur angesehen werden, und zwar sowohl als technische wie als sittliche Möglichkeit der Lösung von Konflikten, so daß auch der Formenstrenge des Rechtspositivismus eine zumindest potentiell integrierende Leistung zugesprochen werden muß (Heller 1934: 194). Hellers eigene Lösung, die Unterscheidung von Rechtssätzen und Rechtsgrundsät-

zen, auf die sich Smend zustimmend bezog, warf dem Rechtspositivismus vor, genau diese kulturelle Herkunft der Formstrenge als
eine bewußte sittliche Einstellung und nicht mur als logisches
Formprinzip vergessen und damit entkräftet zu haben. Gegenüber
Smend beharrte Heller auf der relativen Selbständigkeit der politischen Ordnung als Organisaticn. Für Heller beginnt die Politik erst
dort, wo sie bei Smend bereits endet (Heller 1934: 89), nämlich
nicht schon bei Sinnstiftung und Sinnerlebnis, sondern bei der or-
ganschaftlichen Tätigkeit des politischen Verbandes. Politik ist insofern die Organisation von Willensgegensätzen auf Grund einer Wil-
lensgemeinschaft (Heller 1934: 165f.). Der Staat ist nicht nur geistig zu aktualisieren, sondern vor allen Dingen als eine Willensge-
meinschaft zu verstehen, die um der Verwirklichung von Werten
auch dem Einzelnen als relativ selbständige Organisation gegen-
übertreten kann. Entscheidend ist für Heller die Binnenorganisati-
on, also der Einfluß der Bürgerschaft auf die politischen Institutionen, das Verständnis der Repräsentation, sei es magistratisch (was
Heller bevorzugt) oder obrigkeitlich.

Die Differenz zu Smend kann jedoch nicht die zahlreichen Berührungspunkte leugnen. Wie Smend besteht auch Heller auf der
Erfordernis der Ergänzung der Staatslehre um eine politische Theorie, die sich mit der wechselseitigen Prägung und Beeinflussung
von Individuen und Institutionen beschäftigt. Ebenso wie Smend
spricht Heller hier von einem dialektischen Verhältnis. Auch Heller erkennt im Staat eine geistig-kulturelle Wirklichkeit, die sich in
Vergegenwärtigung und Handlungsvollzug ihrer Mitglieder aktualisiert. Smend stellte seine Theorie vom Erlebnis des Staates in die
Nähe von Ernest Renans Theorie vom alltäglichen Plebiszit als
Grundlage der Nation (Smend 1928b: 136). Auch Heller bezieht
sich hierauf, hebt aber die Differenz von Nation und Staat hervor.
Während die Nation durchaus auch eine Erlebnisgemeinschaft sein
kann, die ein gemeinsames Schicksal affektiv teilt, muß der Staat
immer auch als Organisation und damit auch aus der Struktur seiner Institutionen und nicht nur den Vorstellungen von ihnen in den
Individuen erklärt werden. Heller besteht ferner auf der Ergänzung
der kulturellen Einflüsse um die gesellschaftlichen, insbesondere
sozio-ökonomischen Umstände, in welchen sie erfolgen und zu
ganz bestimmten Strukturierungen der Bevölkerung führen. Ob
man Heller eher kommunitaristisch (Kersting 1998) oder republi-

kanisch (Llanque 2000b) einschätzt, jedenfalls ist er derjenige, der weitaus energischer als Smend das politische Grundproblem zu thematisieren versuchte.

3.2. Die gegenwärtige Kritik an der Integrationslehre

Auch die bundesrepublikanische Rezeption ist zunächst beherrscht von der Methodenproblematik. Das gilt insbesondere für die Grundrechtsinterpretation. Semantik und Begrifflichkeit der ersten Generation von Bundesverfassungsrichtern ist stark von der Integrationslehre geprägt (Badura 1977: 305f.). Im Bereich der Grundrechtstheorie war sie anfangs sogar herrschend (Hennis 1999: 356), bot sie doch das theoretische Fundament für die Entwicklung der Theorie von der Werteordnung des Grundgesetzes. Hier stieß die Smend-Schule auf den erbitterten Widerstand der an Carl Schmitt orientierten Verfassungsauslegung (Günther 2004: 159-181). Ob Smend aber einem straffen Wertesystem das Wort redete, das auch noch ausgerechnet der Rechtsprechung zur Inhaltsfestlegung überlassen bleiben sollte, ist bestritten worden (Hennis 1999: 362ff.). In diese Richtung jedenfalls war Carl Schmitts Klage von der „Tyrannei der Werte" gerichtete. Am heftigsten hat jedoch Böckenförde die Grundrechtsauslegung Smends angegriffen. Mit der Ergänzung der „herkömmlichen juristischen Methoden" um die Böckenförde ganz unklar erscheinenden geisteswissenschaftlichen Bezüge soll Smend bewußt dem „Einströmen zeitgebundener und gegebenenfalls rasch wechselnder Wertauffassungen und Werturteilen in die Grundrechtsinterpretation" die Tür geöffnet haben (Böckenförde 1991: 131). Das aber laufe „leicht auf einen neuen Positivismus, nämlich den der Tageswertung, hinaus". Warum die Öffnung der Interpretation für Auffassungen der Geisteswissenschaften gleichsam zur Herrschaft der Meinung auf der Straße führen muß, bleibt allerdings seinerseits ungeklärt.

Ähnlich einflußreich ist Smend im Bereich der Föderalismus-Theorie, insbesondere bezüglich des Prinzips der Bundestreue (Korioth 1990: 248-279). Für Korioth stellt das Föderalismus-Problem sogar den eigentlichen Ausgangspunkt der Integrationslehre Smends dar (Korioth 1990: 18ff, 152ff.). In Auseinandersetzung mit der Smendschen Betrachtungsweise konnte Konrad Hesse die Theorie des unitarischen Bundesstaates entwickeln (Hesse 1962: 6ff.). Nicht umsonst ist Smends Theorie für die Problematik der europäischen Integration neu rezipiert worden. Die europäische Integration hätte die Stunde der Integrationstheorie sein können (Mehring 1994: 19ff.) Die Theorie des Föderalismus und die Frage eines europäischen Verfassungsstaates könnten mit Hilfe Smends aus der Enge der institutionenanalytischen oder der europarechtlichen Betrachtungsweise herausgeführt werden. Tatsächlich gibt es auch Versuche der Heranziehung der Weimarer Grundlagendebatte für die Lösung der fundamentalen Probleme der europäischen Integration (Rupp 1995, Schilling 1996, Hurrelmann 2005) und es hat auch bereits eine scharfe Zurückweisung der Adaption Weimarer Diskussionen für gegenwärtige Problemkonstellationen gegeben wegen der angeblich irrationalistischen Abgründe dieses vergangenen Diskurses (Pernice 1995).

4. Gegenwärtige Perspektiven für die politische Theorie der Integration

Die ersten politikwissenschaftlichen Rezeptionsbemühungen versuchten, die Integrationstheorie zu einer allgemeinen Politiktheorie zu erweitern (Mols 1969). Das war ein zu ambitioniert angelegtes Unternehmen, das wegen Smends scheinbar organologischer Lebens-Semantik wenig Nachahmer fand, zumal Smend oft in den Kontext der konservativen Reaktion gestellt wurde (Bauer 1968). Zarte Andeutungen in der Pluralismustheorie Ernst Fraenkels, die Integrationstheorie für sich fruchtbar zu machen (Fraenkel 1990: 64), versandeten. Dabei ist in der amerikanische Politikwissenschaft, allerdings unabhängig von Smend, der Symbol-Ansatz für das Verständnis der Kommunikation politischer Normen angewandt worden (vgl. Carl J. Friedrich 1967: 100ff.). Auf die Bedeutung politischer Symbole bei der Entwicklung osteuropäischer Verfassungen nach 1989 hat Peter Häberle mit Blick auf Smend hingewiesen (Häberle 1997: 108). In eine ähnliche Richtung verweist der Vorschlag Reinhard Mehrings, die eigentliche Bedeutung des verfassungsrechtlichen Gebotes der Menschenwürde als Symbol der Integration von Staat, Gesellschaft und Bürgerschaft zu verstehen (Mehring 1994: 35). Die moderne politische Kulturforschung hat freilich anders als Smend nicht ein geistesgesetzliches Verständnis kultureller Normen nachgefragt, sondern Einstellungen und Dispositionen der Bürger ganz einfach beobachtet und gemessen.

Die jüngere Rezeption begreift Smends Integrationstheorie nicht mehr als dogmatisches Lehrgebäude, das entweder im ganzen verworfen oder übernommen werden muß, sondern als letztlich unabgeschlossenes Unternehmen, das Verhältnis von Recht und Ordnung (Anter 2004: 211-220), von Dauer und Wandel zu thematisieren. Smends Integrationsgedanke ist als anregende Fragestellung einflußreich. Weiterführend sind Überlegungen zur Verknüpfung von Smends Fragestellung mit modernen institutionalistischen Modellen (Lhotta 2005b) oder zur Erweiterung des klassischen Verfassungsbegriffs um die von Smend angestrebte umfassende sozialwissenschaftliche Dimension (Brodocz 2005).

Literatur

a. verwendete Literatur

Anter, Andreas (2004): Die Macht der Ordnung. Aspekte einer Grundkategorie des Politischen, Tübingen.

Anter, Andreas (2005): Hermeneutische Staats- und Verfassungslehre: Rudolf Smend, Max Weber und die soziologische Wirklichkeit des Staates. S. 71-90 in: Roland Lhotta 2005a.

Badura, Peter (1959): Die Methoden der neueren allgemeinen Staatslehre, Erlangen.

– (1977): Recht und Verfassungsrecht in der Integrationslehre. Der Staat Bd. 16, S. 305-325.

Bartelsperger, Richard (1964): Die Integrationslehre Rudolf Smends als Grundlage einer Staats- und Rechtstheorie. München.

Bauer, Wolfram (1968): Wertrelativismus und Wertbestimmtheit im Kampf um die Weimarer Demokratie – zur Politologie des Methodenstreits der Staatsrechtslehrer. Berlin.

Böckenförde, Ernst-Wolfgang (1991): Grundrechtstheorie und Grundrechtsinterpretation (1974). S. 115-145 in: ders., Staat, Verfassung, Demokratie. Studien zur Verfassungstheorie und zum Verfassungsrecht. Frankfurt a.M.

Brodocz, André 2005: Neue Integrationslehre. Über Rudolf Smend und die symbolische Dimension der Verfassung. S. 191-211 in: Roland Lhotta (2005a).

Fraenkel, Ernst (1990): Deutschland und die westlichen Demokratien (1964) – mit einem Nachwort über Leben und Werk Ernst Fraenkels, herausgegeben von Alexander von Brünneck. Frankfurt a.M.

Friedrich, Carl Joachim (1967): Prolegomena der Politik. Politische Erfahrung und ihre Theorie. Berlin.

Friedrich, Manfred (1972): Die Grundlagendiskussion in der Weimarer Staatsrechtslehre. Politische Vierteljahresschrift. 13, 582-598.

– (1987): Rudolf Smend 1882-1975. Archiv des öffentlichen Rechts 112, 6-26.

– (1997): Geschichte der deutschen Staatsrechtswissenschaft. Berlin.

Hennis, Wilhelm (1999): Integration durch Verfassung? Rudolf Smend und die Zugänge zum Verfassungsproblem nach 50 Jahren unter dem Grundgesetz. S. 353-380, in: ders., Regieren im modernen Staat. Politikwissenschaftliche Abhandlungen Bd. 1. Tübingen.

Häberle, Peter (1997): Verfassungsentwicklungen in Osteuropa – aus der Sicht der Rechtsphilosophie und der Verfassungslehre. S. 101-148, in: ders., Europäische Rechtskultur. Frankfurt a.M.

Heller, Hermann (1934): Staatslehre. Leiden.

Hesse, Konrad (1962): Der unitarische Bundesstaat. Karlsruhe.

Hurrelmann, Achim (2005): Integration und europäische Verfassung. Zur Eignung der Integrationslehre als Theorie eines supranationalen Konstitutionalismus. S. 163-190, in: Roland Lhotta (2005a).

Kaufmann, Erich (1960): Vorwort zum Band Rechtsidee und Recht. S. IXXff. in: ders., Gesammelte Schriften, Band 3. Göttingen.

Kelsen, Hans (1930): Der Staat als Integration – eine prinzipielle Auseinandersetzung. Wien.

Kersting, Wolfgang (1998): Neuhegelianismus und Weimarer Staatsrechtslehre. Zum kommunitaristischen Etatismus Hermann Hellers. S. 195-218 in: U. Carstens u.a. (Hrsg.), Der Wille zur Demokratie. Berlin.

Korioth, Stefan (1990): Integration und Bundesstaat – ein Beitrag zur Staats- und Verfassungslehre Rudolf Smends. Berlin.

– (1992): Erschütterungen des staatsrechtlichen Positivismus im Kaiserreich – Anmerkungen zu frühen Arbeiten von Carl Schmitt, Rudolf Smend und Erich Kaufmann. Archiv des öffentlichen Rechts 117, 212-238.

Lhotta, Roland, Hg. (2005a): Die Integration des modernen Staates. Zur Aktualität der Integrationslehre von Rudolf Smend, Baden-Baden.

Lhotta, Roland, Hg. (2005b): Rudolf Smends Integrationslehre und die institutionelle Rückgewinnung des Politischen im modernen Staat des permanenten Übergangs. S. 37-68 in Roland Lhotta 2005a.

Llanque, Marcus (1995): Die Theorie politischer Einheitsbildung in Weimar und die Logik von Einheit und Vielheit (Rudolf Smend, Carl Schmitt, Hermann Heller). S. 157-176 in: Andreas Göbel/Dirk van Laak/Ingeborg Villinger (Hrsg.), Metamorphosen des Politischen – Grundfragen politischer Einheitsbildung seit den 20er Jahren. Berlin.

– (2000a): Demokratisches Denken im Krieg. Die deutsche Debatte im Ersten Weltkrieg. Berlin.

– (2000b): Das republikanische politische Denken Hermann Hellers, in: Hans J. Lietzmann/Wilhelm Bleek (Hrsgg.): Moderne Politik. Politikverständnisse im 20. Jahrhundert. Opladen, S. 37-61.

Mehring, Reinhard (1994): Integration durch Verfassung. Zum politischen Verfassungssinn Rudolf Smends. Politisches Denken, Jahrbuch 1994, 19-35.

Mols, Manfred Heinrich (1969): Allgemeine Staatslehre oder politische Theorie? – Interpretationen zu ihrem Verhältnis am Beispiel der Integrationslehre Rudolf Smends. Berlin.

Oertzen, Peter von (1974): Die soziale Funktion des staatsrechtlichen Positivismus – eine wissenssoziologische Studie über die Entstehung des formalistischen Positivismus in der deutschen Staatsrechtswissenschaft. (Diss. phil. Göttingen 1953) hrsgg. und mit einem Nachwort von Dieter Sterzel.

Pernice, Ingolf (1995): Carl Schmitt, Rudolf Smend und die europäische Integration. Archiv des öffentlichen Rechts 120, 100-120.

Rennert, Klaus (1987): Die ‚geisteswissenschaftliche‘ Richtung in der Staatsrechtslehre der Weimarer Republik. Untersuchungen zu Erich Kaufmann, Günther Holstein und Rudolf Smend. Berlin.

Rupp, Hans Heinrich (1995): Europas ‚Verfassung‘ und demokratische Legitimität. Archiv des öffentlichen Rechts 120, 269-275.

Scheuner, Ulrich (1952): Rudolf Smend – Leben und Werk. S. 433-448 in: Rechtsprobleme in Staat und Kirche – FS für Rudolf Smend. Göttingen.

Schilling, Theodor (1996): Die Verfassung Europas. S. 387-417 in: Staatswissenschaft und Staatspraxis Bd. 7.

Smend, Rudolf (1904): Die Preußische Verfassungsurkunde im Vergleich mit der Belgischen. Göttingen.

– (1912): Maßstäbe des parlamentarischen Wahlrechts in der deutschen Staatstheorie des 19. Jahrhunderts. S. 19-38 in: ders. (1994), Staatsrechtliche Abhandlungen und andere Aufsätze. 3., wiederum erw. Aufl. Berlin.

– (1915): Krieg und Kultur, Vortrag vom 18.2.1915 in Tübingen. Gedruckt als Heft 8 der Tübinger Kriegsschriften ‚Durch Kampf zum Frieden‘. Tübingen.

– (1916): Ungeschriebenes Verfassungsrecht im monarchischen Bundesstaat. S. 39-59 in: ders. (1994), Staatsrechtliche Abhandlungen und andere Aufsätze. 3., wiederum erw. Aufl. Berlin.

– (1918): Besprechung von Max Weber „Parlament und Regierung". Schmollers Jahrbuch 42, 369-373.

– (1919): Die Verschiebung der konstitutionellen Ordnung durch die Verhältniswahl. S. 60-67 in: ders. (1994), Staatsrechtliche Abhandlungen und andere Aufsätze. 3., wiederum erw. Aufl. Berlin.

– (1923): Die politische Gewalt im Verfassungsstaat und das Problem der Staatsform. S. 68-88 in: ders. (1994), Staatsrechtliche Abhandlungen und andere Aufsätze. 3., wiederum erw. Aufl. Berlin.

– (1928a): Das Recht der freien Meinungsäußerung. S. 89-118, in: ders. (1994), Staatsrechtliche Abhandlungen und andere Aufsätze. 3., wiederum erw. Aufl. Berlin.

– (1928b): Verfassung und Verfassungsrecht. S. 119-276, in: ders. (1994), Staatsrechtliche Abhandlungen und andere Aufsätze. 3., wiederum erw. Aufl. Berlin.

– (1929): Einleitung in: Die Verfassung des Deutschen Reichs vom 11.8.1919. Berlin.

– (1932): Protestantismus und Demokratie. S. 297-308 in: ders. (1994), Staatsrechtliche Abhandlungen und andere Aufsätze. 3., wiederum erw. Aufl. Berlin.

– (1933): Bürger und Bourgeois im deutschen Staatsrecht, Berliner akademische Rede zur Reichsgründungsfeier am 18. Januar 1933. S. 309-325 in: ders. (1994), Staatsrechtliche Abhandlungen und andere Aufsätze. 3., wiederum erw. Aufl. Berlin.

– (1943): Politisches Erlebnis und Staatsdenken seit dem 18. Jahrhundert. S. 346-362 in: ders. (1994), Staatsrechtliche Abhandlungen und andere Aufsätze. 3., wiederum erw. Aufl. Berlin.

– (1956): Art. Integrationslehre. S. 475-481 in: ders. (1994), Staatsrechtliche Abhandlungen und andere Aufsätze. 3., wiederum erw. Aufl. Berlin.

– (1987): Art. Integration. Sp. 1354-1358 in: Evangelisches Staatslexikon. 3. Aufl. Stuttgart/Berlin.

– (1994): Staatsrechtliche Abhandlungen und andere Aufsätze. 3., wiederum erw. Aufl. Berlin.

Spranger, Eduard (1925): Lebensformen. Geisteswissenschaftliche Psychologie und Ethik der Persönlichkeit. 5. Aufl. Halle.

Stolleis, Michael (1999): Geschichte des öffentlichen Rechts 1914-1945, Bd. 3. München.

Tanner, Klaus (1989): Die fromme Verstaatlichung des Gewissens. Zur Auseinandersetzung um die Legitimität der Weimarer Reichsverfassung in Staatsrechtswissenschaft und Theologie der zwanziger Jahre. Göttingen.

Tartarin-Tarnheyen, Edgar (1928): Integrationslehre und Staatsrecht. Zeitschrift für die gesamte Staatswissenschaft 85, 1-20.

Thoma, Richard (1925): Zur Ideologie des Parlamentarismus und der Diktatur. Archiv für Sozialwissenschaft und Sozialpolitik 53, 212ff.

Wendenburg, Helge (1984): Die Debatte um die Verfassungsgerichtsbarkeit und der Methodenstreit der Staatsrechtslehre in der Weimarer Republik. Göttingen.

b. kommentierte Literatur

Primärliteratur

Smend, Rudolf (1923): Die politische Gewalt im Verfassungsstaat und das Problem der Staatsform. S. 68-88 in: ders. (1994), Staatsrechtliche Abhandlungen und andere Aufsätze. 3., wiederum erw. Aufl. Berlin.
In diesem Aufsatz wird erstmals die Theorie der Integration ansatzweise entwickelt und anhand des Problems der juristischen Erfassung der Regierung erprobt.

Smend, Rudolf (1928b): Verfassung und Verfassungsrecht. S. 119-276 in: ders. (1994), Staatsrechtliche Abhandlungen und andere Aufsätze. 3., wiederum erw. Aufl. Berlin.
Die letzte, schmale Monographie Smends zählt zugleich als sein Hauptwerk. Sie wird am häufigsten zitiert. Dicht argumentierend gehört sie zu den ungewöhnlich-

sten Arbeiten der Weimarer Staatslehre und steht in Konkurrenz zur im gleichen Jahr (aber etwas später) erschienenen Verfassungslehre Carl Schmitts.

Smend, Rudolf (1933): Bürger und Bourgeois im deutschen Staatsrecht, Berliner akademische Rede zur Reichsgründungsfeier am 18. Januar 1933. S. 309-325 in: ders. (1994), Staatsrechtliche Abhandlungen und andere Aufsätze. 3., wiederum erw. Aufl. Berlin.
Ein letzter Versuch am Ende der Weimarer Republik, das passive Bürgertum an seine politische Verantwortung zu erinnern und sich hinter den Grundrechtsteil der Verfassung zu scharen, der aber nicht als liberale Individualrechte alleine, sondern als Aufforderung zu politischer Partizipation ausgelegt werden kann.

Sekundärliteratur

Bauer, Wolfram (1968): Wertrelativismus und Wertbestimmtheit im Kampf um die Weimarer Demokratie – zur Politologie des Methodenstreits der Staatsrechtslehrer. Berlin.
Ausführliche Darstellung der Weimarer Debatte, die Smend und Heller als Antipoden gegenüberstellt. Etwas einseitige, aber materialreiche Darstellung.

Hennis, Wilhelm (1999): Integration durch Verfassung? Rudolf Smend und die Zugänge zum Verfassungsproblem nach 50 Jahren unter dem Grundgesetz. S. 353-380 in: ders.: Regieren im modernen Staat. Politikwissenschaftliche Abhandlungen Bd. 1, Tübingen.
Leidenschaftliche Abwägung eines Smend-Schülers über die Folgen der Smend-Rezeption in der Bundesrepublik. Leugnet entschieden den Einfluß von Theodor Litt auf die Integrationslehre und möchte damit eine rein geisteswissenschaftliche Interpretation als zu kurz greifend zurückweisen.

Kelsen, Hans (1930): Der Staat als Integration – eine prinzipielle Auseinandersetzung. Wien.
Eine der heftigsten Gegenreaktionen auf Smends Integrationslehre im Kontext der Weimarer Debatte aus der Feder des führenden Rechtspositivisten. Er unterstellt Smend metaphysische Absichten.

Lhotta, Roland (Hrsg.) (2005a): Die Integration des modernen Staates. Zur Aktualität der Integrationslehre von Rudolf Smend, Baden-Baden.
Versammelt Beiträge, die sich mit der Erforschung Smends und erfolgter oder möglicher Rezeptionsarten seiner Integrationslehre beschäftigen. Die Themen reichen von Hegels Einfluß auf Smend bis zur Theorie des europäischen Konstitutionalismus.

Mehring, Reinhard (1994): Integration durch Verfassung. Zum politischen Verfassungssinn Rudolf Smends. Politisches Denken, Jahrbuch 1994, 19-35.
Akzentuiert die Aktualisierungsmöglichkeiten Smends insbesondere in Hinblick auf die Europäische „Integration".

Mols, Manfred Heinrich (1969): Allgemeine Staatslehre oder politische Theorie? – Interpretationen zu ihrem Verhältnis am Beispiel der Integrationslehre Rudolf Smends. Berlin.
Der bislang umfassendste und tiefgreifendste Versuch einer systematischen Aufbereitung der Integrationstheorie für die politische Theoriebildung, deren Resultate gleichwohl etwas vage bleiben.

Rennert, Klaus (1987): Die ‚geisteswissenschaftliche‘ Richtung in der Staatsrechtslehre der Weimarer Republik. Untersuchungen zu Erich Kaufmann, Günther Holstein und Rudolf Smend. Berlin.
Die wichtigste Arbeit zur Frage des methodischen Hintergrunds der Anti-Positivisten, die aber nicht zu den Gegner der Republik gerechnet werden dürfen.

Tanner, Klaus (1989): Die fromme Verstaatlichung des Gewissens. Zur Auseinandersetzung um die Legitimität der Weimarer Reichsverfassung in Staatsrechtswissenschaft und Theologie der zwanziger Jahre. Göttingen.
Gelungenste Analyse der Einflüsse des Kulturprotestantismus und der evangelischen Theologie auf die Weimarer Staatslehre im allgemeinen und Smend im besonderen.

Kapitel X
Die politische Theorie der Systemanalyse: David Easton

Dieter Fuchs

Inhalt

1. Der historische Kontext der Systemanalyse der Politik

David Easton hat seinen Ph.D. 1947 an der Harvard University bekommen. Von 1947 bis 1982 lehrte er an der University of Chicago. 1969-1982 war er dort Andrew MacLeish Distinguished Serv-
ice Professor und 1971-1980 an der Queen's University Sir Ed-
ward Peacock Professor of Political Science. Seit 1981 ist er Distinguished Professor of Political Science an der University of California in Irvine. David Easton wurden im Verlaufe seiner Karriere
zahlreiche Auszeichnungen verliehen. 1957-1958 war er Fellow
am Center for Advanced Study in the Behavioral Science in Stanford, California und 1968-1969 Präsident der American Political
Science Association. 1996 wurde von der American Political Science Association zur Ehrung von David Easton ein „David Easton
Award" für Politische Theorie eingerichtet.

David Easton hat sicherlich die wichtigste nicht-normative allgemeine Theorie der Politik der Moderne entworfen. Sie wird in
drei Monographien entfaltet, die er selbst als eine zusammengehö-
rige Tetralogie begreift. Der erste Band der Tetralogie wurde 1953
unter dem Titel „The Political System" veröffentlicht, im Jahre
1965 folgten dann „A Framework for Political Analysis" und „A
Systems Analysis of Political Life".

In „The Political System" wurden erste programmatische Vorstellungen und konzeptuelle Überlegungen über die Theoriebildung
entwickelt. Diese entstanden in einer bestimmten historischen Situation (Falter 2001). Aus der Perspektive von David Easton – die er in
„The Political System" (1953) und noch etwas früher in „The Decline of Modern Political Theory" (1951) dargelegt hat – wird die politische Wissenschaft am Anfang der 50er Jahre von Ansätzen dominiert, die er kritisch als „historicism" und „hyperfactualism" bezeichnet. Der „historicism" betrachtet politische Theorie vor allem als Geschichte politischer Ideen, die ein Ausdruck ihrer jeweiligen Epoche
sind, womit eine doppelte Relativierung verbunden ist: Erstens ist die
politische Theorie keine autonome Theorie mehr und zweitens kann
sie auf dringliche Fragen der Gesellschaft keine Antworten mit einer
gewissen Verbindlichkeit geben. Diese Unverbindlichkeit der politischen Theorie ist für Easton vor allem deshalb bedeutsam, weil er die
westliche Zivilisation in einer grundlegenden Krise sieht (1971: 40).

„Hyperfactualism" bezeichnet eine theorielose Sammlung von Daten, deren Relevanz nicht nachvollziehbar wird. Während er diese Kritik in den früheren Arbeiten vor allem auf den historischen Positivismus bezieht (Falter 2001), dehnt er sie in „The Framework for Political Analysis" (1965) auf Empirismus im weiteren Sinne aus. Er charakterisiert den Empirismus als: „(...) bad habits of crude empiricism, the accumulation of data for the sake of the data themselves, with relatively little consideration to matters of the relevance and broader significance of the findings." (Easton 1965: 17)

Aus dieser Kritik folgt für David Easton die Notwendigkeit einer eigenständigen und *allgemeinen Theorie der Politik*, die zugleich grundlegende Relevanzgesichtspunkte spezifiziert. Die Kriterien der gesuchten Theorie wurden später in „A Framework for Political Analysis" (1965a) und „A Systems Analysis of Political Life" (1965b) ausgearbeitet. Es soll sich um eine empirisch orientierte politische Theorie handeln, die sich von empirischen Theorien geringer und mittlerer Reichweite durch zwei Merkmale unterscheidet: Der Gegenstand ist umfassender bzw. generalisierter und die konzeptuelle Kohärenz ist größer (Easton 1965b: 7). Die allgemeine Theorie der Politik soll nach David Easton also aus einer *logisch integrierten Menge von Konzepten* mit *großer Reichweite* und einem *starken empirischen Bezug* bestehen.

Es existieren unterschiedliche Bewertungsmaßstäbe für die Güte einer Theorie. Für David Easton besteht der wichtigste „in the adequacy of explanation and understanding offered by the theory" (1965b: 473).[1] Etwas überraschend ist hier die Erwähnung von „understanding", da Verstehen in dem empirisch-analytischen Paradigma, dem sich David Easton verpflichtet fühlt, keine relevante Kategorie ist. Sie bleibt in seinen beiden Büchern auch sehr unscharf. Hinsichtlich des Erklärungskriteriums ist sein Anspruch eher zurückgenommen. Seine allgemeine Theorie der Politik ist danach/demnach „a framework for the analysis of political life" (1965a: ix). Dieser Bezugsrahmen wird an gleicher Stelle auch als eine *Form* bezeichnet, in die substantielle Theori-

---

1   Um die Lesbarkeit des Textes zu erhöhen, wird im folgenden auf die Autorenangabe verzichtet, d.h. alle weiteren Jahresangaben ohne Autorennennung beziehen sich auf Publikationen von Easton.

en plaziert und integriert werden können. Diese Form kann nach David Easton am besten als „systems analysis" beschrieben werden (1965a: ix). Der Begriff der Systemanalyse wird in verschiedenen Theorieansätzen verwendet, „such as game theory, functional research, or equilibrium theory" (1965a: 24). Easton gibt diesem aber eine ganz spezifische Bedeutung, wie bei der nachfolgenden Darstellung seiner Theorie deutlich wird.

2. Die Darstellung der Systemanalyse der Politik

2.1. *Das Konzept des politischen Systems*

Bei der Konstruktion seiner allgemeinen Theorie der Politik trifft David Easton mehrere grundlegende Entscheidungen, welche die weitere Theoriebildung determinieren. Die folgende Darstellung und Erörterung geschieht vor allem in einer systematischen Absicht und weicht z.T. von der Reihenfolge in den beiden zentralen Büchern von David Easton ab.

Die sachlich erste und wichtigste Entscheidung besteht in der Spezifikation der grundlegenden Analyseeinheit, dem *politischen System*: „Its major and gross unit of analysis will be the political system" (1965a: 23). Das politische System wird wiederum verstanden als „*a system of behavior*" (1965a: 23). Etwas mißverständlich scheint eine Bestimmung zu sein, die in dem gleichen Buch einige Seiten später erfolgt: „(...) I shall be arguing that all social systems are composed of the interactions among persons and that social interactions form the basic units of these systems" (1965a: 36). Damit wird aber nicht unversehens die Interaktion als die grundlegende Analyseeinheit eingeführt – wie sie etwa der frühe Niklas Luhmann (1970) postuliert –, diese bleibt das System, nur kann das System wiederum in Einheiten zerlegt werden und diese sind die Interaktionen. Mit dem politischen System als grundlegender Analyseeinheit grenzt sich David Easton vor allem von Talcott Parsons (1951) ab, der in der Tradition von Max Weber Handlung (action) als die grundlegende Analyseeinheit seiner Theorie angesetzt hat (1965a: 15). David Easton betont demgegenüber, daß alle Handlungen immer schon aufeinander bezogen und in einer systematischen Weise vernetzt sind und somit ein soziales

System konstituieren. Jedes soziale System wird durch die Interaktionen von Personen gebildet, wobei die Gesellschaft das umfassendste und inklusivste Sozialsystem ist (1965a: 38).

Das theoretische Problem besteht vor diesem konzeptionellen Hintergrund darin, aus der Gesamtmenge der Interaktionen in einer Gesellschaft die politischen zu identifizieren: „How shall we distinguish those interactions in society that we shall characterize as the components of a political system?" (1965a: 48). An dieser kritischen Stelle der Theoriebildung wird die zweite grundlegende Entscheidung getroffen: Politische Interaktionen zeichnen sich gegenüber anderen sozialen Interaktionen dadurch aus, daß sie an der bindenden Allokation von Werten an die Gesellschaft orientiert sind. Politische Interaktionen bilden dasjenige Interaktionssystem, „(...) through which (...) *binding or authoritative allocations* are made and implemented" (1965a: 50). Daraus ergibt sich die Bestimmung des politischen Systems: „A political system (...) will be identified as a set of interactions, abstracted from the totality of social behaviour, through which values are authoritatively allocated for a society" (1965a: 57). Personen, die in derartige Interaktionen involviert sind, d.h. in politischen Rollen Handelnde, werden durch diese Handlungen zu Mitgliedern des Systems. Sie gehören jedoch nicht als *Personen*, sondern als *Rollenträger* zu diesem System. Das politische System ist in der Theorie der Systemanalyse der Politik also kein „natural system", sondern ein „analytic system" (1965a: 37ff), das gleichwohl einen empirischen Bezug hat.

Obgleich David Easton sich gegenüber funktionalistischen Analysen wie jenen von Talcott Parsons abgrenzt und deshalb auch den Begriff der Funktion zu vermeiden sucht, nimmt er mit seiner Definition des Politischen faktisch eine funktionale Bestimmung vor. Und diese hat sich in der nachfolgenden Zeit nicht nur in nahezu allen Systemtheorien der Politik (u.a. bei Luhmann 1970 und Almond und Powell 1988), sondern auch in der Politikwissenschaft insgesamt weitgehend durchgesetzt.

Die Funktion des politischen Systems in einer Gesellschaft besteht also in der autoritativen Allokation von Werten an die Gesellschaft. In einer anderen und heute gebräuchlicheren Formulierung wird diese Funktion gekennzeichnet mit der Herstellung und Durchsetzung allgemein verbindlicher Entscheidungen. Erst durch die Bezugnahme auf diese Funktion können politische Interaktionen von anderen sozialen Interaktionen analytisch separiert und das politische System von anderen sozialen Systemen unterschieden werden. Empirisch sind die politischen Interaktionen also in die Gesamtmenge sozialer Interaktionen eingebettet, werden von diesen beeinflußt und beeinflussen diese wiederum. Aus diesen Überlegungen ergibt sich eine dritte theoretische Grundentscheidung. Das politische System wird als ein offenes und adaptives System begriffen, das in einer dynamischen Austauschbeziehung mit der Gesellschaft steht, welche die wichtigste Umwelt *(environment)* des politischen Systems bildet (1965a: 25; 1965b: 18). Die Umwelt des politischen Systems wird weiter differenziert. David Easton geht von einem „intra-societal environment" aus, das sowohl aus den anderen sozialen Systemen der Gesellschaft wie z.B. dem ökonomischen System, als auch den nicht-sozialen Systemen (z.B. dem ökologischen System) besteht. Eine weitere Umwelt des politischen Systems stellt das „extra-societal environment" dar, das sich u.a. aus dem „international political system" konstituiert, welches wiederum aus den politischen Systemen der anderen Gesellschaften sowie supranationalen Organisationen wie der NATO, UNO etc. besteht (1965a: 59ff).

Wie jedes soziale System ist auch das politische System ein grenzerhaltendes System, das sich aus der Gesellschaft ausdifferenziert und gegenüber der gesellschaftlichen Umwelt eine Grenze (*boundary*) errichtet und stabilisiert. Der Grad der Ausdifferenzierung eines politischen Systems aus der Gesellschaft und die Eindeutigkeit der Grenzziehung gegenüber der gesellschaftlichen Umwelt läßt sich nach der Theorie von David Easton an folgenden Merkmalen festmachen: Erstens an dem Ausmaß der Unterscheidung politischer Rollen von anderen sozialen Rollen, zweitens an dem Ausmaß, in dem die Inhaber politischer Rollen eine eigene Gruppe in der Gesellschaft bilden, drittens an dem Ausmaß, in dem politische Rollen in einer internen Hierarchie stehen und viertens an dem Ausmaß, in dem die Selektionsmechanismen für die Besetzung politischer Rollen sich von denjenigen anderer sozialer Rollen unterscheiden (1965a: 69).

Ist ein politisches System ausdifferenziert und besteht eine Grenze zur gesellschaftlichen Umwelt, so ist das politische System mit dem permanenten Problem konfrontiert, diese Grenze zur Umwelt aufrecht zu erhalten und damit seine Funktion für die Gesellschaft zu gewährleisten. Das Problem der Grenzerhaltung (*boundary maintainance*) wird u.a. im nachfolgenden Abschnitt erörtert.

2.2. Die Persistenz des politischen Systems

Für das politische System sind Einflüsse aus der gesellschaftlichen Umwelt unvermeidbar, aber für die Erfüllung seiner Funktion für die Gesellschaft auch notwendig. Die politischen Entscheidungsträger *(authorities)* benötigen eine informationelle Rückkopplung *(feedback)*, unter welchen Bedingungen sie ihre Entscheidungen treffen, welche Probleme zu lösen und welche Ziele zu erreichen sind und welche Auswirkungen ihre Entscheidungen und Handlungen *(decisions and actions)* in der gesellschaftlichen Umwelt besitzen. Zu diesen Auswirkungen gehört auch die Akzeptanz der getroffenen Entscheidungen und Maßnahmen durch die Bürger und die relevanten Akteure der anderen Sozialsysteme, die davon betroffen sind. Nur wenn diese informationelle Rückkopplung gewährleistet ist, ist eine angemessene Reaktion *(response)* auf sich verändernde Umweltkonstellationen möglich.

Für die weitere Konstruktion der Theorie ist jedoch eine besondere Kategorie von Einflüssen bedeutsam, die als „disturbances" bezeichnet werden. Störungen sind Einflüsse auf das politische System, die dieses mehr oder weniger stark verändern: *„Disturbances* is a concept that may be used to identify those influences from the total environment of a system that act upon it so that it is different after the stimulus from what it was before" (1965b: 22). David Easton treibt die Spezifikation der Umwelteinflüsse auf das politische System aber noch weiter und führt dazu eine Kategorie ein, die er *„stress"* nennt: „Stress will be said to occur when there is a danger that the essential variables will be pushed beyond what we may designate as their critical range" (1965b: 24). Was ist aber unter „essential variables" und was unter „critical range" zu verstehen?

Die „essential variables" sind diejenigen Variablen, die sich auf die charakteristischen Merkmale des politischen Systems beziehen: „(…) these two distinctive features – the allocation of values for a society and the relative frequency of compliance with them – are the *essential variables* of political life" (1965b: 24). Der *„critical range"* eines politischen Systems für diese „essential variables" geht von dem Gedanken eines „normal pattern of operation" (1965a: 92) aus. Wenn diese Operationen – und d.h. vor allem die Handlungen der politischen Akteure – von der Normalität abweichen und einen kritischen Punkt überschreiten, dann ist das jeweilige System in seinem

Bestand bedroht. Dieser kritische Punkt ist in verschiedenen politischen Systemen sehr unterschiedlich und empirisch nur sehr schwierig bestimmbar. Es geht David Easton aber um eine theoretische Bestimmung, die sich nicht auf konkrete politische Systeme bezieht, sondern auf alle politischen Systeme oder auf politische Systeme als solche, was in seinem Anspruch einer allgemeinen Theorie begründet liegt. Für alle politischen Systeme geht es zunächst und vor allem um die Selbsterhaltung und damit um die Gewährleistung ihrer Funktion. Und das bedeutet, daß die „essential variables" einen „critical range" nicht überschreiten dürfen, wobei die Bestimmung des „critical range" aber immer noch offen bleibt. Sie wird in folgender Weise vorgenommen: „What this means is that something may be happening in the environment – the system suffers total defeat at the hands of an enemy, or widespread disorganization in and disaffection from the system is aroused by a severe economic crisis. Let us say that as a result, the authorities are consistently unable to make decision, or if they strive to do so, the decisions are no longer regularly accepted as binding. Under these conditions, authoritative allocations of values are no longer possible, and the society would collapse for want of a system of behaviour to fulfil one of its vital functions" (1965b: 24).

Damit kommen wir zu einer weiteren und außerordentlich folgenreichen theoretischen Grundentscheidung. Diese liegt in der Spezifikation des zentralen Problems der Eastonschen Systemanalyse der Politik, das er mit „*persistence*" bezeichnet und das die bei der Erläuterung von Streß bereits genannten Gesichtspunkte wieder aufgreift: „In its ultimate returns this mode of analysis will enable the investigator to understand more fully the way in which some kind of political system in a society manages *to persist in the face of stresses*, that might well have been expected to lead to its destruction" (1965a: 25). Diese für die allgemeine Theorie von David Easton strategische Bestimmung lautet an anderer Stelle: „The perspectives of a systems analysis of political life impel us to address ourselves to the following kind of question. How can any political system ever persist whether the world be one of stability or of change?" (1965b: 14f). Die Persistenz des politischen Systems bezieht sich also auf das Problem der Erhaltung der „essential variables" innerhalb eines „critical range".

David Easton verwendet bewußt den Persistenz- und nicht den Stabilitätsbegriff oder jenen der „system maintenance", um die

Vorstellung einer statischen Orientierung abzuwehren und den *dynamischen* Charakter der Systemanalyse der Politik herauszustreichen. Die Persistenz eines politischen Systems, d.h. die Stabilisierung der Interaktionsstrukturen zur Erfüllung seiner Funktion, geschieht in der Regel durch Wandel: „[P]ersistence and change of systems or rather, *persistence through change*, as it is more often the case, has seemed to be the most inclusive kind of question that one might ask about a political system" (1965b: 475).

Die Frage der Persistenz ist demnach die inklusivste und zugleich auch die grundlegendste Frage eines politischen Systems. Durch sie können alle anderen Fragen und die darauf bezogenen Theorien integriert werden. David Easton nennt hier u.a. Theorien des Wahlverhaltens, der Interessengruppen, der Parteipolitik, der Herstellung und Implementation von Policies, des Koalitionsverhaltens etc. und postuliert eine Gemeinsamkeit dieser Theorien: „But all of the ways of looking at political life implicit in these questions do have one thing in common. They impinge directly on the allocative consequences of political interaction. To the extent that they lead to theoretical inquiry, we may classify them generally as theories of allocation" (1965b: 474). Diese *partiellen Theorien* der autoritativen Allokation von Werten an die Gesellschaft setzt aber voraus, daß es ein politisches System gibt und dieses auch persistent bleibt, und genau das ist die Fragestellung der allgemeinen Theorie der Politik: „But what these allocative theories take for granted – the actual and continued existence of some kind of political system – I have here questioned and subjected to theoretical examination. How is that a political system as such is able to persist through time?" (1965b: 475).

Die Persistenz eines politischen Systems besteht also in der Aufrechterhaltung von Interaktionsmustern zur Herstellung und Durchsetzung allgemein verbindlicher Entscheidungen (autoritative Allokation von Werten an die Gesellschaft). Vor allem in diesem Gesichtspunkt und in dieser Fragestellung liegt die Allgemeinheit der Theorie und die Möglichkeit der Integration partieller Theorien.

Die Persistenz eines politischen Systems gegenüber von störenden und belastenden Einflüssen aus der Umwelt, die mit „stress" bezeichnet werden, geschieht durch eine Anpassung des Systems an die Umwelt. Wie diese Anpassung zu denken ist, wird vor allem in „A Systems Analysis of Political Life" erörtert. Im Zentrum dieser Überlegungen stehen die Konzepte *Demands* und *Support*.

2.3.   Die Konzepte „Demands" und „Support" und die Objekte des politischen Systems

Das politische System wird in der allgemeinen Theorie von David Easton als ein offenes und adaptives System begriffen, das in einer dynamischen Austauschbeziehung zu seiner Umwelt steht und das versucht, gegenüber störenden und belastenden Umwelteinflüssen persistent zu bleiben. Die Umwelteinflüsse setzen sich aber nicht unmittelbar in das politische System um, sondern müssen so transformiert werden, daß sie mit der Rationalität und den Verfahren des politischen Systems kompatibel sind. Die theoretische Aufgabe besteht also in der Spezifikation von „linkage variables between system and environment" (1965a: 108). Diese werden grundlegend als *„inputs"* und *„outputs"* bezeichnet. Die Outputs werden dann genauer als „decisions and actions", die allgemeine Verbindlichkeit haben, gefaßt, während die Inputs in „demands" und „support" differenziert werden. Für die Persistenzfrage werden vor allem die beiden Inputkategorien bedeutsam.

In der Umwelt des politischen Systems gibt es eine Vielzahl von Erwartungen, Interessen, Präferenzen und ähnlichem an das politische System. Diese werden unter dem Begriff *„wants"* zusammengefaßt. Wants werden für das politische System aber erst dann relevant und Reaktionen veranlassend, wenn sie als Ansprüche an bindende Entscheidungen an die Entscheidungsträger (authorities) formuliert werden. Deshalb werden sie als „demands" bezeichnet: „A *demand* may be defined as an expression of opinion that an authoritative allocation with regard to a particular subject matter should or should not be made by those responsible for doing so" (1965b: 38). An anderer Stelle wird eine explizite Abgrenzung zu Interessen vorgenommen: „[T]he expression of an interest in a matter is not identical with the input of a demand. To become a demand, there needs to be voiced a proposal that authoritative action be taken with regard to it" (1965b: 47). Konflikte über demands sind „the flesh and blood of all political systems" (1965b: 48), aber sie sind auch eine Quelle von Streß.

Jedes politische System hat nur eine begrenzte Kapazität bei der Verarbeitung von Demands durch den politischen Entscheidungsprozeß, die zum einen aus den strukturell knappen Ressourcen (z.B. Geld) und zum anderen aus der strukturell knappen Zeit, die den Entscheidungsträgern zur Verfügung stehen, resultiert. Wenn bezogen auf die gegebenen Ressourcen und das gegebene Zeitbudget zu viele Demands an das politische System gerichtet werden, entsteht ein „demand input overload" (1965b: 58). Übersteigt dieser Overload die Fähigkeiten der Entscheidungsträger, die Demands in Decisions zu konvertieren, wird hierdurch die grundlegende Funktion der autoritativen Allokation von Werten bedroht und es liegt ein „volume stress" (1965b: 59) vor. Darüber hinaus postuliert David Easton noch einen „content stress" (1965b: 59), wenn bestimmte Demands aufgrund ihres Inhaltes grundsätzlich nicht durch politische Verfahren verarbeitet werden können.

Die zweite Input-Kategorie ist der „support". Sie bezieht sich auf positive oder negative Einstellungen und Verhaltensweisen der Bürger gegenüber dem politischen System: „[W]e can describe *support* as an attitude by which a person orients himself to an object either favourably or unfavourably, positively or negatively" (Easton 1975: 436). Ohne ein ausreichendes Ausmaß an Support kann ein politisches System auf die Dauer nicht persistent bleiben. Eine Abnahme von Support stellt deshalb ebenfalls – und letztlich die entscheidende – Quelle von Streß dar. Allerdings ist nicht jede Form von Support gleichermaßen bedeutsam für die Persistenzfrage. Die Differenzierung unterschiedlicher Formen von Support nimmt David Easton im Hinblick auf die Objekte des politischen Systems und auf die Modi der Orientierung gegenüber diesen Objekten vor.

Bei der Bestimmung der Objekte des politischen Systems läßt er sich von der folgenden Frage leiten: „What elements of a system are most relevant to its capacity to persist in the face of a threatened loss of support?" (1965b: 171). Bei der Beantwortung dieser Frage identifiziert er drei Objekte, die im Sinne ihrer Relevanz für die Persistenzfrage angeordnet werden können: Zunächst die politische Gemeinschaft (*political community*), dann das Regime (*regime*) und zuletzt die Entscheidungsträger (*authorities*).

Die „*political community*" ist das grundlegendste Objekt des politischen Systems. Sein Gehalt ist allerdings nicht ganz einfach zu verstehen und die Abgrenzung des Objektes zur Einstellung zu diesem Objekt bleibt relativ unscharf. Die „political community" bezieht sich auf den Sachverhalt, daß die Mitglieder eines politischen Systems durch eine politische Arbeitsteilung miteinander verbunden sind und durch diese Arbeitsteilung die politische Funktionen für eine Gesellschaft erfüllen: „This concept (...)will refer to that aspect of its political system that consists of its members seen as a group of persons bound together by a political division of labour. The existence of a political system must include a plurality of political relationships through which the individual members are linked to each other and through which the political objectives of the system are pursued, however limited this may be" (1965b: 177). Bei dieser analytischen Perspektive ist die institutionelle Form unerheblich, entscheidend ist, *daß* es geschieht. Als ein Beispiel für den Stellenwert der politischen Gemeinschaft führt David Easton u.a. Großbritannien an. Obgleich sich das Regime Großbritanniens in den letzten Jahrhunderten beträchtlich geändert hat, ist doch die politische Gemeinschaft intakt geblieben (1965b: 190). Das Konzept enthält also die Vorstellung, daß – aus welchen Gründen und in welcher Form auch immer – eine Gruppe von Personen in einem gemeinsamen politischen Unternehmen verbunden sind und dabei irgend eine Kooperation stattfindet.

Das zweite Objekt des politischen Systems stellt das *Regime* dar. Das Regime besteht aus dem Rahmen, der die politischen Interaktionen steuert und beschränkt. Es wird als eine Gruppe von „constraints on political interaction" definiert und in drei Komponenten unterteilt: „values (goals and principles), norms, and structure of authority" (1965b: 193).

Im Unterschied zur Theorie von Talcott Parsons (1969; 1971), in der Werte der Ausgangspunkt einer informationellen Steuerungshierarchie verschiedener Ebenen sozialer Systeme sind, haben sie bei David Easton einen begrenzteren Stellenwert: „The *values* serve as broad limits with regard to what can be taken for granted in the guidance of day-to-day policy without violating deep feelings of important segments of the community" (1965b: 193).

Die zweite Regimekomponente sind die Regime-Normen: „The *norms* specify the kinds of procedures that are expected and acceptable in the processing and implementation of demands" (1965b: 193). Sie werden auch als „operating rules" und „rules of the game" bezeichnet (1965b: 200). Im politikwissenschaftlichen „mainstream" werden die „rules of the game" als die Strukturelemente des politischen Systems begriffen (siehe dazu Fuchs 1999). Von diesem Verständnis unterscheidet sich der Strukturbegriff von David Easton. Er reserviert ihn zunächst einmal für das Muster der

Machtverteilung zwischen den „authority roles": „[T]he *structure of authority* designate the formal and informal patterns in which power is distributed and organized with regard to the authoritative making and implementing of decisions – the roles and relationships through which authority is distributed and exercised" (1965b: 193). Die Besonderheit des Strukturbegriffs in der Theorie von David Easton besteht aber vor allem darin, daß er ihn auf *empirische Interaktionsmuster* bezieht, die auch nur empirisch identifiziert werden können. Das wird genauer in „The Analysis of Political Structure" (1990) expliziert. Verhaltensnormen und Verhaltenserwartungen rechnet er im Unterschied z.B. zu Luhmann (1983) nicht der Struktur, sondern der Kultur eines sozialen Systems zu.

Das dritte Objekt des politischen Systems sind die *„authorities"*. Diese sind die „occupants of the authority roles" (1965b: 212) und werden so von den „roles themselves" ausdrücklich unterschieden. Es sind aber diese Authorities, die die allgemein verbindlichen Entscheidungen letztlich treffen. Die politischen Parteien sind nach dieser Bestimmung also nicht per se „authorities" und werden dementsprechend auch nicht zwangsläufig dem politischen System zugerechnet, sondern nur sofern und soweit sie Inhaber von Entscheidungsrollen sind oder entsprechende Inhaber stellen. Diese Bestimmung ist für einen europäischen Beobachter, in dessen Land politische Parteien die wichtigsten Akteure der Politik sind, sicherlich nicht unmittelbar einsichtig. Sie ist aber im Hinblick auf die Problemstellung der Theorie von David Easton, die sich auf die autoritative Allokation von Werten bezieht, folgerichtig.

Die Differenzierung des politischen Systems in diese drei Objekte ist für die Persistenz von zentraler Bedeutung – das aber vor allem in Verbindung mit dem Support gegenüber diesen Objekten. Ohne ein ausreichendes Maß an Support ist die Persistenz des politischen Systems bedroht. Deshalb ist der Support eine mögliche Quelle von Streß – „Stress through the erosion of support" (1965b: 200) –, und daher ist Support auch eine der beiden Input-Kategorien der dynamischen Systemanalyse von David Easton.

Um den Stellenwert von Support in seiner Theorie weiter zu explizieren, nimmt er eine analytische Differenzierung der Support-Kategorie vor: „Within the context of systems analysis, it has been important to discriminate between two kinds of support: specific and diffuse" (Easton 1975: 436). Ich beschränke mich hier auf die Darstellung der wichtigsten Merkmale beider Modi von Support (dazu genauer: Fuchs 1989, 1993b).

Der „*specific support*" beruht darin, daß Bürger „in a rough and ready way" überprüfen, inwieweit die von ihnen artikulierten Demands durch die wahrgenommenen Outputs auch realisiert werden. In dem Maße, in dem das der Fall ist, werden auch die outputgenerierenden Authorities positiv bewertet: „The authorities will be evaluated according to the extent to which these demands are perceived to have been met" (Easton 1975: 438). Der specific Support ist also auf die Authorities bezogen und zwar in einer doppelten Weise: „Specific support (...) is directed to the perceived decisions, policies, actions, utterances or the general style of these authorities" (Easton 1975: 437). Wenn der specific Support erodiert, dann sinkt auch die Wahrscheinlichkeit, daß die Entscheidungen des politischen Systems von den Bürgern akzeptiert und abgenommen werden und dementsprechend entsteht ein Streß für das politische System. Angesichts der strukturell knappen Ressourcen und der strukturell knappen Zeit würde ein politisches System immer mit Streß konfrontiert sein und längerfristig nicht überleben können, wenn es nicht noch eine andere Form von Support gäbe, die David Easton *diffuse support* nennt.

Das wesentliche Kennzeichen von „diffuse support" besteht in seiner relativen Unabhängigkeit von den Outputs: „(...) that the level of *diffuse support* will normally be independent of outputs and performance in the short run" (Easton 1975: 444). Daraus ergibt sich die weitere Kennzeichnung dieser Einstellung: „(...) diffuse support (...) forms a reservoir of favourable attitudes or good will that helps members to accept or tolerate outputs to which they are opposed or the effect of which they see as damaging to their wants (...). Except in the long run, diffuse support is independent of the effects of daily outputs. It consists of a reservoir of support that enables a system to weather the many storms when outputs cannot be balanced off against inputs of demands" (1965b: 273). Neben dieser Outputunabhängigkeit und dem „Reservoircharakter" unterscheidet sich diffuse von specific Support noch in seinem Objektbezug. „Whereas specific support is extended only to the incumbent authorities, diffuse support is directed towards offices themselves as well as towards their individual occupants. More than that, diffuse support is support that underlies the regime as a whole and the political community" (Easton 1975: 445).

Diffuse Support bezieht sich also auf alle drei Objekte des politischen Systems und ist von strategischer Bedeutung für seine Persistenz und das in einer abgestuften Weise. Die erste und am wenigsten fundamentale Stufe ist der diffuse Support der Entscheidungsträger (authorities). Ohne ein gewisses Minimum dieses Supports wird die Abnahme der von ihnen getroffenen Entscheidungen zumindest problematisch. Die zweite und wichtigere Stufe ist der diffuse Support des Regimes. Wenn das Regime und damit der strukturelle Rahmen, in dem die Herstellung und Durchsetzung allgemein verbindlicher Entscheidungen stattfindet und welcher diese Entscheidungstätigkeit überhaupt erst ermöglicht, keinen diffuse Support von den Bürgern erfährt, dann entsteht ein entsprechender Streß für das politische System. Dieser führt zunächst zu einer Paralyse der politischen Prozesse und längerfristig zu einem Zusammenbruch des existierenden Regimes und seiner Ersetzung durch ein neues.

Angesichts dieser herausragenden Bedeutung des diffuse Support für die Persistenz eines politischen Systems stellt sich die Frage, wie dieser erzeugt wird oder was seine Quellen sind. David Easton nennt zwei Quellen: „(...) diffuse support (...) arises from two sources: from childhood and continuing adult socialization, and from direct experience" (Easton 1975: 445). Die Sozialisation generiert einen diffuse Support auf eine zweifache Weise. Erstens, indem durch psychische Transferprozesse von den primären Sozialisationsagenten – vor allem der Väter – buchstäblich diffuse affektive Bindungen an die Objekte des politischen Systems hergestellt werden (Easton und Dennis 1969). Zweitens, indem eine Bindung an bestimmte Werte erzeugt wird, die später als Beurteilungsmaßstab für die Authorities und das Regime verwendet werden. David Easton nennt diesen, auf Wertebindungen beruhenden, diffuse Support „legitimacy". *Legitimacy* „reflects the fact that in some vague or explicit way [a person; D. F.] sees these objects as conforming to his own moral principles, his own sense of what is right and proper in the political sphere" (Easton 1975: 451).

Der diffuse Support, dessen Quelle die direkten Erfahrungen sind, wird als *„trust"* bezeichnet. Er beruht auf *andauernden* positiven Erfahrungen mit den Outputs der Authorities: „(...) that trust will be stimulated by the experiences that members have of the authorities over time (...). In time, such sentiments may become detached from the authorities themselves and take the form of an autonomous or generalized sentiment towards all incumbent authorities and perhaps the regime as well" (Easton 1975: 448). Trust stellt also eine generalisierte Outputbewertung dar und unterscheidet sich durch diese Generalisiertheit vom „specific support".

Die Ersetzung eines alten durch ein neues Regime ist eine mögliche Adaptionsweise eines politischen Systems an sich verändernde Umweltbedingungen, die einen massiven Streß auf das politische System ausüben. Als ein Beispiel für diese Adaptionsweise wurde bereits Großbritannien genannt, das seit dem 16. Jahrhundert sein Regime mehrfach und zum Teil relativ radikal geändert hat. Diese Veränderungen können aber nur dann als Adaptionsweise *des* politischen Systems begriffen werden, wenn es dieses in einer gewissen Weise kontinuierlich gegeben hat. Diese Kontinuität ist durch die „political community" gegeben bzw. durch den Support für diese.

Wie bereits festgehalten, besteht eine „political community" aus einer Menge von Personen, die durch eine politische Arbeitsteilung miteinander verbunden sind. Bei dieser Definition ergibt sich aber ein konzeptuelles Problem. Eine politische Arbeitsteilung wird in der Regel durch die Rollen und Verfahren eines Regimes festgelegt, die politische Gemeinschaft als Objekt soll aber unabhängig von einem bestimmten Regime definiert werden, weil sie grundlegender als jedes Regime ist. Eine Alternative wäre, die politische Gemeinschaft in der Tradition Max Webers lediglich als das subjektive Gefühl der Zugehörigkeit zu einer abgrenzbaren Gruppe mit bestimmten Eigenschaften zu begreifen. In gewisser Weise geht David Easton auch so vor: „The *we-feeling* or *sense of community* which indicates political cohesion of a group of persons, regardless of the kind of regime they have or may develop, consists of the feeling of belonging together (...)." (1965b: 185). Das Problem ist hier aber, daß dieses „we-feeling" oder der „sense of community" die Einstellung zur Community ist, die als Objekt bei David Easton aber unabhängig von dieser Einstellung definiert werden soll.

Unangesehen des Problems der analytischen Separierung des Objektes der politischen Gemeinschaft und des diffuse Support gegenüber diesem Objekt, ist es für die Persistenz eines politischen Systems unerläßlich, daß eine Gruppe von Personen die Notwendigkeit anerkennt, daß es gemeinsame Angelegenheiten gibt, die durch allgemein verbindliche Entscheidungen geregelt werden müssen und daß dieses irgendeine Form der politischen Kooperation impliziert.

Ohne eine solchermaßen verstandene politische Gemeinschaft würden die „essential variables" eines politischen Systems auch in einem minimalen Sinne nicht mehr gegeben sein und dieses politische System würde aufhören zu existieren.

3. Diskussion der Systemanalyse der Politik

David Easton hat seine allgemeine Theorie der Politik vor allem in den beiden Monographien „A Framework for Political Analysis" und „A Systems Analysis of Political Life" ausgearbeitet. Einige Aspekte hat er dann in späteren Arbeiten noch einmal aufgegriffen, differenziert und zum Teil auch modifiziert. Das erfolgte vor allem in „A Re-Assessment of the Concept of Political Support" (1975) und in „The Analysis of Political Structure" (1990). Die in diesen Werken entfaltete Theorie, die er selbst als Systemanalyse der Politik bezeichnet, ist eine herausragende intellektuelle Leistung, die in den mannigfaltigen Ehrungen von David Easton auch angemessen gewürdigt wurde. In den ersten Jahren nach dem Erscheinen seiner beiden wichtigen Arbeiten im Jahre 1965 war die Resonanz auf seine allgemeine Theorie der Politik außerordentlich groß. Sie nahm dann aber aufgrund theorieexterner und theorieinterner Gründe rapide ab.

Die theorieexternen Gründe sind zum einen mit den Folgen der Protestbewegungen der sechziger Jahre und zum anderen mit Dynamiken des Wissenschaftssystems verbunden. David Easton betonte in seinen Arbeiten immer wieder die empirische Relevanz seiner Theorie und galt deshalb für viele als einer der Wegbereiter der sogenannten „behavioral revolution".[2] Der Behavioralismus wurde aber im Kontext der Protestbewegungen aus einer neo-marxistischen Perspektive stark kritisiert. Kritikpunkte waren die Verselbständigung von Techniken und Methoden gegenüber Inhalten und der unvermeidlich konservative Charakter eines wissenschaftlichen Ansatzes, der auf Daten basiert, die eine schlechte und somit zu verändernde Wirklichkeit widerspiegeln. In seiner „presidential address", die er 1969 anläßlich der Jahrestagung der „American Political Science Association" gehalten hat, bezeichnete David

---

2 Vgl. für einen Überblick über den Behavioralismus Falter (2001).

Easton diese Entwicklung vielleicht etwas vorschnell als eine „postbehavioral revolution" und versuchte, deren Relevanzkriterien mit
seinen Vorstellungen in Einklang zu bringen (Easton 1969). In den
beiden Dekaden danach hat der Neo-Marxismus derart an Terrain
verloren, daß von einer von ihm ausgehenden wissenschaftlichen Revolution nicht mehr geredet werden kann (Almond 1997).[3]

Bedeutsamer für die gesunkene Aufmerksamkeit gegenüber der
allgemeinen Theorie von David Easton war paradoxerweise die Er-
folgsgeschichte des Rational-Choice-Paradigmas. Diese geht, wie
die Theorie von David Easton, von empirisch erfaßbaren Handlungen der Individuen aus.[4] In dieser Hinsicht ist es induktiv orientiert. Das Handeln wird aber im Rahmen einer allgemeinen Theorie
des rationalen Handelns deduziert und erklärt. Aus der Perspektive
des Rational-Choice-Paradigmas ergibt sich eine kritische Einschätzung der Konstruktion einer allgemeinen Theorie wie jener von David Easton: „Empirical general theory was viewed as the prescientific
construction of frameworks, which the hard science, deductive-
inductive approach of rational choice theory would somehow re-
place" (Almond 1997: 220). Die Rational-Choice-Theorie beansprucht ebenfalls, eine allgemeine Theorie zu sein, aber sie ist eine
Handlungstheorie, während die allgemeine Theorie von David
Easton eine Systemtheorie ist. In dem Paradigmenstreit zwischen Systemtheorie und Handlungstheorie hat sich zumindest in der amerikanischen Politikwissenschaft bis heute eindeutig die Handlungstheorie in Gestalt des Rational-Choice-Paradigmas durchgesetzt.[5]

Innerhalb des Rational-Choice-Paradigmas fand aber seit Beginn der achtziger Jahre ein bemerkenswerter Wandel statt. Ursprünglich wurden politische Strukturen lediglich als ein Produkt
rational handelnder Individuen ohne einen eigenständigen theoretischen Stellenwert begriffen. Das hat James Buchanan pointiert
formuliert: „[T]he political structure is conceived as something that
emerges from the choice processes of individual participants" (zi-

---

3   Vgl. den Beitrag von Hans-Jürgen Bieling zur Politischen Theorie des Neo-
    Marxismus in Band II.
4   Vgl. zur Rational Choice Theorie den Beitrag von Joachim Behnke in Band II.
5   So können Green/Shapiro (1994: 3) empirisch zeigen, daß fast 40% aller Bei-
    träge, die Anfang der 90er Jahre in der American Political Science Review pu-
    bliziert wurden, Rational-Choice-Artikel sind.

tiert nach Almond 1997: 220).[6] Im Kontext des „neuen Institutionalismus" wurden politische Strukturen aber als Restriktionen für individuelles Handeln wiederentdeckt und es wurde zugestanden, daß diese Strukturen nicht vollständig in den Begriffen rationaler Entscheidungen nutzenkalkulierender Individuen aufgelöst werden können.[7] Die Bedingungen rationalen Handelns sind strukturelle Constraints, d.h. vorgegebene Regelstrukturen. Ohne diese „Vorgabe" wäre ein aufeinander bezogenes und somit soziales Handeln gar nicht möglich. Diese strukturellen Constraints werden im „neuen Institutionalismus" systematisch in die Erklärungsstrategie einbezogen.[8] Die konkrete Bestimmung dieser strukturellen Constraints selber kann aber nicht durch Rational-Choice Konzepte vorgenommen werden, sondern muß auf andere Ansätze zurückgreifen – und hier bestünden potentielle Anknüpfungspunkte an die Systemtheorie von David Easton. Daß diese nicht hergestellt wurden und vielleicht auch nicht herstellbar sind, hat auch theorieinterne Gründe auf die wir im folgenden eingehen.

Der letzte und wichtigste Bezugspunkt der Theorie von David Easton ist die Persistenz politischer Systeme als solcher und nicht die von bestimmten politischen Systemen mit bestimmten politischen Strukturen. Unter dieser Perspektive sind Strukturen vor allem Mittel zum Zweck der Systempersistenz. Strukturen haben deshalb auch keinen besonderen Stellenwert im Rahmen der Theorie und werden nur abstrakt definiert. Sie können deshalb für die Bestimmung der strukturellen Constraints für rationales Handeln von Individuen in empirischen Analysekontexten nicht instruktiv sein. Der „neue Institutionalismus" orientiert sich aus diesem Grunde

---

6   Vgl. hierzu den Beitrag von Joachim Behnke zur Politischen Theorie der Politökonomie: Buchanan in diesem Band.

7   Vgl. hierzu auch den Beitrag von André Kaiser zur Politischen Theorie des Neo-Institutionalismus in Band II.

8   Die Leitdifferenz innerhalb der Rational-Choice Theorie ist jene zwischen *Choices* und *Constraints*: Choices markiert die Wahl-/Handungsoptionen, die ein rational Handelnder besitzt bzw. tätigt. Nicht alle denkbaren Handlungsoptionen stehen einem rationalen Akteur in einer gegebenen Situation zur Verfügung, diese werden vielmehr eingeschränkt. Diese Beschränkungen der Choices werden zusammenfassend als constraints bezeichnet, wobei weitere Differenzierungen – situative constraints, konstitutionelle constraints, u.a. – in der Literatur zu finden sind, die jedoch an dieser Stelle vernachlässigt werden können.

auch an den Vorstellungen des „klassischen Institutionalismus" und reformuliert diese in seinem eigenen kategorialen Apparat.

Die Abstraktheit der Theorie und die damit verbundene Vernachlässigung konkreter Strukturen und somit konkreter Regime hat eine weitere Implikation. Relevanzgesichtspunkte für Theorien und Analysen werden auch oder vielleicht sogar vor allem durch die öffentliche Diskussion bestimmt. Und hinsichtlich der Frage der politischen Herrschaftsordnung hat sich nahezu weltweit das normative Modell der Demokratie durchgesetzt. Die daraus entstehenden Forschungsfragen beziehen sich z.B. auf die Bedingungen der Entstehung und der Erhaltung von Demokratien und auf die Frage, welche Form von Demokratie die Bessere oder die Schlechtere ist. Auch für diese Forschungsfragen ist die Theorie von Easton wenig instruktiv, da der Preis ihres Allgemeinheitsgrades u.a. in ihrer Indifferenz gegenüber Unterschieden politischer Herrschaftsordnung besteht. Ein politisches System ist dann persistent, wenn die autoritative Allokation von Werten an die Gesellschaft noch in irgendeiner Weise gewährleistet ist. Demzufolge sieht David Easton z.B. das politische System Deutschlands auch bei seinem Übergang von der Demokratie der Weimarer Republik zu dem Totalitarismus des Nationalsozialismus als persistent an. Beide Typen von Regimen werden unter der Persistenzperspektive also als funktional äquivalent behandelt. Auf die damit verbundene Indifferenz hat Ralf Dahrendorf scharf reagiert: „[B]ut what a miserable, indeed almost inhuman, way to describe the most dramatic changes in the composition and substance of Germany's political order!" (zitiert nach Miller 1971: 232).

Ein weiterer theorieinterner Grund für die gesunkene Resonanz der Theorie von David Easton betrifft die begrenzte Integrationskapazität für substantielle Theorien geringer und mittlerer Reichweite. Mit dieser Integrationsfähigkeit ist die Notwendigkeit einer allgemeinen Theorie u.a. begründet worden. Diese Integration kann aber nur dann gelingen, wenn die Theorien geringer und mittlerer Reichweite tatsächlich als partielle Theorien der autoritativen Allokation von Werten an die Gesellschaft begriffen und auf diesen Gesichtspunkt systematisch bezogen werden können. Das ist bei vielen Theorien aber nicht der Fall. Und selbst wenn es grundsätzlich möglich wäre, ist der zusätzliche Erkenntnisgewinn, der mit dieser Bezugnahme verbunden ist, häufig zu begrenzt. Wenn man z.B. versucht, die politische Beteiligung der Bürger einer Demokratie zu erklären, dann haben die Analysebefunde für das Funktionieren und für die Qualität dieser Demokratie einen unmittelbar einsichtigen Erkenntniswert. Diese Befunde in langen Argumentationsketten auch auf die Persistenzfrage zu beziehen, bietet für den involvierten Forscher vermutlich wenig Anreize.

4. Der Beitrag der Systemanalyse der Politik für zeitgenössische Ansätze

Ein wichtiger Beitrag der Theorie von David Easton für die politikwissenschaftliche Diskussion nach dem Erscheinen seiner beiden grundlegenden Monographien (1965a, b) besteht in seinem eminenten Einfluß auf andere Systemtheorien. Ohne die Arbeiten von David Easton wären Systemtheorien wie die von Gabriel A. Almond und S. Bingham Powell Jr. (1988) und Niklas Luhmann (1970, 1984) nicht denkbar gewesen. Die Systemtheorien allgemein und die von David Easton im besonderen hat in den letzten beiden Dekaden im internationalen Kontext aber erheblich an Bedeutung verloren. Einige theorieexterne und theorieinterne Gründe wurden bereits genannt. Zusammenfassend kann man vielleicht sagen, daß die Theorie von David Easton zu allgemein konzipiert ist und sich deshalb von relevanten Kontroversen in der Politikwissenschaft etwas abgekoppelt hat. Es scheint kein Zufall zu sein, daß die bleibenden Wirkungen seiner Theorie auf die empirische Forschung in einzelnen Konzepten beruht und nicht in der Theorie insgesamt und der Persistenz als ihren leitenden Bezugspunkt.

Das Konzept des „demand-input overload" hat einen direkten Einfluß auf die Diskussion über die Regierbarkeitskrise in der Mitte der siebziger Jahre gehabt. Und der Gesichtspunkt einer möglichen Überlastung der demokratischen Regime durch die Ansprüche der Bürger bildet seit langem eine selbstverständliche politikwissenschaftliche Perspektive. Das Konzept des Political Support stellt schon seit mehreren Dekaden eine zentrale Größe in der empirischen Demokratieforschung dar. Es ist inzwischen in das Paradigma der politischen Kultur integriert worden (Almond 1980). Es wurde im Rahmen dieses Paradigmas für die Zwecke der Ana-

lyse der Stabilität etablierter und der Konsolidierung neuer Demokratien theoretisch etwas modifiziert und empirisch angewendet
(Fuchs, 1989, 1993b, 1997).

Folgenreich für die empirische Forschung bzw. für Konzepte, die
empirische Forschung steuern, waren auch die Veranstaltungen und
begrifflichen Unterscheidungen, die David Easton für den politischen
Konversionsprozeß vorgenommen hat. Viele der Policy-Process-
Modelle knüpfen direkt an die Theorie von David Easton an (v.a.
Brewer/de Leon 1983; Windhoff-Héritier 1987; Fuchs 1993a).

Eine Möglichkeit an dem Anspruch einer relativ umfassenden
Theorie, die eine Vielzahl von Partialtheorien integrieren kann,
festzuhalten, könnte eine Verringerung des Allgemeinheitsan-
spruchs auf eine Theorie demokratischer Systeme sein. Das würde
eine Spezifikation des „conceptual framework" von David Easton
für diesen Systemtyp erfordern, der aber durchaus möglich ist. Der
Fokus dieser Theorie wäre dann nicht mehr irgendeine autoritative
Allokation von Werten, sondern die Herstellung und Durchsetzung
allgemein verbindlicher Entscheidungen durch demokratische
Strukturen und Prozesse.

Literatur

a. verwendete Literatur

Almond, Gabriel A. (1980): The Intellectual History of the Civic Culture Con-
    cept. S. 1-36 in: Gabriel A. Almond and Sidney Verba (Eds.), The Civic
    Culture Revisited. Boston/Toronto.
Almond, Gabriel A. (1997): The Political System and Comparative Politics.
    The Contribution of David Easton. S. 219-230 in: Kristen Renwick Mon-
    roe (Ed.), Contemporary Empirical Political Theory. Berkeley/Los Ange-
    les/London.
Almond, Gabriel A./Powell, G. Bingham Jr. (Eds.) (1988): Comparative Poli-
    tics Today. A World View. Glenview, Illinois/Boston/London.
Austin, John D. (1972): Easton I and Easton II. The Western Political Quar-
    terly, 25, 726-737.
Brewer, Garry D./Leon, Peter de (1983): The Foundations of Policy-Analysis.
    Homewood, Ill.
Easton, David (1951): The Decline of Modern Political Theory. Journal of
    Politics 13, 36-58. [Reprinted in: J.A. Gould and V. Thursby (Eds.),
    Contemporary Political Thought (Holt, Rinehart and Winston, 1969)].

Easton, David (1953), 2nd ed. 1971, re-issued 1981: The Political System: An Inquiry into the State of Political Science. New York/Chicago.

Easton, David (1965a): A Framework for Political Analysis. Englewood Cliffs.

Easton, David (1965b), re-issued 1979: A Systems Analysis of Political Life. New York/Chicago.

Easton, David (1969): The New Revolution in Political Science. The American Political Science Review, 63 (4), 1051-1061.

Easton, David (with J. Dennis) (1969): Children in the Political System: Origins of Political Legitimacy. New York; re-issued 1980, Chicago.

Easton, David (1975): A Re-Assessment of the Concept of Political Support. British Journal of Political Science 5, 453-457.

Easton, David (1990): The Analysis of Political Structure. New York.

Falter, Jürgen (2001): Stichwort „Behaviorism, Political" in: Neil J. Smelser (Hrsg.), International Encyclopaedia of the Social & Behavioral Sciences, Vol. 24 plus 2 index Vol. Amsterdam.

Fuchs, Dieter (1989): Die Unterstützung des politischen Systems der Bundesrepublik Deutschland. Opladen.

Fuchs, Dieter (1993a): Eine Metatheorie des demokratischen Prozesses. Discussion Paper FS III 93-202 des Wissenschaftszentrums Berlin für Sozialforschung (WZB). Berlin.

Fuchs, Dieter (1993b): Trends of Political Support in the Federal Republic of Germany. S. 232-268 in: Dirk Berg-Schlosser and Ralf Rytlewski (Eds.), Political Culture in Germany. London et al.

Fuchs, Dieter (1997): Welche Demokratie wollen die Deutschen? Einstellungen zur Demokratie im vereinigten Deutschland. S. 81-110 in: Oscar W. Gabriel (Hrsg.): Politische Einstellungen und politisches Verhalten im Transformationsprozess. Opladen.

Fuchs, Dieter (1999): Soziale Integration und politische Institutionen in modernen Gesellschaften. S. 147-178 in: Jürgen Friedrichs und Wolfgang Jagodzinski (Hrsgg.): Soziale Integration, Sonderheft 39 der Kölner Zeitschrift für Soziologie und Sozialpsychologie. Opladen/Wiesbaden.

Green, Donald P./Shapiro, Ian (1994): Pathologies of Rational Choice Theory. A Critique of Applications in Political Science. New Haven and London.

Kriek, Daniel J. (1995): David Easton and the Analysis of Political Structure. Journal of Theoretical Politics 7 (1), 29-39.

Leslie, Peter (1972): General Theory in Political Science: A Critique of Easton's Systems Analysis. British Journal of Political Science, Vol. 2., 155-172. Cambridge.

Luhmann, Niklas (1970): Soziologie des politischen Systems. S. 154-177 in: ders., Soziologische Aufklärung. Aufsätze zur Theorie sozialer Systeme. Band 1, 4. Aufl., Opladen.

Luhmann, Niklas (1984): Soziale Systeme. Grundriss einer allgemeinen Theorie. Frankfurt a. Main.

Miller, Eugene F. (1971): David Easton's Political Theory. The Political Science Review, 1, 184-235.

Münch, Werner (1971): Der Begriffsapparat bei David Easton. S. 201-245 in: Dieter Oberndörfer (Hrsg.), Systemtheorie, Systemanalyse und Entwicklungsländerforschung. Einführung und Kritik. Berlin.

Parsons, Talcott (1951): Toward a General Theory of Action. Cambridge.

Parsons, Talcott (1969): Politics and Social Structure. New York, London.

Parsons, Talcott (1971): The System of Modern Societies. Englewood Cliffs, New Jersey.

Sorzano, J.S. (1975): David Easton and the Invisible Hand. The American Political Science Review 69, 91-106.

Windhoff-Héritier, Adrienne (1987): Policy-Analyse. Eine Einführung. Frankfurt a.M.

b. kommentierte Literatur

Primärliteratur

Almond, Gabriel A. (1997): The Political System and Comparative Politics. The Contribution of David Easton. S. 219-230 in: Kristen Renwick Monroe (Hrsg.), Contemporary Empirical Political Theory. Berkeley/Los Angeles/London.
In dieser Arbeit stellt Almond ausdrücklich den Bezug seiner eigenen Systemtheorie zu der von Easton her und nimmt dabei eine kritische Würdigung der Theorie von Easton vor.

Easton, David (1965): A Framework for Political Analysis. Englewood Cliffs.
Easton, David (1965), re-issued 1979: A Systems Analysis of Political Life. New York/Chicago.
In diesen beiden Bänden wird die allgemeine Theorie der Politik von Easton dargestellt. In „A Framwork for Political Analysis" werden die grundlegenden Prämissen und Konzepte relativ knapp umrissen. Diese werden in „A System Analysis of Political Life" wieder aufgegriffen und zum Teil weiter ausgearbeitet. Das gilt vor allem für die Konzepte Demands und Support.

Easton, David (1975): A Re-Assessment of the Concept of Political Support. British Journal of Political Science 5, 453-457.
In diesem Beitrag stellt Easton den theoretisch sehr wichtigen Begriff des Support noch einmal dar, präzisiert und modifiziert ihn auch etwas gegenüber seinen früheren Arbeiten.

Luhmann, Niklas (1984): Soziale Systeme. Grundriß einer allgemeinen Theorie. Frankfurt a.M.
Unter anderem von Easton inspiriert, entwickelt Luhmann eine eigenständige Theorie sozialer Systeme, die das politische System einbezieht. Diese unterscheidet sich aber von der Theorie Eastons beträchtlich. Die Grundkategorie bei Luhmann ist die Kommunikation und mit dem Gedanken der Autopoiesis wird eine ra-

*dikal andere Perspektive als die des umweltoffenen und umweltadaptiven Systems
bei David Easton eingenommen.*

Sekundärliteratur

Fuhse, Jan (2005): Theorien der politischen Systems. David Easton – Niklas Luhmann. Wiesbaden.
*Dieses Buch ist die einzige ausführliche deutsprachige Einführung zu Easton.
Über den Vergleich zur Systemtheorie von Luhmann zeigt Fuhse zudem Entwicklungsperspektiven der Systemtheorie auf.*

Fuchs, Dieter (1989): Die Unterstützung des politischen Systems der Bundesrepublik Deutschland. Opladen.
Fuchs, Dieter (1993b): Trends of Political Support in the Federal Republic of Germany. S. 232-268 in: Dirk Berg-Schlosser and Ralf Rytlewski (Eds.), Political Culture in Germany. London et al.
In beiden Arbeiten wird der Versuch einer Systematisierung und einer Kritik des Konzeptes des Political Support von David Easton vorgenommen. Auf der Grundlage der Überlegungen von Easton wird ein modifiziertes Support-Konzept vorgeschlagen.

Leslie, Peter (1972): General Theory in Political Science: A Critique of Easton's Systems Analysis. British Journal of Political Science, Vol. 2., 155-172. Cambridge.
Die Kritik von Leslie an der Theorie von Easton bezieht sich vor allem auf den Persistenzbegriff als den letzten Bezugspunkt seiner Theorie.

Kapitel XI
Die politische Theorie der Rationalisierung: Max Weber

Rainer Schmidt

Inhalt

1.   Politik und Wissenschaft in Webers Leben und Werk

Es erscheint äußerst gewagt, Max Webers politisches Denken als
Theorie der Rationalisierung vorzustellen. Selbst die These, Max
Webers Interesse an der Politik sei theoretischer Natur und damit weniger auf praktisch-politische Intervention gerichtet, erscheint einer
intensiveren Lektüre von Webers Texten nicht standhalten zu können. Liest man seine wichtigste politikwissenschaftliche Schrift, die
Artikelserie *Parlament und Regierung im neugeordneten Deutschland* (Weber 1918a), dann wird mehr als deutlich, welches Interesse Weber an die Politik band, deutlicher zumindest als in seiner weit bekannteren Herrschaftssoziologie (Weber 1922a: 122-
176; Weber 1922b, Breuer 1991). Einer gründlichen Beschreibung
der Krise der Wilhelminischen Verfassung folgt eine klassische
Analyse politischer Führung und des Parlamentarismus in der Moderne. Dieser Text stellt zudem eines der wichtigsten Dokumente
zur Unterstützung der Parlamentarisierung und Demokratisierung
im Kaiserreich dar. Sicherlich, die Motive aus dieser Artikelserie
finden sich auch schon in seiner Freiburger Antrittsrede (Weber
1895) und in den weiteren Schriften im Weltkrieg (vgl. Weber
1984). Aber an keiner anderen Stelle legt Weber eine derart geschlossene politische Analyse vor. Aus politikwissenschaftlicher
Sicht soll hier noch eine andere Schrift hervorgehoben werden, die
Weber – mit Tocqueville vergleichbar – unmittelbar nach seiner
Rückkehr von einer mehrmonatigen Amerikareise verfasst hatte.
Darin analysiert er die soziomoralischen Grundlagen der amerikanischen Demokratie und macht keinen Hehl aus seiner Begeisterung
für die ausgeprägte individualistische Bürgerkultur, die sich kon-
genial mit den religiösen Überzeugungen der protestantischen Sekten
verknüpft. [1]

Dennoch läßt es sich mit einem Blick auf die seiner politischen
Betrachtung zugrundeliegende soziologische und universalgeschichtliche Analyse rechtfertigen, Weber als Theoretiker der Rationalisie-

---

[1]   Gemeint ist die Schrift: „Kirchen und Sekten in Nordamerika" (Weber 1906a),
      die stark überarbeitet und ihrer politischen Pointen weitgehend beraubt als „Prote-
      stantische Sekten und der Geist des Kapitalismus" (Weber 1906b) erschienen ist.
      <u>Auf den</u> Vergleich zu Tocqueville <u>gehen ein:</u> Hecht (1998) und Diggens (1996).

rung zu bezeichnen, auch wenn damit nur der halbe Weber erfasst wird.[2] Sein politisches Denken erscheint eher als Gegenbewegung gegen die den Alltag bestimmenden Kräfte der Rationalisierung, allen voran der Bürokratisierung und des Kapitalismus und ist geleitet von dem Ziel, dem Menschen angesichts übermächtiger Entwicklungstendenzen Freiräume zu schaffen. Auch Webers Biographie durchzieht diese Ambivalenz von Rationalisierung und Voluntarismus.[3]

Max Weber ist in den letzten Jahrzehnten zu einem Klassiker aufgestiegen, und dies direkt für mehrere Disziplinen der Kultur-, Geistes- und Sozialwissenschaften: Politikwissenschaft, Soziologie, Philosophie, Ökonomie, Geschichte und Theologie. Er ist dies vor allem durch seine Studie über die *Protestantische Ethik und den Geist des Kapitalismus*, durch seine Beiträge zur Wissenschaftstheorie und seine beiden Reden *Wissenschaft als Beruf* und *Politik als Beruf*. Weniger bekannt ist, daß Weber zeit seines Lebens ein homo politicus, ein politischer Mensch, war. In leidenschaftlichen, teils polemischen Vorträgen, seinen Reden im Weltkrieg, eher journalistischen Arbeiten wie zur Revolution in Rußland, in Briefen an Kollegen und Freunde oder Debattebeiträgen auf wissenschaftlichen Tagungen hat Weber von 1890 bis 1920 die politischen Ereignisse seiner Zeit kritisch kommentiert. In dieser Spannung zwischen Wissenschaft und Politik, zwischen distanzierter Betrachtung und leidenschaftlichem Engagement stehen Webers Veröffentlichungen ebenso wie sein Lebensweg. Bereits in seinem Elternhaus treffen Politik und Wissenschaft aufeinander. Weber wird 1864 als Sohn von Max Weber sen. und Helene Weber, geb. Fallenstein, in Erfurt geboren und wächst in Berlin auf, wo sein Vater seit 1869 für die Nationalliberale Partei Mitglied von Reichs- und Landtag ist. Im Haus verkehren neben Politikern, unter ihnen Miquel und Benningsen, auch die Gelehrten Mommsen, Treitschke und Dilthey. Max Weber studiert zwar Rechtswissenschaft – die sich nach der alten kameralistischen Tradition noch in

---

2　Einschlägig ist dafür die Vorbemerkung zu Band 1 der Religionssoziologischen Schriften (Weber 1920).

3　Wilhelm Hennis hat von „voluntaristischem Liberalismus" gesprochen. (Hennis 1987: 222). Die ganzen Spannungen, die Webers Persönlichkeit bestimmt haben, werden überzeugend herausgearbeitet in der beeindruckenden Biographie von Joachim Radkau (2005).

enger Tuchfühlung mit nationalökonomischen und historischen Fragen bewegte – mit einem für diese Zeit üblichen Spektrum an Nebenfächern: Nationalökonomie, Geschichte, Theologie und Philosophie, und schließt als Volljurist ab. Aber Dissertation und Habilitation schreibt er schon über Themen, die mit deutlicher Tendenz zur Rechts, Agrar- und Wirtschafts*geschichte* angelegt sind: *Geschichte der Handelsgesellschaften im Mittelalter* und *Römische Agrargeschichte der Kaiserzeit*. Seine Zweifel, ob er wohl für wissenschaftliches Arbeiten überhaupt begabt sei, werden ihm sehr schnell ausgetrieben. Seine agrarpolitische und -geschichtliche Kompetenz stellt er so durchschlagend in Form eines Forschungsberichts über die Lage der Landarbeiter in Ostelbien unter Beweis, daß er darauf umgehend mit einem Lehrstuhl für Nationalökonomie in Freiburg bedacht wird.

Die beiden Seiten Webers, der wissenschaftliche und der politisch denkende Mensch, kommen in der Akademischen Antrittsrede voll zum Ausdruck (vgl. Marianne Weber 1984; Hennis 1987: 121). Das darin behandelte Gebiet wird ihn in den nächsten Jahre bis 1897 fast ausschließlich beschäftigen. Es geht um die ökonomische und politische Situation der preußischen Junker und damit um die Frage der politischen Führung im Kaiserreich. 1897 tritt Weber die Nachfolge des bekannten Vertreters der Historischen Schule der Nationalökonomie Knies in Heidelberg an. Doch schon 1899 muß er seine Lehrtätigkeit aufgeben, weil ein Nervenleiden ihm jede Möglichkeit konzentrierter Arbeit nimmt. Es folgt eine Zeit der Reisen, Sanatoriumsaufenthalte und der mühsamen Versuche, die alte Produktivität wieder zu erreichen. Erst 1904 wird Weber auf einer langen, intensiven Reise durch die USA (u.a. mit seinem Freund und Kollegen Ernst Troeltsch) wieder an geistige Arbeit denken können. Die Befreiung von Lehrverpflichtungen und finanziellen Sorgen – Weber tritt 1907 das Erbe seines Onkels Karl Weber an, der eine Leinenfabrik besaß – ermöglicht ihm schließlich ein Ausweichen auf nicht unmittelbar nationalökonomische Fragestellungen. Es folgt nun die zweite Phase von Webers Schaffen, die ganz religionssoziologischen und methodologischen Überlegungen gewidmet ist; dies sind die Themen, zu denen er auch noch im Weltkrieg Zuflucht nehmen wird, wenn ihn die politischen Fragen zu sehr aufzuzehren drohen. In dieser Phase beginnt sein Engagement für die Gründung einer *Deutschen Gesellschaft für Soziologie*, ein Engagement, das jedoch nur wenige Jahre währt. Weber arbeitet im Folgenden an einem großen Handbuch, für das er die redaktionelle Verantwortung trägt und wichtige Teile selber schreibt: *Grundriß der Sozialökonomik*. Teile daraus werden später als *Wirtschaft und Gesellschaft* bekannt. Von jeder Lehrtätigkeit entbunden, pflegt Weber in seinem Haus in Heidelberg rege Kontakte u.a. zu dem schon erwähnten Theologen und Kulturwissenschaftler Ernst Troeltsch und zu nahezu allen zeitgenössischen Größen der Sozial- und Kulturwissenschaft (vgl. Käsler 2003).

Mit Ausbruch des Weltkrieges 1914 sucht er, zu alt für einen Einsatz als Soldat, eine adäquate Beschäftigung im Umfeld der Reichsregierung. Doch es bleibt, trotz zahlreicher Versuche politische Beratungsaufgaben zu übernehmen, bei einem einjährigen Einsatz in der Heidelberger Lazarett-Kommission. 1917 beginnt dann die dritte Phase von Webers Publikationen mit dem Schwerpunkt: politischer Journalismus. So führten sozialpolitische Fragen, Probleme der politischen Führung (das sogenannte persönliche Regiment des Kaisers) und ein ohne Augenmaß vorgetragenes Weltmachtstreben immer wieder zu Kommentaren von Seiten kritischer Intellektueller, unter denen sich Weber im Laufe der Zeit immer deutlicher Gehör verschaffen konnte. Unter dem Eindruck sich verstärkender staatspatriarchalistischer und –sozialistischer Positionen im protektionistischen Lager und einem starken Laissez-faire-Liberalismus bezog Weber an der Seite von Friedrich Naumann im Rahmen der Fortschrittspartei eine sozialliberale Vermittlungsposition. Durch seine vergleichenden religionssoziologischen Studien (ab ca. 1903) angeregt, erscheinen seine politischen – auch die tagespolitischen – Interventionen zunehmend im Licht universalhistorischer Entwicklungen, die von wachsendem Kulturpessimismus gezeichnet sind.

Mit gewichtigen und einflußreichen Publikationen zur Neuordnung Deutschlands, zu Parlamentarismus und Demokratie, den Reden *Wissenschaft als Beruf* (1917) und *Politik als Beruf* (1919), bissigen Polemiken und praktischen Interventionen (u.a. als Mitgründer der *Deutschen Demokratischen Partei*) hinterließ Weber mit Hugo Preuß gemeinsam wichtige Spuren in der Weimarer Verfassung. Auch eine Reichstagskandidatur kam in Frage, scheiterte jedoch. 1919 wagt Weber, immer noch von der Angst begleitet, regelmäßiger Lehrtätigkeit nicht gewachsen zu sein, die Rückkehr an die Universität, nachdem er im Jahr zuvor in Wien probeweise die Lehrtätigkeit wieder aufgenommen hatte, um schließlich die Nachfolge Lujo Brentanos auf einem Lehrstuhl für Nationalökonomie in München anzutreten. Vor seinem Tod – Weber stirbt 1920 an einer Lungenentzündung – kann er lediglich einen Band seiner Religionssoziologischen Schriften herausgeben. Die meisten anderen Texte Webers werden von seiner Frau Marianne in den nächsten Jahren als Sammlungen von Aufsätzen oder aus dem Nachlaß (Wirtschaft und Gesellschaft) herausgegeben. Seit nunmehr über zwanzig Jahren läuft ein bei weitem noch nicht abgeschlossenes Editionsprojekt seiner Schriften, Briefe, Vorträge und Vorlesungen, das im deutschsprachigen Raum lediglich mit der Marx-Engels-Gesamtausgabe zu vergleichen ist.

2.   Webers politisches Denken

2.1.   Die Einflüsse: Nietzsche, Marx und der Neukantianismus

Max Weber hat keine geschlossene Monographie zur politischen Theorie verfaßt. Mit Recht kann man bezweifeln, daß seine Interessen für Politik überhaupt theoretischer Natur waren (s. Hennis 1995). Nähern wir uns deshalb der Frage seiner theoretischen Herkunft von der Seite seiner Frage- und Problemstellungen und damit der Verknüpfung von methodischen Fragen („Verstehen", „Idealtyp", „Wertfreiheit") mit seinen inhaltlichen Forschungsinteressen. Was hat Weber interessiert? Max Weber war ein Denker der Ambivalenz. Sein wissenschaftliches Ethos trieb ihn dazu an, unvereinbare Positionen und Werthaltungen offenzulegen und jede Art der Verschleierung von „Tatsachen" durch „Wünschbarkeiten" aufzudecken. Wenn er Marx und Nietzsche[4] als Ahnherren der modernen Gesellschaft bezeichnet, steckt darin die Würdigung, daß diese den ambivalenten Charakter (vgl. Mommsen 1981) der modernen Gesell-

---

4   Vgl. zu Weber und Marx: Löwith (1960), Mommsen (1982) und Schluchter (1992) sowie zu Weber und Nietzsche Eden (1983), Peukert (1986) und Hennis (1987).

schaft, des modernen Lebens generell, herausgearbeitet haben und versucht haben, „der Sache auf den Grund zu gehen", radikal zu denken. In diesem Sinne war auch Max Weber radikal. Einfachen Versöhnungsformeln, ob in den Denkfiguren der Vertragstheorie oder einer organischen Staatslehre erteilte er eine Absage. Stattdessen ließ Weber die „Götter" und „Dämonen" (vgl. Weber 1917a) in Gestalt von Wertideen und Werthaltungen kollidieren und steigerte die jeweiligen Positionen bis ins logische Extrem, um schließlich aus seiner Begrifflichkeit jede Art von Kompromißformeln ausgeschieden zu haben und beim existentiellen Entweder-Oder zu landen. Nur dieses Denken schien ihm angemessen, die Zeit in Gedanken fassen zu können, weil es einer Zeit ohne feste Gewißheiten und ohne gültige und verbindliche Traditionen und religiöse Überzeugungen gerecht werden konnte. „Der Politiker soll und muß Kompromisse schließen. Aber ich bin von Beruf: Gelehrter" (Weber 1984: 1).

In der Art des Fragens und dem Aufgreifen von Problemstellungen ist Weber Marx und Nietzsche verwandt.[5] In seiner berühmten Studie über die *Protestantische Ethik und den ‚Geist' des Kapitalismus* zeigt Weber – allerdings in kritischer Distanz zu Marx –, daß nicht nur ökonomische Prozesse Kulturbedeutung erlangen, sondern auch kulturelle (innerreligiöse) Entwicklungen ökonomische Bedeutung zeitigen können. So rückt der Mensch mit seinem konkreten Handeln bei Weber viel stärker in den Mittelpunkt der kulturwissenschaftlichen Analyse, als dies bei Marx – zumindest dem späten – der Fall war. Auf Grund dieser Interessen und der daraus gewonnenen Fragestellungen wendet sich Weber der Historischen Schule der Nationalökonomie zu, die von ihrem methodischen Zugriff eher den ganzen Menschen und nicht bloß den homo oeconomicus erfassen kann. Konsequent arbeitet er an einem methodischen Konzept, daß diesen Erkenntnisbedürfnissen gerecht wird. Aus diesen Auseinandersetzungen gewinnt Weber das Bewußtsein, daß sich die Nationalökonomie als Wissenschaft vom

---

5 „Die Redlichkeit eines heutigen Gelehrten, und vor allem eines heutigen Philosophen, kann man daran messen, wie er sich zu Nietzsche und Marx stellt. Wer nicht zugibt, daß er gewichtige Teile seiner eigenen Arbeit nicht leisten könnte, ohne die Arbeit, die diese beiden getan haben, beschwindelt sich selbst und andere. Die Welt, in der wir selber geistig existieren, ist weitgehend eine von Marx und Nietzsche geprägte Welt" (Mündlich überliefert nach einem Gespräch Webers mit einem Studenten, zitiert nach: Hennis 1987: 167).

Menschen mit der Kulturbedeutung gesellschaftlicher Phänomene, d.h. mit der subjektiven Sinndeutungsebene, beschäftigen muß. Diese Sinnebene wissenschaftlich verbindlich zu erschließen ist die Herausforderung, der Weber sich stellt. Deswegen kann seine kulturwissenschaftliche Methode nur nach dem subjektiv gemeinten Sinn fragen.[6]

Um soziales Handeln verstehen zu können, arbeitet Weber an scharfen Begriffen, die das „Chaos der Erscheinungen" ordnen sollen: den Idealtypen. Diese Begriffe sollen sich durch logische Reinheit auszeichnen: „Ein Idealtypus in unserem Sinne ist (...) etwas gegenüber der wertenden Beurteilung völlig Indifferentes, er hat mit irgend einer anderen als einer rein logischen ‚Vollkommenheit' nichts zu tun" (Weber 1904a: 200). Der existentiellen Zuspitzung des Entweder-Oder entspricht die logische Zuspitzung des Idealtyps, den Weber leicht modifiziert von Ferdinand Toennies ableitet. Eng verbunden ist damit Webers so oft mißverstandenes Postulat der Wertfreiheit, das auf sein Drängen hin knapp und deutlich formuliert in die Satzung der *Deutschen Gesellschaft für Soziologie* aufgenommen wurde: „Die Gesellschaft gibt allen wissenschaftlichen Richtungen und Methoden der Soziologie gleichmäßig Raum und lehnt die Vertretung irgendwelcher praktischen (ethischen, religiösen, politischen, ästhetischen usw.) Ziele ab" (vgl. Weber 1994: 4ff). Hier ist Webers Anspruch, Wissenschaft und Politik nach getrennten Gesetzen und Regeln und in getrennten ‚Räumen' durchzuführen, kodifiziert.

Ein in der Geschichte sich manifestierender Sinn liegt aus Webers Sicht nicht vor. Daraus folgt die Forderung, daß der Wissenschaftler trennen möge zwischen dem, was er persönlich für wichtig und wünschenswert hält, und dem, was er an wissenschaftlichen Ergebnissen erzielt hat. Webers Erkenntnisinteresse entspricht es, daß er sich in dem Methodenstreit der Kulturwissenschaften im *Verein für Sozialpolitik* auf die Seite der historischen Schule der Nationalökonomie schlug.[7] Die großen Erfolge der Naturwissen-

---

6   Vgl. allgemein zur Wissenschaftstheorie und Kultur der Jahrhundertwende: Lepenies 1985 und Ringer 1987. Im *Verein für Sozialpolitik* wurden die Diskussionen geführt (s. dazu immer noch Lindenlaub 1967).

7   Max Weber selbst schreibt in der Antrittsvorlesung: „... wir Jünger der deutschen historischen Schule..." (Weber 1895: 563). Er erneuert dies noch einmal im Objektivitäts-Aufsatz, wenn auch mit dem Bedürfnis der gemäßigten Abgrenzung (Weber 1904a).

schaften (als exakte Wissenschaften) setzten die Kultur- und Geisteswissenschaften unter Druck, ihr Selbstverständnis neu zu klären. Was war die Kernaussage der Historischen Schule der Nationalökonomie? Die deutsche Nationalökonomie gehörte noch im frühen 19. Jahrhundert traditionell der staatswissenschaftlichen Tradition an. Herausgefordert durch die englische Schule der political economy von Adam Smith, setzte sich auch im deutschen Sprachraum die Vorstellung fest, die Nationalökonomie sei keine politische Wissenschaft. Damit würde sie sich nicht an der konkreten historisch-politischen Situation der Nation und des „ganzen Menschen" orientieren, sondern würde sich als kosmopolitische, auf allgemeine Gesetzmäßigkeiten abzielende Wissenschaft begreifen. Gegen diese Einflüsse richtete sich die Historische Schule der Nationalökonomie, angeführt von Gustav Schmoller und getragen von Roscher, Knies und eben dem in dieser Tradition verankerten Max Weber. In diesem Sinne kann Weber in der Antrittsrede formulieren: „Die Volkswirtschaftpolitik eines deutschen Staatswesens, ebenso wie der Wertmaßstab des deutschen volkswirtschaftlichen Theoretikers können deshalb nur deutsche sein." (Weber 1895: 560)

Methodisch führt Weber den Neukantianismus konsequent fort, der seine Kernüberzeugung in der kategorialen Trennung von Sein und Sollen findet und kann sich dabei auf eine Reihe von Vorarbeiten stützen, aus denen er Anregungen zu seinen Definitionen zu Staat, Politik, Macht u.a. übernahm, um sie seinem Anspruch anzupassen, daß in diesen idealtypischen Begriffen strikte Wertabstinenz, kulturelle und zeitliche Unabhängigkeit zum Ausdruck kommen solle. Spuren methodischer Art gibt es zu Jellinek (Anter 1995; Breuer 1999) und zu Toennies (Breuer 1994).

2.2. Die Grundbegriffe: Staat, Herrschaft und Persönlichkeit

Modernes politisches Denken wählt üblicherweise seinen systematischen Ausgangspunkt beim Staat. Politik wird vom Staat her bestimmt. Das ist bei Max Weber nicht anders als bei Thomas Hobbes oder John Locke (vgl. hierzu und zum folgenden Anter 1995). Aber schon in seiner Staatsdefinition zeigt sich, daß Weber den Staat in seinen gesellschaftlichen Kontext einbindet. „Staat soll ein politischer Anstaltsbetrieb heißen, wenn und insoweit sein Verwaltungsstab erfolgreich das Monopol legitimen physischen Zwangs für die Durchführung der Ordnungen in Anspruch nimmt" (Weber 1922a: 29).[8] So wird der Staat zu einem Anstaltsbetrieb unter anderen, neben der Kirche oder dem industriellen Großbetrieb, dessen Spezifikum nicht in der inhaltlichen Zielbestimmung kollektiven Handelns, sondern in dem für diese Anstalt typischen Mittel, der legitimen Gewaltsamkeit, liegt. Weber setzt sich mit dieser Definition von zeitgenössischen Versuchen den Staat über den Staatszweck zu bestimmen (Jellinek) ab, die selber wiederum in einer langen ideengeschichtlichen Tradition standen, und legt eine bewußt formale, auf inhaltliche Bestimmungen – besonders der Legitimitätsgrundlage – verzichtende Definition vor. So hatte Hobbes den Staat über den Zweck der Friedenssicherung bestimmt und Locke über die Sicherung des Eigentums (life, liberty and property). Die Ausweitung der Staatszwecke im 19. Jh. – heute würden wir eher von staatlichen Aufgaben oder Funktionen sprechen – ließen Weber zur Einsicht gelangen: „Kraft der Drastik seiner Wirkungsmittel ist der politische Verband spezifisch befähigt, alle überhaupt möglichen Inhalte eines Verbandshandelns zu konfiszieren, und es gibt in der Tat wohl nichts auf der Welt, was nicht irgendwann und irgendwo einmal Gegenstand eines Gemeinschaftshandelns politischer Verbände gewesen wäre" (Weber 1922a: 514f.). Obwohl er hier also eine rein formale Bestimmung versucht, die abstrakt genug formuliert sein soll, um das Phänomen des Staates zu jeder Zeit einfangen zu können, beschränkt Weber die von ihm definierte Form von Staatlichkeit dennoch auf die Moderne (Weber 1922a: 519). Besonders die Phänomene der Monopolisierung physischer Gewalt und die Anstaltsmäßigkeit sind an Stadien der Rationalisierung gebunden, die ein Phänomen der frühen Neuzeit sind.[9] Wenn er das Mittel der Gewalt betont, dann will

---

8   Weder auf den Begriff des Anstaltsbetriebs noch auf die interessante Formulierung der im Plural gelassenen „Ordnungen" kann hier ausführlich eingegangen werden. Dazu u.a. Anter (1995 20ff.).

9   Weber äußert sich nicht konkret zu dem exakten historischen Umfeld, gibt jedoch grobe Hinweise, wenn er Grundfunktionen des Staates nennt: „Setzung des Rechts (Legislative), Schutz der persönlichen Sicherheit und öffentliche Ordnung (Polizei), den Schutz der erworbenen Rechte (Justiz), die Pflege von

er damit nicht ausdrücken, daß dies das einzige oder das normale Mittel, sondern das für den Staat spezifische Mittel (ultima ratio) ist. Aber auch hier rückt Weber wieder deutlich von einer ideengeschichtlichen Tradition ab, die seit Bodin noch eher von Souveränität als vom Monopol physischer Gewalt sprach. Bewußt antikontraktualistisch betont Weber den Gewaltcharakter staatlicher Machterhaltung und steht damit eher in der klassisch republikanischen Tradition von Machiavellis Discorsi oder auch David Humes Aufsatz gegen den Gesellschaftsvertrag.

Ebenso auf den Staat hin gedacht sieht Weber Politik als Ringen um Machtanteile innerhalb des Staates. Dabei ist Macht für Weber „jede Chance, innerhalb einer sozialen Beziehung den eigenen Willen auch gegen Widerstand durchzusetzen, gleichviel worauf diese Chance beruht" (Weber 1922a: 28). Macht, die im Staat letztlich darauf beruht, Gewaltmittel als letztes Mittel zur Verfügung zu haben, stellt Weber so mit Gewalt auf eine Stufe.[10] Politisches Handeln heißt dann, Ringen nach Machtanteilen ebenso wie im Zweifel bereit zu sein, Gewalt einzusetzen. Unter den Bedingungen der modernen Massendemokratie stellt sich dieses Ringen nach Macht ganz anders dar als zur Zeit der aristokratischen Bestellung der Machtpositionen durch ein Honoratiorensystem. War die wichtigste Voraussetzung dort die Abkömmlichkeit, d.h. Geld (aus Renten) und damit: Zeit zu haben, läßt sich dieses Leben *für* die Politik nicht mehr durchhalten. Heute leben die Politiker als Berufspolitiker – zumindest auch – *von* der Politik. Auf Grund der amorphen, gestaltlosen Erscheinung von Macht verweist Weber im Politischen auf Herrschaft, die weit spezifischer die konkreten Umstände politischer Machtausübung begrifflich fassen kann. Und das Phänomen der Herrschaft verweist unmittelbar auf Fragen der Le-

---

hygienischen, pädagogischen, sozialpolitischen und anderen Kulturinteressen (die verschiedenen Zweige der Verwaltung), endlich und namentlich auch den organisierten gewaltsamen Schutz nach außen (Militärverwaltung), ist in der Frühzeit entweder gar nicht oder nicht in der Form rationaler Ordnungen, (...) vorhanden" (Weber 1922a: 516).

10 „Auch die alten Christen wußten sehr genau, daß die Welt von Dämonen regiert sei, und daß, wer mit der Politik, das heißt: mit Macht und Gewaltsamkeit als Mitteln, sich einläßt, mit diabolischen Mächten einen Pakt schließt, und daß für sein Handeln es nicht wahr ist, daß aus Gutem nur Gutes, aus Bösem nur Böses kommen könne, sondern oft das Gegenteil. Wer das nicht sieht, ist in der Tat politisch ein Kind" (Weber 1919: 241f.).

gitimität von Herrschaft. Das Originelle an Webers Herrschaftssoziologie ist, daß sie nicht danach fragt, was legitim *ist*, sondern was für legitim *gehalten* wird. Legitimitätsfragen sind für Weber Fragen nach dem Legitimitäts*glauben* derjenigen, die einer Herrschaft unterstehen. Am Phänomen der Herrschaft hat ihn interessiert, welche Gründe es gibt, sich Herrschaft zu unterwerfen. Einmal mehr interessiert Weber hier der Sinn, den der einzelne Mensch seinem Handeln zugrunde legt. Welchen Legitimitätsgründen kann ein Mensch möglicherweise folgen, wenn er sein Handeln als Gehorsam gegenüber einer Ordnung gestaltet, wenn er in Befehls- und Gehorsamsstrukturen sich bewegt.

Aus der Staatsdefinition und der Betonung von Macht und Herrschaft ergibt sich Webers Politikbegriff, der selber aus der Riege der politisch-soziologischen Grundbegriffe herausfällt. Eine nüchterne, sachliche, abstrakte oder gar auf überzeitliche Gültigkeit angelegte Definition strengt er erst gar nicht an. So betont er gegenüber übereifrigen Syndikalisten angesichts revolutionärer Ansinnen die Geduld, die politisches Wirken verlangt (Weber 1919). Zumeist ist Politik für Weber jedoch: Kampf, Kampf um Machtanteile im Staat. Er hat ein sichtbar dynamisches und konfliktorientiertes Verständnis von Politik. Wollten Hobbes und nach ihm die Vertragstheoretiker in der Tradition des liberalen Rechts- und Verfassungsdenkens das soziale Phänomen des Kampfes in den Naturzustand abdrängen und somit Politik von Kämpfen im eigentlichen Wortsinn freihalten, auf einen herrschafts- und kampffreien Diskurs zulaufen lassen, ist dies für Weber eine Flucht in Wünschbarkeiten und idealistische Befangenheiten. Er liebte den unverstellten Blick auf die „Realitäten".

Wie immer man dies bewerten mag – die Webersche Terminologie geht uns nach den Erfahrungen des 20. Jahrhunderts nicht mehr so leicht von den Lippen. Die von Weber aufgenommenen Zeitströmungen im Wilhelminismus, eine sehr offensive Weltmachtpolitik – wenn auch mit sozialreformerischem Impetus – und ein vehementer Nationalismus schlagen sich auch in seinen Begriffen nieder. Er bleibt dennoch im liberalen Spektrum seiner Zeit, wenn auch eher in einer eigenwilligen Randstellung.

2.3. Politisch-soziale Dynamisierung durch Parlamentarisierung und Charisma

Wenn Politik sich primär als Kampf darstellt, dann müssen für diesen Kampf die nötigen Persönlichkeiten und die entsprechenden Institutionen vorhanden sein, um diesen Kampf geregelt und gehegt austragen zu können. Nichts ist geeigneter als die Institution des Parlaments, um den politischen Kampf kontrolliert auszutragen und das Kontroverse in der Politik symbolisch zum Ausdruck zu bringen.[11] Weber sah im Kaiserreich jedoch an keiner Stelle, daß die nötigen Arenen zum Austragen der Kämpfe eingerichtet worden wären. So richtete sich seine Kritik an den Zeitumständen eben auf diese beiden Punkte: Es fehlen die Institutionen (Parlament, gleiches Wahlrecht und eine entsprechende Verfassung) und die Persönlichkeiten, bzw. eine diese Persönlichkeiten tragende politische Kultur, um mit den Anfechtungen, die politischer Kampf um Macht bedeutet, umgehen zu können.[12] In den 1890er Jahren richtet sich seine Kritik noch hauptsächlich gegen die Junker in Ostpreußen, die sich alimentieren lassen, um ihre partikularen Interessen gegen die Interessen der Nation durchzusetzen. Mit heftigen, auch gegen Polen und Rußland gerichteten Tönen, ruft er das politische Bürgertum auf, die Politik nach bürgerlichen Werten zu gestalten, in der Hoffnung, daß Weltpolitik und politische Emanzipation sich gegenseitig stabilisieren würden. Im Weltkrieg knüpft er an seine frühen Überlegungen an: Beamtenherrschaft kollektiver Unverantwortlichkeit, dazu das persönliche Regiment des Kaisers mit einer Portion nationalistischer Hybris treiben Deutschland in eine katastrophale Annexionspolitik.[13] Es fehlt an einer kritischen Öffentlichkeit und in der Opposition gibt es hauptsächlich politische Träumer (Pazifisten und Sozialisten), die Weber auch gerne als Romantiker und Literaten beschimpft (Weber 1917b).

---

11 Vgl. zu dieser symbolischen Funktion des Parlaments vor allem das Kapitel über die politische Theorie des zivilgesellschaftlichen Republikanismus in *Politische Theorien der Gegenwart II*.

12 Dies wird besonders deutlich in der Rede *Politik als Beruf* (Weber 1919) und in der Aufsatzserie *Parlament und Regierung im neugeordneten Deutschland* (Weber 1918a).

13 Vgl. Webers Aufruf gegen den U-Boot-Krieg (Weber 1916a).

Doch auch seine tagespolitischen Interventionen stehen im Einfluß seiner universalhistorischen Studien, die getragen sind von einem kaum zu übertreffenden zeitkritischen Kulturpessimismus, der den enormen Einfluß Nietzsches auf Weber deutlich macht. Der moderne Mensch im Okzident wird in eine Welt hineingestellt, die von den Kräften der Rationalisierung im Sinne technischer, rein formaler Rationalität angetrieben wird. Nach rein formal rationalen Gesichtspunkten werden Bereiche wie Architektur, Religion, ja selbst Musik gestaltet. Doch am „schicksalhaftesten" wirken sich diese Rationalisierungstendenzen im ökonomischen und politischen Bereich aus. Der Sonderweg des Okzidents, dem er hauptsächlich in seinen religionssoziologischen Schriften nachging[14], ist am besten mit dem der funktionalen Differenzierung und systematisch-formalen Rationalisierung beschrieben.[15] Auf politischem Gebiet heißt das die Durchsetzung des modernen Anstaltsstaates und ökonomisch die Durchsetzung des modernen Kapitalismus, allgemein soziologisch formuliert: „rationale Zweckverbände" (Weber 1917b: 356ff.), ob kapitalistisch-wirtschaftend oder bürokratisch-verwaltend, setzen sich durch. Er spricht auch von der „schicksalvollsten Macht unseres modernen Lebens: dem Kapitalismus" (Weber 1920: 4). Für unentrinnbar hält Weber beide Entwicklungen.[16] „Die Bürokratisierung ist das spezifische Mittel, [einverständliches] ‚Gemeinschaftshandeln' in rational geordnetes ‚Ge-

---

14 Weber (1920: 1) schreibt in seiner Vorbemerkung zu der von ihm selbst besorgten Ausgabe der Religionssoziologischen Schriften: „Universalgeschichtliche Probleme wird der Sohn der modernen europäischen Kulturwelt unvermeidlicher- und berechtigterweise unter der Fragestellung behandeln: welche Verkettung von Umständen hat dazu geführt, daß gerade auf dem Boden des Okzidents, und nur hier, Kulturerscheinungen auftraten, welche – wie wenigstens wir uns gerne vorstellen – in einer Entwicklungsrichtung von universeller Bedeutung und Gültigkeit lagen?"

15 Daß Weber jedoch eine Theorie der Rationalisierung geschrieben hat (so Schluchter (1980), Tenbruck (1975) oder auch Habermas (1981, Bd.1: 207ff), dies ihn auch nur interessiert hätte, wurde u.a. von Wilhelm Hennis (1987; 1995) bestritten.

16 „Die ganze Entwicklungsgeschichte des modernen Staates insbesondere ist identisch mit der Geschichte des modernen Beamtentums und bürokratischen Betriebes, ebenso wie die ganze Entwicklung des modernen Hochkapitalismus identisch ist mit zunehmender Bürokratisierung der Wirtschaftsbetriebe. Der Anteil der bürokratischen Herrschaftsformen steigt überall" (Weber 1922b: 478).

sellschaftshandeln zu überführen" (Weber 1922a: 569f.). Beide Entwicklungen bergen jedoch die Gefahr in sich, daß Politik in Verwaltung überführt wird und letztendlich erstarrt.

Im Zentrum seines politischen Denkens steht dagegen die Suche nach Dynamik, genauer: nach dynamisierenden Kräften, sei es in Form sozialer Gruppierungen (Bürgertum, organisierte Arbeiterschaft) oder einzelner Persönlichkeiten (charismatische Führerpersönlichkeiten).[17] Diese gelegentlich schon fast manisch anmutende Angst vor Erstarrung, vor dem Rückfall in „altägyptisches Fellachentum" (Weber 1918a: 464) bedingt Webers dynamisch konfliktorientiertes Verständnis von Politik. Aber mit welchem Ziel, auf welchen Zweck hin sollte die Politik ausgerichtet sein? Zum einen läßt sich sein Programm als politische Erziehung verstehen (Hennis 1987). Typisch für seinen ganzen Habitus des Denkens und auch Lebens ist die heroische Haltung, die er sich selbst und seinen Mitmenschen abverlangt, den Fluchtmöglichkeiten aus der Härte des modernen Lebens (dem „stahlharten Gehäuse") nicht zu erliegen, ganz einfach formuliert: sich nichts vormachen zu lassen und seine politische Urteilskraft zu stärken.[18] Eindimensionale Abhängigkeiten zwischen politischer, ökonomischer und kultureller Entwicklung feststellen zu wollen, hielt er für Bauernfängerei. In jeder historischen Situation müssen die Bürger einer Nation immer wieder Freiräume erkämpfen. Wenn sie zur rechten Zeit gehandelt und die Gelegenheit ergriffen haben (s. Machiavellis Begriff der *occasione*), dann sind Freiräume erkämpft worden, im anderen Fall eben nicht (Weber 1906c: 164ff). Gesetzmäßigkeiten, wie sie aus Webers Sicht der Marxismus vorspielen will, gibt es in der Geschichte nicht. Weber sieht demnach keinerlei Zusammenhang zwischen wirtschaftlichem „Fortschritt" – ein Begriff, der bei ihm

---

17 Neben vielen anderen Texten, vielleicht am eindrücklichsten in dem kleinen Weltkriegstext: *Zwischen zwei Gesetzen* (Weber 1916b).

18 Es ist jedoch nicht so, daß sich aus dieser Diagnose zwangsläufig seine politischen Überzeugungen ergeben hätten. Kulturkritische und kulturpessimistische Konservative bauen auf der These der entzauberten Welt auf (Bolz 1991) wie auch marxistische Vorstellungen oder auch ästhetische (Jünger/George u.a.), die daraus ganz andere politische oder auch apolitische Konsequenzen ziehen: revolutionäre oder konservativ-elitäre oder weltabgewandt-ästhetische.

immer in Anführungszeichen steht[19] – und Freiheit des Menschen oder einem Wachstum seiner kulturellen Entfaltungschancen. Trotzdem verpflichtet er den modernen Menschen darauf, die Eigenlogiken der wirtschaftlichen und politischen Rationalisierung zu akzeptieren und die Suche nach Freiheit nur in dem dadurch vorgegebenen Rahmen zu suchen.

Zum anderen sieht er, und hier ist der Begriff des „voluntaristischen Liberalismus" (Hennis 1987: 222) wohl angemessen, den *politischen* Menschen im Visier seiner Zielvorstellungen. Wie an so vielen vereinzelten Stellen fragt Weber (1918a: 465f. Hervorhebungen im Orig.) auch hier wieder mit großem Pathos: „Wie ist es angesichts dieser Übermacht der Tendenz zur Bureaukratisierung *überhaupt noch möglich, irgend welche* Reste einer in *irgend*einem Sinn ‚individualistischen Bewegungsfreiheit zu retten?" Diese Bewegungsfreiheit, das, „was uns wertvoll erscheint am Menschen, die Selbstverantwortlichkeit, den tiefen Drang nach oben, nach den geistigen und sittlichen Gütern der Menschheit" steht im Mittelpunkt (Weber, zitiert nach Marianne Weber 1984: 145). Dagegen rücken Fragen der politischen Institutionen und der Staatsform (Demokratie oder Monarchie) ins zweite Glied und degenerieren zu reinen Zweckmäßigkeitsfragen, die nach der oben angegebenen übergeordneten Frage beantwortet werden mußten. Wenn er schließlich im Weltkrieg gleiches Wahlrecht für alle Bürger in Preußen fordert, dann, weil die Soldaten, die für Deutschland gekämpft haben, ihren Bürgerstatus verdient haben.[20] An anderer Stelle ist ihm der Ausgleichs- und Balance-Aspekt des „gleichen Ziffernwahlrechts" wichtig: gesellschaftlicher Ungleichheit steht die Forderung nach Gleichheit aller Bürger als Staatsbürger gegenüber. So finden sich zahlreiche Vorschläge bei Weber letztendlich

---

19 Weber hat das Phänomen der „negativen Auslese" immer wieder interessiert. Aufgrund von Rückständigkeit, bspw. dem Festhalten an Traditionen oder nichterfolgter Säkularisierung, ergaben sich Auslesevorteile, oder sagen wir besser: Wettbewerbsvorteile. (Zum umstrittenen Begriff der Auslese, s. Weber 1922a: 20). In dem Aufsatz *Kirchen und Sekten in Nordamerika* heißt es: Es ist „die Schwäche der religiösen Motive, was die Kirche [gegenüber den Sekten, RS] für alle absehbare Zukunft begünstigt" (Weber 1906a: 382/397).

20 Die Verbindung von Bürgerstatus und militärischer Selbstverteidigung findet sich immer wieder in der Ideengeschichte, u.a. bei Aristoteles und Machiavelli, um nur zwei prominente Vertreter zu nennen.

nur mit der Begründung, daß ein sonst drohendes Übergewicht ausgeglichen werden müsse. Einer übermächtigen Verwaltung muß ein Parlament entgegen gestellt werden, und als er auf das Parlament nicht mehr vertrauen will, soll als Ausgleichskraft die charismatische Führungspersönlichkeit einrücken.[21]

Alle Vorschläge zu Veränderungen des politischen Institutionengefüges stehen im Interesse dessen, „was uns am Menschen wertvoll scheint" (Weber, zitiert nach Marianne Weber 1984: 145). Wenn Wilhelm Hennis zeigt, daß die Kraft von Webers Analyse der modernen Welt daraus entspringt, daß ihr eine Gegenwelt der Tradition und der Vormoderne entspricht, die in vielen von Webers Begriffen offen oder latent vorhanden ist, dann kann dies auch für seine politischen Vokabeln gelten. Er weiß, daß in der modernen, bürokratisierten Welt kein Platz für Persönlichkeiten ist. Umso interessierter beobachtet er die amerikanische Kultur, in der für ihn besonders die Verbindung von Sekten, Bewährung und Persönlichkeit auffiel. Hier fallen anders als im deutschen Verständnis „Gemeinschaft" und „Gesellschaft" nicht auseinander, sondern verbinden sich. In einem Vorgriff auf die Kommunitarismus-Debatte[22] zeigt Weber die kulturellen Unterschiede zwischen Deutschland und Amerika auf. Treten in Deutschland Gemeinschaft und Gesellschaft als dichotomes Begriffspaar auf, sind es die amerikanischen „Verbände", in denen der alte „Sektengeist" herrscht. „Die kühle Sachlichkeit der Vergesellschaftung fördert die präzise Einordnung des Individuums in die Zwecktätigkeit der Gruppe – sei diese Football Club oder politische Partei, aber sie bedeutet keinerlei Abschwächung der Notwendigkeit für den Einzelnen, um seine Selbstbehauptung konstant besorgt zu sein. Und der soziale Verband, dem der Einzelne zugehört" ist „ganz bewußt ein Mechanismus für

---

21 Auch wenn dies nur eine Fortsetzung der Spekulationen um Webers Bedeutung für den Nationalsozialismus ist, können wir dennoch aus diesem Bemühen um Ausgleich, Gleichgewicht und Balance ahnen, daß er einem Ausschlagen des Pendels zugunsten einer charismatischen Führerpersönlichkeit einen ebenso energischen Riegel vorgeschoben hätte, wie er zu seiner Lebzeit gegen die übermächtige Tendenz der Erstarrung durch Bürokratisierung vorgegangen ist.

22 Vgl. hierzu den Beitrag von Hartmut Rosa in *Politische Theorien der Gegenwart II*.

seine eigenen, materiellen oder ideellen Zwecke" (Weber 1906a: 394).

Führen wir uns noch einmal vor Augen, daß Weber seiner Zeit eine äußerst pessimistische Diagnose gegeben hat, die gelegentlich schon fast apokalyptische Szenarien (spätantike Lethargie, altägyptisches Fellachentum) beschrieb, versuchte er dagegen sämtliche Entwicklungstendenzen normativ auszuzeichnen, die auf einer nüchternen Analyse der unentrinnbaren Elemente eines jeden modernen Staates aufruhend, dynamisierende und vor allem *voluntaristische* (Eigeninitiative, Risikobereitschaft, Entscheidungsfähigkeit erhöhende) Aspekte förderte. Diese Ideale sind nationale, an den deutschen Kulturidealen orientierte, aber auch individualistische der persönlichen Selbstbehauptung und politische Motive im Sinne einer Selbstbestimmung der Bürger.[23] Und so empfiehlt Weber, politische Ordnungen „wenn man sie bewerten will, letztlich auch daraufhin zu prüfen, welchen menschlichen Typus sie, im Wege äußerer oder innerer Motiv-Auslese, die optimalen Chancen gibt, zum herrschenden zu werden" (Weber 1918b: 518). Dies ist nichts anderes als die alte ethisch-politische Frage nach der guten politischen Ordnung, wie sie schon Aristoteles ins Zentrum seiner Analyse gestellt hat.

Damit sind auch die Aufgaben staatlichen Handelns schon impliziert: Soll politisches Handeln im modernen Staat also all die oben genannten Aufgaben wahrnehmen können, muß es dies auf der Grundlage von Rationalisierung und Bürokratisierung tun.[24] Was Weber an Nüchternheit im politischen Alltagsbetrieb einfordert, heißt demnach, aus den Chancen modernen, rationalen, bürokratisierten Parteienapparates auch für die Politik Profit zu schlagen.

Wenn die Chancen der Rationalisierung für politische Handlungsfreiheit und -effizienz in der Weber-Forschung oft unterbelichtet wurden, dann trägt Weber daran reichlich Mitschuld. Weit häufiger und auch eindringlicher hat Weber vor den Folgen von Bürokratisierung, Fachmenschentum und formaler Rationalisierung

---

23 In diesem Sinne ist auch Webers unglückliche Semantik des „Herrenvolkes" zu verstehen (s. Torp 1998).

24 Die Ausweitung staatlicher Funktionen sieht Weber direkt in Abhängigkeit der Komplexitätssteigerung und Steigerung der Interdependenz und Vernetzung im wirtschaftlichen Handeln (s. Weber 1922a: 516).

für den Menschen gewarnt.[25] Besonders in den Kriegsjahren und der Revolutionszeit sieht Weber seine Aufgabe darin, den Charakter der Politik als „starkes langsames Bohren von harten Brettern" (Weber 1919) vorzustellen. Die revolutionäre, sozialistische und pazifistisch eingestellte Jugend war dagegen mehrheitlich auf der Suche nach grundsätzlichen Alternativen zur modernen Politik. In Gemeinschaftskult und nationalistischen, deutschtümelnden Kreisen, aber auch im George-Kreis, bei Syndikalisten u.a. vermisste Weber immer den harten Blick auf die Realitäten und warf diesen oft Schwärmerei vor. Auf Grund dieser Haltung des ‚Dennoch', die besonders in seiner Rede *Politik als Beruf* hervorsticht, ist Weber auch als heroischer Pessimist bezeichnet worden (s. Mommsen 1989).

3. Max Weber in der Kritik

3.1. Kritik der Zeitgenossen

Weber wurde für ebenso viele Positionen mit Kritik versehen wie mit Vergessen bestraft. Zu Lebzeiten noch waren die schärfsten Kontroversen um sein Wissenschafts- und Methodologie-Verständnis ausgebrochen, wie auch um seine Schriften über die Protestantische Ethik, und natürlich stand er mit seinen polemischen und pointierten tagespolitischen Schriften im ständigen Kreuzfeuer der Kritik.

Seine Forderung, den Grundsatz der Wertfreiheit in die Satzung der *Deutschen Gesellschaft für Soziologie* aufzunehmen, führte zu einem Eklat (Weber 1910a: 548).[26] In *Wissenschaft als Beruf* spitzt

---

25 Am eindringlichsten geschieht dies in dem deutlich von dem empirischen Teil abgesetzten Schlußteil von *Protestantische Ethik und ‚Geist' des Kapitalismus*, wo Weber an Nietzsche anknüpfend schreibt: „Dann allerdings könnte für die ‚letzten Menschen' dieser Kulturentwicklung das Wort zur Wahrheit werden: ‚Fachmenschen ohne Geist, Genußmenschen ohne Herz: dies Nichts bildet sich ein, eine nie vorher erreichte Stufe des Menschentums erstiegen zu haben" (Weber 1904b: 204; vgl. Peukert 1986).

26 Vgl. dazu auch die aufschlußreiche Korrespondenz im Anschluß an den Soziologentag 1910. So schrieb Weber an den Vorstand der Gesellschaft: „daß selbstverständlich die Nichtzulassung der Propagierung ‚praktischer Ideen' nicht etwa die Bedeutung hat: daß die logischen und methodischen Grundlagen der soziologischen Tatsachenforschung oder die Existenz und der gedank-

er die von ihm so hoch eingeschätzte Trennung zwischen Politik (persönlicher Überzeugung) und Wissenschaft noch einmal zu und liefert ein Dokument, an dem sich heute noch das Ethos wissenschaftlicher Redlichkeit gegenüber Instrumentalisierungswünschen und -versuchungen aus der politischen Alltagspraxis erweisen kann. Wie schon zu seinen Lebzeiten, wurden seine wissenschaftstheoretischen Schriften auch in der Rezeption nach seinem Tod gründlich mißverstanden. Keineswegs glaubte Weber an mögliche ‚Objektivität' von Wissenschaft (wenn er den Begriff gebrauchte, dann immer in Anführungszeichen) und noch weniger glaubte er, daß Wissenschaft nur dann einen Beitrag leisten kann, wenn sie sich Werturteilen gegenüber enthaltsam zeigt. Beides wurde ihm schon zu Lebzeiten und bei Neuauflagen von Methodendiskussionen vorgehalten (vgl. Münkler 1995). Mit seinen Forschungen zur Protestantischen Ethik stand Weber ebenso stark in der zeitgenössischen Kritik.[27] Grundsätzlich hat seine Überzeugung Bestand, daß sich ökonomische und politische (kulturelle) Entwicklungen nicht in einem einseitigen Abhängigkeitsverhältnis begreifen lassen, sondern in Wechselwirkungen stehen, die im je spezifischen Fall analysiert werden müssen.[28]

Webers Wirkung läßt sich auch an den zahlreichen Studien zeigen, die seinen Einfluß auf die Zeitgenossen dokumentieren (Mommsen/Schwentker 1988). Wen Weber rezipiert hat und von wem er rezipiert wurde, ist in zahlreichen Studien dokumentiert. Die Arbeiten zu „Max Weber und ..." sind Legion. Ob Weber und Marx (Löwith 1960; Kocka 1966, Mommsen 1982, Schluchter 1992), Nietzsche (Eden 1983; Peukert 1986, Hennis 1987), Michels (Scaff 1981), Jellinek (Breuer 1999), Pareto (Eisermann 1989) kaum einer wurde aus dem Vergleich ausgenommen. Wie wenig systematisch

---

liche Inhalt bestehender praktischer Ideenrichtungen nicht zur Sprache gebracht und erörtert werden dürfen...und die Erörterung bestehender praktischer Ideenrichtungen ihre Schranke lediglich in dem unbedingten Ausschluß der Parteinahme des Redners für oder wider sie findet" (Weber 1910b: 659).

27 Diese Kontroversen sind gut dokumentiert in Winckelmann 1982.

28 Vgl. zum Verhältnis von Interessen und Ideen die bekannte Formulierung: „Interessen (materielle und ideelle), nicht: Ideen, beherrschen unmittelbar das Handeln der Menschen. Aber: die ‚Weltbilder', welche durch ‚Ideen' geschaffen wurden, haben sehr oft als Weichensteller die Bahnen bestimmt, in denen die Dynamik der Interessen das Handeln fortbewegte" (Weber 1915: 252).

die Rezeption Webers durch die Zeitgenossen und in der Weimarer Republik erforscht ist, zeigen die Widersprüche zweier so profunder Kenner des Weberschen Werkes. Sieht Dirk Käsler keine nennenswerte Rezeption (Käsler 2003), erkennt Wilhelm Hennis Webers ubiquitäre Präsenz (Hennis 1999b).

3.2. Die gegenwärtige Kritik

Interessanterweise wurde Weber über die USA nach Deutschland „reimportiert". Vermittelt wurde die Weber-Rezeption in den USA durch Talcott Parsons Interesse an Webers Schriften über Religionssoziologie und Methodologie. In Deutschland dagegen verstellte lange Zeit die politische Position Webers zur plebiszitären Führerdemokratie, mit der er in Verdacht geriet, Vordenker des Nationalsozialismus gewesen zu sein, den Blick auf seine anderen Schriften. Selbst Wolfgang Mommsen, dessen Arbeit über *Max Weber und die deutsche Politik* 1959 erschien, sah sich gezwungen, Webers Position zum Führerprinzip als Vorläufer von Carl Schmitt und Nationalsozialismus zu sehen.[29] Und Webers polenfeindlichen Auslassungen im Umfeld von Landarbeiterstudien und Antrittsrede in Freiburg sind noch heute Anlass, ihn des fremdenfeindlichen Chauvinismus zu bezichtigen (Schöllgen 1994). Großen Einfluß auf das Verständnis Webers in der westdeutschen Nachkriegszeit (in der ostdeutschen Wissenschaft war der ‚bürgerliche Marx', wie Weber gerne genannt wurde, bis weit in die 80er Jahre eine persona non grata) hatte Parsons Struktur-Funktionalismus (The Structure of Social Action).[30]

War die Politikwissenschaft von der angelsächsischen Tradition bestimmt, nach der politische Fragen Aushandlungsprozesse in der

---

29 Dies gilt zumindest für die erste Auflage. Die zweite Auflage von 1974 nimmt in dieser Beziehung einige wichtige Korrekturen vor. Auch die weiteren wichtigen Arbeiten von Mommsen über Weber rücken von der ursprünglich eingenommenen Position deutlich ab (Mommsen 1981; 1982; 1989).

30 Parsons war es auch, der nach Webers Tod im Salon von Marianne Weber in Heidelberg ein und aus ging und Webers *Wirtschaft und Gesellschaft* und *Protestantische Ethik* als Herausgeber dem englischsprachigen Publikum bekannt machte. Vgl. die heftige Kritik an den von Parsons verantworteten Übersetzungen bei Hennis (1987: 56).

Gesellschaft zwischen Bürgern also in symmetrischen Beziehungen stecken, ist in Webers Begrifflichkeit eher eine Asymmetrie angelegt (Herrscher/Beherrschte, Staat/Untertan, Macht/Ohnmacht). Aus neoaristotelischer Sicht werden diese asymmetrischen Beziehungen gerade als Perversion des eigentlich Politischen verstanden (Arendt 1960, Sternberger 1984).

4. Theorieentwicklung

Wie bei kaum einem anderen Vertreter des politischen Denkens (bewußt wird hier nicht von politischer Theorie gesprochen) ist die Frage des Zentrums seines Werks umstritten. So heterogen, wie sich Webers Interessen darstellen, so heterogen sind auch die Anschlußversuche. Wer die Religionssoziologischen Schriften in den Mittelpunkt setzt, wird Weber als Theoretiker der Rationalisierung wahrnehmen. Unmißverständlich sind die Aussagen aus dem von Weber selbst verfaßten Vorwort über den Sonderweg des okzidentalen Rationalismus (vgl. Schluchter 1980). Im Anschluß an Weber versucht Habermas (1981, Bd.1) dessen „Theorie der Rationalisierung" kritisch weiter zu führen. Webers Verständnis von moderner Rationalität ist in seinem kritischen Impetus durchaus vergleichbar mit Horkheimer (1947), Adorno/Horkheimer (1945) und Marcuse (1967), die in ihrer Kultur- und Gesellschaftskritik auf ein verkürztes Verständnis von Rationalität abheben, nach der die von ihren religiösen Wurzeln abgeschnittene Moderne und die ohne sinnhafte Selbstdefinition ausgestattete kapitalistische Zivilisation eine potentiell selbstzerstörerische Dynamik entfalte. Diese These wird noch bei Ulrich Beck mit Bezug auf ökologische Krisen („Risikogesellschaft") umformuliert (Beck 1986). Doch auch auf die Parteien- und Eliteforschung, u.a. über Robert Michels, hat Weber Wirkung entfaltet.

Sein methodisches Grundverständnis ist in zahllose einflussreiche Theorietraditionen eingeflossen. Sieht man Weber als jemanden, für den die ‚subjektive' Sinngebung „keine Residualgröße gesellschaftlicher Wirklichkeit, sondern konstitutives Element für deren Entstehung und Veränderung" (Käsler 2002: XXIII) ist, dann lassen sich auch „Norbert Elias, Jürgen Habermas, Pierre Bourdieu und Anthony

Giddens" (Käsler 2002: XXIV) als in Webers Theorietradition stehend verorten. Auf die unzähligen Studien, die von Webers Begrifflichkeit ausgehen, kann hier nur kursorisch hingewiesen werden: Seine Staatsbestimmung erfährt immer wieder einmal eine Renaissance. Nachdem der Staat vor allem im Zuge des Neo-Institutionalismus wieder „hereingebracht" wurde („Bringing the State Back in"),[31] wurde auch die Gewaltdimension wieder stärker thematisiert. Am ausgiebigsten wurde wohl mit Webers Herrschaftstypologie gearbeitet, die sich immer noch hervorragend dazu eignet, aktuelle Probleme zu analysieren (Roth 1987, Breuer 1991). Das Konzept der Verantwortungsethik (s. Webers Rede *Politik als Beruf*) wurde von Hans Jonas (1979) sozialphilosophisch ausgearbeitet. Ebenso wurde handlungs- und modernisierungstheoretisch an Weber angeschlossen (Eisenstadt). Eine unmittelbar politikwissenschaftliche Schule läßt sich Weber nicht zuordnen. Jedoch können die politischen Analysen eines Siegfried Landshut (1969), Theodor Eschenburg (1987) oder Wilhelm Hennis (1999a; 2000) durchaus in dieser Tradition gesehen werden. Im Laufe der achtziger Jahre ist Weber von einem Gegenstand der Geschichtsschreibung dann auch zunehmend zu einem Quell inhaltlicher und methodischer Inspiration für die Geschichtswissenschaft geworden, worüber Kocka (1986) und Burger (1994) Aufschluß geben. Über das Interesse anderer Disziplinen und die Weber-Rezeption außerhalb Deutschlands informiert am besten Weiß (1989).

Immer noch umstritten ist, von welcher Fragestellung aus sich Max Webers umfangreiches und heterogenes Werk aufschlüsselt. Ob das Zentrum in den Soziologischen Grundbegriffen, der Methodologie oder den eher kulturwissenschaftlichen Arbeiten Webers liegt. Aus politikwissenschaftlicher Sicht sind diejenigen Arbeiten am ergiebigsten, die von der Kulturwissenschafts-These ausgehen. Beginnend mit Mommsen (1981; 1989), hat sich neben Peukert (1989) und Scaff (1989) besonders Wilhelm Hennis für diese These stark gemacht. Hennis Schriften (1987, 1995), wie auch von ihm inspirierte Arbeiten (Hecht 1998) gehen davon aus, Weber über die Frage des Menschentums in die Tradition der politischen Philosophie einordnen zu können.

---

31 Siehe hiezu den Beitrag von André Kaiser in *Politische Theorien der Gegenwart II*.

Literatur

a. verwendete Literatur

Adorno, Theodor W./Horkheimer, Max (1947): Dialektik der Aufklärung. Amsterdam.

Anders, Günther (1957): Die Antiquiertheit des Menschen. München.

Anter, Andreas (1995): Max Webers Theorie des modernen Staates. Herkunft, Struktur und Bedeutung. Berlin.

Arendt, Hannah (1960): Vita activa. Stuttgart.

Baumgarten, Eduard (1964): Max Weber. Werk und Person. Tübingen.

Beck, Ulrich (1986): Risikogesellschaft: auf dem Weg in eine andere Moderne. Frankfurt a.M.

Beetham, David (1985): Max Weber and the Theory of Modern Politics. 2. Aufl. Cambridge.

Bendix, Reinhard (1964): Max Weber. Das Werk. München.

Bolz, Norbert (1991): Auszug aus der entzauberten Welt. München.

Breuer, Stefan (1991): Max Webers Herrschaftssoziologie. Frankfurt a.M./New York.

– (1994): Bürokratie und Charisma. Zur politischen Soziologie Max Webers. Darmstadt.

– (1999): Georg Jellinek und Max Weber: Von der sozialen zur soziologischen Staatslehre. Baden-Baden.

Burger, Thomas (1994): Deutsche Geschichtstheorie und Webersche Soziologie. S. 29-104 in: Gerhard Wagner/Heinz Zipprian (Hrsgg.), Max Webers Wissenschaftslehre. Frankfurt a.M.

Diggins, John Patrick (1996): Max Weber. Politics and the Spirit of Tragedy. New York.

Eden, Robert (1983): Political Leadership and Nihilism. A Study of Weber and Nietzsche. Tampa.

Eisermann, Gottfried (1989): Max Weber und Vilfredo Pareto. Tübingen.

Eschenburg, Theodor (1987): Spielregeln der Politik: Beiträge und Kommentare zur Verfassung der Republik. Stuttgart.

Fügen, Norbert (2000): Max Weber. 6. Aufl., Reinbek.

Habermas, Jürgen (1981): Theorie des kommunikativen Handelns. (2 Bde.) Frankfurt a.M.

Hecht, Martin (1998): Modernität und Bürgerlichkeit. Max Webers Freiheitslehre im Vergleich mit den politischen Ideen von Alexis de Tocqueville und Jean-Jacques Rousseau. Berlin.

Heins, Volker (2004): Max Weber zur Einführung. 3. vollst. überarb. Aufl. Hamburg.

Hennis, Wilhelm (1987): Max Webers Fragestellung. Tübingen.

– (1995): Max Webers Wissenschaft vom Menschen. Tübingen.

– (1999a): Regieren im modernen Staat. Tübingen.

– (1999b): Politikwissenschaft als Disziplin. Zum Wege der politischen Wissenschaft nach 1945. Wilhelm Hennis im Gespräch mit Gangolf Hübinger. Neue Politische Literatur 44, 365-379.

– (2000): Politikwissenschaft und politisches Denken. Tübingen.

Horkheimer, Max (1947): Eclipse of Reason. New York. [dt.: Kritik der instrumentellen Vernunft, 1967].

Jonas, Hans (1979): Das Prinzip Verantwortung. Frankfurt a.M.

Käsler, Dirk (1975): Max Weber-Bibliographie. Kölner Zeitschrift für Soziologie und Sozialpsychologie 27, 704-730.

– (2002): Vom akademischen Außenseiter zum sozialwissenschaftlichen Klassiker. S. VII-XXXVI in: Max Weber. Schriften 1894-1922, hrsgg. und eingel. von Dirk Käsler, Stuttgart.

– (2003): Max Weber. Eine Einführung in Leben, Werk und Wirkung. 3. aktual. Aufl., Frankfurt a.M.

Kocka, Jürgen (1966): Karl Marx und Max Weber. Ein methodologischer Vergleich. Zeitschrift für die gesamte Staatswissenschaft 122, 328-357.

– (Hrsg.) (1986): Max Weber, der Historiker. Göttingen.

Landshut, Siegfried (1969): Kritik der Soziologie und andere politische Schriften. Neuwied.

Lepenies, Wolf (1985): Die drei Kulturen: Soziologie zwischen Literatur und Wissenschaft. München.

Lindenlaub, Dieter (1967): Richtungskämpfe im Verein für Sozialpolitik: Wissenschaft und Sozialpolitik im Kaiserreich vornehmlich von Beginn des Neuen Kurses bis zum Ausbruch des Ersten Weltkrieges (1890-1914). Wiesbaden.

Löwith, Karl (1960): Max Weber und Karl Marx. S. 1-67 in: ders., Gesammelte Abhandlungen. Stuttgart.

Marcuse, Herbert (1967): Der eindimensionale Mensch. Studien zur Ideologie der fortgeschrittenen Industriegesellschaft. Neuwied.

Mitzman, Arthur (1985): The Iron Cage. An Historical Interpretation of Max Weber. 2. erw. Aufl., New Brunswick.

Mommsen, Wolfgang J. (1974): Max Weber und die deutsche Politik 1890-1920. 2. überarb. und erw. Aufl. Tübingen.

– (1981): Die antinomische Struktur des politischen Denkens Max Webers. Historische Zeitschrift 233, 35-64.

– (1982): Kapitalismus und Sozialismus. Die Auseinandersetzung mit Karl Marx. S. 114-181 in: ders., Max Weber. Gesellschaft, Politik und Geschichte. 2. Aufl. Frankfurt a.M.

– (1989): Politik und politische Theorie bei Max Weber. S. 515-542 in: Johannes Weiß (Hrsg.), Max Weber heute. Zur neueren Rezeption. Frankfurt a.M.

Mommsen, Wolfgang J./Schwentker, Wolfgang (Hrsg.) (1988): Max Weber und seine Zeitgenossen. Tübingen.

Münkler, Herfried (1995): Einführung, in: Max Weber, Der Sozialismus. Weinheim.

Peukert, Detlev J.K. (1986): Die „letzten Menschen". Beobachtungen zur Kulturkritik im Geschichtsbild Max Webers. Geschichte und Gesellschaft 12, 425-442.
– (1989): Max Webers Diagnose der Moderne. Göttingen.
Riesebrodt, Martin (1985): Vom Patriarchalismus zum Kapitalismus. Max Webers Analyse der Transformation der ostelbischen Agrarverhältnisse im Kontext der zeitgenössischen Theorien. Kölner Zeitschrift für Soziologie und Sozialpsychologie 37, 546-567.
Ringer, Fritz K. (1987): Der Niedergang der deutschen Mandarine 1890-1933. München. [Orig.: The Decline of the German Mandarins. The German Academic Community, 1890-1933. Hanover, 1969].
Roth, Günther (1987): Politische Herrschaft und persönliche Freiheit. Heidelberger Max-Weber-Vorlesungen. Frankfurt a.M.
Scaff, Lawrence A. (1981) Max Weber and Robert Michels. American Journal of Sociology 86, 1269-1286.
– (1989): Fleeing the Iron Cage. Culture, Politics and Modernity in the Thought of Max Weber. Berkeley/London.
Schluchter, Wolfgang (1980): Rationalismus der Weltbeherrschung. Frankfurt a.M.
– (1992): Religion und Lebensführung. 2 Bde. Frankfurt a.M.
Schöllgen, Gregor (1994): Last einer großen Nation. Max Weber als Nationalist und Rassentheoretiker, in: Frankfurter Allgemeine Zeitung vom 12. Okt. 1994.
Sternberger, Dolf (1984): Drei Wurzeln der Politik. Frankfurt a.M.
Tenbruck, Friedrich H. (1975): Das Werk Max Webers. Kölner Zeitschrift für Soziologie und Sozialpsychologie 27, 663-702.
Torp, Cornelius (1998): Max Weber und die preußischen Junker. Tübingen.
Weber, Marianne (1984): Max Weber. Ein Lebensbild. 3. unveränd. Aufl. Mit einem Essay von Günther Roth. München.
Weber, Max (1895): Der Nationalstaat und die Volkswirtschaftspolitik. Akademische Antrittsrede. S. 535-574 in: Max Weber Gesamtausgabe, Abteilung I, Bd. 4: Landarbeiterfrage, Nationalstaat und Volkswirtschaftspolitik: Schriften und Reden 1892-1899 (in 2 Teilbänden), hrsg. von Wolfgang J. Mommsen, Tübingen 1993.
– (1904a): Die ‚Objektivität' sozialwissenschaftlicher und sozialpolitischer Erkenntnis. S. 146-214 in: Gesammelte Aufsätze zur Wissenschaftslehre, hrsg. von Johannes Winckelmann, 7. Aufl., Tübingen 1988.
– (1904b): Protestantische Ethik und ‚Geist' des Kapitalismus. S. 17-206 in: Gesammelte Aufsätze zur Religionssoziologie Bd.1, Nachdruck der Erstaufl. von 1920, Tübingen 1988.
– (1906a): Kirchen und Sekten in Nordamerika. S. 382-397 in: ders., Soziologie, Universalgeschichtliche Analysen, Politik. Hrsgg. und erl. von Johannes Winckelmann, mit einer Einleitung von Eduard Baumgarten, 4. durchges. und verb. Auflage, Stuttgart 1968.
– (1906b): Protestantische Sekten und ‚Geist' des Kapitalismus. S. 207-236 in: Gesammelte Aufsätze zur Religionssoziologie Bd.1, Nachdruck der Erstaufl. von 1920, Tübingen 1988.

– (1906c): Zur Lage der bürgerlichen Demokratie in Russland. S. 71-280 in: Max Weber Gesamtausgabe I/10, hrsgg. von Wolfgang J. Mommsen in Zusammenarbeit mit Dittmar Dahlmann, Tübingen 1989.

– (1910a): Brief an Wilhelm Windelband vom 29. Mai 1910. S. 547-553 in: Max Weber Gesamtausgabe II/6, Briefe 1909-1910, hrsgg. von M. Rainer Lepsius und Wolfgang J. Mommsen, Tübingen 1994.

– (1910b): Brief an den Vorstand der Deutschen Gesellschaft für Soziologie vom 27. Okt. 1910. S. 659-662 in: Max Weber Gesamtausgabe II/6, Briefe 1909-1910, hrsgg. von M. Rainer Lepsius und Wolfgang J. Mommsen, Tübingen 1994.

– (1915): Wirtschaftsethik der Weltreligionen. S. 237-573 in: Gesammelte Aufsätze zur Religionssoziologie Bd.1, Nachdruck der Erstaufl. von 1920, Tübingen 1988.

– (1916a): Der verschärfte U-Boot Krieg. S. 99-125 in: Max Weber Gesamtausgabe I/15, Zur Politik im Weltkrieg, hrsgg. von Wolfgang J. Mommsen in Zusammenarbeit mit Gangolf Hübinger, Tübingen 1984.

– (1916b): Zwischen zwei Gesetzen. S. 93-98 in: Max Weber Gesamtausgabe I/15, Zur Politik im Weltkrieg, hrsgg. von Wolfgang J. Mommsen in Zusammenarbeit mit Gangolf Hübinger Tübingen 1984.

– (1917a): Wissenschaft als Beruf. S. 49-111 in: Max Weber Gesamtausgabe I/17, Wissenschaft als Beruf und Politik als Beruf, hrsgg. von Wolfgang J. Mommsen, Tübingen 1992.

– (1917b): Wahlrecht und Demokratie in Deutschland. S. 344-396 in: Max Weber Gesamtausgabe I/15, Zur Politik im Weltkrieg, hrsgg. von Wolfgang J. Mommsen in Zusammenarbeit mit Gangolf Hübinger Tübingen 1984.

– (1918a): Parlament und Regierung im neugeordneten Deutschland. Zur politischen Kritik des Beamtentums und Parteiwesens. S. 421-596 in: Max Weber Gesamtausgabe I/15, Zur Politik im Weltkrieg, hrsgg. von Wolfgang J. Mommsen in Zusammenarbeit mit Gangolf Hübinger Tübingen 1984.

– (1918b): Der Sinn der ‚Wertfreiheit‘ der Sozialwissenschaften. S. 489-540 in: Gesammelte Aufsätze zur Wissenschaftslehre, hrsgg. von Johannes Winckelmann. 7. Aufl., Tübingen 1988.

– (1919): Politik als Beruf. S. 113-252 in: Max Weber Gesamtausgabe I/17, Wissenschaft als Beruf und Politik als Beruf, hrsgg. von Wolfgang J. Mommsen, Tübingen 1992.

– (1920): Vorbemerkung, 1-16, in: Gesammelte Aufsätze zur Religionssoziologie Bd.1, Nachdruck der Erstaufl. von 1920, Tübingen 1988.

– (1922a): Wirtschaft und Gesellschaft. Grundriß der verstehenden Soziologie. Besorgt von Johannes Winckelmann, 5. rev. Auflage, Tübingen 1990.

– (1922b): Die drei reinen Typen legitimer Herrschaft. S. 475-488 in: Gesammelte Aufsätze zur Wissenschaftslehre, hrsgg. von Johannes Winckelmann. 7. Aufl., Tübingen 1988.

– (1984): Max Weber Gesamtausgabe I/15, Zur Politik im Weltkrieg, hrsgg. von Wolfgang J. Mommsen in Zusammenarbeit mit Gangolf Hübinger, Tübingen.

– (1994): Max Weber Gesamtausgabe II/6, Briefe 1909-1910, hrsg. von M.
Rainer Lepsius und Wolfgang J. Mommsen, Tübingen.
Weiß, Johannes (1989): Max Weber heute. Erträge und Probleme der Forschung. Frankfurt a.m.
Winckelmann, Johannes (Hrsg.) (1982): Die protestantische Ethik II. Kritiken
und Antikritiken. 4. ern. durchges. u. hinsichtl. der Bibl. erw. Aufl., Gü-
tersloh.

b. kommentierte Literatur

Primärliteratur

Es wird noch einige Jahre dauern, bis alle Bände der akribisch arbeitenden Max
Weber Gesamtausgabe erschienen sind Dennoch sollte jeder Interessierte zuerst die
neuen Ausgaben zur Hand nehmen, denn die Kommentare und Einleitungen sind
sehr hilfreich (s. Homepage des Verlages Mohr Siebeck Tübingen). So sind wir
auch heute noch auf die von Marianne Weber zusammengestellten Ausgaben von
Webers Werken, die in der UTB-Reihe erschienen sind und „Wirtschaft und Gesellschaft" angewiesen. Fast alle Texte der UTB-Reihe sind als Potsdamer-Internet-
Ausgabe zugänglich: Gesammelte Politische Schriften, Gesammelte Aufsätze zur
Wissenschaftslehre, Gesammelte Aufsätze zur Soziologie und Sozialpolitik und
fast alle Texte aus den Gesammelten Aufsätzen zur Religionssoziologie I-III sind
unter der Adresse: uni-potsdam.de/u/paed/pia im Internet einzusehen und als CD-
ROM im Handel erhältlich. Dankenswerterweise hat sich der Kröner-Verlag zu einer Neuauflage der KTA (Kröner-Taschenbuch-Ausgabe) bereit erklärt. Die - gegenüber der alten, von Johannes Winckelmann verantworteten -, stark veränderte
und erweiterte Textauswahl wurde von Dirk Käsler herausgegeben und ausführlich
kommentiert. Diese Ausgabe bietet einen hervorragenden Überblick über Webers
Werk. Einige Texte Webers sind außerdem in kommentierten Einzel-Ausgaben erhältlich. Dies gilt z.B. für die Sozialismus-Rede, die von Herfried Münkler herausgegeben worden ist.

Sekundärliteratur

Radkau, Joachim (2005): Die Leidenschaft des Denkens. München; Weber, Mari-
anne (1984): Max Weber. Ein Lebensbild. 3. unveränd. Aufl. mit einem Essay von
Günther Roth. München.
Radkaus neue biographische Studie steht seit kurzem an der Seite von Marianne
Webers. Im gewissen Sinne bietet Radkaus biographische Studie ein Pendant zu
Hennis Weber-Studien. Beiden geht es im Vergleich zum Mainstream der Weber-
Forschung um die Herausarbeitung des „anderen" Weber. Radkaus voluminöse
Studie (fast 1000 Seiten) tritt als einzige ernst zu nehmende Biographie neben die
von Marianne Weber.

Käsler, Dirk (2003): Max Weber. Eine Einführung in Leben, Werk und Wirkung.
3. aktual. Aufl. Frankfurt a.M.
Als Einführung, besonders in den Soziologen Weber, ist die Arbeit von Käsler im-
mer noch anderen vorzuziehen.

Mommsen, Wolfgang J. (1974): Max Weber und die deutsche Politik 1890-1920. 2. überarb. und erw. Aufl. Tübingen.
Für den politischen Weber ist die Arbeit von Wolfgang J. Mommsen noch immer grundlegend. Mommsen ordnet, wie der Titel schon sagt, Weber in die Geschichte des Kaiserreichs ein. Dadurch gewinnt er die Möglichkeit, die prägenden Kräfte seiner Zeit zu beschreiben, aber kann keine ideengeschichtlichen oder wirkungsgeschichtlichen Elemente mit einbauen.

Hecht, Martin (1998): Modernität und Bürgerlichkeit. Max Webers Freiheitslehre im Vergleich mit den politischen Ideen von Alexis de Tocqueville und Jean-Jacques Rousseau. Berlin; Anter, Andreas (1995): Max Webers Theorie des modernen Staates. Herkunft, Struktur und Bedeutung. Berlin.
Die Arbeiten von Hecht und Anter können gerade im Vergleich zu Mommsen auch die ideengeschichtlichen und wirkungsgeschichtlichen Elemente offen legen.

Beetham, David (1985): Max Weber and the Theory of Modern Politics. London; Scaff, Lawrence A. (1989): Fleeing the Iron Cage. Culture, Politics and Modernity in the Thought of Max Weber. Berkeley/London.
Von ihrem Anspruch eine umfassende, historisch-kontextualisierende Interpretation Webers zu liefern, sind der Arbeit Mommsens lediglich die englischsprachigen Werke von Beetham und Scaff vergleichbar.

Hennis, Wilhelm (1987): Max Webers Fragestellung. Tübingen; Hennis, Wilhelm (1995): Max Webers Wissenschaft vom Menschen. Tübingen.
Aus politikwissenschaftlicher Sicht von besonderer Bedeutung sind die Arbeiten von Wilhelm Hennis, der einen ganz neuen Weber entdeckt hat und mit unglaublicher Leidenschaft und umfassender Kenntnis des Weberschen Gesamtwerkes eine Wissenschaft vom Menschen und damit eine Traditionslinie der praktischen Philosophie bei Weber herausgearbeitet hat.

Kapitel XII
Die politische Theorie konkurrierender Eliten: Joseph Schumpeter

William E. Scheuerman[*]

Inhalt

[*] Aus dem Englischen von Katharina Rürup und Gary S. Schaal. Die Herausgeber bedanken sich herzlich bei Kathrin Mai und Steven Schäller für ihre große Unterstützung bei der Übersetzung. Der Verfasser möchte sich bei Gary S. Schaal für seine ausgezeichneten kritischen Bemerkungen zu der Erstfassung des Aufsatzes bedanken, sowie bei Julia Roos für Verbesserungsvorschläge zum deutschen Text.

1.   Einleitung

Joseph Alois Schumpeter (1883-1950) gehört mit Sicherheit zu den
paradoxesten politischen Denkern des zwanzigsten Jahrhunderts.
Obwohl er ein leidenschaftlicher Kritiker des Sozialismus war,
prophezeite er nichtsdestotrotz während seiner gesamten langen
Karriere die Unausweichlichkeit des Niedergangs des Kapitalismus
und dessen wahrscheinliche Ablösung durch eine sozialistische
Alternative. Auf die Frage, wie seine tiefe Feindschaft gegen den
Sozialismus mit seinen Aktivitäten als Mitglied der Verstaatlichungskommission der Deutschen Regierung (neben Karl Kautsky
und Rudolf Hilferding) in Einklang zu bringen sei, spöttelte er
1919 sarkastisch: „Wenn jemand Selbstmord begehen will, ist es
eine gute Sache, wenn ein Arzt anwesend ist" (Swedberg 1991:
14). Obgleich er traditionelle Konzeptionen von Volkssouveränität
rundherum ablehnte, gilt Schumpeter heute als einer der wichtigen
Demokratietheoretiker des 20. Jahrhunderts: Derselbe Mann, der in
seinen privaten Tagebüchern notierte, „Demokratie sei Regieren
durch Lügen", war bestrebt, eine „realistische" und empirisch fundierte Demokratietheorie zu formulieren, die eine immense Wirkung auf das politische Denken nach 1945 ausübte. Trotz seines
Einflusses auf die Politikwissenschaft der Nachkriegszeit überzog
Schumpeter die Disziplin, die seine Arbeit mit solchem Enthusiasmus aufgenommen hatte, mit Schmähungen. Neben seinen bissigen
Kommentaren über Demokratie findet sich in den 40er Jahren in
seinem Tagebuch folgendes Apercú: „Ein politischer Wissenschaftler [gemeint ist: Politikwissenschaftler; K.R./G.S.] ist ein
Mann, der weder von Jurisprudenz noch von Ökonomie oder von
Soziologie etwas versteht." (Swedberg 1994: 268)

Geboren 1833 in der österreichisch-ungarischen Stadt Triesch
(jetzt Teil der Tschechischen Republik), hegte Schumpeter bis zu
seinem Tod intensive nostalgische Gefühle für das Europa vor
1914. Sein Vater war ein erfolgreicher Tuchfabrikant, seine Mutter
entstammte einer bekannten Arztfamilie. Im Gegensatz zu den meisten Bewohnern des provinziellen moravischen Dorfes, in dem
Schumpeter aufwuchs, wurde in seiner Familie Deutsch anstatt
Tschechisch gesprochen; im Gegensatz zur Mehrheit aller Deutsch-
sprechenden war Schumpeters Familie jedoch katholisch und nicht
jüdischen Glaubens. Vielleicht hilft sein Status als Außenseiter –

wenn auch eines finanziell abgesicherten Außenseiters – zu erklären, warum Schumpeter es Zeit seines Lebens genoß, die Rolle des Provokateurs in intellektuellen und politischen Debatten zu spielen: Schumpeter war sowohl ein knallharter Verfechter des kapitalistischen Unternehmertums, der argumentierte, daß der Marxismus ernst zu nehmen und die Unvermeidlichkeit des Sozialismus zu akzeptieren sei, als auch ein Demokratietheoretiker, der von breiter politischer Partizipation und „mass politics" nur wenig hielt. Vielleicht erklärt sich so auch, warum Schumpeter gerade im Ausland aufblühte: Seine schönsten Jahre scheint er 1906 und 1907 in England verbrachtet zu haben, wo er im Britischen Museum forschte (und dies großzügig mit den Vergnügungen eines privilegierten und – wie man sagt – extravaganten Lebensstil verquickte). Den Höhepunkt seiner Karriere erreichte er an der Universität Bonn (zwischen 1925 und 1932) und dann an der Harvard Universität, wo er bis zu seinem Tode 1950 blieb.

Schumpeter studierte von 1901 bis 1906 in Wien Jura und Wirtschaftswissenschaften – wobei die Wirtschaftstheorie immer seine größte Leidenschaft war. Sein wahrscheinlich wichtigster Lehrer war Eugen von Boehm-Bawerk. Schumpeter besuchte 1905-1906 ein Seminar bei Boehm-Bawerk, zu dessen weiteren Teilnehmern Ludwig von Mises (einer der Begründer des modernen Anarchismus) sowie die Marxisten Hilferding und Otto Bauer gehörten. Boehm-Bawerks eigene komplexe Beziehung zum Marxismus beeinflußte eindeutig das Denken des jungen Schumpeter. Wie Boehm-Bawerk glaubte auch er, daß die Wissenschaft einerseits die Verdienste des Marxismus in der Analyse ökonomischer Zusammenhänge ernst nehmen sollte, andererseits jedoch viele fundamentale Kritiken an Marx' normativen und politischen Visionen akzeptieren muß. Schumpeter wurde auch von den Ideen jener Wirtschaftswissenschaftler angezogen, die mit der deutschen historischen Schule zu brechen suchten, um so eine methodologisch anspruchsvolle und mathematisch fundierte ökonomische Analyse zu entwickeln. In diesem Zusammenhang „spielte" Schumpeter mit den Theorien des Österreichers Carl Menger (ein Begründer der Grenznutzen Analyse) und des Italieners Vilfredo Pareto. Auch bewunderte er Max Webers Arbeit über die Soziologie des Kapitalismus und machte für seine eigenen Arbeiten großzügige Anleihen bei Webers berühmter Abhandlung über die Rationalisierung moderner Gesellschaften.[1] Im Alter von 26 Jahren wurde Schumpeter der jüngste Professor für Wirtschaftswissenschaft im österreichisch-ungarischen Reich (an der Universität von Czernowitz in der Ukraine), bevor er 1911 an die Universität in Graz wechselte. Bis zum Ausbruch des ersten Weltkrieges 1914 hatte es Schumpeter geschafft, eine Reihe wirtschaftstheoretischer Studien zu veröffentlichen, deren bedeutendste *Die Theorie der wirtschaftlichen Entwicklung* (1912) war. Dort formulierte Schumpeter zum ersten Mal sein berühmtes Modell des wirtschaftlichen Unternehmertums.

Während des Ersten Weltkrieges schlug sich Schumpeter auf die Seite konservativer Kräfte, die mit der Aufrechterhaltung des österreichisch-ungarischen Status quo sympathisierten. Er lehnte rechte wie linke Modelle eines von Deutschland dominierten Mitteleuropas ab und schickte während des Krieges wahrscheinlich eine Reihe von Briefen an Kaiser Karl, in denen er darlegte, wie in den Schlüsselregionen Zentral- und Südosteuropas die wirtschaftliche Macht Österreich-Ungarns bewahrt werden könnte (Stolper 1994: 171-201; Swedberg 1994: 73-81). Zu diesem Zeitpunkt war er eindeutig österreichischer Patriot und wahrscheinlich auch Monarchist.[2] Obwohl er sich in einem nicht geringen Maß an Hofintrigen hinter den Kulissen beteiligte, schaffte er es dennoch, zeitgleich eine brillante Studie über die starke Abhängigkeit des modernen Staates vom Steueraufkommen fertig zu stellen (*Die Krise des Steuerstaates*, 1918). Ungeachtet seiner rechten Sympathien wurde er 1919 sowohl Mitglied der Verstaatlichungskommission als auch Finanzminister der Österreichischen Republik. Dies lag einerseits an seinen langjährigen kollegialen Beziehungen zu Sozialisten wie Hilferding und Bauer und andererseits daran, daß er bereits als einer der führenden ökonomischen Denker Zentraleuropas galt (Stolper 1994: 202-94). Schumpeter wurde dieser Positionen jedoch schnell wieder enthoben, da seine sozialistischen Kollegen (zu Recht) seine Verbundenheit mit ihrer linken Sache bezweifelten. Doch bereits zu diesem Zeitpunkt seiner intellektuellen Entwicklung begann Schumpeter eine Idee zu formulieren, die er

---

1 Vgl. hierfür auch den Beitrag von Schmidt zu Weber in diesem Band.
2 Das ist kaum überraschend: Seine wissenschaftlichen Arbeiten sind übersät mit verächtlichen Bemerkungen über die „preußische" oder „bürokratische" Mentalität der Deutschen, die sie in seinen Augen besonders empfänglich für die Versuchungen des Sozialismus machte.

später detailliert in *Kapitalismus, Sozialismus und Demokratie* (1942) entfalten sollte: Die immanente Dynamik der kapitalistischen Wirtschaftsentwicklung weist unausweichlich den Weg in eine sozialistische Planwirtschaft. Im Gegensatz zu seinen orthodox-marxistischen Kollegen bezweifelte Schumpeter, daß der Kapitalismus zu weitverbreitetem wirtschaftlichem Elend führen würde oder zu Wirtschaftskrisen, die eine radikale sozialistische Reaktion hervorrufen würden. Aber er glaubte daran, daß der zeitgenössische Kapitalismus immanent dazu tendiert, die Tätigkeit des Unternehmertums zu unterminieren, auf denen letztlich die historischen Erfolge des Kapitalismus basieren. Auch argumentierte er, daß die zunehmende Bedeutung großer, hoch-bürokratisierter Betriebe bei gleichzeitigem Niedergang des klein- und mittelständigen Gewerbes die prinzipielle Möglichkeit zentralisierter Koordination wirtschaftlicher Aktivitäten (letztlich also Planwirtschaft) aufzeigt. Mit diesem idiosynkratischen und oft mißverstandenen Argument insistiert Schumpeter auf dem *wissenschaftlichen* Wert zentraler marxistischer Vorhersagen über den Untergang des Kapitalismus, während er gleichzeitig die mangelnde *normative* Attraktivität des Sozialismus betont, da er zu einer bürokratisierten Form von Planwirtschaft führe, in der die individuelle Kreativität aller Entfaltungsmöglichkeiten beraubt ist. Schumpeters Konservatismus nimmt daher zwangsläufig einen zutiefst nostalgischen Charakter mit nahezu tragischen Zügen an. Obgleich der Sozialismus wahrscheinlich unvermeidlich ist, muß dennoch alles getan werden, um den (letztendlich nicht aufzuhaltenden) Lauf der wirtschaftlichen Entwicklung zu verlangsamen. Seine Bereitschaft, 1919 Mitglied einer sozialistisch dominierten Regierung zu werden, folgte daher lediglich einer realistischen Anerkennung der zentralen strukturellen Kräfte des modernen Wirtschaftslebens. Sie stand zudem in Einklang mit seiner Überzeugung, daß politisch verantwortungsbewußt Handelnde so lange wie möglich versuchen sollten, das sozialistische Schreckgespenst abzuwehren. Ein wiederkehrendes Thema seiner Arbeit in dieser Periode – z.B. in dem zentralen, aber oft vernachlässigten, Aufsatz *Sozialistische Möglichkeiten von heute* (Schumpeter 1920a) – war daher, daß die Verstaatlichung von vielen Wirtschaftsbereichen im Nachkriegseuropa ohne äußere Not verfrüht eingeführt worden ist. Denn obwohl viele Trends den laufenden Zerfall des Kapitalismus belegen, sei der So-

zialismus noch immer eine unreife und damit „verantwortungslose"
Alternative zum Kapitalismus. Auf ein im wesentlichen gleiches
Argument griff Schumpeter in den 1930er und 40ern Jahren zu-
rück, als er Franklin Delano Roosevelt scharf kritisierte, dessen
New Deal er für einen beunruhigenden Vorboten des Sozialismus
in den Vereinigten Staaten hielt.

Obwohl Schumpeter nach dem ersten Weltkrieg als Vorstands-
mitglied der Biedermann Bank arbeitete, gelang es ihm, zeitgleich
eine Reihe von Aufsätzen zu verfassen, zu denen auch eine wichtige
Studie über den Imperialismus (Schumpeter 1919) gehörte. Berichten seiner Zeitgenossen zufolge, behielt er seine Vorliebe für einen
extravaganten Lebensstil bei, wozu auch der Versuch gehörte, jene
linken Politiker, die ihn gerade aus der Regierung ausgeschlossen
hatten, dadurch zu provozieren, daß er die Kärtnerstrasse (Wiens
wichtigste Durchgangsstraße) in einer offenen Kutsche mit einer Pro-
stituierten auf jedem Knie entlang fuhr (Swedberg 1994: 100f.). Zwischen 1925 und 1932 unterrichtete er an der Universität in Bonn, die
nicht nur eine exzellente wirtschaftswissenschaftliche Fakultät besaß,
sondern sich auch eher unbemerkt als wichtiges Zentrum einer heterogenen Gruppe von Wissenschaftlern etablieren konnte, die sich
zum Ziel gesetzt hatte, die Quellen politischer Instabilität zu identifizieren. So argumentierte der liberale Demokrat Moritz Julius Bonn,
daß der klassische Parlamentarismus durch eine Reihe von neuen sozialen und wirtschaftlichen Entwicklungen herausgefordert werde
(Bonn 1925). Erwin von Beckerath (sein Bruder Herbert war ein
Kollege Schumpeters am Fachbereich Ökonomie) war ein Experte
für autoritäre Ansätze, welche die liberale Demokratie ersetzen
wollten, und Autor einer wohlwollenden Studie über den italienischen Faschismus (*Das Wesen und Werden des faschistischen Staates,* 1927). Nicht zuletzt lernte Schumpeter hier Carl Schmitt kennen,
dessen anti-parlamentarische und anti-demokratische Schriften bereits große Aufmerksamkeit sowohl unter Akademikern als auch einem breiteren Publikum fanden (Schmitt 1926). Wie die ausführliche
Diskussion über den parlamentarischen Niedergang in *Sozialistische
Möglichkeiten von heute* belegt, blieb Schumpeter in den zwanziger
Jahren weiterhin ernsthaft an Fragen der Demokratietheorie interessiert. Sein bekanntester Beitrag zur politischen Theorie, die Theorie
der Elitenkonkurrenz, die am prägnantesten in *Kapitalismus, Sozialismus und Demokratie* (1942) ausbuchstabiert wird, ist daher am be-

sten im Zusammenhang mit den Diskussionen in der Weimarer Republik über die Zukunft liberaler Demokratien zu verstehen (Scheuerman 1999: 183- 208). Politische Theoretiker beider Seiten – Rechte wie Schmitt, Linke wie Ernst Fraenkel und Hans Kelsen – waren intensiv damit beschäftigt, die Transformationen des Parlamentarismus des 19. Jahrhunderts hin zur „Massendemokratie" des 20. Jahrhunderts zu erklären (Scheuerman/ Caldwell 2000). Schumpeter teilte dieses Interesse. Dennoch kam er – wie Schmitt und andere entschiedene Gegner der liberalen Demokratie in der Weimar Diskussion – zu der Überzeugung, daß politische Entscheidungsprozesse, die auf breiter politischer Inklusion beruhen, inhärent unlogisch und irrational sein müssen. Politische Propaganda und Manipulation der „Massen" sind unverzichtbare Bestandteile eines demokratischen Systems, in dem zur Machtausübung emotionale Appelle an die unteren Klassen notwendig sind. Politik wird zwangsläufig von Eliten dominiert und die Demokratietheorie muß daher angemessen und „realistisch" die Tatsache berücksichtigen, daß Politiker den Volkswillen notwendigerweise „herstellen" um Zustimmung für ihre Politik zu gewinnen. Ähnlich Carl Schmitt, lehnte auch Schumpeter normativ aufgeladene, universale Gültigkeit beanspruchende Konzepte von Volkssouveränität ab und stützte seine politische Theorie – auch darin Schmitt verwandt – auf eine pessimistische philosophische Anthropologie und Ideen politischer Irrationalisten wie George Sorel (Schumpeter 1920a: 447). Schumpeter teilte auch Schmitts Antirationalismus in moralischen und politischen Fragen: „Spaltungen über prinzipielle Fragen, (...) [können; W.S.] nicht durch rationale Argumente geschlossen werden [...], weil die letzten Werte – unsere Auffassung von dem, was das Leben und was die Gesellschaft sein sollte – jenseits des Bereiches reiner Logik liegen." (Schumpeter 1987: 399). Ein Essay über Max Weber aus dem Jahr 1920 läßt vermuten, daß Weber eine der Quellen für diesen „dezisionistischen" Ansatz in moralischen und politischen Fragen war (Schumpeter 1920b). Aber Schumpeter scheint – wie Schmitt – Webers eigenen normativen Skeptizismus genauso radikal zugespitzt zu haben wie Webers Zweifel an der Überlebensfähigkeit der liberalen Institutionen des 19. Jahrhunderts im Europa nach 1918.

Schumpeter verließ Deutschland 1932 um einem attraktiven Ruf nach Harvard zu folgen. Dem amerikanischen Publikum waren seine Beiträge zur politischen Theorie zu diesem Zeitpunkt wahrscheinlich noch unbekannt, ebenso wie einige seiner irritierenden Kommentare zum Aufstieg des Nationalsozialismus.[3] Er hatte jedoch bereits einen Ruf als bahnbrechender Wirtschaftstheoretiker. *The Theory of Economic Development*, 1934 ins Englische übersetzt, wurde sofort ein Erfolg, auf den bald die Veröffentlichung des umfangreichen *Business Cycle* (1939) folgte. In Harvard etablierte sich Schumpeter schnell als geachtetes Mitglied innerhalb einer beeindruckenden Fakultät und konnte bald eine Gruppe intellektuell und politisch bunt gemischter Studenten um sich scharen (zu denen John Kenneth Galbraith und Paul Samuelson genauso gehörten, wie der Marxist Paul Sweezy, der Schumpeter schätzte, weil er darauf bestand, die Wirtschaftswissenschaftler hätten Marx ernst zu nehmen). Er erwarb sich zudem den Ruf, eine tiefe Feindschaft Roosevelt gegenüber zu hegen (den Schumpeter als „Diktator" zu bezeichnen pflegte), ein Faible für Franco und die spanische autoritäre Rechte zu haben, sowie etwas, was man höflich als „versponnene" Ansichten über den Krieg der Alliierten gegen Hitler bezeichnen könnte. Wie viele rechte Intellektuelle seiner Generation, glaubte Schumpeter wahrscheinlich, daß Hitler eine geringere Bedrohung für die westliche Zivilisation darstellte als Stalin (Swedberg 1994: 307, 315).

Trotz des zunehmend zornigen und bitteren Tones in seinen Kommentaren und seinem Verhalten, festigte *Kapitalismus, Sozialismus und Demokratie* in den USA seinen dortigen Ruf als bedeutender Intellektueller. Das Buch wurde ein kommerzieller Erfolg – sowohl innerhalb wie auch außerhalb der USA (es wurde bald in verschiedene Sprachen übersetzt) –, und es bietet den besten Überblick über Schumpeters faszinierenden, aber unzweifelhaft idiosynkratischen Ansichten. Das Buch hatte darüber hinaus in den USA einen ungeheuren Einfluß auf die Nachkriegspolitikwissenschaftler, die – wie Schumpeter – den normativen Geltungsansprüche der klassischen politischen Philosophie zunehmend skeptischer gegenüberstanden (Dahl 1956; Lipset 1960; vgl. Bachrach 1967). Dies führte zu einer der seltsamsten intellektuellen Paradoxien unserer Zeit. Die zunehmende Popularität empirischer und pragmati-

---

3   Schumpeter scheint sich anfangs darüber beschwert zu haben, daß auswärtige Kritiker Hitlers Regime keine faire Chance gaben. Vgl. Swedberg (1991: 84, 86; 1994: 214ff).

scher Ansätze im intellektuellen Leben Amerikas motivierte eine Generation junger Politikwissenschaftlern dazu, sich einer Tradition des politischen Denkens zuzuwenden, die ihre Wurzeln eindeutig im anti-liberalen und anti-demokratischen Denken der autoritären europäischen Rechten hatte.

Ungeachtet des großen Erfolges von *„Kapitalismus, Sozialismus und Demokratie"* scheint Schumpeter zunehmend verbittert über den wachsenden Einfluß der Linken in den Nachkriegsjahren geworden zu sein. Den meisten Berichten zufolge starb er als unglücklicher Mensch 1950 im Alter von 66 Jahren.

2. Kapitalismus, Sozialismus und Demokratie

2.1. Rationalisierung und die permanente Krise der bürgerlichen Gesellschaft

Schumpeters politische Theorie ist am besten im Kontext seiner allgemeinen Überlegungen zu den grundlegenden Entwicklungslinien moderner westlicher Gesellschaften zu verstehen. Teilweise von Max Webers berühmter Abhandlung über die Rationalisierung moderner Gesellschaften inspiriert, betrachtet auch Schumpeter den modernen Kapitalismus als treibende Kraft der modernen „rationalen" Zivilisation. Für Schumpeter ist der moderne Kapitalismus „die treibende Kraft in der Rationalisierung des menschlichen Verhaltens", die zu einer allgemeinen Entzauberung von klassischen Weltbildern sowie zu einer Unzahl von grundlegenden Veränderungen im menschlichen Handeln führt (Schumpeter 1987: 205). In der Sphäre der Wirtschaft wird die Rationalisierung in den allgegenwärtigen Trends der steigenden Relevanz von Mechanisierung und Bürokratisierung (und damit verbunden: höherer Voraussehbarkeit und Kalkulierbarkeit des ökonomischen Lebens) am deutlichsten. Das klassische Unternehmertum wird für Schumpeter charakterisiert durch die Ausübung charismatischer Macht (Weber) durch einen „Führer" im Bereich der Wirtschaft. Unternehmertum ist die *differentia specifica* der kapitalistischen Entwicklung, da es die dynamischen und innovativen Eigenschaften des Kapitalismus sicher stellt. Unternehmertum ist eine *Funktion*, die von einem spezifischen Produktionsmittelbesitzer erfüllt werden kann – oder eben auch nicht; und natürlich kann eine einzelne Firma auch aufhören, Unternehmerfunktionen wahrzunehmen. Ohne Unternehmertum würde das ökonomische Leben jedoch in einer zunehmend vorhersehbaren und schlußendlich lähmenden Routine enden. Es sind daher allein die charismatischen Fähigkeiten des Unternehmers, die ökonomische Veränderungen möglich machen, indem sie die Verkrustungen kommerzieller Routine durchbrechen und neue Formen wirtschaftlichen Handelns einführen. Der klassische Unternehmer besitzt Durchsetzungsfähigkeit und visionäres Denken sowie einen „Eroberungswillen" und ein „Gefühl für Macht" (Schumpeter 1934: 93; 1987: 215-217). Doch tendiert der Kapitalismus dazu, die Unternehmerfunktion zu rationalisieren, wodurch die klassischen Aufgaben des Unternehmers in eine Reihe von Einzelaktivitäten aufgeteilt und von spezialisierten Technikern, Ingenieuren und Managern ausgeführt werden: „Erwähnen wir noch, daß die steigende Spezialisierung und Mechanisierung auch führender Funktionen den Zugang zu den Spitzenstellungen Leuten eröffnet, die nur eine in der Konkurrenzwirtschaft für sich allein ungenügende fachliche Eignung verkörpern – Direktor einer chemischen Großunternehmung kann ein Chemiker werden, der persönlich nichts vom Typus des wirtschaftlichen Führers hat, führender Mann eines großen Konzerns ein Rechtsanwalt, der eine einfache Fabrik zu schnellstem Konkurs bringen würde" (Schumpeter 1927: 168). In zunehmend stärkerem Maße führen die immanenten Entwicklungstendenzen des Kapitalismus dazu, daß die charismatischen Persönlichkeiten in der Wirtschaft (Schumpeter spricht ganz offen von Führerpersönlichkeiten), die Management, Investment und Risikoübernahme in ihrer Person noch vereinen konnten, zugunsten technischer Spezialisten über Bord geworfen werden, die mit weniger Durchsetzungsfähigkeit oder visionärem Denken ausgestattet sind (Schumpeter 1920a: 468).

Schumpeters nostalgische Verteidigung der *differentia specifica* des modernen Kapitalismus, des kreativen Unternehmers, stellt zweifellos den Kern seiner politischen Ziele in vielen Beiträgen zur Wirtschaftstheorie dar. Schumpeter zufolge sind die Fähigkeiten des Unternehmers von Natur aus nur bei einer kleinen Gruppe von Menschen vorhanden. Wiederholt vergleicht Schumpeter die Fähigkeiten des Unternehmers mit jenen großer militärischer Führer, die auch kreativ und innovativ handeln und argumentiert, daß Unternehmer den kleinen Teil der Menschheit darstellen, der in der

Lage ist, den Einsatz von Produktionsmitteln in neue Richtungen zu lenken und so wirtschaftliche Entwicklung überhaupt erst zu ermöglichen. Angesichts der Tatsache, daß Führungsqualitäten nur bei wenigen Menschen ausgebildet sind, stellt die Tendenz, die Bedeutung des kreativen Unternehmertums zu reduzieren, eine ernsthafte Bedrohung der modernen Gesellschaft dar. Ohne Verfechtern der freien Marktwirtschaft und Kritikern des Sozialismus, wie Hayek[4] und Ludwig von Mises, zu nahe zu treten, gesteht Schumpeter doch ein, daß ein Sozialismus, der die materiellen Bedürfnisse der Bevölkerung in einer vorhersehbaren und kalkulierbaren Weise befriedigen könne, auch ökonomisch möglich ist. Ausführlich versucht Schumpeter in *Kapitalismus, Sozialismus und Demokratie* zu analysieren, wie eine sozialistische Planwirtschaft mehr oder weniger effektiv funktionieren könne. Den Sozialismus assoziiert Schumpeter jedoch zugleich mit dem Schreckgespenst einer komplett rationalisierten politischen und sozialen Welt, in der kaum noch bedeutungsvolle Möglichkeiten existieren, die kreativen Seiten des Unternehmertums auszuleben. Selbst wenn der Sozialismus also in der Lage sein sollte, wirtschaftliche Bedürfnisse zu befriedigen, so kann er dabei doch nur erfolgreich sein, wenn man gleichzeitig gewillt ist, das Risiko zu tragen, in einer Welt zu leben, in der die bereits heute vorhandenen Trends zunehmender Bürokratisierung und Mechanisierung noch weiter verschärft werden. Ungeachtet seiner sonstigen Leistungen – die menschlichen Kosten des Sozialismus sind zu hoch: „[...D]er ökonomische Prozeß [hat; W.S.] die Tendenz [...], sich selbst (und auch die menschliche Seele) zu sozialisieren. Damit wollen wir sagen, daß die technischen, organisatorischen, kommerziellen, administrativen und psychologischen Vorbedingungen des Sozialismus dahin tendieren, sich mehr und mehr zu erfüllen. Wir wollen uns wiederum den Zustand der Dinge vergegenwärtigen, der in der Zukunft undeutlich zu sehen ist, wenn dieser Trend projiziert wird: Das Wirtschaftsleben wird mit Ausnahme des Agrarsektors von einer kleinen Zahl bürokratisierter Gesellschaftsunternehmen kontrolliert. Der Fortschritt hat sich verlangsamt und ist mechanisiert und planmäßig geworden. [...] Der industrielle Besitz und die industrielle Leitung

---

4   Vgl. den Beitrag von Peter Niesen zur politischen Theorie des Libertarianismus in diesem Band.

sind entpersönlicht worden, – da das Eigentum in Aktien- und Obligationsbesitz degeneriert ist und die Geschäftsleiter ähnliche Denkgewohnheiten wie Beamte angenommen haben. Die kapitalistische Motivation und ihre Maßstäbe sind am Vergehen und Verwelken. Die Folgerung hinsichtlich des Überganges zu einem sozialistischen Regime in solcher Fülle der Zeit ist naheliegend." (Schumpeter 1987: 349f.)

Zum Glück – zumindest aus Schumpeters Perspektive – gab es substantielle Beweise dafür, daß die „Fülle der Zeit" noch nicht erreicht war. Seine Gegenwart nahm Schumpeter als unruhige Übergangsphase zwischen klassischem Kapitalismus und Sozialismus wahr. Daher sollten diejenigen, die eine innere Verbundenheit zu den letzten Rudimenten menschlicher Kreativität in einer zunehmend reglementierten Welt fühlen, dafür kämpfen, die zentralen institutionellen Voraussetzungen des Unternehmertums zu bewahren, insbesondere eine auf Eigentum gegründete Privatwirtschaft (Schumpeter 1936; 1941).

Der moderne Rationalismus unterminiert darüber hinaus jene Voraussetzungen politischer Stabilität, *welche die bürgerliche Gesellschaft aus sich selbst heraus nicht erzeugen kann.* Ideen autoritärer Kritiker des modernen Liberalismus aufgreifend, charakterisiert Schumpeter die bürgerliche Gesellschaft als grundlegend unpolitisch. Der moderne Kapitalismus ist utilitaristisch, anti-heroisch und pazifistisch. Im Gegensatz zu den liberalen Denkern der Aufklärung, für die diese Eigenschaften der kommerziellen Gesellschaft Anzeichen ihrer zivilisatorischen Überlegenheit waren, hält Schumpeter sie für Anzeichen der angeborenen Zerbrechlichkeit der bürgerlichen Gesellschaft. Politische Macht beruht auf der Fähigkeit, ein „Herrscher" zu sein und nur diejenigen, die in der Lage sind, zu kämpfen – wenn nötig auch physisch –, können politische Macht effektiv ausüben. Eine nicht rationale Aura des „mystische[n] Glanz[es]" zählt bei der „Herrschaft über die Menschen" am meisten (Schumpeter 1987: 223). Aber mystischer Glanz wird in einer rationalistischen Gesellschaft, die sich zu utilitaristischen Werten bekennt, mit Skepsis betrachtet. Da politische Macht nie rational begründet oder gerechtfertigt sein kann, gerät der rationalistische Geist des modernen Kapitalismus unweigerlich in Konflikt mit dem irrationalen und unlogischen Handwerkszeug politischer Autorität. Der Bourgeois ist ein ungeeigneter politischer

Akteur, weil sich wirtschaftliche Führung (das heißt Unternehmertum) nicht einfach in politische Macht umsetzen läßt. Die Bourgeoisen „[...] reden und plädieren – oder werben Leute an, die es für sie tun; sie greifen nach jeder Kompromißmöglichkeit; sie sind immer bereit nachzugeben; sie führen nie einen Kampf unter der Flagge ihrer eigenen Interessen und Ideale [...]" (Schumpeter 1987: 260f.). Die politische Auseinandersetzung schließt Auseinandersetzungen auf Leben und Tod um endgültige Werte und Ziele ein, und es wäre naiv zu glauben, daß solche Konflikte durch rationale Diskurse oder Verhandlungen aufgehoben werden könnten. Kurz gefaßt: Die Bourgeoisie ignoriert die antagonistischen und letztendlich irrationalen Gesetze des Politischen. Die politische Ordnung der bürgerlichen Gesellschaft leidet daher – wie ihr ökonomisches Pendant – an einem eingebauten Mangel an Führerpersönlichkeiten. Aus diesen Grunde kommt Schumpeter immer wieder darauf zurück, daß der Liberalismus des 19. Jahrhunderts nur in der Lage war, dieses Maß an politischer Stabilität zu erreichen, da „[d]as stählerne Gerüst dieser Struktur [...] nach wie vor aus dem menschlichen Material der feudalen Gesellschaft [bestand; W.S.], und dieses Material verhielt sich immer noch gemäß dem präkapitalistischen Schema." (Schumpeter 1987: 221) Der Kapitalismus im 19. Jahrhundert war stabil, gerade weil er mit der Monarchie, dem Hof, Armee, Kirche und staatlicher Bürokratie auf feudalen Rudimenten fußte. In dem Maße, indem der beschleunigte Prozeß der Rationalisierung unaufhörlich dieses „stählernen Gerüst" unterminiert, produziert er eine Krise der politischen Autorität. Darüber hinaus führt der anti-politische Charakter der bürgerlichen Gesellschaft dazu, daß der Kapitalismus kaum in der Lage ist, einen einfachen Ersatz für jene feudalen Pfeiler zu finden, die ihn einst so gut stützten. Damit sieht sich die bürgerliche Gesellschaft einer *permanenten* Krise der politischen Autorität gegenübergestellt, da der Kapitalismus unaufhörlich seine stark benötigte traditionalistische Untermauerung zerstört (Schumpeter 1941: 1987).

Die Krise der bürgerlichen Gesellschaft wird weiter verschärft durch die Tatsache, daß die Rationalisierung die Entwicklung hin zur „Massendemokratie" und Sozialismus noch weiter beschleunigt. Da die „Rationalisierung der Seele allen Glanz über-empirischer Sanktion von jeder Art von Klassenrechten hinweg [nimmt; W.S.]," gefährdet die Rationalisierung unbeabsichtigterweise auch notwendige politische und ökonomische Hierarchien (Schumpeter 1987: 208). Wie bereits erwähnt, ist Schumpeter skeptisch gegenüber den orthodox marxistischen Ansichten, denen zufolge der Kapitalismus aufgrund von Massenarmut oder Wirtschaftskrisen zwangsläufig untergehen wird. Als größter Feind des Kapitalismus erweist sich seine eigene rationalistische Kultur, die, nach Schumpeter, traditionelle Formen politischer und ökonomischer Ungleichheit auf den Prüfstand der Gleichheit bringt. Doch wenn dem Rationalismus nichts heilig ist, wird sich der Kapitalismus selbst in der Defensive finden. Für den zunehmend antikapitalistischen Tenor in der zeitgenössischen Kultur und im politischen Leben sind laut Schumpeter vor allem Intellektuelle verantwortlich. Die historisch einmalig vorteilhafte ökonomische Situation der bürgerlichen Gesellschaft führt dazu, daß sie sich eine große Klasse Intellektueller leisten kann, denen ökonomisches Denken entweder fremd ist oder die ihm sogar feindselig gegenüberstehen. Daher ist es auch nicht überraschend, daß viele Intellektuelle sich bereitwillig radikal-demokratischen oder sozialistischen Bewegungen angeschlossen haben. Schumpeter liefert eine provokative Erklärung dafür, warum die höheren Bildungsstätten zunehmend seltener jene, für den Bestand der bürgerlichen Gesellschaft notwendigen, Charaktertypen hervorbringen (Schumpeter 1987: 244-248). Verwurzelt in der Kultur des modernen Rationalismus, kann die Klasse der Intellektuellen „nicht anders als kritteln, da sie von der Kritik lebt und ihre ganze Stellung von der Kritik abhängt, die schmerzend trifft; und eine Kritik an Personen und laufenden Ereignissen wird in einer Situation, in der nichts heilig ist, mit Notwendigkeit in eine Kritik an Klassen und Institutionen ausmünden." (Schumpeter 1987: 244) Auch hier ist es unwahrscheinlich, daß die bürgerliche Gesellschaft diese unverantwortlichen irrationalen antikapitalistischen Intellektuellen im Zaum halten wird, da ihre eigene rationalistische Geisteshaltung sie zögern läßt, die hierfür notwendigen Methoden – beispielsweise die Einschränkung der Meinungsfreiheit – gutzuheißen.

Schumpeter zeichnet mit großem Vergnügen die Tragik der sozialen Entwicklungen in der Moderne nach – und seine Diskussion über den Nexus von Kapitalismus und Rationalismus ist hier keine Ausnahme. Das Hauptattribut des modernen Kapitalismus ist die „Magie" des charismatischen Unternehmers. Obwohl er selbst dem modernen Kapitalismus entspringt, richtet sich der Rationalismus (in der Wirtschaft, der Politik, aber auch in der Kultur) schlußendlich gegen den kapitalistischen Unternehmer, während die angeborene Verbundenheit der bürgerlichen Gesellschaft mit einer politischen Vision, deren zentrale Bestandteile Deliberation und Kompromiß sind, sie recht wehrlos gegen das wachsende Arsenal antikapitalistischer Waffen werden läßt.

2.2. Auf der Suche nach Führung

Schumpeters Theorie konkurrierender Eliten ist sein Versuch, eine Lösung für die permanente Krise der politischen Autorität in der bürgerlichen Gesellschaft zu finden. Bereits 1920 zeichnet er in *Sozialistische Möglichkeiten von heute* ein trostloses Bild der „mass politics". Danach sollte der demokratische Wähler „eine Überzeugung haben und für deren Vertretung einen Mann seines Vertrauens auswählen: tatsächlich war er das Objekt einer psychotechnischen Maschine, in die er eingespannt wurde wie ein Neger in ein Sklavenschiff, die ihn zum willenlosen Werkzeug von Zwecken machte, welche er mitunter mißbilligte, meist nicht verstand, einer Maschine, die auf ihn nie durch das rationelle Argument sondern stets nur durch Appell an unbewußte Instinkte wirkte – aus der alle Vernunft verbannt schien." (Schumpeter 1920a: 478).

Das despektierliche Bild der (begrenzten) rationalen Fähigkeiten des Durchschnittswählers stützt Schumpeter mit Sorel. Dies ist jedoch nur der „Einstieg" in die „realistische" Demokratietheorie von Schumpeter. Er fährt fort, die Kernbereiche der klassischen liberalen Modelle von Volkssouveränität zu dekonstruieren. Die „Phraseologie" des liberal-demokratischen politischen Denkens hat nichts mit tatsächlicher Politik zu tun: Vernünftiger Diskurs wird zu Gunsten irrationaler Appelle, die auf die Bedürfnissen der Ignoranten und Irrationalen zugeschnitten sind, über Bord geworfen; Massendemokratisierung verwandelt politische Parteien unentrinnbar in bürokratische Instrumente psycho-technischer Manipulation und Kontrolle;[5] das Parlament erfüllt nicht länger auch nur die mi-

---

5 Dieses Argument erinnert an Robert Michels berühmte These, daß politische Organisationen notwendigerweise von dem „ehernen Gesetz der Oligarchie"

nimalsten deliberativen Aufgaben, die ihm in der klassischen liberalen Theorie zugedacht wurden; effektive Massenagitation und die Fähigkeit, die Partei„maschine" zu kontrollieren, verwandelt einige politische Akteure in „Bosse" und läßt jene, die nur über deliberative Macht verfügen, am Wegesrand zurück. Kurz gesagt: Die zentralen Institutionen liberaler Demokratie haben ihre eigentliche Bedeutung verloren, ihre ursprünglichen Techniken haben versagt und ihre tägliche Arbeit bezeugt, daß sie nicht mehr als eine Farce sind (Schumpeter 1920a: 473–481).

In seinem Aufsatz von 1920 entwickelt Schumpeter (1920: 478) zwei Argumentationslinien, um die, terminologisch Sorel folgende, „Degeneration" der Demokratie zu erklären. Auf der soziologischen und historischen Ebene argumentiert Schumpeter, daß die klassischen parlamentarischen Institutionen nur im Einklang mit der liberalen Theorie funktionieren konnten, weil sie Arbeitern und Armen kein Wahlrecht zugestanden. Die liberalen Ideale deliberativer und rationaler parlamentarischer Debatten hatten durch den sozial homogenen Charakter der liberalen Institutionen im 19. Jahrhundert eine reale Chance, erfolgreich zu sein. Als jedoch sozialdemokratische und sozialistische Parteien den Kapitalismus in Frage stellten, war der deliberative Parlamentarismus dem Untergang geweiht. „Im Allgemeinen kann vorläufig parlamentarisches Deliberieren über etwas [zum Beispiel Sozialismus], das ein Teil der Parteien unter keinen Umständen will, keinen Sinn haben." (Schumpeter 1920a: 477). Aber dieses soziologische Phänomen weist lediglich auf ein zweites, grundsätzlicheres Problem hin: Er erklärt, daß „alle führenden Schichten und Individuen" bereits das „Axiom" verstünden, wonach wahre Demokratie sowohl ein „klägliches Stecken im Sumpfe der Untermittelmäßigkeit" als auch „Handlungsunfähigkeit" bedeute (Schumpeter 1920a: 478). Von Natur aus sind die Massen politisch unfähig und irrational. Jeder Versuch, ein stabiles Modell der Volkssouveränität zu verteidigen, stellt den Gipfel intellektueller und politischer Unverantwortlichkeit dar. Natürlich tendiert die rationalistische Kultur dazu, Intellektuelle hervorzu-

---

beherrscht werden (Michels 1962). Auch wenn Schumpeter Michels nicht zitiert, teilt er doch dessen Skeptizismus gegenüber traditionellen Konzepten der Volkssouveränität. Wie Michels, war er ebenfalls von Webers Modell der „Führerdemokratie" und von italienischen Elitetheoretikern wie Gaetano Mosca und Vilfredo Parto beeinflußt (Held 1987: 164-68; Scaff 1981).

bringen, die es politisch opportun finden, am Altar der Volkssouveränität zu huldigen, aber es gibt keine überzeugenden wissenschaftlichen Beweise, daß die leere „Phraseologie" der Volkssouveränität es in praktischer Hinsicht überhaupt zu etwas bringen kann. In ähnlicher Weise bemerkte Schumpeter in späteren Jahren, „daß die Wählermasse zu keiner anderen Handlung als der Panik fähig ist" (Schumpeter 1987: 450).

In *Kapitalismus, Sozialismus und Demokratie* treten die historischen und soziologischen Aspekte von Schumpeters Analyse aus dem Jahr 1920 in den Hintergrund. Schumpeter entwirft hier ein Modell der „traditionellen Demokratietheorie", indem er eklektizistisch auf Ideen von Rousseau, Bentham und Mill zurückgreift. Dieser „traditionellen" Demokratietheorie wirft er dann vor, ein unrealistisch ehrgeiziges Verständnis von „Gemeinwohl" zu haben, wonach Wähler und ihre Repräsentanten sich an rationalen Diskursen beteiligten, um die angemessenen Ziele politischen Handelns festzulegen. Die „klassische Theorie" vertritt die „verrückte" Idee, daß Wähler mit Leichtigkeit ein „Gemeinwohl" identifizieren könten, das als „Leuchtfeuer" dient und Politikern klare Handlungsrichtlinien liefert. Einer inhärenten Ablehnung politischer Führung folgend, zeichnet sich das Modell darüber hinaus durch eine gleichermaßen unrealistische Vorliebe für direkte Demokratie aus: Institutionen politischer Repräsentation werden nur als technische Notlösung für Flächendemokratien gesehen, ihnen jedoch jeder intrinsischer Wert abgesprochen. Zurückgreifend auf die moderne Massenpsychologie (besonders Gustave Le Bon) und ihrer Betonung nicht-rationaler und irrationaler Aspekte der menschlichen Natur, argumentiert Schumpeter, daß jede Vorstellung von Volkssouveränität, die auf einer rationalen Bürgerschaft basiert, die das „Gemeinwohl" erkennen und mittels gewählter repräsentativer Institutionen verfolgen kann, schlicht die grundlegenden Wahrheiten der menschlichen Natur ignoriere. Wähler sind selten die, von der klassischen Demokratietheorie beschriebenen, rationalen Akteure, und selbst wenn sie es wären, gibt es kein kognitiv faßbares einheitliches „Gemeinwohl", das Politikern, die mit schwierigen und komplexen Fragen konfrontiert sind, als sinnvolle Handlungsanleitung dienen könnte. Der entzauberte Charakter der modernen Gesellschaft führt dazu, daß sie keinen nennenswerten moralischen Konsens mehr besitzt und diese wichtige Tatsache wird von denjenigen, die weiterhin auf die traditionelle Terminologie vom „Gemeinwohl" zurückgreifen, oft verschleiert.

Genauso wie die neoklassische ökonomische Theorie dazu neigt, die Rationalität des einzelnen Verbrauchers zu stilisieren (und so die Art und Weise wie größere Firmen Nachfrage herstellen – indem sie nämlich an unsere irrationalen Instinkte durch Werbung und Marketing appellieren – verschleiert), so überzieht die klassische liberale Demokratietheorie die rationalen Fähigkeiten der Wähler und spielt dadurch die wichtige Rolle von Propaganda und Manipulation im politischen Leben herunter. Die kreativen Aktivitäten des Unternehmers, nicht die wechselnden Strömungen im Geschmack der Konsumenten, sind für Schumpeter die Grundlage wirtschaftlicher Entwicklung. Verbraucher reagieren lediglich auf unternehmerische Innovationen. Auf eine ähnliche Art reagiert der Wähler bestenfalls auf politische Initiativen derer, die das Glück haben, Führungsqualitäten zu besitzen. Wähler beeinflussen die Politik nicht maßgeblicher als Verbraucherwünsche beispielsweise in den 1960ern und 1970ern die Innovationen in der Computerindustrie erforderlich machten. Sicherlich ist Rationalität dem menschlichem Handeln nicht gänzlich fremd. Aber es ist äußerst unwahrscheinlich, daß diese sich zeigt, „[w]enn wir uns [...] noch weiter von den privaten Belangen der Familie und des Bureaus entfernen und uns in jene Regionen nationaler und internationaler Angelegenheiten begeben, denen eine unmittelbare und unmißverständliche Verbindung mit jenen privaten Belangen fehlt..." (Schumpeter 1987: 414). Viel zu häufig fällt „[d]er typische Bürger auf eine tiefere Stufe der gedanklichen Leistung, sobald er das politische Gebiet betritt." (Schumpeter 1987: 416)

Ähnlich Schumpeters Wirtschaftstheorie, deren zentrales Anliegen es ist, die „Führungspersönlichkeit" des Unternehmers zu schützen, ist das zentrale Thema seiner politischen Theorie, die Möglichkeiten sinnvoller politischer Führung zu bestimmen. Wenn Schumpeters Diagnose einer grundsätzlichen Feindseligkeit der rationalen bürgerlichen Zivilisation gegenüber politischer Autorität zutreffend ist, dann ist das Streben nach Erhalt der politischen Führerschaft unweigerlich eine mühsame Aufgabe, die ernsthafter intellektueller Aufmerksamkeit bedarf. Sein Gegenentwurf zur traditionellen Demokratietheorie kreist daher um den Wettbewerb um die politische Führung. Nur wenn man seine zwanghafte Beschäftigung mit dem Problem der politischen Führung im Hinterkopf behält, wird seine scheinbar gradlinige Redefinition von Demokratie als „Methode [...] zur Erreichung politischer Entscheidungen, bei welcher einzelne die Entscheidungsbefugnis vermittels eines Konkurrenzkampfes um die Stimmen des Volkes erwerben" (Schumpeter 1987: 428), verständlich. Demokratie kann nur noch als „Methode" verstanden werden, da die normativ ehrgeizigen Ziele der Volkssouveränität, die mit der klassischen Demokratietheorie verbunden werden, verworfen werden sollten. Ähnlich wie bei anderen „Methoden", die in anderen Bereichen menschlicher Existenz verwendet werden, um ein eng definiertes Set spezifischer Ziele zu verwirklichen, ist die Demokratie nichts anderes als ein begrenztes, institutionelles Mittel, um kompetente Führer hervorzubringen. Hierdurch wird die Entscheidung von Sachfragen durch das Wahlvolk selbst zweitrangig und tritt hinter die Wahl von Führern, die Entscheidungen treffen, zurück. Eine realistische Demokratietheorie sollte „[...] für eine angemessene Anerkennung der lebenswichtigen Tatsache der Führung" (Schumpeter 1987: 429) sehr aufgeschlossen sein. Auf breiter politischer Inklusion basierende Regierungsformen sind schlecht ausgestattet, um mit den Anforderungen des zeitgenössischen sozialen Lebens klar zu kommen, es sei denn, sie lösen sich endgültig von den fiktiven Zielen der klassischen liberalen Demokratietheorie und rücken das Problem der politischen Führung in den Vordergrund. Im Gefolge der demokratischen Revolution kann Stabilität nur gesichert werden, wenn man endlich herausfindet, wie effektive Führer „hervorzubringen" sind. Berücksichtigt man die Gegebenheiten der menschlichen Psyche, so darf eine solche Theorie dem Wähler nur eine minimale Last an Rationalität zumuten. Angesichts der moralischen Entzauberung der Moderne, darf sich eine solche Theorie nicht mehr auf traditionelle republikanische Tugenden (z.B. Interesse für die res publica) oder auf eine moralisch anspruchsvolle Konzeption von Staatsbürgerschaft gründen. Die Legitimität der Demokratie beruht nach Schumpeters Redefinition nicht mehr auf ehrgeizigen normativen Idealen. Wenn es angesichts Schumpeters irrationaler politischer Macht überhaupt noch sinnvoll ist, von Legitimität zu sprechen, dann ist als „legitime" Ordnung diejenige zu verstehen, die dazu in der Lage ist, effektive politische Herrscher hervorzubringen. Demokratie ist also nur in dem Maße legitim, wie sie sich als fähig erweist, diese Aufgabe zu erfüllen.

Darin Michels, Mosca, Schmitt und Weber ähnlich, zielt Schumpeters Theorie darauf ab auszuloten, welche Gestalt effektive Formen politischer Führung unter den Bedingungen breiter politischer Inklusion annehmen könnten. Was Schumpeter von konkurrierenden „Elitetheoretikern" trennt, ist sein innovativer Versuch, hierbei auf Erkenntnisse der Wirtschaftswissenschaften zurückzugreifen. Wettbewerb ist – wenn auch notwendigerweise immer unvollkommen – ein konstitutiver Faktor der *„perennial gale of creative destruction"*, und somit zentral für das Verständnis der Dynamik des Kapitalismus. Der Wettbewerb diszipliniert das Geschäft und spielt in der wirtschaftlichen Entwicklung eine entscheidende Rolle. Wettbewerbsvorteile entstehen in der Regel aus der Einführung neuer Waren, Technologien, Zulieferer oder Organisationsformen (Schumpeter 1987: 138f.). Wirtschaftlicher Wettbewerb eröffnet einen Options- und Handlungsraum, in dem diejenigen, die über wirkliche unternehmerische Fähigkeiten verfügen, glänzen können. In ähnlicher Weise ist der freie Wettbewerb um Wählerstimmen zwischen konkurrierenden Kandidaten ein sinnvolles Mittel zur Generierung effektiver politischer Führung. Selbst wenn dadurch „Demokratie [nur noch; W.S.] bedeutet, daß das Volk die Möglichkeit hat, die Männer, die es beherrschen sollen, zu akzeptieren oder abzulehnen" (Schumpeter 1987: 452). Der Wettbewerb um die Wählerstimmen hat zur Konsequenz, daß diejenigen, die die Macht gewinnen, wirkliche Fähigkeiten besitzen in der „[...] Menschenbehandlung. Und wenigstens im allgemeinen dürfte die Fähigkeit, sich eine politische Führerstellung zu erringen, mit einer gewissen Summe persönlicher Kraft und anderen Eigenschaften verbunden sein, die [...] willkommen und nützlich sind." (Schumpeter 1987: 459). Genauso wie die Wirtschaftswissenschaftler, die – wenn auch sehr spät – mit unrealistischen Modellen des perfekten wirtschaftlichen Wettbewerbs gebrochen haben, sollten auch Politikwissenschaftler die grundsätzlichen Vorteile von Wettbewerb anerkennen, dabei jedoch die notwendigen Grenzen des Wettbewerbs akzeptieren. Obwohl in der Politik genauso wenig wie in der Wirtschaft idealer Wettbewerb zu erwarten ist, stellt der Wettbewerb um Wählerstimmen dennoch ein wirklichkeitsnahes Medium dar, um Führungsqualitäten, Charisma und die „art of handling men" zu kultivieren.[6]

---

6   Aus dieser Perspektive ist der größte Schwachpunkt einer (durch Eliten dominierten) Diktatur, daß sie nicht in der Lage ist, sinnvolle Konkurrenz zwischen

Schumpeters Modell konkurrierender Eliten nimmt große Anleihen bei Pareto, dessen Werk er sehr bewunderte (Schumpeter 1949). Wie Schumpeter hielt Pareto die Herrschaft einer kleinen Elite für unvermeidbar und die Vorstellung einer Selbstbestimmung des Volkes für einen Widerspruch in sich selbst. Paretos Theorie folgend, ist die spezifische Zusammensetzung einer sozialen Elite immer abhängig von den funktionalen Bedürfnissen der jeweiligen sozialen Ordnung. In einer Gesellschaft von Dieben, würden beispielsweise diejenigen an die Spitze der Gesellschaft aufsteigen, die ihre Nachbarn am besten ausrauben können. Eine wirtschaftsorientierte Zivilisation wird wahrscheinlich eine andere Art von Elite hervorbringen, als eine Gesellschaft, die auf wissenschaftliche Ziele eingeschworen ist. Darüber hinaus insistierte Pareto darauf, daß die Kultivierung eines wirklich effektiven Kreises von Führern eines „Kreislaufs der Eliten" bedarf. Auch wenn der Ursprung des privilegierten Status jeder herrschenden Gruppe darauf beruht, daß sie Attribute besitzt, die in dieser bestimmten Gesellschaft notwendig sind, neigen die herrschenden Eliten doch dazu, zu erstarren, da sie sich von den unteren Klassen abschotten. Wie Schumpeter in einer wohlmeinenden Erörterung von Pareto kommentiert: „There is in the lowest strata a tendency to accumulate superior ability that is prevented from rising, and in the topmost stratum [...] a tendency to dissaccumulate energy through disuse – with resulting tension and ultimate replacement of the ruling minority by another ruling minority that is drawn from the superior elements in the *couches inferieurs*. This *circulation des elites* does not affect the principle that is always some minority which rules [...] though it does produce [mythical] egalitarian philosophies or slogans in the course of the struggles that ensue." (Schumpeter 1949: 137-138)

Für Pareto stellt die Tatsache, daß die meisten sozialen und politischen Systeme den Aufstieg „überlegener" Typen aus den unteren Schichten unmöglich machen, ein zentrales Hindernis politischer Stabilität dar. Dementsprechend verfügen jene Gesellschaften, die sich erfolgreich stabilisieren können, in der Regel über ei-

---

den Eliten zu generieren und daher kaum im Stande sein wird, angemessenes „Führungsmaterial" zu produzieren. Schumpeters Hauptkritik an stärker autoritären Modellen der Elitentheorie ist daher, daß sie nicht fähig sind, überlegene Formen politischer Führung zu erreichen (Scheuerman 1999: 199-204).

nen gut-geölten Mechanismus für den Kreislauf der Eliten der die Regeneration der Führungsgruppen ermöglicht.

Es ist vielleicht nur eine geringe Übertreibung zu behaupten, daß Schumpeters größte Errungenschaft in *Kapitalismus, Sozialismus und Demokratie* darin besteht, Paretos Argumentation von ihren unverhohlenen anti-liberalen und anti-demokratischen Elementen befreit zu haben, um sie so einer Generation von amerikanischen Nachkriegssozialwissenschaftlern „schmackhaft" zu machen, die mit Jefferson, Lincoln und Dewey aufgewachsen waren. Auf der Grundlage von Pareto postuliert Schumpeter, daß nur ein System, das ein Mindestmaß an Wettbewerb der Eliten ermöglicht, mit gewisser Wahrscheinlichkeit effektive politische Führer hervorbringt und damit dauerhafte Stabilität erreichen kann.[7] Praktischerweise betont Schumpeter gerade jene Implikationen seines Modells, die sich mit Amerikas indigener liberaler Tradition gut verbinden lassen: Zumeist geht der Wettbewerb der Eliten einher mit Diskussionsfreiheit – und wahrscheinlich auch anderen (nicht näher definierten) bürgerlichen Freiheitsrechten –, da ohne bürgerliche Freiheitsrechte der freie Wettbewerb wahrscheinlich keine akzeptable Form finden wird. Schumpeter schließt seine Diskussion mit der Beobachtung, daß die amerikanische Form der präsidentiellen Regierung ohne Schwierigkeiten als angemessene Institutionalisierung seines Modells der Konkurrenz der Eliten interpretiert werden kann. Europäische Modelle parlamentarischer Demokratie könnten auch in dieser Rubrik geführt werden, jedoch müssen hierfür ihre Verteidiger endlich jene (aus dem 19. Jahrhundert stammenden) mythischen Modelle eines souverän deliberierenden Parlaments aufgeben und anerkennen, daß selbst parlamentarische Systeme notwendigerweise von einer kleinen politischen Elite dominiert werden.

---

7   Eine auffallende Ähnlichkeit besteht auch hier mit den Positionen des reiferen Mosca, der in seinen späten Werken argumentierte, daß gewählte und repräsentative Institutionen eine wichtige Rolle für den Kreislauf der Eliten spielen könnten (Mosca 1939: 465-94; Bachrach 1967: 14-17). Man muß Schumpeter auch zugestehen, daß er, wie Mosca, versucht seine Variante der Elitetheorie von denen abzugrenzen, die wie Michels und Pareto, letztendlich den Faschismus begrüßten (Meisel 1965; Beetham 1977).

3. Schumpeters Kritiker

3.1. Zeitgenössische Kritiken

Schumpeters Überlegungen zum unausweichlichen Niedergang des Kapitalismus entfachten bereits kurz nach ihrer Veröffentlichung eine lebhafte Debatte unter Wirtschaftswissenschaftlern, die zum größeren Teil argumentierten, er übertreibe sein Argument von der immanenten Verletzlichkeit des Kapitalismus (Heertje 1981; Coe/Wilbur 1985; Shinoyo/Perlman 1994; Stolper 1994: 103-156; Wood 1991).

Seine Beiträge zur politischen Theorie sind innerhalb der Politikwissenschaft und der politischen Philosophie ebenfalls kontrovers diskutiert worden. Die früheste systematische Antwort auf Schumpeters Demokratietheorie war ein Essay von Carl Landauer 1922 im angesehenen *Archiv für Sozialwissenschaft und Sozialpolitik*, der sich vollständig Schumpeters Kritik der klassischen liberalen demokratischen Ideale widmet. „Daß sie [d.h. Schumpeters Einwände; W.S.] eine halbe oder Viertelwahrheit sind, wird niemand bestreiten", aber letztendlich habe Schumpeter sowohl die andauernde Lebensfähigkeit parlamentarischer Institutionen verschleiert als auch die Irrationalität moderner Massenpolitik überzogen (Landauer 1922: 754). Darüber hinaus habe Schumpeter verkannt, wie durch die Entstehung moderner Massenparteien effektive Führung möglich ist, die den traditionellen demokratischen Vorstellungen von der Rechenschaftspflicht Herrschender gegenüber den Beherrschten treu bleibt. Im scharfen Gegensatz zu Schumpeters Bild von den Massenparteien als Instrumente psychologischer Manipulation, argumentierte Landauer, daß die SPD als Partei in der Lage sei, „die Empfindungen und Wünsche der Massen gegenüber den Führern [sowie; W.S.] die Erkenntnisse der Führer gegenüber den Massen" anzuerkennen und somit Führung mit demokratischer Rechenschaftspflicht zu verbinden (Landauer 1922: 756-757). Zwar sei Schumpeters Sorge um effektive Möglichkeiten authentischer Führung legitim, dabei übersehe er jedoch, wie sehr die entstehenden demokratischen politischen Organisationsformen sowohl eine angemessene „Auslese" politischer Eliten als auch bedeutsame politische Beteiligung ermöglichen können. Zugegebenermaßen werfe der sozial polarisierte Zustand der europäischen Demokratien nach 1918 schwierige Fragen hinsichtlich der Überlebensfähigkeit parlamentarischer Systeme auf, Schumpeter aber schenke der Tatsache zu wenig Aufmerksamkeit, daß es immer noch Interessen gäbe, „die alle Klassen gemeinsam zu wahren haben" und das Parlament daher immer noch eine ausreichend große Unterstützung habe. Die zunehmende Polarisierung der Bevölkerung entlang von Klassengrenzen mag in der Tat die Bereitwilligkeit wichtiger sozialer Gruppen, sich auf das Parlament als Mittel zur Diskussion und Aushandlung entscheidender politischer Fragen zu verlassen, reduziert haben, aber es stünde gut an, sich ins Gedächtnis zu rufen, daß „das Zusammenleben der Menschen [...] nicht nur vom Gegensatz der Klassen beherrscht wird" (Landauer 1922: 748).

Erst nach dem Erscheinen von *Kapitalismus, Sozialismus und Demokratie* gewann Schumpeters Demokratietheorie ein breiteres internationales Publikum und es provozierte (besonders zwischen 1950 und 1970) facettenreiche kritische Repliken. Zunächst wurde sein Modell der konkurrierenden Eliten allgemein dafür kritisiert, die normativen Ideale, die dem traditionellen demokratischen Denken zu Grunde liegen, bewußt verzerrt zu haben. In diesem Sinne erinnerte Hans Kelsen daran: *„the primary criterion of democracy is that the power of goverment is with the people" (Kelsen 1955: 84).* Diese Macht kann vom Volk direkt ausgeübt werden und in diesem Fall ist die Wahl von Führern nicht notwendig. Wo direkte Demokratie nicht möglich ist, ist das Volk gezwungen, auf freie Wahlen zurückzugreifen. Erst an dieser Bruchstelle spielt das zentrale Kriterium von Schumpeters Definition von Demokratie (das Vorhandensein eines Konkurrenzkampfes um Stimmen) eine Rolle. Schumpeter verwechselt also ein „sekundäres Kriterium" der Demokratie (d.h. ein mögliches Instrument zur Umsetzung eines reichen und komplexen normativen Ideals) mit der Essenz von Demokratie. Nach Kelsen wird diese konzeptionelle Kritik dadurch verschärft, daß das äußerst demokratische Instrument der proportionalen Repräsentation die Bedeutung des Wettkampfes um Wählerstimmen wohl „auf ein Minimum reduziert." Um sinnvoll politisch repräsentiert zu sein, muß eine politische Gruppe nicht notwendigerweise die Mehrheit der Wähler erreichen. Im Gegenteil: Mehrheitswahlsysteme erhöhen insgesamt die Bedeutung der Konkurrenz um Wählerstimmen, ohne daß sie sich notwendigerweise durch ein höheres Maß an Demokratie auszeichnen (Kelsen 1955: 84).

Ähnlich, aber im Ton schärfer, argumentierte der junge Jürgen Habermas, daß Schumpeters konzeptionelle Reduktion von Demokratie auf eine „Methode" zur Auswahl von Führern hieße, daß „die Idee der Herrschaft des Volkes fast ganz in Vergessenheit [gerät; W.S.]" (Habermas 1958: 11). Schumpeter begreife einen Kernbestandteil der Demokratie – politische Partizipation – bestenfalls als Voraussetzung von Stabilität und verschleiere damit die Wahrheit, daß Partizipation *„nicht ein Faktor ist, der, mit anderen Faktoren multipliziert, ein Gleichgewicht garantiert, sondern Funktion im schwierigen und ungewissen Prozeß der Selbstbefreiung der Menschheit [ist; W.S.]..."* (Habermas 1958: 12). Auf den zur Frankfurter Schule zählenden Franz L. Neumann[8] zurückgreifend, beharrt Habermas darauf, daß Demokratie als Teil eines laufenden historischen Kampfes zur Erhöhung der wahren Möglichkeiten menschlicher Selbstbestimmung zu verstehen sei. Die Vorstellung, daß man den historisch dynamischen Charakter demokratischer Entwicklung durch eine beschränkte Anzahl von Spielregeln begreifen könne, verzerre notwendigerweise, „worauf Demokratie abzielt: In dem Maße, in dem mündige Bürger unter Bedingungen einer politisch fungierenden Öffentlichkeit, durch einsichtige Delegation ihres Willens und durch wirksame Kontrolle seiner Ausführung, die Einrichtung ihres gesellschaftlichen Lebens selber in die Hand nehmen, wird personale Autorität in rationale überführbar." (Habermas 1958: 12). Für Habermas spiegelt Schumpeters Modell sehr genau bedrohliche autoritäre Tendenzen real-existierender kapitalistischer Demokratien wieder, weil es implizit das Politische mit „blinder Herrschaft" in Verbindung bringt. Hierdurch verleiht Schumpeter dem unzureichend rationalen Charakter der Herrschaft in zeitgenössischen kapitalistischen Demokratien eine abstrakt-theoretische Form. Aber in dem Maß, in dem Demokratie danach strebt, soziale und politische Macht in legitime rationale Autorität zu verwandeln, „mahnt die Idee der Demokratie [...] die Vergänglichkeit des Politischen als solchem" an (Habermas 1958: 12).

Habermas Argument, wonach Schumpeters Demokratietheorie eine Apologie für einige der unattraktivsten Facetten kapitalistischer Nachkriegsdemokratien liefert, wurde von anderen Kritikern

---

8   Vgl. den Beitrag von Bernd Ladwig zur Politischen Theorie der Frankfurter Schule in diesem Band.

detailliert weiterentwickelt. Im Zusammenhang mit den sozialen und politischen Unruhen der 1960er Jahre stellte eine jüngere Generation von Wissenschaftlern fest, daß Schumpeters Modell eine bequeme Rechtfertigung für demokratische Systeme ist, die sich durch allgegenwärtige Apathie der Bürger sowie große politische und wirtschaftliche Ungleichheit auszeichneten. In dieser kritischen Interpretation führt Schumpeters Beharren darauf, daß die Demokratietheorie eine „realistische" und „empirische" Form annehmen müsse, dazu, daß seine Theorie keine Möglichkeit mehr bietet, einen kritischen Standpunkt zur kapitalistischen Nachkriegsdemokratie einzunehmen. Die engen Grenzen, in denen sich die klassische normative politische Theorie laut Schumpeter bewegen soll, führen dazu, daß er und seine Anhänger es riskieren, einer tödlichen Form intellektueller Apologie zu erliegen. „Stripped of normative ends, political theory, including democratic theory, cannot perform the crucial function of providing direction to man's actions" (Bachrach 1967: 100). Nur eine wiederbelebte *normative* Demokratietheorie könnte diese Lakune überwinden.[9] Zugleich ist Schumpeters Tendenz, sein eigenes Demokratiemodell als realistisch und rein deskriptiv zu bezeichnen, nicht aufrichtig. Schumpeter macht sich ganz klar eine normative Agenda zu eigen, als er traditionelle anti-demokratische Argumente spiegelt und eine immense Betonung auf die Wichtigkeit politischer Stabilität legt. Er formuliert eine normative Kritik an der Demokratie und gibt sie als objektive Wissenschaft aus (Pateman 1970: 103-4). In dem Maße, in dem Schumpeter unkritisch ein klassisches Verständnis des Politischen, wonach das politische Leben ausschließlich in *staatlichen* Institutionen verortet ist, akzeptiert, liefert er eine Apologie für die problematische Sichtweise, daß Handlungssphären außerhalb des in diesem Sinne Politischen, unangemessen für die Ausweitung von Demokratie sind. Schumpeter versucht somit die zunehmend poröse Teilung zwischen dem Privaten und dem Öffentlichen innerhalb

---

9   Habermas hat bereits früher bezweifelt, ob Schumpeters Ablehnung normativer Argumente es ihm überhaupt ermöglicht, die zentralen Institutionen der liberalen Demokratie zu verstehen. Unabhängig von den autoritären Spuren in Schumpeters Theorie und ihren Entsprechungen in vielen enttäuschenden Facetten real existierender kapitalistischer Demokratien, sind normative Argumente noch immer „die einzige Legitimationsgrundlage" liberaler Demokratie (Habermas 1958: 13).

des zeitgenössischen Kapitalismus (Bachrach 1967: 102-106; Pateman 1970: 67-111) wieder einzuführen. Selbst wenn Schumpeters Theorie die Intensität der politischen Passivität in zeitgenössischen Demokratien zutreffend erfaßt, so verhindert sein enges Verständnis des Politischen das Experimentieren mit Demokratie am Arbeitsplatz, um so das Tableau politischer Partizipationsformen zu erweitern. Schumpeter gibt selber zu, daß in den Bereichen menschlichen Handelns, die mit den alltäglichen Sorgen von Familie und Geschäft am engsten verbunden sind, ein gewisses Maß an Rationalität erkennbar ist. Ist die Demokratisierung des kapitalistischen Arbeitsplatzes dann nicht ein effektives Mittel zur Steigerung der allgemeinen Rationalität der politischen Entscheidungsfindung der Bürger? (Bachrach 1967: 102-6; Pateman 1970: 45-102).

Als ersten Schritt hin zu einer Neuformulierung der normativen Ziele der Demokratietheorie, mußten die Kritiker Schumpeters seine Darstellung der „klassischen Demokratiedoktrin" in Frage stellen und darauf beharren, daß es sich dabei nur um eine Karikatur handle. Schumpeter war nur deshalb in der Lage, seine Theorie als effektive „realistische" Alternative zur klassischen liberalen Demokratie zu „verkaufen", weil er die Ideengeschichte der Demokratietheorie erheblich verzerrte. Er war mit den Entwicklungen im amerikanischen demokratischen Denken nicht vertraut und seine Theorie spiegelt die Begrenztheit seiner eigenen demokratischen Erfahrung im Zentraleuropa vor 1933 wieder (Wright 1951). Weder Bentham noch James Mill hatten geleugnet, daß dem Problem der effektiven Führung ein zentraler Stellenwert zukam, noch stellten sie an die Rationalität des Wahlvolkes überzogene Erwartungen (Pateman 1970: 20-21). Am schwersten wiegt jedoch Schumpeters Unfähigkeit, die Bedeutung politischer Partizipation in den Theorien z.B. von Rousseau und John Stuart Mill zu erkennen: Partizipation stellt eine Form der politischen Selbstbildung dar, „designed to develop responsible individual and political action". Partizipation kann politische Integration dadurch fördern, daß der einzelne Staatsbürger ermutigt wird, „to take into account wider matters than his own immediate private interest" (Pateman 1970: 25). Bei seinem Versuch, Führungsqualitäten zu fördern, scheint Schumpeter aus den Augen verloren zu haben, daß bereits die Klassiker der politischen Theorie sich dieses Problems angenommen hatten und versuchten, die Fähigkeiten der Bürger des Gemeinwesens zu för-

dern und zu verbessern – indem sie weitreichende Möglichkeiten
der politischen Partizipation in Fragen von größter gesellschaftlicher Bedeutung vorsahen. Aus der Perspektive von Kritikern wie
Peter Bachrach und Carol Pateman besteht der beste Weg, einen
nicht nur normativ legitimen, sondern stabilen und effektiven Staat
zu garantieren, daher auch darin, politische Partizipationsformen
zu institutionalisieren, die sowohl umfangreicher sind als Schumpeters Theorie dies vorsieht als auch umfangreicher als sie in den
real existierenden Demokratien implementiert waren.

3.2. Gegenwärtige Kritiken

In jüngster Zeit haben sich Politikwissenschaftler auf der Suche
nach Rechtfertigungen für die häufigere Nutzung ökonomischer
Modelle politischen Handelns (insbesondere innerhalb der Rational
Choice-Theorie) wieder Schumpeter zugewandt.[10] Dementsprechend hat sich der Hauptstrom der zeitgenössischen Kritik auf
Schumpeters Rolle bei der Herausbildung jener Formen der politischen Analyse gerichtet, welche die Rationalität des *homo oecono-
micius* als Ausgangspunkt nehmen. Schumpeter wird aus Sicht dieser Kritiker zu Recht als Vater der „Rational Choice"-Politikwis-
senschaft gesehen: Er leiht aus den Wirtschaftswissenschaften die
Vorstellung des freien Wettbewerbs, um so demokratische Politik
zu rekonzeptionalisieren. Er modelliert Wählerverhalten in Analogie zum modernen Verbraucher und Politikerhandeln in Anlehnung
an die Figur des kreativen Unternehmers. Rational Choice-Theoretiker können daher auf Schumpeters Erkenntnissen aufbauen, indem
sie seinen ökonomischen Ausgangspunkt systematisieren und stärker formalisieren. Einige Kritiker des Rational Choice sehen in
Schumpeters Vertrauen auf ökonomische Modelle politischen Handelns eine entscheidende Determinante für seine Deflation der normativen demokratischen Ideale. Aufgrund der ökonomischen Grundbegriffe seiner Theorie sei es kein Zufall, daß Schumpeter die Vorstellung, daß Gemeinwohl mehr sein könne als eine Ansammlung

---

10 Vgl. hierzu die Beiträge von Joachim Behnke zur Politischen Theorie der Po-
    litökonomie in diesem und zur Politischen Theorie des Rational Choice im
    zweiten Band.

begrenzter Eigeninteressen, suspendiert und die traditionelle demokratische Idee des aktiven, gemeinsinnigen (Staats)Bürgers verwirft, da sich beide traditionellen Ideen nur schlecht mit den Annahmen der Wirtschaftstheorie vereinbaren lassen. Die zeitgenössische Rational Choice-Theorie verzerrt, wie bereits Schumpeter es getan hat, die Natur demokratischer Politik, indem sie sich auf konzeptionelle Elemente der Wirtschaftstheorie stützt, die für die Analyse politischer Prozesse unangemessen sind. Die Zuspitzung der ökonomischen Aspekte in Schumpeters Theorie durch zeitgenössische Rational Choice-Theoretiker radikalisiere – so Kritiker – lediglich seine äußerst problematische Deflation der Demokratie. Die Rational Choice-Theorie steht vor dem gleichen legitimatorischen Dilemma wie Schumpeter: Wenn unsere Erwartungen an die Demokratie so reduziert sind, wie kann dann noch überzeugend dafür argumentiert werden? (Hauptmann 1996: 9-13)

4. Im Schatten Schumpeters

Schumpeters Arbeiten haben weiterhin einen bemerkenswerten Einfluß auf zeitgenössische Politikwissenschaftler. Rational Choice-Theoretiker verweisen häufig auf seine bahnbrechende Einführung ökonomischer Analysen in die Politikwissenschaft als wichtige Inspirationsquelle ihrer eigenen Arbeit; neokonservative Kritiker des Sozialstaates greifen seine provokativen Analysen zu den immanenten Widersprüchen des Kapitalismus auf. Am beeindruckendsten jedoch ist eine heterogene Gruppe progressiver Demokratietheoretiker, deren Ziel es ist, Schumpeters „Realismus" zu bewahren, ihn dabei aber von seinen rechten politischen Implikationen zu befreien.

Sowohl Gary S. Becker als auch Anthony Downs haben versucht, Schumpeter in die Reihen der Rational Choice-Theoretiker zu erheben – die bei ihnen durch die Anwendung neoklassischer ökonomischer Theorien auf die Untersuchung der traditionellen Themenfelder empirischer politischer Analyse (Wahlgesetze, Wahlverhalten, Parteipolitik und Bürokratie) definiert wird. Die Grundannahme lautet, daß Menschen rationale ökonomische Akteure sind und daher egoistisch ihren Nutzen maximieren. Dieses Axiom ist

relativ unumstritten und daher in der Lage, als eine Ausgangsbasis
für eine Vielzahl komplexerer ökonomischer Modelle zu fungieren,
die die Analyse politischer Phänomene ermöglichen (Becker 1958:
106; Becker 1985; Downs 1957: 29; Mitchell 1984: 146). Der
Rückgriff auf Schumpeter ist jedoch selbst unter Rational Choice-
Sympathisanten kontrovers. Einige Kommentatoren bemerken zu
Recht, daß Schumpeter häufig in Konflikt mit Rational Choice gerät, weil er die nicht-rationalen oder gar irrationalen Aspekte individuellen Handelns betont. Diese Richtung der Kritik zuspitzend,
kommentierte der österreichische Soziologe Manfred Prisching
sarkastisch, daß es wahrscheinlich besser wäre, Schumpeter als
Begründer der „Irrational Choice"-Theorie zu bezeichnen (Prisching
1995). Gewiß wird Schumpeters gelegentliche Betonung der Irrationalität individuellen Handelns von Rational Choice-Autoren wie
Becker und Downs bagatellisiert. In Schlüsselbereichen empfiehlt
Schumpeter eine ökonomisch begründete Politikanalyse, in der politisches Handeln durch formale Modelle, die aus der ökonomischen
Theorie abgeleitet sind, erklärt wird. Gleichzeitig betont Schumpeter jedoch auch die Grenzen eines methodischen Ansatzes, der
das Modell des rationalen homo oeconomicus *sowohl* für die wirtschaftliche *als auch* für die politische Sphäre generalisieren möchte. Man rufe sich in Erinnerung, daß Schumpeter behauptete, selbst
die differentia specifica des Kapitalismus, nämlich die unternehmerische Aktivität, würde unzureichend durch neoklassische Konzeptionen rationalen wirtschaftlichen Handelns erfaßt, da sie seine
kreativen und nicht voraussehbaren Aspekte verschleiern (Schumpeter 1934: 79-83). Einer anspruchsvollen, durch Rational Choice
inspirierten, Anwendung Schumpeters stünde es daher gut an, ihn
als einen Theoretiker zu interpretieren, der sowohl das Potential
einer ökonomischen Politikanalyse als auch ihre Grenzen erkannte
(Mitchell 1984a,b; Rosenberg 1994).

Gleichzeitig sind neokonservative Kritiker des Sozialstaates
sehr aktiv dabei, Schumpeters These, wonach der Kapitalismus kulturelle und intellektuelle Strömungen hervorbringe, die seiner eigenen Funktionsweise feindlich gegenüberstehen, in eine politischen
Agenda umzuwandeln, die Schumpeters eigener erstaunlich ähnlich
sieht. Im Geiste Schumpeters haben neokonservative Politikwissenschaftler argumentiert, daß „the effective operation of a democratic political system usually requires some measure of apathy and

noninvolvement on part of some individuals and groups" (Crozier/Huntington/Watanuki 1973: 113-14). Doch genau wie Schumpeter voraussagte, steht die gegenwärtige bürgerliche Gesellschaft vor einer tiefen Krise der „Unregierbarkeit", u.a. weil sie ein „stratum of value-oriented intellectuals" hervorbringt, welche „often devote themselves to the derogation of leadership, the challenging of authority, and the unmasking and delegitimation of established institutions..." Wie als Echo der schlimmsten apokalyptischsten Prophezeiungen aus *Kapitalismus, Sozialismus und Demokratie*, argumentieren die Autoren, daß die Demokratisierung der höheren Bildung eine beträchtliche Anzahl von Studenten und Intellektuellen hervorgebracht habe, die für antikapitalistische Ideale empfänglich und naiven radikal-demokratischen Idealen gegenüber zunehmend aufgeschlossener sind. Die daraus entstehende „feindliche Kultur" („adversarial culture") stellt eine Bedrohung der bürgerlichen Gesellschaft dar, die nicht weniger ernst ist, als „those in the past posed by the aristrocratic cliques, fascist movements and communist parties" (Crozier/Huntington/Watanuki 1973: 6-7).

In einer etwas subtileren Variation des selben Grundthemas hat der Soziologe Daniel Bell ausgeführt, wie die kapitalistische wirtschaftliche Entwicklung letztlich anti-bürgerliche kulturelle und intellektuelle Trends hervorbringt, die Schlechtes für die Zukunft der westlichen Gesellschaft vermuten läßt. Die Verlagerung vom klassischen zum heutigen konsumentenorientierten Kapitalismus erschüttert traditionelle Autoritätsmuster und bedroht selbst die rationalistische, nüchterne und pragmatische Kultur, auf der die klassische bürgerliche Gesellschaft beruht. Noch zu Beginn des 20. Jahrhunderts, „[capitalism; W.S.] continued to demand a Protestant ethic in the area of production – that is, in the realm of work – but to stimulate a demand for pleasure and play in the area of consumption. The disjunction was bound to widen. The spread of urban life, with its variety of distractions and multiple stimuli; the new roles of women, created by the expansion of office jobs and the freer social and sexual contacts; the rise of a national culture through motion pictures and radio – all contributed to a loss of social authority on the part of the older value system." (Bell 1978: 75)

Die puritanische Ethik betonte Nüchternheit, Arbeitsamkeit, Genügsamkeit sowie sexuelle Zurückhaltung und war ein entscheidender kultureller Rückhalt des klassischen Kapitalismus. Aber das

Entstehen einer hochgradig konsumorientierten Ökonomie, die in der Lage ist, eine große Anzahl von Waren zu produzieren, die zuvor noch als Luxusartikel galten, zerrüttet das traditionelle Wertesystem der bürgerlichen Gesellschaft. Marketing und Hedonismus avancierten zu den treibenden Kräften des Kapitalismus im 20. Jahrhundert. Für die Produktionssphäre bedeutet dies jedoch, daß sich traditionelle Vorstellungen von Arbeit und Gratifikation auf dem Rückzug befinden. Während moderne Unternehmen vom Einzelnen erwarten, als *Mitarbeiter* oder *Angestellter* hart zu arbeiten, Karriereziele konsequent zu verfolgen und Gratifikationsaufschub zu ertragen, erwarten sie vom Einzelnen als *Konsumenten*, daß er alle Früchte der Konsumgesellschaft und ihrer Versprechen sofortiger Bedürfnisbefriedigung genießen kann. Für Bell äußern sich diese, der Wirtschaft des Kapitalismus, immanenten Spannungen in einer Reihe von „kulturellen Widersprüchen", die dazu führen, die Identität der bürgerlichen Gesellschaft zu verändern. Wie Schumpeter vor ihm, bringt Bell diese Veränderungen in ursächlichen Zusammenhang mit den Aktivitäten von Intellektuellen und dem Wachsen (angeblich) einflußreicher Gruppen linker *Schreiberlinge*: kultureller Modernismus, „[radical] sensibility of the sixties" und Postmoderne vereinen sich und formen eine potentiell subversive, antibürgerliche Kultur – im Herzen der bürgerlichen Gesellschaft. Bell scheint – und auch hier erinnert er an Schumpeter – zu glauben, daß der beste Weg zur Stabilisierung der bürgerlichen Gesellschaft darin besteht, traditionelle Werte zu bestätigen – in diesem Fall religiöse Ideale, welche die „deepest springs of consciousness" berühren und die Menschheit an ihre begrenzte Macht und ihre Endlichkeit erinnern. (Bell 1978: XXIX).

Schließlich haben einige neuere Demokratietheoretiker den Versuch unternommen, Schumpeters Modell der konkurrierenden Eliten aufzugreifen und dabei den politischen Realismus von seinen rechten politischen Anteilen zu trennen. Seine wichtigste Manifestation findet dieser Trend in den Arbeiten des italienischen Theoretikers Danilo Zolo, der provokativ Kernelemente von Schumpeters Theorie gegen seine Kritiker verteidigt und gleichzeitig auf seinen Errungenschaften aufzubauen versucht. Zolo argumentiert, daß man Schumpeters auf bösartige Weise fehlrezipierte Diskussion klassischer Demokratietheorie als einen scharfsinnigen Angriff auf naive und zunehmend überholte normative Konzepte von Partizipation, Repräsentation und Verantwortlichkeit verstehen muß. Schumpeter habe grundsätzlich recht mit seiner These, daß die traditionelle Demokratietheorie ein einfaches und noch unentwickeltes soziales und politisches Umfeld voraussetze, während sie die Bedeutung sozialer Komplexität für die zeitgenössische Politik grob unterschätzte. Verteidiger eines starken Modells „partizipatorischer Demokratie" (wie beispielsweise Carol Pateman) laufen daher Gefahr, Opfer jener Pathologien zu werden, die so eindrucksvoll in Schumpeters Kritik der klassischen Modelle der Demokratietheorie beschrieben werden. Schumpeters gesunder Skeptizismus hinsichtlich der begrenzten kognitiven Fähigkeiten des demokratischen Bürgers, besitzt z.B. große Relevanz angesichts der Tatsache, daß „[m]ultifarious topics of information, knowledge and experience surround individual agents with an increasing flow of symbolic stimuli and prescriptive demands which, ‚consume' a growing share of their potential for conscious attention." (Zolo 1992: 133) Obwohl die individuelle Aufmerksamkeitsspanne des *homo sapiens* eine biologische und anthropologische Konstante ist, tendiert die zeitgenössische Gesellschaft doch dazu, immer weitreichendere Ansprüche an unsere kognitiven Kapazitäten zu stellen. Grundsätzlich ist Schumpeter daher zuzustimmen, wenn er darauf hinweist, daß die Individuen wahrscheinlich einen immer geringer werdenden Anteil ihrer bewußten Aufmerksamkeit auf das Politikgeschehen richten werden. Der größte Schwachpunkt in Schumpeters Theorie besteht für Zolo jedoch darin, daß er die, aus wissenschaftlich-technischem Fortschritt resultierende, extreme gesellschaftliche Komplexitätssteigerung, welche die ursprünglichen Schwächen der klassischen Demokratietheorie sogar noch verschärft, nicht antizipierte. Schumpeter sei einfach nicht weit genug gegangen. Ähnlich wie Schumpeter es vor einem halben Jahrhundert getan hat, muß man heute die Demokratietheorie rekonstruieren, die jedoch eine „theory of democracy of still greater complexity and realism" (als die Schumpeters) sein muß (Zolo 1992: VIII).

Auch wenn es Zolos Absicht ist, Schumpeters Theorie von ihrem problematischen politischen Hintergrund zu befreien, bleibt es unklar, ob Zolo dies angesichts seiner Verbundenheit mit Schumpeters agnostischen Konzeptionen von Politik und seinem moralischen und politischen Skeptizismus gelingen kann. Nicht nur auf Schumpeter, sondern auch auf Carl Schmitt bezug nehmend, schreibt Zolo, daß notwendigerweise „the political system makes imperative choices by virtue of pure decision. This decision is a political command precisely to the extent to which it is justified not by moral or rational criteria", sondern den Anforderungen politischer Stabilität entspricht (Zolo 1992: 71).

Ein fruchtbarer Ausgangspunkt für diejenigen, die Schumpeters skeptische Haltung gegenüber den klassischen normativen Demokratiemodellen bewahren wollen, bilden die Arbeiten einiger Autoren, die versuchen, auf seine Einsichten über die Begrenztheit klassischer Demokratietheorie aufzubauen und gleichzeitig radikal mit seinem Anti-Rationalismus und Dezisionismus brechen. Bernhard Peters – ein wichtiger Gesprächspartner in Habermas' Kreis in Frankfurt und heute Professor in Bremen – fällt in diese Kategorie. Peters hat einen großen Teil seiner beeindruckenden intellektuellen Arbeit im letzten Jahrzehnt darauf verwendet, radikale Demokratietheorien dafür zu kritisieren, daß sie nicht eingestehen, daß ihre Kommunikations- und Problemlösungsfähigkeiten hinsichtlich der tatsächlichen Anforderungen moderner repräsentativer Demokratien begrenzt sind. Peters Affinität zu einer normativ modifizierten Variante des demokratischen Realismus zeigt sich darin, daß er Schumpeters (und Zolos) Abneigung gegen idealisierende Modelle von Demokratie – die nicht in der Lage sind, jene funktionalen Anforderungen, die aus sozialer Komplexität resultieren, angemessen zu verarbeiten – teilt, sich jedoch von Schumpeters tiefer Abneigung gegen normative Diskussionen politischer Fragen distanziert (Peters 1993: 352). Im scharfen Gegensatz zu Zolo entlehnt Peters bei Habermas die Vision einer demokratischen Theorie, die universalistische Formen moralischen und politischen Denkens ernst nimmt, während er sich zugleich bemüht, das Kernstück von Schumpeters Erkenntnis über den unterentwickelten und tendenziell utopischen Charakter der klassischen Demokratietheorie einzubeziehen. Wenn im 21. Jahrhundert erfolgreich an Schumpeter angeschlossen werden soll, wird es dieser Typus der kritischen Rekonstruktion sein, der sich als der Wertvollste herausstellen wird.

Literatur

a. verwendete Literatur

Allen, Robert Loring (1991): Opening Doors: The Life and Work of Joseph Schumpeter. New Brunswick.

Bachrach, Peter (1967): The Theory of Democratic Elitism. Boston.

Becker, Gary S. (1958): Competition and Democracy. Journal of Law and Economics 1, 105-109.

– (1985): Pressure Groups and Political Behaviour. S. 120-146 in: Richard Coe/Charles K. Wilbur (Hrsgg.), Capitalism and Democracy: Schumpeter Revisited. South Bend.

Beckerath, Erwin von (1927) Wesen und Werden des faschistischen Staates. Berlin.

Beetham, David (1977): From Socialism to Fascism: The Relation Between Theory and Practice in the Work of Robert Michels. Political Studies 25, 3-24.

Bell, Daniel (1976): The Cultural Contradictions of Capitalism. New York.

Bonn, Moritz J. (1925): Die Krise der europäischen Demokratie. Tübingen.

Bottomore, Tom (1992): Between Marginalism and Marxism: The Economic Sociology of J.A. Schumpeter. New York.

Coe, Richard D./Wilbur, Charles K. (Hrsgg.) 1985: Capitalism and Democracy: Schumpeter Revisited. South Bend.

Crozier, Michael/Huntington, Samuel P./Wantanuki, Joji (1973): The Crisis of Democracy. New York.

Dahl, Robert (1956): A Preface to Democracy Theory. New Haven.

Downs, Anthony (1956): An Economic Theory of Democracy. New York.

Habermas, Jürgen (1958): Zum Begriff der politischen Beteiligung. S. 9-60 in: ders., (1973), Kultur und Kritik. Verstreute Aufsätze. Frankfurt a.M.

Hauptmann, Emily (1996): Putting Choice Before Democracy: A Critique of Rational Choice Theory. Albany.

Heertje, Arnold (Hrsg.) 1981: Schumpeter's Vision: Capitalism, Socialism and Democracy. After Forty Years. New York.

Kelsen, Hans (1955): Foundations of Democracy. Ethics 65, 1-99.

Landauer, Carl (1922): Sozialismus und parlamentarisches System. Betrachtungen zu Schumpeters Aufsatz ‚Sozialistische Möglichkeiten von Heute'. Archiv für Sozialwissenschaft und Sozialpolitik 48, 748-760.

Lipset, Seymour Martin (1960): Political Man: The Social Basis of Politics. Garden City.

März, Eduard (1983): Joseph Alois Schumpeter – Forscher, Lehrer und Politiker. Wien.

Meisel, James H. (Hrsg.) (1976): Pareto & Mosca. Englewood Cliffs.

Michels, Robert (1962): Political Parties: A Sociological Study of the Oligarchical Tendencies of Modern Democracy. New York.

Mitchell, Gordon (1984a): Schumpeter and Public Choice, Part I: Precursor to Public Choice, S. 145-161 in: John Cunningham Wood (Hrsg.) (1991), J. A. Schumpeter: Critical Assessments, Bd. IV. London.

– (1984a): Schumpeter and Public Choice, Part II: Democracy and the Demise of Capitalism, S. 162-175 in: John Cunningham Wood (Hrsg.) (1991), J. A. Schumpeter: Critical Assessments, Bd. IV. London.

Mosca, Gaetano (1939): The Ruling Class. New York.

Narr, Wolf-Dieter/Naschhold, Frieder (1971): Theorie der Demokratie. Stuttgart.

Pareto, Vilfredo (1996): Sociological Writings. New York.

Pateman, Carole (1970): Participation and Democractic Theory. Cambridge.

Peters, Bernhard (1993): Die Integration moderner Gesellschaften. Frankfurt a.M.

Prisching, Manfred (1995): Schumpeter's Irrational Choice Theory. Critical Review 9, 301-324.

Ricci, David M. (1970): Democracy Attenuated: Schumpeter, The Process Theory, and American Democratic Thought. Journal of Politics 32, 239-267.

Rosenberg, Nathan (1940): Joseph Schumpeter: Radical Economist. S. 41-58 in: Yuichi Shonoyo/Mark Perlman (Hrsgg.) (1994), Schumpeter in the History of Ideas. Ann Arbor.

Scaff, Lawrence (1981): Max Weber and Robert Michels. American Journal of Sociology 86, 1269-1286.

Scheuerman, William E. (1999): Carl Schmitt: The End of Law. Lanham.

Scheuerman, William E./Caldwell, Peter (Hrsgg.) (2000): From Liberal Democracy to Fascism: Political and Legal Thought in the Weimar Republic. Boston.

Schmitt, Carl (1926): Die geistesgeschichtliche Lage des heutigen Parlamentarismus. Berlin.

Schumpeter, Joseph A. (1912): Theorie der wirtschaftlichen Entwicklung. Leipzig.

– (1918): Die Krise des Steuerstaates. S. 1-71 in: ders. (1953), Aufsätze zur Soziologie. Tübingen.

– (1919): Zur Soziologie der Imperalismen. S. 72-146 in: ders. (1953), Aufsätze zur Soziologie. Tübingen.

– (1920a): Sozialistische Möglichkeiten von Heute. S. 454-510 in: ders. (1952), Aufsätze zur ökonomischen Theorie. Tübingen.

– (1920b): Max Webers Werk. in: ders. (1954), Dogmenhistorische und biographische Aufsätze. Tübingen.

– (1927): Die sozialen Klassen im ethnisch homogenen Milieu. S. 147-213 in: ders. (1953), Aufsätze zur Soziologie. Tübingen.

– (1934): The Theory of Economic Development. Cambrigde, USA.

– (1936): Can Capitalism Survive? S. 298-315 in: ders. (1991), The Economics and Sociology of Capitalism. Princeton.

– (1939): Business Cycles: A Theoretical, Historical, and Statistical Analysis of the Capitalist Process. New York.

– (1941): An Economic Interpretation of our Times. S. 339-400 in: ders. (1991), The Economics and Sociology of Capitalism. Princeton.

– (1949): Vilfredo Pareto. S. 110-142 in: ders. (1997), Ten Great Economists. London.
– (1950): Capitalism, Socialism and Democracy. 3rd ed. New York.
– (1952): Aufsätze zur ökonomischen Theorie. Tübingen.
– (1953): Aufsätze zur Soziologie. Tübingen.
– (1954): History of Economic Analysis. New York.
– (1959): The Theory of Economic Development. Cambridge, USA.
– (1987): Kapitalismus, Sozialismus und Demokratie. Stuttgart.
– (1987a): Aufsätze zur Wirtschaftspolitik. Tübingen
– (1991): The Economics and Sociology of Capitalism. Princeton.
– (1997): Ten Great Economics: From Marx to Keynes. London.
Shionoyo, Yuichi/Perlman, Mark (Hrsgg.) 1994: Schumpeter in: the History of Ideas. Ann Arbor.
Stolper, Wolfgang F. (1994): Joseph Alois Schumpeter: The Public Life of a Private Man. Princeton.
Swedberg, Richard (1991): The Man and His Work. S. 3-98 in: Joseph A. Schumpeter (1991), The Economics and Sociology of Capitalism. Princeton.
– (1994): Schumpeter: Eine Biographie. Stuttgart.
Wood, John Cunningham (Hrsg.) (1991): J. A. Schumpeter: Critical Assessments, Bd. I-IV. London.
Wright, D.M. (1951): Schumpeter's Political Philosophy. S. 243-251 in: John Cunningham Wood (Hrsg.) (1991): J. A. Schumpeter: Critical Assessments, Bd. I. London.
Xenos, Nicholas (1981): Democracy as Method: Joseph A. Schumpeter. Democracy 1, 110-125.
Zolo, Danilo (1992): Democracy & Complexity: A Realist Approach. State College.

b. kommentierte Literatur

Primärliteratur
Schumpeter, Joseph A. (1952): Sozialistische Möglichkeiten von Heute. In: ders., Aufsätze zu ökonomischen Theorie.
Dieser Essay aus den frühen 20er Jahren des letzten Jahrhunderts wird von den Schumpeter-Interessierten typischerweise vernachlässigt. Trotzdem werden die wichtigsten Themen seiner Demokratietheorie hier bereits vorgestellt. Darüber hinaus liefert dieser Essay einen aufschlußreichen Einblick in Schumpeters Beitrag zur politischen Theorie im Europa der Zwischenkriegszeit. Er beinhaltet eine frühe und präzise Aussage zur Wahrscheinlichkeit des Sozialismus und zur Notwendigkeit der Verteidigung des Kapitalismus.

Schumpeter, Joseph A. (1950 engl.): Kapitalismus, Sozialismus und Demokratie. Stuttgart.
Dieses Buch liefert nicht nur den besten Überblick über seine Demokratietheorie, sondern auch über Schumpeters Vorstellung vom Niedergang des Kapitalismus und seine Ersetzung durch den Sozialismus. Obwohl es einen breiten Leserkreis

auch außerhalb der Wissenschaft ansprechen sollte, wird es heute als sein opus magnum angesehen. Der Einfluß dieses Buches auf die Politikwissenschaft der Nachkriegsjahre war enorm, besonders in den USA.

Schumpeter, Joseph A. (1991): The Economics and Sociology of Capitalism. Princeton.
Diese Sammlung bisher unbekannter politischer Essays und Vorlesungen aus den 30er und 40er Jahren liefert einen wichtigen Hintergrund, um Kapitalismus, Sozialismus und Demokratie zu verstehen.

Schumpeter, Joseph A. (1991): Critical Assessments, Bd. I-IV. Hrsg. von John Cunningham Wood. London.
Abgesehen davon, daß sie Schumpeters politische Theorie eher vernachlässigt, vereint diese umfangreiche Sammlung fast alle relevanten Aufsätze über Schumpeters ökonomische Theorien, die im letzten Jahrhundert publiziert worden sind.

Sekundärliteratur

Bachrach, Richard (1967): The Theory of Democratic Elitism. A Critique. Boston.
Dieses Buch ist auch weiterhin das Standardwerk über das Verhältnis von Schumpeter zur Elitentheorie und zur Nachkriegspolitikwissenschaft in den USA.

Coe, Richard D./Wilbur, Charles K. (Hrsgg.) 1985: Capitalism and Democracy: Schumpeter Revisited. South Bend.
Dieser Sammelband umfaßt eine Vielzahl von soziologischen und wirtschaftswissenschaftlichen Beiträgen, die sehr überzeugend die zentralen Themen von Kapitalismus, Sozialismus und Demokratie einer kritischen, aber letztlich sympathisierenden Reexamination unterziehen. Besonders nützlich ist dieser Band für jene, die verstehen wollen, warum Schumpeters Prophezeiung vom Niedergang des Kapitalismus nicht eingetreten ist.

Narr, Wolf-Dieter/Naschhold, Frieder (1971): Theorie der Demokratie. Stuttgart.
Obwohl er nicht mehr ganz aktuell ist, liefert dieser Band ein sehr klares Bild vom Einfluß Schumpeters auf die Politikwissenschaft nach dem zweiten Weltkrieg.

Pateman, Carole (1970): Participation and Democractic Theory. Cambridge.
Dieses Buch gilt inzwischen als ein Klassiker der partizipatorischen Demokratietheorie, z.T., weil es eine systematische Kritik an Schumpeters Demokratietheorie entfaltet.

Swedberg, Richard (1994): Schumpeter: Eine Biographie. Stuttgart.
Dieses Buch liefert faszinierende Hintergrundinformationen sowohl über die Person Schumpeters als auch den intellektuellen und historischen Kontext, in dem sich sein Denken entwickelt hat. Swedberg ist ein führender zeitgenössischer Kenner Schumpeters und dieses Buch stellt die bisherigen biographischen Arbeiten zu Schumpeter eindeutig in den Schatten.

Kapitel XIII
Die politische Theorie des Neo-Marxismus: Antonio Gramsci

Hans-Jürgen Bieling

Inhalt

1. Einleitung

Antonio Gramsci kann auf den ersten Blick kaum als typischer Repräsentant des „Neo-Marxismus" bezeichnet werden. Eigentlich gilt der Begriff den Arbeiten jener Autoren, die sich in der Tradition des „westlichen Marxismus" (Anderson 1978) in den 1960er und 1970er Jahren um die Wiederaneignung und Neuintepretation des Marxschen Werkes bemühten. Viele dieser Autoren – u.a. Althusser, Poulantzas, Williams, Anderson, Laclau, Hall, Jessop, Haug, Hirsch – bezogen sich jedoch offenkundig sehr stark auf Gramsci. Die von Gramsci vorangetriebene Erneuerung des Marxismus stellte einen Impuls dar, der mit unterschiedlichen Akzentuierungen auch einige Jahrzehnte später noch weiter fort- bzw. wieder auflebte. Doch nicht nur aus diesem Grund ist es gerechtfertigt, in Gramsci einen frühen Neo-Marxisten zu sehen: Sein Wirken ist auch durch einige jener Merkmale gekennzeichnet – die Niederlage des revolutionären Marxismus, der (durch die faschistische Haft erzwungene) Rückzug vom parteipolitischen Engagement und die Aufwertung kultureller, ästhetischer und philosophischer Fragen –, die nachfolgend für die Strömung des „westlichen Marxismus" charakteristisch geworden sind.

Für nicht wenige waren die Innovationen Gramscis derart schöpferisch, weitreichend und schulbildend, dass nicht selten auch vom „Gramscianismus" die Rede ist. Die Rezeption gramscianischer Konzepte erstreckt sich mittlerweile auf viele Themengebiete und Forschungsbereiche. Nach wie vor stehen jedoch seine Überlegungen zur politischen Theorie, Staatstheorie und politischen Philosophie im Vordergrund. Wolfgang Fritz Haug (1991: 7) sieht in den Gefängnisheften nicht nur „das Hauptwerk seines Verfassers, sondern ein Hauptwerk der politischen Philosophie des 20. Jahrhunderts." Der zentrale Bezugspunkt ist dabei die von Gramsci entwickelte „Philosophie der Praxis". Hinter diesem, von Antonio Labriola übernommenen, Programmbegriff verbirgt sich nicht nur ein Tarnwort für „Marxismus", mit Hilfe dessen Textfragmente an der faschistischen Zensur vorbei geschleust werden sollten. Der Begriff verkörpert vielmehr auch ein „substantielles Erneuerungsprojekt" (vgl. Haug 1995: 1209), das ungeachtet des wiederholten Rekurses auf Marx selbst, den Horizont der Marxschen Schriften – historisch, konzeptionell und politisch – überstieg. Allerdings hat Gramsci keine umfassende, geschlossene Theorie vorgelegt, sondern allenfalls ein kontext- und praxisbezogenes Denkgebäude, in dem sich auch deutliche Spuren der italienischen Hegelrezeption, nicht zuletzt der Arbeiten von Croce, Sorel und Labriola finden lassen (vgl. Kallscheuer 1987; Losurdo 2000; Deppe 2003: 228ff.). Angesichts ihrer disparaten Inspirationsquellen, aber auch aufgrund ihres unabgeschlossenen, zukunftsoffenen Charakters bezeichnet Stuart Hall (1989: 57) Gramscis politische Theorie als „offenen Marxismus".

Die theoretischen Innovationen Gramscis erschließen sich nur im Kontext der geschichtlichen Periode, in der sie entstanden sind. Von besonderer Bedeutung waren die Oktober-Revolution in Russland, die Fabrikräte-Bewegung in Turin, die nachfolgende Niederlage der Arbeiterbewegung und der Sieg des Faschismus. Aber auch die Probleme der Einheit Italiens – die Frage des Südens –, parteipolitische Querelen und nicht zuletzt die theoretischen Verknöcherungen der Zweiten und Dritten Internationale haben Gramsci immer wieder veranlasst, die herkömmlichen Denkschablonen aufzubrechen (vgl. Fiori 1979; Hoare/Nowell-Smith 1971; Deppe 2003: 213ff.). Die biographischen Erfahrungen dürften vermutlich mit dazu beigetragen haben, dass er eine, ungeachtet aller Neugier und Offenheit, kämpferische Grundeinstellung entwickelte. Sein intellektueller und politischer Werdegang vollzog sich nämlich unter zum Teil sehr schwierigen Bedingungen: 1891 in Ales (Cagliari) geboren, wuchs Gramsci auf Sardinien auf. Aufgrund der angespannten wirtschaftlichen Verhältnisse – sein Vater war wegen einer Unregelmäßigkeit vom Dienst suspendiert, verhaftet und verurteilt worden – fiel es ihm nicht leicht, sich – z.T. im Selbststudium – intellektuell weiterzubilden. Seine schwache physische Konstitution war ein weiteres Problem. Er litt unter einer körperlichen Missbildung und Kleinwüchsigkeit und hatte auch während des Studiums in Turin, für das er ein Stipendium erworben hatte, immer wieder ernsthafte gesundheitliche Probleme.

Gramscis theoretisches und politisches Engagement, das ab 1913/14 nach dem Beitritt zur Sozialistischen Partei und den Auseinandersetzungen über die Position der Partei im Ersten Weltkrieg erstmals deutlicher erkennbar wurde, lässt sich – sehr grob – in drei Phasen unterteilen: Die Zeit eines engagierten politischen Journalismus, in der Gramsci eine Vielzahl politisch-strategischer wie kultur- und ideologietheoretischer Artikel im ‚Grido del Popolo', im ‚Turiner Avanti!' und in ‚L'Ordine Nuovo' verfasste, reicht bis 1920. Danach leitete die Niederlage der Fabrikrätebewegung in Turin und die Gründung der Kommunistischen Partei im Jahr 1921 zur zweiten Phase über. Diese stand zum einen im Zeichen innerparteilicher Auseinandersetzungen, in denen Gramsci mit Unterstützung der Komintern – ab dem Frühjahr 1922 arbeitete er für eineinhalb Jahre im Exekutivkomitee der Komintern in Moskau – gegen die linkssektiererische Politik von Bordiga und Serrati immer wieder für eine Kooperations- und Bündnispolitik mit der sozialistischen Partei eintrat. Zum anderen rückte – spätestens nach der Machtübernahme Mussolinis Ende 1922 – der Kampf gegen den Faschismus in den Mittelpunkt. Nachdem Gramsci im April 1924 unter dem Schutz der Abgeordnetenimmunität nach Italien zurückkehrt, übernimmt er wenig später im August die Leitung der Partei. Infolge der Ausweitung diktatorischer Vollmachten und der Verfolgung politischer Gegner wird er Ende 1926 verhaftet und kurz darauf verurteilt und inhaftiert. Dieser Einschnitt markiert zugleich den Beginn der dritten Schaffens-Phase. Schon bald reifte in ihm der Plan, einige systematische Abhandlungen – unter anderem über die Geschichte der Intellektuellen, die Renaissance, Machiavelli etc. – zu verfassen (vgl. Gramsci 1972: 20ff).[1] Doch erst Anfang 1929 erhält er die Erlaubnis, längere Texte zu schreiben, die als „Gefängnishefte" endlich auch in deutscher Übersetzung zugänglich sind (vgl. Gramsci 1991ff). Ende 1934 wird er angesichts seines beunruhigenden Gesundheitszustands auf Bewährung entlassen. Ein langer Klinikaufenthalt kann nichts daran ändern, dass Gramsci am 25. April 1937 noch sehr jung, mit gerade einmal 46 Jahren, an einer Hirnblutung stirbt.

2.   Erneuerung der marxistischen Theorie

Gramscis Impuls zur Erneuerung der marxistischen Theorie war vor allem durch zwei Motive gespeist: Zum einen wandte er sich

---

1   Aufgrund der Haftbedingungen war ein wirklich systematisches Arbeiten jedoch nicht möglich. Wider seines eigenen Anspruchs, ein wirklich interessantes Buch schreiben zu wollen, musste sich Gramsci darauf beschränken, mit dem wenigen, ihm zur Verfügung stehenden Material, die Gedanken der Vergangenheit ins Gedächtnis zu rufen und in unzähligen Kurzmanuskripten – er spricht von Notizen – festzuhalten (vgl. Gerratana 1991: 30).

gegen den Ökonomismus und Klassenreduktionismus, aber auch gegen die – objektivistische und geschichtsphilosophische – Erstarrung der marxistischen Theorie, wie sie in der Zweiten und Dritten Internationale und deren führenden Theoretikern, Karl Kautsky und Nikolaj Bucharin, anzutreffen war. Die objektivistischen Entwicklungslehren des geschichtsphilosophischen Materialismus hatten die wirkliche Geschichte und das handelnde Subjekt gewissermaßen geschluckt. Zum anderem setzte er sich innovativ mit den – für die sozialistische Bewegung – drängenden Problemen der damaligen Zeit auseinander: insbesondere mit der Einheit Italiens und der Geschichte seiner Intellektuellen, der Niederlage der sozialistischen Bewegung im Westen und der Bedrohung durch den Faschismus. In den Mittelpunkt seines Interesses rückten damit jene Bereiche – Politik, Ideologie und Staat –, die bis dahin in der marxistischen Theorie eher vernachlässigt worden waren. Zugleich richtete er durch die Art und Weise, wie er diese Themen bearbeitete, die Aufmerksamkeit auf Fragestellungen, die später, nach dem Zweiten Weltkrieg noch weiter an Bedeutung gewinnen sollten: u.a. auf den Charakter unterschiedlicher Herrschafts-Typen, die Bedeutung der popular-nationalen Kultur, den Stellenwert und die Entwicklung der Zivilgesellschaft und die Verschiebungen in den gesellschaftlichen Kräfteverhältnissen, und letztlich immer wieder: auf das Problem der Hegemonie.

Die hierüber vorangetriebene Erneuerung des Marxismus setzt grundsätzlich auf drei Ebenen an: Erstens arbeitet Gramsci methodisch an einer historischen Konkretisierung der Marxschen Theorie. Deren hohe Abstraktionsebene versucht er – mit Blick auf die sich entfaltende Zivilgesellschaft und die in dieser vorherrschenden Konflikte und Politikmuster – durch stärker kontextbezogene Konzepte zu ergänzen. Zweitens gibt er auch der erkenntnistheoretischen Diskussion eine neue Richtung, indem er gegen einen mechanisch verstandenen, letztlich daher mythischen Standpunkt „äußerer Objektivität", die historisch-praktische Widersprüchlichkeit von Erkenntnis und Wahrheit hervorhebt. Und drittens entwickelt er schließlich die Umrisse einer Politik- und Staatstheorie, über die ein komplexeres Verständnis der kapitalistischen Gesellschaft – als historischer Formation und Herrschaftszusammenhang – möglich wird.

2.1. Die Philosophie der Praxis und die Rolle der Intellektuellen

In der bereits erwähnten „Philosophie der Praxis" verdichtet sich das Bemühen Gramscis, die damalige marxistische Theorie von ihren Dogmatismen zu befreien und – im Sinne eines „eingreifenden Denkens" – für die strategischen und tagespolitischen Auseinandersetzungen fruchtbar zu machen. Die Wiederentdeckung des historisch-praktischen Moments, insbesondere des revolutionären Impulses, zeigt sich für ihn zum einen in der politischen Theorie, zum anderen aber auch in der Erkenntnistheorie: In der politischen Theorie, vor allem in der Parteitheorie war Gramsci grundsätzlich ein Schüler Lenins.[2] Dessen strategisches Gespür und Verständnis für die Kontingenz im Bereich des Politischen hatte er immer bewundert (vgl. Togliatti 1980). Er war jedoch insofern ein eher „unorthodoxer Leninist", als er Lenins Konzept der politischen Führung – angewandt auf die Bedingungen im Westen – durch die Konzepte der moralischen und kulturellen Führung und der zivilgesellschaftlichen Hegemonie erweiterte (vgl. Deppe 2003: 225ff; Neubert 2001: 22f.; Losurdo 2000). In das Zentrum seines Interesses rückten damit die widersprüchlichen Prozesse der „normativen Integration sozialer Herrschaft" (Kallscheuer 1987: 598ff). Diese Akzentuierung schwingt auch in den Bezeichnungen mit, die im Laufe der Jahre für Gramsci entstanden sind. Die bekanntesten sind sicherlich: „Theoretiker der Revolution im Westen", „Theoretiker der Niederlage" oder auch „Theoretiker der zivilgesellschaftlichen Hegemonie" bzw. „Theoretiker des Überbaus".

Das aktive Moment allen Handels – und damit auch der Kontingenz – reflektiert sich allerdings nicht nur in der politischen Theorie, sondern auch in der Erkenntnistheorie. Unter Erkenntnis versteht Gramsci den Prozess der sinnlich-praktischen Aneignung der gesellschaftlichen Realität; ein Vorgang, der für ihn stets kontextgebunden und von daher historisch ist. Inspiriert durch die Schriften Croces und Labriolas (vgl. Haug 2000) werden von ihm dabei die *Feuerbachthesen* gewissermaßen neu entdeckt. Wie Marx (1969: 5ff) gegen den kontemplativen, anschauenden Mate-

---

2   Dies kommt in den Gefängnisheften unter anderem in den Passagen zum Ausdruck, in denen er sich auf Machiavelli bezieht.

rialismus von Feuerbach die sinnlich-praktische Dimension von Wahrheit und Wirklichkeit, die Diesseitigkeit allen Denkens, hervorhebt, so begreift auch Gramsci die objektive Realität nicht einfach als gegeben. Ihre Aneignung und Ausformulierung ist vielmehr immer auch ein Resultat gesellschaftlicher Kämpfe, in denen eine Vielzahl von Akteuren – nicht nur Wissenschaftler – um die richtige bzw. adäquate Interpretation, Deutung und Weltsicht ringen. Mit Marx (1985: 9) geht er davon aus, dass sich die Menschen in „den juristischen, politischen, religiösen, künstlerischen oder philosophischen, kurz, ideologischen Formen" über strukturelle Konflikte bewusst werden und sie in diesen Arenen auch ausfechten. Gramsci widersetzt sich damit einer erkenntnistheoretischen Konzeption, die den „äußeren" Standpunkt eines – nicht-experimentellen – naturwissenschaftlichen Denkens einfach auf die Gesellschaftstheorie überträgt. Statt dessen plädiert er für einen Standpunkt der „erkenntnistheoretischen Immanenz", der den herkömmlichen Dualismus von Materie und Geist überwindet und das analysierte Objekt vom Subjekt nicht einfach abtrennt (vgl. Kramer 1975). Ohne eine vom Menschen unabhängige Existenz von Materie leugnen zu wollen, hebt Gramsci (1995: 1412) hervor: „Wir kennen die Realität nur in Beziehung zum Menschen, und da der Mensch ein geschichtliches Werden ist, sind auch Erkenntnis und Realität ein Werden, ist auch Objektivität ein Werden usw." Ein ontologischer Primat der Materie und eine hieraus abgeleitete Widerspiegelungstheorie sind bei Gramsci jedenfalls nicht zu finden.

Wenn der Prozess der Erkenntnis als Kampf um kontextgebundene, sozial und historisch vermittelte Einsichten, Wahrheiten und Objektivitätsdefinitionen begriffen wird, so gilt dies für das Instrument der Erkenntnis, die eigene Theorie, natürlich auch. Gramsci betrachtet den Marxismus in diesem Sinne als eine historische Konzeption, die *letztlich* auch in die tagespolitischen Auseinandersetzungen, die Bedürfnisse und Wünsche der jeweiligen Zeit, kurzum, in den Kampf um Hegemonie verstrickt ist. Der Wissenschaftlichkeitsanspruch einer Theorie kann in dieser Perspektive nicht allein sachlich oder funktional bestimmt werden. Theorien sind für Gramsci immer auch geschichtlich und sozial konstituiert. Hieraus ergibt sich ein Moment der doppelten Reflexion: Erstens stehen Theorien stets in einem spezifischen Verhältnis zu den gesellschaftlichen Macht- und Herrschaftsstrukturen. Indem sie diese kritisieren, ignorieren oder aber befürworten implizieren sie – bewusst oder unbewusst – einen Klassenstandpunkt, der den Prozess der Erkenntnis nicht unberührt lässt. Wie alle Theorien, so bildet auch der Marxismus bzw. die Philosophie der Praxis die „Konzeptionalisierung eines klassenspezifischen Typs von Objektivität und gesellschaftlicher Wirklichkeit" (Demirovic 1989: 72). Zweitens ist auch der Marxismus als ein grundsätzlich transitorisches Phänomen zu begreifen. Wie für jede Theorie müssen die Analysekonzepte, Kriterien und Kategorien – vor allem in Zeiten gesellschaftlicher Krisen und Umbrüche – fortwährend überprüft werden. Mehr noch: Die Überwindung der strukturellen Widersprüchlichkeit der Gesellschaft schließt prinzipiell sogar die Aufhebung des Marxismus mit ein. Vorerst fungiert dieser für Gramsci jedoch als eine besondere, sehr umfassende Anleitung zur Konstruktion gegen-hegemonialer Weltsichten und Wahrheiten: „Der Marxismus ist für Gramsci vor allem (...) Vorbereitung einer neuen Kultur, einer neuen Lebensweise, einer neuen und integralen Art und Weise, die Welt zu sehen, zu führen und die objektive Wirklichkeit als eine von den Menschen durch ihre Lebensweise gemachte und zu gestaltende Wirklichkeit zu begreifen, eine neue Kultur, in der der Begriff der Wirklichkeit selbst der willentliche Versuch einer Gestaltung der Wirklichkeit und der Konstitution der Objektivität ist" (Demirovic 1989: 83).

Von zentraler Bedeutung sind für Gramsci in diesem Zusammenhang die verschiedenen Intellektuellengruppen. Als Experten und Organisatoren von Wahrheit, Deutungsmustern und Kulturformen sind sie fortwährend an der Aus- oder Umformulierung eines politischen bzw. ethischen Führungsanspruchs beteiligt. Gramsci (1991ff: 1497ff) geht davon aus, dass jede gesellschaftliche Gruppe, d.h. jede Klasse oder soziale Schicht, ihre eigenen „organischen" Intellektuellen hervorbringt. Dies gilt nicht nur für das Bürgertum, sondern in zunehmendem Maße auch für die Arbeiterklasse. Daneben existiert noch die Gruppe der traditionellen Intellektuellen – typisch sind hierfür die „Kirchenmänner" –, die ehemals an die grundbesitzende Aristokratie gebunden waren, als Repräsentanten einer absterbenden Schicht später dann jedoch keine organische Verbindung zu sozialen Klassen mehr aufweisen. Dies lässt bereits erkennen: Gramscis Intellektuellenverständnis ist zum einen soziologisch, genauer: struktur-funktional hergeleitet, zum anderen aber auch politisch überformt (vgl. Showstack Sassoon

1989). Doch bevor er sich der funktionalen – gesellschaftspoliti-
schen – Rolle von Intellektuellen zuwendet, nimmt er vorübergehend eine erstaunliche Erweiterung des Intellektuellenbegriffs vor.
Grundsätzlich sind für ihn nämlich alle Menschen Intellektuelle,
sofern sie geistig und kreativ tätig sind. Sogleich schränkt er dann
jedoch ein: „Aber nicht alle Menschen haben in der Gesellschaft
die Funktion von Intellektuellen (so wird man, weil jeder einmal in
die Lage kommen kann, sich zwei Eier zu braten oder einen Riss in
der Jacke zu flicken, nicht sagen, alle seien Köche und Schneider)"
(Gramsci 1991ff: 1500). Dies verdeutlicht: Nicht die Eigenart der
Tätigkeit – z.B. geistige Arbeit – ist es, die den Intellektuellen
ausmacht, sondern eine spezifische Position und Funktion im Ensemble der gesellschaftlichen Verhältnisse.

Letztlich begreift Gramsci (1991ff: 1502) die Intellektuellen als
„Funktionäre des Überbaus". Sie sind für ihn vor allem in den „zwei
großen superstrukturellen ‚Ebenen'" – den Arenen der „Zivilgesellschaft" und der „politischen Gesellschaft" – aktiv. Ihre primäre
Funktion besteht darin, die gesellschaftliche Hegemonie zu sichern,
d.h. die „aktive" bzw. „passive" Zustimmung der Beherrschten zu
organisieren und die Disziplinierung durch den staatlichen Zwangs-
apparat zu legitimieren. Es gibt aber auch noch die gegen-hegemonialen Intellektuellen, deren Anliegen vor allem darin besteht,
die bestehenden hegemonialen Strukturen zu desorganisieren und
auf die Realisierung alternativer Weltanschauungen und Entwick-
lungskonzepte hin zu wirken. Im Bereich des Überbaus agieren
demzufolge eine Vielzahl unterschiedlicher – politisch konkurrierender, aber auch funktional differenzierter – Intellektuellengruppen. Gramsci (1991ff: 1502f) verweist darauf, dass die intellektuelle Tätigkeit sich in verschiedene – qualitative – Stufen untergli-
edern lässt: „auf die höchste Stufe wären die Schöpfer der verschiedenen Wissenschaften, der Philosophie, der Kunst usw. zu stellen;
auf die niedrigste die bescheidenen ‚Verwalter' und Populisatoren
des bereits vorhandenen, traditionellen, angehäuften intellektuellen
Reichtums." Unter diesen beiden Stockwerken der Ideologieproduktion – dem der „konzeptiven Intellektuellen" und dem der „second hand dealers in ideas" (so Hayek nach Cockett 1995: 159) –
kommt für Gramsci aber noch eine weitere Ebene in den Blick: das
Alltagsbewusstsein (senso comune). Obwohl die hier abgelagerten
Einsichten und Erkenntnisse widersprüchlich, zweideutig, relativ

unzusammenhängend und fragmentarisch sind, ist das Alltagsbewusstsein für Gramsci von entscheidender Bedeutung. Schließlich
bildet es das Terrain, „auf dem Begriffe und Kategorien sich bilden, auf dem das praktische Bewusstsein der Volksmassen konkret
geformt wird" (Hall 1989: 80; vgl. auch Kebir 1991: 115ff).

Um Missverständnisse zu vermeiden: Gramsci spricht sich eindeutig dagegen aus, im Alltagsbewusstsein den „Prüfstein" wissenschaftlicher Wahrheiten erblicken zu wollen (vgl. Gramsci 1995:
1397). Er sieht in ihm jedoch den gegebenen Stand eines Volkswis-
sens, das nicht nur von ungestümen Impulsen fehlgeleitet ist, sondern
auch rationale Momente des – oft spontanen und instinktiven –
Verstehens enthält: den „gesunden Menschenverstand" (buon senso). Für Gramsci ist dies genau der Punkt, an dem die Partei als
„kollektiver Intellektueller" mit der politischen Erziehung und einer Politik des Kulturellen ansetzen sollte, um auf der Grundlage
einer „neuen Synthese von Theorie und Praxis" das intellektuelle
Potential in der Gesellschaft zu fördern. Das Leitbild des „neuen
Intellektuellen" ist für ihn also nicht „der bürgerliche Intellektuelle,
der Klassenverrat begeht", sondern „der Arbeiter, der seine intellektuellen Fähigkeiten entwickelt" (Deppe 1988: 52).

2.2.   Der „integrale Staat": politische Gesellschaft und
Zivilgesellschaft

Gramscis analytische und normative Überlegungen zur Intellektuellentheorie korrespondieren zweifelsohne mit den zuvor skizzierten Überlegungen zur Erkenntnis-, Ideologie- und Kulturtheorie.
Noch bedeutsamer scheint jedoch die Einbettung in eine umfassende politik- und staatstheoretische Konzeption zu sein: zum einen,
weil das primäre Wirkungsfeld der Intellektuellen, wie bereits angedeutet, durch den „erweiterten" bzw. „integralen Staat", d.h. die
Arenen der politischen und zivilen Gesellschaft, abgesteckt wird;
zum anderen, weil Gramsci in der Konzeption des „integralen
Staates" den Schlüssel erblickt, um Antworten auf die drängenden
Probleme der damaligen Zeit zu finden. Neben der faschistischen
Gefahr beschäftigte ihn vor allem die Frage, warum die Revolution
im „Osten", nicht aber im „Westen" erfolgreich gewesen war. Grundlegend war in diesem Kontext folgende Beobachtung: „Im Osten war

der Staat alles, die Zivilgesellschaft war in ihren Anfängen und gallertenhaft; im Westen bestand zwischen Staat und Zivilgesellschaft ein richtiges Verhältnis, und beim Wanken des Staates gewahrte man sogleich eine robuste Struktur der Zivilgesellschaft. Der Staat war nur ein vorgeschobener Schützengraben, hinter welchem sich eine robuste Kette von Festungen und Kasematten befand; von Staat zu Staat mehr oder weniger, versteht sich, aber gerade dies verlangte eine genaue Erkundung nationaler Art" (Gramsci 1991 ff: 874).

Diese Tendenz hin zu einer immer komplexeren und massiven Struktur eines umfassenden staatlichen Kommunikations-, Regulations- und Machtgeflechts veranlasste Gramsci dazu, das bisherige Strategiekonzept der Arbeiterbewegung zu überdenken. In der für ihn typischen, den Schriften der Kriegskunst entlehnten, militärstrategischen Terminologie unterschied er zwei Kampfformen. Die eine, der „Bewegungskrieg", kam in der Formel der „permanenten Revolution" zum Ausdruck und fungierte in vielen Auseinandersetzungen – von der 48er Revolution bis hin zur Oktoberrevolution 1917 – als handlungsanleitendes Politikkonzept. In dem Maße, wie sich ab 1870 die gesellschaftlichen Strukturen im Westen ausdifferenzierten, die demokratischen Elemente und zivilen Vereinigungen an Bedeutung gewannen, veränderten sich jedoch die Anforderungen an die Kunst der Politik. Die sich entfaltenden Strukturen der Zivilgesellschaft bildeten für Gramsci (1991 ff: 1545) fortan ein System von „Schützengräben", in dem die Konfliktlinien wenig beweglich, d.h. auf absehbare Zeit erstarrt waren. Auch wenn das Moment der „Bewegung" stets im Auge behalten werden sollte, erzwang die neue „widerstandsfähige Struktur" zivilgesellschaftlicher Befestigungsanlagen notgedrungen den Übergang zu einer anderen Kampfform: dem „Stellungskrieg" (vgl. Gramsci 1991 ff: 1588f). Die Vorstellung von einer politischen Umwälzung, die sich am „Sturm auf das Winterpalais" orientierte, betrachtete Gramsci für den „Westen" als nicht mehr zeitgemäß.

Die strukturellen Veränderungen des politischen Terrains, die Entfaltung der Zivilgesellschaft und der Übergang vom Bewegungs- zum Stellungskriegs veranlassen Gramsci dazu, die bisherigen politik- und staatstheoretischen Konzeptionen grundlegend zu überdenken. Er beobachtet zum einen eine Tendenz zur Durchstaatlichung der Gesellschaft, d.h. eine weitgehende Intervention der offiziellen Staatsapparate in die Ökonomie und Zivilgesellschaft. Zum anderen dehnt sich aber auch die Zivilgesellschaft immer weiter aus; und zwar als eine Arena, die die staatlichen Regulierungs-, Kontroll- und Machtstrukturen in hohem Maße internalisiert und folglich mit dazu beiträgt, die staatliche Macht institutionell, diskursiv, kulturell und auch ethisch zu befestigen. Diese Entwicklungen in der politischen Organisationsform der Gesellschaft bringen Gramsci letztlich zum Konzept des „integralen Staates" (vgl. hierzu Buci-Glucksmann 1981; Priester 1981). Der „integrale Staat" vereinigt gleichsam „organisch" die beiden großen Bereiche des „Überbaus": die politische und die zivile Gesellschaft.[3] Während die politische Gesellschaft, d.h. der Staat im engeren Sinne, in erster Linie die administrativen und juristischen Aufgaben wahrnimmt und die hier getroffenen Entscheidungen notfalls auch gewaltsam durchsetzt, repräsentiert die Zivilgesellschaft das Ensemble all jener Verhältnisse und Praxen, über die die bestehenden Herrschaftsverhältnisse hegemonial abgesichert werden.

Diese Zuordnung ist freilich nur methodisch möglich. In der gesellschaftlichen Praxis gibt es viele Überlappungen. Denn wie der Staatsapparat im engeren Sinne auch Elemente der Konsensgenerierung, z.B. die Institutionen der repräsentativen Demokratie, umschließt, so sind auch die Diskurse und Praxen in der Zivilgesellschaft – man denke nur an den Zwangscharakter der öffentlichen Meinung und bestimmter Konventionen – nicht immer frei von Repression. Grundsätzlich begreift Gramsci (1991ff: 783) den „integralen Staat" als „Hegemonie, gepanzert mit Zwang". In seinen Reflexionen finden sich eine Reihe weiterer Komplementärbegriffe – z.B. Herrschaft und Führung, Repression und Konsens, ökonomisch-korporativ und geistig-moralisch etc. –, über die allesamt zum Ausdruck gebracht wird, dass die hegemonialen Verhältnisse des organisierten Kapitalismus weitaus komplexer, vor allem ambivalenter und zwiespältiger sind als vielfach – gerade von den Zeit- und Parteigenossen Gramscis – angenommen wurde.

---

3   Durch die Betrachtung der Zivilgesellschaft als Moment des „integralen Staates" unterscheidet sich Gramsci zugleich von all jenen Ansätzen eines „zivilgesellschaftlichen Republikanismus" à la Lefort und Gauchet (vgl. Marchart 2001), die die Zivilgesellschaft primär normativ als eine nicht-vermachtete Arena, als ein kritisches Korrektiv zu den etablierten Institutionen des politischen Systems begreifen und hierbei auf das liberale Potential von zivilem Ungehorsam, Demonstrationen, Protesten etc. verweisen.

Die Konzeption des „integralen Staates" ist, wie gesehen, durch politisch-strategische Erwägungen inspiriert, beinhaltet zugleich jedoch auch ein spezifisches gesellschaftstheoretisches Verständnis des Staates. Für Gramsci ist der Staat weder originär eine Maschine oder ein Instrument der herrschenden Klasse, d.h. des Bürgertums, noch repräsentiert er im Sinne Max Webers einen neutralen – abstrakten, bürokratischen, anstaltsmäßigen und durch das Monopol legitimer physischer Gewaltsamkeit charakterisierten – Herrschaftsverband, dessen sich die sozialen Klassen einfach bemächtigen und bedienen könnten (vgl. Demirovic 1998: 96ff). Gramsci (1991ff: 773) begreift den Staat offenbar nicht nur als eine Institution der Gesetzgebung, Rechtsprechung und Regierung, sondern umfassender als ein gesellschaftliches Verhältnis. Als Verdichtung einer Kräftekonstellation repräsentiert der Staat ein Feld oder Terrain, auf dem unterschiedliche soziale und politische Akteure um Macht, Einfluss und kulturelle Hegemonie ringen. Die staatlichen Apparate institutionalisieren in diesem Sinne eine Arena, die zwar durch eine spezifische – juristische, administrative, diskursive, kulturelle etc. – Praxis und Materialität geprägt ist, als Brennpunkt politischer Strategien und Kämpfe jedoch fortlaufenden Veränderungen unterliegt.

Diese „Doppelbestimmung" des Staates – als gesellschaftliches Kräfteverhältnis und als spezifische institutionelle und diskursive Apparatstruktur – ist von anderen Theoretikern später systematischer ausgearbeitet worden (vgl. Poulantzas 1978; Jessop 1990; Bieling 2001). Doch bereits für Gramsci war sie in zweifacher Hinsicht aufschlussreich: Über die Art und Weise, wie die politischen und zivilgesellschaftlichen Staatsapparate organisiert sind und miteinander interagieren, konnte er die unterschiedlichen Staatstypen – absolutistisch, liberal, faschistisch etc. – systematisch unterscheiden; und über die Betrachtung des Staates als gesellschaftliches Kräfteverhältnis konnte er zugleich aufzeigen, warum sich die Funktionsweise der Staatsapparate und die Formen der Staatsintervention in der Folge von Krisen und politischen Auseinandersetzungen mitunter gravierend verändert haben.

Über die Entfaltung des „integralen Staates" und den Übergang vom Bewegungs- zum Stellungskrieg gelangt Gramsci letztlich zur Theorie zivilgesellschaftlicher Hegemonie. Im Zentrum seiner Überlegungen steht das konkrete Verhältnis von Herrschaft und Führung:

„Das historisch-politische Kriterium, das den eigentlichen Untersuchungen zugrunde gelegt werden muss, ist folgendes: dass eine Klasse auf zweierlei Weise herrschend ist: nämlich ‚führend' und ‚herrschend'. Sie ist führend gegenüber den verbündeten Klassen und herrschend gegenüber den gegnerischen Klassen. Deswegen kann eine Klasse bereits bevor sie an die Macht kommt ‚führend' sein (und muss es sein): wenn sie an der Macht ist, wird sie herrschend, bleibt aber auch weiterhin ‚führend'" (Gramsci 1991ff: 101). Die geistig-moralische Führung wird in der modernen kapitalistischen Gesellschaft um so wichtiger, als die Konsens- gegenüber den Zwangselementen an Bedeutung gewinnen. Das Augenmerk richtet sich von daher auf jene Institutionen, über die die herrschenden Klassen in der Zivilgesellschaft ihre Hegemonie kulturell und diskursiv absichern und gegenüber gegen-hegemonialen Kräften verteidigen. Für Gramsci geschieht dies nicht zuletzt über viele, oft als „privat" betrachtete Hegemonieapparate, wie z.B. Bildungsinstitutionen (Schulen, Universitäten, Bibliotheken, Kirche etc.), Massenmedien (Bücher und Zeitschriften), Theater und Museen, politische Parteien und Vereinigungen, Diskussionsforen, Nachbarschaftsnetzwerke bis hin zum System der Straßennamen. In diesen Arenen der Zivilgesellschaft werden Tag für Tag unzählige Deutungskämpfe ausgetragen, über die die bestehenden Macht- und Herrschaftsverhältnisse entweder ideologisch stabilisiert und reproduziert oder aber untergraben bzw. transformiert werden.

2.3. Genese und Reproduktion von Hegemonie

Der Kampf um Hegemonie beschränkt sich für Gramsci keineswegs darin, durch die „Besetzung von Begriffen" die öffentliche Meinungsführerschaft zu gewinnen. Gegen ein solches, kulturalistisch verengtes Hegemoniekonzept verweist er auf die grundlegende Bedeutung der strukturellen gesellschaftlichen Entwicklungsbedingungen. Nicht umsonst zitiert er – aus dem Gedächtnis – in den Gefängnisheften immer wieder jene Stelle im Vorwort zur Kritik der politischen Ökonomie, an der Marx (1985: 9) auf die Grenzen diskursiver, kultureller und ideologischer Auseinandersetzungen hinweist: „Eine Gesellschaftsformation geht nie unter, bevor alle Produktivkräfte entwickelt sind, für die sie weit genug ist, und neue höhere Produktionsverhältnisse treten nie an die Stelle, bevor die materiellen Existenzbedingungen derselben im Schoß der alten Gesellschaft selbst ausgebrütet worden sind. Daher stellt sich die Menschheit immer nur Aufgaben, die sie lösen kann, denn genauer betrachtet wird sich stets finden, dass die Aufgabe selbst nur entspringt, wo die materiellen Bedingungen ihrer Lösung schon vorhanden oder wenigstens im Prozess ihres Werdens begriffen sind."

Gramsci konkretisiert diese Überlegungen in zweifacher Hinsicht: Erstens legt er großen Wert darauf, in der Analyse konkreter historischer Situationen zwischen „organischen", relativ dauerhaften strukturellen Veränderungen auf der einen und eher konjunkturellen, vorübergehenden Phänomenen auf der anderen Seite zu unterscheiden (vgl. Gramsci 1991ff: 1556f). Hierbei ist es allerdings schwierig, das Verhältnis und die Vermittlung zwischen beiden Ebenen – analytisch und begrifflich – angemessen zu bestimmen. Wird das Organische nämlich als unmittelbar wirksam betrachtet, befürchtet Gramsci ein „Übermaß an ‚Ökonomismus'". Gilt die Aufmerksamkeit hingegen allein den unmittelbaren – oft eher zufälligen – Faktoren, kommt es zu einem „Übermaß an ‚Ideologismus'". Um diesen beiden Fallstricken zu entgehen, widmet sich Gramsci zweitens der genauen Entfaltung der gesellschaftlichen Kräfteverhältnisse. Diese sind bei ihm sowohl ökonomisch und sozial als auch kulturell, ideologisch, religiös, politisch, juristisch etc. bestimmt. Die konkrete Artikulation und Vermittlung der einzelnen Dimensionen kann sich – je nach historischer Konstellation – recht verschieden darstellen. Grundsätzlich lassen sich jedoch drei Analyseebenen unterscheiden (vgl. Gramsci 1991ff: 1560ff):

(1) Sofern die Kräfteverhältnisse eng an die gesellschaftlichen *Strukturen* gebunden sind, bilden sie ein „objektives", vom „Willen der Menschen unabhängiges" Gefüge. Zumindest in diesem Sinne stellen die grundlegenden sozialen Strukturen der Gesellschaft eine „widerspenstige Realität" dar, die sich nicht ohne weiteres einfach verändern lässt. Für die Entwicklung der sozialen Strukturen sind vor allem die Formen der Produktions- und Arbeitsorganisation und der Entwicklungsstand der Produktivkräfte verantwortlich. Die Potentiale und inneren Widersprüche der materiellen Reproduktion konstituierten die notwendigen und hinreichenden Bedingungen für die Umsetzbarkeit der politischen Strategien, Kulturformen, Ideologien etc.

(2) Die *politischen Kräfteverhältnisse* bringen zum Ausdruck, wie homogen die verschiedenen gesellschaftlichen Klassen sind und inwiefern sie bereits ein politisches Selbstbewusstsein mit entsprechenden Organisationsformer entwickelt haben. Für Gramsci sind diese Aspekte von zentraler Bedeutung. Sie geben darüber Auskunft, inwiefern eine soziale Klasse – oder ein Bündnis von Klassen – dazu in der Lage ist, als führende bzw. hegemoniale Kraft aufzutreten. Dies verdeutlicht auch das von ihm entwickelte Drei-Stufen-Modell: Die erste, unmittelbare Stufe bildet das *korporativ-ökonomische* Kollektivbewusstsein. Dem entspricht die spontane, gefühlsmäßige Solidarität zwischen Angehörigen der gleichen Berufsgruppe, ohne dass sie jedoch ein Bewusstsein ihrer Klassenlage erlangt haben und sich zusammen mit anderen Berufsgruppen organisieren. Die zweite Stufe ist für Gramsci dann erreicht, wenn sich die *Interessen- als Klassensolidarität* manifestiert und sich die Mitglieder der Klasse nicht mehr in Berufsständen, sondern in Gewerkschaften zusammenschließen. Ein solches Bewusstsein der gemeinsamen Situation ist zwar primär ökonomisch, thematisiert jedoch ansatzweise bereits Fragen der politisch-rechtlichen Gleichheit aller Gesellschaftsmitglieder. Auf der dritten, explizit *politischen* oder *hegemonialen Stufe* des Kollektivbewusstseins sind die sozialen Akteure dazu in der Lage, die korporativen Interessen der ökonomisch definierten Klasse zu transzendieren und unter Einschluss anderer untergeordneter Gruppen politisch zu artikulieren. Um eine übergreifende Einheitlichkeit und einen gesellschaftlichen Konsens zu formulieren, ist die Fähigkeit zur intellektuellen und moralischen Führung von entscheidender Bedeutung. Nur dann kann es gelingen, die Organisationsform der Gesellschaft zu thematisieren, d.h. die sozialen Konflikte zu politisieren und von der „korporativen" auf die „universale" Ebene des Staates zu verlagern.

(3) Schließlich betrachtet Gramsci (1991ff: 1562ff) noch die *militärischen* – genauer: die militärisch-technischen und militärisch-politischen – Kräfteverhältnisse. Diese sind für ihn aufgrund der angewandten Macht- und Unterdrückungstechniken stets unmittelbar wirksam. Gramsci interessieren in diesem Zusammenhang vor allem die politischen Aktionsformen, d.h. die Strategien und Taktiken, über die sich – auch in der internationalen Arena – sozioökonomische und politische Macht- und Herrschaftsverhältnisse reproduzieren.

Wenngleich Gramscis Ausführungen zur Hegemonieproblematik oft etwas schematischen bleiben – und nur in Bezug auf konkrete Sachverhalte ausgefüllt werden –, lässt die Verknüpfung von strukturellen, politischen und strategischen bzw. taktischen Elementen erkennen, dass es sich bei der Entstehung und Reproduktion von hegemonialen Verhältnissen um sehr komplexe Prozesse handelt. Der Kampf um die moralische und intellektuelle Führung ist offenkundig ein vielschichtiges – materielles, institutionelles, politisches, kulturelles und ideologisch-diskursives – Phänomen. Dies gilt jedoch nicht nur für den Verlauf von Konflikten, sondern auch für die kooperative Organisation von Konsensstrukturen. In den Worten von Gramsci (1991ff: 1567): „Die Tatsache der Hegemonie setzt zweifellos voraus, dass den Interessen und Tendenzen der Gruppierungen, über welche die Hegemonie ausgeübt werden soll, Rechnung getragen wird, dass sich ein gewisses Gleichgewicht des Kompromisses herausbildet, dass also die führende Gruppe Opfer korporativökonomischer Art bringt, aber es besteht auch kein Zweifel, dass solche Opfer und ein solcher Kompromiss nicht das Wesentliche betreffen können, denn wenn die Hegemonie politisch-ethisch ist, dann kann sie nicht umhin, ihre materielle Grundlage in der entscheidenden Funktion zu haben, welche die führende Gruppe im entscheidenden Kernbereich der ökonomischen Aktivität ausübt."

Dies darf allerdings nicht so verstanden werden, dass für Gramsci die strukturierende Kraft der materiellen Verhältnisse alle anderen Bereiche unmittelbar determiniert. Wie sich die gesellschaftlichen Widersprüche entfalten und welchen konkreten Verlauf die Krisen und Konflikte nehmen, wie sie verarbeitet und gelöst werden, steht für ihn nicht von vornherein fest. Dieses Moment der Kontingenz zeigt sich auch in den Strategien und Taktiken, mit Hilfe derer die herrschenden und führenden Klassen ihre Hegemonie reproduzieren. Der gesellschaftliche Konsens, d.h. die aktive und passive Zustimmung der Beherrschten, kann nämlich auf unterschiedliche Art und Weise organisiert werden: Die Strategie hegemonialer Klassen besteht erstens darin, die eigenen Interessen, die eigene Weltsicht, die kulturelle Lebensweise und die vorherrschenden Deutungsmuster mit der Aura des Universellen, allgemein Gültigen und des Fortschritts zu umgeben; zweitens geht es aber immer auch darum, die Kritik, die gegen-hegemoniale „Philosophien" am vorherrschenden kulturellen bzw. ideologischen Para-

digma formulieren, zu desartikulieren, oder wie Laclau (1981: 141)
schreibt: den „potentiellen Antagonismus" konkurrierender Diskurse zu neutralisieren. Dies kann z.b. dadurch geschehen, dass non-
konformistische Intellektuellengruppen über eine Strategie des
Transformismus in den bestehenden Machtblock inkorporiert und
die von ihnen bislang geführten oppositionellen Kräfte entsprechend führungslos werden. Eine andere, ergänzende Strategie besteht darin, mit Teilen der subalternen Klassen bestimmte Kompromisse abzuschließen, d.h. diese durch materielle und symbolische Konzessionen am gesellschaftlichen Reichtum partizipieren
zu lassen. Sofern keine dieser – im allgemeinen eher konsensualen
– Techniken mehr greift, sich also eine ernsthafte „organische Krise" bzw. Hegemoniekrise anbahnt, treten in der Regel die repressiven Elemente des Staatsapparates stärker in den Vordergrund. Oft
ist dies die Stunde, in der sich populistische Führerpersönlichkeiten
– Gramsci (1991ff: 1592ff) spricht in diesem Kontext, inspiriert
durch die Bonarpartismus-Analysen von Marx (1988), vom „Cäsarismus"[4] – der gesellschaftlichen Machtzentren bemächtigen und
den zivilgesellschaftlichen Diskurs ersticken.

2.4. Formationen des Kapitalismus

Der Cäsarismus stellt für Gramsci – wie im übrigen auch der
Transformismus – eine spezifische Ausprägung der „passiven Re-

---

4   Nach Gramsci (1991ff: 1592ff) können sich durchaus unterschiedliche Varianten
    des „Cäsarismus" herausbilden: ein fortschrittlicher, der den progressiven Kräften
    zum Triumph verhilft und einen neuen Staatstypus errichtet; oder ein rückschritt-
    licher Cäsarismus, der die restaurativen Kräfte unterstützt und im Rahmen der be-
    stehenden politischen Strukturen verbleibt. Letzteres gilt ohne Zweifel für den
    italienischen Faschismus, der primär darauf hinwirkt, alle progressiven Elemente
    im sozialen Gefüge wie auch im politischen Überbau zu zerstören. Der Faschis-
    mus verfügt, so Gramsci (1986: 153), nicht nur über eine spezifische soziale Ba-
    sis – das städtische Kleinbürgertum und die neue Agrarbourgeoisie –, sondern
    auch über eine einheitliche Ideologie: Durch beides wurde es ihm möglich, „in
    Konfrontation mit den alten herrschenden Schichten einen Plan zur Eroberung
    des Staates zu entwerfen und zu verwirklichen. Absurd, dabei von Revolution zu
    sprechen. Die neuen Gruppen, die sich um den Faschismus sammeln, gewinnen
    indes aus ihrer Herkunft eine Homogenität und eine Gemeinsamkeit der An-
    schauung, die an den Frühkapitalismus erinnert."

volution" dar. Er versteht hierunter eine „von außen" und/oder „von oben", d.h. von den nationalen und internationalen Eliten, eingeleitete Transformation der gesellschaftlichen Strukturen. Das Konzept der „passiven Revolution" bezieht sich mithin auf Prozesse der gesellschaftlichen Umwälzung, die sich ohne eine wirkliche Revolution ereignen. Dies trifft grundsätzlich auf zwei Arten von Situationen zu: In der einen beschränkt sich die Revolution aufgrund eines Mangels an ökonomischer Hegemonie auf eine inkrementelle Veränderung des „Überbaus", d.h. des Staates und der Zivilgesellschaft; in der anderen bleiben die technologisch-strukturellen Veränderungen in der materiellen Reproduktion ohne Entsprechung in den Arenen der staatlich-zivilgesellschaftlichen Regulation (vgl. Buci-Glucksmann 1981: 60ff). Gramsci führt solche partiellen Veränderungen vor allem darauf zurück, dass keine soziale Kraft bzw. kein Bündnis von Kräften dazu befähigt ist, die tiefgreifenden gesellschaftlichen Umbrüche bewusst und vorwärtsgerichtet zu organisieren.

Die Verarbeitung derartiger Hegemoniekrisen als „passive Revolution" kann recht unterschiedlich verlaufen. Sie kann sich, insbesondere wenn die Umwälzungen von außen, d.h. durch andere Nationen oder fremde soziale Kräfte (z.B. transnationale Konzerne), angestoßen und vorangetrieben werden, sehr rasch nach dem Muster eines „Bewegungskriegs" vollziehen. Sie kann aber auch einem „Stellungskrieg" ähneln, in dem es aufgrund einer politischen Patt-Situation nur sehr allmählich zu einigen molekularen Veränderungen im politischen Regulationsmodus kommt. Gramscis Konzept der „passiven Revolution" ist demzufolge äußerst dehnbar. Er selbst analysiert mit ihm sehr unterschiedliche Sachverhalte: unter anderem den Aufstieg des Christentums innerhalb des Römischen Reiches, die französische Restauration nach 1815, die Rolle Napoleons III. und auch den Erfolg des italienischen Faschismus (vgl. Gramsci 1991ff: 1242ff).

Von besonderer Bedeutung war jedoch ein anderer Kontext, den Gramsci (1991ff: 2063ff) zuletzt als ein Beispiel der „passiven Revolution" untersucht hatte: der offenkundige Erfolg des Amerikanismus und Fordismus. Schon früh erkannte er im Fordismus und Amerikanismus die Grundlagen für eine fortschrittliche Überlebensform des Kapitalismus. Fasziniert von der produktiven Kraft der tayloristisch-fordistischen Produktions- und Arbeitsorganisation, beobach-

tete Gramsci wie in den Vereinigten Staaten von Amerika ein neuer
Hegemonietypus direkt in der Fabrik entsprang. Die gewaltige Ak-
kumulation von Kapital und die immense Rationalisierungsdynamik
ermöglichten nicht nur hohe Löhne und einen steigenden Lebens-
standard, sondern verlangten auch einen neuen Typus des Arbeiters,
dessen Lebensweise – durch rechtliche Normen (Prohibition), ethische Prinzipien (Puritanismus) und sexuelle Verhaltensweisen – gemäß der Formel vom „dressierten Gorilla" mit den Anforderungen
der fließbandgetriebenen Massenproduktion in Übereinstimmung
gebracht werden musste (vgl Gramsci 1991ff: 2087ff). Durch die
Automatisierung der Produktion und die expansive Dynamik des
Massenkonsums wurden derartige Orientierungen sicherlich gefördert. Nicht minder wichtig war aber auch, dass – anders als in Italien
– in den USA keine halbfeudalen und „parasitären" Schichten ver-
sorgt werden mussten, und die Umwälzung von Produktion und Gesellschaft nicht durch den „Bleimantel" historischer und kultureller
Traditionen belastet war (vgl. Gramsci 1991ff: 2065f).

Für Gramsci ist es daher kein Zufall, dass sich zunächst in den
USA ein neuer fortschrittlicher „geschichtlicher Block" herausbildete, der dann aber auch für die Gesellschaften in Westeuropa mehr
und mehr zum Leitbild avancierte. Er war sich zugleich aber darüber
im Klaren, dass die Bedingungen für die Verallgemeinerung des
Fordismus noch nicht wirklich ausgereift waren. In Italien standen
die Arbeiterklasse und Teile der Industriellen den neuen Produkti-
ons- und Arbeitsmethoden zwar aufgeschlossen gegenüber, die Organisation des Staates und der Zivilgesellschaft waren jedoch eher
rückwärtsgewandt, da sie „die alten Formen parasitärer Ersparnisak-
kumulation" förderten und die Reproduktion einer „geschlossenen
gesellschaftlichen Führungsschicht" unterstützten. Der Übergang
zum Fordismus war in diesem Sinne politisch – durch die Organisation des Staates und der Zivilgesellschaft – blockiert (vgl. Gramsci
1991ff: 2079). Doch ungeachtet dieser Blockaden repräsentierte der
Fordismus schon damals für Gramsci eine neue kapitalistische Formation, deren Verallgemeinerung mittel- und langfristig die materiellen Grundlagen der europäischen Zivilisation umwälzen sollte.

Im Rückblick sind die Überlegungen, die von ihm in Bezug auf
die Konsequenzen für die europäischen Gesellschaften – die staatlichen und zivilgesellschaftlichen Strukturen, die Distributionsverhält-
nisse, die Modernisierungsstrategien wie auch die sozialen und poli-

tischen Kämpfe – angestellt worden sind, noch immer aufschluss-reich. Dies betrifft insbesondere das gesellschafts- und staatstheoreti-sche Konzept, das seiner Fordismusanalyse zugrunde liegt. Er ver-deutlicht hier exemplarisch, dass die Verhältnisse zwischen Basis und Überbau alles andere als mechanisch oder gar ableitungstheore-tisch zu begreifen sind, sondern vielmehr eine komplexe, wider-sprüchliche und umkämpfte Einheit darstellen, innerhalb derer den Arenen und Elementen des Überbaus durchaus eine eigenständige, mitunter zentrale Bedeutung zukommt. Gramscis Augenmerk richtet sich von daher stets darauf, wie sich die materiellen Reproduktions-bedingungen und die Formen der institutionellen, politisch-ideolo-gischen bzw. kulturellen Regulation – in der Kombination von Kon-sens- und Zwangselementen – konkret artikulieren. Sofern die unter-schiedlichen Dimensionen eine organische Einheit bilden, spricht Gramsci (1991ff: 1547) von einem „geschichtlichen Block", d.h. ei-ner hegemonial – durch spezifische Identitäten und eine vorherr-schende Weltsicht – stabilisierten gesellschaftlichen Formation.

3. Rezeption und Kritik

3.1. Die späte und selektive Rezeption

Es ist nun freilich nicht möglich, im Detail die wissenschaftliche und politische Rezeption der Schriften Gramscis nachzuzeichnen. Angesichts von weltweit fast 10.500 Artikeln, Essays und Büchern, die bereits bis 1988 erschienen sind und sich ganz oder zum Teil mit seiner Person oder seinem Werk befassen (vgl. Liguori 1997: 191), muss selbst die Rekapitulation der groben Entwicklungslini-en notgedrungen holzschnittartig bleiben: Von seinen Zeitgenossen wurde Gramsci – eigentlich nur in Italien – zunächst weniger als Theoretiker, sondern eher als Politiker wahrgenommen (vgl. Neu-bert 2001: 17). Da seine Überlegungen ganz im Zeichen tages- und parteipolitischer Auseinandersetzungen standen, wurde ihr kon-zeptioneller Erneuerungsimpuls oft nicht erkannt. Dies galt eigent-lich auch noch in der Phase nach seinem Tod bis weit in die 50er Jahre hinein. Togliatti – Freund und Weggefährte Gramscis und damaliger Generalsekretär des PCI – hatte ab 1948 zwar eine erste

„thematische" Ausgabe der Gefängnishefte organisiert, die Gramsci als großen Intellektuellen und Revolutionär wie auch als Vordenker der nationalen Einheit Italiens würdigte, eine breitere
Gramsci-Rezeption setzte jedoch erst in den 60er Jahren ein (vgl.
Liguori: 193ff): erstens, weil sich der PCI auf der Suche nach einem eigenständigen italienischen Weg zum Sozialismus – bis hin
zur Diskussion über den Euro-Kommunismus in den 70er Jahren –
stärker auf Gramsci bezog; zweitens, weil sich international immer
mehr (neo-)marxistische Theoretiker – wie Althusser und Balibar
(1972: 157ff), Poulantzas (1978), Anderson (1979), Laclau (1981),
Buci-Glucksmann (1981) und andere – mit seinen Ideen kritisch auseinander setzten; und drittens, weil auch Vertreter eines liberalen Sozialismus, so z.B. Bobbio (1979), den innovativen Beitrag Gramscis
zur politischen Theorie, insbesondere das kritische Konzept der
Zivilgesellschaft, zur Kenntnis nahmen.

Dieser Prozess wurde sicherlich auch dadurch gefördert, dass die
wichtigsten Texte Gramscis ab 1971 erstmals in englischer Sprache
vorlagen, also einem breiteren internationalen Publikum zugänglich
waren, und Valentino Gerratana 1975 eine komplette Gesamtausgabe
der Gefängnishefte herausgegeben hatte. Gleichwohl blieb die Gramsci-Rezeption in Deutschland zunächst sehr selektiv. Wie Altvater
(1987) nachzeichnet, sorgten politische und wissenschaftliche Filter
– die enthusiastische Aufnahme der militanten Klassenkämpfe in Italien zu Beginn der 70er Jahre, eine dogmatische „Kapital"-Lektüre
und die Rezeption des strukturalen Marxismus – dafür, dass die neo-
marxistische Diskussion anfangs anti-gramscianisch orientiert war,
d.h. politisch die Militanz verherrlichte und theoretisch strukturalistisch verengt blieb. Nicht umsonst erfolgten die großen theoretischen Auseinandersetzungen mit Gramsci vor allem im französisch-
oder englischsprachigen Ausland. Die wichtigen Texte wurden erst
danach ins Deutsche übersetzt.

In den meisten Rekonstruktionen wurde dabei deutlich, dass der
fragmentarische Charakter der Aufzeichnungen und die zumeist sehr
dehnbaren Konzepte, mit denen Gramsci arbeitete, einerseits ein
Vorteil, andererseits aber auch fortwährend eine Quelle der Kritik
darstellten: Ihre Stärke zeigt sich z.B. darin, dass die analytischen
Konzepte trotz ihrer historischen Verankerung für eine kritische Ge-
sellschafts- und Politiktheorie – gerade was die tiefgreifenden sozioökonomischen Umbrüche, die weitere Entwicklung der Kulturin-

dustrie, die Transformation von Staatlichkeit, die veränderte Rolle der Intellektuellen etc. anbetrifft – auch heute noch viele Anregungen liefern (vgl. Demirovic 1997: 105f). Zugleich sind die Analyse-Konzepte, aber auch immer wieder kritisiert worden. Zwar kann man Gramsci nicht dafür verantwortlich machen, dass sein Verständnis von Hegemonie oft kulturalistisch verengt rezipiert und auch – von Vordenkern der Sozialdemokratie (Glotz 1984) und sogar der extremen Rechten (de Benoist 1975) – (partei-)politisch funktionalisiert wurde. Letztlich ist eine solche Funktionalisierung durch nicht hinreichend trennscharfe, mitunter widersprüchliche Argumentationsmuster, zum Teil jedoch erleichtert worden. So hat z.B. Perry Anderson (1979) überzeugend herausgearbeitet, dass sich in den Schriften Gramscis eine Reihe – keineswegs nebensächlicher – Unklarheiten und Widersprüche finden lassen. Dies gilt insbesondere für das Verhältnis von politischer und ziviler Gesellschaft, das einmal als „Ensemble von Gegensätzen" – Osten/Westen, Bewegung/Stellung, Zwang/Konsens, Herrschaft/Hegemonie etc. – konstruiert wird, dann als eine „Gleichgewichtsbeziehung" erscheint, in der sich beide Seiten – die Konsens- und Zwangselemente – die Waage halten, und das schließlich noch als eine „synthetische Konstellation" auftritt, in der alle Unterschiede zwischen den Arenen – unter anderem die Bedeutung von öffentlichen und privaten Apparaten – zu verschwinden scheinen.

3.2. Kritik des „Idealismus" und „Klassizismus"

Die Offenheit und Dehnbarkeit der von Gramsci entwickelten Konzeptionen hat dazu geführt, dass seine Schriften von sehr unterschiedlichen, bisweilen diametralen Positionen aus kritisiert wurden: Eine erste Kritik sieht Gramsci als „subjektiven Idealisten" (vgl. Riechers 1970: 131ff). Dieser Vorwurf stützt sich vor allem darauf, dass er dem subjektiven Faktor in der Politik wie auch im Prozess der Erkenntnis ein vermeintlich zu großes Gewicht beimisst. Gramscis Abgrenzung gegenüber dem bloß anschauenden physiologischen und philosophischen Materialismus scheint aus dieser Perspektive insofern überzogen, als er über die Rezeption neo-idealistischer Positionen – vor allem der Schriften Croces – das Subjekt-Objekt-Verhältnis einseitig zugunsten der subjektiven Praxis auflöst. Dieser Vor-

wurf gipfelt darin, dass sich Gramsci der Materie gegenüber als
Agnostizist verhalte, und für ihn die Wirklichkeit durch die „subjektive Tätigkeit und subjektives Denken" erst hervorgebracht wird (vgl.
Riechers 1970: 133). Dem hält Annegret Kramer (1975: 68) entgegen, dass dieser Rekonstruktion eine offenkundige Fehlinterpretation
zugrunde liegt, da Gramsci die Existenz des Objektes unabhängig
vom Subjekt keineswegs bestritten hat, sondern nur daran festhielt,
dass man – im Prozess der Erkenntnis – „das Objekt nicht vom Subjekt *trennen*" dürfe.

Genau dies ist nun der Ansatzpunkt für eine zweite, etwas anders
gelagerte Kritik, die aus der theoretizistischen bzw. nominalistischen
Perspektive des strukturalen Marxismus vorgebracht wird. Der ima-
ginäre Charakter bzw. die ideologische Überformung des Erkennt-
nisprozesses, über den die Menschen ihr soziales Verhältnis zur realen Welt interpretieren, steht hier zwar außer Frage (vgl. Althusser
1977: 135), als problematisch erscheint jedoch der praxisphilosophi-
sche, historizistische Blickwinkel, aus dem heraus Gramsci die Sub-
jekt-Objekt-Beziehungen betrachtet. Die Kritik richtet sich vor allem
dagegen, dass Gramsci nicht hinreichend zwischen dem historischen
und dialektischen Materialismus unterscheidet, indem er den Prozess
der wissenschaftlichen Erkenntnis an die soziale Praxis und geschichtliche Entwicklung rückbindet (vgl. Althusser/Balibar 1972: 157ff).
Die „wissenschaftliche Erkenntnis" sollte sich, so der strukturale
Marxismus, demgegenüber allein auf die methodische Überlegenheit
des dialektischen Materialismus – den Aufstieg vom Abstrakten zum
Konkreten – (vgl. Althusser/Balibar 1972: 63ff) gründen und sich
von der bloß „ideologischen Erkenntnis" (einem einfachen, notgedrungen verzerrten Wiedererkennen) in den ideologischen und politischen Apparaten des Überbaus deutlich unterscheiden.

Gleichsam spiegelbildlich zum Idealismus-Vorwurf zielt die Kritik „post-marxistischer" Autoren (vgl. z.B. Laclau/Mouffe 1991; zum
Überblick vgl. Stäheli 2001) auf die Restbestände des „Klassizis-
mus", d.h. auf die klassentheoretischen Grundlagen der politischen
Theorie. In dieser Lesart hat Gramsci den Ökonomismus – die letztlich determinierende Kraft der Ökonomie – wie auch den Etatismus –
die Staatsfixierung der sozialistischen Strategien – zwar überwunden,
hält zugleich aber an der privilegierten Rolle der Arbeiterklasse un-
beirrbar fest. Dem ist angesichts der historischen Bedingungen, insbesondere der sozialen und (partei-) politischen Kämpfe, auf die sich

Gramsci bezieht, wohl kaum zu widersprechen. Der normative Referenzpunkt einer hegemonialen Identität der Arbeiterklasse durchzieht gewissermaßen alle seine Schriften. Auch der Vorwurf, Gramsci habe die Klassen als objektive Bezugsgrößen seiner Theorie tendenziell essentialisiert, d.h. nicht hinreichend als Resultat sozioökonomischer Wandlungen sowie politischer und kultureller Prozesse betrachtet, ist keineswegs aus der Luft gegriffen. Zumindest teilweise, sofern es nicht um die (bündnis-)politischen, kulturellen und ideologischen, sondern um die sozioökonomischen Dimensionen der Klassenformierung geht, ist das von ihm unterlegte Handlungsschema relativ starr auf die Klassenpolarität von Proletariat und Bourgeoisie ausgerichtet. Die post-marxistische Kritik spricht sich letztlich dafür aus, das Soziale durch eine diskurstheoretische Konzeption „radikaler Kontingenz" aufzulösen, um allen etwaigen Essentialismen vorzubeugen. Vielleicht wird hierdurch auch das Verhältnis von Struktur und Handlung neu definiert (vgl. Scherrer 1995). Oft geschieht dies jedoch zu dem Preis, dass sozialstrukturelle Fragen und die materiellen Reproduktionsbedingungen, d.h. die nicht-diskursive Praxis der Diskursteilnehmer, aus dem Blick geraten.

4. Varianten des Neo-Gramscianismus

Die Rezeption der Schriften Gramscis hat sich im Laufe der Zeit nicht nur aus ihrer (partei-)politischen Funktionalisierung gelöst, sondern auch in eine Reihe spezifischer Fragestellungen und Forschungszweige ausdifferenziert. Inwiefern die Anschlüsse an Gramsci die Diskussion weitergebracht haben, ist sicherlich umstritten. In den letzten Jahrzehnten ist es jedoch in verschiedenen Theoriesträngen unverkennbar zu einer Weiterentwicklung bzw. Systematisierung seiner Konzepte gekommen:

Einen ersten Theoriestrang bildet der „kulturelle Marxismus" in Großbritannien. In manchen sozial- und literaturhistorischen Arbeiten – z.B. von E.P. Thompson, Eric Hobsbawm oder Raymond Williams – ist der Einfluss Gramscis zwar nicht immer direkt offensichtlich, unverkennbar atmen sie jedoch insofern den Geist seiner Ideen, als mit der alltagsweltlichen Geschichtsschreibung „von unten" der kulturellen Reproduktion sozialer Herrschafts- und Unterdrückungsmechanismen besondere Aufmerksamkeit geschenkt wird (zum Überblick vgl. Apitsch 1993). Noch deutlicher zeigte sich der Einfluss Gramscis dann freilich in der theoretischen Diskussionen und Auseinandersetzungen, die vor allem in den Zeitschriften *New Left Review* und *Marxism Today* geführt wurden. Eine zentrale Figur war in diesen Kontexten sicherlich Stuart Hall (1989). Die von ihm entwikkelte Interpretation und Aktualisierung Gramscis hat am *Center of Contemporary Cultural Studies* (CCCS) in Birmingham zudem eine Vielzahl empirischer Forschungsprojekte inspiriert. In den 70er und 80er Jahren wurden dort neben Untersuchungen zur Rolle und Funktionsweise der Medien, insbesondere zur medialen Reproduktion von Rassismus, auch Analysen zur sozialen Bedeutung von Konsumstilen und diversen Formen der Jugendkultur – Hippies, Rocker, Skins etc. – durchgeführt (vgl. u.a. Willis 1979; 1981; Clarke u.a. 1979).

Ein zweiter neo-gramscianischer Theoriestrang befasst sich – unter Einschluss kulturtheoretischer Aspekte – mit Fragen der Intellektuellen- und Ideologietheorie. Beide Bereiche sind eng miteinander verknüpft, da die Intellektuellen als Interpreten der sozialen Welt für die oberste Stufe der Ideologieproduktion zuständig sind und eine mehr oder minder kohärente Philosophie entwerfen. Durch die spezifische Verknüpfung von Erkenntnis-, Intellektuellen und Ideologietheorie haben viele Theoretiker mit Bezug auf Gramsci gleichsam den Übergang von der Ideologiekritik – der Annahme eines überlegenen universalistischen Standpunkts, der zugleich als Maßstab wissenschaftlicher Objektivität fungiert – zur Ideologietheorie vollzogen. Im Mittelpunkt der Analysen stehen denn auch nicht mehr Konzepte der „Manipulation" und des „falschen Bewusstseins", sondern der intellektuelle Kampf um kulturelle Hegemonie (vgl. u.a. Projekt Ideologie-Theorie 1986; Demirovic 1989). Mit anderen Worten: Im Vergleich zur traditionellen Ideologiekritik ist die Ideologietheorie insofern selbstreflexiv, als sie sich darüber bewusst ist, dass die Objektivitätskriterien und Maßstäbe der Ideologiekritik nicht einfach feststehen, sondern wissenschaftlich wie gesellschaftlich fortwährend umkämpft sind.

Ein weiterer Strang des „Neo-Gramscianismus" – eigentlich sind es zwei – wird durch die regulationstheoretischen Arbeiten und die hierauf bezogenen staatstheoretischen Konzepte repräsentiert. Die Regulationstheorie lässt sich als ein Versuch begreifen, einige der von Gramsci ad hoc und oft nur fragmentarisch zusammengetragenen Analyse-Konzepte zu erweitern, zu systematisieren und auch ökonomietheoretisch zu fundieren. Die spezifische Ausprägung des technologischen Paradigmas, des Akkumulationsregimes, der Regulationsweise, des Entwicklungsmodells bzw. des historischen Blocks wurde dabei vor allem im Hinblick auf die fordistische Formation und deren Krise rekonstruiert (vgl. u.a. Aglietta 1979; Hirsch/Roth 1986; Bieling 2000: 197ff). Für viele waren die erzielten Ergebnisse jedoch noch nicht zufriedenstellend. Schon bald wurde es üblich, die politik- und staatstheoretische Lücke in der regulationstheoretischen Diskussion zu monieren und diese dann durch komplementäre Theorie-Konzepte zu schließen. Auch hier besannen sich viele – wenn auch zumeist vermittelt über die Staatstheorie von Nicos Poulantzas (1978) – auf Gramsci (vgl. u.a. Jessop 1990; Demirovic u.a. 1992; Bieling 2001); zumal die Konzeption des „integralen Staates" den Regulationsansatz auch gesellschaftstheoretisch anschlussfähig macht.

In einem vierten Theoriestrang werden gramscianische Konzepte – wie „historischer Block", „Zivilgesellschaft", „passive Revolution" etc. – schließlich für eine Theorie des transnationalen historischen Materialismus fruchtbar gemacht (vgl. u.a. Cox 1983; 1987; van der Pijl 1984; Jacobitz 1991; Gill 1993; zum Überblick vgl. Bieling/ Deppe 1996; Overbeek 2000). Das zentrale Motiv dieser Arbeiten besteht nicht zuletzt darin, den Institutionalismus und die Staatszentriertheit, die in der Disziplin der Internationalen Beziehungen noch immer vorherrschen, mit Hilfe einer gesellschaftszentrierten politökonomischen Konzeption aufzubrechen. In den Mittelpunkt rückt demzufolge die Frage, wie sich die materiellen Produktionsverhältnisse, sozialen Klassenbeziehungen und Formen der politisch-institutionellen Regulation im transnationalen Kontext ausbilden, reproduzieren und verändern. Hierbei interessieren freilich auch die ideologischen Konzepte – Interpretationsmuster, Leitbilder, Normen und Identitäten – und Formen der ökonomischen bzw. politischen Disziplinierung, über die die bestehenden Strukturen konsensual oder repressiv abgestützt werden. Zuletzt richtet sich die Aufmerksamkeit neo-gramscianischer Analyse-Konzepte verstärkt auf den Prozess der europäischen Integration (vgl. Bieling/Steinhilber 2000; Bieler/Morton 2001; Cafruny/Ryner 2003).

Literatur

a. verwendete Literatur

Aglietta, Michel (1979): A Theory of Capitalist Regulation. The US Experience. London.

Althusser, Louis (1977): Ideologie und ideologische Staatsapparate. Hamburg.

Althusser, Louis/Balibar, Etienne (1972): Das Kapital lesen, Band I. Reinbek bei Hamburg.

Altvater, Elmar (1987): Gramsci in der BRD: Eine Theorie wird gefiltert. Prokla 17 (1), 161-168.

Anderson, Perry (1978): Über den westlichen Marxismus. Frankfurt a.M.

– (1979): Antonio Gramsci. Eine kritische Würdigung. Berlin.

Apitzsch, Ursula (1993): Neurath, Gramsci. Williams. Theorien der Arbeiterkultur und ihre Wirkung, Argument-Sonderband 207. Hamburg; Berlin.

Benoist, Alain de (1975): Kulturrevolution von rechts. Gramsci und die Nouvelle Droite. Krefeld.

Bieler, Andreas/Morton, Adam D. (Eds.) (2001): Social Forces in the Making of the New Europe. Houndmills.

Bieling, Hans-Jürgen (2000): Dynamiken sozialer Spaltung und Ausgrenzung. Gesellschaftstheorien und Zeitdiagnosen. Münster.

– (2001): Die politische Theorie des Neo-Marxismus: Bob Jessop. S. 317-345 in: André Brodocz/Gary S. Schaal (Hrsgg.), Politische Theorien der Gegenwart II. Opladen.

Bieling, Hans-Jürgen/Deppe, Frank (1996): Gramscianismus in der Internationalen Politischen Ökonomie. Das Argument 38 (5/6), 729-740.

Bieling, Hans-Jürgen/Steinhilber, Jochen (Hrsg.) (2000): Die Konfiguration Europas. Dimensionen einer kritischen Integrationstheorie. Münster.

Bobbio, Noberto (1979): Gramsci and the conception of civil society. S. 21-47 in: Chantal Mouffe (Hrsg.), Gramsci and Marxist Theory. London u.a.

Buci-Glucksmann, Christine (1981): Gramsci und der Staat. Für eine materialistische Theorie der Philosophie. Köln.

Cafruny, Alan/Ryner, Magnus (Eds.) (2003): A Ruined Fortress? Neoliberal Hegemony and Transformation in Europe. Langham.

Clarke, John u.a. (1979): Jugendkultur als Widerstand. Frankfurt a.M.

Cockett, Richard (1995): Thinking the Unthinkable. Think-Tanks and the Economic Counter-Revolution 1931-1983. London.

Cox, Robert W. (1983): Gramsci, Hegemony, and International Relations: An Essay in Method. Millennium – Journal of International Studies 12 (2), 162-175.

– (1987): Production, Power, and World Order. Social Forces in the Making of History. New York.

Demirovic, Alex (1989): Die hegemoniale Strategie der Wahrheit. Zur Historizität des Marxismus bei Gramsci. S. 69-89 in: Die „Linie Luxemburg – Gramsci". Zur Aktualität marxistischen Denkens, Argument Sonderband 149. Berlin/Hamburg.

– (1998): Löwe und Fuchs. Antonio Gramscis Beitrag zu einer kritischen Theorie bürgerlicher Gesellschaft. S. 95-107 in: Peter Imbusch (Hrsg.), Macht und Herrschaft. Sozialwissenschaftliche Konzeptionen und Theorien. Opladen.

Demirovic, Alex/Krebs, Hans-Peter/Sablowsky, Thomas (Hrsgg.) (1992): Hegemonie und Staat. Kapitalistische Regulation als Projekt und Prozeß. Münster.

Deppe, Frank (1988): Der „organische Intellektuelle" bei Gramsci. Perspektiven – Zeitschrift für sozialistische Theorie, Sonderheft Antonio Gramsci, 1, 43-57.

– (2003): Politisches Denken zwischen den Weltkriegen. Hamburg.

Fiori, Guiseppe (1979): Das Leben des Antonio Gramsci. Berlin.

Gerratana, Valentino (1991): Einleitung. S. 21-41 in: Antonio Gramsci, Gefängnishefte, Kritische Gesamtausgabe, Band 1. Hrsg. von Klaus Bochmann/Wolfgang F. Haug. Hamburg.

Gill, Stephen (Hrsg.) (1993): Gramsci, Historical Materialism and International Relations. Cambridge.

Glotz, Peter (1984): Die Arbeit der Zuspitzung. Über die Organisation einer regierungsfähigen Linken. Berlin.

Gramsci, Antonio (1971): Selections From The Prison Notebooks. Hrsg. von Quintin Hoare/Geoffgrey Nowell-Smith. New York.

– (1972): Briefe aus dem Kerker. Frankfurt a.M.

– (1986): Zu Politik, Geschichte und Kultur. Ausgewählte Schriften. Frankfurt a.M.

– (1991ff.): Gefängnishefte, Kritische Gesamtausgabe. Hamburg.

– (1995): Philosophie der Praxis, Studienausgabe, Gefängnishefte 10 und 11. Hrsg. von Wolfgang F. Haug. Hamburg.

Hall, Stuart (1989): Ausgewählte Schriften. Hrsg. von Nora Räthzel. Hamburg/Berlin.

Haug, Wolfgang F. (1991): Vorwort. S. 7-14 in: Antonio Gramsci, Gefängnishefte, Kritische Gesamtausgabe, Band 1. Hrsg. von Klaus Bochmann/Wolfgang F. Haug. Hamburg.

– (1995): Einleitung. S. 1195-1221 in: Antonio Gramsci, Philosophie der Praxis, Studienausgabe, Gefängnishefte 10 und 11. Hrsg. von Wolfgang F. Haug. Hamburg.

– (2000): Historischer Materialismus und Philosophie der Praxis. Von Marx zu Gramsci – von Gramsci zu Marx. Das Argument 42 (3), 387-398.

Hirsch, Joachim/Roth, Roland (1986): Das neue Gesicht des Kapitalismus. Vom Fordismus zum Post-Fordismus. Hamburg.

Hoare, Quintin/Nowell-Smith, Geoffrey (1971): Introduction. S. XVII-XCVI in: Antonio Gramsci, Selections from the Prison Notebooks. New York.

Jacobitz, Robin (1991): Antonio Gramsci – Hegemonie, historischer Block und intellektuelle Führung in der internationalen Politik, FEG-Arbeitspapier Nr. 5, Marburg.

Jessop, Bob (1990): State Theory. Putting Capitalist States in their Place. Cambridge.

Kebir, Sabine (1991): Gramscis Zivilgesellschaft. Alltag – Ökonomie – Kultur – Politik. Hamburg.

Kallscheuer, Otto (1987): Antonio Gramscis intellektuelle und moralische Reform des Marxismus. S. 588-601 in: Pipers Handbuch der politischen Ideen, Band 5. Hrsg. von Iring Fetscher/Herfried Münkler. München,.

Kramer, Annegret (1975): Gramscis Interpretation des Marxismus. S. 65-118 in: Gesellschaft, Beiträge zur Marxschen Theorie 4, Frankfurt a.M.

Laclau, Ernesto (1981): Politik und Ideologie im Marxismus. Kapitalismus, Faschismus, Populismus. Berlin.

Laclau, Ernesto/Mouffe, Chantal (1991): Hegemonie und radikale Demokratie. Zur Dekonstruktion des Marxismus. Wien.

Liguori, Guido (1997): Etappen der Gramsci-Rezeption. Das Argument 39 (2), 191-201.

Losurdo, Domenico (2000): Der Marxismus Antonio Gramscis. Von der Utopie zum „kritischen Kommunismus". Hamburg.

Marchart, Oliver (2001): Die politische Theorie des zivilgesellschaftlichen Republikanismus: Claude Lefort und Marcel Gauchet. S. 161-191 in: André Brodocz/Gary S. Schaal (Hrsgg.), Politische Theorien der Gegenwart II. Opladen.

Marx, Karl (1969): Thesen über Feuerbach. S. 5-7 in: Marx-Engels-Werke (MEW), Band 3. Berlin.

– (1985): Zur Kritik der Politischen Ökonomie, Vorwort. S. 7-11 in: MEW, Band 13. Berlin.

– (1988): Der achtzehnte Brumaire des Louis Bonarparte. S. 111-207 in: MEW, Band 8. Berlin.

Neubert, Harald (2001): Antonio Gramsci: Hegemonie – Zivilgesellschaft – Partei. Eine Einführung. Hamburg.

Overbeek, Henk (2000): Transnational Historical Materialism: Theories of Transnational Class Formation and World Order, in: Ronen P. Palan (Hrsg.): The New Global Political Economy: Theories and Approaches. London/New York (i.E.).

Pijl, Kees van der (1984): The Making of an Atlantic Ruling Class. London.

Poulantzas, Nicos (1978): Staatstheorie. Politischer Überbau, Ideologie, Sozialistische Demokratie. Hamburg.

Priester, Karin (1981): Studien zur Staatstheorie des italienischen Marxismus: Gramsci und Della Volpe. Frankfurt a.M./New York.

Projekt Ideologie-Theorie (1986): Theorien über Ideologie, Argument-Sonderband 40, 3. Aufl. Berlin.

Riechers, Christian (1970): Antonio Gramsci. Marxismus in Italien. Frankfurt a.M.

Scherrer, Christoph (1995): Eine diskursanalytische Kritik der Regulationstheorie. Prokla 25 (3), 457-482.

Showstack Sassoon, Anne (1989): Volk, Intellektuelle und spezialisiertes Wissen. S. 90-106 in: Die „Linie Luxemburg – Gramsci". Zur Aktualität marxistischen Denkens, Argument Sonderband 149. Berlin/Hamburg.

Stäheli, Urs (2001): Die politische Theorie der Hegemonie: Ernesto Laclau und Chantal Mouffe. S. 193-223 in: André Brodocz/Gary S. Schaal (Hrsgg.), Politische Theorien der Gegenwart II. Opladen.

Togliatti, Palmiro (1980): Der Leninismus im Denken und Handeln von Antonio Gramsci. Notizen für einen Beitrag auf einer Konferenz über Antonio Gramsci in Rom vom 11. bis 13. Januar 1958. S. 71-93 in: Hans Heinz Holz/Hans Jörg Sandkühler (Hrsgg.), Betr.: Gramsci. Philosophie und revolutionäre Politik in Italien. Frankfurt a.M.

Willis, Paul (1979): Spaß am Widerstand. Gegenkultur in der Arbeiterschule. Frankfurt a.M.

– (1981): Profane Culture. Rocker, Hippies: Subversive Stile der Jugendkultur. Frankfurt a.M.

b. kommentierte Literatur

Primärliteratur

Gramsci, Antonio (1971): Selections From The Prison Notebooks, hrsg. von Quintin Hoare/Geoffgrey Nowell-Smith. New York. [ital. Orig.: Quaderni del carcere, hrsg. von Felice Platone, 6 Bde., Turin 1948ff.]
Diese Studienausgabe mit den wichtigsten – allerdings nicht chronologisch, sondern inhaltlich zusammengestellten – Texten Gramscis hat sicherlich maßgeblich dazu beigetragen, sein Werk im englischsprachigen Raum bekannt zu machen. Es enthält zudem eine sehr ausführliche Einleitung, genauer: eine Art Kurzbiographie, die das politische Engagement und theoretische Wirken Gramscis im zeithistorischen Kontext reflektiert.

Gramsci, Antonio (1986): Zu Politik, Geschichte und Kultur. Ausgewählte Schriften. Frankfurt a.M [ital. Orig. sind an verschiedenen Orten erschienen, u.a. in: Quaderni del carcere. Edizione critica dell'Instituto Gramsci, 4 Bde., hrsg. von Valentino Gerratana, Turin 1975; sowie in einigen im Verlag Einaudi (Turin) erschienenen Bänden: Scritti gionvanili 1914-1918; L'Ordine Nuovo 1919-1920; Socialismo e fascismo. L'Ordine Nuovo 1921-1922; La costruzione del Partito communista 1923-1926].
Eine handliche Textauswahl, die sich auf einige zentrale politische Beiträge Gramscis beschränkt. Neben frühen Artikeln (Jugendschriften) sind hier auch Texte zu finden, die aus den „Roten Jahren" (1919-1920) stammen bzw. aus der Zeit danach, in der sich Gramsci vor allem mit dem Faschismus befaßte. Etwas irritierend ist zuweilen – wie bei anderen älteren Übersetzungen auch –, dass der Begriff „societa civile" mit „bürgerliche Gesellschaft" übersetzt wird.

Gramsci, Antonio (1991ff.): Gefängnishefte, Kritische Gesamtausgabe. Hamburg. [ital. Orig.: Quaderni del carcere. Edizione critica dell'Instituto Gramsci, 4 Bde., hrsg. von Valentino Gerratana, Turin 1975].
Die erste Gesamtausgabe der Gefängnishefte in deutscher Sprache liegt mittlerweile – vom Registerband einmal abgesehen – komplett vor. In insgesamt neun Bänden sind in ihr, chronologisch geordnet, alle Aufzeichnungen, die Gramsci in der Zeit seiner Haft niedergeschrieben hat, akribisch zusammengetragen und übersetzt worden.

Sekundärliteratur

Anderson, Perry (1979): Antonio Gramsci. Eine kritische Würdigung. Berlin.
Eine kleine Schrift, die im Rahmen einer ideengeschichtlichen Rekonstruktion der von Gramsci entwickelten Analyse-Konzepte nicht einfach nur deren Stärken und Erkenntnisgewinne herausstellt, sondern auch deren Grenzen und Widersprüche reflektiert.

Buci-Glucksmann, Christine (1981): Gramsci und der Staat. Für eine materialistische Theorie der Philosophie. Köln.
Obwohl gegenüber der französischen Originalausgabe zum Teil erheblich gekürzt, verdeutlicht diese systematische Auseinandersetzung mit der Konzeption des „integralen Staates" sehr anschaulich, wie Gramsci als unorthodoxer Leninist immer wieder – auch in bezug auf die Erkenntnistheorie, Intellektuellentheorie, Kulturtheorie, Revolutionstheorie etc. – die Probleme der zivilgesellschaftlichen und politischen Hegemonie thematisiert.

Cox, Robert W. (1983): Gramsci, Hegemony, and International Relations: An Essay in Method, in Millennium – Journal of International Studies 12 (2), 162-175. [dt. Übersetzung in Robert W. Cox (1998): Weltordnung und Hegemonie – Grundlagen der „Internationalen Politischen Ökonomie", FEG-Studie Nr. 11, Marburg, 69-86].
Dieser Aufsatz rekonstruiert sehr luzide, wie und mit welchem Erkenntnisgewinn sich gramscianische Konzepte für die Erforschung der Internationalen Beziehungen nutzbar machen lassen.

Fiori, Guiseppe (1979): Das Leben des Antonio Gramsci. Berlin.
Ungeachtet eines zuweilen etwas pathetischen Untertons gibt diese brillant und fesselnd geschriebene Biographie einen sehr guten, hintergründigen Einblick in die Motive, die Gramsci in seinem Bemühen um eine politisch-theoretische Erneuerung des Marxismus und der sozialistischen Politik angetrieben haben.

Kebir, Sabine (1991): Gramscis Zivilgesellschaft. Alltag – Ökonomie – Kultur – Politik. Hamburg.
Dieses Buch stellt die Zivilgesellschaft als den zentralen Referenzpunkt im Denken Gramscis heraus. Zugleich wird aber auch herausgearbeitet, dass er den Charakter und die Dynamik der Zivilgesellschaft stets in Verschränkung mit dem Staat und der Ökonomie diskutiert.

Neubert, Harald (2001): Antonio Gramsci: Hegemonie – Zivilgesellschaft – Partei. Eine Einführung. Hamburg.
In dieser, auf knapp 100 Seiten verfassten Einführung in das Leben und Denken Gramscis werden die historischen Kontextbedingungen und parteipolitischen Auseinandersetzungen, aber auch die theoretischen Innovationen Gramscis gut zugänglich dargestellt.

Kapitel XIV
Die politische Theorie der Gouvernementalität: Michel Foucault

Thomas Lemke

Inhalt

1.   Einleitung: Das Subjekt und die Macht

„Vergeßt Foucault!" – so lautete die provokante Aufforderung Jean
Baudrillards (1978) Ende der 1970er Jahre. Damals konnte er nicht
ahnen, daß ein Vierteljahrhundert später die Auseinandersetzung
mit Leben und Werk des französischen Historikers und Philosophen Michel Foucault (1926-1984) intensiver denn je sein würde.
Inzwischen liegen gleich drei umfangreiche Biographien zu seiner
Person vor (Eribon 1991; Macey 1993; Miller 1995), und die wissenschaftliche Sekundärliteratur zu Foucaults theoretischen Arbeiten ist seit einiger Zeit kaum mehr zu überschauen. Selbst ein oberflächlicher und selektiver Blick auf jene Sammelbände und Monographien, die in den letzten Jahren im anglo-amerikanischen
Sprachraum erschienen sind, zeigt die ungewöhnliche Vielzahl gei-
stes- und sozialwissenschaftlicher Forschungsgebiete, die Foucaults
„Werkzeugkiste" theoretisch inspiriert hat: *Foucault and the political*
(Simons 1996), *Foucault and the Writing of History* (Goldstein
1994), *Foucault and Education* (Ball 1990), *Foucault and Feminism*
(Diamond/Quinby 1988), *Foucault and Literature* (During 1992),
Foucault and the Law (Hunt/Wickham 1995), *Foucault and the Cri-*
tique of Institutions (Caputo/Yount 1993), *Foucault and the Games*
of Truth (Nilson 1998), *Foucault and Social Dialogue* (Falzon
1998), *Foucault, Management and Organization Theory* (McKinlay/
Starkey 1998), *Foucault and Religion: Spiritual Corporality and*
Political Spirituality (Carrette 1999), *Foucault and Latin America:*
Appropriations and Deployments of Discursive Analysis (Trigo
2001) sowie *Foucault, Gender and the Iranian Revolution. The*
Seductions of Islamism (Afary/Anderson 2005).

Das außerordentliche und anhaltende wissenschaftliche Interesse, das Foucaults theoretisches Instrumentarium gefunden hat, geht
zum einen auf die thematische Spannbreite seiner Forschungsgebiete und zum anderen auf die vielfältigen theoretischen Quellen
seiner Arbeit zurück. Zu Foucaults akademischen Lehrern gehörten
so unterschiedliche intellektuelle Figuren wie der Wissenschaftshi-
storiker Georges Canguilhem und der Marxist Louis Althusser. Er
unterhielt eine langjährige enge Freundschaft mit dem Philosophen
Gilles Deleuze, stand in wissenschaftlichem Austausch mit Vertretern der strukturalistischen Bewegung wie Jacques Lacan oder
Claude Levi-Strauss und sah seine Arbeit in der historiographischen

Tradition der französischen *Annales*-Schule (Deleuze 1987; Eribon 1998).

Beeindruckend ist auch die Unterschiedlichkeit der Gegenstände, mit denen sich der Professor für die „Geschichte der Denksysteme" am renommierten Pariser Collège de France im Verlauf seiner wissenschaftlichen Arbeit befaßte. Von Foucault stammt sowohl eine „Geschichte des Wahnsinns" wie der Versuch einer theoretischen Ausarbeitung der Diskursanalyse; er ist der Autor von historischen Untersuchungen zur Institutionalisierung des Krankenhauses und des Gefängnisses und hat eine Reihe kunst- und literaturwissenschaftlicher Texte verfaßt. Darüber hinaus beschäftigte sich Foucault mit der Entstehung der modernen Wissenschaften der Allgemeinen Grammatik, der Ökonomie und Biologie und ist am Beispiel einer „Geschichte der Sexualität" der Frage nachgegangen, wie sich Menschen als (Begehrens-)Subjekte konstituieren.

In einem Text mit dem Titel „Das Subjekt und die Macht" hat Foucault eine retrospektive Systematisierung seiner theoretischen Arbeit vorgeschlagen. In deren Mittelpunkt stehen ihm zufolge „drei Objektivierungsformen [...], die Menschen zu Subjekten machen" (Foucault 2005a: 269; korrigierte Übers.). Foucaults Untersuchungsinteresse galt der analytischen Trias von Wissensformen, Machttechnologien und Selbstformierungsprozessen, deren wechselseitiger Konstitution und systematischer Kopplung er mit unterschiedlichen Begriffen und verschiedener Akzentsetzung nachging. Auch wenn Foucault sich daher kaum als politischer Philosoph in einem klassischen Sinn bezeichnen läßt, war ihm angesichts des Aufkommens neuer sozialer Bewegungen in den 1960ern und 1970ern die „Überarbeitung der Theorie der Macht" (Foucault 2003a: 303) durch die Berücksichtigung der Wissens- und Subjektivierungsdimensionen ein besonderes Anliegen. Bei diesem Vorhaben kommt dem Begriff der Regierung eine entscheidende theoriestrategische Bedeutung zu.

2. Die Analytik der Regierung

In der zweiten Hälfte der 1970er Jahre nimmt Foucault eine wichtige Weiterentwicklung und Korrektur seiner Machtanalytik oder

„Genealogie der Macht" vor. Im Mittelpunkt dieser theoretischen Neuorientierung steht der Begriff der Regierung, der zum „Leitfaden" (Foucault 2003b: 900) für seine weitere Forschungsarbeit wird. Seine Bedeutung liegt vor allem in der „Scharnierfunktion", die Foucault ihm zuspricht: Erstens vermittelt der Regierungsbegriff zwischen Macht und Subjektivität. Auf diese Weise wird es möglich zu untersuchen, wie Herrschaftstechniken sich mit „Technologien des Selbst" (Foucault 2005h) verknüpfen und Formen politischer Regierung auf Praktiken des „Sich-selbst-Regierens" zurückgreifen. Zweitens erlaubt die Problematik der Regierung eine systematische Untersuchung der von Foucault immer wieder herausgestellten engen Beziehungen zwischen Machttechniken und Wissensformen, den „Macht-Wissen-Komplexen". Um die Kopplung dieser beiden Dimensionen begrifflich zu markieren, führt Foucault den Begriff der Gouvernementalität ein – eine Wortschöpfung, die sich vom französischen Adjektiv *gouvernemental* („die Regierung betreffend") herleitet.

Foucault (2005b: 259) entwickelt den Begriff der Regierung als „notwendige Kritik am gängigen Verständnis von ‚Macht'", seine theoretischen Konturen gewinnt er vor allem in der Auseinandersetzung mit einer bestimmten Machtkonzeption: der „juridisch-diskursiven".

2.1. Die Kritik der juridisch-diskursiven Machtkonzeption

Der US-amerikanische Politikwissenschaftler Steven Lukes (1983: 107; Hervorh. im Orig.) vertritt die These, daß den unterschiedlichen Auffassungen und Interpretationen des Begriffs der Macht ein gemeinsamer „Grundgedanke" zukomme: *„Die Macht eines oder mehrerer Handelnder A in Hinblick auf ein Ziel Z manifestiert sich dann, wenn A das Ziel Z durch das Einwilligen eines oder mehrerer Handelnder B erreicht."* Lukes (ebd. Hervorheb. im Orig.) versucht in seiner weiteren Argumentation zu zeigen, daß diese Definition in der abendländischen Tradition in zweierlei Weise ausgelegt worden ist: „Die erste Interpretation verfährt *symmetrisch*; sie geht davon aus, daß beiden das Ziel Z gemeinsam ist. Die zweite Interpretation verfährt *asymmetrisch*: B's Einwilligung gilt als erzwungen [...]. Die erste Interpretation liefert Auffassungen von

Macht als Kooperation und Konsens, die zweite von Macht als Hierarchie und Herrschaft." Beide Interpretationslinien können Lukes zufolge auf eine lange Tradition zurückblicken, die bis in die Antike reicht. Die erste Traditionsreihe repräsentieren so unterschiedliche Autorinnen und Autoren wie Platon, Hannah Arendt und Talcott Parsons, auf der anderen Seite finden sich etwa Thomas Hobbes, Max Weber und Karl Marx.

Die theoretische Eigenart der Machtanalytik Foucaults besteht darin, daß sie sich weder der symmetrischen noch der asymmetrischen Konzeption zuschlagen läßt. Im Gegenteil richtet sie sich gegen die den beiden Konzeptionen gemeinsame Prämisse: die Kopplung der Machtanalyse an Fragen von Legitimität und Konsens bzw. umgekehrt von Zwang und Gewalt. Foucaults These lautet, daß in der Tradition des „westlichen" politischen Denkens Macht vor allem in Rechtsbegriffen und unter dem Gesichtspunkt der Repression analysiert wird: als Gesetz, Verbot, Zensur, Zwang etc. Diese „juridisch-diskursive" (Foucault 1977: 102) Repräsentation der Macht ist beherrscht von der Idee der (souveränen) Freiheit der Subjekte auf der einen und der Instanz der politischen Souveränität auf der anderen Seite und konzentriert sich auf die Frage nach dem Verhältnis zwischen staatlicher Autorität und individueller Autonomie. Foucault (2003c: 235) setzt sich mit drei wichtigen Grundannahmen der juridischen Machtkonzeption auseinander, wobei er eine theoretische Perspektive vorschlägt, welche die „allgemeine Richtung der Analyse [...] umkehren" will.

Erstens sei Macht keine Substanz, sondern in *relationalen* Begriffen zu untersuchen. Foucault spricht daher weniger von *der* Macht als von Machtverhältnissen. In dieser Hinsicht ist Macht weder ein Gebiet, das erobert oder übereignet noch ein Gut, das besessen, veräußert oder getauscht werden kann. Statt juridischer oder ökonomischer Begrifflichkeiten privilegiert Foucault eine strategische und nominalistische Konzeption der Macht. Macht sei nicht als exklusiver Besitz oder Recht von bestimmten Personen, sozialen Gruppen oder Klassen aufzufassen (während umgekehrt die anderen von ihr ausgeschlossen sind); vielmehr analysiert Foucault (1977: 114) Kräfteverhältnisse, die aus einer Vielzahl sich überschneidender und konkurrierender Taktiken und Systeme von Differenzierungen resultieren: „Zweifellos muß man Nominalist sein: die Macht ist nicht eine Institution, ist nicht eine Struktur, ist nicht eine Mächtigkeit einiger Mächtiger. Die Macht ist der Name, den man einer komplexen strategischen Situation in einer Gesellschaft gibt."

Zweitens unterläuft Foucault die traditionelle Identifizierung von Machtprozessen mit politischer Macht und die Konzentration der Machtanalyse auf die Institution des Staates. An die Stelle dieser makropolitischen Perspektive setzt Foucault eine *mikrophysikalische* Konzeption. Demnach verlaufen Machtprozesse nicht von oben nach unten, sie gehen nicht von einer zentralisierten Instanz aus, um von dort aus den sozialen Raum zu durchziehen, sondern umgekehrt sind Entstehung und Funktionsweise des Staates auf die gesellschaftlichen Kräfteverhältnisse zurückzuführen. Die Staatsapparate sind lediglich eine „konzentrierte Form" von Machtbeziehungen, die weit über sie hinausreichen, so daß weder die Kontrolle noch die Zerstörung dieser Apparate allein bestimmte Machtformen verschwinden läßt: „Zwischen jedem Punkt eines Gesellschaftskörpers, zwischen einem Mann und einer Frau, in einer Familie, [...] verlaufen Machtverhältnisse, die nicht die schlichte und einfache Projektion der großen souveränen Macht auf die Individuen sind; sie sind vielmehr der mobile und konkrete Boden, auf dem sie sich verankern kann, die Bedingungen der Möglichkeit, dass sie funktionieren kann. [...] Damit der Staat so funktioniert, wie er funktioniert, muss es vom Mann zur Frau oder vom Erwachsenen zum Kind ganz spezifische Herrschaftsverhältnisse geben, die ihre eigene Konfiguration und ihre relative Autonomie haben." (Foucault 2003a: 303f.; 1976: 38f.; 1977: 115f.)

Drittens bestreitet Foucault, daß Machtverhältnisse sich primär durch den Einsatz von Repressionsmitteln auszeichnen oder sie vornehmlich dem Ziel der Reproduktion dienen. Das Problem dieser Analyseform sieht er darin, daß Macht zum einen auf bestimmte Modi der Machtausübung wie Zwang oder Gewalt reduziert und zum anderen allein im Hinblick auf die Aufrechterhaltung, Fortsetzung und Legitimierung sozialer Verhältnisse (etwa: ökonomische Ausbeutung oder patriarchale Herrschaft) untersucht wird – ohne deren Konstitutionsbedingungen zu untersuchen. Die Machtprozesse sind Foucault zufolge nicht Ausdruck einer „tieferliegenden" Realität, die sie ideologisch widerspiegeln oder repressiv absichern; ebenso wenig lassen sie sich auf funktionale oder negative Charakteristika beschränken, sondern sie enthalten prinzipiell eine *produktive* Dimension: Sie ermöglichen individuelle und kollektive Erfahrungen und bringen neue Wissensformen hervor: „Man muß aufhören, die Wirkungen der Macht immer negativ zu beschreiben, als ob sie nur ‚ausschließen‘, ‚unterdrücken‘, ‚verdrängen‘, ‚zensieren‘, ‚abstrahieren‘, ‚maskieren‘, ‚verschleiern‘ würde. In Wirklichkeit ist die Macht produktiv; und sie produziert Wirkliches. Sie produziert Gegenstandsbereiche und Wahrheitsrituale: das Individuum und seine Erkenntnis sind Ergebnisse dieser Produktion." (Foucault 1976: 250; 1977: 115-118)

Foucaults theoriepolitisches Interesse ist es, mit der Problematik von Repression, Reproduktion und Repräsentation in der Machtanalyse zu brechen, um sie von der theoretischen Konzentration auf die Institution des Staates und die Idee des Subjekts ebenso wie von der normativen Festlegung auf die Kriterien von Legitimität und Konsens zu befreien. Allerdings konnten Foucaults konkrete Analysen dem eigenen Anspruch nur teilweise genügen. Es waren vor allem zwei theoretische Probleme, welche die „Genealogie der Macht" bis hin zu *Überwachen und Strafen* (1976) und *Der Wille zum Wissen* (1977) prägten. Zum einen ersetzte Foucault die Konzentration auf Legitimität und Konsens in der politischen Theorie durch die Akzentuierung von Krieg und Kampf und analysierte soziale Verhältnisse primär aus der Perspektive von Konfrontation und Unterwerfung. Auf der Grundlage dieser „Hypothese Nietzsches" (Foucault 1999: 27) konnte jedoch nicht untersucht werden, wie Legitimitätsglaube, Akzeptanz und Konsens im Rahmen der Machtverhältnisse aktiv generiert und stabilisiert werden. Zum anderen blieb die „Mikrophysik der Macht" zu sehr auf Disziplinierungsprozesse und die Untersuchung lokaler Praktiken und singulärer Institutionen ausgerichtet. Damit vernachlässigte sie tendenziell die Frage nach der spezifischen Bedeutung des Staates und seine strategische Rolle bei der Herausbildung allgemeiner Herrschaftsstrukturen und konnte Subjektivierungsprozesse jenseits der Formierung disziplinierter Körper nur unzureichend erklären (vgl. dazu ausführlicher Lemke 1997: 110-125).

Mängel in theoretischen Konstruktion hinsichtl. d. Staates u. allg. Herrschaftsstrukturen

=>

2.2. Das Konzept der Gouvernementalität

Das Konzept der Gouvernementalität stellt Foucaults Antwort auf diese beiden Problemkomplexe dar. Es erlaubt eine angemessenere Thematisierung des Staates und der Subjektivierungsprozesse und ermöglicht die Ausarbeitung einer Machtanalyse jenseits der juridischen wie der kriegerischen Machtkonzeption. Bei dieser doppelten theoretischen Neuorientierung nimmt der Begriff der Regierung eine Schlüsselrolle ein. Er taucht zum ersten Mal in den erst kürzlich publizierten Vorlesungen am Collège de France von 1978 und 1979 auf.

2.2.1. Die Genealogie des modernen Staates

Die Vorlesungsreihen von 1978 und 1979 tragen den Titel *Sécurité, territoire et population* bzw. *Naissance de la biopolitique*, in ihrem Mittelpunkt steht die „Genealogie des modernen Staates" (Foucault 2004a: 508). Dabei geht es Foucault allerdings weniger um eine historische Rekonstruktion der Entstehung und Transformation politischer Strukturen. Sein theoretisches Interesse besteht darin, der Institutionalisierung staatlich-rechtlicher Formen in ihrer Beziehung zu historischen Subjektivierungsmodi nachzugehen. Daher konzipiert er einen Begriff von Regierung, der Subjektivierung und Staatsformierung nicht als zwei voneinander unabhängige Prozesse betrachtet, sondern sie unter einer einheitlichen analytischen Perspektive untersucht. Die in den Vorlesungen verfolgte „Geschichte der ‚Gouvernementalität'" ist zugleich eine „Geschichte des Subjekts" (Foucault 2004a: 162 bzw. 268), da Foucault den modernen Staat nicht in erster Linie als eine zentralisierte Struktur begreift, sondern vielmehr als eine „komplexe Verbindung zwischen Techniken der Individualisierung und totalisierenden Verfahren" (Foucault 2005a: 277).

Diesem Untersuchungsinteresse folgend, verwendet Foucault (2005c: 900) den Regierungsbegriff in einem „sehr weitgefassten Sinn". Er greift dabei die Vielfalt von Bedeutungen auf, die der Begriff noch bis in das 18. Jahrhundert hinein besaß. Während „Regierung" heute vor allem Formen politischer Steuerung oder die rechtlich-administrative Struktur staatlicher Instanzen bezeichnet, bezog sich der Begriff früher auf die verschiedenen Formen der „Führung von Menschen". Foucault (2004a: 136) unterscheidet daher die „Regierung in ihrer politischen Form" von der „Gesamtproblematik des Regierens im allgemeinen". Letztere umfaßt die Führung von Menschen in vielen möglichen Aspekten: die Regierung des Selbst, die Leitung der Familie, die Erziehung der Kinder, die Lenkung der Seele, aber auch die Führung eines Gemeinwesens oder eines Geschäftes (vgl. Foucault 2005a: 286f.).

Im Rahmen der Vorlesungsreihe untersucht Foucault (Foucault 2004a: 520) die „Entstehung eines politischen Wissens" der Menschenführung von den antiken griechischen und römischen Führungskonzepten über die frühneuzeitliche Staatsräson und die Polizeywissenschaft bis hin zu liberalen und neoliberalen Theorien. Dabei stellt er folgende historische These zur Diskussion: Der moderne (westliche) Staat ist das Ergebnis einer komplexen Verbindung von „politischer" und „pastoraler" Macht. Während sich erstere von der antiken Polis herleitet und um Recht, Universalität, Öffentlichkeit etc. organisiert ist, ist letztere eine christlich-religiöse Konzeption, in deren Mittelpunkt die umfassende Führung der Einzelnen steht. Den pastoralen Machttypus analysiert Foucault in den Texten der Kirchenväter und Klostergründer, welche die antiken Führungstechniken aufnehmen, neu artikulieren und modifizieren.[1] Die Pastoralmacht faßt das Verhältnis zwischen Führenden und Geführten nach der Idee eines Hirtenamtes, dessen Ziel in der „Regierung der Seelen" – der (An-)Leitung und Führung der Individuen im Hinblick auf ein jenseitiges Heil – besteht. Im Unterschied zu antiken griechischen und römischen Führungskonzepten liegt die Eigenart des christlichen Pastorats in der Entwicklung von Analysemethoden, Reflexions- und Führungstechniken, welche die Kenntnis der „inneren Wahrheit" der Individuen sicherstellen sollten. Neben den Gehorsam gegenüber den (moralischen und rechtlichen) Gesetzen tritt die Autorität eines Hirten, der die Einzelnen unablässig überwachen und seelsorgerisch betreuen soll, um sie zum Heil zu führen (Foucault 2004a: 173-277; 2005d: 167-181).

---

1   Detaillierter und systematischer als in den Vorlesungen geht Foucault in *Der Gebrauch der Lüste* und *Die Sorge um sich* (Foucault 1986; 1989), den Folgebänden der „Geschichte der Sexualität", den Modifikationen der Selbsttechniken von der griechischen Antike bis zum Frühchristentum nach (vgl. Schmid 1991; Ortega 1997; Detel 1998).

Die innerhalb des Christentums entwickelten Subjektivierungsformen und Führungstechniken haben Foucault zufolge im 16. und
17. Jahrhundert eine Auswertung und Säkularisierung erfahren. Er
weist ihnen eine entscheidende historische Bedeutung für die Entstehung des neuzeitlichen Staates und das Aufkommen des Kapitalismus zu. Das Eigentümliche dieser spezifisch modernen Formen von
Regierung besteht in der Reflexion auf die Voraussetzungen, den
Gegenstand und die Ziele von Regierung. Die Herausbildung einer
autonomen „politischen Vernunft", die weder auf theologisch-
kosmologische Prinzipien rekurriert noch von der Person des Fürsten
abzuleiten ist, analysiert Foucault in mehreren historischen Etappen.
Von den Abhandlungen über die Regierungskünste und die Theoretiker der Staatsräson im 16. und 17. Jahrhundert über die Traktate der
Polizeywissenschaft und die Themen des Liberalismus im 18. Jahrhundert bis hin zu den Versuchen einer Aktualisierung liberaler Gesellschaftsentwürfe im 20. Jahrhundert verfolgt er, wie sich die politische Reflexion vom Problem der Souveränität löst. Die Prinzipien
der Regierung sind demnach nicht mehr länger Teil der göttlichen
Schöpfungsordnung und dieser untergeordnet, sondern Gegenstand
eines rationalen Wissens: „Der Staat läßt sich nach rationalen Gesetzen regieren, die ihm eigen sind – Gesetze, die sich weder allein aus
natürlichen oder göttlichen Gesetzen noch allein aus Weisheits- oder
Vorsichtsmaßregeln ableiten lassen; wie die Natur hat der Staat seine
eigene Rationalität, wenn auch von einem anderen Typus." (Foucault
2003d: 812; vgl. dazu auch Türk/Lemke/Bruch 2002)
    Eine „erste Kristallisationsform" (Foucault 2003d: 811) findet
die neue Regierungskunst in der Staatsräson, da sich mit ihr zum
ersten Mal das Problem einer eigenständigen Rationalität des Regierens stellt. Da sie allerdings noch dem historischen Rahmen der
Souveränität und dem traditionellen Modell der Hauswirtschaft
verpflichtet blieb, läßt sich erst mit dem Aufkommen des Liberalismus von der Gouvernementalität in einem modernen Sinn sprechen. Foucault analysiert den Liberalismus nicht als eine politische
Ideologie oder ökonomische Doktrin, sondern als eine spezifische
Regierungskunst, die sich sowohl von dem politischen Universum
der Disziplin wie dem der Souveränität markant unterscheidet. Die
liberale Regierung zielt weder auf ein jenseitiges Heil noch auf das
Wohl des Staates, sondern bindet die Rationalität der Regierung an
ein ihr äußerliches Objekt – die bürgerliche Gesellschaft –, wobei die

Freiheit der Individuen als kritischer Maßstab des Regierungshandelns fungiert. Entscheidend ist in diesem Zusammenhang die Abgrenzung der „Ökonomie" als eigenständiges Realitätsniveau und Interventionsfeld, das sich durch spezifische Gesetzmäßigkeiten auszeichnet und die Entwicklung neuer Wissensformen – die politische Ökonomie – ermöglicht (vgl. Foucault 2003d; 2004b).

Zwar präsentiert Foucault den Liberalismus als eine Art „Kritik der Staatsvernunft", wobei die Freiheit des Individuums und seine Rechte gegenüber dem umfassenden Regelungsanspruch des absolutistischen Staates im Mittelpunkt der liberalen Reflexion stehen. Die individuellen Freiheitsrechte stellen jedoch keine äußere Grenze für das liberale Regierungshandeln dar; vielmehr organisiert der Liberalismus die Bedingungen, unter denen die Individuen frei sein können, er „fabriziert" oder „produziert" die Freiheit. Die liberale Freiheit wird durch „Mechanismen der Sicherheit" etabliert und reguliert, welche die Kehrseite und Bedingung des Liberalismus sind: „Die Mechanismen der Sicherheit oder die Intervention des Staates, deren wesentliche Funktion es ist, die Sicherheit dieser natürlichen Phänomene, welche die Wirtschaftsprozesse oder für die Bevölkerung wesentlichen Phänomene sind, zu garantieren: Das wird das Hauptziel der Gouvernementalität sein. Von daher rührt schließlich auch die Tatsache, daß die Freiheit nicht nur als Recht der Individuen, das legitimerweise der Macht entgegensteht, gegenüber den Übergriffen und dem Machtmißbrauch des Souveräns oder der Regierung geltend gemacht wird, sondern die Freiheit ist nun zu einem unverzichtbaren Bestandteil der Gouvernementalität selbst geworden." (Foucault 2004a: 506; 2004b)[2]

2.2.2. Regierung als Führung

Über die historisch-politische Rekonstruktion der „Geschichte der Gouvernementalität" unter der doppelten Perspektive von Staatsformierung und Subjektivierung hinaus besitzt die Einführung des Begriffs der Regierung auch eine wichtige theoriestrategische Bedeu-

---

2   In einem Teil der Vorlesungsreihe von 1979 diskutiert Foucault auch die Weiterentwicklung der frühliberalen Positionen im 20. Jahrhundert. Dabei konzentriert er sich auf zwei unterschiedliche Formen des Neoliberalismus: den deutschen Nachkriegsliberalismus und den US-amerikanischen Liberalismus der Chicagoer Schule (Foucault 2004b; vgl. Lemke 2001; Senellart 2004).

tung. Foucault (2005a: 285-288) erkennt, daß weder die juridische noch die von ihm bis hin zu *Überwachen und Strafen* favorisierte kriegerische Konzeption der Macht der „Besonderheit der Machtverhältnisse" gerecht wird. Zwar gehen Machtverhältnisse manchmal mit einer rechtlichen oder faktischen Übereinkunft einher, in anderen Fällen mögen sie von Gewalt oder Zwang begleitet sein; entscheidend ist jedoch, daß diese Elemente eine Machtbeziehung nicht konstituieren. Sie können Wirkungen oder Instrumente von Machtbeziehungen sein, nicht aber deren Grundlage oder Prinzip. Foucault (2005a: 286) zufolge ist vielmehr die Dimension der Führung für die Analyse der Machtverhältnisse von zentraler Bedeutung: „Der Ausdruck ‚Führung' (conduite) vermag in seiner Mehrdeutigkeit das Spezifische an den Machtbeziehungen vielleicht noch am besten zu erfassen. ‚Führung' heißt einerseits, andere (durch mehr oder weniger strengen Zwang) zu lenken, und andererseits, sich (gut oder schlecht) aufzuführen, also sich in einem mehr oder weniger offenen Handlungsfeld zu verhalten. Machtausübung besteht darin, ‚Führung zu lenken', also Einfluss auf die Wahrscheinlichkeit von Verhalten zu nehmen. Macht gehört letztlich weniger in den Bereich der Auseinandersetzung zwischen Gegnern oder der Vereinnahmung des einen durch den anderen, sondern in den Bereich der ‚Regierung' in dem weiten Sinne, den das Wort im 16. Jahrhundert besaß."

Wenn sich Machtverhältnisse durch die „Führung der Führungen" charakterisieren lassen, dann ist es dieses Moment der Relationalität und Reflexivität, das eine Machtbeziehung von einer Übereinkunft oder einem Gewaltverhältnis abhebt. Eine Machtbeziehung ist nicht als solche eine Gewalt, die sich nur versteckte, oder ein Konsens, der stillschweigend verlängert würde. Sie ist ein Ensemble von Handlungen, die sich auf mögliches Handeln richten, und operiert in einem Feld von Möglichkeiten für das Verhalten handelnder Subjekte. Sie bietet Anreize, verleitet, verführt, erleichtert oder erschwert, sie erweitert Handlungsmöglichkeiten oder schränkt sie ein, sie erhöht oder senkt die Wahrscheinlichkeit von Handlungen, und im Grenzfall erzwingt oder verhindert sie Handlungen, aber stets richtet sie sich auf handelnde Subjekte, insofern sie handeln oder handeln können. Sie ist auf Handeln gerichtetes Handeln." (Foucault 2005a: 286)

Diese theoretische Bestimmung und begriffliche Spezifizierung der Machtbeziehungen ist offensichtlich auf einer sehr allgemeinen

Ebene angesiedelt. Im Rahmen der Analytik der Gouvernementalität spricht Foucault konkreter von „Technologien" bzw. „Rationalitäten" des Regierens. Zwei Aspekte sind dabei besonders hervorzuheben. Zum einen bezeichnet „Regierung" nur solche Machtbeziehungen, die auf kalkulierte und rationale Programme oder Wissensformen rekurrieren, und mit der Erfindung bzw. dem Einsatz von Verfahren zur Verhaltenssteuerung und -regulierung einhergehen. Die Rede von einer „Gouvernementalität" impliziert also die systematisierte und regulierte Form der Regierungspraktiken und verweist zugleich auf ein Element der Kalkulation bzw. den Rückgriff auf ein rationales Wissen des zu regierenden Subjekts/Objekts. Zum anderen zielt der Modus der Regierung weniger auf eine direkte Einwirkung auf die Handlungen individueller und kollektiver Akteure, sondern eher auf eine indirekte und reflexive Bestimmung der Handlungsoptionen: Regiert wird die Art und Weise, in der die Akteure ihr Verhalten „regieren" („auf Handeln gerichtetes Handeln").

Die Konzeption von Regierung als Führung umfaßt also lediglich einen Teil des Feldes der Machtverhältnisse. Es ist daher notwendig, zwischen verschiedenen Formen der Macht zu differenzieren.

2.2.3. Drei Ebenen der Machtanalytik: Strategische Beziehungen, Herrschaftszustände und Regierungstechnologien

Die Einführung des Begriffs der Regierung trägt zu einer entscheidenden theoretischen Präzisierung der Machtanalytik bei. In seinen vorangegangenen Arbeiten hatte Foucault „Macht" und „Herrschaft" weitgehend synonym verwendet oder sie nur unzureichend unterschieden. Dies war deshalb irreführend, da Foucault Machtverhältnisse immer schon als allgegenwärtig präsentierte und ihren „produktiven" Charakter hervorhob, so daß der Eindruck entstehen konnte, daß Herrschaft unausweichlich und Widerstand unmöglich sei.[3] Erst spät hält Foucault eine begriffliche Differenzierung für

---

3 Ein Beispiel dafür ist etwa die negative Geschichtsphilosophie, die in dem 1971 veröffentlichten Text *Nietzsche, die Genealogie, die Historie* in einigen Formulierungen zum Tragen kommt: „Die Menschheit schreitet nicht langsam von Kampf zu Kampf voran, bis sie zu einer universellen Gegenseitigkeit fän-

notwendig: „Mir scheint, dass man unterscheiden muss auf der einen Seite zwischen Machtbeziehungen als strategischen Spielen zwischen Freiheiten [...], und auf der anderen Seite Herrschaftszuständen, die das sind, was man üblicherweise Macht nennt. Und zwischen beiden, zwischen den Spielen der Macht und den Zuständen der Herrschaft, gibt es die Regierungstechnologien [...]" (Foucault 2005c: 900).

Es lassen sich also „drei Ebenen" (ebd.) der Machtanalyse unterscheiden. Die grundlegende Ebene ist die der *Machtbeziehungen*. Darunter versteht Foucault „strategische Spiele zwischen Freiheiten [...], in denen die einen das Verhalten der anderen zu bestimmen versuchen" (ebd.). Da strategische Spiele ein ubiquitäres Merkmal menschlicher Interaktion darstellen, existiert kein soziales Feld jenseits von Machtbeziehungen und keine machtfreie Form interpersonaler Kommunikation. Aus der Perspektive dieses weitgefaßten Machtbegriffs sind die Machtbeziehungen einer Gesellschaft nicht äußerlich, sondern bilden im Gegenteil die Bedingung der Möglichkeit von Gesellschaft: „In Gesellschaft leben bedeutet: Es ist stets möglich, dass die einen auf das Handeln anderer einwirken. Eine Gesellschaft ‚ohne Machtbeziehungen' wäre nur eine Abstraktion." (Foucault 2005a: 289)[4]

Von diesen allgegenwärtigen strategischen Beziehungen, die prinzipiell veränderbar und umkehrbar sind, grenzt Foucault eine auf Dauer gestellte und mit ökonomischen, politischen oder militärischen Mitteln institutionalisierte Ausübung von Macht ab: *Herrschaftszustände*, in denen Machtbeziehungen starr, unbeweglich

---

de, in der die Regeln für immer an die Stelle des Krieges träten; sie fasst jede dieser Gewalttätigkeiten in ein Regelsystem und bewegt sich so von einer Herrschaft zur anderen" (Foucault 2002: 177).

4   Diese Konzeption erinnert an pluralistische Machttheorien, die ebenfalls nicht von einer zentralen Machtinstanz ausgehen, sondern die vielfältigen Quellen sozialer Macht herausstellen. Aber hier enden auch schon die Gemeinsamkeiten. Zwei wichtige theoretische Differenzen trennen die Perspektive der Gouvernementalität von pluralistischen Politikmodellen: Anders als die Pluralisten, die Macht und Machtlosigkeit, Subjektivität und Unterwerfung, Zwang und Konsens trennen, sind diese Differenzierungen für Foucault selbst ein Effekt der Machtverhältnisse. Zudem besteht ein wichtiger Aspekt von Regierung gerade in der Macht, andere zum Handeln zu bewegen, also bestimmte Formen des Handelns weniger zu unterbinden oder zu beschränken als sie vielmehr zu fördern oder gar zu fordern (vgl. Cruikshank 1994: 46-49).

und blockiert sind. Herrschaftszustände sind demnach in Foucaults Terminologie eine spezifische Form, ein Sonderfall oder ein Extrempunkt von Machtbeziehungen, in denen alternative Handlungsmöglichkeiten und Freiheitsspielräume stark eingeschränkt sind. Sie zeichnen sich dadurch aus, daß es einem Individuum oder einer gesellschaftlichen Gruppe gelungen ist, das Feld der Machtbeziehungen zu blockieren und eine dauerhafte Asymmetrie zu etablieren (Foucault 2005a: 293f.; Foucault 2005c: 877f.).

Foucault ist weder der erste noch der einzige, der zwischen Macht und Herrschaft differenziert. Die spezifischen Konturen seiner begrifflichen Unterscheidung lassen sich in einem Vergleich mit der Herrschaftssoziologie Max Webers aufzeigen. Auch Weber (1980: 541) unterschied bekanntlich zwischen Macht und Herrschaft und begriff Herrschaft als „Sonderfall von Macht". Macht sei „soziologisch amorph" und bezeichnet nach der berühmten Definition „jede Chance, innerhalb einer sozialen Beziehung den eigenen Willen auch gegen Widerstreben durchzusetzen"; demgegenüber steht Herrschaft bei Weber (1980: 28) für jene Macht, die eine bestimmte institutionelle Form angenommen hat und Anerkennung findet: „die Chance, für einen Befehl bestimmten Inhalts bei angebbaren Personen Gehorsam zu finden". Der Herrschaftsbegriff ist also auf Befehl und Gehorsam zentriert, und Herrschaft wird auf Legitimität, diese wiederum auf den „Legitimitätsglauben" zurückgeführt.

Die entscheidende Differenz zu Weber – und der Tradition der „juridischen" politischen Theorie – besteht darin, daß Foucault die Analyse von Macht und Herrschaft von Fragen des Konsenses, der Legitimität oder des Willens entkoppelt. Für Foucault – anders als für Weber – kann das rechtliche oder faktische Einverständnis der Herrschaftsunterworfenen nicht als Grundlage zur Erklärung von Machtverhältnissen herangezogen werden, sondern ist ein Teil des Feldes der Machtbeziehungen und damit selbst erklärungsbedürftig: Welche Rationalität liegt dem Konsens zugrunde und welche Techniken gewährleisten, daß Machtbeziehungen akzeptiert werden? Durch welche Verfahren wird der Legitimitätsglaube generiert und stabilisiert? Foucault (1992: 35; 2005a: 285) zufolge reicht es daher nicht, vom Faktum der Akzeptiertheit auszugehen; man muß vielmehr die „Akzeptabilitätsbedingungen eines Systems herausarbeiten".

Foucault operationalisiert diese Frageperspektive, indem er neben Herrschaftszuständen und strategischen Beziehungen eine weitere Dimension der Machtanalytik unterscheidet: das Feld der *Regierungstechnologien*. Dies sind mehr oder weniger systematisierte und reflektierte Formen der Machtausübung, die über den spontanen und unregulierten Charakter der strategischen Spiele hinausgehen, ohne die Dauerhaftigkeit und Fixiertheit von Herrschaftszuständen anzunehmen. Die Regierungstechnologien stellen also eine Art „vermittelnde Position" zwischen strategischen Beziehungen und Herrschaftszuständen dar. Daraus resultiert Foucaults Umkehrung der Analyseperspektive. Herrschaft ist weniger die Quelle von Ausbeutung und Unterwerfung, sondern im Gegenteil der Effekt von Regierungspraktiken, die Machtbeziehungen in einer Weise systematisieren und stabilisieren, so daß sie schließlich die Form von Herrschaftszuständen annehmen (Hindess 1996: 98-107).

Die Regierungstechnologien zeichnen sich durch eine Reihe wichtiger Charakteristika aus. Zunächst geht Foucault davon aus, daß die Formen der politischen Regierung eng verbunden sind mit den Prinzipien persönlichen Verhaltens und den Techniken der Selbstformierung. In dieser Hinsicht setzt eine erfolgreiche Regierung sowohl auf Seiten der Regierenden wie der Regierten die Fähigkeit zur „Selbstbeherrschung" voraus. Regierungstechnologien zeichnen sich dadurch aus, daß sie Selbstführungstechniken mit Techniken zur Führung der anderen koppeln: „Man muß die Wechselwirkung zwischen diesen beiden Technikformen – Herrschaftstechniken und Selbsttechniken – untersuchen. Man muß die Punkte analysieren, an denen die Herrschaftstechniken über Individuen sich der Prozesse bedienen, in denen das Individuum auf sich selbst einwirkt. Und umgekehrt muß man jene Punkte betrachten, in denen die Selbsttechnologien in Zwangs- oder Herrschaftsstrukturen integriert werden. Der Kontaktpunkt, an dem die Form der Lenkung der Individuen durch andere mit der Weise ihrer Selbstführung verknüpft ist, kann nach meiner Auffassung Regierung genannt werden. In der weiten Bedeutung des Wortes ist Regierung nicht eine Weise, Menschen zu zwingen, das zu tun, was der Regierende will; vielmehr ist sie immer ein bewegliches Gleichgewicht mit Ergänzungen und Konflikten zwischen Techniken, die Zwang sicherstellen und Prozessen, durch die das Selbst durch sich selbst konstruiert oder modifiziert wird." (Foucault 1993: 203f.; Übersetzung T.L.)

Allerdings geht die Bedeutung der Regierungstechnologien über die Regulierung der Beziehungen zwischen Selbst- und Herrschaftstechniken hinaus. Foucault schlägt ein sozialtheoretisches Untersuchungsmodell vor, welches Regierungstechnologien als ein Ensemble begreift, das sich aus vier unterschiedlichen Technikformen zusammensetzt. Neben den Selbst- und Herrschaftstechniken unterscheidet er Produktionstechniken (sachliche Fähigkeiten oder Techniken zur Produktion, Umformung und Manipulation von Dingen) und Bezeichnungs- oder Kommunikationstechniken (Techniken der Verwendung von Zeichen und Bedeutungen zur Erzeugung von Sinn) (Foucault 2005e: 210; 1993: 203). Die Analyse der Regierungstechnologien zielt auf die Untersuchung jener „‚Blöcke', in denen die wechselseitige Anpassung der Fähigkeiten, Kommunikationsnetze und Machtbeziehungen geregelte, abgestimmte Systeme bildet" (Foucault 2005a: 283.). In dieser Perspektive ist beispielsweise der Prozeß der Disziplinarisierung der Gesellschaften seit dem 18. Jahrhundert nicht als Resultat der Durchsetzung und Diffundierung der Diszplinarmacht in alle gesellschaftlichen Bereiche zu betrachten, sondern als „eine immer besser kontrollierte[n] – immer rationalere[n] und ökonomischere[n] – Abstimmung zwischen den produktiven Tätigkeiten, den Kommunikationsnetzen und den Machtbeziehungen" (Foucault 2005a: 284).

2.3. Politik und Ethik

Die theoretische Differenzierung zwischen verschiedenen „Ebenen" der Macht und die Herausstellung der zentralen politischen Bedeutung der Regierungstechnologien trägt auch zur Klärung einer Reihe von normativen Fragen bei, mit denen Foucaults Machtanalytik immer wieder konfrontiert wurde. Im Mittelpunkt standen dabei die Probleme der Rechtfertigung von Widerstand und die Begründung von Kritik. Jürgen Habermas (1985: 333) beklagte, daß die Genealogie der Macht die Antwort schuldig bleibe, warum wir dieser „im Blutkreislauf des modernen Gesellschaftskörpers zirkulierenden allgegenwärtigen Macht überhaupt Widerstand leisten sollten, statt uns ihr zu fügen". In ähnlicher Weise monierte Axel Honneth (1985: 221), der umfassend angelegte Machtbegriff führe dazu, „die Subjekte behavioristisch als gestaltlose, konditionierbare Wesen" aufzufassen.

Demgegenüber macht Foucault im Rahmen der Regierungs-
analytik deutlich, daß Machtverhältnisse auf zwei unverzichtbaren
Elementen beruhen. Sie erfordern erstens die Anerkennung des
„Anderen" als Subjekt des Handelns, da „Macht nur über ‚freie
Subjekte' ausgeübt werden [kann], insofern sie ‚frei' sind", und
zweitens muß sich „vor den Machtbeziehungen [...] ein ganzes
Feld möglicher Antworten, Reaktionen, Wirkungen und Erfindun-
gen öffnen" (Foucault 2005a: 285-287). Für Foucault (2005a: 286)
bestimmt sich die Macht von A nicht darin, B dazu zu zwingen etwas zu tun bzw. ihn/sie daran zu hindern, das zu tun, was er/sie
sonst getan hätte, da Macht weniger mit dem Vermögen individueller Subjekte als mit sozialen Verhältnissen oder der Konstitution
von „Möglichkeitsfeldern" zu tun hat. Von Macht spricht Foucault
daher nicht nur, wenn Handlungsspielräume eingeschränkt und begrenzt werden (das Repressionsmodell), sondern auch, wenn umgekehrt Handlungsoptionen und -potentiale erst geschaffen werden.
Macht wird Foucault zufolge immer dann ausgeübt, wenn die
Handlungen des einen auf die Handlungsmöglichkeiten des anderen einwirken: Wenn die Handlungen von A das Feld möglichen
Handelns von B verändert haben, dann können wir sagen, daß A
Macht über B ausgeübt hat.

Auf dieser allgemeinen Ebene von Macht zu sprechen, impliziert noch keine normative Wertung. Die Qualifizierung bestimmter sozialer Verhältnisse als Machtverhältnisse im Sinne strategischer Spiele bedeutet weder, diese zu verurteilen noch sie für akzeptabel zu erachten oder gutzuheißen. Ebensowenig impliziert der
Hinweis auf die Existenz von Machtverhältnissen, daß es sich um ein
Handeln gegen die Interessen der anderen Partei handelt. Dies kann,
muß aber nicht der Fall sein. Denn es gibt viele mögliche Arten, wie
Akteure das Handeln anderer bestimmen können. Dazu gehört das
Erteilung moralischer Ratschläge und der gewaltsame Zwang, die
Überzeugung durch rationale Argumente ebenso wie die ideologische Manipulation, pädagogische Techniken oder ökonomische
Ausbeutung. Nur gegen einige dieser strategischen Beziehungen
dürften von „den Betroffenen" Einwände zu erheben sein: gegen
diejenigen, die sich zu festgefügten Asymmetrien und institutionalisierten Ungleichheiten verhärtet haben (Patton 1998). Daher sind
Foucault (2005f: 465) zufolge Machtverhältnisse nicht per se inak-
zeptabel, sondern „gefährlich", da permanent die Möglichkeit be-

steht, daß sie sich zu Herrschaftszuständen verfestigen. Aus diesem Grund kommt der Analyse der Regierungstechnologien eine wichtige kritische Bedeutung zu, da durch sie festgelegt wird, wie offen oder fixiert die strategischen Spiele ablaufen, ob sie sich zu Herrschaftszuständen verhärten oder die Möglichkeit von „Freiheitspraktiken" (Foucault 2005c) eröffnen.

Als Antwort auf die an ihn herangetragenen Kritiken verdeutlicht Foucault (2005c: 898; vgl. dazu Kelly 1994; Ashenden/Owen 1999) seine politisch-ethische Position in Differenz zu der Habermasschen Gesellschaftstheorie: „Die Vorstellung, dass es einen Zustand der Kommunikation geben kann, worin die Wahrheitsspiele ohne Hindernisse, Beschränkungen und Zwangseffekte zirkulieren können, scheint mir zur Ordnung der Utopie zu gehören. Das heißt gerade nicht zu sehen, dass die Machtbeziehungen nicht etwas an sich Schlechtes sind, wovon man sich frei machen müsste. Ich glaube, dass es keine Gesellschaft ohne Machtbeziehungen geben kann, sofern man sie als Strategien begreift, mit denen die Individuen das Verhalten der anderen zu lenken und zu bestimmen versuchen. Das Problem ist also nicht, sie in der Utopie einer vollkommen transparenten Kommunikation aufzulösen zu versuchen, sondern sich die Rechtsregeln, die Führungstechniken und auch die Moral zu geben, das *ethos*, die Sorge um sich, die es gestatten, innerhalb der Machtspiele mit dem Minimum an Herrschaft zu spielen."

3. Widersprüche, Widerstände und die Irrationalität politischer Rationalitäten

Foucaults (2005d: 196) Ausarbeitung der neuen „Forschungsrichtung" ist fragmentarisch geblieben. Sein früher Tod verhinderte die weitere Konkretisierung und Präzisierung der „theoretischen Verschiebung" (Foucault 1986: 12), die seine letzten Arbeiten auszeichnet. Es ist daher nicht verwunderlich, daß in der Rezeption der Gouvernementalitätsproblematik auf eine Reihe historischer Defizite, theoretischer Probleme und begrifflicher Unklarheiten hingewiesen wurde.

3.1.   Selbsttechniken und Subjektivismus

Die historische Kritik konzentrierte sich vor allem auf die Folge-
bände der „Geschichte der Sexualität". Erklärtes Ziel von *Der Gebrauch der Lüste* (Foucault 1986) und *Die Sorge um sich* (Foucault 1989) ist es zu zeigen, „wie die Selbstregierung sich in eine
Praxis der Regierung der anderen integriert" (Foucault 2005g:
826). Diesen selbstgesteckten Anspruch löste Foucault jedoch nur
ansatzweise ein. Der Schwerpunkt der Darstellung liegt in beiden
Büchern auf der Analyse antiker Selbsttechniken und ihrer historischen Transformation, wobei Foucault weitgehend darauf verzich-
tete, deren Einbettung in soziale, ökonomische und politische
Strukturen zu untersuchen. Ein naheliegender Einwand lautete daher, daß Foucault die Analyse von Machtverhältnissen zugunsten
einer Geschichte des Privatlebens oder einer Typologie von Ethi-
ken aufgegeben habe (Vegetti 1986; Cohen/Saller 1994). Von feministischer Seite wurde ihm vorgeworfen, die antiken Formen
patriarchaler Herrschaft und geschlechtlicher Arbeitsteilung entweder nicht zur Kenntnis zu nehmen oder sie gar zu legitimieren
und theoretisch zu verdoppeln (Buker 1990; Schlesier 1984; s. zusammenfassend McNay 1992). Daß Foucault sich darüber hinaus
positiv auf die antike „Lebenskunst" bezog, wurde als „heilloser
Subjektivismus" (Habermas 1985: 324; Privitera 1990:120) bzw.
„ästhetischer Dezisionismus" (Wolin 1986) aufgefaßt. Die in den
Bücher formulierte Kritik an universalistischen Moralgesetzen – so
die Annahme – mache Foucault zum Parteigänger einer individualistischen Ethik, da ohne Rekurs auf allgemeine Kriterien von intersubjektiver Geltung ethische und politische Entscheidungen
nicht mehr zu begründen seien, sondern lediglich ästhetische oder
subjektive Präferenzen artikulieren.

3.2.   Begriffliche Konfusionen und theoretische Probleme

Eines der schwerwiegendsten Probleme in der gegenwärtigen Auseinandersetzung mit der Gouvernementalitätsproblematik ist Foucaults unscharfe und uneinheitliche Verwendung zentraler Begrifflichkeiten. Dies betrifft vor allem das Konzept der Gouvernementalität selbst, das Foucault in einem doppelten Sinn verwendet. In

einer ersten und allgemeinen Bedeutung bezeichnet es das Auftreten einer eigenständigen Kunst des Regierens, die historisch mit der Staatsräson einsetzt. Gleichzeitig spricht Foucault (2003d: 821) von Gouvernementalität in einem substanziellen Sinn jedoch erst mit dem Auftauchen der liberalen Regierung im 18. Jahrhundert. Unscharf bleibt oft auch die Abgrenzung zu konkurrierenden Begriffen. So wird etwa nicht klar, welche Bedeutung der Begriff der Biomacht (vgl. Foucault 1977: 161-173) innerhalb der Perspektive der Gouvernementalität besitzt: Ist die moderne Biomacht ein Aspekt bzw. Element der Gouvernementalität oder handelt es sich lediglich um zwei unterschiedliche Namen für dieselbe Sache? (Garland 1997: 193f.) Ebenso versäumt es Foucault, eine konsistente Unterscheidung zwischen „Technologien" und „Techniken" vorzunehmen, so daß beispielsweise einmal von „Technologien des Selbst" und an anderen Stellen von „Selbsttechniken" die Rede ist (für einen Systematisierungsvorschlag s. O'Malley 1996: 205, FN 1).

Ein weiteres Problem liegt darin, daß sich die analytische Gegenüberstellung von Souveränitäts-, Disziplinar- und Sicherheitsmechanismen der historischen Konkretion entzieht. Dieser Problemkomplex hat mehrere Aspekte. Zum einen stellt sich die Frage, ob das historische Raster nicht zu grob ist. Ein Beispiel: Foucault geht in seiner Analyse davon aus, daß liberale Regierungsformen ein wesentliches Charakteristikum des Wohlfahrtsstaates darstellen. Damit wird es schwierig, wohlfahrtsstaatliche Politiken von liberalen und neoliberalen Regierungsformen abzugrenzen. Die weite Bedeutung, die Foucault dem Liberalismus gibt, schließt politische Formen ein, die ihm üblicherweise gegenüberstehen oder sogar aus der Kritik an liberalen Praktiken hervorgegangen sind (Garland 1997: 193f.). Zum anderen ist zu untersuchen, ob die Abgrenzung und Trennung der verschiedenen Machtmechanismen nicht zu eindeutig und starr ist. Auch hierfür ein Beispiel: Alan Hunt und Gary Wickham haben darauf hingewiesen, daß das Verhältnis von Souveränitätsmacht und juridischen Mechanismen in Foucaults Arbeiten zwar relativ unklar ist; allerdings identifiziert Foucault das Recht oftmals mit vormodernen oder antiquierten Machtformen und vertritt eine sehr statische Konzeption juridischer Mechanismen. Unberücksichtigt bleibt dabei, daß juridische Mechanismen sich wie alle sozialen Beziehungen verändern und dem Recht sowohl innerhalb der Disziplinarmechanismen

wie auch der „Dispositive der Sicherheit" eine zentrale Rolle zukommt (Hunt/Wickham 1994).

   Eine der wichtigsten theoretischen Kritiken an der Gouverne-
mentalitätsperspektive betrifft die Konzeption von Technologien
und Rationalitäten des Regierens. Der Haupteinwand lautet, daß
Foucault sich zu wenig mit Kämpfen und Konflikten beschäftige
und zu sehr die Kohärenz und Konsistenz der untersuchten Regierungstechnologien betone. Ebenso gebe es eine deutliche theoretische Präferenz für die Analyse von Rationalitäten im Sinne wider-
spruchsfreier Entitäten. Diese Einschätzung trifft freilich weniger
auf Foucault selbst denn auf eine Rezeptionslinie innerhalb der
Gouvernementalitätsliteratur zu, die durch zwei schwerwiegende
analytische Probleme gekennzeichnet ist. Erstens bleiben die inneren Widersprüche oder strategischen Instabilitäten von Rationalitäten in diesen Arbeiten unberücksichtigt, oder sie werden lediglich
als „Defizite" oder „Lücken" aufgefaßt. Daraus resultiert die Gefahr, Widerstände weitgehend negativ oder „destruktiv" zu fassen
und deren „konstruktive" Rolle nur unzureichend herauszustellen.
Die Frage, inwiefern soziale Kämpfe zur Herausbildung konkreter
Formen von Regierung bzw. deren Veränderung beitragen – statt
sie lediglich zu ver- oder behindern –, kann auf diese Weise nicht
mehr verfolgt werden. Zweitens vernachlässigt diese Form der
Analyse die politische Bedeutung expressiver und emotionaler
Faktoren zugunsten bewußter Kalküle und rationaler Konzepte.
Damit besteht die Tendenz, zwangsförmige und gewaltsame Formen der Politik ebenso auszublenden wie die politische Rationalität des Irrationalen, etwa die Mobilisierung von Ängsten oder Wirksamkeit „unökonomischer" populistischer Diskurse (van Krieken
1996: 211-216, Garland 1997; O'Malley et al. 1997; Brun-
nett/Gräfe 2003).

4.   Die Geschichte der Gegenwart und die
         Gouvernementalität der Zukunft

Das von Foucault vorgeschlagene „Raster der Gouvernementalität"
(Foucault 2004b: 261) hat seit den 1970er Jahren eine große Zahl
von Forschungsarbeiten inspiriert. Den ersten Schwerpunkt der

Gouvernementalitätsliteratur bilden historische Untersuchungen von unmittelbaren Schülerinnen und Schülern Foucaults. Sie konzentrierten sich auf einen Zeitraum, den Foucault im Rahmen seiner Analyse der „Genealogie des modernen Staates" weitgehend ausgespart hatte: die Veränderungen der Gouvernementalität im 19. Jahrhundert und die Konstitution des modernen Sozialstaates. Ihr Gegenstand ist die „Erfindung des Sozialen" als eines eigenständigen Realitätsniveaus und Interventionsraumes jenseits von Politik und Ökonomie, der sich durch spezifische – soziale – Gesetzmäßigkeiten auszeichnet. François Ewald (1993) rekonstruiert in seiner Arbeit die Übertragung einer zunächst im privatwirtschaftlichen Bereich entwickelten und erprobten Technologie auf die Regulierung der Gesellschaft: der Versicherungstechnologie. Anhand des Problems der Industrieunfälle zeigt er, wie die Kategorie des sozialen Risikos im Verlauf des 19. Jahrhunderts zunehmend das Prinzip der individuellen Verantwortung verdrängt, zu einer Transformation gesellschaftlicher Machtverhältnisse beiträgt und die für den Liberalismus konstitutive Trennung zwischen Recht und Moral untergräbt. Das Recht wird normativ: Es sanktioniert nicht mehr länger ein Verbot, sondern schreibt vor, was zur „Verteidigung der Gesellschaft" gegen „gefährliche Individuen und Klassen" zu tun sei. Daniel Defert (1991) und Jacques Donzelot (1984) belegen, daß die Versicherungstechnologie gegen bestehende Formen von Solidarität innerhalb der Arbeiterbewegung durchgesetzt wurde und schließlich zu einer Entpolitisierung der sozialen Konflikte und Klassenauseinandersetzungen führte: An die Stelle gesellschaftlicher Antagonismen trat die Homogenisierung des sozialen Feldes durch die Konzentration auf Wahrscheinlichkeitskalküle, quantitative Abweichungen und unterschiedliche Risikoverteilungen (vgl. auch Pasquino 1991, Procacci 1993).

In den 1990er Jahren fand die Perspektive der Gouvernementalität vor allem in den Großbritannien, den USA, Kanada und Australien großes Interesse. Nach der Gründung eines History of the Present-Forschungsverbundes (1989) und dem programmatischen Sammelband *The Foucault Effect. Studies in Governmentality* (Burchell/Gordon/Miller 1991) liegt inzwischen eine Vielzahl inhaltlich und methodisch sehr heterogener Arbeiten vor, deren gemeinsamer theoretischer Bezugspunkt das Konzept der Gouvernementalität bildet. Die meisten dieser Studien sind allerdings weniger genealogischhistorisch orientiert, sondern greifen Foucaults Analyse-Instrumente zur Untersuchung der aktuellen gesellschaftlichen Transformations-prozesse auf. Im Mittelpunkt steht dabei die Frage nach den Konturen einer „neoliberalen Gouvernementalität" (Barry/Osborne/Rose 1996; Dean/Hindess 1998; Bröckling/Krasmann/Lemke 2000; Bratich/Packer/McCarthy 2003; Pieper/Gutiérrez Rodriguez 2003; Reichert 2004; für eine Übersicht s. Dean 1999; Lemke 2000; Meyet 2005). Sehr schematisch lassen sich innerhalb der Gouvernementali-tätsliteratur zwei Forschungsschwerpunkte unterscheiden.

Den ersten bildet die empirische Untersuchung von Risikodis-positiven in verschiedenen gesellschaftlichen Feldern. In Absetzung von realistischen und universalistischen Risikokonzepten wird von einer Reihe von Arbeiten die soziale Konstruktion und politische Proliferation von Risiken auf der Grundlage spezifischer Risikokalküle herausgearbeitet (für den Versuch einer Systematisierung s. Dean 1998). Im Mittelpunkt steht daher nicht die Identifizierung einer idealen und abstrakten „Risikogesellschaft", sondern die Untersuchung der technischen und praktischen Dimensionen einer „Regierung der Risiken". Die gemeinsame erkenntnisleitende These dieser Arbeiten lautet, daß eine zentrale Strategie neoliberaler Regierung darin besteht, die Verantwortung für gesellschaftliche Risiken wie Krankheit, Arbeitslosigkeit, Armut, Kriminalität etc. in den Zuständigkeitsbereich von Individuen zu verlagern und zu einem Problem der „Eigenverantwortung" zu transformieren (O'Malley 1996; Weir 1996; Krasmann 2003).

Ein weiteres wichtiges Forschungsfeld der Gouvernementalitäts-arbeiten liegt in der Analyse des Verhältnisses von abstrakten politischen Rationalitäten zu den Mikrotechniken des Alltags sowie in der Anbindung der scheinbar privaten Selbsttechnologien an übergreifende politisch-ökonomische Regulationsformen. Peter Miller und Nikolas Rose (1994; Rose 1999; vgl. Bröckling 2000) haben auf die Bedeutung der Übertragung von Unternehmensformen, der Anwendung von Kosten-Nutzen-Kalkülen und Wettbewerbskriterien auf individuelle Entscheidungsprozesse hingewiesen. Durch diese „Ökonomisierung" sozialer Bereiche und ihre Kolonialisierung durch Prinzipien wirtschaftlicher Effizienz lassen sich ökonomischer Wohlstand und persönliches Wohlsein eng aneinander koppeln und wechselseitig verstärken. Im Arbeitsprozeß etwa fungieren Subjektivität und Selbstverwirklichung weniger als Störfaktoren, die kontrolliert und restringiert werden müssen, sondern werden als aktive Elemente und sozialtechnische Ressourcen zur Optimierung betrieblicher Prozesse eingesetzt. Barbara Cruikshank (1994; 1999; vgl. auch Hyatt 1997) hat US-amerikanische Regierungsprogramme zur Bekämpfung der Armut einer kritischen Überprüfung unterzogen. Ihre zentrale These lautet, daß die dabei verfolgte Strategie des „empowerment" weniger in quantitativen als in qualitativen Begriffen zu analysieren ist. Sie ziele nicht darauf, Machtlosigkeit und Ausgrenzung zu bekämpfen und die Partizipationschancen der Betroffenen zu erhöhen, sondern sei eine Regierungstechnik, welche die „Armen" als eine homogene Gruppe mit einheitlichen Interessen erst konstituiere, sie auf bestimmte moralische Ziele verpflichtet und in ihrem Verhalten diszipliniert. Die Macht bzw. Machtlosigkeit zeige sich nicht im Ausschluß der Armen durch Nicht-Handeln oder Nicht-Entscheidungen, sondern auch in der Förderung und Strukturierung neuer Handlungsoptionen und von Subjektivierungsformen, welche die Armen in Regierungsprogramme einbinden.

Es ist gerade diese Erweiterung der politischen Analyse und ihre Sensibilisierung für Programmrationalitäten und Wissensformen auf der einen und Subjektivierungsformen und Selbsttechniken auf der anderen Seite, welche die Perspektive der Gouvernementalität sowohl von ideologiekritischen wie von ökonomistischen und staatszentrierten Analysen unterscheidet. Falls die theoretischen Problemen und begrifflichen Unklarheiten ausgeräumt werden, könnte diese Forschungsperspektive mit ihrer empirischen Ausrichtung einen wichtigen Betrag für eine „Geschichte der Gegenwart" (Foucault) liefern.

Literatur

a. verwendete Literatur

Afary, Janet/Anderson, Kevin B. (2005): Foucault, Gender and the Iranian Revolution. The Seductions of Islamism. Chicago.
Ashenden, Samantha/Owen, David (Eds.) (1999): Foucault contra Habermas. Recasting the Dialogue between Genealogy and Critical Theory. London u.a.
Ball, Stephen (Ed.) (1990): Foucault and education. Disciplines and knowledge. London/New York.

Barry, Andrew/Osborne, Thomas/Rose, Nikolas (Eds.) (1996): Foucault and Political Reason. Liberalism, neo-liberalism and rationalities of government. London.

Baudrillard, Jean (1978): Oublier Foucault. München.

Bratich, Jack Z./Packer, Jeremy/McCarthy, Cameron (Eds.) (2003): Foucault, Cultural Studies, and Governmentality. Albany.

Bröckling, Ulrich (2000): Totale Mobilmachung. Menschenführung im Qualitäts- und Selbstmanagement. S. 131-167 in: Ulrich Bröckling/Susanne Krasmann/Thomas Lemke (Hrsgg.), Gouvernementalität der Gegenwart. Studien zur Ökonomisierung des Sozialen. Frankfurt a.M.

Bröckling, Ulrich/Krasmann, Susanne/Lemke, Thomas (Hrsgg.) (2000): Gouvernementalität der Gegenwart. Studien zur Ökonomisierung des Sozialen. Frankfurt a.M.

Brunnett, Regina/Gräfe, Stefanie (2003): Gouvernementalität und Anti-Terror-Gesetze. Kritische Fragen an ein analytisches Konzept. S. 50-67 in: Pieper, Marianne/Gutiérrez Rodriguez, Encarnación (Hrsgg.), Gouvernementalität. Ein sozialwissenschaftliches Konzept im Anschluss an Foucault. Frankfurt a.M.

Buker, Eloise A. (1990): Hidden Desires and Missing Persons: A Feminist Deconstruction of Foucault. Western Political Quarterly 43, 811-832.

Burchell, Graham/Gordon, Colin/Miller, Peter (Hrsgg.) (1991): The Foucault Effect. Studies in Governmentality. Hemel Hempstead.

Caputo, John/Yount, Mark (Hrsgg.) (1993): Foucault and the Critique of Institutions. University Park.

Carrette, Jeremy R. (1999): Foucault and Religion: Spiritual Corporality and Political Spirituality. London/New York.

Cohen, David/Saller, Richard (1994): Foucault on Sexuality in Greco-Roman Antiquity. S. 35-59 in: Jan Goldstein (Ed.), Foucault and the Writing of History, Oxford.

Cruikshank, Barbara (1994): The Will to Empower. Technologies of Citizenship and the War on Poverty. Socialist Review 23, 29-55.

– (1999): The Will to Empower. Democratic Citizens and Other Subjects. Ithaca und London.

Dean, Mitchell (1998): Risk, Calculable and Incalculable. Soziale Welt 49, 25-42.

– (1999): Governmentality. Power and Rule in Modern Society. London/Thousand Oaks/New Dehli.

Dean, Mitchell/Hindess, Barry (Eds.) (1998): Governing Australia. Studies in Contemporary Rationalities of Government. Melbourne.

Defert, Daniel (1991): „Popular Life" and Insurance Technology. S. 211-233 in Graham Burchell/Colin Gordin/Peter Miller (Eds.), The Foucault Effect. Studies in Governmentality. Hemel Hempstead.

Deleuze, Gilles (1987): Foucault. Frankfurt a.M.

Detel, Wolfgang (1998): Macht, Moral, Wissen. Foucault und die klassische Antike. Frankfurt a.M.

Diamond, Irene/Quinby, Lee (Eds.) (1988): Feminism and Foucault. Reflections on Resistance. Boston.

Donzelot, Jacques. (1984): L'invention du social. Essai sur le déclin des passions politiques. Paris.

During, Simon (1992): Foucault and literature: towards a genealogy of writing. London/New York.

Eribon, Didier (1991): Michel Foucault. Eine Biographie. Frankfurt a.M.

– (1998): Michel Foucault und seine Zeitgenossen. München.

Ewald, François (1993): Der Vorsorgestaat, Frankfurt a.M.

Falzon, Chris (1998): Foucault and Social Dialogue. London/New York.

Foucault, Michel (1976): Überwachen und Strafen. Die Geburt des Gefängnisses. Frankfurt a.M.

–   (1977): Der Wille zum Wissen. Sexualität und Wahrheit 1. Frankfurt a.M.

–   (1986): Der Gebrauch der Lüste. Sexualität und Wahrheit 2. Frankfurt a.M.

–   (1989): Die Sorge um sich. Sexualität und Wahrheit 3. Frankfurt a.M.

–   (1992): Was ist Kritik? Berlin.

–   (1993): About the Beginning of the Hermeneutics of the Self. Political Theory 21, 198-227.

–   (1999): In Verteidigung der Gesellschaft. Vorlesungen am Collège de France 1975-76, Frankfurt a.M.

–   (2002): Nietzsche, die Genealogie, die Historie. S. 166-191 in: Schriften in vier Bänden, Dits et Ecrits, herausgegeben von Daniel Defert und François Ewald unter Mitarbeit von Jacques Lagrange, Band 2: 1970-1975, Frankfurt a.M.

–   (2003a) Die Machtverhältnisse gehen in das Innere der Körper über. S. 289-309 in: Schriften in vier Bänden, Dits et Ecrits, herausgegeben von Daniel Defert und François Ewald unter Mitarbeit von Jacques Lagrange, Band 3: 1976-1979, Frankfurt a.M.

–   (2003b): Sicherheit, Territorium und Bevölkerung. S. 900-905 in: Schriften in vier Bänden, Dits et Ecrits, herausgegeben von Daniel Defert und François Ewald unter Mitarbeit von Jacques Lagrange, Band 3: 1976-1979, Frankfurt a.M.

–   (2003c): Vorlesung vom 14. Januar 1976. S. 231-250 in: Schriften in vier Bänden, Dits et Ecrits, herausgegeben von Daniel Defert und François Ewald unter Mitarbeit von Jacques Lagrange, Band 3: 1976-1979, Frankfurt a.M.

–   (2003d): Die „Gouvernementalität". S. 796-823 in: Schriften in vier Bänden, Dits et Ecrits, herausgegeben von Daniel Defert und François Ewald unter Mitarbeit von Jacques Lagrange, Band 3: 1976-1979, Frankfurt a.M.

–   (2004a): Geschichte der Gouvernementalität I: Sicherheit, Territorium, Bevölkerung. Vorlesung am Collége de France 1977-1978, Frankfurt a.M.

–   (2004b) Geschichte der Gouvernementalität II: Die Geburt der Biopolitik. Vorlesung am Collége de France 1978-1979, Frankfurt a.M.

–   (2005a): Subjekt und Macht. S. 269-294 in: Schriften in vier Bänden, Dits et Ecrits, herausgegeben von Daniel Defert und François Ewald unter Mitarbeit von Jacques Lagrange, Band 4: 1980-1988, Frankfurt a.M.

–   (2005b): Subjektivität und Wahrheit. S. 258-264 in: Schriften in vier Bänden, Dits et Ecrits, herausgegeben von Daniel Defert und François Ewald unter Mitarbeit von Jacques Lagrange, Band 4: 1980-1988, Frankfurt a.M.

–   (2005c): Die Ethik der Sorge um sich als Praxis der Freiheit. S. 875-902 in: Schriften in vier Bänden, Dits et Ecrits, herausgegeben von Daniel Defert und François Ewald unter Mitarbeit von Jacques Lagrange, Band 4: 1980-1988, Frankfurt a.M.

–   (2005d): „Omnes et singulatim": zu einer Kritik der politischen Vernunft. S. 165-198 in: Schriften in vier Bänden, Dits et Ecrits, herausgegeben von Daniel Defert und François Ewald unter Mitarbeit von Jacques Lagrange, Band 4: 1980-1988, Frankfurt a.M.

–   (2005e): Sexualität und Einsamkeit. S. 207-219 in: Schriften in vier Bänden, Dits et Ecrits, herausgegeben von Daniel Defert und François Ewald unter Mitarbeit von Jacques Lagrange, Band 4: 1980-1988, Frankfurt a.M.

–   (2005f): Zur Genealogie der Ethik: Ein Überblick über die laufende Arbeit. S. 461-498 in: Schriften in vier Bänden, Dits et Ecrits, herausgegeben von Daniel Defert und François Ewald unter Mitarbeit von Jacques Lagrange, Band 4: 1980-1988, Frankfurt a.M.

–   (2005g): Die Sorge um die Wahrheit. S. 823-836 in: Schriften in vier Bänden, Dits et Ecrits, herausgegeben von Daniel Defert und François Ewald unter Mitarbeit von Jacques Lagrange, Band 4: 1980-1988, Frankfurt a.M.

–   (2005h): Technologien des Selbst. S. 966-999 in: Schriften in vier Bänden, Dits et Ecrits, herausgegeben von Daniel Defert und François Ewald unter Mitarbeit von Jacques Lagrange, Band 4: 1980-1988, Frankfurt a.M.

Garland, David (1997): „Governmentality" and the Problem of Crime: Foucault, Criminology, Sociology. Theoretical Criminology 1, 173-214.

Goldstein, Jan (Hrsg.) (1994): Foucault and the Writing of History. Oxford.

Gordon, Colin (1991): Governmental rationality: an introduction. S. 1-51 in: Graham Burchell/Colin Gordon/Peter Miller (Eds.), The Foucault Effect. Studies in Governmentality, Hemel Hempstead.

Habermas, Jürgen (1985): Der philosophische Diskurs der Moderne. Frankfurt a.M.

Hindess, Barry (1996): Discourses of Power. From Hobbes to Foucault. Oxford.

Honneth, Axel (1985): Kritik der Macht. Reflexionsstufen einer kritischen Gesellschaftstheorie. Frankfurt a.M.

Hunt, Alan/Wickham, Gary (1994): Foucault and Law. Towards a Sociology of Law as Governance. London u.a.

Hyatt, Susan Brin (1997): Poverty in a „post-welfare" landscape. Tenant management policies, self-governance and the democratization of knowledge in Great Britain. S. 217-238 in: Cris Shore/Susan Wright (Eds.), Anthropology of Policy. Critical perspectives on governance and power. London/New York.

Kelly, Michael (Ed.) (1994): Critique and Power: Recasting the Foucault/Habermas Debate, Boston.

Krasmann, Susanne (2003): Die Kriminalität der Gesellschaft. Zur Gouvernementalität der Gegenwart. Konstanz.

Krieken, Robert van (1996): Proto-governmentalization and the historical formation of organizational subjectivity. Economy & Society 25, 195-221.

Lemke, Thomas (1997): Eine Kritik der politischen Vernunft. Foucaults Analyse der modernen Gouvernementalität. Hamburg/Berlin.

– (2000): Neoliberalismus, Staat und Selbsttechnologien. Ein kritischer Überblick über die „governmentality studies". Politische Vierteljahresschrift 41, 31-47.

– (2001): „Die Ungleichheit ist für alle gleich" – Michel Foucaults Analyse der neoliberalen Gouvernementalität. 1999. Zeitschrift für Sozialgeschichte des 20. und 21. Jahrhunderts 16, 99-115.

Macey, David (1993): The Lives of Michel Foucault. London.

Meyet, Sylvain (2005): Les trajectoires d'un texte: „La gouvernementalité" de Michel Foucault. S. 13-36 in: Sylvain Meyet/Naves, Marie-Cécile/Ribemont, Thomas (Eds.), Travailler avec Foucault. Retours sur le politique. Paris.

McKinlay, Alan/Starkey, Ken (Eds.) (1998): Foucault, Management and Organization Theory. From Panopticon to Technologies of Self. London/Thousand Oaks/New Dehli.

McNay, Lois (1992): Foucault & Feminism. Cambridge.

Miller, James (1995): Die Leidenschaft des Michel Foucault. Köln.

Miller, Peter/Rose, Nikolas (1994): Das ökonomische Leben regieren. S. 54-108 in: Richard Schwarz (Hrsg.), Zur Genealogie der Regulation. Mainz.

Nilson, Herrman (1998): Foucault and the Games of Truth. New York.

O'Malley, Pat (1996): Risk and Responsibility. S. 189-207 in: Andrew Barry/Thomas Osborne/Nikolas Rose (Eds.), Foucault and Political Reason. Liberalism, Neo-Liberalism and Rationalities of Government. London.

O'Malley, Pat/Weir, Lorna/Shearing, Clifford (1997): Governmentality, Criticism, Politics. Economy & Society 26, 501-517.

Ortega, Francisco (1997): Michel Foucault. Rekonstruktion der Freundschaft. München.

Pasquino, Pasquale (1991): Criminology: The Birth of a Special Knowledge. S. 235-250 in: Graham Burchell/Colin Gordin/Peter Miller (Eds.), The Foucault Effect. Studies in Governmentality. Hemel Hempstead.

Patton, Paul (1998): Foucault's Subject of Power. S. 64-77 in: Jeremy Moss (Ed.), The Later Foucault. Politics and Philosophy. London/Thousand Oaks/New Dehli.

Pieper, Marianne/Gutiérrez Rodriguez, Encarnación (Hrsgg.) (2003), Gouvernementalität. Ein sozialwissenschaftliches Konzept im Anschluss an Foucault. Frankfurt a.M.

Privitera, Walter (1990): Stilprobleme – Zur Epistemologie Michel Foucaults. Frankfurt a.M.

Procacci, Giovanna (1993): Gouverner la misère. La question sociale en France 1789-1848. Paris.

Reichert; Ramon (Hrsg.) (2004), Governmentality Studies. Analysen liberaldemokratischer Gesellschaften im Anschluss an Michel Foucault. Münster.

Rose, Nikolas (1999): Powers of Freedom. Reframing political thought. Cambridge.

Schlesier, Renate (1984): Humaniora. Eine Kolumne. Merkur 38, 817-823.

Schmid Wilhelm (1991): Auf der Suche nach einer neuen Lebenskunst: die Frage nach dem Grund der Ethik bei Foucault. Frankfurt a.M.

Senellart, Michel (2004): L'ordo-libéralisme allemand dans la problematisation foucaldienne du libéralisme contemporain. S. 271-294 in: Jean-Francois Kervégan/Heinz Mohnhaupt (Hrsgg.), Wirtschaft und Wirtschaftstheorien in Rechtsgeschichte und Philosophie. Frankfurt a.M.

Simons, Jon (1995): Foucault & the political. London/New York.

Trigo, Benigno (2001): Foucault and Latin America: Appropriations and Deployments of Discursive Analysis. London und New York.

Türk, Klaus/Lemke, Thomas/Bruch, Michael (2002): Organisation in der modernen Gesellschaft. Eine historische Einführung. Wiesbaden.

Vegetti, Mario (1986): Foucault et les anciens. Critique, 471/472, 925-932.

Weber, Max (1980): Wirtschaft und Gesellschaft: Grundriß der verstehenden Soziologie, hrsg. von Johannes Winckelmann, 5. rev. Auflage. Tübingen.

Weir, Lorna (1996): Recent developments in the government of pregnancy. Economy & Society, 25, 372-392.

Wolin, Richard (1986): Foucault's aesthetic decisionism. Telos, 67, 71-86.

b. kommentierte Literatur

Primärliteratur

Foucault, Michel (1977): Der Wille zum Wissen. Sexualität und Wahrheit 1. Frankfurt a.M. [frz. Orig.: La volonté de savoir. Histoire de la sexualité, tome 1, 1976].
Foucaults berühmte Kritik der „Repressionshypothese" und die Vorstellung des Konzepts der Biomacht.

Foucault, Michel (2004): Geschichte der Gouvernementalität I: Sicherheit, Territorium, Bevölkerung. Vorlesung am Collège de France 1977-1978, Frankfurt a.M.
Foucault, Michel (2004) Geschichte der Gouvernementalität II: Die Geburt der Biopolitik. Vorlesung am Collège de France 1978-1979, Frankfurt a.M.
Transkription der Vorlesungen von 1978 und 1979 am Collège de France. Foucault rekonstruiert in diesen Vorlesungsreihen die „Genealogie des modernen Staates" von der antiken Pastoralmacht über die Staatsräson und Polizeywissenschaft bis hin zu liberalen und neoliberalen Regierungsformen. Der Text stellt die wichtigste systematische Ausarbeitung des Gouvernementalitätskonzepts in seiner

historischen und analytischen Abgrenzung zu Souveränitäts- und Disziplinarmechanismen dar. Sehr informativ ist das Nachwort von Michel Senellart.

Foucault, Michel (2005): Subjekt und Macht. S. 243-261 in: Schriften in vier Bänden, Dits et Ecrits, herausgegeben von Daniel Defert und François Ewald unter Mitarbeit von Jacques Lagrange, Band 4: 1980-1988, Frankfurt a.M. [engl. Orig.: The subject and the power, in: H. Dreyfus/P. Rabinow, Michel Foucault. Beyond Structuralism and Hermeneutics, 1982].
In dem Nachwort zu dem Buch von Dreyfus und Rabinow schlägt Foucault eine retrospektive Systematisierung seiner Forschungen vor und skizziert die theoretischen Grundannahmen und das analytische Instrumentarium der Regierungsproblematik.

Foucault, Michel (2005): Die Ethik der Sorge um sich als Praxis der Freiheit. S. 875-902 in: Schriften in vier Bänden, Dits et Ecrits, herausgegeben von Daniel Defert und François Ewald unter Mitarbeit von Jacques Lagrange, Band 4: 1980-1988, Frankfurt a.M. [frz. Orig.: L'éthique du souci de soi comme pratique de liberté, in: Concordia. Revista Internacional de Filosofia 6/1984].
Im Mittelpunkt des Interviews steht die Frage nach der politischen Bedeutung der Forschungen zur „Geschichte der Sexualität" und die Präzisierung der machttheoretischen Perspektive Foucaults. In dem Text findet sich u.a. die explizite Differenzierung zwischen strategischen Beziehungen, Regierungstechnologien und Herrschaftszuständen.

Sekundärliteratur

Barry, Andrew/Osborne, Thomas/Rose, Nikolas (Eds.) (1996): Foucault and Political Reason. Liberalism, neo-liberalism and rationalities of government. London.
Der Sammelband enthält eine Reihe von „klassischen" Analysen angelsächsischer Autorinnen und Autoren zu liberalen und neoliberalen Regierungstechniken. Die meisten Beiträge sind zuvor in der Zeitschrift ‚Economy & Society' erschienen.

Bröckling, Ulrich/Krasmann, Susanne/Lemke, Thomas (Hrsg.) (2000): Gouvernementalität der Gegenwart. Studien zur Ökonomisierung des Sozialen. Frankfurt a.M.
Erster deutschsprachiger Sammelband, der das „Raster der Gouvernementalität" für eine Analyse zeitgenössischer Regierungstechniken einsetzt und theoretische und politische Probleme der traditionellen Neoliberalismus-Kritik aufzeigt.

Burchell, Graham/Gordon, Colin/Miller, Peter (Hrsgg.) (1991): The Foucault Effect. Studies in Governmentality. Hemel Hempstead.
Wichtige Aufsatzsammlung, die einen guten theoriehistorischen Einblick in die Gouvernementalitätsproblematik bietet. Neben drei Texten Foucaults enthält sie vor allem Arbeiten von Schülerinnen und Schülern Foucaults, die bereits in den 1970ern und 1980ern veröffentlicht wurden. Besonders hervorzuheben ist die ausgezeichnete Einleitung von Colin Gordon.

Dean, Mitchell (1999): Governmentality. Power and Rule in Modern Society. London/Thousand Oaks/New Dehli.
Deans Buch stellt nicht nur eine verständliche Einführung in Foucaults Konzept der Gouvernementalität dar, sondern gibt auch einen guten Überblick über die Literatur zu dem Thema und zeigt mögliche Forschungsperspektiven auf.

Lemke, Thomas (1997): Eine Kritik der politischen Vernunft. Foucaults Analyse der modernen Gouvernementalität. Hamburg/Berlin.
Umfassende theoriegeschichtliche und systematische Rekonstruktion des Konzepts der Gouvernementalität innerhalb der Machtanalytik Foucaults.

Zwischenbetrachtung: Entwicklungspfade der Politischen Theorie nach 1945

Gary S. Schaal

Die beiden Bände der „Politischen Theorien der Gegenwart" möchten die Breite, Vielfalt und „Lebendigkeit" der politischen Theorien im 20. Jahrhundert dokumentieren.[1] Obwohl jedes Kapitel sich genau einem Theorieansatz widmet, erscheinen in der Zusammenschau der einzelnen Kapitel die Konturen eines intellektuellen Netzwerkes, aus dem sich die Entwicklungslinien und Traditionen der politischen Theorien im 20. Jahrhundert gleichsam herauskristallisieren. Im Folgenden wird der Versuch unternommen, diese größeren Zusammenhänge und Entwicklungslinien zu identifizieren. Es wäre vermessen, eine Übersicht *der* politischen Theorie des 20. Jahrhunderts anzukündigen. Das Ziel ist bescheidener: Die Überlegungen verstehen sich nur als Angebot und Anregung, als ein erster systematisierender Zugriff, in der Hoffnung, die Unübersichtlichkeit der politischen Theorien der Gegenwart zu reduzieren. Deshalb wird hier versucht, die Schnittstellen in der Entwicklung der politischen Theorien nach 1945 zu beleuchten und die politische Theorie und Philosophie in ihren gesellschaftlichen Kontext einzubetten.

„Die politikwissenschaftliche Theorieentwicklung basiert", so Falter/Honolka/Ludz (1990: 139), „(...) auf einer ständigen Verquickung von wissenschaftsinternen und wissenschaftsexternen ‚Antriebskräften' und häufig auch der Vermengung von theoretisch-methodologischem und ideologischem Protest (...)". Daher muss eine Skizze der Theorieentwicklung neben den Theorien und ihrem gesellschaftlichen Kontext auch die akademischen Institutionalisierungen der Politischen Theorie, die Bedeutung und den Ein-

---

1 Für hilfreiche Anmerkungen und Kritik zu früheren Manuskripten danke ich André Brodocz, Dieter Fuchs und Steven Schäller.

fluss an den Fakultäten oder die Relevanz in den jeweiligen Vereinigungen für Politikwissenschaft in den Blick nehmen.[2]

   Gleichwohl resultieren aus einer Kontextualisierung zwei Gefahren, die zumindest kurz angesprochen werden sollen, um nahe liegende Missverständnisse zu minimieren. Erstens besitzt *Kontext* keine statische Identität, sondern konstituiert sich über Differenzen. *Kontext* ist daher auch immer Kontext des Kontextes etc. Aus der Vielzahl möglicher – der politischen Theorie zunächst *extern* erscheinender – Variablen, werden einige ausgewählt und als *Kontext* verstanden, während andere wiederum vernachlässigt werden. Denkbar sind daher immer auch andere, gleich plausible Kontextualisierungen. Zweitens legt die Idee des Kontextes ein *einseitiges Beeinflussungsverhältnis* in dem Sinne nahe, dass der Kontext die Möglichkeitsbedingungen politischer Theorie charakterisiert. Das Verhältnis von politischer Theorie und politischer Praxis (oder politischer „Wirklichkeit"[3]) wäre somit immer ein Nachgeordnetes; die politische Theorie *reagiert* auf gesellschaftliche Veränderungen. Diese Vorstellung soll gerade *nicht* nahe gelegt werden. Vielmehr stehen politische Theorie und politische Praxis (und „Wirklichkeit") nicht nur in einem gleichmäßigen dialogischen Verhältnis, sondern in einem wechselseitigen Beeinflussungsverhältnis (vgl. Münkler 1999; Schaal/Heidenreich 2006:15-26). Dies resultiert aus der Annahme, dass *die Gesellschaft* keine fraglos gegebene, aus ihrer Substanz resultierende Entität ist. Gesellschaft ist als Gesellschaft ein Konstrukt, ein Produkt einer Beobachtung und Selbstbeschreibung, für die u.a. die Sozialwissenschaften (und damit auch die politische Theorie) die Semantik, Analysekategorien und Bewertungskriterien zur Verfügung stellt.[4] Gesellschaftliche

---

2   So definiert sprengt die Aufgabenstellung den Rahmen dieser Betrachtungen. Sie soll jedoch als Anhaltspunkt dienen, um aus den unzähligen Kontextvariablen die relevanten spezifizieren zu können.

3   Die Konstruktivität der sozialen und politischen Welt, mithin unserer „Wirklichkeit" im Ganzen, ist in der Literatur überzeugend herausgearbeitet worden (vgl. Berger/Luckmann 1962, Luhmann 1990, Watzlawick/Krieg 1991 und Schmidt 1987). Es versteht sich von selbst, dass diese Überlegungen notwendigerweise auch auf den Versuch einer rekonstruktiven Kontextualisierung selbst zutreffen. Deshalb erfolgen die folgenden Überlegungen im „als ob" Modus. Um den Lesefluss nicht unnötig zu behindern, wird im Laufe des Textes die Konstruktivität nicht weiter thematisiert.

4   Vgl. den Beitrag und die Literaturhinweise bei Brodocz (2002: 104-106).

Selbstwahrnehmungen werden daher auch durch politische Theorien konfiguriert – man denke nur an den von Beck (1986) geprägten Begriff der *Risikogesellschaft*. Die politische Theorie liefert das Vokabular für die gesellschaftliche Selbstbeschreibung, so die These der Cambridge School, die hier zugrunde gelegt wird (vgl. Rosa 1993; Ball 1997).[5] Die Analyse dieses Wirkungszusammenhanges ist jedoch schwierig, da der Einfluss nur in homöopathischen Dosen und vermittelt über Diskursanalysen zu identifizieren ist (vgl. Pocock 2003). Wenn nun also der Kontext als Entfaltungsmöglichkeit spezifischer Spielarten der politischen Theorie identifiziert wird, so folgt daraus nicht, dass dieser Kontext nicht selbst wiederum – in welchen Potenzen auch immer – Resultat politischer Theorie ist.

Die folgenden Überlegungen sind als Zwischenfazit – und nicht als Resümee – zu verstehen. Sie sind auch nicht „freistehend", sondern bauen auf den Kapiteln des ersten *und* zweiten Bandes auf. Besonderes Augenmerk wird auf die Entwicklung der politischen Theorie in den USA gelegt.[6] Dieser Fokus erklärt sich mit der Leitbildfunktion, welche die USA für die Entwicklung der politischen Theorie auch im internationalen Maßstab besitzen.[7]

---

5   Das konstitutive Verhältnis zwischen Sprache und „Realität" wird auch in dem beeindruckenden begriffsgeschichtlichen Lexikon „Geschichtliche Grundbegriffe" (Hrsg. Kosellek et al.) in seiner historischen Dimension deutlich.

6   Als Übersicht über die Politikwissenschaft und die politische Theorie in den Vereinigten Staaten können folgende Werke dienen: Almond (1966), Almond/Genco (1977), Bernstein (1976), Brecht (1959), Easton (1968, 1969, 1985), Falter (1982), Falter/Honolka/Lutz (1990), Galston (1993), Gunnell (1983), Somit/Tannenhaus (1967), und Waldo (1975).

7   Im kontinentaleuropäischen Raum wäre es sicherlich interessant, die Entwicklung der in vielen Hinsichten idiosynkratischen französischen politischen Theorie ebenfalls zu berücksichtigen. Dies würde aber den räumlichen Rahmen dieses knappen Zwischenfazits sprengen. Vgl. für einen Vergleich der Entwicklung der Politikwissenschaft USA – Europa (und hier auch Frankreich) Hartmann (2003). Für die Entwicklung der Politikwissenschaft in der Bundesrepublik Deutschland vgl. Bleck (2001: 265-444), Buchstein (1992), und Göhler/Zeuner (1991). Eine Übersicht über die Entwicklung der politischen Theorie in der Bundesrepublik Deutschland nach 1942 lässt sich bei folgenden Autoren finden: Bermbach (1984), Beyme (1986), Beyme/Offe (1996), Falter/Göhler (1986), Greven/Schmalz-Bruns (1999) und Hartman (1997).

1. Normative Politische Theorie versus deskriptive Politische Theorie

Der Status politischer Theorien und die Einschätzung ihrer „Lebendigkeit" variierten im 20. Jahrhundert nachhaltig. Einen Extrempunkt markiert das inzwischen berühmt gewordene Diktum des amerikanischen Politikwissenschaftlers Peter Laslett aus dem Jahr 1956: „Political philosophy is dead" (Laslett 1956: vii).[8] Das Diktum besitzt inzwischen den Status eines „Renners", und kaum eine Einführung in die politische Theorie verzichtet auf ein entsprechendes Zitat oder einen Verweis darauf.[9] Zumeist wird in einem doppelten Sinne auf dieses Zitat Bezug genommen. Erstens wird damit auf die faktische Abwesenheit der normativen politischen Theorie und Philosophie in der Hochzeit des Behavioralismus verwiesen. Zweitens dient das Zitat häufig als Überleitung zum „Neubeginn" der politischen Philosophie mit John Rawls *Theorie der Gerechtigkeit* (1971), die auch nicht zufällig am Anfang des zweiten Bandes vorgestellt wird. In diesem Beitrag dient das Diktum von Laslett vor allem als Kontrastfolie für die Skizzierung der politischen Theorie nach 1945.

In den 1950er Jahren erlebte die Politikwissenschaft in den USA einen bemerkenswerten Professionalisierungsschub (vgl. Ricci 1984: 7ff), der zwar bereits in den 30er Jahren initiiert wurde (Hartmann 1997), jedoch erst im Zuge der historisch einmaligen Ausweitung der empirischen Analysemethoden zur vollen Entfaltung kommen konnte.[10] Diese Professionalisierung besitzt für unser Erkenntnisinteresse zwei herausragende Konsequenzen: Erstens die forcierte funktionale Differenzierung innerhalb der Politikwissenschaft, zweitens die verstärkte Anlehnung an die Standards guter Theoriebildung, wie sie in den Naturwissenschaften zum guten Ton gehören (vgl. Falter 1982). Hierzu gehören u.a. Falsifizierbarkeit,

---

8   Eine ähnlich pointierte Einschätzung der eigenen Disziplin liefert 1959 auch
     Leo Strauss: „Heute ist die politische Philosophie in einem Zustand des Verfalls und vielleicht der Verwesung, wenn sie nicht schon ganz verschwunden
     ist." (zitiert nach Rosa/Willems 1999: 447).
9   Vgl. u.a. Forst (1994) und Mulhall/Swift (1996).
10 So sprach Eulau (1976) von einer „unprecedenced creativity and productivity"
     für die Phase nach dem Zweiten Weltkrieg.

Deduktivität, Prognosefähigkeit und Wertneutralität.[11] Darüber hinaus steht die Beobachtung des *Handelns*, nicht Einstellungen oder abstrakte Werte und Normen im Mittelpunkt des intellektuellen Interesses. Behavioralisten[12] haben versucht, diese Standards als Qualitätsstandards von politischer Theorie durchzusetzen.[13] Zu den intellektuellen Protagonisten dieses positivistischen Wissenschaftsverständnisses, welches im Folgenden leicht verkürzt als Behavioralismus bezeichnet wird, gehört u.a. David Easton (1951, 1965, 1969).[14] Im Gegensatz dazu ist die normative politische Theorie[15] (und erst recht die politische Philosophie) *keine* Theorie im Sinne der genannten Kriterien,[16] ihr Niedergang, wie im eingangs zitierten Diktum von Laslett konstatiert, muss daher weder verwundern noch enttäuschen. Ähnlich der Ersetzung irrationaler und metaphysischer Weltbilder durch rationale wissenschaftliche Erklärungen, wird die nicht positivistische politische Philosophie und Theorie aus dem Kanon der politischen Wissenschaft ausgeschlossen. Im Bezugsfeld dieses fortschrittsoptimistischen Wissen-

---

11 Ähnlich resümiert Wolin (1968), dass sich in der politischen Theorie ein Verständnis durchgesetzt hat, das als Qualitätskriterien „discovery of regularities" und „objectivity, scientific detachment, and testable hypotheses" (Eintrag zu Political Theory in der International Encyclopedia of the Social Sciences, zitiert nach Falter/Honolka/Lutz 1990:47) besitzt.

12 Vgl. für eine knappe Einführung in Forschungsansatz und Methodik Marsh/Stoker (1995: 58-75) sowie Falter (1982, 2001).

13 Damit soll natürlich nicht gesagt werden, dass jede deskriptive politische Theorie dem Behavioralismus zuzurechnen ist. Vielmehr soll nahegelegt werden, dass deskriptive politische Theorie, in Abhängigkeit von der je spezifischen Theorie, einige dieser Prämissen und Qualitätskriterien teilt.

14 Hierbei erscheint es sinnvoll, eine Differenzierung zwischen unterschiedlichen Phasen des Behavioralismus vorzunehmen. Somit/Tanenhaus (1967) differenzieren zwischen *early behavioralism* (1945-1949) und *established behavioralism* (1950-1965). Mitte der 60er Jahre begann die „Post-Behavioralismus" Periode (Easton 1969). Detaillierter wird auf diesen Strang deskriptiver politischer Theorie in Abschnitt 2.2 eingegangen.

15 Vgl. eine knappe Einführung in Forschungsansatz und Methodik Marsh/Stoker (1995: 21-41).

16 „Political Theory ist, anders gesagt, ein Begriff, der sich historisch entwickelt und vielfältige Modifikationen erlebt hat. Drei Entwicklungsstränge werden üblicherweise unterschieden: ein historisch-philologisch-geisteswissenschaftlicher, ein empirisch-sozial-(natur)-wissenschaftlicher und ein normativer. *Mit letzterem werden die Grenzen der akademischen Welt überschritten* [Hervorhebung durch den Autor, G.S.]" (Falter/Honolka/Lutz 1990: 31).

schaftsverständnisses erscheint der „Tod" der normativen politischen Theorie und Philosophie nach 1950 nicht mehr verwunderlich, sondern aus der Perspektive der Behavioralisten sogar wünschenswert. Mehr noch als ihr spätes Ableben ist jedoch wissen-
schaftsgeschichtlich und wissenssoziologisch die *Wiederentdeckung*
der normativen politischen Theorie nach 1971 erklärungsbedürftig.

Obwohl es inzwischen – vor allem in den entsprechenden Lehr-
büchern – zur gesicherten Erkenntnis gehört, dass die politische
Philosophie erst mit John Rawls (1971) wieder zum Leben erweckt
wurde, ist diese Einschätzung zu oberflächlich, um der historischen
Entwicklung in den USA gerecht zu werden. Obwohl gerade im
deutschen Sprachraum aufgrund der Dominanz normativer Ansätze
die deskriptive politische Theorie häufig nur den Status einer politischen Theorie zweiter Klasse zugesprochen wird, bilden beide
doch erst *gemeinsam* „die" politische Theorie.[17] Diese Überlegung
ermöglicht es, die Entwicklung der politischen Theorie in den 50er
und 60er Jahren in den USA differenzierter zu kontextualisieren.
Betont wird im Folgenden die *Gleichzeitigkeit* verschiedener Theorieansätze, so dass die Todesmetapher von Peter Laslett und Leo
Strauss als akademische Kampfrhetorik erscheint, nicht aber als konzise Beschreibung der Vitalität einer akademischen Disziplin.

Die beiden Geschichten schließen sich nicht wechselseitig aus,
vielmehr ergänzen sie sich – zumindest aus heutiger Sicht – produktiv bei der Beschreibung der politischen Theorie in den 1950er
und 60er Jahren. Die Aufklärung der Missverständnisse der Zitate
von Laslett und Strauss besitzt ein hohes problemerschließendes
Potential für die Betrachtung der Entwicklung der politischen
Theorien nach 1945. Das erste große Missverständnis bezieht sich
auf das Zitatverständnis. In der Regel wird das Laslettsche Diktum
als Beschreibung jener ca. 25-30 Jahre gesehen, in denen der Behavioralismus die normative politische Theorie und Philosophie
scheinbar an den Rand des akademischen Interesses gedrängt hat.
Bei genauerer Betrachtung jedoch erscheint dieses Verständnis des
Zitats gleichzeitig zu rigide und zu weitgehend: Zu rigide insofern,

---

17 Diese Position ist heute zwar *mainstream*, einige normative Theoretiker spre-
    chen jedoch der deskriptiven politischen Theorie den Status einer politischen
    Theorie zur Gänze ab. In schärfster Ausprägung findet sich dieses Argument in
    den Arbeiten von Voegelin (1952).

als dass der beschriebene Zeitraum die Dominanz des Behavioralismus bei weitem überschreitet, zu weitgehend, da die Abwesenheit einer *spezifischen* Spielart politischer Philosophie beklagt wird. Im Sinn hatte Laslett die Absenz der großen Werke der britischen politischen Philosophie, die in der Traditionslinie „from Hobbes to Bosanquet" (Laslett 1956: vii) stehen. Ähnlich mahnt Tuck (1993: 72) „the absence of major works of political philosophy of a more or less familiar kind, between Sidgewick and Rawls" an. Weder Laslett noch Tuck konstatieren somit den Niedergang der politischen Philosophie als solche, sondern nur des – und dies muss betont werden – aus ihrer Perspektive bedeutendsten (liberalen) Stranges.

Dies öffnet den Blick für eine erneute Prüfung der empirischen Aussage, dass die politische Philosophie in der Zeit der Dominanz des Behavioralismus einfach nicht existierte. Diese These kann in einem doppelten Sinne verstanden werden. Einerseits, dass keine entsprechenden Werke publiziert und mithin keine normative politische Theorie oder politische Philosophie betrieben wurde, andererseits, dass sie zwar als akademische Disziplin weiterhin Bestand hatte, aber keinen gesellschaftlichen Einfluss mehr ausüben konnte. Die letzte Reformulierung setzt die politische Theorie in eine temporalisierte und dynamische Beziehung zu ihrer gesellschaftlichen Umwelt, so dass – um zu sinnvollen Aussagen kommen zu können – der Zeithorizont des Behavioralismus überschritten werden muss. Zunächst soll der zweite Aspekt aufgegriffen werden.

Betrachtet man nur das 20. Jahrhundert,[18] so befindet sich die politische Theorie, und damit auch ihr Einfluss, in einem ausgeprägten Konkurrenzverhältnis mit anderen akademischen Disziplinen.[19] Das Politische wird um die Jahrhundertwende von den Nationalökonomen diskutiert – es ist daher auch nicht verwunderlich, dass einige, in der Politikwissenschaft inzwischen in den Status der

---

18 Wir folgen Vincent (1997: 3) in der Einschätzung, dass „the compound term ‚political theory' is a comparatively late development – certainly in the manner that we now employ it". Daher erscheint das ausgehende 20. Jahrhundert ein guter Anfangspunkt für ein in diesem Sinne „zeitgenössisches" Verständnis von politischer Theorie zu sein.

19 Vgl. für einen Überblick über die Entwicklungsgeschichte der politischen Theorie im Rahmen der Politikwissenschaft Beyme (1992) (weitere Literaturhinweise finden sich dort).

„Klassiker" aufgerückte, Werke aus der Feder von Nationalökonomen stammen. Dies trifft – um nur zwei Beispiele zu nennen – für die erste Hälfte des 20. Jahrhunderts auf die elitistische Demokratietheorie, die mit den Namen Gaetano Mosca (1885), Vilfredo Pareto und vor allem Joseph A. Schumpeter (1942) und Anthony Downs (1957) verbunden wird, ebenso zu, wie in seiner zweiten Hälfte auf die ökonomische Analyse kollektiven politischen Handelns, die mit Mancur Olson (1965) einerseits in der Wirtschaftswissenschaft und mit Robert Axelrod (1984) in der Computerwissenschaft bzw. Biologie andererseits ihre intellektuellen Wurzeln hat.

Gesellschaftliches Orientierungswissen für die Multioptions-, Risiko- oder Erlebnisgesellschaft[20] zu produzieren, ist sicherlich eine der Aufgaben, die von politischen Theorien heute erwartet wird. Doch auch in diesem Kompetenzbereich steht mit der Soziologie eine konkurrierende akademische Disziplin zur Verfügung, der spätestens Anfang der 1970er Jahre eine weitaus höhere gesellschaftliche Problemlösungskapazität zugesprochen wurde als der politischen Theorie.[21] Gesellschaftliche Leitdisziplin des 21. Jahrhunderts scheinen die Biowissenschaften, allen voran die (Human-) Genetik zu sein.[22] Der Einfluss der politischen Theorie als Produzentin gesellschaftlichen Orientierungswissens ist daher begrenzt, doch bei weitem nicht so eingeschränkt, dass es heute noch – wenn überhaupt je – gerechtfertigt erscheint, von einer „toten" Disziplin zu sprechen. Eine realistische Kompetenz- und gesellschaftliche Nachfrageeinschätzung scheint jedoch angezeigt zu sein.

Den gesellschaftlichen Einfluss als Indikator für den Status und die „Lebendigkeit" der politischen Theorie zu wählen, setzt sich der berechtigten Kritik aus, eine akademische Disziplin auf ihre

---

20 So die entsprechenden Termini bei Beck (1986) und Schulze (1992).
21 So argumentiert Beyme (1992), dass sich seit den 1970er Jahren die Theorieentwicklung aus der Politikwissenschaft zurückgezogen hat, und in der Soziologie in Form der Gesellschaftstheorie betrieben wird (u.a. Bourdieu, Giddens). Doch hat sich diese Kompetenzattribution inzwischen wieder verändert, was die FAZ (17.9.1996, S. 37) dazu motivierte, davon zu sprechen, dass vom „rauschenden Bach der Soziologie" nur noch „das plappernde Bächlein eines Beck" übrig geblieben sei.
22 Dies spiegelt sich wiederum sehr markant im Feuilleton der FAZ (27.6.2000) wieder, das die Genom-Sequenz des menschlichen Erbgutes komplett dokumentierte.

„Nützlichkeit" zu reduzieren und ihre intrinsischen Qualitäten auszublenden. Betrachtet man die Vitalität der politischen Theorie hinsichtlich der Intensität, mit der sie betrieben wird, mit der sich neue Ansätze entwickeln und Geltungsdiskurse geführt werden, so ist die politische Theorie eine überaus lebendige Disziplin.

Obwohl normative politische Theorie und politische Philosophie zumeist kein „handliches" Anwendungswissen für die Gesellschaft produziert, steht sie mit ihr doch in einem dialogischen Kommunikationsverhältnis. Sie prägt die Gesellschaft, da sie dieser Folien, Raster, analytische Kategorien und das Vokabular zur Verfügung stellt, um sich selbst wahrzunehmen, zu beobachten und zu beschreiben. Gleichzeitig spiegelt sie ihre Entwicklungen und Krisen. Spezifische historische Erfahrungen kommen in den Sinn, deren Bedeutung für die Entwicklung der (normativen) politischen Theorie und Philosophie im 20. Jahrhundert von großer Bedeutung waren: der erste und zweite Weltkrieg, Faschismus, Totalitarismus, Kommunismus und sein Zusammenbruch (vgl. Hobsbawm 1995, 2000) sowie in jüngster Zeit der globale Terrorismus (Preuß 2002), die „neuen Kriege" (Münkler 2002) und die Rückkehr bewaffneter Gewalt nach Europa. Die normative politische Theorie und Philosophie hat auf eine sehr spezifische Art und Weise auf die Erfahrungen des zweiten Weltkrieges und des Faschismus reagiert, und genau hierin liegt ein Schlüssel für das Missverständnis des Diktums von Laslett – und damit auch der Stellung der politischen Philosophie in der Zeit von 1945 bis 1971.

Zunächst verdient festgehalten zu werden, dass die politische Philosophie in diesem Zeitraum definitiv nicht tot, sondern vielmehr eine vitale akademische Disziplin war. In diesen Zeitraum fällt die Publikation einer großen Zahl von Werken, die heute als Meilensteine der Disziplin (als *great books*) anerkannt werden, ohne dass ihnen jedoch notwendigerweise *zur Zeit ihrer Veröffentlichung* diese Anerkennung zuteil wurde. Hierzu gehören u.a. die Arbeiten von Berlin (1958), Oakeshott (1975, *reprint*), Arendt (1960), Strauss (1953, 1968) und Voegelin (1952). Um nur zwei Beispiele pars pro toto hervorzuheben: Die Arbeiten von Berlin, insbesondere seine zwei Konzepte der Freiheit, haben größtes akademisches Interesse hervorgerufen, gehören auch heute noch zum Kanon der identitätsstiftenden Aufsätze für die Disziplin und es ist sicher nicht falsch, ihre Bedeutung für die politische Philosophie mit jener von Rawls auf eine Stufe zu stellen. Die Differenz zwischen Berlin und Rawls ist – sehr pointiert – aus heutiger Perspektive vielleicht darin zu sehen, dass die Werke von Berlin stärker den Status des *weitgehend akzeptierten* und in den kollektiven Wissensbestand aufgestiegenen Klassikers besitzen,[23] während die Gerechtigkeitstheorie von Rawls trotz (oder aufgrund?) ihrer Prominenz immer umkämpft blieb. Die republikanische Vorstellung der vita activa, wie sie Hannah Arendt skizziert hat, gehört ebenfalls zu den Klassikern des republikanischen politischen Denkens und erlebt gerade eine bemerkenswerte Renaissance (vgl. Pettit 1997; Bohman 2004).

Trotz der scheinbaren Vielfältigkeit der philosophischen Ansätze und ihrer Objektbereiche existiert doch ein gemeinsames zentrales Thema (oder besser: Anliegen), das laut Parekh (1996) darin besteht, dass diese Autoren als Reaktion auf die Erfahrungen des Nationalsozialismus eine spezifische Refokussierung in der inhaltlichen Orientierung ihrer Werke vornahmen. Zentrales Erkenntnisinteresse war das *Verstehen* der Barbarei, daher stand die Aufklärung über die menschliche Natur im Mittelpunkt der philosophischen Bemühungen: „(...) [P]olitical Philosophers writing in den 1950s and 1960s (...) were deeply troubled by the latent barbaric tendencies of European civilization. They traced the roots of these tendencies to rationalism (Oakeshoot), historicism (Popper), moral monism (Berlin), the rise of the animal laborans (Arendt), relativism (Strauss), Gnosticism (Voegelin) and capitalism (Marcuse and other Marxists)" (Parekh 1996: 506). Das Verstehen der menschlichen Natur – auch Resultat der doppelten Verwurzelung der Politikwissenschaft in den Sozialwissenschaften und den Geisteswissenschaften – stand jedoch quer zu den szientistischen und pragmatischen Ansprüchen, die sowohl an die Politikwissenschaft und die politische Theorie von außen herangetragen, als auch aus ihrer Mitte heraus artikuliert wurden. Die Frage nach der menschlichen Natur und der daraus resultierenden Form politischer und sozialer Ordnung ist – nach etlichen Jahren, in denen diese Frage zu metaphysisch anmutete, um politikwissenschaftlich bearbeitet zu werden – erst jüngst wieder in den Fokus des politik-philoso-

---

23   Vgl. für diese Einschätzung den Eintrag „Liberty" im Companion to Contemporary Political Philosophy (Goodin/Pettit 1993) von Kukathas (1993).

phischen gerückt. Der italienische Philosoph Giogio Agamben hat
in *Homo Sacer* (2002) auf Basis eines alternativen Deutungsange-
botes der menschlichen Natur einen Versuch vorgelegt, die Klassiker des politischen Denkens neu zu verstehen und neue Legitimati-
onsstrategien für politische Ordnungsarrangements vorzulegen.
Inwieweit Homo Sacer jedoch als Startschuss für eine längerfristi-
ge akademische Thematisierung der menschlichen Natur fungieren
kann, ist noch unklar.

Es wäre jedoch falsch anzunehmen, dass die „klassische" normative politische Theorie und Philosophie dem Behavioralismus
kampflos das Feld überlassen hätte.[24] Hierzu muss man in Erinnerung rufen, wie die Frontstellung zwischen diesen beiden, Anfang
der fünfziger Jahre noch diametral entgegengesetzten, Theoriever-
ständnissen verlief. Die normative politische Theorie und Philosophie war an den Universitäten in den USA die etablierte Disziplin.
Den Behavioralisten, die sich selbst als innovativ und als Neuerer
der Politikwissenschaft verstanden, erschien sie jedoch konservativ
und nur auf Beharrung orientiert. Eine *New Political Science* wurde benötigt, und die Behavioralisten waren in ihrer Selbstwahrnehmung jene, die sie entwickeln konnten. Der Ansturm einer
Gruppe von Neuerern ist nicht verwunderlich, er gehört in gewisser
Art und Weise zur Gewinnung wissenschaftlichen Fortschritts dazu.[25] Die Tatsache aber, dass sie die Qualitätskriterien politischer
Theorie in einem Handstreich neu definieren konnten, gibt zur
Verwunderung Anlass. Hierzu muss man sich in Erinnerung rufen,
welche Stellung die normative politische Theorie respektive die
politische Philosophie innehatte. Auf der einen Seite existiert das
Verständnis, dass die (normative) politische Theorie ein *sub-field*
der Politikwissenschaft ist, auf der anderen Seite steht die Idee,
dass Politikwissenschaft *unter dem Dach der politischen Theorie*
betrieben wird, dass diese mithin die *Königsdisziplin* ist. Die Geschwindigkeit, mit der die Qualitätsstandards innerhalb der politischen Theorie *und darüber hinaus* durch die Behavioralisten neu
definiert wurden, ist sowohl Indiz für die Stellung der politischen

---

24 Vgl. für Details der folgenden Rekonstruktion Falter/Honolka/Lutz (1990),
    Falter (1982), Berelson (1963), Easton (1969), Somit/Tanenhaus (1967) und
    Hartman (1997).
25 Vgl. für die Logik wissenschaftlichen Fortschritts Kuhn (1962).

Theorie als *Dach* der Politikwissenschaft (dies indiziert die Geschwindigkeit der Diffusion der Kriterien in der gesamten Politikwissenschaft), als auch die große Unzufriedenheit mit ihr nach dem zweiten Weltkrieg.

Kampflos hat sich die normative politische Theorie und Philosophie dem behavioralistischen Ansturm jedoch nicht ergeben. Insbesondere Leo Strauss und Eric Voegelin haben in einer Reihe von Vorträgen und Aufsätzen versucht, den Wert und die Aufgaben der normativen politischen Theorie zu verdeutlichen.[26] Die Tatsache, dass eine eingeführte akademische Disziplin sich in dieser Art und Weise und in einer solchen Intensität verteidigen muss, ist als Indiz dafür zu werten, dass es sich nicht nur – und vielleicht noch nicht einmal in erster Linie – um eine wissenschaftliche Debatte im eigentlichen Sinne handelt, sondern um einen institutionellen Machtkampf. Die Behavioralisten waren keine versprengten politischen Theoretiker ohne institutionelle Unterstützung, sondern vielmehr eine effektiv organisierte Gruppe von Wissenschaftlern, die durch Netzwerkbildung ihre Interessen, strategisch gut organisiert, schnell durchsetzen konnten. Als besonders wichtig erscheint das *Committee on Political Behavior* des *Social Science Research Councils*, mit dessen Hilfe politikwissenschaftliche Forschungsgelder in behavioralistische Projekte geleitet werden konnten (vgl. Hartmann 1997 und Falter/Honolka/Lutz 1990: 43). Auch die aus symbolischen und instrumentellen Gründen wichtigen Präsidenten der amerikanischen Vereinigung für Politikwissenschaft (APSA) standen in dieser Zeit (1950-1970) dem Behavioralismus nahe oder waren selbst diesem Theorieansatz zuzurechnen. Trotz alledem war der Behavioralismus in dieser Zeit bei weitem nicht so dominant wie er sich – aus nachvollziehbaren Gründen – selbst wahrgenommen hat, obwohl die Wissenschaftsgeschichte dieser Einschätzung bis zu einem gewissen Grad lange Zeit gefolgt ist (vgl. Falter 1982 für eine differenziertere Darstellung). Drei Gründe scheinen hierfür ausschlaggebend zu sein. *Erstens* war die normative politische Theorie eine eingeführte akademische Disziplin, die selbst durch den konzentrierten Angriff der Behavioralisten – allein schon aus institutionellem Beharrungsvermögen – nicht gänzlich aus dem

---

26 Vgl. den 1959 von Strauss gehaltenen Vortrag *What is Political Philosophy* (Strauss 1968) sowie Voegelin (1952).

Fokus des akademischen Interesses und den Abteilungen für Politikwissenschaft herausgedrängt werden konnte. *Zweitens* zeigten sich spätestens Mitte der sechziger Jahre die Grenzen der intellektuellen Erklärungskraft des behavioralistischen Ansatzes, was auch aus seinen eigenen Reihen heraus so artikuliert wurde. An dieser Stelle kann nur auf einen Vorwurf hingewiesen werden, den Easton (1969), selbst ein früher und führender Behavioralist, erhoben hat. Er warf dem eigenen Forschungsparadigma *hyperfactualism*, d.h. das nicht theoretisch angeleitete schiere Sammeln von Fakten vor.[27] Damit Daten und Fakten „bedeutungsvoll" werden können, müssen sie *aus* einem theoretischen Rahmen heraus gewonnen und *in* einem ebensolchen interpretiert werden.[28] Mit dieser Forderung bekräftigt Easton eine Position, die er eigentlich seit den 50er Jahren vertreten hat, die jedoch in der Frontstellung von Behavioralisten und normativen Theoretikern in den Hintergrund gerückt war. *Drittens* führten theorieexterne Gründe dazu, dass der Behavioralismus relativ an Relevanz verlor. Politische Theorie dient, wie eingangs bereits kurz skizziert, auch immer der gesellschaftlichen Selbstvergewisserung und Sinnstiftung – Aufgaben also, die der mitunter technizistisch anmutende Behavioralismus vor allem vor dem Hintergrund des gesellschaftlichen Problemhaushaltes der 1960er nicht erfüllen konnte. Erst vor diesem Hintergrund gewinnen das *Civil Rights Movement* und die Kampagnen gegen den Vietnamkrieg[29] für die normative politische Theorie und Philosophie jene bedeutende Stellung, die Young (1996) ihnen zugewiesen hat.[30] Beides

---

27 Der Hyperfactualism wird für Easton zum schieren Empirismus, verstanden als „the accumulation of data for the sake of the data themselves, with relatively little consideration to matters of relevance and broader significance of the findings" (Easton 1965: 17). Vgl. für eine kritische Replik dieser Diagnose Landau (1968).

28 Eine Diskussion der Grenzen des Behavioralismus bzw. des Forschungspotentials des „Post-Behavioralismus" findet sich bei Charlesworth (1962), Easton (1969), Graham/Carey (1972) und Baker (1972).

29 Vgl. ausführlicher zu den gesellschaftlichen Rahmenbedingungen in den sechziger Jahren Richter (1980: 12).

30 Young (1996) argumentiert – der klassischen Argumentationslinie folgend –, dass die normative politische Theorie und Philosophie in den fünfziger und sechziger Jahren tot war, und das nur radikale gesellschaftliche Umbrüche und die dringende Notwendigkeit neuer normativer Orientierungen dazu geführt

verweist – wenn auch in unterschiedlicher Richtung und Intensität – auf die moralische Verunsicherung der amerikanischen Bevölkerung,[31] die der Vorstellung von gesellschaftlichem Engineering auf sozialwissenschaftlicher Basis ihre Grundlage entzogen hat und damit die Orientierung auf normative Fragen wieder hoffähig machte.

Alle drei Gründe führten dazu, dass bereits 1963 – also acht Jahre vor der Theorie der Gerechtigkeit – Germino wieder ein *revival of political theory* ankündigen konnte. Die politische Theorie war also auch in ihrer normativen Spielerart in den fünfziger und sechziger Jahren des letzten Jahrhunderts nicht „tot". Die spezifische Konfiguration innerhalb der politischen Theorie, die Kampfstellung zwischen normativer politischer Theorie und Behavioralisten, beeinflusste jedoch die Entwicklung beider Stränge nachhaltig.

Der Behavioralismus ist aus der heutigen Politikwissenschaft in den USA nicht wegzudenken, die Frontstellung zwischen deskriptiver politischer Theorie einerseits und normativer politischer Theorie andererseits ist jedoch aufgeweicht worden. „As our review of the subfields suggests, the lines between humanistic and scientific approaches in political science have blurred. (…) There has been a notable convergence of the concepts and methods of the humanities and the social scienes" (APSA Report 1985). Trotzdem erhellt die Betrachtung dieses akademischen Streites noch heute die Entwicklung der politischen Theorie *als Theorie* wie auch die institutionelle Eigenlogik der Politikwissenschaft als solche.

2.   Normative politische Theorien

Young (1996) vertritt die These, dass Rawls *Theorie der Gerechtigkeit* aus dem intellektuellen und gesellschaftlichen Kontext der Vereinigten Staaten der 1960er Jahre heraus zu verstehen ist. Doch worin besteht der grundlegende Unterschied zwischen der politi-

---

haben, dass die politische Theorie und Philosophie wieder ihren angestammten Platz zurückerobern konnte.

31 Die Intensität der Verunsicherung wird deutlich, wenn Huntington (1981: 167) die Jahre 1960 bis 1975 als „America's fourth major creedal passion period since Independence" charakterisiert.

schen Philosophie à la Arendt und jener von Rawls? Weshalb wurde Arendt von ihren Zeitgenossen jener positive Zuspruch verwehrt, den Rawls fast sofort erhalten hat, obwohl doch beide normative politische Philosophie betrieben? Der erste erklärende Faktor hierfür wurde bereits angesprochen und ist in Form der gesellschaftlichen Grundorientierung nachhaltig wirkungsmächtig. Fast noch relevanter erscheinen jedoch die Unterschiede zwischen Rawls und den normativen Theoretikern der 1950er und 1960er Jahre hinsichtlich Art und Orientierung ihrer Theorien.

Rawls diskutiert die großen Fragen nach der menschlichen Natur nicht mehr, es sind rationalistische Abstraktionen von handelnden Menschen, die die handlungstheoretische Basis seiner Gerechtigkeitstheorie bilden. Mehr noch, die *Theorie der Gerechtigkeit* zeigt sich von den totalitären und faschistischen Erfahrungen, die für die normative Theorie der 50er und 60er Jahre so bedeutsam war, eher unbeeinflusst und kann gerade daher wieder an jene Form der klassischen politischen Philosophie anschließen, auf die Laslett in dem eingangs präsentierten Zitat hingewiesen hat. Rawls Theorie der Gerechtigkeit entspringt dem gesellschaftlich-intellektuellen Klima der sechziger Jahre genauso, wie sie dieses Klima selbst mitgestaltete. Gleichzeitig ist sie theoretisch radikal dekontextualisiert und schließt an jene politischen Theorien an, deren Ziel universelle Geltung ist. Auf der theoretisch-konzeptionellen Ebene erklärt sich der immense Erfolg der Rawlschen Theorie auch damit, dass sie keinen „verstehenden" Ansatz entwickelt, sondern im Rahmen einer Gerechtigkeitstheorie *konkrete* politische Institutionengefüge und normative Evaluationsstandards vorlegt, und so die *praktische* Dimension der kontraktualistischen Philosophie rehabilitiert. Hinzu tritt, dass die Integration wirtschaftswissenschaftlicher Methoden die Normativität der Theorie gleichsam szientistisch einhegt und so ihre Akzeptabilität steigerte.

Eine bemerkenswerte intellektuelle Anstrengung floss in den 20-25 Jahren nach der Publikation der *Theorie der Gerechtigkeit* in den Versuch, ihren Geltungsanspruch in Frage zu stellen – oder ihn zu untermauern, so dass die Auseinandersetzung mit Rawls die anglo-amerikanische politische Theorie und Philosophie dominierte.[32] Pointiert kann die politische Position der Gerechtigkeitstheo-

---

32 Vgl. für einen Überblick über diese Debatte Honneth (1992), Forst (1994), Mulhall/Swift (1996) und Zahlmann (1992). Die liberal-kommunitaristische

rie, insbesondere der zweite Gerechtigkeitsgrundsatz (das *difference pinciple*[33]) im kontinentaleuropäischen Sinne als sozialdemokratisch charakterisiert werden.[34] *Libertarianistische* Ansätze (wie jener von Nozick 1974) argumentieren hingegen, dass eine staatliche Redistributionspolitik nie gerecht sein kann, weil sie elementare Eigentumsrechte (und zwar an den Früchten der eigenen Arbeit, das grundlegende Ideal der *selfownership*) verletzt.[35] *Kommunitaristische* Kritiker (wie Sandel 1982) argumentieren hingegen, dass die liberale Vorstellung eines „ungebundenen Selbst", d.h. der bereits angesprochenen Abstraktionen menschlichen Handelns, die der Rawlschen Theorie zugrunde liegen soll, als Basis einer Gerechtigkeitstheorie ungenügend ist, da Gerechtigkeitsgrundsätze nur im konkreten gesellschaftlichen Kontexten zu entfalten sind. Für Sandel sind die nach Gerechtigkeitsgrundsätzen Suchenden nichts anderes als leere Hüllen von handelnden Individuen. Die zentrale Differenz zwischen dem liberalen Rawls und seinen kommunitaristischen Kritikern besteht in der Konstitution des Selbst. Während Rawls davon ausgeht, dass das Selbst vor seinen Zielen existiert, d.h. das wir wählen können, wer wir sein wollen, indem wir uns Ziele im Leben suchen, gehen etliche kommunitaristische Kritiker davon aus, dass das Selbst und seine Ziele eine konstitutive Einheit bilden. Sie fragen zu Recht, nach welchen Kriterien ein „ungebundenes Selbst" seine Ziele aussucht? Wie können – so das Argument von Charles Taylor – *bedeutungsvolle* Entscheidungen

---

Debatte ist interessanterweise eine der wenigen akademischen Debatten, die die engen Grenzen des Wissenschaftsbetriebes überwunden hat und bis in die Politik hinein diffundierte. Das Interesse einer breiteren Öffentlichkeit spiegelt sich auch darin wieder, dass der von Zahlmann (1992) herausgegebene Sammelband auf einer Artikelserie beruht, die ursprünglich in der Frankfurter Rundschau erschienen ist.

33 Das Differenzprinzip sagt aus, dass Unterschiede in der Verteilung von knappen Gütern dann gerecht sind, wenn von dieser Ungleichverteilung jene profitieren, die im gesellschaftlichen Kontext am schlechtesten gestellt sind.

34 Es kann in diesem Kontext nur eine Fußnote sein, das sowohl die bundesdeutsche Sozialdemokratie als auch die Clinton-Administration Anfang der 90er Jahre jeweils *kommunitaristische* Berater in ihren Stäben hatten.

35 Der Libertarianismus erlebte mit Nozick (1974) einen *akademischen* Höhepunkt, der seither nicht wieder erreicht wurde. *Politisch* hingegen waren sowohl das neo-liberale Regierungsprogramm von M. Thatcher als auch von R. Reagan eindeutig vom Libertarianismus eines Nozick oder Hayek inspiriert.

getroffen werden, wenn die Kriterien für die Auswahl noch nicht angelegt sind. Im Zweifelsfall – d.h. im normativ anspruchslosesten Fall – besteht der Wert der Wahl seiner Ziele im Leben alleine im Akt der Wahl. Mitte der 1980er Jahre kritisiert Walzer (1983, dt. 1992) in seinem Buch *Sphären der Gerechtigkeit* die Orientierung auf ein universelles Konzept der (distributiven) Gerechtigkeit und differenziert in seinem eigenen Ansatz unterschiedliche distributive Sphären, in denen jene spezifische Gerechtigkeitsgrundsätze anwendbar sind. Die Grenzen der wissenschaftlichen Aufmerksamkeit sprengt jedoch die Gesellschaftsanalyse von Bellah et al. (1987). Die Autoren argumentieren, dass die Rhetorik des Liberalismus genau jene gesellschaftlichen und vorpolitischen Bindungskräfte zerstört, die der Liberalismus zur Funktionsfähigkeit benötigt, selbst aber nicht herstellen kann. Daher muss *politisch* eine Hinwendung zu stärker gemeinschaftsorientierten Formen des politischen Zusammenlebens erfolgen (Etzioni 1993). Im Jahr 1993 publizierte Rawls *Political Liberalism*, der zwar auf der *Theorie der Gerechtigkeit* fußt, jedoch die 20 Jahre dauernde Kontroverse mit den Kommunitaristen reflektiert und daher an entscheidenden Punkten gravierende Modifikationen der ursprünglichen Theorie vornimmt. Im Zentrum stehen nicht mehr die zwei universalistischen Gerechtigkeitsgrundsätze, sondern die Frage, wie eine (real existierende) politische Ordnung stabil und gerecht sein kann. Die Lösung besteht im Kern darin, dass die institutionellen Grundlagen einer gerechten politischen Ordnung in einer Verfassung niedergelegt sind, die von den Bürgern genau dann in Form eines *overlapping consensus* getragen wird, wenn sie sich *neutral* hinsichtlich der Realisierungschancen von vernünftigen Konzeptionen des guten Lebens verhält. Während die Theorie der Gerechtigkeit noch „as a body of systematic ideas and values which can be applied to politics" verstanden werden konnte, ist der *Political Liberalism* „drawn *from* and addressed *to* a particular public culture and public reason" (Vincent 1997: 5). Interessanterweise hat der *Politische Liberalismus* weniger Aufmerksamkeit erregt als die *Theorie der Gerechtigkeit*.[36] Ähnlich sind auch die akademischen Reaktio-

---

36 Gleichwohl kann der Politische Liberalismus als ein *Joint Venture* verstanden werden, an dessen Ausarbeitung neben Rawls (1993) auch Ackerman (1980) und Larmore (1993, 1995, 1996) beteiligt sind.

nen auf das jüngste Werk Rawls', *The Law of the Peoples*, das eine zentrale, bis dato noch nicht adressierte Gerechtigkeitsfrage thematisiert. Während die Theorie der Gerechtigkeit *universalistische* Gerechtigkeitsgrundsätze in den Grenzen des demokratischen Nationalstaates zu entfalten suchte, schränkte der *Politische Liberalismus* die Geltung mehr oder weniger auf die politische Gemeinschaft der Vereinigten Staaten ein. Die weiterhin offenen Fragen lauteten daher, wie eine gerechte Verteilung von Gütern im *internationalen* Maßstab, d.h. jenseits nationalstaatlicher Grenzen, aussehen kann und ob die Theorie der Gerechtigkeit die normativen Grundlagen für eine solche Theorie liefern kann. Auf all diese Fragen sollte *The Law of the Peoples* antworten, und fand doch – im Vergleich mit den beiden vorangegangenen Büchern – nur noch eine geringe Resonanz.

Trotz ihrer Bedeutung für den mainstream der politischen Theorie versperrt die *liberal-kommunitaristische Debatte* die Sicht auf die Vitalität der politischen Theorie, die ein wenig abseits des großen akademischen Interesses betrieben wurde. So erfolgte Mitte der 1980er Jahre eine Revitalisierung der Frage nach der Natur des Menschen, diesmal jedoch ohne den – durch die Erfahrung des zweiten Weltkrieges bedingten – Fokus auf die Bestialität des Menschen. Auch wenn ihre Werke im Kontext der *liberal-kommunitaristischen Debatte* gelesen und als Parteinahme für den Kommunitarismus verstanden wurden, so gelingt Alasdair McIntyre (1987, dt.) mit *After Virtue* und Charles Taylor (1989) mit *Sources of the Self* doch eindeutig ein Brückenschlag zu den großen Fragen der politischen Theorie und Philosophie der 1950er und 1960er Jahre.

Doch nicht nur ihre Fragestellungen, auch die politische Philosophie der 1950-1960er Jahre selbst erlebt seit den 80er Jahren eine bemerkenswerte Renaissance. Besonders die Revitalisierung des republikanischen Theorieansatzes, der eng mit dem Namen Hannah Arendts verbunden ist, verdient Beachtung. Young (1996) geht sogar soweit, die Arendtsche Idee der Politisierung des Sozialen als theoretisches Leitmotiv der normativen politischen Theorie, wie sie derzeit in den Vereinigten Staaten betrieben wird, zu charakterisieren. Doch auch das verstärkte Auftauchen von Neo-Logismen – z.B. Neo-Adorniten und Neo-Marxismus – deutet auf eine intensivere Rückbesinnung auf die politischen Theorien v.a. der Nachkriegszeit hin. Eine Reihe von Faktoren sind für diese – zugleich rückwärtigen und zukunftsorientierten – Suchbewegungen verantwortlich. Am wichtigsten erscheint, dass die *liberal-kommunitaristische Debatte* die politische Theorie fast 25 Jahre lang intellektuell dominierte und dabei von hypostasierten theoretischen Gegenpositionen profitierte, die – wie Taylor (1989) in einem einflussreichen Essay überzeugend herausgearbeitet hat – eher konvergent als divergent waren. Der philosophische Drang zur Konvergenz spiegelt sich dabei sowohl in der Entwicklung des Rawlsschen Werkes – und hier insbesondere im Politischen Liberalismus – als auch in der Selbstwahrnehmung der kommunitaristischen Kritiker wieder, die sich als regelmäßig wiederkehrende intellektuelle Korrektive des dominanten Liberalismus verstehen, jedoch ohne die Hoffnung – aber auch ohne den Wunsch – ihn durch eine kommunitaristische Alternative zu ersetzen (Walzer 1990). Die politische Theorie und Philosophie konnte spätestens Anfang der 1990er Jahre aus dieser inzwischen sehr ausdifferenzierten und an Detailfragen orientierten Debatte nicht mehr jene intellektuellen Impulse ziehen, die sie für ihre eigene Innovationskraft benötigt. Das von Rawls in die Diskussion gebrachte „Megaissue" *Gerechtigkeit* hatte seine Impulsenergie verbraucht.

Gerade aus der nachlassenden intellektuellen Anziehungskraft der *liberal-kommunitaristischen Debatte* resultiert die Attraktivität der politischen Theorie der Nachkriegszeit. Sie ist sperrig und in ihren Grundbegriffen idiosynkratisch. Sie war zumeist nicht schulbildend, so dass kein geschlossener und überschaubarer Korpus an Texten vorliegt. Sie trägt neue Fragen und neue impulsgebende „Megaissues" an die politische Theorie und Philosophie. Hannah Arendt ist bereits wiederentdeckt und Oakeshoot gilt inzwischen zumindest als ein spannender Theoretiker,[37] der einer Renaissance „würdig" wäre. So harrte u.a. Eric Voegelin bis vor kurzem noch der systematischen Wiederentdeckung. Inzwischen erscheint sein Gesamtwerk – herausgegeben von Peter J. Opitz und Dietmar Herz – in zehn Bänden und zum Teil zum ersten Mal in deutscher Sprache, und es steht zu erwarten, dass Voegelin auch in Deutschland über sein bekanntes Buch *Die neue Wissenschaft der Politik* hinaus rezipiert werden wird.

---

37 So bei Worthington (2000).

Unabhängig davon, wie lange die Konjunkturzyklen des akademischen Interesses diese Ansätze im Zentrum der Aufmerksamkeit halten, ist bereits heute bemerkenswert, dass unter einem Pro-
blemhorizont, der v.a. durch die Begriffe Globalisierung und De-
nationalisierung charakterisiert ist, eine Rückwendung auf die
„klassischen" Fragen der politischen Philosophie erfolgt – so u.a.
in den neo-aristotelischen Arbeiten von Martha C. Nussbaum
(1999). Relativ unbenommen konstruktivistischer oder „ironischer"
Herausforderungen – so prominent durch die Arbeiten von Richard
Rorty[38] – bleibt damit ein Strang politischer Theorie bedeutsam,
der sich – auch inspiriert durch die Moralphilosophie – mit Fragen
der menschlichen Natur, des guten Lebens und der ethischen Bewertung politischen Handelns auseinandersetzt, um zu Aussagen zu
kommen, die (universelle?) Gültigkeit für sich beanspruchen.

3. Deskriptive politische Theorien

Nach dem zweiten Weltkrieg lassen sich drei große Theorieparadig-
men identifizieren. Erstens der Rational-Choice Ansatz, zweitens der
Behavioralismus und drittens – in den 60er Jahren zum Teil mit
letzterem verbunden – die Systemtheorie. Rational-Choice ist heute
aus quantitativer Perspektive mit weitem Abstand der wichtigste
Analyseansatz der amerikanischen Politikwissenschaft (Green/Sha-
piro 1994). Rational-Choice Ansätze basieren konzeptionell auf zwei
grundlegenden Annahmen.[39] Dies ist erstens der methodologische
Individualismus, d.h., dass die Theorie vom Individuum aus konzipiert wird und es sich daher um eine *Handlungstheorie* handelt.
Zweitens wird davon ausgegangen, dass das Handeln von Individuen
nutzenorientiert verläuft, d.h., dass ein Akteur in einer gegebenen
Situation jene Handlung ausführen wird, die ihm den größten Nutzen
bringt. Rational-Choice besitzt – dies wird anhand der basalen
Axiome bereits deutlich – seine Wurzeln in der Ökonomie und dort

---

38 Vgl. für einen Überblick „ironischer" Ansätze sowie ihrer Anwendung in der
    Politikwissenschaft die Beiträge in Bonacker/Brodocz/Noetzel (2003).
39 Vgl. für eine ausführliche Übersicht Braun (1999). Vgl. klassisch hierzu auch
    die Arbeiten von Arrow (1951).

spezieller in der Spieltheorie.[40] Aus der ökonomischen Analyse hat Rational-Choice auch eine Reihe von kontrafaktischen Annahmen übernommen, die die politikwissenschaftliche Anwendung in Plausibilitätskonflikte getrieben hat. So gingen die ersten Studien mehrheitlich davon aus, dass die Akteure über vollständige Informationen und eine entsprechende kognitive Verarbeitungskapazität verfügen. Erst im Laufe der Jahre wurde diese Axiomatik sukzessive aufgelokkert, da eine Reihe von konzeptionellen Problemen überwunden werden mussten. Das theoretische Kernproblem besteht maßgeblich darin, dass die empirische Aussagekraft dieses Ansatzes eingeschränkt ist, da aufgrund der Axiomatik (Individuen handeln zweckrational) *jede* Handlung notwendigerweise einem Akteur den größten Nutzen verschaffen muss.[41] Jede empirische Analyse von Akteurshandeln würde daher nur zu einem Ergebnis kommen können: Die jeweilige Handlung brachte den größten Nutzen, was letztlich auf ein argumentative Tautologie hinausläuft. In den 1970er und 80er Jahren erfolgte daher die Aufweichung der starren Rationalitätsaxiomatik zugunsten der Vorstellung einer „eingeschränkten Rationalität", der *bounded rationality*.[42] Mit ihr wurden die Grenzen der kognitiven Verarbeitungskapazität des Menschen (*computational limitations*) sowie die prinzipiell immer unvollständige Informationsbasis menschlichen Handelns in die Theorie integriert. Systematisch weiterentwickelt wurde dieses Modell u.a. von Esser (1990, 1991, 1993), der das RREEMM-Modell formuliert hat. Ein theorie-konzeptioneller Vorteil von Rational-Choice, die sparsame Axiomatik und die im positiven Sinne verstandene Simplizität der Theorie, wird jedoch durch den Trend preisgegeben, immer neue Theoriebausteine und Brückenhypothesen Eingang in Rational-Choice finden zu lassen, um so lebensweltliche Situationen besser erklären zu können.[43]

---

40 Vgl. hierzu einführend Holler/Illing (1991).

41 Vgl. Green/Shapiro (1994) und Coleman/Fararo (1992) für sehr instruktive Diskussionen der „Pathologien" von Rational-Choice.

42 Für eine zusammenfassende Darstellung der Entwicklung, die ihren Ursprung in den 70er Jahren hat, vgl. Simon (1993).

43 Bohmann (1992: 208) radikalisiert diesen Gedanken und argumentiert gegen Theorieauxiliaries als Bestandteil von Rational-Choice Theorien: „A research program begins with the explanation of a ‚core' set of phenomena and develops by gradually expanding its scope from this successful, elementary core. A research program reaches its limits, however, when this extension fails: The program then either produces inadequate explanations or begins to appeal to

Obwohl Rational-Choice konzeptionell der Ökonomie nahe steht,[44] ist der Ansatz auch von Theoretikern adaptiert worden, die dem ökonomischen Liberalismus eher skeptisch gegenüber stehen. So sind von Jon Elster (1987) – in den 1980er Jahren noch marxistisch beeinflusst – eine Reihe von Studien vorgelegt worden, die die Grenzen der Rationalität, beziehungsweise die subversiven und kontraintentierten Effekte ökonomischer Rationalität herausarbeiten. Elsters (1986) wichtigste Modifikation besteht jedoch in der Umwidmung von Rational-Choice: Sie sei eine *normative* Theorie, da sie uns sagt, *wie* wir uns verhalten sollen, *wenn* wir unseren Nutzen maximieren möchten. Mit dieser grundlegenden Umdeutung gewinnt Rational-Choice an Analysekapazität, da die oben beschriebene Tautologiefalle nicht mehr besteht. Andere Ansätze haben die Deskriptivität von Rational-Choice akzeptiert, auf die ökonomisch nutzenmaximierende Dimension des politischen Prozesses hingewiesen und vor diesem Hintergrund das kritische Potential ihrer Analysen daraus geschöpft, auf die politischen Analogien zum ökonomischen *Marktversagen* hinzuweisen.[45] Die Anwendung in der Wahlforschung ist schließlich die häufigste *objektorientierte* Anwendung von Rational-Choice.[46]

Obwohl Rational-Choice die wichtigste zeitgenössische deskriptive Handlungstheorie ist, erstaunt die große Kontinuität in der Theorieentwicklung, die sich u.a. in der kleinen (und eher betagten) Gruppe der *great books* zeigt. Anthony Downs gab der Rational-Choice inspirierten Demokratietheorie 1957 mit *An Economic Theory of Democracy* einen so entscheidenden Impuls, dass sich ein bedeutender Teil der Diskussion noch immer konstitutiv

---

extratheoretical, auxiliary assumptions that do the explaining. I want to argue that rational-choice-theorists already have done both (...)". Die Prognosefähigkeit als ein wichtiger Pluspunkt von Rational-Choice Theorien ist abhängig von der Simplizität ihrer Akteursannahmen. Je komplexer die Axiomatik und vielfältiger die Theorieauxiliaries sind, desto geringer ist die Prognosefähigkeit. Die Anwendungsbreite von Rational-Choice Theorien wird mit sinkender Prognosefähigkeit und steigenden Anteil von „real-tautologischen" ex-post-Erklärungen erkauft.

44 Vgl. grundlegend Barry (1970).
45 Vgl. hierzu wiederum die Arbeiten von Elster (1986, 1987, 1989) mit weiteren Literaturhinweisen.
46 Vgl. Fiorina (1981) sowie für einen Überblick über den Stand der aktuellen Diskussion Fuchs/Kühnel (1993).

auf Downs bezieht und v.a. das von ihm erstmals aufgeworfene *paradox of voting* – warum sollten rationale Akteure sich bei politischen Wahlen beteiligen, obwohl ihr Nutzen in keinem Verhältnis zu den Beteiligungskosten steht? – theoretisch-konzeptionell lösen will.[47] Ihren zweiten entscheidenden Impuls erhielt diese Theorierichtung durch die Arbeiten von Buchanan und Tullock, insbesondere dem 1962 erschienen Calculus of Consent, das demokratietheoretische und gerechtigkeitstheoretische Überlegungen auf einem mathematisch-formalisierten Niveau diskutiert, das jenem von Downs bei weitem überlegen ist und das bestimmte Überlegungen bei Rawls bereits vorweg nimmt. In den Kanon der *great books* der Rational-Choice Theorie gehört ebenfalls Mancur Olsens *Die Logik des kollektiven Handelns* (1965), in dem politisches Handeln in Gruppen in den ökonomischen Kategorien Kosten/Nutzen reformuliert wird. Weit über die Grenzen der Politikwissenschaft ist das dort formulierte Paradoxon des „Trittbrettfahrens", das im Kern beschreibt, dass soziale Gruppen, deren Mitglieder rational handeln, zumeist suboptimale Handlungsergebnisse produzieren, bekannt geworden. Die politischen und sozialen Nebenkosten, die aus der Kooperationsblockade rational Handelnder mitunter resultiert, hat die Rational-Choice Theorie bis in die 1980er Jahre hinein beschäftigt.[48] Wendepunkt innerhalb dieser Fragestellung war Robert Axelrods *Evolution of Cooperation* (dt. 1987), der per Computersimulation zeigen konnte, dass eigennutzenorientiert Handelnde sehr wohl dazu in der Lage sind, sich kooperativ zu verhalten. Insgesamt sind zwei große Trends innerhalb der Rational-Choice zu konstatieren. Erstens sind v.a. die amerikanischen Beiträge zunehmend methodisch „sophisticated" (vgl. Lalman/Oppenheimer/Swistak 1993). Diese Spielformen von Rational-Choice sind hochformalisiert und in ihren mathematischen Details nur noch Wenigen zugänglich. Auf die zweite, eher „kritische", zumeist nichtmathematische, Anwendung von Rational-Choice ist bereits oben eingegangen worden.

Das zweite große deskriptive Theorieparadigma ist der Behavioralismus, der in seinen Grundzügen und seiner Theorieent-

---

47 Vgl. Aldrich (1993) für einen sehr gelungenen Überblick über die Ansätze, das *paradox of voting* zu überwinden.

48 Vgl. Hardin (1982).

wicklung in den 1950er und 1960er Jahren bereits im Abschnitt 1 diskutiert wurde. Für die politische Theorie gehören die Arbeiten von David Easton zu den bedeutendsten. Interessanterweise rahmen die Arbeiten von Easton auch die Hochphase des Behavioralismus ein. Eastons (1951) Diagnose der *decline of modern political theory* markierte den fulminanten Auftakt der behavioralistischen „Revolution", während sein Vorwurf des *Hyperfactualism* in gewisser Art ihr Ende markierte. David Eastons (1953, 1965) *Systemanalyse* befand sich also auf dem Wellenberg des behavioralistischen Konjunkturzyklus. Dieser Ansatz teilt die Prämisse, eine deskriptive Theorie zu entwerfen. Er verfolgt dieses Ziel jedoch nicht mit den Mitteln der mathematischen Formalisierung, sondern greift die Idee der gesellschaftlichen Differenzierung in Funktionssysteme auf. Easton will mit einer Theorie großer Reichweite (Beyme 1992) den konzeptionellen Rahmen bestimmen, in den sich Module und empirische Analysen mittlerer und kurzer Reichweite gleichsam eindocken lassen. Easton richtet seine intellektuellen Anstrengungen auf die Beantwortung der Frage, unter welchen Bedingungen politische Systeme (jedoch nicht notwendigerweise Demokratien!) stabil (oder, in der Terminologie der Systemanalyse: persistent) sein können. In den Kernbestand deskriptiver Theorie ist die Vorstellung aufgestiegen, dass jedes politische System Unterstützung (*support)* durch seine Bürger benötigt (Easton 1975). Easton differenziert hierbei zwischen der kurzfristigen Unterstützung aufgrund der systematischen Performanz eines politischen Systems in Form spezifischer Politiken und spezifischer Entscheidungen (*specific support*) und die langfristige Unstützung aufgrund von Sozialisationsfaktoren und der Kongruenz von politischer Struktur mit den normativen Präferenzen der Bürger (*diffuse support)*. Aufgrund konzeptioneller Probleme – das Verhältnis von Rahmentheorie und „eindockenden" Modulen, ebenso die Frage, welcher Art diese Module sein können – sowie dem Wiedererstarken normativer Ansätze verlor die Systemanalyse im Laufe der 60er Jahre an Attraktivität.

Niklas Luhmanns (1984, 1997) Systemtheorie versteht sich ebenfalls explizit als nicht-normative Theorie.[49] In ihrer Frühphase

---

49 Vgl. für einen konstruktiven Vergleich der Entwicklung der Systemtheorien von Easton und Luhmann Fuhse (2005).

greift sie Theoriebausteine von Parsons (1969, 1971) auf und verbindet sie später mit der Vorstellung autopoetischer Systeme. Ihre Grundbegriffe sind die binäre Kodierung des Systems (Macht, Nicht-Macht: politisches System/Wahrheit, Nicht-Wahrheit: Wissenschaftssystem) sowie die Differenz zwischen System und Umwelt. Die Komplexität und terminologischen Idiosynkrasien dieser Theorie hat bis heute erbitterte Gegnerschaften und loyale Anhänger hervorgerufen. Neben dem Rational-Choice Ansatz ist sie heute sicherlich eine der bedeutendsten nicht-normativen politischen Theorien.

4. Demokratietheorien

Ein wenig quer zu der Differenzierung von deskriptiven und normativen politischen Theorien liegt die Demokratietheorie als *Objekttheorie*. Aufgrund ihrer Prominenz sowohl in theoretischer als auch empirischer Hinsicht soll abschließend die Entwicklung der Demokratietheorie in großen Zügen porträtiert werden.[50]
Gerade in den USA fanden nach dem Zweiten Weltkrieg deskriptive Demokratietheorien großen Zuspruch, einerseits, da sich die großen Ideologien desavouiert hatten, andererseits, da die empirischen Analysetechniken in den 50er Jahren einen so entscheidenden Fortschritt erlebt haben, dass die klassischen Fragen der normativen Demokratietheorie jetzt – zumindest partiell – einer empirischen Analyse zugeführt werden konnten. Hatten die elitistische Demokratietheorie von Schumpeter (1942) und die ökonomische von Downs (1957) noch behauptet, realistisch und unideologisch[51] zu sein, ohne jedoch auf empirischen Daten zu beruhen, konnte dieses Versprechen durch eine Reihe von Studien in den fünfziger und sechziger Jahren eingelöst werden. *Voting* (Berelson/Lazersfeld/McPhee 1955) fundierte die Realitätsbehauptung der elitistischen Demokratietheorie, indem die Apathie und die

---

50 Vgl. die sehr empfehlenswerten Einführungswerke von Schmidt (2006) sowie Held (2006).
51 Fälschlicherweise, wie Pateman (1970) und Swedberg (1991, 1994) zeigen konnten.

unterstellte geringe Sachkenntnis des durchschnittlichen amerikanischen Wählers empirisch belegt wurde. Der Triumph der Einstellungsforschung in der Politikwissenschaft führte überhaupt dazu, die Analyse von Demokratien auf der Einstellungsebene der Bürger anzusiedeln. Der gesellschaftliche Kontext der demokratischen Institutionen geriet so in den Fokus des empirischen Interesses. Ein Meilenstein dieser Forschung ist die komparative Studie *The Civic Culture* von Almond und Verba aus dem Jahr 1963. Erstmals wurde der Versuch unternommen, empirisch zu zeigen, welchen Einfluss die politische Kultur eines Landes auf die Stabilität der Demokratie besitzt. Interessanterweise kommen die Autoren dieser Studie zu einem Ergebnis, das die normativen Grundpositionen der elististischen Demokratietheorie stärkt: Eine demokratisch positive politische Kultur setzt sich aus einer Mixtur politisch apathischer, eher am Untertanendenken orientierter und demokratisch voll Partizipierender zusammen. Erst diese Mischung, die Almond und Verba als *civic culture* bezeichnen, sichert die Stabilität der Demokratie. Es zeigt sich somit, dass der eher technizistische und konservative Bias des Behavioralismus sich auch in der Demokratietheorie wiederfindet (Sartori 1962).

Eine Möglichkeit, die Pluralität der demokratietheoretischen Ansätze zu reduzieren, besteht in der Sortierung anhand des Kriteriums, worauf normativ betrachtet die Legitimation einer Demokratie beruhen soll. Fritz W. Scharpf hat auf Basis dieser Überlegung bereits Anfang der 1970er Jahre zwei Typen von Demokratietheorien differenziert. Einerseits die *inputorientierten*, andererseits die *outputorientierten*. Obwohl sich im Zuge der Diskussion dieser beiden Konzepte herausgestellt hat, dass beide nicht vollkommen unabhängig von dem jeweils anderen Modus bestehen können, ist die Differenzierung als erkenntnistheoretische Heuristik sehr gut geeignet, die großen Linien innerhalb der Entwicklung der Demokratietheorie seit den 1960er Jahren zu systematisieren. Inputorientierte Demokratietheorien legen ihren normativen Fokus auf die Beteilung der Bürger am Politischen Prozess (deshalb auch *inputorientiert).* Diese Demokratietheorien schätzen politische Beteiligung an sich, als intrinsichen Wert – maßgeblich, da allgemeine politische Beteiligung die *differencia specifica* zu anderen politischen Herrschaftsformen darstellt und ein Höchstmass an öffentlicher *und* privater Autonomie sichert. Inputorientierte Demokratietheorien sehen sich häufig in der Tradition der identitären Demokratie des klassischen Athen. Sie begnügen sich daher auch nicht mit der rechtlichen Garantie politischer Partizipation. Vielmehr ist für viele dieser Theorieansätze das Politische ein konstitutiver Teil eines Guten Lebens. Hannah Arendt hat in *Vita Activa* diese Position besonders gut ausgeführt. Das wirkliche Leben ist das Politische Leben – politische Beteiligung ist keine periodische Aktivität, sondern eine kontinuierliche Tätigkeit. Daher benötigt die inputorientierte Demokratietheorie auch einen ganz besonderen Typus von Bürger – den *tugendhaften* Bürger, der *virtú* besitzt und sich in seinen Handlungen am Gemeinwohl der politischen Gemeinschaft orientiert. Diese Richtung der Demokratietheorie musste jedoch den Totalitarismusverdacht ausräumen, den identitäre Formen der Demokratie seit Rousseaus *Gesellschaftsvertrag* begleitet. Outputorientierte Demokratietheorien argumentieren, dass es ausreichend ist, wenn das Politische System hinreichend responsiv auf die politischen Präferenzen der Bürger reagiert. Ausgehend von der durch die empirische Wahlforschung gewonnenen Einsicht, dass die Bürger in der Regel über keine stabilen vorpolitischen Präferenzen verfügen (vgl. Manin 1987), argumentieren sie, dass es normativ ausreichend ist, wenn die Bürger mit den Ergebnisses des politischen Prozesses, also gleichsam ex-post, zufrieden sind und diese Ergebnisse als jene politischen Präferenzen deuten können, die sie kontra-faktisch zu Beginn des Prozesses hätten haben *können*. Daraus folgt zwangsläufig, dass den Bürgern weder politische Tugenden zugemutet werden, noch dass sie aus dem Politischen eine kollektiv geteilte Lebensform machen sollen. Die outputorientierte Demokratie besitzt eine gewisse Tendenz hin zu elitistischen Formen der Herrschaftsorganisation, jedoch nicht zwangsläufig.

Ungeachtet des relativen Relevanzverlustes des Behavioralismus finden sich auch nach den 1960er Jahren elaborierte Demokratietheorien, die den normativen Fokus der Demokratien auf die Output- und nicht auf die Inputseite legen. Hierzu gehört in den achtziger Jahren die einflussreiche Demokratietheorie von Giovanni Sartori (1992, dt.) und in den neunziger Jahren die umstrittenen Arbeiten von Danilo Zolo (1992). Obwohl sich beide Autoren hinsichtlich ihrer epistemologischen Prämissen grundlegend unterscheiden, verbindet sie doch eine Reihe von gemeinsam geteilten

Vorstellungen: Der politische Prozess ist zu komplex, als dass die Bürger auf der Inputseite substantiell auf ihn Einfluss nehmen sollten. Demokratie bedarf der Akzeptanz durch die Bürger, die jedoch alleine durch die Zufriedenheit mit den Outputs generiert wird. Dem demokratischen Ideal ist Genüge getan, wenn in periodischen Abständen Wahlen abgehalten werden. Normativ pessimistischer als die elitistische Demokratietheorie ist der aktuelle Diskurs über die *Postdemokratie* (vgl. Zolo 1992; Guehenno 1996). Dieser schillernde und konzeptionell fluide Terminus bezieht sich nicht auf die Zeit nach der Demokratie (ist also nicht temporal konzipiert), sondern auf die Gültigkeit der normativen Ideale von Demokratie und die Verfahrensdimension von Demokratie. Die Autoren dieses Ansatzes vertreten die These, dass die normativen Ideale der liberalen Demokratie – Responsivität und Accountability – durch Prozesse der Globalisierung, der De-Nationalisierung und der wachsenden Macht ökonomischer Akteure so weit unter Druck geraten sind, dass in einem normativ anspruchsvollen Sinne nicht mehr von Demokratie gesprochen werden kann, da die Inputdimension des demokratischen Prozesses irrelevant für die Outputdimension geworden sei. „Diese Output-Legitimation hat kaum mehr etwas mit Demokratie, wie sie traditionell verstanden wurde, zu tun. Der bisherige semantische Kern des Demokratiebegriffs war die Input-Legitimation, das heißt, die Identität von Autoren und Adressaten der Gesetzgebung. Die Umstellung des Demokratiebegriffs auf die Output-Legitimation eröffnet die Möglichkeit, im Namen der Demokratie gegebenenfalls funktionale Äquivalente zum partizipatorischen Legitimationsmodus zu vertreten und damit Staatsformen, die aus traditioneller Sicht als diktatorisch, aristokratisch oder technokratisch bezeichnet wurden, zu den Demokratien zu rechnen" (Buchstein 2003). Die Postdemokratie ist jedoch ein doppeldeutig benutzter Begriff; einerseits ist er ein Abgesang auf die liberale Demokratie nationalstaatlicher Provenienz, andererseits aber auch ein Residuum normativer Hoffnungen – denn nur vor dem Hintergrund zumindest minimaler normativer demokratischer Ideale macht es Sinn, von Postdemokratie zu sprechen. Es ist jedoch sehr fraglich, ob der Terminus *Postdemokratie* bestand haben wird. Einerseits, da wir Zeugen eines Wiedererstarkens des Nationalstaates sind – was die Möglichkeit einschließt, dass der Nationalstaat jene Handlungs- und Steuerungskapazitäten zurück erlangt, die ihm dieser Diskurs abspricht.[52] Andererseits, da der Begriff normativ uneindeutig ist – affirmiert er die beschriebene Entwicklung, oder betont er die Kritik an diesem Prozess?

Gegen die elitistische Demokratietheorie kann argumentiert werden, dass der normativen Gehalt der Idee von Demokratie in diesen Theorien nicht hinreichend ausgeschöpft wird. Stärker an diesem orientiert ist die liberal-prozeduralistische Demokratietheorie, für die Noberto Bobbio (1988) sowie die späten Arbeiten von Robert A. Dahl (1989, 1982) stehen. In diesen Theorien wird Demokratie als ein Ensemble von Regeln verstanden, bei dem sowohl die Input- als auch die Outputseite gleichermaßen Beachtung finden müssen, so dass die Demokratiehaftigkeit einer Demokratie von der Einhaltung ihrer Prozeduren abhängt. Diese Theorien stellen den demokratischen Grund- oder Minimalkonsens in der zeitgenössischen Demokratietheorie dar.[53]

Kontroverser hingegen sind die partizipatorischen Demokratietheorien, die in den siebziger Jahren eine Renaissance erlebten – wobei es sicherlich mehr als eine zeitliche Koinzidenz ist, dass normative Demokratietheorie und normative politische Theorie ungefähr zeitgleich ihre Renaissance erleben. Kernidee dieser Richtung ist die Forderung nach einer Ausweitung des demokratischen Prinzips auf alle Lebensbereiche, insbesondere die ökonomische Sphäre. Das Standardwerk dieser Spielart normativer Demokratietheorie ist das 1970 publizierte *Participation and democratic theory* von Carole Pateman. Andere Bereiche der partizipativen Demokratietheorie – insbesondere die pointierte Kritik an den rivalisierenden elitistischen Ansätzen – werden in den Arbeiten von Peter Bachrach (1967) und Macpherson (1977, dt.) diskutiert. In den achtziger Jahren schließlich wird der auch heute noch aktuelle Meilenstein *strong democracy* von Benjamin Barber (1984) veröffentlicht. Mit diesem Werk vollzieht sich eine paradigmatische Veränderung in der partizipationsorientierten

---

52 Antworten auf diese Frage, kann die derzeit rapide an Relevanz gewinnende Governance-Forschung liefern, auf die an dieser Stelle jedoch nicht näher eingegangen werden soll. Vgl. Benz (2004) für eine Einführung.

53 Vgl. Fuchs (1998) für eine umfassende Diskussion des normativen Kerns zeitgenössischer liberaler Demokratietheorie.

normativen Demokratietheorie. Während in den siebziger Jahren noch die Ausweitung der demokratischen Beteiligungsrechte in der politischen, sozialen und ökonomischen Sphäre angemahnt wurde, wobei man aber noch auf die klassischen Medien der politischen Beteiligung setzte, gewinnt das Moment der Deliberation in den achtziger und noch weitaus stärker in den neunziger Jahren an Gewicht, während die Vorstellung der Demokratie am Arbeitsplatz – Kernforderung der siebziger Jahre – von wenigen Ausnahmen abgesehen keine Rolle mehr gespielt. Einerseits lässt sich eine republikanische Demokratietheorie mit stärken zivilgesellschaftlichen Anleihen bei Hannah Arendt finden (Cohen/Arato 1992). Andererseits zeichnen sich die Konturen der deliberativen Demokratietheorie zunehmend deutlicher ab, die u.a. mit den Namen Jürgen Habermas (1992, 1996), John Dryzek (1990), James Fishkin (1991), Amy Gutman und Dennis Thompson (1996) und Joshua Cohen (1989) verbunden sind, die das Moment des Dialoges zwischen den Bürgern in den Vordergrund stellen. Nicht mehr die Beteiligung an und für sich, sondern die *diskursive Präferenzgenese* rückt in den Fokus des Interesses (Sunstein 1991, Manin 1937).

Es herrscht Konsens innerhalb der deliberativen Demokratietheorie, dass die Art, wie Entscheidungen getroffen werden, die Qualität der Entscheidung selbst beeinflusst. Aufgrund spezifischer Annahmen, die in der Diskurstheorie prominent von Habermas vertreten werden, wird davon ausgegangen, dass deliberativ getroffene Entscheidungen dazu tendieren, rationaler zu sein, da sie diskursiv *gereinigt* wurden. Diese *Reinigung* liegt in der Idee von Kommunikation selbst – jeder Geltungsanspruch, der in einem Gespräch vorgebracht wird, muss im Fall einer kritischen Nachfrage mit Gründen versehen werden können. Positionen, die schlecht begründbar sind, haben also in öffentlichen, inklusiven und nicht-hierarchischen Kommunikationen nur geringe Chancen, sich durchzusetzen. Doch gerade aus dem erhöhten Rationalitätspotential deliberativ gefundener Entscheidungen resultiert für die deliberative Demokratietheorie ein normatives Problem: In welchem hierarchischen Verhältnis sollen *gereinigte* zu *nicht-gereinigten* politischen *Präferenzen* stehen? Einige prominente Theoretiker – u.a. der junge Robert E. Goodin und David Estlund – argumentieren, dass unter Verletzung des Ideals der politischen Gleichheit, die *gereinigten* politischen *Präferenzen* den anderen vorgezogen werden sollen, respektive die *ungefilterten* sogar komplett ignoriert werden können. Das emanzipatorische Ideal, das die deliberative Demokratietheorie auszeichnet, ist nur schwer mit der Verletzung des Gleichheitspostulats in Einklang zu bringen.

Die größte noch ungelöste Aufgabe besteht für die deliberative Demokratietheorie in der Spezifikation faktischer institutioneller Arrangements, die Deliberation unterstützen (vgl. Buchstein 1996). Lange Zeit galt die deliberative Demokratietheorie vor allem als normative Kontrastfolie zur demokratischen Wirklichkeit. Diese Situation hat sich jedoch inzwischen geändert, was maßgeblich mit den im Vergleich pragmatischeren Ansätzen amerikanischer Politikwissenschaftler zusammenhängt. Erste Ansätze lassen sich bei James Bohman (1996) und Mark E. Warren (2000) finden. Besonders weit fortgeschritten ist jedoch ein Projekt von James Fishkin (1995, 2004), der *Deliberative Poll.* Anders als die meisten anderen Theoretiker, versucht Fishkin nicht, Deliberation auf Dauer zu stellen. Vielmehr lässt er repräsentativ ausgewählte Bürger gleichsam pars pro toto für die gesamte Bürgerschaft deliberieren und überträgt die Beratungen dann im Fernsehen – in der Hoffnung, dass der „zwanglose Zwang des besseren Arguments" auch so zu tragen kommt.[54] Inzwischen existieren sogar *Handbooks* für deliberative Demokratie – konkrete Anleitungen, um politische Verfahren erfolgreich deliberativer zu gestalten (vgl. Gastil/Levine 2005).

5. Perspektiven politischer Theorie

Die politische Theorie ist in der Gegenwart eine überaus vitale akademische Disziplin, wie die Breite der Theoriebildung, die in den vorliegenden beiden Bänden dokumentiert wird, zeigt. Auch haben sich die Wogen der Auseinandersetzungen zwischen normativen und deskriptiven Ansätzen spätestens in den 80er Jahren ge-

---

54 Siehe für die Details dieser Projekte die Website von Fishkin http://cdd.stanford. edu/

glättet und die Einsicht durchgesetzt, dass beide eine Existenzberechtigung besitzen und aufeinander angewiesen sind. Die Kämpfe um die „Wissenschaftlichkeit" der politischen Theorie in den letzten 50 Jahren waren jedoch – trotz ihrer z.T. unnötigen polemischen Härte und den faktischen Konsequenzen bei der Konfiguration politikwissenschaftlicher Institute – für die Teildisziplin überaus sinnvoll, da sie zu einer intellektuellen Annäherung und wechselseitigen Befruchtung geführt haben.

Letztlich scheinen heute für die politische Theorie auch ganz andere Fragen relevant zu werden, die abschließend nur kurz angerissen werden sollen.[55] Institutionell verändert sich durch den Bologna-Prozess die institutionelle Stellung der Politischen Theorie an den Universitäten. Sie gerät durch die stärkere Berufsorientierung der BA-Studiengänge unter erheblichen Legitimationsdruck. Auch zeigt sich, dass sie in Deutschland zum Teil ihre Eigenständigkeit verliert und zu „Bindestrich"-Lehrstühlen zusammengefasst wird (Politische Theorie und Innenpolitik; Politische Theorie und Governancestudien). Welche Konsequenzen dies langfristig haben wird, ist heute noch nicht abzusehen.

Die „Demokratisierung" der Zugangsmöglichkeiten zu politikwissenschaftlicher Forschung hat in den letzten Jahren aufgrund der Innovationen der Informations- und Kommunikationstechnologien erstaunliche Fortschritte angenommen. Die Form und Art, mit der politische Theorie betrieben wird, bleibt davon nicht unberührt. Parekh (1996) argumentiert, dass die politische Theorie in Zukunft nicht mehr um Großtheorien und Autoren kreisen wird, sondern um einzelne Ideen und Theoriebausteine, die dezentral entwickelt werden und den Theorietypus der „Patchworktheorie" forcieren werden. Damit einher geht vermutlich der „Niedergang" starker nationaler Theorietraditionen, da auch die politische Theorie im Modus „live" (Paul Virillio) angekommen ist, d.h. sie diskutiert international zur gleichen Zeit die gleichen Themen. Benötigte die *liberalkommunitaristische Debatte* noch ca. 20 Jahre, bevor sie in die bundesdeutsche akademische Diskussion diffundierte, so sind neuere Theorieentwicklungen gleichsam „online". Ein besonderes Beispiel hierfür ist die politische Theorie von P. Bourdieu, die ihren insularen französischen Charakter verloren hat und innerhalb

---

55 Vgl. dafür das Heft 1/2007 der ÖZP „Perspektiven Politischer Theorie".

einer sehr kurzen Zeit zu einem internationalen „Exportschlager"
wurde. Ob diese Entwicklung eher zu einer Konvergenz politischer
Theorien oder zu ihrer Divergenz führt und wie diese Entwicklungen zu bewerten sind, sind noch offene Fragen.

Deutlicher zeichnet sich jedoch ab, wie politische Theorie methodisch betrieben wird. Einem allgemeinen Trend in den Sozialwissenschaften folgend, wird Politikwissenschaft – und damit auch
politische Theorie – zunehmend als Kulturwissenschaft betrieben
(vgl. Schwelling 2004).

Literatur

Ackerman, Bruce (1980): Social Justice in the Liberal State. New Ha-
ven/London.
Ackerman, Bruce/Fishkin, James S. (2004): Deliberation Day. New Ha-
ven/London.
Agamben, Giorgio (2002): Homo Sacer. Die souveräne Macht und das nackte
Leben. Frankfurt a.M.
Aldrich, John H. (1993): Rational-Choice and Turnout. American Journal of
Political Science 37, 246-278.
Almond, Gabriel (1966): Political Theory and Political Science. American
Political Science Review, 60, 869-879.
Almond, Gabriel/Genco, Stephen S. (1977): Clouds, Clocks, and the Study of
Political Science. World Politics 29 (4), 489-522.
Almond, Gabriel/Verba, Sidney (1963): The Civic Culture. Princeton.
APSA Report (1985): Political Science and the Humanities: A Report of the
American Political Science Association, prepared by William T. Bluhm et
al. Political Science, Spring, 247-259.
Arendt, Hannah (1960): Vita activa oder vom tätigen Leben. München.
Arrow, Kenneth J. (1951): Social Choice and Individual Values. New Haven.
Ashcraft, Richard (1983): One Step Backward, Two Steps Forward: Reflecti-
ons Upon Contemporary Political Theory. S. 515-548 in: John S. Nelson
(Ed.), What should Political Theory be now? Essays from the Shambaugh
Conference on Political Theory. Albany/New York.
Axelrod, Robert (1984): The Evolution of Cooperation. New York. [dt.
(1987): Die Evolution der Kooperation. München.]
Bachrach, Peter (1967): The Theory of Democratic Elitism. Boston.
Ball, Terence (1997): Political Theory and Conceptual Change. S. 28-44 in:
Andrew Vincent (Ed.), Political Theory. Tradition & Diversity. Cam-
bridge.

Baker, Kendall et al. (1972): A Note on Behavioralists and Post-Behavioralists in Contemporary Political Science. Political Science, Summer, 271-273.

Barber, Benjamin R. 1984: Strong Democracy: Participatory Politics for a New Age. Berkeley. [dt: (1994): Starke Demokratie. Hamburg.]

Barry, Brian (1970): Sociologists, Economists, and Democracy. London.

– (1996): Political Theory, Old and New. S. 531-548 in: Robert E. Goodin/ Hans-Dieter Klingemann (Eds.), A New Handbook of Political Science. New York.

Beck, Ulrich (1986): Risikogesellschaft: Auf dem Weg in eine andere Moderne. Frankfurt a.M.

Behavioral and Social Sciences Survey Committee (Ed.) (1969): The Behavioral and Social Sciences: Outlook and Needs. Englewood Cliffs/New York.

Bellah, Robert N./Madsen, Richard/Sullivan, William M./Swidler, Ann/Tipton, Steven M. (1987): Die Gewohnheiten des Herzens. Individualismus und Gemeinsinn in der amerikanischen Demokratie. Köln.

Benz, Arthur (Hrsg.) (2004): Governance – Regieren in komplexen Regelsystemen. Wiesbaden.

Berelson, Bernard R. (1968): Behavioral Science. S. 40-44 in: David L. Sills (Ed.), International Encyclopedia of the Social Sciences, Bd. 2. New York.

– (Ed.) (1963): The Behavioral Science Today. New York.

Berelson, Bernard R./Lazersfeld, Paul F./McPhee, William N. (1955): Voting: A Study of Opinion Formation in a Presidential Campaign. Chicago.

Berger, Peter/Luckmann, Thomas (1962): Die gesellschaftliche Konstruktion der Wirklichkeit: Eine Theorie der Wissenssoziologie. Frankfurt a.M.

Berlin, Isaiah (1958): Two Concepts of Liberty. Oxford.

Bermbach, Udo (Hrsg.) (1984): Politische Theoriengeschichte. Probleme einer Teildisziplin der Politischen Wissenschaft. Opladen.

Bernstein, Richard J. (1976): The Restructuring of Social and Political Theory. New York.

Beyme, Klaus von (1992): Theorie der Politik im 20. Jahrhundert: Von der Moderne zur Postmoderne. Frankfurt a.M.

Beyme, Klaus von/Offe, Claus (Hrsg.) (1996): Politische Theorien in der Ära der Transformation. Opladen.

Bleek, Wilhelm (2001): Geschichte der Politikwissenschaft in Deutschland. München.

Bobbio, Norberto (1988): Die Zukunft der Demokratie. Berlin.

Bohman, James (1992): The Limits of Rational-Choice Explanation. S. 207-228 in: James S. Coleman/Thomas J. Fararo (Eds.), Rational-Choice Theory. Advocacy and Critique. London.

– (1996): Public Deliberation. Pluralism, Complexity, and Democracy. Cambridge.

– (2004): Republican Cosmopolitanism. Journal of Political Philosophy 12, 336-353.

Bonacker, Thorsten/Brodocz, André/Noetzel, Thomas (Hrsg.) (2003): Die Ironie der Politik. Über die Konstruktion politischer Wirklichkeiten. Frankfurt a.M.

Braun, Dietmar (1999): Theorien rationalen Handelns in der Politikwissenschaft. Eine kritische Einführung. Opladen.

Brecht, Arnold (1959): Political Theory: The Foundations of twentieth-century Political Thought. Princeton/New York.

Brodocz, André (2002): Chancen konstitutioneller Identitätsstiftung. S. 109-116 in: Hans Vorländer (Hrsg.), Integration durch Verfassung? Wiesbaden.

Buchanan, James M./Tullock, Gordon (1962): The Calculus of Consent: Logical Foundations of Constitutional Democracy. Ann Arbor.

Buchstein, Hubertus (1992): Politikwissenschaft und Demokratie: Wissenschaftskonzeption und Demokratietheorie sozialdemokratischer Nachkriegspolitologen in Berlin. Baden-Baden.

– (1996): Die Zumutungen der Demokratie. Von der normativen Theorie des Bürgers zur institutionell vermittelten Präferenzkompetenz. S. 295-324 in: Klaus von Beyme/Claus Offe (Hrsgg.), Politische Theorien in der Ära der Transformation. Opladen.

– (2003): Das Unbehagen an der Demokratietheorie. Levithan 4, 470-495.

Campbell, Angus/Converse, Philip E./Miller, Warren E./Stokes, Donald E. (1960): The American Voter. New York.

Charlesworth, James C. (Ed.) (1962): The Limits of Behavioralism in Political Sciences. Philadelphia.

Cohen, Jean L./Arato, A. (1992): Civil Society and Political Theory. Cambridge, Mass.

Cohen, Joshua (1989): Deliberation and democratic Legitimacy. S. 17-34 in: A. Hamlin/P. Pettit (Eds.), The good Polity. Oxford.

Coleman, James S./Fararo, Thomas J. (Eds.) (1992): Rational-Choice Theory. Advocacy and Critique. Newbury Park.

Dahl, Robert A. (1961): The Behavioral Approach in Political Science: Epitaph for a Monument to a Successful Protest. American Political Science Review 55, 763-772.

– (1979): Procedural Democracy. S. 97-133 in: Peter Laslett/James Fishkin (Eds.), Philosophy, Politics and Society. Fifth Series. Oxford.

– (1989): Democracy and its Critics. New Haven.

Deutsch, Karl W./Rieselbach, Leroy N. (1965): Recent Trends in Political Theory and Political Philosophy. The Annals of the American Academy of Political and Social Science 360, 139-162.

Downs, Anthony (1957): An Economic Theory of Democracy. New York. [dt. (1968): Ökonomische Theorie der Demokratie. Tübingen.]

Dryzek, John S. (1990): Discoursive Democracy: Politics, Policy and Science. Cambridge.

Dunn, John (1985): Rethinking Modern Political Theory. Cambridge.

Easton, David (1951): The Decline of Modern Political Theory. Journal of Politics 13, 36-58.

– (1962): The Current Meaning of „Behavioralism" in Political Science. S. 1-25 in: James C. Charlesworth (Ed.), The Limits of Behavioralism in Political Science. Philadelphia.

- (1965): A framework for political Analysis. Englewood Cliffs.
- (1968): Political Science. S. 282-298 in: Sills, David L. (Ed.), International Encyclopedia of the Social Sciences, Bd. 12. New York.
- (1969): The New Revolution in Political Science. American Political Science Review 63, 1051-1061.
- (1975): A Re-Assessment of the Concept of Political Support. British Journal of Political Science 5, 435-457.
- (1985): Political Science in the United States. Past and Present. International Political Science Review 6 (1), 133-152.

Elster, Jon (Hrsg.) (1986): Rational Choice. Oxford.
- (1987): Subversion der Rationalität. Frankfurt a.M.
- (1989): The Cement of Society. Chicago.

Esser, Hartmut (1990): Habits, Frames und Rational Choice, Zeitschrift für Soziologie 19, 231-247.
- (1991): Rational Choice, Berliner Journal für Soziologie, 231-243.
- (1993): Soziologie. Frankfurt a.M.

Etzioni, Amitai (1993): The Spirit of Community. Rights, Responsibilities, and the Communitarian Agenda. New York.

Eulau, Heinz (1968): The Behavioral Movement in Political Science: A Personal Document. Social Research 35, 1-29.
- (1976): Understanding Political Life in America: The Contribution of Political Science. Social Science Quaterly 57, 112-153.
- (1977): Introduction: Drift of Discipline. American Behavioral Scientist 21, 5-10.

Eulau, Heinz/March, James C. (Eds.) (1969): Political Science. Englewood Cliffs/New York.

Falter, Jürgen W. (1982): Der „Positivismusstreit" in der amerikanischen Politikwissenschaft. Entstehung, Ablauf und Resultate der sogenannten Behavioralismus-Kontroverse in den Vereinigten Staaten 1945-1975. Opladen.
- (2001): Stichwort „Behavioralism, Political". in: Neil J. Smelser (Ed.), International Encyclopedia of the Social & Behavioral Sciences, Vol. 24 plus 2 index Vol. Amsterdam.

Falter, Jürgen W./Göhler, Gerhard (1986): Politische Theorie. Entwicklung und gegenwärtiges Erscheinungsbild. S. 118-141 in: Klaus von Beyme (Hrsg.), Politikwissenschaft in der Bundesrepublik Deutschland. Politische Vierteljahresschrift Sonderheft 17. Opladen.

Falter, Jürgen W./Honolka, Harro/Ludz, Ursula (1990): Politische Theorie in den USA. Opladen.

Finifter, Ada W. (Ed.) (1983): Political Science. The State of the Discipline. Washington, D.C.

Fiorina, Morris P. (1981): Retrospective Voting in American National Elections. New Haven.

Fishkin, James S. (1991): Democracy and Deliberation: New Directions for Democratic Reform. New Haven/London.
- (1995): The Voice of the People. Public Opinion & Democracy. New Haven/ London.

Forst, Rainer (1994): Kontexte der Gerechtigkeit, Politische Philosophie jenseits von Liberalismus und Kommunitarismus. Frankfurt a.M.

Fuchs, Dieter (1998): Kriterien demokratischer Performanz in Liberalen Demokratien. S. 151-180 in: Michael Greven (Hrsg.), Demokratie – eine Kultur des Westens? Opladen.

Fuchs, Dieter/Kühnel, Steffen (1993): Wählen als rationales Handeln: Anmerkungen zum Nutzen des Rational-Choice Ansatzes in der empirischen Wahlforschung. Discussion Papers FS III 93-207, Wissenschaftszentrum Berlin.

Fuhse, Jan (2005): Theorien des politischen Systems. David Easton und Niklas Luhmann. Eine Einführung. Wiesbaden.

Galston, William (1993): Political Theory in the 1980s: Perplexity amidst Diversity. S. 27-53 in: Ada W. Finifter (Ed.), Political Science: The State of the Disciplin II. Washington.

Gastil, John/Levine, Peter (Eds.) (2005): The Deliberative Democracy Handbook. San Francisco.

Germino, Dante (1963): The Revival of Political Theory. Journal of Politics 25, 437-460.

– (1967): Beyond Ideology: The Revival of Political Theory. New York.

Göhler, Gerhard/Zeuner, Bodo (1991): Kontinuitäten und Brüche in der deutschen Politikwissenschaft. Baden-Baden.

Graham, George J./Carey, George W. (1972): The Postbehavioral Era: Perspectives on Political Science. New York.

Green, Donald P./Shapiro, Ian (1994): Pathologies of Rational-Choice Theory. A Critique of Applications in Political Science. New Haven.

Greven, Michael Th./Rainer Schmalz-Bruns (Hrsgg.) (1999): Politische Theorie – heute. Baden-Baden.

Guehenno, Jean-Marie (1996): Das Ende der Demokratie. München.

Gunell, John (1979): Political Theory: Tradition and Interpretation. Cambridge, Mass.

– (1983): Political Theory: The Evaluation of a Subfield. S. 3-45 in: Ada W. Finifter (Ed.), Political Science: The State of the Disciplin, Washington.

– (1986): Between Philosophy and Politics. The Alienation of Political Theory. Amherst.

Gutman, Amy/Thompson, Dennis (1996): Democracy and Disagreement. Cambridge.

Habermas, Jürgen (1992): Faktizität und Geltung. Frankfurt a.M.

– (1996): Die Einbeziehung des Anderen. Frankfurt a.M.

Hardin, Russel (1982): Collective Action. Oxford.

Hartmann, Jürgen (1997): Wozu politische Theorie? Eine kritische Einführung für Lehrende und Studierende der Politikwissenschaft. Opladen.

Hartmann, Jürgen (2003): Geschichte der Politikwissenschaft. Opladen.

Held, David (Ed.) (1991): Political Theory Today. Cambridge

– (1991a): Editor's introduction. S. 1-21 in: David Held (Ed.), Political Theory Today. Cambridge.

– (2006): Models of democracy. 3rd edition. Cambridge.
Heller, Agnes (1991): The Concept of the Political Revisited. S. 330-343 in: David Held (Ed.), Political Theory Today. Cambridge.
Hindess, Barry (1997): The Object of Political Theory. S. 254-271 in: Andrew Vincent (Ed.), Political Theory: Tradition and Diversity. Cambridge.
Hobsbawm, Eric (1995): Das Zeitalter der Extreme. Weltgeschichte des 20. Jahrhunderts. München/Wien.
– (2000): Das Gesicht des 21. Jahrhunderts. Ein Gespräch mit Antonio Polieo. München.
Holler, Manfred J./Illing, Gerhard (1991): Einführung in die Spieltheorie. Berlin.
Honneth, Axel (Hrsg.) (1993): Kommunitarismus. Eine Debatte über die moralischen Grundlagen moderner Gesellschaften. Frankfurt a.M./New York.
Huntington, Samuel P. (1981): American Politics: The Promise of Disharmony. Cambridge.
Kuhn, Thomas S. (1962): Die Struktur wissenschaftlicher Revolutionen. Frankfurt a.M.
Kukathas, Chandran (1993): Stichwort „Liberty". S. 534-547 in: Robert E. Goodin/Philip Pettit (Eds.), A Companion to Contemporary Political Philosophy. Oxford.
Kymlicka, Will (1990): Contemporary Political Philosophy. Oxford.
Lalman, David/Oppenheimer, Joe/Swistak, Piotr (1993): Formal Rational-Choice Theory: A Cumulative Science of Politics. S. 77- 104 in: Ada Finifter (Ed.), State of the Disciplin II, Washington.
Landau, Martin (1968): The Myth of Hyperfactualism in the Study of American Politics. Political Science Quaterly 83, 378-399.
Larmore, Charles (1993): Politischer Liberalismus. S. 131-156 in: Axel Honneth (Hrsg.), Kommunitarismus. Frankfurt a.M.
– (1995): Strukturen moralischer Komplexität. Stuttgart.
– (1996): The Morals of Modernity. Cambridge.
Laslett, Peter (1956): Introduction. S. VII-X in: Peter Laslett (Ed.), Philosophy, Politics and Society. A Collection. Oxford.
– (1956): Philosophy, Politics and Society: A Collection. Oxford.
Luhmann, Niklas (1984): Soziale Systeme. Frankfurt a.M.
– (1990): Soziologische Aufklärung 5. Konstruktivistische Perspektiven. Opladen.
– (1995): Metamorphosen des Staates. S. 101-137 in: Niklas Luhmann (1995), Gesellschaftsstruktur und Semantik. Studien zur Wissenssoziologie der modernen Gesellschaft. Bd. 4. Frankfurt a.M.
– (1997): Die Gesellschaft der Gesellschaft. Frankfurt a.M.
Lutz, Donald S. (1992): A Preface to American Political Theory. Kansas.
MacIntyre, Alasdair (1987): Der Verlust der Tugend: Zur moralischen Krise der Gegenwart. Frankfurt a.M.
Macpherson, Crawford B. (1977): Demokratietheorie: Beiträge zu ihrer Erneuerung. München.

Manin, Bernard (1987): On Legitimacy and Political Deliberation. Political Theory 15, 338-368.

Marsh, David/Stoker, Gerry (Eds.) (1995): Theory and Methods in Political Science. Houndsmills.

Mosca , Gaetani (1950, erstmals 1885): Die herrschende Klasse. Bern.

Mulhall, Stephen/Swift, Adam (1996): Liberals and Communitarians. Second Edition. Oxford.

Müller, Wolfgang C. (1994): Politische Theorie und Ideengeschichte: Wozu? Österreichische Zeitschrift für Politikwissenschaft 23, 213-228.

Münkler, Herfried (1999): Politische Theorie und praktische Politik – Zur Bestimmung ihres Verhältnisses in ideengeschichtlicher Perspektive. S. 17-40 in: Michael Th. Greven (Hrsg.), Politische Theorie – heute: Ansätze und Perspektiven. Baden-Baden.

Münkler, Herfried (2002): Die neuen Kriege. Reinbeck bei Hamburg.

Nozick, Robert (1974): Anarchy, State, and Utopia. New York.

Nussbaum, Martha C. (1999): Gerechtigkeit oder das Gute Leben. Frankfurt a.M.

Oakeshott, Michael (1975): On Human Conduct. Oxford.

Olson, Mancur (1965): The Logic of Collective Action. Public Goods and the Theory of Groups. Cambridge, Mass., [dt. (1968): Die Logik des kollektiven Handelns. Tübingen.]

Parekh, Bhikhu (1996): Political Theory: Traditions in Political Philosophy. S. 503-518 in Robert E. Goodin/Hans-Dieter Klingemann (Eds.), A New Handbook of Political Science. New York.

Parsons, Talcott (1969): Politics and Political Structure. New York.

– (1971): The System of Modern Societies. Englewood Cliffs, New Jersey.

Pateman, Carole (1970): Participation and Democratic Theory. Cambridge.

Pettit, Philip (1997): Republicanism: A Theory of Freedom and Government. Oxford.

Pfotenhauer, David (1972): Conceptions of Political Science in West Germany and the United States 1960-1969. The Journal of Politics 34, 554-591.

Pocock, John G. A. (2003): The Machiavellian Moment: Florentine Political Thought and the Atlantic Republican Tradition. Princeton.

Preuß, Ulrich K. (2002): Krieg, Verbrechen, Blasphemie. Zum Wandel bewaffneter Gewalt. Berlin.

Rae, Douglas W. (1981): Political Theory and the Division of Labor in Society: Asleep Abroad the Titanic and Steaming into Halifax. Political Theory 9, 369-378.

Rawls, John (1971): A Theory of Justice. Cambridge, Mass.

– (1993): Political Liberalism. New York.

– (1999): The Law of the Peoples. Cambridge, Mass.

Reese-Schäfer, Walter (1997): Grenzgötter der Moral. Der neuere europäisch-amerikanische Diskurs zur politischen Ethik. Frankfurt a.M.

– (1999): Kommentar: Aufgabe, Ansätze und Perspektiven politischer Theorie heute. S. 147-173 in: Michael Th. Greven/Rainer Schmalz-Bruns (Hrsgg.), Politische Theorie – heute: Ansätze und Perspektiven. Baden-Baden.

– (2000): Politische Theorien heute: Neuere Tendenzen und Entwicklungen. München.

Ricci, David M. (1984): The Tragedy of Political Science: Politics, Scholarship and Democracy. New Haven.

Richter, Melvin (1980): Political Theory and Political Education. Princeton.

Riker, William H./Ordeshook, Peter C. (1973): An Introduction to Positive Political Theory. Englewood Cliffs.

Rosa, Hartmut (1993): Ideengeschichte und Gesellschaftstheorie. Der Beitrag der Cambridge School zur Metatheorie. Politische Vierteljahresschrift 35, 197-223.

Rosa, Hartmut/Willems, Ulrich (1999): Politische Theorie im Spiegel der Herausforderungen der Politik: Einige zusammenfassende Überlegungen. S. 447-471 in: Michael Th. Greven/Rainer Schmalz-Bruns (Hrsgg.), Politische Theorie – heute: Ansätze und Perspektiven. Baden-Baden.

Sandel, Michael J. (1982). Liberalism and the Limits of Justice. Cambridge.

– (1993): Die verfahrensrechtliche Republik und das ungebundene Selbst. S. 18-35 in: Axel Honneth (Hrsg.), Kommunitarismus. Frankfurt a.M.

Sartori, Giovanni (1962): Democratic Theory. Detroit.

   – (1992): Demokratietheorie. Darmstadt.

Schaal, Gary S./Heidenreich, Felix (2006): Einführung in die Politischen Theorien der Moderne. Opladen.

Schmalz-Bruns, Rainer (1995): Reflexive Demokratie. Baden-Baden.

Schmidt, Manfred G. (2006): Demokratietheorien. 3. Auflage. Opladen.

Schmidt, Siegfried (Hrsg.) (1987): Der Diskurs des radikalen Konstruktivismus. Frankfurt a.M.

Schulze, Gerhard (1992): Die Erlebnis-Gesellschaft. Frankfurt a.M.

Schumpeter, Joseph A. (1942): Capitalism, Socialism and Democracy. New York.

Schwelling, Birgit (Hrsg.) (2004): Politikwissenschaft als Kulturwissenschaft. Wiesbaden.

Sills, David L. (Ed.) (1968): International Encyclopedia of the Social Sciences, 17 Bde. New York.

Simon, Herbert A. (1993): Homo Rationalis. Die Vernunft im menschlichen Leben. Frankfurt a.M.

Skinner, Quentin (Ed.) (1985): The Return of Grand Theory in the Human Sciences. Cambridge.

Somit, Albert/Tanenhaus, Joseph (1963): Trends in American Political Science: Some Analytical Notes. American Political Science Review 57, 933-947.

– (1964): American Political Science: A Profile of a Discipline. New York.

– (1967): The Development of American Political Science from Burgess to Behavioralism. Boston.

Steiert, Rudolf (1994): Politische Theorie: Ein Überblick. Sozialwissenschaftliche Informationen 23 (1), 5-8.

Strauss, Leo (1953): Natural Right and History. Chicago.

– (1968): What is Political Philosophy? And other Studies. New York.

Sunstein, Cass R. (1991): Preferences and Politics. Philosophy and Public Affairs 20 (1), 3-33.

Swedberg, Richard (1991): The Man and His Work. S. 3-98 in: Joseph A. Schumpeter, The Economics and Sociology of Capitalism. Princeton.

– (1994): Schumpeter: Eine Biographie. Stuttgart.

Taylor, Charles (1989): Cross-Purposes. The Liberal-Communitarian Debate. S. 159-182 in: Nancy Rosenblum (Ed.) (1989), [dt. (1993): Aneinander vorbei: Die Debatte zwischen Liberalismus und Kommunitarismus. S. 103-130 in: Axel Honneth (Hrsg.), Kommunitarismus. Eine Debatte über die moralischen Grundlagen moderner Gesellschaften. Frankfurt a.M.]

– (1989): Sources of the Self. The Making of the Modern Identity. Cambridge/Mass.; [dt. (1994): Quellen des Selbst. Die Entstehung der neuzeitlichen Identität, Frankfurt a.M.]

Vincent, Andrew (Ed.) (1997): Political Theory: Tradition and Diversity. Cambridge.

– (1997a): Introduction. S. 1-27 in: Andrew Vincent (Ed.), Political theory: Tradition and Diversity. Cambridge.

Voeglin, Eric (1952): The New Science of Politics: An Introduction. Chicago. [dt. (1959): Die neue Wissenschaft der Politik: Eine Einführung. München.]

Waldo, Dwight (1975): Political Science: Tradition, Discipline, Profession, Science, Enterprise. S. 1-130 in: Fred I. Greenstein/Nelson W. Polsby (Eds.) (1975), Handbook of Political Science, Vol. 1. Reading, Mass.

Walzer, Michael (1983): Spheres of Justice. Oxford. [dt. (1992): Sphären der Gerechtigkeit: Ein Plädoyer für Pluralität und Gleichheit. Frankfurt a.M.]

– (1990): The Communitarian Critique of Liberalism. Political Theory, 18 (1), 6-23.

Warren, Mark E. (2000): Democracy and Association. Boston.

Watzlawick, Paul/Krieg, Peter (Hrsgg.) (1991): Das Auge des Beobachters. München.

Wolin, Sheldon S. (1960): Politics and Vision: Continuity and Innovation in Western Political Thought. Boston.

Worthington, Glenn (2000): Michael Oakeshott and the City of God. Political Theory 28 (3), 377-398.

Young, Iris Marion (1996): Political Theory: An Overview. S. 479-502 in: Robert E. Goodin/Hans-Dieter Klingemann (Eds.) (1996), A New Handbook of Political Science. New York.

Zahlmann, Christel (Hrsg.) (1992): Kommunitarismus in der Diskussion. Berlin.

Zolo, Danilo (1992): Democracy & Complexity: A Realist Approach. State College.

Register

Hinweise zu den Autoren

Michael Becker, PD Dr., Privatdozent an der Otto-Friedrich-Universität in Bamberg.
Veröffentlichungen u.a.:
(2006): Politische Philosophie. Paderborn u.a. (zus. mit Johannes Schmidt und Reinhard Zintl, i.E.).
(2006) (Hrsg.): PVS-Sonderheft 2005: Politik und Recht (zus. mit Ruth Zimmerling). Wiesbaden (i.E.).

Joachim Behnke, PD Dr., geb. 1962, derzeit Vertretung der Professur für Empirische Politikforschung und Policy Analysis an der LMU-München.
Veröffentlichen u.a.:
(2006): Grundlagen der statistischen Datenanalyse. Eine Einführung für Politikwissenschaftler (zusammen mit Nathalie Behnke). Wiesbaden
(2006): Das Wahlsystem der Bundesrepublik Deutschland. Logik, Technik und Praxis der Verhältniswahl. Baden-Baden.

Hans-Jürgen Bieling, Dr., geb. 1967, Juniorprofessur für „Europäische Integration im Globalisierungsprozess" am Institut für Politikwissenschaft, Philipps-Universität Marburg.
Veröffentlichungen:
(2000): Dynamiken sozialer Spaltung und Ausgrenzung. Gesellschaftstheorien und Zeitdiagnosen. Münster.
(2005): Theorien der europäischen Integration. Hrsg. zus. mit Marika Lerch. Opladen.

Thorsten Bonacker, Prof. Dr., geb. 1970, Juniorprofessor am Zentrum für Konfliktforschung und am Institut für Soziologie der Philipps-Universität Marburg.

Veröffentlichungen u.a.:
(2006): Konflikte der Weltgesellschaft. Hrsg. zus. mit Christoph Weller Frankfurt a.M./New York.
(2006) Modernitätskonflikte in der Weltgesellschaft. Zur kulturellen Konstruktion globaler Konflikte, in: Soziale Welt 57, S. 47-65.

André Brodocz, Dr., geb. 1969, wissenschaftlicher Mitarbeiter am Institut für Politikwissenschaft der TU Dresden.
Veröffentlichungen u.a.:
(2003): Die symbolische Dimension der Verfassung. Ein Beitrag zur Institutionentheorie. Wiesbaden.
(2005): Institutionelle Macht. Genese – Verstetigung – Verlust. Hrsg. zus. mit C.O. Mayer, R. Pfeilschifter und B. Weber. Köln/Weimar/Wien.

Dieter Fuchs, Dr., Professor für Politische Theorie und Politikfeldanalyse an der Universität Stuttgart.
Veröffentlichungen u.a.:
(1999): The Democratic Culture of Unified Germany, in: Pippa Norris (Hrsg.): Critical Citizens: Global Support for Democratic Government, Oxford, S. 123-145.
(1999): Soziale Integration und politische Institutionen in modernen Gesellschaften, in: Jürgen Friedrichs/Wolfgang Jagodzinski (Hrsg.): Soziale Integration. Sonderheft 39 der Kölner Zeitschrift für Soziologie und Sozialpsychologie, Opladen, S. 127-178.

Bernd Ladwig, Dr., geb. 1966, Juniorprofessor für Moderne politische Theorie am Otto-Suhr-Institut der Freien Universität Berlin.
Veröffentlichungen u.a.:
(2000): Gerechtigkeit und Verantwortung. Liberale Gleichheit für autonome Personen. Berlin.
(2006): Moderne Sittlichkeit. Grundzüge einer „hegelianischen" Gesellschaftstheorie des Politischen. In: Hubertus Buchstein/Rainer Schmalz-Bruns (Hg.), Politik der Integration. Symbole, Repräsentation, Institution. Festschrift für Gerhard Göhler zum 65. Geburtstag. Baden-Baden, S. 111-135.

Marcus Llanque, PD Dr., Heisenberg-Stipendiat am Institut für Sozialwissenschaften, Lehrgebiet Politische Theorie, Humboldt-Universität zu Berlin.
Veröffentlichungen u.a.:
(1999) (Hrsg.): Konzeptionen der Gerechtigkeit – Kulturvergleich, politische Ideengeschichte, moderne Debatte, Baden-Baden (zusammen mit Herfried Münkler).
(2000): Demokratisches Denken im Krieg. Die deutsche Debatte im Ersten Weltkrieg, Berlin.

Thomas Lemke, Dr. phil., Privatdozent am Fachbereich Wirtschafts- und Sozialwissenschaften der Bergischen Universität Wuppertal und Mitarbeiter des Instituts für Sozialforschung in Frankfurt a.M.
Veröffentlichungen u.a.:
(1997): Eine Kritik der politischen Vernunft – Foucaults Analyse der modernen Gouvernementalität, Hamburg/Berlin.
(2004): Veranlagung und Verantwortung. Genetische Diagnostik zwischen Selbstbestimmung und Schicksal, Bielefeld.

Peter Niesen, Dr., Professor für Politikwissenschaft mit dem Schwerpunkt Politische Theorie und Ideengeschichte, Technische Universität Darmstadt.
Veröffentlichungen u.a.:
(2005): Kants Theorie der Redefreiheit. Baden-Baden.
(2006): Demokratischer Positivismus: Habermas und Maus (mit O. Eberl), in: S. Buckel et al. (Hg.): Neue Theorien des Rechts. Stuttgart.

Thomas Noetzel, Dr., geb. 1957, Professor für Politische Theorie und Ideengeschichte am Institut für Politikwissenschaft an der Philipps-Universität Marburg.
Veröffentlichungen u.a.:
(1993): Zombies. Politische Theorie für das 19. Jahrhundert. Münster (zusammen mit Wilfried von Bredow).
(1999): Authentizität als politisches Problem. Zur Theoriegeschichte der Legitimation politischer Herrschaft in der Moderne. Berlin.

Gary S. Schaal, PD Dr., geb. 1971, Heisenberg-Stipendiat am Institut für Politikwissenschaft der Technischen Universität Dresden.
Veröffentlichungen u.a.:
(2006): Einführung in die Politischen Theorien der Moderne (zusammen mit Felix Heidenreich). Opladen.
(2006) (Hrsg.): Bedrohungen der Demokratie (mit André Brodocz und Marcus Llanque). Wiesbaden.

William E. Scheuerman, Ph.D., Associate Prof. of Political Science an der University of Minnesota.
Veröffentlichungen u.a.:
(2000) (Eds.): From Liberal Democracy to Fascism. Political and Legal Thought in the Weimar Republic. Boston (zusammen mit Peter Caldwell).
(1999): Carl Schmitt: The End of Law. London.

Rainer Schmidt, Dr., geb. 1963, wissenschaftlicher Mitarbeiter am Lehrstuhl für Politische Theorie und Ideengeschichte an der TU Dresden.
Veröffentlichungen u.a.:
(2006): Macht, Autorität, Charisma. Deutungsmacht in Max Webers Herrschaftssoziologie, in: Hans Vorländer (Hrsg.), Die Deutungsmacht der Verfassungsgerichtsbarkeit, Wiesbaden, S. 37-55.
(2006): Ideengeschichte und Institutionentheorie. Begriffe, Diskurse und institutionelle Mechanismen als Bausteine für ein Modell der Ideengeschichtsschreibung, in: Harald Bluhm/Jürgen Gebhardt (Hrsgg.), Methoden der Ideengeschichtsschreibung, Baden-Baden (i.E.).

FachZeitschriften im Verlag Barbara Budrich

BIOS
Zeitschrift für Biographieforschung, Oral History und Lebensverlaufsanalysen
BIOS erscheint halbjährlich mit einem Jahresumfang von rd. 320 S.
BIOS ist seit 1987 die wissenschaftliche Zeitschrift für Biographieforschung, Oral History Studien und – seit 2001 – auch für Lebensverlaufsanalysen. In ihr arbeiten über Disziplin- und Landesgrenzen hinweg Fachleute u.a. aus der Soziologie, der Geschichtswissenschaft, der Pädagogik, der Volkskunde, der Germanistik.

ZBBS
Zeitschrift für qualitative Bildungs-, Beratungs- und Sozialforschung
Die ZBBS erscheint halbjährlich. Das Team der HerausgeberInnen setzt sich aus den Vorstandsmitgliedern des Magdeburger Zentrums für Bildungs-, Beratungs- und Sozialforschung zusammen und gewährleistet durch diese Konstellation die Repräsentanz der wichtigsten an der qualitativen Forschung beteiligten Fachdisziplinen.

Zeitschrift für Familienforschung
Beträge zu Haushalt, Verwandtschaft und Lebenslauf
Die Zeitschrift für Familienforschung erscheint dreimal jährlich.
Die Zeitschrift für Familienforschung will die interdisziplinäre Kommunikation und Diskussion fördern. Dies geschieht durch die Veröffentlichung von Beiträgen zur Familien- und Haushaltsforschung aus den Fachdisziplinen:
Familiensoziologie, Familiendemographie, Familienpsychologie, Familienpolitik, Haushaltswissenschaft, historische Familienforschung sowie aus Nachbargebieten. Die Zeitschrift für Familienforschung möchte auch ein Forum sein für die Diskussion über Familie und Gesellschaft bzw. Familie in der Gesellschaft. Dabei sollen auch aktuelle Entwicklungen hinsichtlich der Familienformen und der Lebenslagen von Familien aufgegriffen werden.

Weitere Informationen unter www.budrich-verlag.de

FachZeitschriften im Verlag Barbara Budrich

Diskurs Kindheits- und Jugendforschung

Der neue „Diskurs Kindheits- und Jugendforschung" widmet sich dem Gegenstandsfeld der Kindheits- und Jugendforschung unter der integrativen Fragestellung von Entwicklung und Lebenslauf; er arbeitet fächerübergreifend und international mit deutschen und internationalen AutorInnen aus den einschlägigen Disziplinen wie z.B. der Psychologie, Soziologie, Erziehungswissenschaft, der Ethnologie, Verhaltensforschung, Psychiatrie und der Neurobiologie.

Gesellschaft. Wirtschaft. Politik (GWP)

Sozialwissenschaften für politische Bildung
GWP ist die älteste Fachzeitschrift in der Bundesrepublik für Studium und Praxis des sozialwissenschaftlichen Unterrichts. Als sozialwissenschaftliches Magazin ist sie der Aktualität wie dem Grundsätzlichen verpflichtet, der sorgfältigen Fundierung wie der lebendig wechselnden Stilistik.
GWP finden Sie im Interent unter www.gwp-pb.de

femina politica

Zeitschrift für feministische Politik-Wissenschaft
femina politica ist die einzige Zeitschrift für feministische Politik-Wissenschaft im deutschsprachigen Raum. Sie wendet sich an politisch und politikwissenschaftlich Arbeitende, die den Gender-Aspekt bei ihrer Arbeit berücksichtigen. femina politica analysiert und kommentiert aktuelle tagespolitische und politikwissenschaftliche Themen aus feministischer Perspektive, berichtet über Forschungsergebnisse und informiert über Projekte, Tagungen und einschlägige Neuerscheinungen.

Weitere Informationen unter www.budrich-verlag.de

UTB-Lehrbücher im Verlag Barbara Budrich

In der UTB erscheinen Einführungen und Grundlegungen, die sich ausgezeichnet für Studium und Lehre an der Hochschule eignen. Durch die besonders strukturierte Aufbereitung der Inhalte und die gute Lesbarkeit eignen sich die Bände auch für Interessierte, die eine Einstiegshilfe für die jeweilige Thematik suchen.

Bislang sind im Verlag Barbara Budrich die folgenden UTB-Bände erschienen bzw. in Planung:

Sven Bernhard Gareis
Deutschlands Außen- und Sicherheitspolitik
Eine Einführung
UTB M. 2., durchgesehene Auflage 2006. 272 S. Kt.
ISBN 3-8252-2843-6
Das Lehrbuch führt in zwölf Kapiteln in die Grundlagen sowie wesentlichen Handlungsfelder der deutschen Außen- und Sicherheitspolitik ein und zeigt Perspektiven zu ihrer Fortentwicklung auf. Es ist so konzipiert, dass jedes Kapitel einen kompakten Zugang zu der behandelten Thematik bietet und durch Literaturverweise, Links und Diskussionsfragen zur vertiefenden Beschäftigung anregt.

Sven Bernhard Gareis
Johannes Varwick
Die Vereinten Nationen
Aufgaben, Instrumente und Reformen
4. aktualisierte und erweiterte Auflage 2006. UTB L
Das zum Standardwerk gewordene Lehrbuch führt in die zentralen Tätigkeitsfelder der VN ein, bewertet ihre Reformperspektiven und diskutiert die Rolle der Weltorganisation in der internationalen Politik. In der vierten Auflage wurde es vollständig überarbeitet und umfassend erweitert.

UTB-Lehrbücher im Verlag Barbara Budrich

Erika Haas
Randi Gunzenhäuser
Promovieren mit Plan
Ihr individueller Weg: von der Themensuche zum Doktortitel
UTB M. 2., überarbeitete und aktualisierte Auflage 2006.
120 S. Kt.
ISBN 3-8252-2820-7
Dieses Buch ist für alle geschrieben, die eine Promotion andenken, planen oder bereits an einer Dissertation schreiben. Es kann helfen, leidvolle Erfahrungen auf dem dornigen Weg zum Doktortitel gar nicht erst machen zu müssen. Es gibt Tipps und Hinweise, was zu bedenken ist und wie Hinderniesse gemeistert werden können, bevor sie sich in alptraumartiger Größe vor einem aufbauen.

Sven Leunig
Die Regierungssysteme der deutschen Bundesländer
UTB S
2006. Ca. 200 S. Kt.
ISBN 3-8252-2844-4
Das Buch setzt sich im Wesentlichen aus einer Betrachtung der institutionellen Struktur der Länderregierungssysteme und einer daran anschließenden Analyse der Verschränkung der Aufgabenbereiche dieser Institutionen zusammen.

UTB-Lehrbücher im Verlag Barbara Budrich

Dieter Nohlen
Wahlrecht und Parteiensystem
Über die politischen Auswirkungen von Wahlsystemen
UTB S. 5. Aufl. 2008. Ca. 480 S.
ISBN 3-8252-1527-X
Inwiefern formen Wahlrecht und Wahlsystem die Parteiensysteme?
Lassen sich gesetzmäßige Beziehungen feststellen? Welche
Bedeutung kommt dem gesellschaftlichen und politischen Kontext
zu? Ein Lehrbuch zu einem wirklich aktuellen Thema, das die
Zusammenhänge zwischen den rechtlich-institutionellen
Regelungen des Wahlprozesses einerseits und dem
Parteienwettbewerb sowie den Wahlergebnissen anderseits
darstellt.

Gary S. Schaal
Felix Heidenreich
Einführung in die Politischen Theorien der Moderne
1. Auflage 2006. UTB M
Das Buch liefert eine systematische Einführung in die Politischen
Theorien der Moderne entlang der Leitunterscheidung
„Republikanismus" – „Liberalismus". Aufgrund seines didaktischen
Aufbaus eignet es sich hervorragend für das Selbststudium.

UTB-Lehrbücher im Verlag Barbara Budrich

Siegfried Schieder
Manuela Spindler (Hrsg.)
Theorien der Internationalen Beziehungen
Eine Einführung.
2., überarbeitete Aufl. 2006. Ca. 544 S. Kt.
UTB-ISBN 3-8252-2315-9
Der Sammelband mit Lehrbuchcharakter zielt darauf ab, die sich
stetig ausdifferenzierende und kaum noch überschaubare
Theorienlandschaft in den Internationalen Beziehungen für Stu-
dierende erfahrbar und erlernbar zu machen und den Lehrenden
eine Handreichung für die didaktische Vermittlung des Wissens
über Theorien zu geben.

Wichard Woyke (Hrsg.)
Handwörterbuch Internationale Politik
10. Auflage 2007
Ca. 704 S. Kt.
ISBN 3-8252-0702-1
Das Buch liefert in bewährter Weise grundlegendes Wissen zur
internationalen Politik. Begriffe, Probleme und Entwicklungen der
internationalen Politik werden in rund 70 Sachbeiträgen analysiert.
Dabei werden folgende Teilbereiche untersucht: Theorie/ Theoriebildung; Internationale Organisationen/ Internationale Zusammenarbeit; Internationale Wirtschaftsbeziehungen/ Internationale Wirtschaftsorganisationen; Gegenwärtige Problembereiche der internationalen Politik; Geschichte der internationalen Politik nach dem
Zweiten Weltkrieg.

Weitere Informationen www.budrich-verlag.de

Politikwissenschaft im Verlag Barbara Budrich

   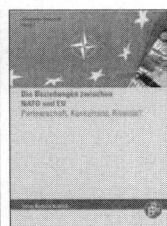

In Ihrer Buchhandlung oder direkt bei

Verlag Barbara Budrich
Barbara Budrich Publishers

Stauffenbergstr. 7. D-51379 Leverkusen Opladen
Tel +49 (0)2171.344.594 • Fax +49 (0)2171.344.693 • info@budrich-verlag.de
US-office: Uschi Golden • 28347 Ridgebrook • Farmington Hills, MI 48334 • USA •
ph +1.248.488.9153 • info@barbara-budrich.net • www.barbara-budrich.net